Kompendien
für Studium, Praxis und Fortbildung

Jürgen Kühling | Winfried Rasbach | Claudia Busch

Energierecht

5., überarbeitete und erweiterte Auflage

Die Deutsche Nationalbibliothek verzeichnet diese Publikation in
der Deutschen Nationalbibliografie; detaillierte bibliografische
Daten sind im Internet über http://dnb.d-nb.de abrufbar.

ISBN 978-3-8487-6192-0 (Print)
ISBN 978-3-7489-0311-6 (ePDF)

5. Auflage 2022
© Nomos Verlagsgesellschaft, Baden-Baden 2022. Gesamtverantwortung für Druck und Herstellung bei der Nomos Verlagsgesellschaft mbH & Co. KG. Alle Rechte, auch die des Nachdrucks von Auszügen, der fotomechanischen Wiedergabe und der Übersetzung, vorbehalten. Gedruckt auf alterungsbeständigem Papier.

Vorwort

Die Energiegesetzgebung bleibt eine „ewige Reformbaustelle". Auch wenn das EnWG nach der Generalreform 2011 in der Folgedekade eher in Teilbereichen novelliert wurde, wie zum Ende der 19. Legislaturperiode im Sommer 2021 mit der Umsetzung des Winterpakets der EU und den Vorgaben zur Wasserstoffregulierung, sind die immer wichtiger werdenden energierechtlichen „Nebengesetze" teils erheblichen Überarbeitungen unterzogen worden. Das gilt zuletzt insbesondere für die grundlegende Novelle des Erneuerbaren-Energien-Gesetzes im Jahr 2021. Zudem treten immer neue „Nebengesetze" hinzu, wie im Sommer 2016 das Messstellenbetriebsgesetz im Rahmen der Digitalisierung der Energiewende, das seitdem schon mehrfach geändert worden ist. Angesicht der Dringlichkeit der ambitionierten Klimaziele wird dies auch in der neuen Legislaturperiode so bleiben. Dementsprechend ist die Rechtsunsicherheit im Umgang mit den zahlreichen, teils komplexen Normen groß. Die Bundesnetzagentur als Regulierungsbehörde trägt durch zahlreiche Leitlinien, Positionspapiere und Festlegungen zur Komplexitätssteigerung dieses Rechtsgebiets bei. Überdies verleitet die politisch „über Nacht" beschlossene „Energiewende" immer mehr zur Verwendung wettbewerbsfremder Steuerungsinstrumente, die sich nur schwer mit den ursprünglichen Liberalisierungszielen vertragen. Die durchaus erfolgreiche Schaffung von Wettbewerb wird dadurch gefährdet. Die Einführung von Ausschreibungen im Rahmen der Förderung erneuerbarer Energien ist insoweit nur eine zaghafte „Gegenbewegung". Vor dem Hintergrund dieser zahlreichen Änderungen musste das vorliegende Buch auch für diese Auflage wieder umfassend überarbeitet werden.

Ziel der vorliegenden Einführung ist es, die Leserschaft durch den komplexen „Normenwust" zu leiten. Eindrucksvoll lässt sich am Beispiel des Energiewirtschaftsrechts zeigen, dass Liberalisierung und Deregulierung nicht zu einer quantitativen Reduzierung normativer Regelungen führen, sondern im Gegenteil einen Ausbau gesetzlicher Vorgaben erforderlich machen können. Das gilt insbesondere, wenn sie durch eine starke politische Umsteuerung überformt werden wie es im Rahmen der „Energiewende" der Fall ist. In diesem Buch wird daher ganz bewusst stark an die Normen als textlichem Ausgangsbefund des Regulierungsumfelds angeknüpft. Dementsprechend wird die Lektüre der einschlägigen Normen beim Durchgang durch das vorliegende Werk nachdrücklich empfohlen. Schwerpunkte setzt die Darstellung bei der Zugangs-, Entgelt- und Entflechtungsregulierung als den Zentralelementen zur Förderung von Wettbewerb. Neben knapperen Hinweisen zu den übrigen Regelungsgehalten des EnWG (Genehmigungspflicht und Aufgaben der Energieversorgungsunternehmen; Energielieferung an Letztverbraucher; Versorgungssicherheit; Planfeststellung, Wegenutzung und Konzessionsabgaben) wird auch das materielle Recht außerhalb des EnWG beleuchtet, das in letzter Zeit an Bedeutung erheblich hinzugewonnen hat (EEG, KWKG). Zudem werden das Zusammenspiel und die Kompetenzen der Regulierungsbehörden sowie die prozessuale Ausgestaltung der Energieordnung dargestellt. Eine kurze Einführung, die neben den ökonomischen und technischen Hintergründen auch die Entwicklung des EnWG zusammenfasst, wurde angesichts des beschränkten Umfangs dieses Buches auf das Notwendigste komprimiert. Sie soll jenen Lesern den Zugriff erleichtern, die nicht über die entsprechenden technischen und ökonomischen Hintergründe verfügen. Schließlich ist das deutsche Energierecht entscheidend durch die unionsrechtlichen Vorgaben geprägt. Gleichwohl beschränkt sich das vorliegende Werk – schon aus Raumgründen – auf die Darstellung des in deutsches Recht umgesetzten Energierechts der Europäischen Union. Im Übrigen ist auf die inzwischen umfangreiche

Literatur zu den unionsrechtlichen Vorgaben zu verweisen. Rechtsprechung und Literatur sind dabei grundsätzlich bis zum 30. Juni 2021 berücksichtigt. Im Einzelfall konnten noch spätere Publikationen eingearbeitet werden. Die Gesetzeslage befindet sich auf dem Stand von Ende Juli 2021. So konnte insbesondere das „Gesetz zur Umsetzung unionsrechtlicher Vorgaben und zur Regelung reiner Wasserstoffnetze im Energiewirtschaftsrecht vom 16. Juli 2021" umfassend berücksichtigt werden. Es ist am 26. Juli 2021 im Bundesgesetzblatt veröffentlicht und in wesentlichen Teilen am Tag danach in Kraft getreten. Es enthält teils umfangreiche Änderungen im EnWG.

Das vorliegende Buch richtet sich nicht nur an Juristen, die in Wissenschaft und Praxis mit energierechtlichen Fragen zu tun haben, seien es Wissenschaftler, Unternehmensjuristen, Angehörige von Regulierungsbehörden, Richter oder Anwälte. Auch Vertreter anderer Disziplinen wie Betriebswirte oder Techniker, die sich einen Überblick über das regulatorische Umfeld verschaffen wollen, sollen sich angesprochen fühlen. Dabei soll gerade Berufseinsteigern, die zum ersten Mal mit energierechtlichen Fragen konfrontiert sind, eine Hilfe an die Hand gegeben werden.

Die Autoren danken ganz besonders *Marlene Elsa Wagner*, Wissenschaftliche Mitarbeiterin am Lehrstuhl Kühling. Sie war insbesondere eine wichtige Unterstützung bei der notwendigen, teils umfangreichen, Aktualisierungs- und Ergänzungsarbeit an dem Manuskript und bei der Zusammenführung der verschiedenen Teile des Buches. Gerade auf der „Zielgeraden" der Korrekturlektüre hat sodann der Wissenschaftliche Mitarbeiter *Moritz Litterst* am Lehrstuhl den unermüdlichen Einsatz der studentische Hilfskräfte hervorragend koordiniert. Ihm und den studentischen Hilfskräften *Adrian Fieweger, Anna-Lena Hausleitner, Karima-Felicitas Henß, Melissa Mahmoud, Elina Mayer, Anastasia Paul, Carlotta-Giulia Schäfer, Antonia Schöne* und *Gregor Schwerda* sei für die hilfreiche Korrekturarbeit herzlich gedankt. Ein herzlicher Dank für die Hilfe bei der Korrektur gilt ebenfalls Frau *Marie-Christine Vollmer*, Wissenschaftliche Mitarbeiterin bei GSK Stockmann.

Regensburg und München, im Oktober 2021

Jürgen Kühling, Winfried Rasbach und Claudia Busch

Inhaltsverzeichnis

1. Kapitel: Grundlagen des Energierechts	17
A. Grundlagen der Regulierung von Netzindustrien und Aufbau des Buches	17
B. Energiebegriff, Märkte und Ebenen	20
C. Entwicklung der Energieordnung	22
D. Technischer Hintergrund	42
2. Kapitel: Genehmigungs- und Anzeigepflicht – Aufgaben der Energieversorgungsunternehmen	50
A. Vorbemerkung	50
B. Genehmigungspflicht der Aufnahme des Betriebs eines Energieversorgungsnetzes	51
I. Allgemeines	51
II. Rechtscharakter der Genehmigung	52
III. Grundtatbestand der Genehmigungspflicht	52
IV. Genehmigungsversagungsgründe	53
V. Höchstpersönlichkeit der Genehmigung	54
VI. Zuständigkeit – Aufhebung – Sanktionen – Untersagung – Rechtsschutz	55
C. Anzeigepflicht der Tätigkeit der Energiebelieferung	55
D. Aufgaben	57
I. Aufgaben der Energieversorgungsunternehmen (§ 2 EnWG)	57
II. Aufgaben der Netzbetreiber	57
1. Betrieb von Energieversorgungsnetzen (§ 11 EnWG)	58
2. Netzausbaupflichten	59
a) Netzausbaupflicht Übertragungsnetz Onshore und Offshore	62
b) Netzausbaupflicht Fernleitungsnetz, Berichtspflicht Wasserstoffnetz	65
c) Netzausbaupflicht Verteilernetze	66
3. Aufgaben der Betreiber von Elektrizitätsversorgungsnetzen	68
4. Systemverantwortung der Betreiber von Übertragungsnetzen	71
5. Aufgaben der Betreiber von Elektrizitätsverteilernetzen	79
6. Aufgaben der Betreiber von Fernleitungsnetzen (§ 15 EnWG)	81
7. Systemverantwortung der Betreiber von Fernleitungsnetzen (§ 16 EnWG)	81
8. Aufgaben und Systemverantwortung der Gasverteilernetzbetreiber (§§ 16a, 14b EnWG)	81
III. Nichteinhaltung der gesetzlichen Verpflichtungen	82
3. Kapitel: Netzanschluss und Netzzugang	84
A. Zugangsregulierung als Herzstück einer wettbewerblichen Energiewirtschaft	84

B. Anschlussbereitstellung, Anschlussnutzung und Netzzugang bei Strom- und Gasnetzen ... 85
C. Netzanschluss ... 86
   I. Netzanschluss (§ 17 EnWG) ... 86
      1. Berechtigte und Verpflichtete des Anschlussanspruchs ... 86
      2. Anspruchsinhalt ... 86
         a) Umfassender Anschlussanspruch ... 86
         b) Angemessenheit ... 87
         c) Diskriminierungsfreiheit ... 87
         d) Transparenz ... 88
         e) Durchsetzbarkeit ... 88
         f) Sonderfall: Anschluss von Offshore-Windparks ... 88
         g) Sonderfall: Anlagen zur Speicherung elektrischer Energie ... 91
      3. Anschlussverweigerung ... 91
      4. Ausnahme von der Netzanschlussverpflichtung für geschlossene Verteilernetze gemäß § 110 EnWG ... 94
      5. Anschluss von Elektrizitätserzeugungsanlagen nach der Kraftwerks-Netzanschlussverordnung ... 96
         a) Anwendungsbereich der KraftNAV und ihr Verhältnis zu § 17 EnWG ... 97
         b) Einheitliches Netzanschlussverfahren ... 97
         c) Anschlusskonkurrenz ... 98
         d) Konkretisierung der Anschlussverweigerungsgründe ... 99
         e) Kostentragung ... 99
         f) Privilegierung neuer Erzeugungsanlagen bei Netzengpässen ... 100
   II. Anschluss von Wasserstoffnetzen ... 100
   III. Anschluss von Biogas- und LNG-Anlagen nach der GasNZV ... 100
   IV. Allgemeine Anschlusspflicht (§ 18 EnWG) ... 102
   V. Technische Vorschriften ... 105
D. Netzzugang ... 106
   I. Zugang zu den Elektrizitätsversorgungsnetzen ... 106
      1. Vertragliche Ausgestaltung: Netznutzungsvertrag – Lieferantenrahmenvertrag – Bilanzkreisvertrag ... 106
      2. Netzzugangsanspruch und seine Durchsetzung ... 109
      3. Inhalt des Zugangsanspruchs und sonstige Verpflichtungen ... 110
         a) Entbündelung ... 110
         b) Diskriminierungsfreiheit und Standardisierung der Lastprofile ... 111
         c) Angemessenheit und Lieferantenwechsel ... 111
         d) Transparenzpflicht ... 112
         e) Zusammenarbeitspflichten ... 113
         f) Haftung ... 113
         g) Messeinrichtungen ... 114
      4. Zugangsbeschränkungen – insbesondere das Problem des Kapazitätsengpasses ... 116
      5. Zugang zu grenzüberschreitenden Verbindungsleitungen ... 117
      6. Bilanzkreismanagement ... 119
      7. Regelenergie ... 120
      8. Verordnungsermächtigung ... 122

II. Zugang zu Gasversorgungsnetzen — 122
1. Zugang im Strom- und Gasbereich – Gemeinsamkeiten und Unterschiede — 122
2. Entry-Exit-System — 122
3. Inhalt der Kooperationsvereinbarung — 125
4. Vertragsanbahnung und Verträge im Außenverhältnis — 126
   a) Vertragsanbahnung — 126
   b) Einspeisevertrag — 127
   c) Ausspeisevertrag — 127
   d) Bilanzkreisvertrag — 127
5. Vereinbarungen der Netzbetreiber im Innenverhältnis — 128
   a) Interne Bestellung — 128
   b) Abrechnung zwischen den Netzbetreibern/Kosten- und Entgeltwälzung — 128
   c) Netzkopplungsvertrag — 129
6. Veröffentlichungs- und Informationspflichten — 129
7. Netzzugangsanspruch und seine Durchsetzung — 130
8. Inhalt des Zugangsanspruchs — 130
9. Netzzugangsverweigerung — 132
   a) Netzzugangsverweigerung wegen unbedingter Zahlungsverpflichtungen — 132
   b) Netzzugangsverweigerung wegen Kapazitätsengpasses und Engpassmanagement — 134
10. Befreiung vom Zugangsregime — 136
    a) Befreiung neuer Infrastrukturen vom Zugangsregime — 136
    b) Befreiung von Bestandsleitungen zwischen Mitgliedstaaten und Drittstaaten — 137
11. Bilanzkreismanagement — 138
12. Flexibilitätsdienstleistungen — 139
13. Verordnungsermächtigung — 140

III. Zugang zu Wasserstoffnetzen — 140

4. Kapitel: Netzzugangsentgeltregulierung — 143

A. Einführung — 143

I. Funktion der Entgeltregulierung — 143
II. Abgrenzung von der Regulierung der Endkundenentgelte — 143
III. Unionsrechtliche Vorgaben für die Netzzugangsentgeltregulierung — 144

B. Vorgaben des EnWG zur Bildung der Netzentgelte — 146

I. Vorgaben des § 21 Abs. 1 EnWG — 146
   1. Angemessenheit — 147
   2. Diskriminierungsfreiheit — 147
   3. Transparenz — 147
II. Entgeltmaßstäbe des § 21 Abs. 2 EnWG — 148
   1. Effizienzkostenorientierung — 148
   2. Angemessene Verzinsung des eingesetzten Kapitals — 149
   3. Kalkulationsmodell — 150
III. Vorgaben des § 21a EnWG — 150
IV. Sonderregelung des § 28o EnWG für Wasserstoffnetze — 150

C. Anreizregulierung 151
   I. Allgemeines 152
   II. Bestimmung der Erlösobergrenzen 152
      1. Ausgangsniveau 153
         a) Kostenprüfung nach StromNEV/GasNEV 153
         b) „Einmaleffekte" 157
         c) Kapitalkostenabzug 157
      2. Allgemeine Geldwertentwicklung 158
      3. Genereller sektoraler Produktivitätsfaktor 158
      4. Beeinflussbare und nicht beeinflussbare Kostenanteile 159
      5. Unternehmensindividueller Effizienzwert 161
      6. Sondervorschriften für den Effizienzvergleich von Übertragungs- und Fernleitungsnetzbetreibern 163
      7. Vereinfachtes Verfahren 163
      8. Qualitätsvorgaben 164
      9. Forschungs- und Entwicklungskosten 164
      10. Regulierungskonto 165
      11. Anpassung der Erlösobergrenze 165
      12. Investitionsmaßnahmen 166
      13. Netzübergang 167
   III. Bildung der Netzentgelte 168
      1. Kostenstellenrechnung 168
      2. Kostenträgerrechnung 168
         a) GasNEV 168
         b) StromNEV 169

5. Kapitel: Entflechtung 173

A. Zielrichtung der Entflechtungsvorschriften 174
B. Verschiedene Erscheinungsformen der Entflechtung 175
   I. Buchhalterische Entflechtung 176
   II. Informationelle Entflechtung 176
   III. Organisatorische Entflechtung 176
   IV. Gesellschaftsrechtliche Entflechtung 177
   V. Eigentumsrechtliche Entflechtung 177
C. Anwendungsbereich der Entflechtungsvorschriften 177
D. Buchhalterische Entflechtung 179
   I. Getrennte Kontenführung für die Netzbereiche 180
   II. Kontenführung außerhalb der Netzbereiche 181
   III. Möglichkeit der Schlüsselung 182
   IV. Veröffentlichung und Überprüfung 182
E. Informationelle Entflechtung 183
   I. Verbot der Weitergabe von wirtschaftlich sensiblen Informationen (§ 6a Abs. 1 EnWG) 183
      1. „Erlangte Informationen" 184
      2. Wahrung der Vertraulichkeit 184
      3. Gesetzliche Offenbarungspflichten 185

Inhaltsverzeichnis

II. Verbot der diskriminierenden Weitergabe von Informationen die eigene Tätigkeit betreffend (§ 6a Abs. 2 EnWG)	186
1. „Eigene Informationen"	186
2. Diskriminierungsfreie Offenlegung	186
F. Gesellschaftsrechtlich-organisatorische Entflechtung	187
I. Befreiung der De-minimis-Unternehmen	188
II. Rechtliche Entflechtung von Verteilernetzbetreibern	189
III. Organisatorische Entflechtung von Verteilernetzbetreibern	190
1. Personelle Entflechtungsanforderungen des § 7a Abs. 2 EnWG	190
a) Verbot der Doppelzuständigkeit auf Leitungsebene	190
b) Verbot der Doppelzuständigkeit für Personen mit Letztentscheidungsbefugnissen in besonders diskriminierungsrelevanten Bereichen	191
c) Fachliche Weisungsbefugnis des Netzbetreibers bei sonstigen Tätigkeiten des Netzbetriebs	191
d) Zulässigkeit sog. „Shared Services"	192
2. Berufliche Handlungsunabhängigkeit der Leitungsebene (§ 7a Abs. 3 EnWG)	192
3. Gewährleistung tatsächlicher Entscheidungsbefugnisse (§ 7a Abs. 4 EnWG)	193
4. Gleichbehandlungsprogramm (§ 7a Abs. 5 EnWG)	194
5. Getrennte Markenpolitik (§ 7a Abs. 6 EnWG)	195
IV. Entsprechende Anwendung auf bestimmte Gasspeicheranlagenbetreiber und Transportnetzeigentümer	197
G. Eigentumsrechtliche Entflechtung von Transportnetzbetreibern	197
I. Eigentumsrechtliche Entflechtung	198
1. Begriff des vertikal integrierten Energieversorgungsunternehmens	199
2. Ausstattung des Transportnetzbetreibers	199
a) Netzeigentum	199
b) Ausreichende sonstige Mittel	200
3. Verbot gleichzeitiger Kontrolle bzw. Rechteausübung	200
II. Unabhängiger Systembetreiber	201
III. Unabhängiger Transportnetzbetreiber	202
1. Ausstattung des unabhängigen Transportnetzbetreibers	203
2. Rechte und Pflichten des unabhängigen Transportnetzbetreibers	205
3. Unabhängigkeit des Personals des unabhängigen Transportnetzbetreibers	206
4. Aufsichtsrat des unabhängigen Transportnetzbetreibers	208
5. Gleichbehandlungsprogramm	209
IV. Zertifizierung	209
H. Entflechtung von Wasserstoffnetzen	210
I. Buchhalterische Entflechtung	210
II. Informationelle Entflechtung	211
III. Organisatorische Entflechtung	211

6. Kapitel: Energielieferung an Letztverbraucher 213

A. Grund- und Ersatzversorgung 213
  I. Grundversorgungspflicht nach den §§ 36, 37 EnWG 214
    1. Feststellung des Grundversorgers 214
    2. Pflichten des Grundversorgers 216
      a) Versorgung zu den allgemeinen Bedingungen der StromGVV bzw. GasGVV 217
      b) Versorgung zu allgemeinen Preisen 219
  II. Ersatzversorgung nach § 38 EnWG 220
B. Grundzüge des Energieliefervertrags 221
  I. Rechtsnatur und Form des Energieliefervertrags 222
  II. Parteien eines Energieliefervertrags 223
  III. Inhalt des Energieliefervertrags 224
    1. Vorgaben der §§ 40 ff. EnWG 225
      a) Vorgaben für Energielieferverträge mit Letztverbrauchern 225
      b) Lastvariable, tageszeitabhängige und dynamische Tarife 227
      c) Sonderregelungen für Energielieferverträge mit Haushaltskunden außerhalb der Grundversorgung 227
      d) Zertifizierte Vergleichsportale 228
      e) Verträge über die Lieferung von „Mieterstrom" 228
    2. Einbeziehung von AGB / StromGVV / GasGVV 229
  IV. Verschiedene Arten von Energielieferverträgen 229
    1. „All-inclusive-Verträge" 229
    2. Ökostrom-Produkte 230
    3. „Offene Lieferverträge" und „Programm- und Bandlieferungen" 230
    4. Reservelieferung 230
  V. Energielieferantenwechsel nach § 20a EnWG 231
C. Rechnungsstellung für Energielieferungen gemäß den §§ 40 ff. EnWG 231
D. Zivilrechtliche Preiskontrolle 233
E. Stromkennzeichnung nach § 42 EnWG 234

7. Kapitel: Versorgungssicherheit 236

A. Einleitung 236
B. Vorgaben zur Erhaltung der Sicherheit und Zuverlässigkeit der Energieversorgung 238
  I. Anforderungen an die Errichtung und Erhaltung von Energieanlagen 238
  II. Vorratshaltung zur Sicherung der Energieversorgung 240
  III. Monitoring der Versorgungssicherheit und des Lastmanagements 240
  IV. Meldepflicht der Versorgungsnetzbetreiber 242
  V. Möglichkeit der Ausschreibung neuer Erzeugungskapazitäten und von Energieeffizienz- und Nachfragesteuerungsmaßnahmen im Elektrizitätsbereich 242
  VI. Versorgung der Haushaltskunden mit Erdgas 243
  VII. Grundversorgungspflicht als Teil der Versorgungssicherheit 244

8. Kapitel: Planfeststellung, Wegenutzung und Konzessionen 246

A. Energierechtliche Planfeststellung 246
    I. Erfordernis der Planfeststellung 247
    II. Planfeststellungsverfahren 250
    III. Materielle Genehmigungsvoraussetzungen 251
    IV. Geltungsdauer, Rechtsschutz und Überwachung 253

B. Benutzung privater Grundstücke 253
    I. Maßnahmen zur Vorbereitung von Planung und Baudurchführung sowie vorzeitiger Baubeginn 253
    II. Veränderungssperre 255
    III. Zulässigkeit der Enteignung 255
    IV. Verfassungsrechtliche Vorgaben 257

C. Nutzung öffentlicher Verkehrswege – Wegenutzungsvertrag und Konzessionsvertrag 258
    I. Kontrahierungszwang 259
    II. Konzessionsabgaben 260
    III. Vertragslaufzeit und Wechsel des Konzessionärs 261
    IV. Diskriminierungsverbot 268
    V. Rechtsweg 269

9. Kapitel: Materielles Energierecht außerhalb des EnWG 274

A. Erneuerbare Energien 274
    I. Anschluss-, Abnahme- und Übertragungspflicht 277
    II. Vergütungspflicht 281
    III. Einspeisevergütung 282
    IV. Direktvermarktung von Strom aus erneuerbaren Energien und Marktprämie; Ausschreibungen 282
    V. Ausgleichsregelungen 284
    VI. Verfassungs- und unionsrechtliche Fragen 285

B. Kraft-Wärme-Kopplung und Kraft-Wärme-Kälte-Kopplung 288
    I. Anschluss- und Abnahmepflicht 289
        1. Hocheffiziente KWK-Anlagen 289
        2. Netzbetreiber 290
    II. Vergütungsregelung 291
    III. Nachweispflichten 292
    IV. Förderung von Wärme- und Kältenetzen sowie von Wärme- und Kältespeichern 293
    V. Belastungsausgleich 293

C. Gebäudeenergiegesetz 294

D. NABEG 295

E. Messstellenbetriebsgesetz 296
    I. Messstellenbetrieb 297
    II. Messeinrichtungsbezogene Ausstattungspflichten 298
    III. Geräteausstattung und Kommunikation 299
    IV. Bezüge zum EnWG 300

F. Kartellrechtliche Missbrauchskontrolle ... 301
    I. Anwendungsbereich der Norm ... 302
    II. Preis- oder Konditionenmissbrauch auf der Grundlage des Vergleichsmarktkonzepts ... 302
    III. Preismissbrauchsverbot nach dem Gewinnbegrenzungskonzept ... 303
    IV. Berücksichtigungsfähigkeit von Kosten ... 303
    V. Sofortige Vollziehbarkeit kartellbehördlicher Entscheidungen ... 304

G. Emissionshandelssysteme ... 304
    I. Das EU-Emissionshandelssystem ... 305
    II. Das nationale Emissionshandelssystem ... 306
        1. Grundlegende Funktionsweise der CO_2-Bepreisung im nationalen Emissionshandel nach BEHG, BEHV und EBeV 2022 ... 307
        2. Anwendungsbereich des BEHG und der darauf basierenden Verordnungen ... 307
        3. Die Pflichten des Verantwortlichen und deren Erfüllung in der Praxis ... 308

10. Kapitel: Institutionelles Gefüge der Energieaufsicht ... 314

A. Überblick ... 314
B. Zuständigkeiten von Bundesnetzagentur und Landesregulierungsbehörden ... 315
    I. Zuständigkeit als Regulierungsbehörde ... 315
        1. Zuständigkeiten der Landesregulierungsbehörden ... 315
            a) „Kleines", im Netzbetrieb nur auf ein Bundesland beschränktes Unternehmen ... 316
            b) Sachliche Zuständigkeit gemäß § 54 Abs. 2 Nr. 1–12 EnWG ... 316
            c) Vereinbarung einer „Organleihe" ... 317
        2. Zuständigkeit der Bundesnetzagentur als Regulierungsbehörde ... 318
    II. Sonstige, der Bundesnetzagentur explizit zugewiesene Aufgaben ... 319
        1. Vollzug des Unionsrechts und Zusammenarbeit mit anderen europäischen Regulierern ... 320
        2. Berichterstattung gemäß § 63 EnWG ... 321
        3. Auffangzuständigkeit der Bundesnetzagentur ... 321
    III. Zusammenarbeit von Bundesnetzagentur und Landesregulierungsbehörden ... 322
    IV. Kritik an der fehlenden Unabhängigkeit der Bundesnetzagentur ... 323

C. Europäische Agentur für die Zusammenarbeit der Energieregulierungsbehörden (ACER) ... 323
D. Verbleibende Zuständigkeit der Kartellbehörden im Energiesektor ... 325
E. Sonstige Behördenaufgaben und -zuständigkeiten ... 327
    I. Nach Landesrecht zuständige Behörde ... 327
    II. Bundesministerium für Wirtschaft und Energie ... 328
    III. Monopolkommission ... 328
F. Exkurs: Schlichtungsstelle für Energie e.V. ... 329

11. Kapitel: Struktur und Aufbau der Bundesnetzagentur — 331

A. Stellung der Bundesnetzagentur — 331
B. Organe der Bundesnetzagentur — 332
    I. Präsident — 332
    II. Beschlusskammern — 333
C. Sonstige Gremien — 334
    I. Beirat — 334
    II. Länderausschuss — 335
    III. Wissenschaftliche Beratung — 335
D. Organisatorischer Aufbau der Bundesnetzagentur — 335

12. Kapitel: Behördliches und gerichtliches Verfahren — 337

A. Verfahren vor den Regulierungsbehörden — 337
    I. Allgemeines Aufsichtsverfahren gemäß § 65 EnWG — 337
        1. Einleitung und Gang des Verfahrens — 338
            a) Beteiligte am Verfahren — 339
            b) Anhörung und mündliche Verhandlung — 341
        2. Ermittlungsbefugnisse der Regulierungsbehörde — 342
            a) Auskunftsverlangen — 342
            b) Schutz der Betriebs- und Geschäftsgeheimnisse — 343
            c) Zusammenarbeit mit der Staatsanwaltschaft — 344
        3. Verfahrensabschluss — 344
            a) Vorläufige Anordnungen — 344
            b) Begründung und Zustellung der endgültigen Entscheidung — 345
            c) Kosten — 345
    II. Besondere Befugnisse und Verfahrensregelungen im Rahmen der Zugangs- und Entgeltregulierung — 345
        1. Verfahren zur Festlegung und Genehmigung (§ 29 EnWG) — 346
        2. Missbräuchliches Verhalten eines Netzbetreibers (§ 30 EnWG) — 346
        3. Besonderes Missbrauchsverfahren der Regulierungsbehörde (§ 31 EnWG) — 347
        4. Unterlassungsanspruch, Schadensersatzpflicht (§ 32 EnWG) — 348
        5. Vorteilsabschöpfung (§ 33 EnWG) — 348
    III. Sanktionen und Bußgeldverfahren — 349
        1. Vollstreckung — 349
        2. Bußgeld — 349
B. Gerichtsverfahren — 350
    I. Beschwerde — 350
    II. Rechtsbeschwerde (§§ 86 ff. EnWG) — 352
    III. Bürgerliche Rechtsstreitigkeiten — 352

Stichwortverzeichnis — 357

1. Kapitel: Grundlagen des Energierechts

A. Grundlagen der Regulierung von Netzindustrien und Aufbau des Buches

Die Liberalisierung der Netzwirtschaften und der damit einhergehende Wandel der sektorspezifischen Regulierung haben in den letzten beiden Dekaden zu einer schrittweisen und erfolgreichen Annäherung an Wettbewerbsverhältnisse geführt.[1] Dazu haben maßgeblich europarechtliche **Liberalisierungsimpulse** beigetragen. Sie drängen zu einer umfassenden Öffnung der Netzwirtschaften gegenüber einem freien Wettbewerb. Dabei wurde aber schon früh erkannt, dass sich ein Systemwechsel nicht darauf beschränken kann, (Gebiets-)Monopole in der (Energie-)Wirtschaft abzuschaffen, die ehemaligen Monopolisten also einfach in den Wettbewerb zu entlassen und im Übrigen auf den Markt zu vertrauen. Vielmehr muss das Regelungskorsett eine weit anspruchsvollere Struktur aufweisen. Es hat im Kern drei gehaltvolle Ziele zu verfolgen:[2] die Sicherstellung eines wirksamen und unverfälschten Wettbewerbs (§ 1 Abs. 2 EnWG; mit der Folge der Preisgünstigkeit, Effizienz und der Verbraucherfreundlichkeit i.S.d. § 1 Abs. 1 EnWG), die Bereitstellung bestimmter Güter im Markt (also die Versorgungssicherheit in der Energiewirtschaft; § 1 Abs. 1 und Abs. 2 EnWG) und die Gefahrenabwehr. Hinzu kommt in der Energiewirtschaft nach der Zweckformulierung des § 1 Abs. 1 EnWG noch die Umweltverträglichkeit, die seit dem erneuten Atomausstieg im Rahmen der **Energiewende**, der im Sommer 2011 vom Bundestag beschlossen wurde, durch den beschleunigten Ausbau der erneuerbaren Energien und der dazu notwendigen Netzinfrastruktur erreicht werden soll (§ 1 Abs. 1 EnWG). Durch die zunehmend verschärften Klimaschutzziele, zuletzt infolge der jüngsten Rechtsprechung des Bundesverfassungsgerichts, werden die diesbezüglichen Teilziele zur Gewährleistung der Umweltverträglichkeit immer ambitionierter und prägen das Energierecht mit immer größerem Nachdruck.[3] Um den Zweck des § 1 Abs. 1 EnWG im weiterentwickelten „Strommarkt 2.0" zu erreichen, wurden durch das Strommarktgesetz die Ziele der wettbewerblichen Preisbildung (§ 1 Abs. 4 Nr. 1 EnWG), des marktlichen Ausgleichs des Angebot-Nachfrage-Verhältnisses (§ 1 Abs. 4 Nr. 2 EnWG), der Einsatz von Flexibilitätsoptionen (§ 1 Abs. 4 Nr. 3 EnWG) sowie der Stärkung des Elektrizitätsbinnenmarktes (§ 1 Abs. 4 Nr. 4 EnWG) erstmals ausdrücklich formuliert. Damit zeigt sich schon am Zielkatalog die Komplexität der regulatorischen Steuerung in der Energiewirtschaft, die durch die sogenannte „Energiewende" noch einmal deutlich zugenommen hat. Aufgrund der zahlreichen hoheitlichen Interventionen hat sich die Energieordnung in den vergangenen Jahren immer mehr von einer rein marktlichen Organisation entfernt. Ein Entfernen vom Marktmodell bewirkt insbesondere die massive Förderung erneuerbarer Energien, auch wenn die jüngeren Novellen versuchen, gegenläufige Impulse zu setzen.

Soll das erste Ziel eines **unverfälschten Wettbewerbs** verwirklicht werden, müssen die Marktneulinge eine echte Marktzutrittschance erhalten, die über die Möglichkeit einer Marktzutrittserlaubnis und den gegebenenfalls erforderlichen Zugang zum Netz hinausreicht (dazu Kap. 2 und 8). Daher muss der Wettbewerb nicht bloß geschützt,

---

1 Hierzu und zum Folgenden *Kühling*, Sektorspezifische Regulierung in den Netzwirtschaften, 2004, S. 1 ff.
2 So am Beispiel des Telekommunikationsrechts *Ruffert*, AöR 1999, 237 (246 ff.).
3 Vgl. BVerfG Beschl. v. 24.3.2021 – 1 BvR 2656/18 u.a.; s. auch *Frenz*, DVBl 2021, 808 ff.; *Verheyen*, ZRP 2021, 133 ff.

sondern auch aktiv gefördert werden. Dem widmen sich vor allem die Netzzugangsrechte (Kap. 3). Sie eröffnen die Chance, Leistungen des (natürlichen) Monopolisten zu erlangen (in der Energiewirtschaft vor allem Zugang zu den Transport- und Verteilernetzen), um eigene Leistungen (Energieerzeugung; Vertrieb) anzubieten. Dabei stellen die betroffenen Zugangsobjekte oftmals natürliche Monopole dar, wie die Gas- und Elektrizitätsverteilernetze, aber überwiegend auch die Transportnetze.[4] So greift in der Energiewirtschaft beispielsweise der Wettbewerber im Versorgungsgebiet des vormaligen Monopolisten auf das dort vorhandene Netz einschließlich der für die Energieversorgung erforderlichen „Transport"- und Systemdienstleistungen zurück, um diese kombiniert mit seinem Produkt „Energie" an den Endkunden zu vermarkten. Entscheidender Gesichtspunkt bei der Zugangsregulierung sind die Entgelte (Kap. 4). Sind diese zu hoch angesetzt, wird der Wettbewerb auf dem Markt für diejenigen Produkte ausgeschlossen, für deren Angebot der Rückgriff auf die entgeltregulierten Vorleistungen erforderlich ist. Daher bedarf es einer Regulierung der Zugangsentgelte. Als Instrument zur Gewährleistung der Diskriminierungsfreiheit bei der Zugangsgewährung kristallisieren sich schließlich unterschiedliche Entflechtungsvorschriften heraus, die von der buchhalterischen Trennung – etwa der Transportdienstleistungen von der Energieerzeugung – bis hin zu der mit der Umsetzung des Dritten Energiebinnenmarktpakets eingeführten Option einer eigentumsrechtlichen Desintegration einzelner Leistungssparten reichen können (Kap. 5). Als zentrale Instrumente zur Wettbewerbsförderung entpuppen sich damit Zugangs-, Entgelt- und Entflechtungsregulierung. Dabei ist die Komplexität jener Steuerungsvorgaben in den vergangenen Jahren erheblich gestiegen, zumal stets neu auftretende Phänomene durch eigene Bestimmungen normativ umhegt wurden wie etwa der Netzanschluss von Offshore-Windenergieanlagen oder zuletzt die Besonderheiten des Regulierungsregimes von Wasserstoffnetzen.

3 Trotz des Vertrauens in die prinzipielle Aufrechterhaltung der Versorgung mit den fundamentalen Leistungen der Energie (und den vergleichbaren Gütern in den übrigen Netzwirtschaften) durch wettbewerbsoffene Regime bleibt die Befürchtung von Versorgungsdefiziten bestehen. Um das zweite Ziel der Sicherung der Bereitstellung bestimmter Netzwirtschaftsleistungen zu erreichen, sind daher einerseits Zugangsrechte der Endkunden zu bestimmten Leistungen und andererseits Regime zur Aufrechterhaltung der **Versorgungssicherheit** erforderlich. Allerdings zeigt sich, dass auch insoweit das Ziel des Schutzes und der Förderung des Wettbewerbs sehr weitgehend gewahrt werden kann (dazu Kap. 6 und 7). Allerdings sind auch hier die normativen Vorgaben in den vergangenen Jahren zunehmend ausdifferenzierter geworden und zudem um Verbraucherschutzanliegen überformt worden, was insbesondere eine umfassendere Darstellung der Vorgaben zur Energielieferung an Letztverbraucher erforderlich macht (siehe Kap. 7). In anderen Fällen, in denen es nicht um die Versorgung geht, sondern um die Förderung bestimmter Wirtschaftsgüter – wie insbesondere der erneuerbaren Energien –, werden Wettbewerbsverzerrungen dagegen aus übergeordneten, verfassungs- und unionsrechtlich tendenziell legitimierten Gründen des Umweltschutzeses bewusst in Kauf genommen. Die korrelierenden Regelungswerke etwa zur Förderung erneuerbarer Energien sind an Komplexität kaum noch zu überbieten und unterliegen im Übrigen ständigen Novellen, während bestehende Normen noch auf Bestandsanlagen Anwendung finden. Wettbewerbsneutrale Regulierungsinstrumente, die beispielsweise eine Internalisierung

---

4 Ein natürliches Monopol im volkswirtschaftlichen Sinne liegt dann vor, wenn die Nachfrage am wirtschaftlichsten durch einen Anbieter erfüllt werden kann (Vorliegen von Subadditivitäten).

A. Grundlagen der Regulierung von Netzindustrien und Aufbau des Buches 19

der externen Umweltkosten gewährleisten,[5] stehen insoweit, jedenfalls gegenwärtig, nicht zur Verfügung. Diese energierechtlichen Nebengesetze jenseits des EnWG haben teilweise einen dominanten Einfluss auf die Energiemärkte. Das gilt insbesondere für das EEG. Hier zeigt sich insgesamt die Notwendigkeit der umfassenden Rezeption von Regelungsvorgaben auch außerhalb des EnWG etwa im EEG oder im KWKG im vorliegenden Werk (dazu Kap. 9).

Schließlich bedarf es genauso wie in der Zeit der Monopole der **Gefahrenabwehr** als drittes Ziel. Darunter fällt etwa die Sicherheit der Betriebsanlagen. Die Gefahrenabwehr unterscheidet sich von den ersten beiden Zielen durch den Charakter einer nicht ökonomischen Regulierung.[6] Sie wird im Energierecht im Wesentlichen durch Anzeige- und Genehmigungspflichten gewährleistet (dazu Kap. 2). Inzwischen wurden jedoch umfangreiche ergänzende Vorgaben für den Netzausbau erforderlich, die über das ursprüngliche Instrumentarium der Wegenutzung und Konzessionen deutlich hinaus geht und zur Aufnahme umfassender planungsrechtlicher Vorgaben im EnWG selbst als auch in Nebengesetzen wie dem Energieleitungsausbaugesetz (EnLAG), dem Bundesbedarfsplangesetz (BBPlG) oder dem Netzausbaubeschleunigungsgesetz (NABEG) geführt haben (dazu Kap. 8). 4

Bleiben die Bestimmungen zur Gefahrenabwehr weiterhin erforderlich und treten zusätzlich komplexe Normen der Planung, der Wettbewerbsförderung und der Sicherstellung der Grundversorgung hinzu, verwundert es nicht, dass der dramatische Wandel des Wirtschaftsverwaltungsrechts in den Netzwirtschaften durch einen enormen **Anstieg der Regulierungskomplexität** geprägt ist, wie er auch mit dem Energiewirtschaftsgesetz und seinen Nebengesetzen allein schon durch die massive Zunahme des normativen Umfangs signalisiert wird. Ziel dieser Einführung in das Energierecht ist es, die gestiegene Komplexität zu reduzieren und einen Orientierungsfaden für die Auseinandersetzung mit dem neuen Normengerüst an die Hand zu geben. 5

Schließlich ist darauf hinzuweisen, dass die Untersuchung der Netzwirtschaftsregulierung zeigt, dass die **institutionelle Flankierung** der Liberalisierungsprozesse von erheblicher Bedeutung für die effektive Anwendung der Regulierungsinstrumente ist. Die Bedeutung der institutionellen Voraussetzungen für die Entfaltung des materiellen Rechts wird häufig unterschätzt. Dies ist in den Netzwirtschaften besonders misslich, da hier die Effektivität der Regulierungsinstrumente und insbesondere die Sicherung des Netzzugangs ganz wesentlich von der institutionellen Ausgestaltung abhängen. Eine der zentralen Neuerungen des EnWG 2005 war daher die Betrauung der im gleichen Zuge zur Bundesnetzagentur mutierten Regulierungsbehörde für Post und Telekommunikation (RegTP) mit den Regulierungsaufgaben. Zusätzlich wurde das institutionelle Design in der Energiewirtschaft dadurch verkompliziert, dass neben die Bundesnetzagentur die Landesregulierungsbehörden traten. Ebenso wichtig ist schließlich die Frage, wie die Gerichte als „nachgelagerte Regulierer" aktiviert werden können. Diese Aspekte werden daher umfassend in Kap. 10, 11 und 12 analysiert. Das dritte Energiebinnenmarktpaket hat auch hier mit den verschärften Anforderungen an die Unabhängigkeit der nationalen Regulierungsbehörden und der Schaffung der europäischen Behörde ACER neben der Kommission zu signifikanten Änderungen und im letzten Fall auch zu einer Komplexitätssteigerung geführt. Die 6

---

5 Man könnte die Förderregulierung allerdings auch als ein äußerst grobes Instrument zur Internalisierung externer Kosten qualifizieren.
6 Zur näheren Differenzierung zwischen ökonomischer und nicht ökonomischer Regulierung *Kühling*, Sektorspezifische Regulierung in den Netzwirtschaften, 2004, S. 11 f.

Neufassung der ACER-Verordnung[7] als ein Bestandteil des Winterpakets der EU[8] führte zu einer weiteren Stärkung der Agentur, wobei die Befugnisse der Koordinationsagentur nur leicht ohne grundlegende Änderungen ausgeweitet wurden.[9] Neu geschaffen wurden eigenständige, von den Übertragungsnetzbetreibern unabhängige **regionale Koordinierungszentren** (RKZ), vgl. § 57b EnWG 2021.[10]

B. Energiebegriff, Märkte und Ebenen

7 Die weitgehend leitungsgebundenen Energiearten Elektrizität, Gas und Fernwärme sind im Hinblick auf den Transport und die Verteilung durch ihren Netzcharakter geprägt. An diesem Aspekt orientiert, definiert § 3 Nr. 14 EnWG Energie als „Elektrizität und Gas, soweit sie zur leitungsgebundenen Energieversorgung verwendet werden".

8 Mit dem Hinweis auf die die Netzeigenschaft begründenden Aspekte des Transports und der Verteilung über Leitungen sind im Übrigen bereits zwei zentrale Stufen der Wertschöpfungskette im Energiesektor erwähnt. Hinzu kommen schließlich als vorgelagerte Stufe die **Erzeugung** (bzw. bei Erdgas die Gewinnung) und als nachgelagerte Stufe der **Vertrieb**, der sich auf den Verkauf der Energie bezieht. An der Schnittstelle zwischen Verteilung und Vertrieb weist der Gesetzgeber darüber hinaus der Messung von Strom und Gas mit konventionellen Zählern oder neuen „intelligenten" Messsystemen eine zunehmend eigenständige Rolle zu. Die Stufe der Erzeugung stellt einen mit der Produktion anderer Güter vergleichbaren Markt dar, der grundsätzlich wettbewerblich organisierbar ist und keiner spezifischen Regulierung bedarf.[11] Dasselbe gilt für den Vertrieb und für die **Messung**.

9 Seit einiger Zeit konnte durch die Einführung liquider Handelsplätze auch eine zunehmende Teilnahme rein finanziell motivierter Marktteilnehmer am **Elektrizitäts- und Erdgashandel** beobachtet werden. Diese Marktteilnehmer verfügen weder über eigene Erzeugungskapazitäten noch über Kunden, die sie zum Zwecke des Eigenverbrauchs mit Energie beliefern. Ihre Tätigkeit beschränkt sich auf den physischen und nicht physischen Handel mit Elektrizität und Erdgas. Insoweit wird auch die Tätigkeit der Börsen und damit in einem weiteren Schritt sogar der Wettbewerb zwischen den Börsen[12] zunehmend wichtiger.

10 Im Hinblick auf die der Erzeugung nachgelagerte Transportstufe kann zwischen den einzelnen Energiearten unterschieden werden. So bezieht sie sich bei der **Elektrizität** auf die Überwindung regelmäßig größerer Entfernungen über das **Höchst- und Hochspannungsnetz** und wird als Übertragung bezeichnet (§ 3 Nr. 32 EnWG). Die wiederum nachgelagerte Verteilung der Energie (§ 3 Nr. 37 EnWG) bezieht sich auf

---

7 Verordnung (EU) 2019/942 des Europäischen Parlaments und des Rates v. 5.6.2019 zur Gründung einer Agentur der Europäischen Union für die Zusammenarbeit der Energieregulierungsbehörden, ABl. EU Nr. L 158, S. 22 v. 14.6.2019.
8 Vgl. zum EU-Winterpaket *Frenz*, RdE 2017, 281 ff.; *Gundel*, in: Dauses/Ludwigs (Hrsg), Handbuch des EU-Wirtschaftsrechts, 52. EL Februar 2021, Energierecht, Rn. 166 ff.; *Mai*, RdE 2017, 335 ff.; *Pause/Kahles*, ER 2019, 9 ff.; *Scholtka/Martin*, ER 2017, 183 ff. und 240 ff.; *Wehle*, RdE 2018, 407 ff.
9 *Gundel*, in: Dauses/Ludwigs (Hrsg.), Handbuch des EU-Wirtschaftsrechts, 52. EL Februar 2021, Energierecht, Rn. 168; *Pielow*, RdE 2019, 421 (429).
10 Vgl. dazu *Meyer/Sene*, RdE 2019, 278 (282).
11 *Brunekreeft/Keller*, in: Knieps/Brunekreeft (Hrsg.), Zwischen Regulierung und Wettbewerb. Netzsektoren in Deutschland, 2. Aufl. 2003, S. 125 (129).
12 Siehe dazu zuletzt *Monopolkommission*, 8. Sektorgutachten Energie: Wettbewerbschancen bei Strombörsen, E-Ladesäulen und Wasserstoff nutzen, 2021, abrufbar unter https://www.monopolkommission.de/images/PDF/SG/8sg_energie_volltext.pdf (Abruf 15.10.2021).

den Transport über **Mittel- und Niederspannungsnetze**, um die Versorgung der Endkunden zu ermöglichen. Die **Verteilerstufe** hat sich damit als geografische Unterebene der Netzebenen herausgebildet. Bei dieser Wertschöpfungsstufe handelt es sich nach allgemeiner Auffassung weitgehend um natürliche Monopole, die sich in Bezug auf einzelne Teilnetze in den Händen unterschiedlicher Eigentümer befinden können.[13] Schließlich hat die Liberalisierung das eigenständige Hervortreten einer weiteren Wertschöpfungsstufe herbeigeführt: der Vertriebsstufe. Der Vertrieb organisiert die unmittelbare Endkundenbeziehung. Er kauft den Strom bzw. das Gas und die Netz(transport)dienste ein und verkauft diese Leistungen an den Endkunden weiter. Die Vertriebsstufe ist wiederum ein Markt, auf dem keine marktstrukturellen monopolistischen Engpasselemente ersichtlich sind.[14]

Ergänzend ist darauf hinzuweisen, dass mit Blick auf die Unternehmensstruktur keinesfalls die Abgrenzung der fünf genannten Stufen mit einem Tätigwerden jeweils nur auf einer dieser Stufen agierender Unternehmen korrespondiert. Vielmehr ist gegenwärtig eine Vielzahl von Unternehmen unterschiedlicher vertikaler Integrationstiefe am Markt aktiv, auch wenn die Separierungsvorschriften zu einer erheblichen **Entflechtung** und vor allem Abtrennung der Übertragungsnetze von den vertikal integrierten Unternehmen geführt haben. Grob umschrieben treten dabei in der Elektrizitätswirtschaft erstens die Verbundunternehmen auf, die von der Erzeugung über den Transport bis hin zum Vertrieb vollauf vertikal integriert sind, zweitens die regionalen und kommunalen Versorger, die vor allem die Verteilungs- und Vertriebsstufe bedienen, aber zum Teil auch selbst Strom erzeugen, und drittens Spezialunternehmen, die sich ausschließlich auf einer Stufe wirtschaftlich betätigen, wobei dies vor allem die Vertriebsstufe sowie – seit Inkrafttreten der verschärften Entflechtungsvorgaben – die Transportnetzstufe betrifft.[15] Die Entflechtungsvorgaben haben zudem dazu geführt, dass die verschiedenen Integrationsstufen teilweise gesellschaftsrechtlich, operationell und „eigentumsrechtsähnlich" separiert worden sind (dazu Kap. 5). **11**

Die vorstehenden Ausführungen zur Struktur der Elektrizitätsmärkte gelten vergleichbar für die **(Erd-) Gaswirtschaft**. Beim Erdgas ist die Produktionsstufe aus deutscher Sicht vor allem durch einen Import gekennzeichnet. Die Transportstufe korrespondiert mit den **Fernleitungen** der Ferngasunternehmen (§ 3 Nr. 19 EnWG). Daneben tritt ebenso die **Weiterverteilungsstufe**, die noch in eine regionale und lokale Unterstruktur zerfällt.[16] Auch im Erdgasmarkt besteht eine eigenständige Vertriebsstufe, wohingegen der Messung als eigenständigem Markt eine nach wie vor untergeordnete Rolle zukommt. **12**

Wasserstoff als neuerer „Energie- und Hoffnungsträger" der Energiewende ist in den letzten Jahren immer stärker in den Fokus gerückt. Dabei soll **grüner Wasserstoff** einen relevanten Beitrag zur Verwirklichung der ambitionierten Ziele der Reduktion der Treibhausgase leisten.[17] Bei der Wasserstoffwirtschaft handelt es sich **13**

---

13 *Brunekreeft/Keller*, in: Knieps/Brunekreeft (Hrsg.), Zwischen Regulierung und Wettbewerb. Netzsektoren in Deutschland, 2. Aufl. 2003, S. 125 (130).
14 *Brunekreeft/Keller*, in: Knieps/Brunekreeft (Hrsg.), Zwischen Regulierung und Wettbewerb. Netzsektoren in Deutschland, 2. Aufl. 2003, S. 125 (130 f.).
15 *Brunekreeft/Keller*, in: Knieps/Brunekreeft (Hrsg.), Zwischen Regulierung und Wettbewerb. Netzsektoren in Deutschland, 2. Aufl. 2003, S. 125 (140 f.).
16 *Theobald/Theobald*, Grundzüge des Energiewirtschaftsrechts, 3. Aufl. 2013, S. 18 ff. m.w.N.
17 Vgl. dazu *Monopolkommission*, 8. Sektorgutachten Energie, 2021, S. 87, Tz. 228 (s. Fn. 12); s. auch: *Kühling/Rothbauer*, et 2021, 63 ff.; *Baumgart/Schulte/Berger/Lencz/Manius*, Schlund, RdE 2021, 1 ff.; *Grösch/Horstmann/Müller*, RdE 2020, 174 ff.; *Hampel/Flemming/Ertel*, RdE 2021, 125 ff.; kritisch *Sachverständigenrat für Umweltfragen*, Stellungnahme, Wasserstoff im Klimaschutz: Klasse statt Masse, v.

derzeit noch um einen sehr kleinen Sektor mit wenig Bedarf für den Transport von Wasserstoff.[18] Im Jahr 2021 verfügte Deutschland nur über drei Cluster mit jeweils einer Transportinfrastruktur, namentlich im Ruhrgebiet, in Mitteldeutschland und in Norddeutschland. Sie stehen im Eigentum von Unternehmen, die in langfristigen Verträgen gebunden sind an Unternehmen, die neben der Lieferung nach den verfügbaren Erkenntnissen auch den Transport des Wasserstoffs umschließen.[19] Nach ihrer Bewertung des Ist-Zustands ordnet die Bundesnetzagentur die Wasserstoffnetze in den bestehenden Wasserstoff-Clustern als natürliche Monopole ein.[20] Die Wasserstoffwirtschaft soll in den nächsten Jahren, auch unterstützt von staatlichen Fördermitteln, stark anwachsen, wobei voraussichtlich damit einhergehend auch die Wasserstoffnetze größer werden.[21] Es ist davon auszugehen, dass der Aufbau in Form einer schrittweisen **Sekundärnutzung** der bisherigen **Erdgasnetze** erfolgen wird.[22] Denn es ist wesentlich kostengünstiger, bestehende Erdgasleitungen umzurüsten, als Wasserstoffleitungen eigens neu aufzubauen.[23] Vor diesem Hintergrund wird gegenwärtig davon ausgegangen, dass die Wasserstoffinfrastruktur in späteren Ausbaustufen ähnlich zur jetzigen Gasnetzinfrastruktur sein wird.[24] Die Bundesregierung wird dabei aufgefordert, die derzeit separate Regulierung von Wasserstoff- und Erdgasnetzen bis 2022 mit dem Ziel einer gemeinsamen Regulierung und Finanzierung zu evaluieren und sich für eine gemeinsame Regulierung von Gas- und Wasserstoffnetzen auch auf unionaler Ebene einzusetzen, wobei gerade die Zweckmäßigkeit der gemeinsamen Finanzierung umstritten ist.[25]

C. Entwicklung der Energieordnung

14 Initiiert durch das **Erste Energiebinnenmarktpaket** mit der Elektrizitätsbinnenmarktrichtlinie 96/92/EG[26] ist es mit dem Gesetz zur Neuregelung des Energiewirtschaftsgesetzes zum **29. April 1998**[27] zu einer weitreichenden **Marktöffnung** des Energiewesens in Deutschland gekommen.[28] Das von 1935 datierende EnWG wurde dazu behutsam novelliert. Daran anschließend haben weitere kleinere Reformen sowie Verbändevereinbarungen zu einer Fortschreibung und Konkretisierung der **Liberalisierungsmaßnahmen** geführt. Im Hinblick auf die Erdgasbinnenmarktrichtli-

---

23.6.2021, abrufbar unter https://www.umweltrat.de/SharedDocs/Pressemitteilungen/DE/2020_2024/2021_06_wasserstoff_klasse_statt_masse.html?nn=9726460 (Abruf 15.10.2021).

18 *Monopolkommission*, 8. Sektorgutachten Energie, 2021, S. 95, Tz. 253 (s. Fn. 12); vgl. auch: *Hampel/Flemming/Ertel*, RdE 2021, 125 (126).

19 *Grösch/Horstmann/Müller*, RdE 2020, 174 (176); *Monopolkommission*, 8. Sektorgutachten Energie, 2021, S. 95, Tz. 253 (s. Fn. 12).

20 Bundesnetzagentur, Regulierung von Wasserstoffnetzen - Bestandsaufnahme, a. a. O., S. 62 ff.; zur Regulierungsbedürftigkeit vgl. auch *Sieberg/Cesarano*, RdE 2020, 532 ff.

21 *Monopolkommission*, 8. Sektorgutachten Energie, 2021, S. 95, Tz. 254 (s. Fn. 12); vgl. auch *Hampel/Flemming/Ertel*, RdE 2021, 125 ff.

22 Ausführlich dazu *Monopolkommission*, 8. Sektorgutachten Energie, 2021, S. 95, Tz. 254 (s. Fn. 12); Vgl. auch *Grösch/Horstmann/Müller*, RdE 2020, 174 ff.

23 *Monopolkommission*, 8. Sektorgutachten Energie, 2021, S. 95, Tz. 254 (s. Fn. 12); ähnlich *Sieberg/Cesarano*, RdE 2020, 532 (534 ff.).

24 *Monopolkommission*, 8. Sektorgutachten Energie, 2021, S. 95, Tz. 256 (s. Fn. 12).

25 Skeptisch dazu *Monopolkommission*, 8. Sektorgutachten Energie, 2021, S. 102, Tz. 177 (s. Fn. 12).

26 Richtlinie 96/92/EG des Europäischen Parlaments und des Rates v. 19.12.1996 betreffend gemeinsame Vorschriften für den Elektrizitätsbinnenmarkt, ABl. EG Nr. L 27, S. 20 v. 30.1.1997.

27 BGBl. I 1998, S. 730; Kern des Gesetzes ist Art. 1, der das Gesetz über die Elektrizitäts- und Gasversorgung (Energiewirtschaftsgesetz – EnWG) beinhaltet.

28 *Büdenbender*, RdE 1999, 1 ff., spricht insoweit von einer „neue[n] Zeitrechnung für das Energierecht".

C. Entwicklung der Energieordnung

nie 98/30/EG[29] war zunächst keine gesetzliche Umsetzung der gemeinschaftsrechtlichen Bestimmungen erfolgt, obwohl das Bundeswirtschaftsministerium schon frühzeitig damit drohte, regulativ tätig zu werden. Vielmehr sind anfangs allein Verbändevereinbarungen abgeschlossen worden. Erst mit dem Inkrafttreten des Ersten Gesetzes zur Änderung des Gesetzes zur Neuregelung des Energiewirtschaftsrechts änderte sich die Situation insoweit.[30] Eine beschränkte Änderung und Erweiterung des deutschen Energiewirtschaftsgesetzes war bereits Anfang 2001 in Angriff genommen worden, erfolgte angesichts erheblicher Meinungsverschiedenheiten auch zwischen dem Bundestag und dem Bundesrat allerdings erst am 20. Mai 2003.[31] Dabei bestand weitgehende Einigkeit darüber, dass der Zugangsregelung des § 6 EnWG a.F. für die Elektrizitätswirtschaft eine vergleichbare Bestimmung für die Gaswirtschaft in einem § 6a EnWG (a.F.) zur Seite gestellt werden sollte.[32] Umstritten war jedoch eine erst später aufgenommene Ergänzung der Änderungsvorschläge, die eine begrenzte „Verrechtlichung" der Verbändevereinbarungen vorsah, indem die Zugangsbedingungen nach § 6 Abs. 1 EnWG a.F. (und dem dann folgenden § 6a Abs. 2 EnWG a.F.) „guter fachlicher Praxis entsprechen" mussten und das Vorliegen einer guten fachlichen Praxis im Fall der vollständigen Berücksichtigung der Verbändevereinbarungen vermutet wurde.[33] Der Bundesrat wollte die Entgeltbestimmungen der Verbändevereinbarungen von dieser Vermutungswirkung ausnehmen und lehnte eine Verrechtlichung der Verbändevereinbarung in der Gaswirtschaft vollständig ab.[34] Zudem war umstritten, inwieweit die kartellrechtliche Kontrolle durch diese Vermutungswirkung beschränkt werden sollte.[35] Gesetzeskraft erlangte schließlich ein Kompromiss, der eine widerlegliche Vermutungswirkung normierte. Danach griff keine entsprechende Vermutung, wenn die Anwendung der Verbändevereinbarung wirksamen Wettbewerb nicht gewährleisten könne. Durch die entsprechende Formulierung der Netzzugangsbestimmungen blieben die Kontrollbefugnisse des Bundeskartellamts unberührt.[36]

Während demnach die Erdgasbinnenmarktrichtlinie 98/30/EG gerade mit erheblicher Verspätung in deutsches Recht umgesetzt worden war und in der Elektrizitätswirtschaft eine heftige Auseinandersetzung um eine vergleichsweise geringfügige Novellierung geführt wurde, unterlagen die gemeinschaftsrechtlichen Vorschriften über den Elektrizitätsbinnenmarkt und den Erdgasbinnenmarkt bereits einem umfassenden Revisionsprozess durch die sogenannten Beschleunigungsrichtlinien im **Zweiten Energiebinnenmarktpaket**. Die Vorschläge der Kommission zur Änderung der Elektrizitätsbinnenmarkt- und Erdgasbinnenmarktrichtlinie datieren bereits vom

---

29 Richtlinie 98/30/EG des Europäischen Parlaments und des Rates v. 22.6.1998 betreffend gemeinsame Vorschriften für den Erdgasbinnenmarkt, ABl. EG Nr. L 204, S. 1 v. 21.7.1998.
30 BGBl. I 2003, S. 686; dazu *Büdenbender*, RdE 2001, 165 ff.
31 BGBl. I 2003, S. 686.
32 S. dazu bereits Art. 1 Ziff. 4 des Entwurfs eines Ersten Gesetzes zur Änderung des Gesetzes zur Neuregelung des Energiewirtschaftsrechts, BT-Drs. 14/5969; zur Vorgabe einer buchhalterischen Entflechtung gem. einem neuen § 9a EnWG für die Gaswirtschaft, der sich an dem für die Elektrizitätswirtschaft geltenden § 9 EnWG orientiert, s. Art. 1 Ziff. 5.
33 Die Änderung geht auf die Beschlussempfehlung des Ausschusses für Wirtschaft und Technologie zurück (BT-Drs. 14/9081) und wurde vom Bundestag am 17.5.2002 angenommen, s. dazu BR-Drs. 460/02.
34 BR-Drs. 460/02.
35 S. auch den Beschl. des Bundesrates v. 12.7.2002, BT-Drs. 14/9797; zur rechtlichen Bewertung der Vorschläge, auch mit Hinweisen zum Gesetzgebungsverfahren umfassend *Säcker/Boesche*, ZNER 2002, 183 ff.
36 So wurde in § 6a EnWG der Zusatz gestrichen, dass die einschlägigen Normen (§§ 19 Abs. 4 und 20 Abs. 1 und 2 GWB) „im Übrigen" unberührt bleiben.

13. März 2001.[37] Sie wurden durch einen geänderten Vorschlag vom 7. Juni 2002 ersetzt,[38] der durch zwei gemeinsame Standpunkte des Rates vom 3. Februar 2003 nicht unerheblich modifiziert wurde.[39] Die Vorschläge enthielten von vornherein sowohl einen quantitativen Vorschlag zur allmählichen Ausdehnung des Grundsatzes der freien Wahl des Versorgungsunternehmens auf alle Elektrizitäts- und Erdgaskunden als auch qualitative Vorschläge zur Verbesserung der Strukturen der Elektrizitäts- und Erdgasmärkte.[40] Der quantitative Vorschlag war äußerst umstritten, aber für den deutschen Energierechtsrahmen ohne Belang, da mit dem Energiewirtschaftsgesetz von 1998 ohnehin bereits eine vollständige Marktöffnung durchgesetzt worden war.

16 Die in den Details ebenfalls hoch umstrittenen qualitativen Vorschläge stellten hingegen von vornherein den deutschen Regulierungsansatz infrage. Einen **Systemwechsel** kündigte vor allem die Einführung einer Regulierungsbehörde durch den neuen Art. 22 der Richtlinienentwürfe gemäß dem ursprünglichen Kommissionsvorschlag an, da diese über maßgebliche Kompetenzen verfügen sollte. Auswirkungen hatte diese Diskussion nur für Deutschland, da zu jenem Zeitpunkt in allen anderen Mitgliedstaaten ohnehin schon Regulierungsbehörden bestanden oder zumindest geplant waren.[41] Zwischenzeitlich zeichnete sich insoweit eine Kompromisslinie ab, die den verhandelten Netzzugang in Deutschland weiterhin zugelassen hätte und insbesondere eine Genehmigung der Grundbedingungen des Netzzugangs genügen ließ sowie im Übrigen lediglich eine effiziente Ex-post-Kontrolle der Zugangsbedingungen einschließlich der Zugangsentgelte verlangte. Damit wäre die bis dato in Deutschland vorgesehene legislative Absegnung der entsprechenden Verbändevereinbarungen in Verbindung mit der Ex-post-Kontrolle der Gerichte und des Bundeskartellamts möglicherweise als genügende Umsetzung der Richtlinienvorgaben anzusehen gewesen.

17 In der finalen Fassung konnten die ursprünglichen Kommissionsvorschläge schließlich weitgehend durchgesetzt werden.[42] Somit erfolgte durch die quantitativen Vorschläge die angestrebte weitere Liberalisierung der nationalen Energiemärkte und in der Folge wurde das Tor aufgestoßen für eine verstärkte Integration dieser nationalen Märkte in einen **europäischen Energiebinnenmarkt**.[43] Auch gelang die beabsichtigte nachhaltige Verschärfung der Regulierungsinstrumente sehr weitgehend:

---

37 Vorschlag für eine Richtlinie des Europäischen Parlaments und des Rates zur Änderung der Richtlinien 96/92/EG und 98/30/EG über gemeinsame Vorschriften für den Elektrizitätsbinnenmarkt und den Erdgasbinnenmarkt, ABl. EG Nr. C 240 E, S. 60 v. 28.8.2001.
38 COM (2002) 304 final; dazu *Kühne*, RdE 2002, 257 (261 ff.).
39 Gemeinsamer Standpunkt (EG) 5/2003, ABl. EU Nr. C 50 E, S. 15 und 36 v. 4.3.2003; vgl. zu den Modifizierungen nur am Beispiel der Gewährleistung der Versorgungssicherheit *Koenig/Kühling/Rasbach*, ZNER 2003, 3 (7 f.).
40 S. zur Erläuterung *Kommission*, Mitteilung an den Rat und das Europäische Parlament. Vollendung des Energiebinnenmarkts; Vorschlag für eine Richtlinie des Europäischen Parlaments und des Rates zur Änderung der Richtlinie 96/92/EG des Europäischen Parlaments und des Rates v. 19.12.1996 betreffend gemeinsame Vorschriften für den Elektrizitätsbinnenmarkt und der Richtlinie 98/30/EG des Europäischen Parlaments und des Rates v. 22.6.1998 betreffend gemeinsame Vorschriften für den Erdgasbinnenmarkt, COM (2001) 125 final, S. 37 ff.
41 S. dazu die Hinweise im Arbeitsdokument der Kommissionsdienststellen, Vollendung des Energiebinnenmarkts, SEC (2001) 438, v. 12.3.2001, S. 18, abrufbar unter www.europarl.europa.eu/meetdocs/committees/econ/20011203/438_de.pdf (Abruf 15.10.2021).
42 ABl. EU Nr. L 176, S. 37 (EltRL) v. 15.7.2003; ABl. EU Nr. L 176, S. 57 (GasRL) v. 15.7.2003; s. ergänzend zur Versorgungssicherheit in der Gaswirtschaft noch die Richtlinie 2004/67/EG des Rates v. 26.4.2004 über Maßnahmen zur Gewährleistung der sicheren Erdgasversorgung, ABl. EU Nr. L 127, S. 92 v. 29.4.2004.
43 Vgl. *Bausch*, ZNER 2004, 332 (332); *Schneider/Prater*, RdE 2004, 57 (58), 62.

C. Entwicklung der Energieordnung

Für Deutschland am wichtigsten war der Ausschluss des Konzepts des verhandelten Netzzugangs. Dieser Ansatz hatte in Deutschland nicht die gewünschten Erfolge bei der Belebung des Wettbewerbs erzielt und wurde daher auch auf EU-Ebene schließlich verworfen. Der Schwerpunkt der Richtlinien lag im Übrigen in einer wesentlichen Verschärfung der Regulierungsvorgaben, um einen offenen Zugang zum natürlichen Monopol der Netze wirkungsvoller zu gewährleisten und damit einen funktionsfähigen Wettbewerb auf den vor- und nachgelagerten Märkten zu ermöglichen. Dies betraf neben den Zugangs- vor allem die Entbündelungsvorgaben, die auf die über die bloße buchhalterische und binnenorganisatorische Entflechtung hinausgehende gesellschaftsrechtliche Separierung der Übertragungs- und Verteilernetzbetreiber bzw. der Fernleitungs- und Verteilernetzbetreiber abzielten.[44] Daneben war die VO (EG) 1228/2003 über den grenzüberschreitenden Stromhandel[45] von großer Bedeutung, insbesondere mit Blick auf die Beseitigung von Kapazitätsengpässen an den grenzüberschreitenden Netzkuppelstellen. Was das übrige Energiewirtschaftsrecht anbelangte, verlangte schließlich die RL 2001/77/EG zur Förderung der Stromerzeugung aus erneuerbaren Energiequellen im Elektrizitätsbinnenmarkt[46] eine Modifizierung des Erneuerbare-Energien-Gesetzes.[47] Im Ergebnis gab die Richtlinie die bislang aus rein mitgliedstaatlicher Initiative entwickelte Förderregulierung nunmehr gemeinschaftsrechtlich vor.

18 Vor diesem Hintergrund war für die Novellierung des Energiewirtschaftsgesetzes eine Verschärfung der Regulierungsinstrumente vorgezeichnet.[48] Politisch kündigte sich mit dem Monitoring-Bericht des Bundeswirtschaftsministeriums vom September 2003 eine vorsichtige Annäherung an die umfassender regulierte Telekommunikationswirtschaft an.[49] Der Bericht sollte evaluieren, inwiefern der bisherige Regulierungsansatz via Verbändevereinbarungen sich in energie- und wettbewerbspolitischer Hinsicht als sinnvoll erwies oder welche Modifizierungen erforderlich waren. Zwar wurde der bisherige Ansatz vor allem für den Strombereich im Monitoring-Bericht als grundsätzlich sinnvoll bewertet, gleichwohl wurden gerade institutionelle Änderungen vorgeschlagen wie insbesondere eine Betrauung der damaligen RegTP mit den durch die Beschleunigungsrichtlinien vorgegebenen Regulierungsaufgaben. Auch aus ökonomischer Sicht wurde eine Anpassung an den telekommunikationsrechtlichen Regulierungsansatz, allerdings nicht nur in institutioneller, sondern auch in materiellrechtlicher Hinsicht befürwortet, so etwa von der Monopolkommission in ihrem 14. Hauptgutachten.[50]

19 Bereits der Referentenentwurf vom 27. Februar 2004 machte sodann deutlich, dass eine **Totalrevision** des Energiewirtschaftsgesetzes angestrebt wurde. Aufgrund zahlreicher strittiger Punkte, insbesondere zwischen den verschiedenen beteiligten Res-

---

44 Gegen die noch weitergehenden Bestimmungen im ursprünglichen Kommissionsvorschlag mit erheblichen kompetenzrechtlichen und grundrechtlichen Bedenken *Scholz*, et 2001, 678 ff.; zu diesen Bestimmungen und den Abschwächungen hinsichtlich der Verteilernetzebene in den Gemeinsamen Standpunkten des Rates zu den Richtlinienvorschlägen im Elektrizitäts- bzw. Erdgasbereich ausführlich *Koenig/Kühling/Rasbach*, RdE 2003, 221 ff.
45 Verordnung (EG) 1228/2003 des Europäischen Parlaments und des Rates v. 26.6.2003 über die Netzzugangsbedingungen für den grenzüberschreitenden Stromhandel, ABl. EU Nr. L 176, S. 1 v. 15.7.2003.
46 ABl. EU Nr. L 283, S. 33 v. 27.10.2001, geändert durch die Verordnung (EG) 1223/2004 des Rates v. 28.6.2004 hinsichtlich des Zeitpunkts der Anwendung bestimmter Vorschriften auf Slowenien.
47 Vgl. dazu *Oschmann*, RdE 2002, 131 ff., insbesondere 136 f.
48 Zum Reformprozess *Staebe*, DVBl. 2004, 853 (855) und *Scholtka*, NJW 2005, 2421 (2422), jeweils m.w.N.
49 Der Bericht musste aufgrund von Art. 2 § 3 des Gesetzes zur Neuregelung des Energiewirtschaftsrechts v. 20.5.2003 dem Bundestag erstattet werden.
50 *Monopolkommission*, Hauptgutachten 2000/2001, 2003, Rn. 873 ff.

sorts des Wirtschaftsministeriums, des Umweltministeriums und des Verbraucherschutzministeriums, verzögerte sich die Verabschiedung des Gesetzentwurfs bis zum 14. Oktober 2004.[51] Damit stand schon fest, dass die am 1. Juli 2004 abgelaufene Umsetzungsfrist der Beschleunigungsrichtlinien nicht gewahrt werden würde. Nicht zuletzt der Druck eines drohenden Vertragsverletzungsverfahrens vor dem EuGH hat dazu geführt, dass trotz der politischen Turbulenzen der Reformprozess mit dem **Energiewirtschaftsgesetz vom 7. Juli 2005 (EnWG 2005)** immerhin noch in der 15. Bundestagswahlperiode abgeschlossen werden konnte, obwohl auch zwischen Bundestag und Bundesrat erhebliche Meinungsverschiedenheiten bestanden. So konnte sich der Bundesrat insbesondere mit seinen Forderungen nach einer umfassenden Ex-ante-Entgeltregulierung (die Bundesregierung befürwortete eine gemeinschaftsrechtlich gleichfalls vorgesehene bloße Ex-ante-Methodenregulierung mit anschließender Ex-post-Missbrauchskontrolle) und nach einer umfangreichen Beteiligung der Landesregulierungsbehörden an der Energiewirtschaftsregulierung durchsetzen.[52] Gleichwohl ist es nicht zu rechtfertigen, dass die Umsetzungsfrist der Richtlinien um mehr als ein Jahr überschritten wurde, obwohl das Gesetz in der letzten Phase ganz offensichtlich „mit heißer Nadel gestrickt" wurde. Davon zeugten die verschiedenen a- und b-Paragrafen und die aufgehobenen Normen – ein doch ungewöhnlicher Vorgang, wies das „neue Produkt" damit schon bei der Auslieferung „Gebrauchsspuren" auf. Hier bestand wohl die Sorge, bei einer entsprechenden Anpassung auf der „Zielgeraden" des Gesetzgebungsprozesses die notwendige Kohärenz der Querverweise nicht gewährleisten zu können.

20 An die Stelle eines schlanken, aber wenig wettbewerbswirksamen Energiewirtschaftsgesetzes (EnWG) trat damit eine Normenmasse, bestehend aus einem 128 Paragrafen umfassenden EnWG und zunächst vier Verordnungen zum Strom- und Gaszugang[53] sowie zur jeweiligen Entgeltregulierung,[54] die es zusammengenommen nochmals auf 142 Paragrafen brachten. Insgesamt enthielt das EnWG 2005 zudem 25 Verordnungsermächtigungen, so dass schon beim Inkrafttreten des Gesetzes mit einem erheblichen weiteren Anschwellen der legislativen Vorgaben gerechnet werden musste.[55] Damit war der Wandel zu einer normierenden Regulierung[56] offensichtlich.

21 Nach Inkrafttreten des EnWG 2005 hat die Bundesregierung von den verschiedenen Verordnungsermächtigungen Gebrauch gemacht und damit den Normenbestand weiter ausgebaut. So konkretisiert die Kraftwerksnetzanschlussverordnung **(KraftNAV)** vom Juni 2007 die Vorgaben des § 17 EnWG. Mit der Niederdruckanschluss-

---

51 BT-Drs. 15/3917.
52 Formal ist das EnWG 2005 Bestandteil des Zweiten Gesetzes zur Neuregelung des Energiewirtschaftsrechts, das in seinem Art. 2 institutionelle Regelungen mit Blick auf die zur BNetzA avancierte RegTP vorsieht und in Art. 3 die Änderungen in den sonstigen Gesetzen niederlegt.
53 Verordnung über den Zugang zu Elektrizitätsversorgungsnetzen (Stromnetzzugangsverordnung – StromNZV) v. 25.7.2005 (BGBl. I 2005, S. 2243), zuletzt geändert durch Art. 6 des Gesetzes v. 16.7.2021 (BGBl. I 2021, S. 3026); Verordnung über den Zugang zu Gasversorgungsnetzen (Gasnetzzugangsverordnung – GasNZV) v. 25.7.2005 (BGBl. I 2005, S. 2210), neugefasst durch Art. 1 der Verordnung v. 3.9.2010 (BGBl. I 2010, S. 1261), zuletzt geändert durch Art. 8 des Gesetzes v. 16.7.2021 (BGBl. I 2021, 3026).
54 Verordnung über die Entgelte für den Zugang zu Elektrizitätsversorgungsnetzen (Stromnetzentgeltverordnung – StromNEV) v. 25.7.2005 (BGBl. I 2005, S. 2225), zuletzt geändert durch Art. 2 der Verordnung v. 27.7.2021 (BGBl. I 2021, S. 3229); Verordnung über die Entgelte für den Zugang zu Gasversorgungsnetzen (Gasnetzentgeltverordnung – GasNEV) v. 25.7.2005 (BGBl. I 2005, S. 2197), zuletzt geändert durch Art. 3 der Verordnung v. 27.7.2021 (BGBl. I 2021, S. 3229).
55 S. zu den Verordnungsermächtigungen des Reg-E im Überblick *Eder/de Wyl/Becker*, ZNER 2004, 3 (6).
56 Dazu und zur administrativen Regulierung *Theobald/Hummel*, ZNER 2003, 176 (178 ff.).

C. Entwicklung der Energieordnung

verordnung **(NDAV)** sowie der Niederspannungsanschlussverordnung **(NAV)** jeweils vom November 2006 wird die allgemeine Anschlusspflicht gemäß § 18 EnWG näher ausgestaltet, die insbesondere den Netzanschlussanspruch der Verbraucher betrifft. Korrelierend dazu enthalten die Gasgrundversorgungsverordnung (GasGVV) und die Stromgrundversorgungsverordnung (StromGVV) jeweils vom Oktober 2006 Vorgaben hinsichtlich der Grundversorgungspflicht der örtlichen Grundversorger gemäß den §§ 36 und 37 EnWG. Die Verordnungen wurden in der Zwischenzeit verschiedentlich überarbeitet.

Aus regulatorischer Sicht von besonderer Relevanz ist vor allem die Anreizregulierungsverordnung (ARegV) vom Oktober 2007, die inzwischen ebenfalls erhebliche Änderungen erfahren hat. Dem Verordnungserlass ist die in § 112a EnWG vorgesehene Berichterstattung der Bundesnetzagentur zur Einführung einer **Anreizregulierung** vorausgegangen.[57] Mit der Einführung der Anreizregulierung erfolgte der Wechsel von der kostenorientierten zu einer anreizorientierten Regulierung der Netzzugangsentgelte. **22**

Durch die wachsende Zahl der Verordnungen verdichtete sich das normative Korsett der Regulierung nochmals erheblich. Dabei zeichnete sich jedoch bereits früh ab, dass auch dieses normative Korsett schon in absehbarer Zeit in wesentlichen Punkten zu überarbeiten sein würde. Ausgangspunkt für diese Überlegung war die Einschätzung der Kommission, dass die bis dato getroffenen Regulierungsmaßnahmen noch nicht zu einer hinreichenden Wettbewerbsstimulierung geführt hatten.[58] In der Tat bestanden insoweit in zahlreichen Mitgliedstaaten und auch in Deutschland nach wie vor Defizite. Allerdings war zu beachten, dass die neuen Instrumente auch erst seit kurzer Zeit im Einsatz waren. Insofern erschien die Bilanz der Kommission etwas verfrüht. Gleichwohl adressierte die Kommission mit ihren Vorschlägen vom September 2007 zum **Dritten Energiebinnenmarktpaket** eine Reihe wichtiger Probleme, wie insbesondere die nach wie vor notwendige Verbesserung des grenzüberschreitenden Stromhandels. Insgesamt hatte die Kommission die Novellierungsdiskussion mit tiefgreifenden Änderungsvorschlägen initiiert. Kernpunkte der Vorschläge waren zunächst die Gründung eines Europäischen Netzwerks der Übertragungsnetzbetreiber (European Network of Transmission System Operators, ENTSO), die Errichtung einer Agentur für die Zusammenarbeit der Energieregulierungsbehörden (Agency for the Cooperation of Energy Regulators, ACER) sowie die Stärkung der Unabhängigkeit der Regulierungsbehörden. Innerhalb des ENTSO sollten dabei die Übertragungsnetzbetreiber dazu verpflichtet werden, auf regionaler Ebene zusammenzuarbeiten, um die Einführung impliziter Auktionen sowie das Entstehen von Energiebörsen zu fördern. ACER sollte hingegen der Überwachung des grenzüberschreitenden Stromhandels dienen. **23**

Daneben strebte die Kommission nach verstärkten Kompetenzen zur Überwachung von Einzelfallentscheidungen der nationalen Regulierungsbehörden im Wege eines umfassenden Vetorechts. Ergänzt werden sollten diese Kontrollkompetenzen durch **24**

---

57 Bericht der BNetzA nach § 112a EnWG zur Einführung der Anreizregulierung nach § 21a EnWG, abrufbar unter http://www.bundesnetzagentur.de/SharedDocs/Downloads/DE/Sachgebiete/Energie/Unternehmen_Institutionen/Netzentgelte/Anreizregulierung/BerichtEinfuehrgAnreizregulierung.pdf?__blob=publicationFile&v.=3 (Abruf 15.10.2021).
58 So die Mitteilung der Kommission v. 10.1.2007, Untersuchung der europäischen Gas- und Elektrizitätssektoren gem. Art. 17 der Verordnung (EG) 1/2003 des Rates vom 16.12.2002 zur Durchführung der in den Artikeln 81 und 82 des Vertrages niedergelegten Wettbewerbsregeln (Abschlussbericht), COM (2006) 851 final; zur Situation in Deutschland *Monopolkommission*, 49. Sondergutachten, 2008.

zahlreiche Ermächtigungen zum Erlass von Leitlinien.[59] Im Zentrum der Diskussion standen jedoch die Vorschläge der Kommission zur stärkeren Entflechtung vertikal integrierter Unternehmen. Nach der Kommission sollte hier eine vollständige eigentumsrechtliche Entflechtung (Full-Ownership-Unbundling – FOU) erfolgen oder der Netzbetrieb vollständig einem unabhängigen Netzbetreiber (Independent System Operator – ISO) übergeben werden. Als sogenannter „Dritter Weg" wurde auf Initiative von Frankreich und Deutschland schließlich das Modell eines unabhängigen Transportnetzbetreibers (Independent Transmission System Operator – ITO) ins Spiel gebracht, von dessen Einführung die beiden vorgenannten Mitgliedstaaten ihre Zustimmung zum gesamten Richtlinienpaket im Rat der EU abhängig machten.[60] Gerade in Deutschland und Frankreich war die Integrationstiefe in der Energiewirtschaft besonders hoch, während beispielsweise in den Niederlanden und in Belgien bereits eine vertikale Desintegration stattgefunden hatte.

25 Vor allem die Vorschläge zur stärkeren Entflechtung und die von der Kommission vorgeschlagene Errichtung einer Agentur auf (damaliger) Gemeinschaftsebene waren dem Grunde nach und in den Details heftig umstritten. Ungeachtet in der Wissenschaft vielfach geäußerter Bedenken gegen eine erneute frühzeitige Überarbeitung des unionsrechtlichen Rahmens[61] verabschiedeten das Europäische Parlament und der Rat bereits im Juli 2009 das Dritte Energiebinnenmarktpaket. Dieses bestand aus den beiden RL 2009/72/EG[62] (Elektrizität) und 2009/73/EG[63] (Gas) sowie den Verordnungen (EG) Nr. 713/2009[64] (ACER-Verordnung), 714/2009[65] (Stromhandelsverordnung) und 715/2009[66] (Erdgasnetzzugangsverordnung). Herzstück der beiden Richtlinien ist die weitere Verschärfung der Entflechtungsregulierung.[67] Der deutsche Gesetzgeber hat diese Vorgaben in einem für die Energieordnung einmalig beschleunigten Gesetzgebungsverfahren im Rahmen der durch die Ereignisse von Fukushima ausgelösten **Energiewende** in nationales Recht umgesetzt. Der Ablauf dieses Gesetzgebungsverfahrens, durch das nicht nur das EnWG maßgeblich überarbeitet, sondern auch der (erneute) **Atomausstieg** vollzogen und die Netzplanung an die stärkere Rolle der erneuerbaren Energien im zukünftigen Energiemix angepasst wurde, ist dabei wenig befriedigend. Im Hinblick auf die Umsetzung der unionsrechtlichen Vorgaben befand sich der deutsche Gesetzgeber auch dieses Mal wieder

---

59 Zu diesen Vorschlägen ausführlich *Kühling/Hermeier*, IR 2008, 98 ff.
60 Vgl. hierzu *Däuper*, N&R 2009, 214 (216).
61 So z.B. *Koenig/Schreiber/Spiekermann*, N&R 2008, 7 ff. und *Kühling/Hermeier*, et 2008, 134 (137).
62 Richtlinie 2009/72/EG des Europäischen Parlaments und des Rates v. 13.7.2009 über gemeinsame Vorschriften für den Elektrizitätsbinnenmarkt und zur Aufhebung der Richtlinie 2003/54/EG, ABl. EU Nr. L 211, S. 55 v. 14.8.2009.
63 Richtlinie 2009/73/EG des Europäischen Parlaments und des Rates v. 13.7.2009 über gemeinsame Vorschriften für den Erdgasbinnenmarkt und zur Aufhebung der Richtlinie 2003/55/EG, ABl. EU Nr. L 211, S. 94 v. 14.8.2009, zuletzt geändert durch die Richtlinie (EU) 2019/692 v. 17.4.2019, ABl. EU Nr. L 117, S. 1 v. 3.5.2019.
64 Verordnung (EG) Nr. 713/2009 des Europäischen Parlaments und des Rates v. 13.7.2009 zur Gründung einer Agentur für die Zusammenarbeit der Energieregulierungsbehörden, ABl. EU Nr. L 211, S. 1 v. 14.8.2009.
65 Verordnung (EG) 714/2009 des Europäischen Parlaments und des Rates v. 13.7.2009 über die Netzzugangsbedingungen für den grenzüberschreitenden Stromhandel und zur Aufhebung der Verordnung (EG) 1228/2003, ABl. EU Nr. L 211, S. 15 v. 14.8.2009.
66 Verordnung (EG) Nr. 715/2009 des Europäischen Parlaments und des Rates v. 13.7.2009 über die Bedingungen für den Zugang zu den Erdgasfernleitungsnetzen und zur Aufhebung der Verordnung (EG) 1775/2003, ABl. EU Nr. L 211, S. 36 v. 14.8.2009, zuletzt geändert durch die Verordnung (EU) 2018/1999 v. 11.12.2018, ABl. EU Nr. L 328, S. 1 v. 21.12.2018.
67 S. hierzu ausführlich *Pisal*, Entflechtungsoptionen nach dem Dritten Energiebinnenmarktpaket, 2011, S. 155 ff.

C. Entwicklung der Energieordnung

in Verzug. Obwohl die Umsetzungsfristen bereits im März 2011 abgelaufen waren, lag ein erster Gesetzentwurf erst am 6. Juni 2011 vor.[68] Dieser wurde sodann in ungebührlicher Eile am 30. desselben Monats vom Bundestag und nur eine gute Woche später am 8. Juli 2011 auch vom Bundesrat abgesegnet. Eine angemessene Beratung in den Gesetzgebungsorganen war so letztlich nicht möglich, was in eklatantem Widerspruch zur Komplexität des Gesetzgebungsgegenstandes stand.

Eine intensive Diskussion wäre dabei umso nötiger gewesen, da das **EnWG 2011** gravierende Änderungen beinhaltete. Diese verschärften die klassischen Kernelemente der Regulierung (insbes. die Unbundling-Regulierung) in Umsetzung der neuen europarechtlichen Vorgaben nicht nur, sondern erweiterten sie auch um das neue regulatorische Instrument der Investitionsregulierung in Form eines bundesweiten Netzentwicklungsplanes. 200 neu geschaffene Stellen bei der Bundesnetzagentur bezeugten hier, welch weitreichender Kompetenzausbau bei der Behörde im Rahmen der **netzplanungsrechtlichen Begleitung** der **Energiewende** hier zu erwarten war. Ergänzend kamen durchaus gravierende Änderungen in den flankierenden Regulierungsbereichen wie die Neuordnung des Messwesens und verschärfte Anforderungen an den Vertrieb hinzu. Institutionell wurde der Grundstein für die Einrichtung einer Schlichtungsstelle gelegt und die Zuständigkeiten und Befugnisse der Regulierungsbehörden erweitert. Mit diesem Bündel neuer Vorgaben wurde der Energiesektor einmal mehr erheblichen Anpassungsprozessen unterworfen.[69] Während die letzte Energierechtsrevolution von 2005 mit den Möglichkeiten der Wettbewerbsförderung und der Erleichterung des Anbieterwechsels eine primär „frohe Botschaft" an die Verbraucher war, werden durch die Energiewende 2011 die Bürger ungleich massiver belastet; zum einen finanziell als Verbraucher, etwa durch steigende Energiepreise, zum anderen gegebenenfalls als Anrainer neu- bzw. ausgebauter Energieinfrastrukturen.

Gerade in den letzten Jahren hat die Regulierungsdichte weiter zugenommen. In den Blickpunkt gerieten insbesondere Vorschriften, die den durch die Energiewende notwendig werdenden Netzausbau vorantreiben und die Versorgungssicherheit auch unter den geänderten Bedingungen der Energiewende sicherstellen sollen. In diesem Rahmen wurde das **EnWG 2013** durch das dritte Gesetz zur Neuregelung energiewirtschaftlicher Vorschriften[70] erneut einer weitreichenden Novellierung unterworfen, in deren Mittelpunkt die Regulierung der Stromerzeugung auf hoher See durch sogenannte **Offshore-Anlagen** stand. Zugleich wurden mit § 13 Abs. 1b, §§ 13a-13c EnWG Bestimmungen in das EnWG eingefügt, die die Verpflichtungen der Übertragungsnetzbetreiber zur Gewährleistung der Systemsicherheit weiter ausdifferenzierten.[71] Im Juli 2013 wurde das **Bundesbedarfsplangesetz** (BBPlG)[72] erlassen, das für den Netzausbau vordringlich relevante Vorhaben sowie den – nicht unumstrittenen – **Vorrang der Erdverkabelung** vor dem Ausbau des Höchstspannungsnetzes als Freileitungsnetz festlegte.[73] Zusammen mit dem entsprechend an-

---

68 Entwurf eines Gesetzes zur Neuregelung energiewirtschaftsrechtlicher Vorschriften v. 6.6.2011, BT-Drs. 17/6072, S. 1 ff.
69 S. zum novellierten EnWG *Kühling/Rasbach*, RdE 2011, 332 ff.; *Salje*, RdE 2011, 325 ff., und *Theobald/Gey-Kern*, EuZW 2011, 896 ff.
70 Drittes Gesetz zur Neuregelung energiewirtschaftlicher Vorschriften v. 20.12.2012 (BGBl. I 2012, S. 2730), zuletzt geändert durch Art. 11 des Gesetzes v. 26.7.2016 (BGBl. I 2016, S. 1786).
71 S. *Sötebier*, in: Britz/Hellermann/Hermes (Hrsg.), EnWG, 3. Aufl. 2015, § 13a Rn. 4.
72 Gesetz über den Bundesbedarfsplan v. 23.7.2013 (BGBl. I 2013, S. 2543; I 2014 S. 148, 271), zuletzt geändert durch Art. 3 Abs. 4 des Gesetzes v. 2.6.2021 (BGBl. I 2021, S. 1295).
73 Vgl. § 1 Abs. 1 BBPlG und Anlage 1, §§ 3, 4 BBPlG.

gepassten **Energieleitungsausbaugesetz** (EnLAG)[74] und dem ebenfalls novellierten **Netzausbaubeschleunigungsgesetz** (NABEG)[75] soll es den dringend erforderlichen Netzausbau auf Höchstspannungsebene vorantreiben.[76]

28 Eine erneute weitreichende Novellierung erfuhr das **EnWG 2016** schließlich durch das **Strommarktgesetz**[77]. Mit diesem wurde der Strommarkt zu einem „Strommarkt 2.0" weiterentwickelt, der durch einen wettbewerblich ausgerichteten Markt gekennzeichnet sein soll, auf dem Angebot und Nachfrage durch unverzerrte Preissignale gesteuert werden.[78] Zugleich wurde mit der **Netzreserveverordnung** (NetzResV)[79] eine **Kapazitätsreserve** eingeführt, die die Versorgungssicherheit auch unter diesen geänderten Bedingungen am Strommarkt gewährleisten soll.[80] Im Vorfeld der Novelle von 2016 war das Design des Strommarktes hoch umstritten. So wurde insbesondere die Schaffung weiter reichender Novellen insbesondere in Form eines Kapazitätsmarktes diskutiert, aber im Ergebnis abgelehnt.[81] Eine spezifischere Reform des EnWG, die erst am 1. Januar 2017 in Kraft getreten ist, betraf die Änderung der Vorschrift des **§ 19a EnWG (Umstellung der Gasqualität von L-Gas auf H-Gas)**. Damit wird dem Umstand Rechnung getragen, dass die niederländische und einheimische L-Gas-Produktion rückläufig ist und dadurch eine dauerhafte Umstellung der Gasqualität von L-Gas auf H-Gas erforderlich wird. Einen Monat später, nämlich zum 3. Februar 2017, in Kraft getreten ist die durchaus umstrittene Novelle der §§ 46 ff. EnWG. Das Gesetz zur Änderung der Vorschriften zur Vergabe der Wegenutzungsrechte zur leitungsgebundenen Energieversorgung (**§§ 46 ff.-Novelle**) soll die spätestens alle 20 Jahre stattfindende Neuvergabe von Konzessionsverträgen rechtssicherer regeln und auch die Rechtssicherheit beim Netzübergang stärken.

29 Weitere wesentliche Änderungen brachte zudem das **„Gesetz zur Digitalisierung der Energiewende"**, das am 2. September **2016** in Kraft getreten ist. Schwerpunkt des Gesetzes ist in Art. 1 der Erlass des **Messstellenbetriebsgesetzes** (MsbG), das den Messstellenbetrieb einer substantiellen Neuordnung unterwirft.[82] Dies bildet als neues „Stammgesetz" für das Messwesen künftig (neben EnWG und EEG) eine gewichtige dritte Säule des Energierechts. Intelligente Messsysteme sollen helfen, die vielfältigen Herausforderungen der Energiewende zu stemmen. Nach Vorstellung des Gesetzgebers sollen diese zukünftig als eine Art Kommunikationsplattform im intelligenten Stromnetz an der Schnittstelle des Stromnetzes zu Erzeugung und Verbrauch die technische Grundlage für eine Vielzahl von Maßnahmen bilden, die von der Energieeffizienz bis hin zur Gewährleistung der Versorgungssicherheit reichen. Konkrete Anwendungsfälle sollen insbesondere Verbrauchstransparenz für

---

74 Energieleitungsausbaugesetz v. 21.8.2009 (BGBl. I 2009, S. 2870), zuletzt geändert durch Art. 3 Abs. 3 des Gesetzes v. 2.6.2021 (BGBl. I 2021, S. 1295).
75 Netzausbaubeschleunigungsgesetz Übertragungsnetz v. 28.7.2011 (BGBl. I 2011, S. 1690), zuletzt geändert durch Art. 4 des Gesetzes v. 25.2.2021 (BGBl. I 2021, S. 298).
76 S. zum Netzausbau *Posch/Sitsen*, NVwZ 2014, 1423 ff. und unter Berücksichtigung europarechtlicher Vorgaben *Fest/Operhalsky*, NVwZ 2014, 1190 ff.
77 Gesetz zur Weiterentwicklung des Strommarktes – Strommarktgesetz v. 26.7.2016 (BGBl. I 2016, S. 1786).
78 BT-Drs. 18/7317, S. 2.
79 Verordnung zur Regelung der Beschaffung und Vorhaltung von Anlagen in der Netzreserve (Netzreserveverordnung – NetzResV) v. 27.6.2016 (BGBl. I 2016, S. 1947), zuletzt geändert durch Art. 15 des Gesetzes v. 13.5.2019 (BGBl. I 2019, S. 706).
80 BT-Drs. 18/7317, S. 3.
81 S. kritisch Monopolkommission, 71. Sondergutachten, 2016.
82 Gesetz über den Messstellenbetrieb und die Datenkommunikation in intelligenten Energienetzen (Messstellenbetriebsgesetz – MsbG) v. 29.8.2016 (BGBl. I 2016, S. 2034), zuletzt geändert durch Art. 10 des Gesetzes v. 16.7.2021 (BGBl. I 2021, S. 3026).

C. Entwicklung der Energieordnung

die Letztverbraucher, Vermeidung von Ablesekosten, Ermöglichung variabler Tarife, Bereitstellung von Netzzustandsdaten und Messwerten dezentraler Erzeugungsanlagen und flexibler Lasten, Ermöglichung einer sicheren Steuerung dezentraler Erzeugungsanlagen und flexibler Lasten, „Spartenbündelung" im Sinne einer gleichzeitigen Ablesung und Transparenz auch für die Sparten Gas, Heizwärme und Fernwärme und schließlich die sichere Infrastruktur für Anwendungsfälle im Smart Home sein. Daneben sind Folgeanpassungen im EnWG und auf Ebene aller betroffenen Verordnungen vorgesehen. Trotz dieser bereits sehr umfangreichen Regelungen sind zahlreiche Ermächtigungen vorgesehen, diesen Rahmen durch weitere Verordnungen bzw. Festlegungen der Bundesnetzagentur weiter auszufüllen und zu konkretisieren.

Darüber hinaus ist zum 17. September **2016 die novellierte Anreizregulierungsverordnung** in Kraft getreten.[83] Mit der Novelle sollten die Vereinbarungen aus dem Koalitionsvertrag zur Verbesserung der Investitionsbedingungen für Verteilernetzbetreiber umgesetzt und auf das seit Inkrafttreten der AReqV 2007 deutlich veränderte energiewirtschaftliche Umfeld für Netzbetreiber (insbesondere durch den stark gestiegenen Ausbau von fluktuierend einspeisenden EE-Anlagen auf Verteilnetzebene) reagiert werden. Für Verteilernetzbetreiber sollen einerseits neue Investitionen ermöglicht und angereizt werden, während andererseits zugleich das Ziel der Kostenbegrenzung für Verbraucher verfolgt wird. Wesentliche Inhalte sind ein jährlicher Kapitalkostenabgleich (Eliminierung Zeitverzug für Ersatz- wie Erweiterungsinvestitionen) auf Basis tatsächlicher Investitionen und Abschreibungen, die Verschärfung von Effizienzanreizen sowie Änderungen bei Verfahrensregeln und Transparenzvorgaben.

Eine substantielle Neuordnung hat **2016** auch das EEG im Rahmen des Gesetzes zur Einführung von **Ausschreibungen** für Strom aus erneuerbaren Energien und zu weiteren Änderungen des Rechts der erneuerbaren Energien (**EEG-Novelle**)[84] erfahren, die am 1. Januar 2017 in Kraft getreten sind. Das EEG-Fördersystem wurde durch die Gesetzesnovelle im Grundsatz auf Ausschreibungen umgestellt, d.h., dass die Förderung künftig wettbewerblich in einem Ausschreibungsverfahren ermittelt wird. Dies ermöglicht u.a. eine bessere Steuerung des Ausbaus erneuerbarer Energien und entspricht dem Ansatz der Europäischen Kommission für eine marktnähere Förderung der erneuerbaren Energien. Der Anteil der erneuerbaren Energien am Stromverbrauch soll von derzeit rund 33 % auf 40 bis 45 % im Jahr 2025 steigen. Insgesamt werden künftig mehr als 80 % der erzeugten Strommenge aus neuen Anlagen im Wege von Ausschreibungen wettbewerblich ermittelt. Wegen der geringen Wettbewerbssituation wird von Ausschreibungen bei neuen Wasserkraft-, Geothermie-, Deponiegas-, Klärgas- und Grubengasanlagen abgesehen. Allerdings blieb es weitgehend bei technologiespezifischen Ausschreibungen. Denn auch die in einem Pilotprojekt im Zeitraum 2018-2020 gemeinsamen Ausschreibungen für Wind an Land und Photovoltaik im Umfang von 400 Megawatt werden jeweils im Folgejahr von den technologiespezifischen Ausschreibungsmengen abgezogen. Auch das **KWKG** ist als weiteres „Nebengesetz" des EnWG durch das Gesetz zur Änderung der Bestimmungen zur Stromerzeugung aus Kraft-Wärme-Kopplung und zur Eigenversorgung[85] zum 1. Januar 2017 modifiziert worden. Es enthält auch

---

83 Vgl. Art. 3 der zweiten Verordnung zur Änderung der Anreizregulierungsverordnung v. 14.9.2016 (BGBl. I 2016, S. 2174).
84 BGBl. I 2016, S. 2258.
85 BGBl. I 2016, S. 3106.

Folgeänderungen im EEG. Das Gesetz soll sicherstellen, dass beide Gesetze die beihilferechtlichen Vorgaben der EU-Kommission erfüllen. Hierzu wird erstmals eine Ausschreibungspflicht bei der Förderung von KWK-Anlagen eingeführt. Beim EEG werden insbesondere die Regelungen zur EEG-Umlage bei der Eigenversorgung geändert.

32 Weitere Änderungen hat der energierechtliche Rahmen im Sommer **2017** durch die Verabschiedung insbesondere des **Mieterstromgesetzes**[86] sowie des **Netzentgeltmodernisierungsgesetzes** (NEMoG)[87] erfahren. Das Mieterstromgesetz hat zunächst in das **EEG** einen Anspruch auf Gewährung eines Mieterstromzuschlags eingeführt. Dieser besteht für Strom aus Solaranlagen mit einer installierten Leistung von insgesamt bis zu 100 Kilowatt, die auf, an oder in einem Wohngebäude installiert sind, soweit der Strom an einen Letztverbraucher geliefert und von diesem ohne Durchleitung durch ein Netz innerhalb dieses Gebäudes (oder in Wohngebäuden oder Nebenanlagen im unmittelbaren räumlichen Zusammenhang mit diesem Gebäude) verbraucht wird. Der Anspruch des Betreibers der Solaranlage und Anbieters von Mieterstrom gegen den Netzbetreiber auf Mieterstromzuschlag besteht für 20 Jahre zuzüglich dem Jahr der Inbetriebnahme der Solaranlage, wobei der Zubau auf 500 MW pro Jahr begrenzt ist. Eine finanzielle Förderung setzt darüber hinaus voraus, dass die Solaranlage zum Marktstammdatenregister gemeldet, die Anlage nach Inkrafttreten des Gesetzes in Betrieb genommen wurde und dass die beihilferechtliche Genehmigung der EU-Kommission vorliegt. Nimmt ein Mieterstromanbieter die Mieterstromförderung in Anspruch, unterliegt er als Reflex bestimmten vertrieblichen Restriktionen, die in einem neuen **§ 42a EnWG** niedergelegt worden sind. So darf etwa die Erstlaufzeit des Mieterstromvertrags, der zwingend eine Vollversorgung sicherzustellen hat, maximal ein Jahr betragen. Für den Mieterstromvertrag gilt eine Preisobergrenze, die bei 90 % des örtlichen Grundversorgungstarifs liegt. Im Falle der Kündigung des Mietvertrags endet der Mieterstromvertrag schließlich automatisch.

33 Das in weiten Teilen am 22. Juli 2017 in Kraft getretene **NEMoG** führt zu einer generellen Kürzung der Vergütung für die dezentrale Einspeisung („**vermiedene Netzentgelte**"), wobei steuerbare Anlagen aufgrund ihrer Netzdienlichkeit deutlich privilegiert bleiben. So verringert sich nach Maßgabe des neu eingefügten **§ 120 EnWG** bei den Bestandsanlagen die Vergütung für volatile Einspeiser ab 2018 über drei Jahre hinweg um jeweils 33,3 %, während für steuerbare Anlagen lediglich die Berechnungsrundlage auf dem Niveau des Jahres 2016 „eingefroren" bleibt. Bei den Neuanlagen erhalten volatile Einspeiser bereits ab 2018, steuerbare Einspeiser erst ab 2023 keine Vergütung mehr. Das NEMoG schafft zudem durch die Änderung bzw. Einfügung der **§§ 24, 24a EnWG** die Grundlage für eine Einführung **bundesweit einheitlicher Netzentgelte** der Übertragungsnetzbetreiber. Die Angleichung begann am 1. Januar 2019 und soll zum 1. Januar 2023 abgeschlossen sein, wobei die Annäherung nach Möglichkeit in fünf gleich großen Schritten vollzogen werden soll. Zur konkreten Umsetzung bedurfte es noch einer Verordnung der Bundesregierung (mit Zustimmung des Bundesrates), die am 20. Juni 2018 beschlossen wurde.[88]

---

[86] Gesetz zur Förderung von Mieterstrom und zur Änderung weiterer Vorschriften des Erneuerbare-Energien-Gesetzes v. 17.7.2017 (BGBl. I 2017, S. 2532).
[87] Gesetz zur Modernisierung der Netzentgeltstruktur (Netzentgeltmodernisierungsgesetz) v. 17.7.2017 (BGBl. I 2017, S. 2503), zuletzt geändert durch Art. 14 des Gesetzes v. 17.12.2018 (BGBl. I 2018, S. 2549).
[88] Verordnung zur schrittweisen Einführung bundeseinheitlicher Übertragungsnetzentgelte v. 20.6.2018 (BGBl. I 2018, S. 865).

Unabhängig davon werden alleine auf Grundlage des NEMoG die **Offshore-Anbindungskosten** ab dem 1. Januar 2019 vollständig aus den ÜNB-Netzentgelten herausgenommen und stattdessen Teil der Offshore-Haftungsumlage mit der Folge, dass sie über den Belastungsausgleich nach § 17f EnWG als Teil des (bundesweit einheitlichen) Aufschlags auf die Netzentgelte ausgeglichen werden. Das NEMoG enthält darüber hinaus weitere Einzelregelungen: Im Wege der Streichung des **§ 13k EnWG** und Novellierung des **§ 11 EnWG** ist klargestellt, dass Übertragungsnetzbetreiber Anlagen zur Stromerzeugung in kritischen Netzsituationen einsetzen können, diese Anlagen aber ausschließlich von Dritten und nach Durchführung eines transparenten Wettbewerbsverfahrens errichtet und betreiben werden dürfen (Verbot für die Übertragungsnetzbetreiber der Selbstdurchführung). Es besteht für diese netztechnischen Betriebsmittel zudem ein Vermarktungsverbot auf den Strommärkten. Das NEMoG enthält ferner in **§ 111b Abs. 6 EnWG** Neuregelungen zur finanziellen Absicherung der **Schlichtungsstelle**. So darf etwa die Höhe des Schlichtungsentgelts seither auch eine angemessene Rücklagenbildung abdecken und in Missbrauchsfällen darf auch vom Verbraucher ein Entgelt in Höhe von 30 EUR erhoben werden.

Schließlich wurde noch ein neues „Nebengesetz" zum EnWG geschaffen: Mit dem **Marktstammdatenregister (MaStR)** wird ein Instrument geschaffen, das wesentliche Marktakteure der Bereiche Strom und Gas erfasst. Das MaStR erfasst erstmals sämtliche Erzeugungsanlagen (Neuanlagen und bestehende Anlagen, Anlagen zur Erzeugung von erneuerbarer und konventioneller Energie, von Strom und Gas) und bestimmte Verbrauchsanlagen sowie die Betreiber der Anlagen. Für die Richtigkeit und Vollständigkeit der Daten im MaStR trägt jeweils der Marktakteur (z.B. der Anlagenbetreiber) selbst die Verantwortung. Die Daten sind vom Marktakteur einzutragen und aktuell zu halten. Bei Verstößen gegen die Registrierungspflichten kann dies zum Verlust der EEG-Förderung oder des KWKG-Zuschlags führen. Die Marktstammdatenregisterverordnung (MaStRV) vom 10. April 2017 dient als Grundlage zur Errichtung und zum Betrieb des Marktstammdatenregisters, welches unter anderem im Bereich der erneuerbaren Energien das PV-Meldeportal und das Anlagenregister in ein Gesamtanlagenregister überführt.

Aber nicht nur der deutsche Gesetzgeber ist damit im Energierecht in **2016** und **2017** sehr aktiv gewesen. Auch die EU-Kommission hat eine Überarbeitung der früher einmal als **4. Binnenmarktpaket** angekündigten Überarbeitung des Unionsrechtsrahmens Ende 2016 als sogenanntes „**Winterpaket**" vorgelegt. Das umfangreiche Paket der EU-Kommission umfasst eine ganze Vielzahl von europäischen Legislativvorschlägen und Berichten. Es dient der Umsetzung der europäischen Energieunion und soll den europäischen Strombinnenmarkt und die erneuerbaren Energieträger fit für die Zukunft machen sowie die Erreichung der europäischen Klima- und Energieziele für 2030 sicherstellen. Die Europäische Kommission hat das Paket am 30. November 2016 unter dem Titel „Saubere Energie für alle Europäer" vorgelegt. Das Europäische Parlament und der Rat der Europäischen Union haben sodann 2017 über die Vorschläge der Europäischen Kommission beraten. Insgesamt sind im Winterpaket acht europäische Legislativvorschläge enthalten. Kernelemente sind die Neufassung der Strommarktverordnung und der Richtlinien aus dem dritten Energiebinnenmarktpaket sowie eine Neufassung der Erneuerbare-Energien-Richtlinie. Darüber hinaus beinhaltet die Vorlage u.a. Vorschläge zur Revision der Energieeffizienzrichtlinie und der Gebäudeeffizienzrichtlinie sowie einen Verordnungsvorschlag zur Governance der Energieunion.

Das Winterpaket wurde nach langwierigen Verhandlungen schlussendlich am 14. Juni 2019 im Amtsblatt veröffentlicht. Verabschiedet wurden vier finale Rechtsakte: Die

Neufassung der **Elektrizitätsbinnenmarktrichtlinie** (EltRL 2019)[89], die Neufassung der **Elektrizitätsbinnenmarktverordnung** (EltVO 2019)[90], eine **Risikovorsorgeverordnung**[91] sowie die Neufassung der **ACER-Verordnung**[92]. Ziel der Maßnahmen ist die Stärkung der Rolle des Verbrauchers, eine bessere Zusammenarbeit der Mitgliedstaaten und die Einhaltung und Erreichung der Klimaschutzziele.[93] Weitere Novellen des Europäischen Parlaments betreffen die **Erneuerbare-Energien-Richtlinie** (EE-RL II)[94], die **Energieeffizienzrichtlinie** (EnEff-RL)[95], sowie die Verordnung zur **Governance der Energieunion** (Gov-VO)[96]. Diese sind am 21. Dezember 2018 in Kraft getreten.

37 Die Verordnung zum Strommarkt verfolgt das Ziel, neue Regeln und Kernprinzipien für den europäischen Strombinnenmarkt und den Stromhandel einzuführen, um der zunehmend dezentralen und fluktuierenden Stromerzeugung gerecht zu werden. So soll das „day-ahead"- und „intraday-trading" ausgebaut werden, u.a. durch eine **europaweite Harmonisierung der Handels- bzw. Bilanzierungsintervalle** ab 2025 auf 15 Minuten. Darüber hinaus sieht die Verordnung vor, dass Mitgliedstaaten ihre **nationalen Kapazitätsmechanismen** mit den Nachbarländern und der europäischen Regulierungsbehörde ACER abstimmen müssen. Der Entscheidung für oder gegen einen Kapazitätsmechanismus geht also nunmehr eine EU-weite Prüfung der Angemessenheit der Erzeugungskapazität („generation adequacy") voraus. Im Paket enthalten ist ferner die Gründung einer sogenannten „**DSO-Entity**"[97]. Diese Entity setzt sich aus allen europäischen Verteilernetzbetreibern mit mindestens 100.000 angeschlossenen Kunden zusammen und wird künftig Netzkodizes für Verteilernetzbetreiber erarbeiten, die im Anschluss als europäische Rechtsakte verabschiedet werden. Die „DSO-Entity" kann so etwa mit der koordinierten Integration erneuerbarer Energien, mit Fragen der Cybersicherheit, Digitalisierung und Nachfragesteuerung befasst werden. Gegründet wurde die Entity im Sommer 2019.[98]

38 Die **Neufassung** der aus dem Jahr 2009 stammenden **Strombinnenmarktrichtlinie** soll einen marktbasierten, **verbraucherzentrierten und flexiblen Strombinnenmarkt** sicherstellen. Die Energieverbraucher erhalten neue Rechte und sollen u.a.

---

89 Richtlinie (EU) 2019/944 des Europäischen Parlaments und des Rates v. 5.6.2019 mit gemeinsamen Vorschriften für den Elektrizitätsbinnenmarkt und zur Änderung der Richtlinie 2012/27/EU, ABl. EU Nr. L 158, S. 125 v. 14.6.2019.
90 Verordnung (EU) 2019/943 des Europäischen Parlaments und des Rates v. 5.6.2019 über den Elektrizitätsbinnenmarkt, ABl. EU Nr. L 158, S. 54 v. 14.6.2019.
91 Verordnung (EU) 2019/941 des Europäischen Parlaments und des Rates v. 5.6.2019 über die Risikovorsorge im Elektrizitätssektor und zur Aufhebung der Richtlinie 2005/89/EG, ABl. EU Nr. L 158, S. 1 v. 14.6.2019.
92 Verordnung (EU) 2019/942 des Europäischen Parlaments und des Rates v. 5.6.2019 zur Gründung einer Agentur der Europäischen Union für die Zusammenarbeit der Energieregulierungsbehörden, ABl. EU Nr. L 158, S. 22 v. 14.6.2019.
93 Vgl. zum EU-Winterpaket *Gundel*, in: Dauses/Ludwigs (Hrsg), Handbuch des EU-Wirtschafsrechts, 52. EL Februar 2021, Energierecht, Rn. 166 ff.; *Pause/Kahles*, ER 2019, 9 ff.; *Frenz*, RdE 2017, 281 ff.; *Mai*, RdE 2017, 335 ff.; *Scholtka/Martin*, ER 2017, 183 ff. und 240 ff.; *Mai*, RdE 2017, 515 ff.; *Wehle*, RdE 2018, 407 ff.; *Pause/Kahles*, ER 2019, 9 ff.
94 Richtlinie (EU) 2018/2001 des Europäischen Parlaments und des Rates v. 11.12.2018 zur Förderung der Nutzung von Energie aus erneuerbaren Quellen, ABl. EU Nr. L 328, S. 82 v. 21.12.2018.
95 Richtlinie (EU) 2018/2002 des Europäischen Parlaments und des Rates v. 11.12.2018 zur Änderung der Richtlinie 2012/27/EU zur Energieeffizienz, ABl. EU Nr. L 328, S. 210 v. 21.12.2018.
96 Verordnung (EU) 2018/1999 des Europäischen Parlaments und des Rates v. 11.12.2018 über das Governance-System für die Energieunion und für den Klimaschutz, ABl. EU Nr. L 328, S. 1 v. 21.12.2018, zuletzt geändert durch die Verordnung (EU) 2021/1119 v. 30.6.2021, ABl. Nr. L 243, S. 1 v. 9.7.2021.
97 **D**istribution **s**ystem **o**perator/Verteilernetzbetreiber-Entity.
98 Mehr dazu unter: https://www.bdew.de/energie/eu-dso-entity/ (Abruf 15.10.2021).

durch verbesserte Informationen, die Beseitigung von Wettbewerbshindernissen, Möglichkeiten zur Eigenerzeugung und zur Vermarktung ihres Flexibilitätspotentials, aber auch durch eine nochmalige Aufwertung des Verbraucherschutzes in die Lage versetzt werden, am Wandel der Energiemärkte teilzuhaben. Verbraucher sollen etwa zukünftig von ihrem Energielieferanten einen an die Zeitintervalle des Großhandelsmarkts angepassten variablen Energietarif verlangen können. Verbraucher sollen das Recht erhalten, eigenerzeugten Strom zu verbrauchen, zu speichern und in allen Marktsegmenten zu verkaufen.

Der Schwerpunkt der neu geschaffenen **Risikovorsorgeverordnung**, die bis spätestens zum 5. Januar 2022 in nationalen Risikovorsorgeplänen münden soll, liegt auf der Handhabung von Stromversorgungskrisen. Dazu enthält die Verordnung allgemeine Bestimmungen und Maßnahmen zur Vorsorge von Stromversorgungskrisen sowie deren Prävention und Bewältigung. **39**

Die **Neufassung der ACER-Verordnung** dient der weiteren **Stärkung der Agentur,** wobei die Befugnisse der Koordinationsagentur nur leicht ausgeweitet wurden.[99] Die ursprünglich im Winterpaket vorgesehene Einräumung von zusätzlichen Entscheidungsbefugnissen für die ACER über Regulierungsfragen hinsichtlich des grenzüberschreitenden Handels und der Betriebssicherheit wurde in der Form nicht beschlossen.[100] So sieht nunmehr die ACER-Verordnung neue Befugnisse zur Überwachung des Strommarktdesigns vor. Die Durchsetzung von Beschlüssen gegenüber europäischen Organisationen sowie entsprechende Letztentscheidungen bleiben aber weiterhin im Zuständigkeitsbereich nationaler Regulierungsbehörden bzw. stehen unter dem Vorbehalt der Zustimmung.[101] Neu ist die Regulierungsaufsicht über europäische Organisationen wie über den Europäischen Verbund der Übertragungsnetzbetreiber (ENTSO-E) bzw. über die Europäische Organisation für Verteilnetzbetreiber.[102] Ein weiterer Aspekt betrifft die Stärkung der Agentur im Rahmen der Schlichtung von Streitigkeiten anlässlich der Frage, ob eine Pflichtverletzung vorliegt.[103] Weitere institutionelle Vorgaben ergeben sich aus der Elekrizitätsbinnenmarktverordnung, so z.B. die Schaffung regionaler Koordinierungszentren gemäß Art. 35 oder die Gründung einer Europäischen Organisation der Verteilernetzbetreiber gemäß Art. 52 ff.[104] **40**

Die **Neufassung der Erneuerbare-Energie-Richtlinie** dient der Festschreibung neuer Vorgaben zur finanziellen Förderung von erneuerbaren Energien, zur Öffnung von Fördersystemen für andere Mitgliedstaaten, zu Eigenerzeugung und -verbrauch von Strom aus erneuerbaren Energien, zu Genehmigungsverfahren, zur Verwendung von erneuerbaren Energien im Kälte-, Wärme- sowie im Verkehrsbereich, zu Kooperationen zwischen Mitgliedstaaten und mit Drittstaaten, zu Herkunftsnachweisen und zu Nachhaltigkeitskriterien für Bioenergie. Darüber hinaus sollen die Mitgliedstaaten anstreben, auch den Anteil erneuerbarer Energien im Wärmemarkt ab 2021 jährlich zu steigern. Nach Art. 3 Abs. 2 EE-RL II stellen die Mitgliedstaaten gemeinsam sicher, dass der Anteil von Energie aus erneuerbaren Quellen im Jahr 2030 mindestens 32 % beträgt. Die Kommission beurteilt gemäß Art. 3 Abs. 2 S. 2 EE-RL II dieses Ziel und soll gegebenenfalls bis zum Jahr 2023 einen Gesetzesvorschlag unterbrei- **41**

---

99 *Gundel*, in: Dauses/Ludwigs (Hrsg.), Handbuch des EU-Wirtschaftsrechts, 52. EL Februar 2021, Energierecht, Rn. 168; *Pielow*, RdE 2019, 421 (429).
100 S. *Meyer/Sene*, RdE 2019, 278 (286); *Pielow*, RdE 2019, 421 (429) m.w.N.
101 *Scholtka/Keller-Herder*, NJW 2020, 890 (890 f.); *Pielow*, RdE 2019, 421 (429).
102 *Scholtka/Keller-Herder*, NJW 2020, 890 ff.
103 *Scholtka/Keller-Herder*, NJW 2020, 890 ff.
104 Ausführlicher dazu *Pielow*, RdE 2019, 421 (429).

ten, mit dem Korrekturen nach oben bei wesentlichen Änderungen möglich sein sollen.

42 Die **Energieeffizienzrichtlinie** schafft gemäß Art. 1 Abs. 1 EnEff-RL einen gemeinsamen Rahmen zur Förderung der Energieeffizienz in der Union und soll sicherstellen, dass die übergeordneten Energieeffizienzziele in der Union von 20 % bis 2020, sowie die übergeordneten von mindestens 32,5 % bis 2030 erreicht werden. Des Weiteren sollen weitere Energieeffizienzverbesserungen über den genannten Zeitpunkt hinaus vorbereitet werden.

43 2018 trat ferner auf nationaler Ebene das Gesetz zur Änderung des Erneuerbare-Energien-Gesetzes, des Kraft-Wärme-Koppelungsgesetzes, des Energiewirtschaftsgesetzes und weiterer energierechtlicher Vorschriften in Kraft.[105]

44 Ein langwieriger Meinungsstreit über die beihilfenrechtliche Einordnung erneuerbarer Energien, der in der Konsequenz über die Reichweite des Einflusses der Europäischen Kommission auf die Ausgestaltung der deutschen Förderung erneuerbarer Energien entscheidet, fand 2019 sein Ende: Der EuGH hat am 28. März 2019 entschieden, dass das EEG 2012 weder in seiner Gesamtheit noch hinsichtlich der besonderen Ausgleichsregelung für energieintensive Unternehmen (§§ 40 ff. EEG 2012) als **Beihilfe** im Sinne von Art. 107 AEUV einzustufen ist.[106] Angesichts der jüngst eingeführten partiellen staatlichen Steuerfinanzierung der EE-Umlage[107] könnte dieser von Deutschland erstrittene Sieg allerdings ein Pyrrhussieg sein, jedenfalls für die EEG-Umlage. Für die KWK-Förderung und andere Bereiche ohne Steuerfinanzierung gilt das allerdings nicht.

45 Am 11. Dezember 2019 wurde von der Europäischen Kommission der **European Green Deal**[108] vorgestellt. Der Green Deal soll die Antwort auf den Klimawandel darstellen. Dabei wird eine Wachstumsstrategie der EU hin zu einer modernen, ressourceneffizienten und wettbewerbsfähigen Wirtschaft ohne der Freisetzung von Treibhausgasemissionen angestrebt. Das Ziel ist die Umgestaltung der EU-Wirtschaft für eine nachhaltige Zukunft.[109]

46 Im März 2020 wurde des Weiteren ein **Europäisches Klimagesetz**[110] vorgeschlagen. Der Vorschlag dient dazu, die im Green Deal festgelegten Ziele rechtlich zu verankern und den Rahmen für die Verwirklichung der Klimaneutralität zu bilden.

---

105 Gesetz zur Änderung des Erneuerbare-Energien-Gesetzes, des Kraft-Wärme-Kopplungsgesetzes, des Energiewirtschaftsgesetzes und weiterer energierechtlicher Vorschriften v. 17.12.2018 (BGBl. I 2018, S. 2549); weiterführend *Scholtka/Keller-Herder*, NJW 2019, 897 ff.
106 EuGH Urt. v. 28.3.2019 – Rs. C-405/16 P, ECLI:EU:C:2019:268.
107 Siehe dazu: *BMWI*, Pressemitteilung v. 15.10.2020, abrufbar unter https://www.bmwi.de/Redaktion/DE/Pressemitteilungen/2020/10/20201015-altmaier-die-eeg-umlage-2021-sinkt-entlastung-aus-dem-konjunkturpaket-wird-umgesetzt.html; vgl. auch *BMWi*, FAQ zur beihilferechlichten Genehmigung der EU-Kommission, abrufbar unter, https://www.bmwi.de/Redaktion/DE/FAQ/EEG-2021/faq-beihilferechtlichen-genehmigung-eu-kommission.html; *BMWi*, Pressemitteilung v. 29.4.2021, abrufbar unter https://www.bmwi.de/Redaktion/DE/Pressemitteilungen/2021/04/20210429-europaeische-kommission-genehmigt-eeg-2021-signal-fuer-rechtssicherheit.html (Abruf je 15.10.2021).
108 Mit. der Kommission, COM (2019) 640 final.
109 Siehe dazu Einf. Mit. der Kommission, COM (2019) 640 final.
110 Vorschlag für eine Verordnung zur Schaffung des Rahmens für die Verwirklichung der Klimaneutralität und zur Änderung der Verordnung (EU) 2018/1999, COM (2020) 80 final.

C. Entwicklung der Energieordnung

Ferner wurde auf der Grundlage des **EU-Aktionsplans zur Finanzierung nachhaltigen Wachstums**[111] die sog. **Taxonomie-Verordnung**[112] am 18. Juni 2020 erlassen. Damit sollen erstmalig die Kapitalflüsse hin zu nachhaltigen Investitionen gelenkt und ein nachhaltiges Finanzwesen zum Standard gemacht werden.[113] Dazu soll es unter anderem auf Unionsebene einheitliche Kriterien geben, nach denen bestimmt wird, ob eine Wirtschaftstätigkeit ökologisch als nachhaltig einzustufen ist, vgl. Erwägungsgrund 12. 47

Das Gesetz zur Reduzierung und zur Beendigung der Kohlestromversorgung und zur Änderung weiterer Gesetze (sog. **Kohleausstiegsgesetz**) wurde am 13. August 2020 im Bundesgesetzblatt verkündet und ist am 14. August 2020 in Kraft getreten.[114] Ziel des Gesetzes ist die planbare, stetige und sozialverträgliche Beendigung der Kohleenergie sowie das Vorantreiben des Umstiegs auf klimaverträgliche Energieversorgung.[115] 48

Ab dem 1. Januar 2021 wurde ferner ein **nationales Emissionshandelssystem** für die Bepreisung von CO_2-Emissionen von fossilen Brennstoffen eingeführt, dass die Einstiegspreise in den nächsten Jahren staffelt, geregelt im Brennstoffemissionshandelsgesetz (BEHG). Das Gesetz bedurfte kurz nach dem ersten Gesetzgebungsverfahren 2019 bereits einer Abänderung, die die Einstiegspreise für die Zertifikate für die Folgejahre gestaffelt erhöht.[116] Teilweise werden verfassungsrechtliche Bedenken geäußert vor dem Hintergrund, dass die CO_2-Bepreisung in der Literatur als Vorteilsabschöpfung angesehen wird und die erforderliche Festpreiszahlung eine unzulässige Abgabe darstellt.[117] 49

Am 17. Dezember 2020 wurde das **novellierte EEG 2021**[118] im Bundestag verabschiedet und trat am 1. Januar 2021 in Kraft. Darin finden sich neue Strategien, wie die Förderung von erneuerbaren Energien nach 2020 weiter gehandhabt werden und wie der Klima- und Umweltschutz durch eine nachhaltige Entwicklung der Energieversorgung ermöglicht werden soll, vgl. insbesondere §§ 1, 2 EnWG 2021.[119] Die im Vorfeld bestandene Unsicherheit hinsichtlich ausgeförderter Anlagen wurde mit einer neuen Einspeisevergütung als Anschlussförderung entgegengetreten.[120] In § 3 Nr. 3a EEG 2021 werden die sog. ausgeförderten Anlagen definiert. Deren Einspeisevergütung ist in den §§ 21 Abs. 1, 100 Abs. 5 EEG 2021 reguliert. Eine Neuerung betrifft die Möglichkeit von Betreibern von Windenergieanlagen, Standortgemeinden an den Erträgen aus dem Betrieb zu beteiligen.[121] Geregelt ist dies in § 36k EEG 2021. 50

---

111 Mitt. der Kommission, COM (2018) 97 final.
112 Verordnung (EU) 2020/852 v. 18.6.2020 über die Einrichtung eines Rahmens zur Erleichterung nachhaltiger Investitionen und zur Änderung der Verordnung (EU) 2019/2088, ABl. EU Nr. L 198, S. 13 v. 22.6.2020.
113 Vgl. Erwägungsgrund 9 f.
114 Gesetz zur Reduzierung und zur Beendigung der Kohleverstromung und zur Änderung weiterer Gesetze (Kohleausstiegsgesetz) v. 8.8.2020 (BGBl. I 2020, S. 1818), zuletzt geändert durch Art. 13 des Gesetzes v. 16.7.2021 (BGBl. I 2021, S. 3026).
115 Vgl. § 2 KohleAusG.
116 *Scholtka/Frizen*, NJW 2021, 906 ff.
117 *Freshfields*, Briefing v. 4.12.2020, abrufbar unter https://www.freshfields.de/our-thinking/knowledge/briefing/2020/12/verfassungswidrigkeit-des-nationalen-emissionshandels-nach-dem-brennstoffemissionshandelsgesetz-behg-in-der-einfuehrungsphase-2021-bis-2025-4369/ (Abruf 15.10.2021); *Scholtka/Frizen*, NJW 2021, 906 ff.; *Wernsmann/Bering*, NVwZ 2020, 497 ff.
118 Vgl. Art. 1 des Gesetzes zur Änderung des Erneuerbare-Energien-Gesetzes und weiterer energierechtlicher Vorschriften v. 21.12.2020 (BGBl. I 2020, S. 3138).
119 Ausführlich dazu *v. Oppen*, ER 2021, 56 ff.
120 *Scholtka/Frizen*, NJW 2021, 906 ff.
121 *Scholtka/Frizen*, NJW 2021, 906 ff.

Dies soll dazu beitragen, die Akzeptanz auf kommunaler Ebene zu steigern.[122] Ferner werden die Empfehlungen des Mieterstromberichts[123] umgesetzt[124], § 21 Abs. 3 EEG 2021.[125] Eine Verordnung zur Umsetzung des EEG 2021 und zur Änderung weiterer energierechtlicher Vorschriften mit dem Kern der EEG-Umlagebefreiung von grünem Wasserstoff wurde vom Kabinett am 19. Mai 2021 beschlossen[126] und tritt voraussichtlich im Juli 2021 in Kraft.

51 Immer interessanter, auch im Hinblick auf die Energiewende, wird **Wasserstoff als Energielieferant**. Im Juni 2020 legte die Bundesregierung die Nationale Wasserstoffstrategie vor, die einen Maßnahmenkatalog für Förderungen und Subventionen beinhaltet.[127] Nunmehr liegt auch ein Gesetzesentwurf vom 9. März 2021 für den regulatorischer Rahmen für Wasserstoffnetze in Anbetracht der neuesten Reform des Energiewirtschaftsrecht vor[128], wobei die Vorgaben des EU-Legislativpakets „Saubere Energie für alle Europäer" umgesetzt wurden.[129] Dabei wird unter anderem erstmalig auch ein **regulatorischer Rahmen für die Behandlung reiner Wasserstoffnetze** aufgenommen, wobei der schrittweise Aufbau einer nationalen Wasserstoffnetzinfrastruktur ermöglicht werden soll.[130] Im EnWG 2021 ist ein neuer Abschnitt 3b hinsichtlich einer Regulierung von Wasserstoffnetzen vorgesehen. Dies betrifft gemäß § 28n EnWG den Anschluss und Zugang zu den Wasserstoffnetzen sowie dazugehörige Verordnungsermächtigungen. In § 28m EnWG 2021 findet sich die Vorgabe zur Unabhängigkeit (Entflechtung) der Betreiber von Wasserstoffnetzen. Ferner regeln § 28p und § 28q EnWG die Ad-hoc-Prüfung der Bedarfsgerechtigkeit von Wasserstoffnetzinfrastrukturen bzw. des Berichts zur erstmaligen Erstellung des Netzentwicklungsplans Wasserstoff. Ein wesentlicher Bestandteil beinhaltet Regelungen, die die Umstellung vorhandener Erdgasleitungen auf reinen Wasserstoff erleichtern sollen.[131] Diskutiert wird dabei unter anderem, welchen Umfang eine Wasserstoffnetzinfrastruktur zukünftig neben den bereits existierenden Erdgasversorgungsnetzen einnimmt.[132] Ein weiterer Kernpunkt betrifft eine Opt-in-Option, nach der Wasserstoffnetzbetreiber selbst entscheiden können sollen, ob ihr Netz der Regulierung unterfallen soll oder nicht, vgl. § 28j Abs. 3 EnWG 2021.[133] Eine Entscheidung für die Regulierung gilt dann vollumfänglich sowohl hinsichtlich der

---

122 *Scholtka/Frizen*, NJW 2021, 906 ff.; *Schütte/Winkler*, ZUR 2020, 700 ff.
123 BT-Drs. 19/13430.
124 *Schütte/Winkler*, ZUR 2020, 700 ff.
125 Ausführlich dazu *Burbach*, ER 2021, 63 ff.
126 Verordnung zur Umsetzung des Erneuerbaren-Energien-Gesetzes 2021 und zur Änderung weiterer energierechtlicher Vorschriften v. 14.7.2021 (BGBl. I 2021, S. 2860).
127 *BMWi*, Die Nationale Wasserstoffstrategie, abrufbar unter https://www.bmwi.de/Redaktion/DE/Publikationen/Energie/die-nationale-wasserstoffstrategie.pdf?__blob=publicationFile&v=20 (Abruf 15.10.2021).
128 Gesetzesentwurf zur Umsetzung unionsrechtlicher Vorgaben und zur Regelung reiner Wasserstoffnetze im Energiewirtschaftsrecht, BT-Drs. 19/27453.
129 Umsetzung der Richtlinie (EU) 2019/944 des Europäischen Parlaments und des Rates vom 5.6.2019 mit gemeinsamen Vorschriften für den Elektrizitätsbinnenmarkt und zur Änderung der Richtlinie 2012/27/EU, Abl. EU Nr. L 124, S. 125 v. 14.6.2019.
130 *ER Digital*, Meldung v. 4.3.2021, abrufbar unter https://erdigital.de/ce/reform-des-energiewirtschaftsrechts-soll-auch-regulatorischen-rahmen-fuer-reine-wasserstoffnetze-schaffen/_sid/UVFT-114418-uZa1/detail.html (Abruf 15.10.2021); Vgl. auch *Baumgart/Schulte/Berger/Lencz/Mansius/Schlund*, RdE 2021, 1 ff.; *Hampel/Flemming/Ertel*, RdE 2021, 125 ff.; *Hampel/Frizen/Ertel/Bürger*, RdE 2021, 236 ff.
131 *ER Digital*, Meldung v. 4.3.2021, abrufbar unter https://erdigital.de/ce/reform-des-energiewirtschaftsrechts-soll-auch-regulatorischen-rahmen-fuer-reine-wasserstoffnetze-schaffen/_sid/UVFT-114418-uZa1/detail.html (Abruf 15.10.2021).
132 *ER Digital*, Meldung v. 4.3.2021, abrufbar unter https://erdigital.de/ce/reform-des-energiewirtschaftsrechts-soll-auch-regulatorischen-rahmen-fuer-reine-wasserstoffnetze-schaffen/_sid/UVFT-114418-uZa1/detail.html (Abruf 15.10.2021).
133 *Scholtka/Frizen*, NJW 2021, 906 ff.

C. Entwicklung der Energieordnung

Zugangs- und der Entgeltregulierung als auch für die Entflechtung.[134] Die EEG-Umlagenbefreiung für sog. Grünen Wasserstoff findet sich neu in § 69b EEG 2021. Nach § 93 EEG 2021 ist die Bundesregierung ferner ermächtigt, ohne Zustimmung des Bundesrates eine Verordnung bezüglich der Anforderungen an die Herstellung von Grünem Wasserstoff zu erlassen. Nur einen Monat später, im Juli 2020, veröffentlichte die Europäische Kommission „eine Wasserstoffstrategie für ein klimaneutrales Europa".[135]

Ein seit 2015 andauernder Streit ist im Spätsommer 2021 beendet worden. Er hat dabei das Potenzial, weitreichende Konsequenzen und die Notwendigkeit von Änderungen und Anpassungen nach sich zu ziehen. Es handelt sich dabei um ein **Vertragsverletzungsverfahren der Europäischen Kommission gegen die Bundesrepublik Deutschland**.[136] Im Kern betrifft der Vorwurf die Elektrizitäts- und Erdgasbinnenmarktrichtlinien 2009/72 und 2009/73, die Deutschland nicht ordnungsgemäß umgesetzt haben soll. Dies Einschätzung teilte auch der Generalanwalt in seinen Schlussanträgen vom 14. Januar 2021.[137] Kritisiert wird insbesondere[138] die fehlende **Unabhängigkeit der Bundesnetzagentur**, da diese keine uneingeschränkte Ermessensfreiheit darin habe, wie sie ihre Bedingungen, z.B. hinsichtlich der Netztarife, festlege.[139] Geregelt ist die Unabhängigkeit der Regulierungsbehörden in Art. 35 der RL 2009/72.[140] In Abs. 4 heißt es, dass die Mitgliedstaaten die Unabhängigkeit der Regulierungsbehörden gewährleisten und ebenso gewährleisten, dass diese ihre Befugnisse unparteiisch und transparent ausüben. Dies betrifft auch das Weisungsrecht nach Abs. 4 lit. b, sublit. ii) der RL 2009/72, wonach die Regulierungsbehörden bei Wahrnehmung ihrer Regulierungsaufgaben keine direkten Weisungen einholen oder entgegennehmen. In Art. 37 der RL 2009/72[141] werden die Aufgaben der Regulierungsbehörde, die unter diese Unabhängigkeit fallen, benannt. Ebenso verhält es sich bei der RL 2009/73. Indem die Bundesrepublik Deutschland der Regierung durch § 24 Abs. 1 EnWG Zuständigkeiten für die Festlegung der Übertragungs- und Verteilungstarife, der Bedingungen für den Zugang zu den nationalen Netzen und Bedingungen für die Erbringung von Ausgleichsleistungen übertragen und eine Reihe von Regelungen über die Modalitäten der Wahrnehmung der Regulierungsaufgaben erlassen habe, habe die Bundesrepublik gegen die alleinige Zuständigkeit, die das Unionsrecht der nationalen Regulierungsbehörden (NRB) übertragen habe, verstoßen.[142] Nach Ansicht des Bundesgerichtshofs ist es dagegen unionsrechtlich nicht zu beanstanden, dass den Regulierungsbehörden ein Rahmen vorgegeben wird und in einzelnen Fällen auch konkrete Vorgaben.[143]

52

---

134 *Scholtka/Frizen*, NJW 2021, 906 ff.
135 COM (2020) 301 final v. 8.7.2020.
136 Rechtsache C-718/18 Europäische Kommission gegen Bundesrepublik Deutschland; s. dazu auch *Bourwieg*, ER 2021, 47 (48).
137 Generalanwalt beim EuGH (Pitruzzella), Schlussantrag vom 14.1.2021 – Rs. C-718/18, ECLI:EU:C:2021:20.
138 Ein weiterer Aspekt betrifft im Übrigen die mangelhafte Umsetzung des Begriffs „vertikal integriertes Unternehmen", gemäß Art. 2 Nr. 21 der Richtlinie 2009/72 du Art. 2 Nr. 20 der Richtlinie 2009/73, umgesetzt in § 3 Nr. 38 EnWG; s. dazu die Würdigung durch den EuGH Urt. v. 2.9.2021, Rs. C-818/18, Rn. 29 ff.; ECLI:EU:C:2021:662,
139 *Legal Tribune Online*, Meldung v. 15.1.2021, abrufbar unter https://www.lto.de/recht/nachrichten/n/schlussantraege-eugh-umsetzung-richtlinen-energiemarkt-nicht-ordnungsgemaess/ (Abruf 15.10.2021).
140 Nunmehr Art. 57 der Richtlinie (EU) 2019/944.
141 Nunmehr Art. 59 der Richtlnie (EU) 2019/944.
142 Ausführlich nachzules Generalanwalt beim EuGH (Pitruzzella), Schlussantrag v. 14.1.2021 – Rs. C-718/18, ECLI:EU:C:2021:20.
143 BGH Beschl. v. 8.10.2019 – EnVR 58/18, RdE 2020, 78 Rn. 36 ff.

Inzwischen hat der EuGH mit Urteil vom 2. September 2021[144] die Position des Generalanwalts bestätigt und festgestellt, dass die Bundesrepublik Deutschland Art. 37 Abs. 1 lit. a und Abs. 6 lit, a und b der RL 2009/72 sowie Art. 41 Abs. 1 lit. a und lit. b der RL 2009/73 nicht ordnungsgemäß umgesetzt hat und gegen die erforderliche Unabhängigkeit der nationalen Regulierungsbehörde sowie weitere Aspekte verstoßen hat. Der EuGH führt in dem Urteil zunächst aus, was die Unabhängigkeit bei der Entscheidungsfindung bedeutet, nämlich, dass die Regulierungsbehörden ihre, in Art. 37 RL 2009/72 genannten Regulierungsaufgaben und -befugnisse selbständig und nur auf Grundlage des öffentlichen Interesses zu treffen haben. Weiter heißt es, dass aus dem Wortlaut der Normen klar hervorgeht, dass allgemeine politische Leitlinien der Regierung nicht mit den Regulierungsaufgaben und -befugnissen im Einklang stehen. Zwar verfügen die Mitgliedstaaten hinsichtlich der Organisation und Struktur über einen gewissen Gestaltungsspielraum, jedoch nur insoweit wie die in den Richtlinien festgelegten Ziele und Pflichten sichergestellt sind. Die Unabhängigkeit der Regulierungsbehörden kann jedenfalls nicht durch Rechtsakte beschränkt werden, wie es auf Grundlage von § 24 S. 1 EnWG in Deutschland ermöglicht wird. Ein Verstoß gegen die Richtlinien liegt somit nach Ansicht des Gerichtshofs vor, da § 24 S. 1 EnWG der Bundesregierung bestimmte Zuständigkeiten überträgt, die alleine den Regulierungsbehörden vorbehalten sind. Das Urteil stellt überdies fest, dass die von Deutschland vorgebrachten Argumente nichts an der Beurteilung zu ändern vermögen. Weder die mitgliedstaatliche Verfahrensautonomie noch das Demokratieprinzip seien durch die Richtlinien verletzt. Ebenso wenig führt das Bemängeln genauer materieller Vorgaben zur Ausgestaltung der Netzzugangs- und Tarifierungsmethoden zu einer anderen Einschätzung. Vor diesem Hintergrund muss nicht nur der Regulierungsbehörde mehr Unabhängigkeit gewährleistet werden. Vielmehr ist eine umfassende Reform des EnWG und des deutschen Umsetzungskonzepts der normierenden Regulierung einschließlich der Umsetzungsverordnungen, wie die Anreizregulierungsverordnung und die Netzentgeltverordnung, erforderlich. Damit steht die nächste große Novelle in der neuen Legislaturperiode im Anschluss an die Bundestagswahl im September 2021 an. Bis zur Neuregelung durch den Gesetzgeber bleiben die Regelungen allerdings wohl weiter anwendbar, wie der BGH bereits entschieden hat.[145] Auch die BNetzA hat angekündigt, dass sie die unmittelbare Anwendbarkeit des Unionsrechts verneint und zunächst ihre Spruchpraxis auf dem bestehenden Recht fortführen wird.[146] Damit besteht hoher Handlungsdruck für den Gesetzgeber, da die entsprechenden Rechtsunsicherheiten extrem hinderlich sind in einer auf Sicherheit angewiesenen Investitionslandschaft. In der Konsequenz wird es zu einer deutlichen Stärkung der BNetzA und zu einer Schwächung der Gestaltungsmöglichkeiten des Verordnungsgebers kommen.[147] In der Sache muss dies allerdings nicht mit grundstürzenden Änderungen einhergehen.

53 Der bereits erwähnte (Rn. 1) aktuelle Beschluss des BVerfG vom 21. März 2021 betrifft schließlich das **Klimaschutzgesetz**, das teilweise für verfassungswidrig erklärt wurde. Der Gesetzgeber wird in dem Beschluss verpflichtet, die Treibhausgasemissionen für die Zeit nach 2030 näher zu regeln. Denn der Gesetzgeber ist angehalten,

---

144 EuGH Urt. v. 2.9.2021 – Rs. C-718/18, ECLI:EU:C:2021:662.
145 BGH Beschl. v. 8.10.2019 – EnVR 58/18, RdE 2020, 78 Rn. 60 ff.
146 BKartA, Pressemitteilung v. 2.9.2021, abrufbar unter https://www.bundesnetzagentur.de/SharedDocs/Downloads/DE/Allgemeines/Presse/Pressemitteilungen/2021/20210902_RegEnergieEugh.pdf;jsessionid=0EC82A122FEC8DB64BAC953002EA4C83?__blob=publicationFile&v=2 (Abruf 15.10.2021).
147 S. dazu auch Kap. 10 Rn. 30.

C. Entwicklung der Energieordnung   41

die Freiheitsrechte künftiger Generationen zu schützen.[148] Der Gesetzgeber reagierte prompt, hat umgehend die Klimaschutzziele verschärft und will nunmehr dafür sorgen, dass Deutschland bereits 2045 klimaneutral wird.[149]

Hinsichtlich der **Corona-Pandemie**, die die Welt und vor allem die Europäische Union in den Jahren 2020 und 2021 fest im Griff hatte, ist positiv festzuhalten, dass das System der leitungsgebundenen Strom- und Gasversorgung Resilienz bewiesen hat und den Einschränkungen des betrieblichen und täglichen Lebens trotzen konnte.[150]   54

Die Neufassung der Strombinnenmarktrichtlinie als Teil des Winterpakets der EU ist von Deutschland im Sommer 2021 umgesetzt worden. Am 10. Februar 2021 wurde von der Bundesregierung ein Gesetzesentwurf beschlossen, welcher der vollständigen Umsetzung der Strombinnenmarktrichtlinie in nationales Recht dient.[151] Die Vorschriften im EnWG wurden dabei angepasst und erweitert sowie die Regelungen zu den Endkundenmärkten in Teil 4 des EnWG zum Teil umgestaltet.[152] Ferner wurden Vorgaben zur Wasserstoffregulierung neu eingefügt.[153] Dem Gesetzespaket wurde am 24. Juni zugestimmt. Im Juli ist mit dem Inkrafttreten zu rechnen.   55

Die Entwicklung der Energieordnung zeigt damit, in welch **hoher Frequenz das Regulierungsregime** in kürzester Zeit **verdichtet** wurde. Initiiert durch das Erste Energiebinnenmarktpaket von 1996 ist die Energieordnung innerhalb von knapp 25 Jahren vier grundlegenden europäischen Regelungspaketen (1996, 2003 und 2009, 2018) und nachfolgend fünf gravierenden nationalen Umsetzungsakten mit massiven Regelungserweiterungen (1998, 2005, 2011, 2013, 2016/2017, 2019/2020) ausgesetzt gewesen. Hinzu kommen gerade in jüngster Zeit nicht nur grundlegende Überarbeitungen des EnWG sowie teils zentraler darauf basierender Verordnungen, sondern der Erlass neuer zentraler Gesetze außerhalb des EnWG wie insbesondere des EEG, des KWKG und des Messstellenbetriebsgesetzes. Insoweit hat zuletzt das OVG Münster mit Beschluss vom 4. März 2021[154] die den Smart-Meter-Rollout in Deutschland auslösende Markterklärung für rechtswidrig erachtet. Das Messstellenbetriebsgesetz ist allerdings zwischenzeitlich geändert worden und sieht nunmehr die Möglichkeit gestufter Markterklärungen sowie einen weitgehenden Bestandsschutz für verbaute und beschaffte Messstellen vor. Die vom OVG Münster formulierten Bedenken bestehen daher nach jetziger Rechtslage nicht mehr.   56

So wird nicht nur das EnWG ständig weiterentwickelt, sondern auch die **Nebengesetze** sind teils grundlegenden Systemwechseln ausgesetzt wie das Messstellenwesen und der Wechsel auf Ausschreibungsmechanismen in EEG und KWKG sowie zuletzt die Novellierung des Klimaschutzgesetzes. Mit der Energiewende wird eine massive Steigerung des Anteils erneuerbarer Energien am Energiemix angestrebt, wobei die Ziele in den vergangenen Jahren kontinuierlich verschärft wurden. So   57

---

148 Vgl. dazu Legal Tribune Online, Meldung v. 29.4.2021, abrufbar unter https://www.lto.de/recht/nachrichten/n/bverfg-1bvr2656-18-verfassungsbeschwerde-klimaschutz-teilweise-erfolgreich-freiheiten-kuenftige-generationen/ (Abruf 15.10.2021).
149 *Tagesschau.de*, Meldung v. 12.5.2021, abrufbar unter https://www.tagesschau.de/inland/bundeskabinett-klimaschutzgesetz-101.html (Abruf 15.10.2021); *Bundesregierung.de*, Klimaschutzgesetz 2021, Generationenvertrag für das Klima, abrufbar unter https://www.bundesregierung.de/breg/de/themen/klimaschutz/klimaschutzgesetz-2021-1913672 (Abruf 15.10.2021).
150 *Bourwieg*, ER 2021, 47 ff.
151 Gesetzesentwurf zur Umsetzung unionsrechtlicher Vorgaben und zur Regelung reiner Wasserstoffnetze im Energiewirtschaftsrecht, BT-Drs. 578/21.
152 Dazu *BMWi*, Meldung v. 10.02.2021, abrufbar unter https://www.bmwi.de/Redaktion/DE/Artikel/Service/Gesetzesvorhaben/referentenentwurf-enwg-novelle.html (Abruf 15.10.2021).
153 Siehe dazu schon oben Rn. 47.
154 OVG Münster Beschl. v. 4.3.2021 - 21 B 1162/20.

lag das Ziel des Anteils erneuerbaren Energien am Bruttostromverbrauch für das Jahr 2020 ursprünglich bei 18 % und wurde mit rund 46 % sogar vorzeitig deutlich übertroffen.[155] Jetzt soll der Anteil bis zum Jahr 2035 mindestens 55-60 % betragen und bis zum Jahr 2050 sogar bei 80 % liegen.[156] Vor diesem Hintergrund stellt sich allerdings die Frage, wie viel Marktwirtschaft und Wettbewerb angesichts **planwirtschaftlicher Steuerungselemente** der Förderung bestimmter Erzeugungsformen noch möglich sind. Insoweit wurde mit dem EEG 2014[157], das die Umstellung der Vermarktung erneuerbarer Energien auf wettbewerbliche Strukturen vorantreiben soll,[158] ein (erster kleiner) Schritt in die richtige Richtung getan[159], der durch die Einführung von Ausschreibungsmodellen ausgebaut wurde, wobei nach wie vor umfassende technologieneutrale Ausschreibungen fehlen. Im Übrigen sind die Fördermodelle weiterhin weitgehend national radiziert, so dass sie den Energiebinnenmarkt behindern. Mittelfristig stellt sich die Frage, ob erneuerbare Energien auch ohne Förderung auskommen, wie sich in manchen Ausschreibungen bereits gezeigt hat. Die Energieordnung steht jedenfalls insgesamt schon wegen der ambitionierten Klimaziele weiterhin vor „revolutionären" Herausforderungen. Die Hoffnung, dass künftige Entwicklungen stärker „evolutionär" erfolgen werden, hat wenig Aussicht auf Erfüllung.

D. Technischer Hintergrund

58 Ein Teil der neuen und alten Regulierungsvorgaben lässt sich ohne die technischen Hintergründe der Energieordnung nicht hinreichend verstehen. So ist zunächst unter der **Stromerzeugung** die Umwandlung verschiedener Primärenergieträger (Wasserkraft, Windkraft, Kernenergie, Sonnenenergie, Biomasse sowie insbesondere die sogenannten fossilen Energieträger Stein- und Braunkohle, Erdöl und Erdgas) in elektrische Energie zu verstehen. Während die Stromerzeugung lange Zeit weltweit und auch in Deutschland ganz überwiegend durch Umwandlung der Primärenergieträger mittels Generatoren (Turbinen, Lichtmaschinen) erfolgte, lag in Deutschland der Anteil des aus erneuerbaren Energien erzeugten Stroms an der Netzlast im Jahr 2020 bei 49,1 % (Anteil an der Gesamterzeugung: 47,35 %) und stieg damit im Vergleich zum Vorjahr mit einem Wert von 45,7 % weiter an.[160] Den größten Beitrag leisten die Windkraftanlagen mit 27,4 %. Photovoltaik erfasst 9,7 % und weitere 12 % entfallen auf Biomasse, Wasserkraft und sonstige erneuerbare Quellen. Diese Systeme gewinnen die elektrische Energie unmittelbar aus einer anderen Energieform (Photovoltaik, Brennstoffzelle, Wind- und Wasserkraftwerke) durch Umwandlung kinetischer in elektrische Energie. Darunter fallen Windkraft, regenerative Wasserkraft, Biomasse, Photovoltaik sowie regenerativer Hausmüll.

59 In den, lange Zeit am häufigsten zur Stromerzeugung eingesetzten, sogenannten Wärmekraftwerken wird mithilfe der Primärenergieträger Kohle, Erdöl, Erdgas oder Kernenergie Wasserdampf erzeugt, der die Dampfturbinen antreibt. Im Jahre 2010

---

155 Dazu *BMWi*, Erneuerbare Energien, abrufbar unter https://www.bmwi.de/Redaktion/DE/Dossier/erneuerbare-energien.html (Abruf 15.10.2021).
156 Vgl. § 1 Abs. 2, 3 EEG 2014.
157 Gesetz für den Ausbau erneuerbarer Energien v. 21.7.2014 (BGBl. I 2014, S. 1066).
158 *Danner*, in: Danner/Theobald (Hrsg.), Energierecht, 91. EL 2017, Einführung Rn. 117.
159 Zu grundlegenden Reformvorschlägen etwa *Haucap/Klein/Kühling*, Die Marktintegration der Stromerzeugung aus erneuerbaren Energien, 2013.
160 Zu den aktuellen Zahlen siehe https://www.bundesnetzagentur.de/DE/Sachgebiete/ElektrizitaetundGas/Unternehmen_Institutionen/HandelundVertrieb/SMARD/Aktuelles/start.html (Abruf 15.10.2021).

D. Technischer Hintergrund

lieferten fossil gefeuerte Kraftwerke etwa 61 % des erzeugten Stroms in Deutschland. Dieser Anteil ging bis zum Jahr 2015 auf knapp 52 % zurück.[161,162] Im Jahr 2020 ging die Erzeugung aus konventionellen Energieträgern um 12,2 % zurück, wobei am stärksten die Erzeugung aus Steinkohle zurückging (12,1 %).[163] Insgesamt beträgt der Anteil 2020 noch 52,65 %.[164] Der Anteil der Kernenergie an der Bruttostromerzeugung in Deutschland betrug im Jahr 2010 noch ca. 22 %, im Jahr 2015 waren es demgegenüber nur noch ca. 14 %. 2020 sind nur noch sechs Kernkraftwerke in Deutschland in Betrieb, deren Anteil an der Brutto-Stromerzeugung im Jahr 2020 11,3 % beträgt.[165]

Angesichts des im Rahmen der Energiewende in § 1 Abs. 2 Nr. 1 EEG 2014 aufgenommenen Ziels, den Anteil **erneuerbarer Energien** an der Stromversorgung bereits im Jahre 2025 auf 40-45 % und bis zum Jahr 2050 sukzessiv weiter auf 80 % zu erhöhen, ist eine weitere deutliche Verschiebung zwischen den einzelnen Energieträgern zu erwarten. Diese wird auch weiterhin primär zulasten der Kernkraft ausfallen, da die letzten Atomkraftwerke in Deutschland Ende 2022 abgeschaltet werden sollen.[166] Diese Ziele wurden nunmehr im EEG 2021 noch einmal verschärft, wonach der Anteil des aus erneuerbaren Energien erzeugten Strom am Bruttostromverbrauch im Jahr 2030 auf 65 % ansteigen soll, § 1 Abs. 2 EEG 2021. Ferner soll vor dem Jahr 2050 der gesamte erzeugte und verbrauchte Strom treibhausneutral erzeugt werden, § 1 Abs. 3 EEG 2021. 60

Erdgas ist ein brennbares Naturgas mit dem Hauptbestandteil Methan, das in unterirdischen Lagerstätten, zumeist gemeinsam mit Erdöl vorkommt. Hauptförderländer von Erdgas sind Russland und die USA. In Europa liegen die größten bekannten Erdgasreserven in Großbritannien, den Niederlanden und Norwegen. Auch in Deutschland wird Erdgas gefördert, dennoch ist die Bundesrepublik in großem Umfang und beständig ansteigend auf Importe, insbesondere aus Russland, Norwegen und den Niederlanden angewiesen. Aufgrund neuer Technologien und gestiegener Rohstoffpreise gerät zunehmend auch die Gewinnung von Erdgas aus unkonventionellen Lagerstätten in den Blick. So hat die Gewinnung von Gas aus Schiefergesteinen (Shale Gas) unter Einsatz des sogenannten Fracking-Verfahrens in den USA in den letzten Jahren einen regelrechten Boom erfahren und bereits zu merklichen Verschiebungen im weltweiten Gashandel geführt. Auch in Deutschland werden entsprechende unkonventionelle Lagerstätten vermutet. Explorationsbohrungen finden bereits in einigen Bundesländern statt. Die künftige Erdgasgewinnung mittels unkonventionellem Fracking wurde durch ein 2016 im Bundestag beratenes Regelungspaket weitestgehend ausgeschlossen. Die Anforderungen an konventionelles Fracking wurden schließlich weiter verschärft.[167] 61

Je nach Energiegehalt unterscheidet man zwischen **verschiedenen Gasarten**, die sich in ihrem Brennwert unterscheiden. In Deutschland wird zumeist entweder soge- 62

---

161 Vgl. *BMWi*, Energiedaten, Tabelle 28: Bruttostromerzeugung in Deutschland 2015, Stand: Dezember 2015, abrufbar unter http://bmwi.de/BMWi/Redaktion/PDF/E/energiestatistiken-grafiken,property=pdf, bereich=bmwi2012,sprache=de,rwb=true.pdf (Abruf 15.10.2021).
162 Der Anteil der Braunkohlekraftwerke daran 24 %, der der Steinkohlekraftwerke 18,2 %.
163 Vgl. BNetzA, smard.de, https://www.smard.de/page/home/topic-article/444/202398 (Abruf 15.10.2021).
164 BNetzA, smard.de, https://www.smard.de/page/home/topic-article/444/202398 (Abruf 15.10.2021).
165 Vgl. zu den aktuellen Zahlen, *KernD*, kernd.de, https://www.kernd.de/kernd/themen/strom/Zahlen-und-Fakten/01_index.php#tab_f1540f79f39308628c6c0082410c0661_2 (Abruf 15.10.2021).
166 § 7 Abs. 1a Nr. 6 AtG.
167 Vgl. BT-Drs. 18/4713; BT-Drs. 18/8916; BT-Drs. 18/4714; BT-Drs. 18/8907; *Schütte/Winkler*, ZUR 2015, 378 (378 f.).

nanntes H-Gas (High Gas) oder L-Gas (Low Gas) geliefert. Die heimische L-Gas-Produktion sowie der L-Gas-Import aus den Niederlanden ist allerdings stark rückläufig, so dass zukünftig in Netzgebieten, in denen zur Zeit (noch) L-Gas verbraucht wird, die Netze umgestellt und alle angeschlossenen Gasverbrauchsgeräte schrittweise an die Versorgung mit hochkalorischem H-Gas angepasst werden. Erdgas wird nicht nur zur Stromerzeugung verwendet, sondern hat vor allem große Bedeutung als Primärenergieträger zur Erzeugung von Wärme für die Raumheizung sowie für die industrielle Produktion. Erdgas ist dabei ein noch recht „junger" Energieträger, der in Deutschland im Laufe der letzten 30 Jahre seinen Anteil am Primärenergieverbrauch auf rund 20 % gesteigert hat.[168] Im Jahre 2003 wurden mehr als die Hälfte aller Privathaushalte mit Erdgas beheizt. Zukünftig soll verstärkt auch sogenanntes Biogas[169], das bei der Vergärung von organischem Material (biomassehaltige Reststoffe wie Klärschlamm und Bioabfall, Wirtschaftsdünger, gezielt angebaute „Energiepflanzen") entsteht, Erdgas in seiner Funktion ergänzen. Auch im Jahr 2019 heizen die meisten Deutschen nach wie vor mit fossilem Erdgas (49,3 % Wohngebäude bzw. 48,2 % Wohnungen).[170] 2020 wurde mit Erdgas zu 47,7 % geheizt. Der Anteil erneuerbarer Energien in der Wärmeerzeugung beträgt 17,6 %.[171]

63 Gemeinsames Charakteristikum der Produkte „Elektrizität" und „Gas" ist ihre sogenannte **„Leitungsgebundenheit"**. Der Transport von Elektrizität und Gas kann nur mittels spezieller Übertragungs- und Verteilersysteme, der **Netze**, vom Ort der Erzeugung bzw. Förderung bis hin zur Verbrauchsstelle erfolgen.

64 Im **Strombereich** sind die großen Kraftwerkseinheiten mit Leistungen von über 300 MW an die 380- bzw. 220-kV-Höchstspannungsnetze angeschlossen, die den Strom landesweit über große Entfernungen transportieren. Über diese Spannungsebene ist Deutschland auch an das europäische Verbundnetz gekoppelt. Künftig ist davon auszugehen, dass gerade für den im Zuge der Energiewende erforderlichen Abtransport des Windstroms von Norden nach Süden die deutschen Übertragungsnetzbetreiber Stromtrassen auf der Basis der sogenannten Hochspannungs-Gleichstrom-Übertragungstechnik errichten müssen. Diese erlaubt den Transport von Strom über große Entfernungen und mit verhältnismäßig geringen Verlusten. Im Anschluss an die Höchstspannungsebene übernehmen die 110-kV-Hochspannungsnetze den jeweiligen regionalen Transport in ländlichen Gebieten sowie die innerstädtische Verteilung in Ballungsgebieten. Dabei bezieht das Hochspannungsnetz seine elektrische Energie nicht nur aus dem vorgelagerten Höchstspannungsnetz, sondern auch aus (kleineren) Kraftwerken, die auf dieser Netzebene einspeisen. Die Mittelspannungsnetze (10 und 20 kV) bilden in einigen Bereichen den Übergang zur örtlichen Verteilung. Abnehmer und Einspeiser mit Leistungen zwischen 50 kW und einigen MW werden in der Regel unmittelbar an dieses Mittelspannungsnetz angeschlossen (Direktversorgung von Industriebetrieben). Alle Letztverbraucher mit Abnahmemengen unter 100 000 kWh bzw. einer maximalen Leistung bis 30 kW, mithin alle Haushaltskunden, sind an das Niederspannungsnetz (230 bzw. 400 Volt)

---

168 Vgl. *BMWi*, Energiedaten, Tabelle 3: Primärenergieverbrauch in Deutschland 2015, abrufbar unter http://bmwi.de/BMWi/Redaktion/PDF/E/energiestatistiken-grafiken,property=pdf,bereich=bmwi 2012,sprache=de,rwb=true.pdf (Abruf 15.10.2021).
169 Vgl. dazu auch BNetzA, Biogas-Anlagen, https://www.bundesnetzagentur.de/DE/Sachgebiete/Elektrizitaet undGas/Unternehmen_Institutionen/ErneuerbareEnergien/Biogas/start.html (Abruf 15.10.2021).
170 *BDEW*, Wie heizt Deutschland 2019, Studie zum Heizungsmarkt, abrufbar unter https://www.bdew.de/media/documents/Pub_20191031_Wie-heizt-Deutschland-2019.pdf (Abruf 15.10.2021).
171 Siehe *BDEW*, https://www.bdew.de/service/daten-und-grafiken/nettowaermeerzeugung-nach-energietraegern/ (Abruf 15.10.2021).

D. Technischer Hintergrund

angeschlossen. In städtischen Bereichen werden hierzu beinahe ausschließlich Erdkabel verwendet. Die aufgezählten vier Spannungsebenen sind jeweils durch sogenannte Umspannwerke miteinander verbunden. Da auch diese Umspannungen (u.a. in der Entgeltberechnung) als gesonderte Netzebenen erfasst werden, unterscheidet man in Deutschland insgesamt zwischen den „**Netzebenen 1–7**".

Erdgas wird, soweit es importiert wird, über Leitungssysteme mit mehreren Tausend Kilometern Länge von der Förderstätte an die Übergabestationen geliefert. Hierzu werden Leitungen, etwa von Westsibirien nach Deutschland, mit Durchmessern von bis zu 1,40 m und einem Betriebsdruck von bis zu 100 bar verwendet. Bei der Verwendung von Unterwasserpipelines (etwa zum Anschluss von Offshore-Fördergebieten) kann der Betriebsdruck auf 200 bar ansteigen. Schließlich kann Erdgas auch per Tankschiff transportiert werden. Hierzu wird das Erdgas in Verflüssigungsanlagen in unmittelbarer Nähe von Verladehäfen auf ca. -160 °C abgekühlt. Dabei verflüssigt es sich und nimmt auf etwa ein Sechshundertstel des Normvolumens ab. Dieses Flüssigerdgas (Liquified Natural Gas = LNG) wird in speziellen Tankschiffen zum Zielhafen des Importlandes gebracht. Dort wird es entladen, in speziellen Terminals in seinen gasförmigen Zustand zurückgeführt und kann wieder in das Erdgasleitungssystem eingespeist werden. In Deutschland verfügt die Deutsche Flüssigerdgas Terminal GmbH[172] bereits seit Langem über die Genehmigung zum Bau eines Flüssigerdgas-Terminals in Wilhelmshaven. Bislang wurde von dieser Genehmigung jedoch kein Gebrauch gemacht. Unter dem Eindruck der Ukraine-Krise und dem angespannten Verhältnis zum Gasexporteur Russland haben die Planungen insbesondere beim Land Niedersachsen erneut an Aktualität gewonnen.[173]

65

Innerhalb Deutschlands kann man – ähnlich wie im Strombereich – das Leitungsnetz in verschiedene **Ebenen** unterteilen. Für die Überbrückung großer Distanzen werden Hochdruckleitungen eingesetzt, die in Deutschland mit einem Druck von bis zu 84 bar betrieben werden. Während des Gasflusses über längere Strecken entsteht allerdings das Problem, dass der ursprüngliche Druck durch die Reibung der Gasmoleküle im Gasstrom selbst und an den Rohrwänden abfällt. Der so verminderte Druck muss zum Weitertransport wieder erhöht werden. Dies geschieht mittels sogenannter Verdichterstationen, die im Fernleitungsnetz in einem Abstand von 100 bis 200 Kilometern installiert sind. Den Mitteldruckleitungen (100 mbar bis 1 bar) kommt die regionale Verteilerfunktion zu. Ortsgasnetze mit wesentlich geringeren Drücken (100 mbar bis hinunter zu 20 mbar am Hausanschluss) dienen der Verteilung des Gases an die Letztverbraucher. Damit der Druck an den Übergangsstellen der verschiedenen Leitungsebenen nicht zu hoch ist, wird er – entsprechend der Umspannung im Strombereich – durch Reduzieranlagen den jeweiligen örtlichen Gegebenheiten angepasst.

66

---

172 Anteilseigner der DFTG sind die E.ON Global Commodities SE zu 90 % und die VNG – Verbundnetz Gas AG zu 10 %.
173 Zur aktuellen Lage siehe *NDR*, LNG-Terminal in Wilhelmshaven offenbar vor dem Aus, abrufbar unter https://www.ndr.de/nachrichten/niedersachsen/oldenburg_ostfriesland/LNG-Terminal-in-Wilhelmshaven-offenbar-vor-dem-Aus,wilhelmshaven916.html; Deutschlandfunk, Deutschland will unabhängig von Import-Gas aus Russland werden, abrufbar unter https://www.deutschlandfunk.de/fluessiggas-lng-deutschland-will-unabhaengig-von-import-gas.724.de.html?dram:article_id=492477; *Eurotransport*, Aus für LNG-Terminal in Wilhelmshaven, abrufbar unter https://www.eurotransport.de/artikel/wasserstoff-statt-fluessiggas-aus-fuer-lng-terminal-in-wilhelmshaven-uniper-ammoniak-11182654.html (Abruf je 15.10.2021).

67 Über die „Leitungsgebundenheit" von Strom und Gas hinaus liegt eine weitere technische Besonderheit beider „Produkte" darin, dass man sie nur in begrenztem Umfang auf Vorrat produzieren und speichern kann.

68 Elektrische Energie ist – mit Ausnahme von Batterien, die aber für die vollumfängliche Versorgung bereits eines Haushaltes völlig ungeeignet sind – grundsätzlich **nicht speicherbar**.[174] Dies hat zur Konsequenz, dass Strom in genau dem Augenblick erzeugt werden muss, in dem er benötigt wird. Die eingesetzten Kraftwerke haben exakt so viel elektrische Energie zu liefern, wie im selben Moment von elektrischen Verbrauchern wie Motoren, Heizgeräten, Lampen u.Ä. angefordert wird. Dieser Stromverbrauch ändert sich im Laufe eines Tages und wird durch die sogenannte Lastkurve dargestellt. Der Stromverbrauch ist zudem im Winter höher als im Sommer, wobei die Differenz durch den vermehrten Einsatz von Klimaanlagen u.Ä. in den Sommermonaten zunehmend ausgeglichen wird.

69 Da die **Frequenz** der Netze nur geringfügig schwanken darf, müssen Erzeugung und Verbrauch durch die sogenannte Netzsteuerung in einem ständigen Gleichgewicht gehalten werden. Hierbei ist auch die Größe der sogenannten **Verlustenergie** mit einzubeziehen, welche beim Betrieb eines Netzes auftritt. Darüber hinausgehend bedarf es im Fall kritischer Frequenzsteigerungen oder -abfälle der Zu- oder Abschaltung einzelner Kraftwerke bzw. sonstiger Stromerzeugungsanlagen oder Lasten (oder auch des Imports oder Exports von Strom), welche der jeweils für eine Regelzone zuständige Übertragungsnetzbetreiber vornimmt. Insbesondere die stetig ansteigende fluktuierende Einspeisung aus EE-Anlagen und der nach wie vor nur langsam und unzureichend vorangetriebene Ausbau der Elektrizitätsversorgungsnetze führt dazu, dass sich die durch nunmehr fast täglich stattfindende Redispatchmaßnahmen verursachte Redispatchmenge 2017 im Vergleich zu 2013 mehr als verdreifacht hat. Die Kosten stiegen im Jahr 2015 auf einen Rekordwert von 435,4 Mio. Euro an, sanken im Jahr 2016 jedoch wieder auf 234,6 Mio. Euro ab, nur um wiederum im Jahr 2017 anzusteigen.[175] Im Januar 2017 wurde der bisherige Spitzenwert an geleisteter Redispatch Arbeit mit einem Wert von 3.065 GWh gemessen, der mehr als das 63-fache über dem kleinsten Wert von August 2013 mit 48 GWh liegt.[176] Ab April 2020 ist ein Anstieg des spannungsbedingten Redispatch zu sehen, was auf die Auswirkungen der Corona-Pandemie zurückzuführen ist.[177] Die Einsatzkosten für

---

174 Eine Zwischenspeicherung lässt sich in begrenztem Umfang auch in Pumpspeicherkraftwerken erreichen, wobei zu beachten ist, dass im Zuge der Speicherung Energieverluste auftreten, die den Wirkungsgrad auf ca. 75–80 % senken. Um Strom insbesondere aus erneuerbaren Energien langfristig zu speichern, wird zunehmend auch die Umwandlung von Strom in Wasserstoff oder synthetisches Erdgas und die anschließende Speicherung im Erdgasnetz in Betracht gezogen (sogenanntes Power to Gas). Auch hierbei treten jedoch erhebliche Energieverluste bei der Umwandlung auf. In den letzten Jahren sind zudem die ersten kommerziellen Batteriespeicher in Betrieb genommen worden, die kurzfristige Netzschwankungen, die insbesondere bei Wind- und Sonnenenergie auftreten können, ausgleichen sollen und in der Regel Anbieter auf dem sogenannten Primärregelenergiemarkt sind.

175 Vgl. *BDEW*, Fakten, Redispatch in Deutschland, Auswertung der Transparenzdaten April 2013 bis einschließlich September 2020, S. 10, abrufbar unter https://www.bdew.de/media/documents/2020_Q3_Bericht_Redispatch_GOQPsvY.pdf (Abruf 15.10.2021).

176 Vgl. *BDEW*, Fakten, Redispatch in Deutschland, Auswertung der Transparenzdaten April 2013 bis einschließlich September 2020, S. 7, abrufbar unter https://www.bdew.de/media/documents/2020_Q3_Bericht_Redispatch_GOQPsvY.pdf (Abruf 15.10.2021).

177 Vgl. BNetzA, Quartalsbericht Netz- und Systemsicherheit, Gesamtes Jahr 2020, abrufbar unter https://www.bundesnetzagentur.de/SharedDocs/Mediathek/Berichte/2020/Quartalszahlen_Gesamtjahr_2020.pdf?__blob=publicationFile&v=3 (Abruf: 15.10.2021); BDEW, Fakten, Redispatch in Deutschland, Auswertung der TransparenzdatenApril 2013 bis einschließlich September 2020, S. 7, abrufbar unter https://www.bdew.de/media/documents/2020_Q3_Bericht_Redispatch_GOQPsvY.pdf (Abruf 15.10.2021).

D. Technischer Hintergrund

Redispatchmaßnahmen lagen im Jahr 2020 bei rund 444 Mio. Euro und damit circa 19 % über dem Vorjahresniveau von 373 Mio. Euro.[178]

Auch im Gasbereich kann vom Letztverbraucher nur so viel Gas entnommen werden, wie in der Leitung vorgehalten wird, und das Gasnetz kann nur bis zum Erreichen einer bestimmten Kapazitätsgrenze „gefüllt" werden. Auch hier bedarf es somit einer Abstimmung zwischen Ein- und Ausspeisung zur Aufrechterhaltung der Funktionstüchtigkeit des Leitungsnetzes und einer hierauf gerichteten Steuerung des Netzes (sogenanntes Dispatching). Allerdings ist Gas im Gegensatz zu Strom deutlich weitergehend speicherbar. Zum einen kann das Leitungsnetz selbst durch unterschiedlich starke „Befüllung" in gewissem Umfang zur Vorhaltung von Reserven für Spitzenzeiten und damit als Speicher benutzt werden (sogenannte Netzpuffer). Zum anderen gibt es in Deutschland zum Mengenausgleich zwischen Gasbezug und Gasverbrauch verschiedene Arten von **Speichern**. Kleinere, meist oberirdische Speicher dienen zum Ausgleich der Schwankungen im Tagesbedarf. Zum Ausgleich der jahreszeitlich bedingten Schwankungen werden jeweils im Sommer große Untertagespeicher mit Erdgas gefüllt, das im Winter zur Deckung des erhöhten Verbrauchs einschließlich der Leistungsspitzen an besonders kalten Tagen wieder entnommen wird. In Deutschland gibt es mehr als 50 Untertagespeicher;[179] weitere befinden sich im Bau/Ausbau. Weitergehende Restriktionen in der Netzsteuerung und der Planung des Gastransports im Vergleich zum Strombereich ergeben sich allerdings zum einen daraus, dass Gas in einer Leitung immer nur in eine Richtung fließen kann, zum anderen aus den verschiedenen Gasqualitäten, die nicht vermischt werden können.

Wasserstoff kommt in Wasser sowie in fast allen organischen Verbindungen vor.[180] Das Element liegt fast überwiegend in gebundener Form vor, weshalb es zunächst aus Wasser oder anderen Verbindungen gewonnen werden muss, um als Energieträger Verwendung zu finden.[181] Die Verfahren der Wasserstoffgewinnung unterscheiden sich danach, ob der Wasserstoff aus Wasser oder aus fossilen Energieträgern gewonnen wird, wobei die Gewinnung aus gegenwärtig organischen Verbindungen kostengünstiger ist als die Gewinnung aus Wasser.[182] Aufgrund dieser besseren Kostenstruktur dominiert weltweit die Gewinnung aus fossilen Energieträgern mit 95 Prozent.[183] Da Ausgangspunkt insoweit fossile Energieträger sind hat sich die Bezeichnung des so gewonnenen Wasserstoffs als „grauer" oder „blauer" Wasserstoff durchgesetzt.[184] Der klimaschutzrelevante Vorteil von blauem Wasserstoff gegenüber grauem besteht darin, dass bei diesem das abgespaltene CO_2 immerhin nicht in die Atmosphäre abgegeben wird. Es wird stattdessen abgefangen und gespeichert.[185]

---

178 BNetzA, Quartalsbericht Netz- und Systemsicherheit, Gesamtes Jahr 2020, abrufbar unter: https://www.bundesnetzagentur.de/SharedDocs/Mediathek/Berichte/2020/Quartalszahlen_Gesamtjahr_2020.pdf?__blob=publicationFile&v=3 (Abruf 15.10.2021).
179 Detaillierte Beschreibungen der Porenspeicher, Kavernenspeicher und der Speicher in aufgelassenen oder künstlich angelegten Grubenräumen sind abrufbar unter www.eon.com (Abruf 15.10.2021).
180 *Monopolkommission*, 8. Sektorgutachten Energie, 2021, S. 87, Tz. 226 (S. Fn. 12).
181 *Monopolkommission*, 8. Sektorgutachten Energie, 2021, S. 87, Tz. 226 (s. Fn. 12).
182 *Monopolkommission*, 8. Sektorgutachten Energie, 2021, S. 87, Tz. 226 (s. Fn. 12); vgl. auch *Langstädtler*, ZUR 2021, 203 ff.
183 *Monopolkommission*, 8. Sektorgutachten Energie, 2021, S. 87, Tz. 227 (s. Fn. 12).
184 *Fehling/Franzius/Schütte*, ZUR 2021, 193 ff.; *Monopolkommission*, 8. Sektorgutachten Energie, 2021, S. 87, Tz. 227 (s. Fn. 12).
185 *Fehling/Franzius/Schütte*, ZUR 2021, 193 ff.; *Monopolkommission*, 8. Sektorgutachten Energie, 2021, S. 87, Tz. 227 (s. Fn. 12).

72 Interessanter im Hinblick auf die Energiewende ist allerdings vor allem die Möglichkeit der Produktion von **Wasserstoff aus Wasser**. Aktuell ist dabei das einzig kommerziell verfügbare Verfahren die sog. Elektrolyse, wobei Wasser mit Hilfe von Strom in Wasserstoff und Sauerstoff zerlegt wird.[186] Dabei wird die elektrische Energie in chemische Energie transformiert und der Wasserstoff dient als Speicher.[187] Dieser Vorgang führt zu „grünem" Wasserstoff, wenn die Elektrolyse ausschließlich auf Basis von Strom aus erneuerbaren Energieträgern erfolgt, da so eine CO_2-neutrale Produktion gegeben ist.[188] Der große Vorteil des Wasserstoffs und damit auch seine Rolle als „Hoffnungsträger" folgt aus seiner vielseitigen Verwendbarkeit in den verschiedenen Sektoren, d.h. Strom, Wärme, Industrie und Verkehr. Damit kann eine sektorenübergreifende Dekarbonisierung vorangetrieben werden.[189]

73 Die Verbreitung von Wasserstoff erfolgt ebenfalls **leitungsgebunden**. Die weitere Ausgestaltung des Wasserstoffnetzes wird sich erst in den nächsten Jahren mit dem schrittweisen Anstieg des Einsatzes von Wasserstoff entwickeln, wobei insoweit überwiegend eine Umrüstung der Gasnetze - und nur ausnahmsweise in Form einer Beimischung von Wasserstoff in Gasnetze – zu erwarten ist (siehe bereits oben Rn. 13).

Literaturhinweise:

Baumgart, Max/Schulte, Simon/Berger, Felix, /Lencz, Dominic/Manius, Felix/Schlund, David, Der Regulierungsrahmen für Wasserstoffnetze, RdE 2021, 1 ff.; *Bausch, Camilla*, Entflechtungsregeln im Stromsektor: Die Vorgaben des Gesetzesentwurfes zum Energiewirtschaftsrecht, ZNER 2004, 332 ff.; *Bourwieg, Karsten*, Aktuelles aus der Energieregulierung, ER 2021, 47 ff.; *Büdenbender, Ulrich*, Durchleitung elektrischer Energie nach der Energierechtsreform, RdE 1999, 1 ff.; *Büdenbender, Ulrich*, Grundfragen des energierechtlichen Netzzugangs in der Gaswirtschaft nach der Gasnovelle (§ 6a EnWG), RdE 2001, 165 ff.; *Däuper, Olaf*, Aller guten Dinge sind drei? Die Weiterentwicklung des energiewirtschaftlichen Regulierungsrahmens durch das dritte EG-Energiepaket, N&R 2009, 214 ff.; *Eder, Jost/de Wyl, Christian/Becker, Peter*, Der Entwurf eines neuen EnWG – Ein großer Schritt, der viele Fragen aufwirft, ZNER 2004, 3 ff.; *Fest, Phillip/Operhalsky, Benedikt*, Der deutsche Netzausbau zwischen Energiewende und europäischem Energieinfrastrukturrecht, NVwZ 2014, 1190 ff.; *Hampe, Christian/Flemming, Sandra /Ertel, Christian*, Herstellung von Wasserstoff nach der EEG-Novelle 2021, RdE 2021, 125 ff.; *Haucap, Justus/Klein, Carolin/Kühling, Jürgen*, Die Marktintegration der Stromerzeugung aus erneuerbaren Energien, 2013; *Knieps, Günter/Brunekreeft, Gert* (Hrsg.), Zwischen Regulierung und Wettbewerb. Netzsektoren in Deutschland, 2. Aufl. 2003, 125 ff.; *Koenig, Christian/Kühling, Jürgen/Rasbach, Winfried*, Versorgungssicherheit im Wettbewerb – Ein Vergleich der gemeinschaftsrechtlichen, französischen und deutschen Energierechtsordnungen, ZNER 2003, 3 ff.; *Koenig, Christian/Kühling,*

---

[186] *Monopolkommission*, 8. Sektorgutachten Energie, 2021, S. 87, Tz. 228 (s. Fn 12).
[187] *Hampel/Flemming/Ertel*, RdE 2021, 125 (127); *Monopolkommission*, 8. Sektorgutachten Energie, S. 87, Tz. 228 (s. Fn. 12).
[188] *Burgi/Zimmermann*, ZUR 2021, 212 ff. m.w.N.; *Hampel/Flemming/Ertel*, RdE 2021, 125 (127 f.); *Langstädtler*, ZUR 2021, 203 ff.; *Monopolkommission*, 8. Sektorgutachten Energie, 2021, S. 87, Tz. 228 (s. Fn. 12).
[189] Vgl. *Fehling/Franzius/Schütte*, ZUR 2021, 193 ff.; *Hampel/Flemming/Ertel*, RdE 2021, 125 ff.; *Monopolkommission*, 8. Sektorgutachten Energie, 2021, S. 87, Tz. 228; kritischer *Sachverständigenrat für Umweltfragen*, Stellungnahme, Wasserstoff im Klimaschutz: Klasse statt Masse, v. 23.6.2021, abrufbar unter https://www.umweltrat.de/SharedDocs/Pressemitteilungen/DE/2020_2024/2021_06_wasserstoff_klasse_statt_masse.html?nn=9726460 (Abruf 15.10.2021).

Jürgen/Rasbach, Winfried, Das energierechtliche Unbundling-Regime, RdE 2003, 221 ff.; *Kühling, Jürgen,* Sektorspezifische Regulierung in den Netzwirtschaften, 2004; *Kühling, Jürgen/Hermeier, Guido,* Die Vorschläge zur institutionellen Neuorganisation des grenzüberschreitenden Stromhandels im 3. Energiebinnenmarkt-Paket – Defizite und Verbesserungsoptionen, IR 2008, 98 ff.; *Kühling, Jürgen/Rasbach, Winfried,* Kernpunkte des novellierten EnWG, RdE 2011, 332 ff.; *Kühling, Jürgen/Rothbauer, Julia,* Die Vorschläge der Monopolkommission für eine flexible Regulierung der Wasserstoffnetze, et 2021, 63 ff., *Kühne, Gunther,* Gemeinschaftsrechtlicher Ordnungsrahmen der Energiewirtschaft zwischen Wettbewerb und Gemeinwohl, RdE 2002, 257 ff.; *Monopolkommission,* Hauptgutachten 2000/2001 – Netzwettbewerb durch Regulierung, 2003; *Monopolkommission,* Sondergutachten 49. Strom und Gas 2007: Wettbewerbsdefizite und zögerliche Regulierung, 2008; *Monopolkommission, Sondergutachten 71.* Energie 2015: Ein wettbewerbliches Marktdesign für die Energiewende, 2016; *Monopolkommission,* 8. Sektorgutachten Energie: Wettbewerbschancen bei Strombörsen, E-Ladesäulen und Wasserstoff nutzen, 2021; *Oschmann, Volker,* Die Richtlinie zur Förderung der Stromerzeugung aus erneuerbaren Energien und ihre Umsetzung in Deutschland, RdE 2002, 131 ff.; *Posch, Dieter/Sitsen, Michael,* Möglichkeiten der Beschleunigung des Netzausbaus, NVwZ 2014, 1423 ff.; *Pisal, Ruben,* Entflechtungsoptionen nach dem Dritten Energiebinnenmarktpaket – Die Entflechtungsmodelle der Richtlinien 2009/72/EG und 2009/73/EG, 2011; *Ruffert, Matthias,* Regulierung im System des Verwaltungsrechts, AöR 1999, 237 ff.; *Saecker, Franz Juergen/Boesche, Katharina Vera,* Der Gesetzgebungsbeschluss des Deutschen Bundestages zum Energiewirtschaftsgesetz vom 28. Juni 2002 – ein Beitrag zur Verhexung des Denkens durch die Mittel unserer Sprache, ZNER 2002, 183 ff.; *Salje, Peter,* Das neue Energiewirtschaftsgesetz 2011, RdE 2011, 325 ff.; *Schneider, Jens-Peter/Prater, Janine,* Das europäische Energierecht im Wandel – Die Vorgaben der EG für die Reform des EnWG, RdE 2004, 57 ff.; *Scholtka, Boris,* Das neue Energiewirtschaftsgesetz, NJW 2005, 2421 ff.; *Scholz, Rupert,* Freiheitlicher Binnenmarkt oder diktierte Marktstruktur, et 2001, 678 ff.; *Schütte, Peter/Winkler, Martin,* Aktuelle Entwicklungen im Bundesumweltrecht, ZUR 2015, 378 ff.; *Staebe, Erik,* Zur Novelle des Energiewirtschaftsgesetzes (EnWG), DVBl 2004, 853 ff.; *Theobald, Christian/Gey-Kern, Tanja,* Das dritte Energiebinnenmarktpaket der EU und die Reform des deutschen Energiewirtschaftsrechts 2011, EuZW 2011, 896 ff.; *Theobald, Christian/Hummel, Konrad,* Entgeltregulierung im künftigen Energiewirtschaftsrecht, ZNER 2003, 176 ff.; *Theobald, Christian/Nill-Theobald, Christiane,* Grundzüge des Energiewirtschaftsrechts, 3. Aufl. 2013.

Rechtsprechungshinweise:

EuGH Urt. v. 2.9.2021 – Rs. C-718/18, ECLI:EU:C:2021:662; EuGH Urt. v. 28.3.2019 – Rs. C-405/16 P, ECLI:EU:C:2019:268; BGH Beschl. v. 8.10.2019 – EnVR 58/18, RdE 2020, 78 ff.; OVG Münster Beschl. v. 4.3.2021 - 21 B 1162/20.

2. Kapitel: Genehmigungs- und Anzeigepflicht – Aufgaben der Energieversorgungsunternehmen

A. Vorbemerkung

1 Mit dem EnWG 2005 wurde die staatliche Aufsicht über die Elektrizitäts- und Gasversorgung bei der Betriebsaufnahme im Vergleich zum EnWG 1998 eher zurückgenommen. Die Novellierung des EnWG im Sommer 2011 hat dagegen zumindest teilweise, nämlich im Bereich des Netzbetriebs, zu einem Wiedererstarken der **präventiven Kontrolle** geführt. Während im EnWG 1935 eine Investitionskontrolle und ein Betriebsuntersagungsverfahren (§§ 4, 8, 9 EnWG 1935) vorgesehen waren, beschränkte sich das EnWG 1998 bereits auf die Betriebsaufnahmegenehmigung (§ 3 EnWG) und die Möglichkeit der Ahndung von Verstößen gegen die energierechtlichen Vorschriften durch die Landesenergiebehörden nach § 18 Abs. 1 EnWG 1998. Diese Marktzutrittskontrolle wurde im EnWG 2005 noch weiter reduziert: So war nur noch die Aufnahme des Betriebs eines Energieversorgungsnetzes gemäß § 4 EnWG 2005 genehmigungspflichtig, während die Energiebelieferung – anders als noch nach § 3 EnWG 1998 – keiner Genehmigungs-, sondern einer bloßen Anzeigepflicht nach § 5 EnWG unterliegt. Ausgebaut wurden dagegen schon im EnWG 2005 angesichts der erheblich verstärkten Netzzugangsrechte und der erwarteten Zunahme des Durchleitungswettbewerbs die Aufgaben der Energieversorgungsunternehmen (§ 2 EnWG), vor allem aber der Netzbetreiber (§§ 11-16a EnWG). Letztere Normen differenzierten den bisherigen § 4 Abs. 1 EnWG 1998 aus, da durch die Entflechtungsvorgaben des Teils 2 des EnWG 2005 eine Desintegration der bislang vertikal integrierten Versorgungsunternehmen bewirkt wurde. Dadurch stieg der unternehmensübergreifende Koordinierungsaufwand. Darauf reagierten die Bestimmungen der §§ 11-16a EnWG 2005. Ergänzend traten schließlich die Aufgaben im Bereich der Grundversorgung (§§ 36-42a EnWG; dazu Kap. 6) und der Sicherheit und Zuverlässigkeit der Energieversorgung (§§ 49-53a EnWG; dazu Kap. 7) hinzu.

2 Durch die Entflechtungsvorgaben im EnWG 2011 wurden die Anforderungen an die Genehmigung der Aufnahme des Netzbetriebs noch einmal verschärft. Nach § 4a EnWG müssen die Transportnetzbetreiber vor der Aufnahme des Netzbetriebs ein **Zertifizierungsverfahren** durchlaufen. Die Zertifizierung ist zu erteilen, wenn der Transportnetzbetreiber die Entflechtungsvorgaben erfüllt.[190] Zuständig für die Durchführung des Zertifizierungsverfahrens ist nach den §§ 4a, 54 Abs. 1, 2 EnWG die Bundesnetzagentur. Die Kommission ist am Zertifizierungsverfahren zwingend zu beteiligen. Üben ein oder mehrere Personen aus einem Nicht-EU-Land, das auch nicht zum europäischen Wirtschaftsraum gehört, allein oder gemeinsam die Kontrolle über einen Transportnetzbetreiber oder einen Transportnetzeigentümer aus, findet im Interesse der Sicherstellung der Versorgungssicherheit ein erweitertes Zertifizierungsverfahren statt, § 4b EnWG. In dessen Rahmen haben Transportnetzeigentümer und Transportnetzbetreiber nicht nur die Einhaltung der Entflechtungsvorschriften darzulegen: Das Bundeswirtschaftsministerium muss darüber hinaus feststellen,

---

190 Die BNetzA hat ein Hinweispapier zur Antragstellung im Zertifizierungsverfahren veröffentlicht, in dem sie sich auch partiell zur Auslegung der Entflechtungsbestimmungen äußert, vgl. BNetzA Hinweispapier zur Antragstellung v. 12.12.2011, BK6-11-157 u. BK7-11-157.

dass die Erteilung der Zertifizierung die Sicherheit der Elektrizitäts- oder Gasversorgung in der Bundesrepublik Deutschland und der EU nicht gefährdet, § 4b Abs. 2 S. 1 EnWG.

B. Genehmigungspflicht der Aufnahme des Betriebs eines Energieversorgungsnetzes

I. Allgemeines

Die **Genehmigungspflicht** in § 4 EnWG ist auf die Aufnahme des Betriebs eines Energieversorgungsnetzes beschränkt. Dies dient dem Ziel der Deregulierung. Nur noch die Aufnahme des Betriebs auf einer Netzebene als wesentliche Infrastruktureinrichtung für die Allgemeinheit soll einer hoheitlichen Aufsicht im Rahmen der Genehmigungspflicht unterliegen. Gleichzeitig bleiben jedoch die §§ 4a ff. EnWG zu beachten. Die Genehmigung zum Betrieb eines Verteilernetzes reicht daher zum Betrieb eines Transportnetzes nicht aus.

Für Transportnetzbetreiber gelten auch nach erteilter Zertifizierung verschärfte Regeln. Die erteilte **Zertifizierung** wird gemäß § 4d EnWG erneut überprüft, sobald Umstände eintreten, die Auswirkung auf die Erteilung der Genehmigung haben können. Damit sind Veränderungen in der Unternehmensstruktur und in den Beteiligungsverhältnissen gemeint.[191] Solche Veränderungen sind der Bundesnetzagentur vom Transportnetzbetreiber gemäß § 4c S. 1 und 2 EnWG anzuzeigen. Sie hat zu prüfen, ob die Veränderungen Auswirkungen auf die Einhaltung der Entflechtungsvorgaben oder die Sicherheit der Energieversorgung in der BRD oder der EU haben. Könnte die Zertifizierung aufgrund der eingetretenen Veränderungen nicht erteilt werden, so gibt die Bundesnetzagentur dem Transportnetzbetreiber auf, die notwendigen Änderungen vorzunehmen, um die Einhaltung der Entflechtungsvorgaben zu gewährleisten. Möglich ist gemäß § 95 Abs. 2 S. 1 a.E. EnWG auch die Festsetzung eines Bußgeldes bis zu hunderttausend Euro.

Theoretisch kommt auch die **Untersagung** des Netzbetriebs nach § 4 Abs. 4 EnWG in Betracht, wenn der Netzbetreiber gegen § 4 Abs. 1 EnWG verstößt, also nicht über die zur Betriebsaufnahme erforderliche Genehmigung verfügt. Fraglich ist, ob diese Vorschrift auch für die fehlende Zertifizierung gilt. Dies müsste wohl bejaht werden, wenn das Zertifizierungserfordernis nach § 4a EnWG das Genehmigungserfordernis nach § 4 EnWG verdrängt. Andererseits ist zu berücksichtigen, dass das Zertifizierungsverfahren bei der Bundesnetzagentur geführt wird, während § 4 Abs. 4 EnWG die Untersagungskompetenz der nach Landesrecht zuständigen Behörde zuweist. Es wäre damit eine Behörde für die Untersagung des Netzbetriebs zuständig, die nicht zugleich über die Erteilung der Zertifizierung entscheidet. Es dürfte daher davon auszugehen sein, dass eine Betriebsuntersagung[192] nur durch die Bundesnetzagentur aufgrund der §§ 65 Abs. 1, 4a Abs. 1 S. 1 EnWG angeordnet werden könnte.

---

191 Weitergehend *Stamm*, in: Britz/Hellermann/Hermes (Hrsg.), EnWG, 3. Aufl. 2015, § 4d Rn. 5, die die „inhaltlich geänderten Umstände" mit den „nachträglich eingetretenen Tatsachen" aus § 49 Abs. 2 S. 1 Nr. 3 VwVfG gleichsetzen und infolgedessen nicht nur unternehmensinterne, sondern auch veränderte äußere Umstände, wie sie beispielsweise von einer Behörde geschaffen werden können, mitberücksichtigen will.

192 Dass der Betrieb eines Transportnetzes eingestellt werden muss, dürfte ein fiktiver Fall bleiben. Die BNetzA würde dem nicht zertifizierten Transportnetzbetreiber im Interesse der Versorgungssicherheit gemäß § 4d S. 2 EnWG aufgeben, die erforderlichen Maßnahmen zu ergreifen, um die Einhaltung der Entflechtungsvorschriften herbeizuführen.

II. Rechtscharakter der Genehmigung

6 § 4 Abs. 1, 2 EnWG beinhaltet ein **präventives Verbot mit Erlaubnisvorbehalt**.[193] Der Betrieb eines Energieversorgungsnetzes wird demnach erst mit der Genehmigungserteilung gestattet. Das Verbot ist jedoch lediglich präventiv und nicht repressiv: Es geht keineswegs um ein Zurückdrängen der Netzbetreibertätigkeit. Vielmehr dient die Genehmigungspflicht nur der Kontrolle der Unabhängigkeit, Leistungsfähigkeit und Zuverlässigkeit der Netzbetreiber im Sinne einer Missbrauchs- und Gefahrenabwehr, wobei Gefährdungen des freien Netzzugangs Dritter gemäß § 20 EnWG und die Versorgungssicherheit im Vordergrund stehen.

7 Die Genehmigung stellt einen gebundenen, begünstigenden Verwaltungsakt dar. Der Antragsteller hat bei Vorliegen der Voraussetzungen einen Rechtsanspruch auf Genehmigungserteilung. Das folgt aus § 4 Abs. 2 EnWG: Danach darf die Genehmigung nur bei Vorliegen der abschließend geregelten Gründe versagt werden (dazu IV.). Der Rechtsanspruch auf Genehmigungserteilung wird auch verfassungsrechtlich durch die Berufsfreiheit aus Art. 12 GG (ggf. i.V.m. Art. 19 Abs. 3 GG) untermauert. Unabhängig von der rechtlich wenig aussagekräftigen Qualifikation der Energieversorgung als Aufgabe der Daseinsvorsorge[194] bewirkt die Genehmigung jedenfalls in keinerlei Weise eine Beleihung mit öffentlichen Aufgaben.[195]

III. Grundtatbestand der Genehmigungspflicht

8 Der Begriff des Betreibers eines Energieversorgungsnetzes in § 4 Abs. 1 EnWG wird in § 3 Nr. 27 EnWG i.V.m. den weiteren konkretisierenden Definitionen in den §§ 3 Nr. 2–5, 7 und 8 sowie 10 und 10a EnWG näher umschrieben. Danach werden sehr weitreichend sämtliche Unternehmen erfasst, die mit der Aufgabe der Energieübertragung und Energieverteilung über die verschiedenen Netzebenen im Elektrizitäts- und Gasbereich beschäftigt sind.

9 Das Gesetz hat das Genehmigungserfordernis in § 4 Abs. 1 S. 1 EnWG auf die Aufnahme des Betriebs eines Energieversorgungsnetzes beschränkt. Eine „Aufnahme" ist der Beginn und damit die erstmalige Ausübung der Tätigkeit. Demzufolge ist lediglich ein erster bzw. erneuter Marktzutritt zu genehmigen. Ausweitungen der genehmigten Netzbetreibertätigkeit sind damit dem Wortlaut nach ebenso wenig genehmigungspflichtig wie bloße Vorbereitungshandlungen für die Aufnahme des Betriebs eines Energieversorgungsnetzes. Beschränkend wirken jedoch Gegenstand und Reichweite der erteilten Genehmigung nach § 4 Abs. 1 S. 1 EnWG zum Betrieb eines Energieversorgungsnetzes. In den Fällen einer **wesentlichen Betriebserweiterung**, in denen sich die Fragen nach der personellen, technischen und wirtschaftlichen Leistungsfähigkeit und Zuverlässigkeit aus § 4 Abs. 2 EnWG im Hinblick auf das neue Energieversorgungsnetz erstmals stellen und damit abweichend von der vorhandenen Genehmigung nach § 4 Abs. 1 S. 1 EnWG beurteilt werden können, wie dies beim Wechsel zwischen Elektrizitäts- oder Gasversorgungsnetz oder der

---

[193] *Salje*, EnWG, 2006, § 3 Rn. 84; *Theobald*, in: Theobald/Kühling (Hrsg.), Energierecht, 106. EL 2020, § 4 EnWG Rn. 1.

[194] St. Rspr. BVerfG Beschl. v. 20.3.1984 – 1 BvL 28/82, nach *juris*, Rn. 37; BVerfG Urt. v. 17.12.2013 – 1 BvR 3139/08, 1 BvR 3386/08, nach *juris*, Rn. 286.

[195] So schon zutreffend *Büdenbender*, EnWG, Kommentar zum Energiewirtschaftsgesetz, 2003, § 3 Rn. 47; ebenso *Theobald*, in: Theobald/Kühling (Hrsg.), Energierecht, 106. EL 2020, § 4 EnWG Rn. 22.

Änderung der Spannungsebenen vorkommen kann, wird eine Genehmigung nach § 4 Abs. 1 S. 1 EnWG zu erteilen sein.[196]

Eine wiederholte Aufnahme ist gegeben, wenn ein Unternehmen seinen Betrieb eines Energieversorgungsnetzes definitiv eingestellt hat und diesen später wieder aufnehmen möchte: In der Einstellung ist ein konkludenter Verzicht auf die Genehmigung zu sehen. Daher ist eine neue Genehmigung zu beantragen. Maßgebliches Kriterium ist insoweit die Kontinuität des Netzbetriebs. Hinsichtlich der Frage der Rechtsnachfolge in der Betreiberperson findet § 4 Abs. 3 EnWG Anwendung (dazu V.).

IV. Genehmigungsversagungsgründe

Angesichts der grundrechtlich geschützten Betätigungsfreiheit auch im Rahmen des Betriebs von Versorgungsnetzen sieht § 4 Abs. 2 EnWG eine strenge Beschränkung der Versagungsgründe vor und ist dabei weitgehend identisch mit § 3 Abs. 2 Nr. 1 EnWG 1998. Zugleich wird § 4 Abs. 2 EnWG in Übereinstimmung mit einem liberalisierten Energiemarkt gebracht: Denn die strukturelle Prüfung der Auswirkungen des Marktzutritts auf die bestehenden Versorgungsstrukturen nach § 3 Abs. 2 Nr. 2 EnWG 1998 wurde ersatzlos gestrichen. Sie spielte in der Genehmigungspraxis ohnehin keine besondere Rolle. Die Genehmigung entspricht damit einer **klassischen Wirtschaftsaufsicht** ohne besondere marktzutrittskontrollierende Elemente. 10

Aus der Wendung „Die Genehmigung nach Abs. 1 darf nur versagt werden, wenn ..." folgt, dass § 4 Abs. 2 EnWG die **Gründe**, die eine Versagung der Genehmigung rechtfertigen, **abschließend** regelt. 11

Genehmigungsversagungsgründe nach § 4 Abs. 2 EnWG sind die „personelle, technische und wirtschaftliche Leistungsfähigkeit und Zuverlässigkeit [...], um den Netzbetrieb entsprechend den Vorschriften dieses Gesetzes auf Dauer zu gewährleisten".[197] Die individuelle Leistungsfähigkeit und Zuverlässigkeit des Antragstellers werden berücksichtigt, da die Versorgung mit leitungsgebundener Energie besondere Qualifikationen voraussetzt, die angesichts der Wichtigkeit für die Kunden behördlich und nicht allein durch den Markt überprüft werden sollen. Die persönliche Leistungsfähigkeit zielt auf die angemessene Kompetenz der Leitungsebene und des von ihr eingesetzten Personals ab. Die technische Leistungsfähigkeit stellt auf die Kompetenz zur Beachtung der Anforderungen an den technisch einwandfreien Betrieb des Versorgungsnetzes insbesondere nach § 49 EnWG ab. Die wirtschaftliche Leistungsfähigkeit verlangt das Vorhandensein hinreichender ökonomischer Ressourcen zum Betrieb des geplanten Netzes. Dazu kann beispielsweise auch eine hinreichende Eigenkapitalquote zählen. Ergänzt wird die hinreichende Leistungsfähigkeit durch das Erfordernis der Zuverlässigkeit, das eine umfassendere Berücksichtigung des Gesamteindrucks des Verhaltens des Netzbetreibers ermöglicht. Parallel zum entsprechenden Erfordernis in § 35 Abs. 1 S. 1 GewO ist eine Genehmigungsversagung dann zulässig, wenn der Antragsteller keine Gewähr dafür bieten kann, einen ordnungsgemäßen Betrieb im umfassenden Sinne zu führen, 12

---

[196] *Hermes*, in: Britz/Hellermann/Hermes (Hrsg.), EnWG, 3. Aufl. 2015, § 4 Rn. 13 f.; *Kment*, in: Kment (Hrsg.), EnWG, 2. Aufl. 2019, § 4 Rn. 6.
[197] Vgl. dazu die Ausführungen der BNetzA Beschl. v. 26.6.2007 – BK6-07-008, ASCARD GmbH (Pennystrom), Abschn. II. 4., die sich jedoch auf die Untersagung der Energiebelieferung gem. § 5 S. 4 EnWG beziehen.

13 also beispielsweise Sozialversicherungsbeiträge nicht ordnungsgemäß abführt oder ausländische Arbeitnehmer ohne Arbeitserlaubnis beschäftigt.

13 Den Antragsteller trifft eine **Nachweispflicht** für die Erfüllung dieser Voraussetzungen. D.h. er muss gegebenenfalls Belege etwa für die Kapitalausstattung oder abgelegte Prüfungen beibringen, um seine Leistungsfähigkeit darzulegen. Die für die Entscheidung über die Unzuverlässigkeit des Netzbetreibers maßgeblichen Tatsachen hat hingegen die Behörde darzulegen und zu beweisen.[198]

14 Die Überwachungsmöglichkeiten anhand der Genehmigungspflicht sind begrenzt, weil die Aufsichtsbehörde nur die Betriebsaufnahme überwacht, spätere Verschlechterungen jedoch kaum wirksam kontrollieren kann. Es greift aber immerhin das Gebot einer umfassenden Ermittlung des entscheidungserheblichen Sachverhalts im Rahmen des Amtsermittlungsprinzips. Im Rahmen der angesprochenen Nachweispflichten existiert eine umfassende Mitwirkungspflicht des Antragstellers, um den Sachverhalt vollständig zu präparieren. Dies gilt maßgeblich für diejenigen Informationen, die grundsätzlich nur für den Antragsteller verfügbar sind (wie etwa die finanzielle Ausgangssituation).

15 Eine spezifische Ermächtigung für den Erlass von Nebenbestimmungen in Bezug auf die beantragte Genehmigung sieht § 4 EnWG nicht vor. Daher gelten die restriktiven Anforderungen des § 36 Abs. 1 Alt. 2 LVwVfG: Entsprechende Nebenbestimmungen müssen das Ziel haben, die Genehmigungsvoraussetzungen herbeizuführen. So wäre etwa eine Bedingung dahin gehend denkbar, dass die Genehmigung erst erteilt wird, sobald ein entsprechender Nachweis über eine angemessene Eigenkapitalquote geführt wird. Da es aber nur um die Prüfung der Genehmigungsfähigkeit zum Zeitpunkt der Betriebsaufnahme geht, ist eine Dynamisierung durch Nebenbestimmungen unzulässig.[199] So dürfte etwa keine Auflage erteilt werden, jährlich über die angemessene Kapitalausstattung zu berichten.

V. Höchstpersönlichkeit der Genehmigung

16 Die Höchstpersönlichkeit der Genehmigung nach § 4 Abs. 1 EnWG leitet sich aus der Kontrolle der personellen, technischen und wirtschaftlichen Leistungsfähigkeit und Zuverlässigkeit gemäß § 4 Abs. 2 EnWG ab, da diese nur konkret für ein einzelnes Unternehmen in Anbetracht der hier vorhandenen individuellen Bedingungen – darunter auch der agierenden Personen – erfolgen kann. Deshalb ist eine erteilte Genehmigung grundsätzlich nicht übertragbar. Es handelt sich damit um eine **Personalkonzession**, was durch die Aufnahme des Merkmals der Zuverlässigkeit – im Vergleich zu § 3 Abs. 2 Nr. 1 EnWG 1998 – noch zusätzlich betont wird. Eine Ausnahme regelt § 4 Abs. 3 EnWG, der vor allem für den häufigen Fall der entflechtungsbedingten (Gesamt-)Rechtsnachfolge von Bedeutung ist. In Fällen, in denen wegen der rechtlichen Entflechtung des Netzbetriebs nach § 7 EnWG oder der eigentumsrechtlichen Entflechtung vertikal integrierter Energieversorgungsunternehmen gemäß den §§ 8 – 10e EnWG der Betrieb bestehender Energieversorgungsnetze auf eine andere juristische Person übergeht, gilt dieser Übergang auch für die Genehmigung. Dadurch soll überflüssiger Verwaltungsaufwand vermieden werden.

---

198 *Hermes*, in: Britz/Hellermann/Hermes (Hrsg.), EnWG, 3. Aufl. 2015, § 4 Rn. 27; *Kment*, in: Kment (Hrsg.), EnWG, 2. Aufl. 2019, § 4 Rn. 14.
199 A.A. *Theobald*, in: Theobald/Kühling (Hrsg.), Energierecht, 106. EL 2020, § 4 EnWG Rn. 25 f.; *Franke*, in: Schneider/Theobald (Hrsg.), Recht der Energiewirtschaft, 4. Aufl. 2013, § 3 Rn. 25.

Im Ergebnis schränkt diese Ausnahmebestimmung die praktische Relevanz des Genehmigungstatbestands weiter ein.

VI. Zuständigkeit – Aufhebung – Sanktionen – Untersagung – Rechtsschutz

Die Zuständigkeit für die Genehmigungserteilung liegt unverändert bei den auch bislang zuständigen **Landesbehörden**. Hintergrund dieser Wahl ist der Umstand, dass diese wegen ihrer bisherigen Arbeit die erforderliche Fachkenntnis besitzen und daher besonders geeignet erscheinen, die Voraussetzungen nach § 4 Abs. 2 EnWG zu überprüfen. Auch die Zuständigkeit für die Fragen der technischen Sicherheit der Energieanlagen nach § 49 EnWG, die für den Betrieb der Energieversorgungsnetze besonders wichtig sind, verbleibt bei diesen, so dass die entsprechende Aufgabenbündelung durchaus sinnvoll ist. 17

Rücknahme und Widerruf der Betriebsgenehmigung richten sich nach den §§ 48, 49 der jeweiligen LVwVfGe. 18

Die Genehmigungspflicht ist nach § 95 Abs. 1 Nr. 1, Abs. 2 S. 1 EnWG bußgeldbewehrt, wobei eine Geldbuße von bis zu 100.000 Euro vorgesehen ist. 19

Die Genehmigungserteilung stellt für den Antragsteller einen gebundenen und begünstigenden Verwaltungsakt dar. Die zuständige Behörde kann demzufolge nach erfolgreicher Verpflichtungsklage gemäß § 42 Abs. 1 Var. 2 VwGO zu der Genehmigungserteilung gezwungen werden. Die Betriebsuntersagung ist hingegen im Wege der Anfechtungsklage nach § 42 Abs. 1 Var. 1 VwGO einer gerichtlichen Prüfung zu unterziehen.[200] Die Genehmigungserteilung ist **kein Verwaltungsakt mit Doppelwirkung**; ein Drittschutz scheidet aus. Dritte können die erteilte Genehmigung nicht angreifen, da durch die Aufnahme des Netzbetriebs lediglich ihre wirtschaftlichen Interessen betroffen werden.[201] Bei drohenden Gefahren greifen allerdings die allgemeinen polizeirechtlichen Gefahrenabwehransprüche. 20

C. Anzeigepflicht der Tätigkeit der Energiebelieferung

In Bezug auf die Aufnahme der Energiebelieferung von Haushaltskunden transformiert § 5 EnWG die in § 3 Abs. 1 EnWG 1998 enthaltene Genehmigungspflicht in eine Anzeigepflicht. Anzeigepflichtig sind allerdings nicht nur die Aufnahme, sondern auch die Beendigung des Betriebs sowie Änderungen der Firma. Nach § 5 S. 3 EnWG ist bei der Betriebsaufnahme das Vorliegen der entsprechenden **Eignungsaspekte** darzulegen. Als Betriebsaufnahme ist dabei nach der Bundesnetzagentur derjenige Zeitpunkt zu werten, zu dem das Unternehmen das Stadium der Planung oder Vorbereitung verlässt, indem es die Belieferung mit Energie im Sinne eines Angebots offeriert.[202] Auf eine physische Energiebelieferung kommt es in diesem 21

---

200 Die Beschwerde ist im Rahmen des § 4 EnWG weder in Form der Anfechtungs- noch der Verpflichtungsbeschwerde statthaft, da § 75 EnWG eine Entscheidung der Regulierungsbehörde voraussetzt. Im Rahmen des § 4 EnWG werden die nach Landesrecht zuständigen Behörden jedoch nicht als Regulierungsbehörden tätig.
201 So auch *Franke*, in: Schneider/Theobald (Hrsg.), Recht der Energiewirtschaft, 4. Aufl. 2013, § 3 Rn. 27; *Hermes*, in: Britz/Hellermann/Hermes (Hrsg.), EnWG, 3. Aufl. 2015, § 4 Rn. 43; *Theobald*, in: Kühling/Theobald (Hrsg.), Energierecht, 106. EL 2020, § 4 EnWG Rn. 30.
202 BNetzA Beschl. v. 26.6.2007 – BK6-07-008, ASCARD GmbH (Pennystrom), Abschn. I. 3. und II. 1.; BNetzA Beschl. v. 12.11.2014 – BK6-14-159, Care-Energy Energiedienstleistungs GmbH & Co. KG,

Fall nicht an.[203] Auch der BGH hat der schuldrechtlichen Übernahme der Versorgungspflicht und nicht der technisch-physikalischen Energiebelieferung zuletzt ausschlaggebende Bedeutung für die Auslösung der Anzeigepflicht nach § 5 S. 1 EnWG beigemessen.[204] Alternativ liegt eine Betriebsaufnahme vor, wenn den Kunden unabhängig von vertraglichen Lieferverhältnissen Energie physisch zur Verfügung gestellt wird.[205] Die Eignung bezieht sich dabei auf dieselben Aspekte, die nach § 4 Abs. 2 S. 1 EnWG eine Versagung der Genehmigung rechtfertigen können. Das bedeutet, dass entsprechende Nachweise beizubringen sind. Damit besteht eine qualifizierte Anzeigepflicht. Nach § 5 S. 4 EnWG kann den Energieversorgungsunternehmen die Ausübung ihrer Tätigkeit untersagt werden, die nicht die notwendige technische oder wirtschaftliche Leistungsfähigkeit oder personelle Zuverlässigkeit besitzen.[206] Inhaltlich kann auf den Genehmigungsmaßstab nach § 4 Abs. 2 S. 1 EnWG verwiesen werden. Durch die Untersagungsbefugnis kann ein hinreichender Schutz von Haushaltskunden sichergestellt werden, ohne dass es der eingriffsintensiveren Genehmigungspflicht bedürfe. In ihrer ersten Untersagungsverfügung hat die Bundesnetzagentur klargestellt, dass sie im Rahmen einer Abwägung auch dann zu dem Ergebnis einer notwendigen Untersagung gelangen kann, wenn noch gar keine oder nur wenige Individualbeschwerden durch betroffene Kunden vorliegen.[207] Das sei insbesondere dann der Fall, wenn sich aus den Umständen des Einzelfalls ergibt, dass der Eintritt einer Versorgungsstörung bei betroffenen Haushaltskunden nicht unwahrscheinlich ist. In dem entschiedenen Fall konnte die Bundesnetzagentur diese Einschätzung ausführlich anhand objektiver Tatsachen begründen. Im Übrigen ist jedoch fraglich, ob sich jenes unbestimmte Kriterium („nicht unwahrscheinlich") für die Abwägung hinsichtlich des Erlasses einer präventiven Untersagung eignet. Denn insoweit stellt sich im Rahmen der Abwägung ja gerade die Frage, wie wahrscheinlich der Eintritt einer Versorgungsstörung im Verhältnis zu deren möglichen Folgen sein muss. Nicht zuletzt deshalb deutet die Bundesnetzagentur an, auch die Intensität der Versorgertätigkeit des Unternehmens, d.h. die Anzahl der bei Nichtvorliegen der Leistungsfähigkeit betroffenen Haushaltskunden sowie die Dauer der Tätigkeit ohne Anzeige und mithin objektive Kriterien berücksichtigen zu wollen.[208]

22 Abweichend von der Genehmigungspflicht für Netzbetreiber nach § 4 EnWG wird die Aufsicht über die Energieversorgungsunternehmen nach § 5 EnWG der Regulierungsbehörde übertragen. Dies ist angesichts der Relevanz der Energieversorgung für die Herstellung bundesweit homogener Wettbewerbsbedingungen und der üblicherweise länderübergreifenden Tätigkeit der Energiehändler sinnvoll. Zudem fallen Fragen der Vertragsanbahnung und der wirtschaftlichen Abwicklung von Lieferverträgen und nicht Fragen der technischen Sicherheit von Energieanlagen bei der Tätigkeit als Energieversorgungsunternehmen ins Gewicht.

Abschn. A. I.; vgl. auch *Theobald*, in: Theobald/Kühling (Hrsg.), Energierecht, 106. EL 2020, § 5 EnWG Rn. 26; *Hermes*, in: Britz/Hellermann/Hermes (Hrsg.), EnWG, 3. Aufl. 2015, § 5 Rn. 14.
203 BNetzA Beschl. v. 26.6.2007 – BK6-07-008, ASCARD GmbH (Pennystrom), Abschn. I. 3. und II. 1.; a.A. *Franke*, in: Schneider/Theobald (Hrsg.), Recht der Energiewirtschaft, 4. Aufl. 2013, § 3 Rn. 38.
204 BGH Beschl. v. 7.6.2016 – EnVZ 30/15, nach juris, Rn. 18; vorgehend OLG Düsseldorf Beschl. v. 17.6.2015 – VI-3 Kart 190/14 (V), nach juris, Rn. 130.
205 BNetzA Beschl. v. 26.6.2007 – BK6-07-008, ASCARD GmbH (Pennystrom), Abschn. II. 1.
206 In dem Beschl. der BNetzA v. 26.6.2007 – BK6-07-008, ASCARD GmbH (Pennystrom), Abschn. II. 4., hat die zuständige Beschlusskammer 6 alle drei Kriterien verneint und in der Folge eine Untersagungsverfügung erlassen.
207 BNetzA Beschl. v. 26.6.2007 – BK6-07-008, ASCARD GmbH (Pennystrom), Abschn. II. 5.
208 BNetzA Beschl. v. 12.11.2014 – BK6-14-159, Care-Energy Energiedienstleistungs GmbH & Co. KG, Abschn. B. IV. 2.

Schließlich ist in § 5 S. 2 EnWG vorgesehen, dass die Regulierungsbehörde laufend 23
eine Liste der ihr angezeigten Unternehmen im Internet publiziert.

Auch ein Verstoß gegen die Anzeigepflicht ist nach § 95 Abs. 1 Nr. 2, Abs. 2 EnWG 24
bußgeldbewehrt.[209]

D. Aufgaben

Während § 2 EnWG eine relativ abstrakte allgemeine Verpflichtung für alle Energie- 25
versorgungsunternehmen ausspricht (dazu I.), beziehen sich die konkreteren Pflichten der §§ 11–16a EnWG ausschließlich auf Netzbetreiber (dazu II.).

I. Aufgaben der Energieversorgungsunternehmen (§ 2 EnWG)

§ 2 Abs. 1 EnWG normiert eine umfassende Verpflichtung der Energieversorgungs- 26
unternehmen zur Versorgung unter Beachtung des in § 1 EnWG niedergelegten Gesetzeszwecks, also einer sicheren, preisgünstigen, verbraucherfreundlichen, effizienten und umweltverträglichen leitungsgebundenen Versorgung mit Elektrizität, Gas und Wasserstoff, die zunehmend auf erneuerbaren Energien beruht. Die Norm stellt damit klar, dass nicht nur der Regulierer, sondern auch die in der Energiewirtschaft tätigen Unternehmen zur Erreichung dieser Zielvorgaben verpflichtet sind. Die besondere Inpflichtnahme der Unternehmen ist vor allem vor dem Hintergrund der Entflechtung zu sehen, die die vertikal integrierten Energieversorger gesellschaftsrechtlich und operationell entbündelt und damit die Koordinationsbedürfnisse mit unternehmensexternen Partnern erhöht. Die Verpflichtung nimmt, angesichts des Verweises auf die Versorgung und auf Energieversorgungsunternehmen, Unternehmen auf sämtlichen Marktebenen in den Blick. In der Anwendungspraxis wird die Aufgabenverpflichtung vor allem als Auslegungsmaßgabe bei der Anwendung anderer Normen (etwa der §§ 49 ff. EnWG) von Bedeutung sein.

§ 2 Abs. 2 EnWG knüpft an § 2 Abs. 5 EnWG 1998 an und erweitert diese Norm. Die 27
gesetzliche Konkurrenzregel stellt klar, dass die Verpflichtungen aus dem EEG und KWKG durch das EnWG grundsätzlich unberührt bleiben. Davon wird allerdings mit dem Vorbehalt des § 13 EnWG eine wesentliche Ausnahme gemacht. Das bedeutet, dass Netzbetreiber netz- und marktbezogene Maßnahmen ergreifen dürfen, wenn ein Netzzusammenbruch droht. Einspeiseverpflichtungen nach dem EEG/KWKG können dann ausgesetzt werden.[210]

II. Aufgaben der Netzbetreiber

§ 11 EnWG enthält eine für sämtliche Energieversorgungsnetzbetreiber greifende 28
Verpflichtung. Sodann wird differenziert: Die §§ 11a–14e EnWG beziehen sich auf den Elektrizitäts-, die §§ 15–16a EnWG auf den Gasbereich. Die §§ 11a und 11b EnWG adressieren sowohl Übertragungs- als auch Verteilnetzbetreiber, die §§ 12–13 EnWG betreffen im Wesentlichen die Übertragungsebene, während die §§ 14–14e EnWG die Verteilernetzebene erfassen. § 12 EnWG definiert die allgemeinen Aufgaben der (Übertragungs-)Netzbetreiber, § 13 EnWG hingegen deren Systemverant-

---

[209] S. dazu BNetzA Beschl. v. 26.6.2007 – BK6-07-008, ASCARD GmbH (Pennystrom), Abschn. I. 3.
[210] Im Falle von Netzengpässen ist jedoch im Rahmen der Entschädigung § 13 EEG 2017 zu beachten.

wortung. Eine entsprechende Differenzierung findet sich für den Gasbereich in den §§ 15–16a EnWG, wobei § 16a EnWG die in den §§ 15, 16 EnWG nur für die Fernleitungsnetzbetreiber formulierten Verpflichtungen auf die Gasverteilernetzbetreiber erstreckt.

1. Betrieb von Energieversorgungsnetzen (§ 11 EnWG)

29 § 11 EnWG verpflichtet die Elektrizitäts- und Gasnetzbetreiber, den Betrieb, die Wartung und den Ausbau eines sicheren, zuverlässigen und leistungsfähigen Netzes sicherzustellen, soweit dies wirtschaftlich zumutbar ist. Die §§ 12-16a EnWG regeln die Einzelheiten der Pflichten der Energieversorgungsnetzbetreiber, wobei sonstige gesetzliche Pflichten unberührt bleiben. Aufgenommen wurde nunmehr die gesetzliche Klarstellung, dass die Netzbetreiber – wie dies in der Praxis bereits gelebt wird – diese Aufgaben eigenverantwortlich wahrnehmen und sich hierbei gegenseitig unterstützen. Dabei treffen die Netzbetreiber bei der Aufgabenwahrnehmung im Besonderen **Kooperationspflichten**, wenn durch die Aufgabenwahrnehmung die Belange anderer Netzbetreiber berührt werden, d.h. wenn sich Maßnahmen auf das Netz anderer Betreiber auswirken können.[211] Dies wird insbesondere bei Maßnahmen des Netzengpassmanagements der Fall sein.[212] § 11 Abs. 1 S. 5 EnWG enthält die Klarstellung, dass die Verpflichtung auch bei der Leitung eines vertikal integrierten Energieversorgungsunternehmens greift, wenn die Geschäftsführung von ihren Leitungs- und Aufsichtsbefugnissen gegenüber einem verbundenen Netzbetreiber Gebrauch macht. Nach § 11 Abs. 2 EnWG können die Verteilernetzbetreiber nunmehr die **Spitzenkappung** von EE-Anlagen als Alternative bei der Netzplanung berücksichtigen, so dass das Netz nicht mehr auf die Aufnahme „der letzten Kilowattstunde" ausgerichtet sein muss.[213] Dies schlägt sich bei der bedarfsgerechten, wirtschaftlich zumutbaren Netzausbauplanung nieder. Mit Einführung von § 11 Abs. 1a–1c EnWG rückt der Schutz des Energieversorgungsnetzes sowie sicherheitskritischer Infrastruktur in den Vordergrund, der von den Regulierungsbehörden in Zusammenarbeit mit den Netz- und Anlagenbetreibern ausgeübt wird. Die Vorgaben können in Rechtsverordnungen konkretisiert werden. Insoweit enthält § 11 Abs. 3 EnWG[214] eine unselbstständige Verordnungsermächtigung. Dabei stehen Regelungen zur Haftung der Betreiber von Energieversorgungsnetzen für **Versorgungsausfälle** im Vordergrund. In der Rechtsverordnung soll ein angemessener Risikoausgleich vorgenommen werden, der insbesondere wirtschaftlich unzumutbare Risiken für die Netzbetreiber verhindern soll. Insoweit sind von einer Beschränkung auf vorsätzlich oder grob fahrlässig verursachte Schäden über eine höhenmäßige Begrenzung bis hin zu einem Haftungsausschluss in besonderen Fällen verschiedene Regelungen denkbar. Entsprechende Regelungen sind in den §§ 18 NAV/NDAV[215] enthalten.

---

211 Vgl. BT-Drs. 19/9027, S. 9.
212 BT-Drs. 19/9027, S. 9.
213 BT-Drs. 18/7317, S. 78 f.
214 Im Zuge der EnWG-Novelle 2021 wurde der bisherige § 11 Abs. 4 EnWG zu § 11 Abs. 3 EnWG. Die Ausführungen des nächsten Absatzes beziehen sich auf § 11 Abs. 3 EnWG in der Fassung, die vor dem 27.7.2021 galt.
215 Verordnung über Allgemeine Bedingungen für den Netzanschluss und dessen Nutzung für die Elektrizitätsversorgung in Niederspannung (Niederspannungsanschlussverordnung – NAV) v. 1.11.2006 (BGBl. I 2006, S. 2477), zuletzt geändert durch Art. 35 des Gesetzes v. 23.6.2021 (BGBl. I 2021, S. 1858) und Verordnung über Allgemeine Bedingungen für den Netzanschluss und dessen Nutzung für die Gasversorgung in Niederdruck (Niederdruckanschlussverordnung – NDAV) v. 1.11.2006 (BGBl. I 2006, S. 2477, 2458), zuletzt geändert durch Art. 36 des Gesetzes v. 23.6.2021 (BGBl. I 2021, S. 1858).

Mit der EnWG-Novelle 2021 wurde § 11 Abs. 3 EnWG (wieder) gestrichen. Da § 118 **30** Abs. 33 EnWG eine Weitergeltung des § 11 Abs. 3 EnWG in der bis zum 27. Juli 2021 geltenden Fassung (hier „a.F.") enthält,[216] sei hierauf dennoch knapp eingegangen: Eine Regelung, die insbesondere der fehlenden Abstimmung zwischen dem Netzausbau und den Kernkraftwerksabschaltungen geschuldet war, war der erst durch die Beschlussempfehlung des Ausschusses für Wirtschaft und Energie in das Strommarktgesetz aufgenommene § 13k EnWG.[217] Dieser wurde bereits nach kurzer Zeit wieder gestrichen[218] und dessen Regelungsgehalt wurde zunächst in § 11 Abs. 3 EnWG überführt.[219] Da in Süddeutschland bereits in den Jahren 2021 und 2022 Kernkraftwerke mit einer Leistung von 5 GW abgeschaltet werden und zugleich erwartet wird, dass die Stromtrassen, die diese Versorgungslücke durch den Transport von im Norden erzeugten Strom in den Süden schließen sollen, frühestens ab 2025 in Betrieb genommen werden können,[220] berechtigt § 11 Abs. 3 S. 1-3 EnWG a.F. i.V.m. § 118 Abs. 33 EnWG die Übertragungsnetzbetreiber zur **Vorhaltung besonderer netztechnischer Betriebsmittel** wie Anlagen zur Erzeugung elektrischer Energie oder abschaltbarer Lasten,[221] die in der Übergangsphase erforderlich sind, um die Sicherheit und Zuverlässigkeit des Elektrizitätsversorgungssystems nach einem örtlichen Ausfall wiederherzustellen. Der Einsatz dieser Betriebsmittel ist damit an den Eintritt eines Ausfalls des Elektrizitätsversorgungssystems geknüpft; diese dürfen nicht präventiv zum Netzengpassmanagement eingesetzt werden.[222] Mit dem Betrieb der besonderen netztechnischen Betriebsmittel sind Dritte zu beauftragen; ein Betrieb durch den Übertragungsnetzbetreiber ist damit ausgeschlossen. Eine Vermarktung der Erzeugungsleistung dieser Anlagen an den Strommärkten ist ebenfalls ausgeschlossen, § 11 Abs. 3 S. 7 EnWG a.F. Die Vergabe der Aufträge zum Betrieb der besonderen netztechnischen Betriebsmittel erfolgt wettbewerblich durch transparente Vergabeverfahren, § 11 Abs. 3 S. 4-5 EnWG a.F. Auf deren Durchführung stellt nun § 118 Abs. 33 EnWG hinsichtlich der Fortgeltung des § 11 Abs. 3 EnWG ab. In die Beschaffung der besonderen netztechnischen Betriebsmittel ist die Bundesnetzagentur entsprechend den Vorgaben des § 11 Abs. 3 S. 8 EnWG a.F. i.V.m. § 118 Abs. 33 EnWG einzubinden.

2. Netzausbaupflichten

Die Netzausbauverpflichtungen der **Transportnetzbetreiber** wurden bereits durch **31** die EnWG-Novelle 2011 erheblich ausgeweitet und dabei deutlich präzisiert. Ziel war es, dem durch die Energiewende nochmals stark gestiegenen Netzausbaubedarf nachzukommen und einen beschleunigten Netzausbau zu ermöglichen. Um den besonderen Anforderungen des Netzausbaus auf hoher See Rechnung zu

---

216 Voraussetzung ist nach § 118 Abs. 33 EnWG, dass für besondere netztechnische Betriebsmittel ein Vergabeverfahren bis zum 30.11.2020 begonnen wurde bzw. dass ein vor dem 30.11.2020 begonnenes Vergabeverfahren aufgrund rechtskräftiger Entscheidung nach dem 30.11.2020 neu durchgeführt werden muss.
217 BT-Drs. 18/8915, S. 36.
218 Art. 1 Nr. 1a des Gesetzes zur Modernisierung der Netzentgeltstruktur – Netzentgeltmodernisierungsgesetz v. 17.7.2017 (BGBl. I 2017, S. 2503), zuletzt geändert durch Art. 14 des Gesetzes v. 17.12.2018 (BGBl. I 2018, S. 2549).
219 Vgl. BT-Drs. 18/12999, S. 17.
220 BT-Drs. 18/12999, S. 17.
221 BT-Drs. 18/12999, S. 17; vgl. zu den besonderen netztechnischen Betriebsmitteln allgemein *Ruttloff/ Strauch*, EnWZ 2018, 247 (251 ff.).
222 *Tüngler*, in: Kment (Hrsg.), EnWG, 2. Aufl. 2019, § 11 Rn. 33.

tragen, wurden schließlich 2012 durch das Dritte Gesetz zur Neuregelung energiewirtschaftlicher Vorschriften[223] die §§ 17a ff. EnWG eingeführt, mittels derer die Offshore-Entwicklung eine strategische Neuausrichtung von bisherigen projektakzessorischen Anbindungsansprüchen hin zu einer projektübergreifenden Planung des Ausbaus der Anbindungskapazitäten[224] erfahren sollte. In diesem Rahmen wurde erstmals auch die regelmäßige Erstellung eines verbindlichen Offshore-Netzentwicklungsplans vorgesehen.[225] Die Fachplanung Offshore ist nunmehr im Windenergieauf-See-Gesetz[226] gebündelt.

32 Die Dena-I-Netzstudie[227] ging im Jahr 2005 noch von einem Ausbaubedarf im Höchstspannungsnetz an Land von 850 km bis zum Jahre 2015 aus.[228] Der Anteil an zu erneuernden Trassen war hierbei noch nicht berücksichtigt. Zusätzlich wurde in der Dena-II-Netzstudie ein Bedarf an Seekabeln mit einer Länge von 1.550 km bis zum Jahr 2020 prognostiziert, sowie ein zusätzlicher Trassenzubaubedarf im Übertragungsnetz von mindestens 1.700 km ebenfalls bis 2020, wobei in diesem Szenario weitere 5.700 km an Übertragungstrassen umzurüsten wären.[229] Der als zwingend erforderlich angesehene Netzausbaubedarf hat sich in den letzten Jahren vervielfacht. Die Bundesnetzagentur hat alleine für das Übertragungsnetz 2.750 km an Neubautrassen und 3.050 km an Optimierungs- und Verstärkungsmaßnahmen in Bestandstrassen für den Netzentwicklungsplan 2024 bestätigt.[230] Da der Netzausbau nur sehr langsam voranschreitet, hat sich der Netzausbaubedarf seither kaum verändert. Fünf Jahre später besteht im Übertragungsnetz ein Ausbaubedarf von insgesamt knapp 7.700 km; davon sind im 3. Quartal 2020 etwa 1.500 km errichtet.[231] Dabei besteht insbesondere aufgrund der Anbindung der Offshore-Windparks in der Nord- und Ostsee und des erhöhten Bedarfs in Süddeutschland im Zuge des Abschaltens der dortigen Kernkraftwerke ein hoher Nord-Süd-Übertragungsbedarf, der durch erhebliche Netzausbaumaßnahmen flankiert wird.

33 Hinzu kommt, dass Deutschland aufgrund seiner zentralen Lage in Europa ein bedeutendes **Transitland** sowohl für Elektrizität als auch für Erdgas ist. Dieser Transit wird aufgrund der gestiegenen grenzüberschreitenden Transporte tendenziell weiter zunehmen. Auch deshalb müssen die deutschen Netze, die hierfür ihrer Konzeption

---

223 Drittes Gesetz zur Neuregelung energiewirtschaftlicher Vorschriften v. 20.12.2012 (BGBl. I 2012, S. 2730), zuletzt geändert durch Art. 11 des Gesetzes v. 26.7.2016 (BGBl. I 2016, S. 1786).
224 *Broemel*, ZUR 2013, 408 (408).
225 BT-Drs. 17/10754, S. 1.
226 Gesetz zur Entwicklung und Förderung der Windenergie auf See (Windenergie-auf-See-Gesetz – WindSeeG) v. 13.10.2016 (BGBl. I 2016, S. 2258, 2310), zuletzt geändert durch Art. 12a des Gesetzes v. 16.7.2021 (BGBl. I 2021, S. 3026).
227 Dena-Netzstudie - Energiewirtschaftliche Planung für die Netzintegration von Windenergie in Deutschland an Land und Offshore bis zum Jahr 2020, 24.2.2005, abrufbar unter https://www.dena.de (Abruf 15.10.2021).
228 Zum Folgenden bereits *Kühling/Pisal*, ZNER 2011, 13 ff.
229 S. hierzu insgesamt Dena-II-Netzstudie – Integration erneuerbarer Energien in die deutsche Stromversorgung im Zeitraum 2015–2020 mit Ausblick 2025 – Zusammenfassung der wesentlichen Ergebnisse der Projektsteuerungsgruppe.
230 S. hierzu BNetzA/BKartA, Monitoringbericht 2015, Stand 10.11.2015, abrufbar unter https://www.bundesnetzagentur.de/SharedDocs/Downloads/DE/Allgemeines/Bundesnetzagentur/Publikationen/Berichte/2015/Monitoringbericht_2015_BA.pdf?__blob=publicationFile&v.=3 (Abruf 15.10.2021).
231 S. hierzu BNetzA/BKartA, Monitoringbericht 2020, Stand 27.1.2012, Kapitel C 1, abrufbar unter https://www.bundesnetzagentur.de/SharedDocs/Mediathek/Berichte/2020/Monitoringbericht_Energie2020.pdf?__blob=publicationFile&v=5 (Abruf 15.10.2021).

nach nicht ausgelegt sind, ausgebaut werden.²³² Der Netzausbaubedarf kann aber durch die Erweiterung der Einspeise- und Laststeuerungsmöglichkeiten verringert werden, die es ermöglichen, die Stromnachfrage an das Angebot und umgekehrt anzupassen und damit insgesamt für ein ausgeglicheneres Verhältnis von Angebot und Nachfrage zu sorgen. Die hierdurch erforderlich werdende Entwicklung der Netze zu „Smart Grids" erfordert jedoch ihrerseits erhebliche Investitionen.

Auf der **Verteilernetzebene** sind es dieselben ambitionierten klimapolitischen Ziele, die entsprechende Investitionserfordernisse auslösen. Vor allem Netze in Bayern und Baden-Württemberg sind wegen der deutlich gestiegenen Einspeisemengen im Rahmen der dezentralen Einspeisung aus Photovoltaikanlagen entsprechend auszubauen. Dasselbe gilt für Verteilernetze in Regionen mit erhöhter Einspeisung aus Windenergieanlagen.²³³ Auch die Integration der Ladestationen für Elektromobilität stellt die Verteilnetzbetreiber vor neue Herausforderungen.²³⁴ Die Dena-Verteilnetzstudie gelangte bereits im Jahr 2012 zu einem Netzausbaubedarf in den Stromverteilernetzen zwischen 159.300 km (Szenario B des Netzentwicklungsplans 2012, Zubau von Erneuerbare-Energien-Leistung von 154,5 GW) und 214.000 km (Bundesländerszenario, basierend auf den Zielsetzungen der deutschen Bundesländer, Zubau von Erneuerbare-Energien-Leistung von 209,7 GW) bis zum Jahr 2030. Hieraus errechnete die Studie einen notwendigen Investitionsbedarf der Verteilernetzbetreiber in einer Größenordnung von 27,5 bzw. 42,5 Mrd. EUR, der eine Anpassung des regulatorischen Rahmens zur Sicherstellung der Investitionsfähigkeit der Verteilernetzbetreiber erforderlich mache.²³⁵ Ausweislich des aktuellen Monitoringberichts 2020 meldeten die Verteilernetzbetreiber alleine für das Hochspannungsnetz einen Gesamtnetzausbaubedarf von 16 Mrd. EUR in den nächsten zehn Jahren; Maßnahmen die ausschließlich der Netzerhaltung dienen, sind darin noch nicht enthalten.²³⁶ **34**

Die Vorgabe des § 11 Abs. 1 S. 1 EnWG, wonach sämtliche Betreiber von Energieversorgungsnetzen ihre Netze bedarfsgerecht auszubauen haben, ist sehr unpräzise gehalten. Zunächst existierten keine allgemeinverbindlichen Maßstäbe, anhand derer sich feststellen ließ, in welchem Umfang das Netz auszubauen war, da einheitliche und vor allem öffentlich verfügbare Informationen über den Netzausbaubedarf fehlten. Die Transportnetzbetreiber führten lediglich auf freiwilliger Basis sogenannte „**Open-Season**"-**Verfahren** durch, um den Netzausbaubedarf zu ermitteln. Mit den §§ 12a ff. und 15a f. EnWG wurde dieser Unbestimmtheit entgegengetreten. Hintergrund dieser Regelungen sind primär die Vorgaben des Dritten Energiebinnenmarktpakets, wonach vertikal integrierte Unternehmen, die sich für eine Umsetzung des ITO-Modells entschieden haben, verpflichtet sind, zehnjährige Netzentwicklungspläne aufzustellen.²³⁷ Diese Richtlinienbestimmung dient dem Zweck, Diskriminierungen durch einen unzureichenden Netzausbau zu verhindern. Der nationale Gesetzgeber hat jedoch zutreffend erkannt, dass der Anreiz, die verfügbaren Kapazitäten **35**

---

232 S. hierzu BNetzA/BKartA, Monitoringbericht 2015, Stand 10.11.2015, S. 141 f.; so auch *Säcker*, RdE 2009, 305 ff. und *ders.*, Der beschleunigte Ausbau der Höchstspannungsnetze als Rechtsproblem, 2009, 73 ff.
233 S. zum aktuellen Netzausbaubedarf auf Verteilernetzebene BNetzA/BKartA, Monitoringbericht 2020, Stand 27.1.2021, Kapitel C 2.
234 BNetzA/BKartA, Monitoringbericht 2020, Stand 27.1.2021, Kapitel C 2.
235 Dena-Studie „Ausbau-und Innovationsbedarf in den Stromverteilnetzen in Deutschland bis 2030", Zusammenfassung der zentralen Ergebnisse durch die Projektsteuergruppe, 10.12.2012, abrufbar unter https://www.dena.de/fileadmin/dena/Dokumente/Themen_und_Projekte/Energiesysteme/dena-Verteilnetzstudie/121210_denaVNS_Ergebniszusammenfassung_PSG_pdf.pdf (Abruf 15.10.2021).
236 BNetzA/BKartA, Monitoringbericht 2020, Stand 27.1.2021, Kapitel C 2.
237 S. hierzu *Pisal*, Entflechtungsoptionen nach dem Dritten Energiebinnenmarktpaket, 2011, S. 284 f.

möglichst zu verknappen, kein ausschließlich durch die vertikale Integration bedingtes Phänomen ist. Auch ein vollständig entflochtener Netzbetreiber wird dazu tendieren, sein Netz nur auszubauen, wenn die dadurch erzielbaren Einnahmen die finanziellen Vorteile aus der Engpassbewirtschaftung übersteigen.[238] Deshalb hat er die Verpflichtung zur öffentlichen und behördlich überwachten Netzausbauplanung nicht auf das ITO-Modell beschränkt. Damit tritt neben die Netzzugangsregulierung, die Entgeltregulierung und die Entflechtungsregulierung als viertes Instrument die **Investitionsregulierung**. Der mit der EnWG-Novelle 2021 neu eingeführte § 14d EnWG stärkt die zuvor in § 14 Abs. 1b EnWG angelegte Netzausbaupflicht auch auf Ebene der Verteilernetze.

a) Netzausbaupflicht Übertragungsnetz Onshore und Offshore

36 Für den **Strombereich** ist vorgesehen, dass die Betreiber von Übertragungsnetzen mit Regelzonenverantwortung nach § 12a EnWG alle zwei Jahre zunächst einen gemeinsamen **Szenariorahmen** über die voraussichtliche Entwicklung der Erzeugung, der Versorgung, des Verbrauchs und des Stromaustauschs mit anderen Ländern sowie zur Spitzenkappung nach § 11 Abs. 2 EnWG für die nächsten mindestens zehn und höchstens 15 Jahre erarbeiten, wobei eines der Szenarien darüber hinausgehend mindestens die nächsten 15 und höchstens die nächsten 20 Jahre abbilden muss. Ein Entwurf dieses Szenariorahmens wird der Regulierungsbehörde ab 2016 jeweils bis zum 10. Januar eines geraden Kalenderjahres vorgelegt, die hierzu die nachgelagerten Netzbetreiber, die Öffentlichkeit, die Träger öffentlicher Belange sowie tatsächliche und potenzielle Netznutzer anhört und den Szenariorahmen anschließend genehmigt.[239] Auf dieser Basis haben die Betreiber von Übertragungsnetzen mit Regelzonenverantwortung gemäß § 12b EnWG einen gemeinsamen nationalen **Netzentwicklungsplan** zu erstellen. Dieser soll alle wirksamen Maßnahmen für mindestens die nächsten zehn und höchstens die nächsten 15 Jahre zur bedarfsgerechten Optimierung, Verstärkung und zum Ausbau des Netzes an Land enthalten, wobei bei der Planung auch die Regelungen zur Spitzenkappung angewendet werden müssen. Darüber hinaus hat der Netzentwicklungsplan die Angaben aus dem Katalog des § 12b Abs. 1 S. 4 EnWG zu enthalten. Bei der Erstellung des Netzentwicklungsplans sind die Betreiber von Elektrizitätsversorgungsnetzen zur Zusammenarbeit und Informationsherausgabe verpflichtet, um eine sachgerechte Erstellung des Plans zu gewährleisten. Bevor der Netzentwicklungsplan der Regulierungsbehörde vorgelegt wird, sind erneut die nachgelagerten Netzbetreiber, die Öffentlichkeit, die Träger öffentlicher Belange sowie die aktuellen und potenziellen Netznutzer anzuhören.

37 Nach Vorlage des Netzentwicklungsplanes bei der Regulierungsbehörde überprüft diese den Plan auf seine Vereinbarkeit mit den gesetzlichen Grundlagen, verlangt gegebenenfalls Änderungen,[240] **konsultiert** gegebenenfalls ACER und beteiligt wiederum andere Behörden und die Öffentlichkeit gemäß den Anforderungen des UVPG. Hierzu sind der Entwurf des Netzentwicklungsplans und die Unterlagen für die Strategische Umweltprüfung für sechs Wochen am Sitz der Regulierungsbehörde auszulegen und im Internet zu veröffentlichen. Die betroffene Öffentlichkeit

---

238 *Kühling/Pisal*, ZNER 2011, 13 (16).
239 Die BNetzA hat am 26.6.2020 den Szenariorahmen Strom für den nächsten Netzentwicklungsplan Strom 2021-2035 genehmigt.
240 Zum Änderungsverlangen *Ruge*, EnWZ 2020, 99 ff.

D. Aufgaben

kann sich – vergleichbar mit dem Verfahren der Öffentlichkeitsbeteiligung im Planfeststellungsverfahren – bis zu einem Monat nach Ende der Auslegung zum Entwurf des Netzentwicklungsplans sowie zum Umweltbericht äußern. Ein Erörterungstermin findet nicht statt. Im Anschluss stellt die Regulierungsbehörde den jährlichen Netzentwicklungsplan auf der Grundlage des § 12c EnWG nach gegebenenfalls erfolgten Änderungen spätestens bis zum 31. Dezember eines jeden ungeraden Kalenderjahres fest, erstmals 2017. § 12c Abs. 6 S. 1 EnWG sieht dabei vor, dass sich die verschiedenen Anhörungsphasen nach erstmaliger Erstellung des Netzentwicklungsplans auf die Änderungen gegenüber dem zuletzt genehmigten Szenariorahmen oder dem zuletzt genehmigten Netzentwicklungsplan beschränken können. Mindestens alle vier Jahre ist aber ein vollständiges Verfahren durchzuführen, § 12c Abs. 6 S. 2 EnWG.

Bei der **Feststellung des Netzentwicklungsplans** oder in einer nachgelagerten Entscheidung kann die Regulierungsbehörde bestimmen, wer für die Durchführung der im Netzentwicklungsplan enthaltenen Maßnahmen verantwortlich, d.h. wer Vorhabenträger ist;[241] hierbei hat sie die ermessenslenkenden Vorgaben des § 12c Abs. 8 S. 2 EnWG zu berücksichtigen, die im öffentlichen Interesse nicht zuletzt an einer zügigen Durchführung der Maßnahmen orientiert sind. Der mit der EnWG-Novelle 2021 neu eingeführte Kriterienkatalog des § 12c Abs. 8 S. 4 EnWG ist geeignet, den derzeit geltenden Grundsatz, wonach der Übertragungsnetzbetreiber den Netzausbau als Vorhabenträger in seiner Regelzone betreibt, abzuschaffen. Dies ist insbesondere problematisch, als die Bundesnetzagentur berechtigt ist, bei ihrer Entscheidung nach § 12c Abs. 8 Satz 4 Nr. 4 EnWG auf vom Übertragungsnetzbetreiber nur bedingt beeinflussbare Kriterien abzustellen. Hier liegt es in der Verantwortung der Bundesnetzagentur, unter Mitwirkung des jeweiligen Übertragungsnetzbetreibers eine detaillierte Sachverhaltsaufklärung zu betreiben, will sie dieses Kriterium ihrer Entscheidung zu Grunde legen. Neu ist auch die Regelung zur Vorhabenträgerschaft nach § 12c Abs. 8 S. 5 EnWG, von der die Bundesnetzagentur unter den Voraussetzungen des § 12c Abs. 8 S. 7 EnWG bei Bestätigung des Netzentwicklungsplans durch gesonderte Entscheidung abweichen kann. Danach ist im Geltungsbereich des NABEG der Übertragungsnetzbetreiber Vorhabenträger für die gesamte Leitung, in dessen Regelzone der südliche Netzverknüpfungspunkt der Leitung liegt. Der Gesetzgeber bezweckt mit der **Einheits-Vorhabenträgerschaft,** Koordinierungsschwierigkeiten bei regelzonenübergreifenden HGÜ-Vorhaben im Sinne eines möglichst zügigen Netzausbaus zu lösen.[242] Ob dies dadurch erreicht wird, dass ein Übertragungsnetzbetreiber in der Regelzone eines anderen Netzbetreibers ein Leitungsvorhaben plant und errichtet, darf bezweifelt werden. Denn Abstimmung und Koordination zwischen den Übertragungsnetzbetreibern bleiben gleichsam erforderlich.

Darüber hinaus sind die Übertragungsnetzbetreiber gemäß § 12d EnWG ab dem 30. September 2018 verpflichtet, der Regulierungsbehörde alle zwei Jahre einen **Umsetzungsbericht** vorzulegen, in dem diese Angaben zum Stand der Umsetzung des zuletzt bestätigten Netzentwicklungsplans und Gründe für auftretende Verzögerungen machen müssen. Durch das Gesetz zur Beschleunigung des Energieleitungsausbaus wurden die Pflichtangaben des Umsetzungsberichts ausgeweitet.[243]

---

241 BT-Drs. 19/7375, S. 50.
242 BT-Drs. 19/27453, S. 97.
243 S. Gesetz zur Beschleunigung des Energieleitungsausbaus v. 13.5.2019 (BGBl. I 2019, S. 706), zuletzt geändert durch Art. 14 des Gesetzes v. 16.7.2021 (BGBl. I 2021, S. 3026).

Der Umsetzungsbericht muss nunmehr auch eine Risikobewertung im Hinblick auf mögliche Verzögerungen, Vorschläge zu Risikominimierungsmaßnahmen sowie Angaben dazu, wie sich die Umsetzung des bestätigten Netzentwicklungsplans beschleunigen lässt, enthalten. Ziel ist es, eine öffentlich wirksame Überwachung des Netzausbaus und einen konstruktiven Dialog zur Beschleunigung des Netzausbaus voranzutreiben;[244] ob dies gelingen wird, bleibt abzuwarten. Der Umsetzungsbericht wird von der Regulierungsbehörde geprüft und öffentlich konsultiert. Begleitet wird dies nunmehr durch ein Monitoring der Regulierungsbehörde zur Planung und zum Umsetzungsstand der Netzausbaumaßnahmen.

40 Der Netzentwicklungsplan wird alle vier Jahre der Bundesregierung als Entwurf für einen **Bundesbedarfsplan** übermittelt, den diese dem Bundestag mindestens alle vier Jahre zur Beschlussfassung vorlegen soll, § 12e EnWG. Für die darin enthaltenen Vorhaben werden mit der Beschlussfassung des Bundestages die energiewirtschaftliche Notwendigkeit und der vordringliche Bedarf gesetzlich festgestellt. Dies hat Auswirkungen auf die Planrechtfertigung im späteren Planfeststellungsverfahren, wonach ein Vorhaben „gemessen an den Zielen des zugrunde liegenden Fachplanungsrechts vernünftigerweise geboten"[245] sein muss. Das Vorhaben kann grundsätzlich nicht mehr mit dem Fehlen einer energiewirtschaftlichen Notwendigkeit angegriffen werden. Durch die letzte Änderung des Bundesbedarfsplans im Februar 2021[246] wurden 35 neue Netzausbauvorhaben in den Bundesbedarfsplan aufgenommen, acht bereits bisher im Bedarfsplan enthaltene Vorhaben wurden geändert. Im Bundesbedarfsplan können länderübergreifende und grenzüberschreitende Höchstspannungsleitungen besonders ausgewiesen werden. Für diese besonders ausgewiesenen Vorhaben findet das Planfeststellungsverfahren abweichend von den §§ 43 ff. EnWG nach den §§ 18 ff. NABEG statt.[247] Damit werden die **Planfeststellungsverfahren** von der Bundesnetzagentur und nicht von den (teils erfahreneren) Länderbehörden durchgeführt.[248, 249]

41 Im Zusammenhang mit dem Netzausbau ist auch § 12f EnWG zu sehen. Dieser legt keine weiteren Ausbaupflichten fest, verpflichtet die Bundesnetzagentur aber zur Weitergabe derjenigen Daten an das Bundeswirtschaftsministerium und das Umweltbundesamt, die für die digitale Netzberechnung erforderlich sind. Hierzu gehören netzknotenpunktscharfe Einspeise- und Lastdaten, Impedanzen und Kapazitäten von Leitungen und Transformatoren sowie Betriebs- und Geschäftsgeheimnisse. Die Aufzählung ist ausweislich des Wortlauts („insbesondere") nicht abschließend. § 12f Abs. 2 EnWG regelt die Datenweitergabe an Dritte. Die Bundesnetzagentur und das Umweltbundesamt sollen dadurch in die Lage versetzt werden, „wissenschaftliche Analysen, Lösungen und Strategien zur sicheren, wirtschaftlichen und klima-

---

244 BT-Drs. 19/7375, S. 53.
245 St. Rspr. BVerwG Urt. v. 6.4.2017 – 4 A 2/16 u.a., nach *juris*, Rn. 32 m.w.N.
246 S. Gesetz zur Änderung des Bundesbedarfsplangesetzes und anderer Vorschriften v. 25.2.2021 (BGBl. I 2021, S. 298).
247 Vgl. hierzu *Moench/Ruttloff*, NVwZ 2011, 1040 (1043 f.) und auch *Schütte/Winkler*, ZUR 2011, 554 (555).
248 Verordnung über die Zuweisung der Planfeststellung für länderübergreifende und grenzüberschreitende Höchstspannungsleitungen auf die Bundesnetzagentur (Planfeststellungszuweisungsverordnung – PlfZV) v. 23.7.2013 (BGBl. I 2013, S. 2582), zuletzt geändert durch Art. 12 des Gesetzes v. 13.5.2019 (BGBl. I 2019, S. 706).
249 Vgl. zu den neuesten Gesetzesänderungen beim Netzausbau *Fest/Nebel*, NVwZ 2016, 177 ff.; *Schütte/Winkler*, ZUR 2015, 378 (379 f.), *Ruge*, EnWZ 2015, 497 (499 ff.); kritische Auseinandersetzung mit tatsächlichen Problemen im Netzausbauverfahren (noch zur vorherigen Rechtslage) *Schneider*, EnWZ 2013, 339 ff.

verträglichen Energieversorgung und der Systemintegration erneuerbarer Energien zu erarbeiten"[250]. Mit Abs. 2 soll dem öffentlichen Interesse an einer transparenten Netzplanung Genüge getan werden.[251]

Um in ihrer Geltung auslaufende Regelungen handelt es sich bei den §§ 17a ff. EnWG. Ein an dem für den Netzausbau Onshore gemäß den §§ 12b ff. EnWG angelehntes Verfahren ist für den **Netzausbau Offshore**, insbesondere für den Ausbau der Anbindungsleitungen, noch bis zum 31. Dezember 2025 in den §§ 17a ff. EnWG festgelegt. Danach waren die Übertragungsnetzbetreiber bis zum 31. Dezember 2017 auch dazu verpflichtet, der Regulierungsbehörde auf der Basis des Szenariorahmens (§ 12a EnWG) und – in Abweichung zum Netzentwicklungsplan nach § 12b EnWG[252] – unter Berücksichtigung des Bundesfachplans Offshore einen gemeinsamen Offshore-Netzentwicklungsplan für das Gebiet der Ausschließlichen Wirtschaftszone der Bundesrepublik Deutschland und die 12-Seemeilen-Zone vorzulegen, § 17b EnWG. Der Bundesfachplan Offshore wurde bis zum 31. Dezember 2017 alle zwei Jahre vom Bundesamt für Seeschifffahrt und Hydrographie im Einvernehmen mit der Bundesnetzagentur und in Abstimmung mit dem Bundesamt für Naturschutz und den Küstenländern erstellt und war der Erstellung des Netzentwicklungsplans zeitlich vorgelagert.[253] Die Umsetzung der aus dem Offshore-Netzentwicklungsplan folgenden Ausbaupflichten ist in § 17d EnWG geregelt. Damit einhergehende (zivilrechtliche) Haftungsfragen werden in den §§ 17e ff. EnWG geklärt. Gemäß § 17c Abs. 3 EnWG wurde auch der Fortschritt der Netzausbaumaßnahmen Offshore mittels eines jährlichen Umsetzungsberichts bis Ende 2019 überwacht. **42**

Die **Fachplanung für den Offshore-Bereich** (ausschließliche Wirtschaftszone und 12-Seemeilen-Zone) wird mit dem Auslaufen der §§ 17a ff. EnWG nicht ausgesetzt, sondern diese wurde zusammen mit dem Prozess der Genehmigung, dem Bau, der Inbetriebnahme und dem Betrieb von Windparks und Offshore-Anbindungsleitungen sowie Ausschreibungsregelungen zur Vermarktung in dem am 1. Januar 2017 in Kraft getretenen Windenergie-auf-See-Gesetz gebündelt.[254] **43**

b) Netzausbaupflicht Fernleitungsnetz, Berichtspflicht Wasserstoffnetz

Ein den §§ 12a ff. EnWG zum Netzausbau Onshore ähnelndes Prozedere legen die §§ 15a, 15b EnWG für den ebenfalls alle zwei Jahre gemeinsam zu erstellenden Netzentwicklungsplan der **Fernleitungsnetzbetreiber** (Gas) fest. Gasverteilernetzbetreiber trifft hingegen keine Verpflichtung zur Netzausbauplanung (vgl. § 16a EnWG). **44**

Mit der EnWG-Novelle 2021 ist **Wasserstoff als neuer dritter Energieträger** neben die Energieträger Elektrizität und Gas in das EnWG aufgenommen worden.[255] Ein Wasserstoffnetz dient der Versorgung von Kunden ausschließlich mit Wasserstoff.[256] **45**

---

250 BT-Drs. 17/6072, S. 70.
251 BT-Drs. 17/6072, S. 70.
252 *Hermes*, in: Schneider/Theobald (Hrsg.), Recht der Energiewirtschaft, 4. Aufl. 2013, § 7 Rn. 71.
253 S. zum Netzausbau Offshore, auch im Verhältnis zum Netzausbau Onshore *Broemel*, ZUR 2013, 408 ff.; *Butler/Heinickel/Hinderer*, NVwZ 2013, 1377 ff.; sowie noch zum Gesetzesentwurf *Wiederholt/Bode/Reuter*, NVwZ 2012, 1207 ff.
254 S. Gesetz zur Entwicklung und Förderung der Windenergie auf See (Windendergie-auf-See-Gesetz - WindSeeG v. 13.10.2016 (BGBl. I 2016, S. 2258, 2310), zuletzt geändert durch Art. 12a des Gesetzes v. 16.7.2021 (BGBl. I 2021, S. 3026).
255 S. § 3 Nr. 14 EnWG.
256 Vgl. § 3 Nr. 39a EnWG.

In einem Gasnetz kann Wasserstoff hingegen beigemischt werden.[257] Anders als bei der Einführung der heutigen Regulierung der Strom- und Gasversorgungsnetze im Jahr 2005, bei der gewachsene Netzstrukturen zur Erfüllung der Versorgungsaufgaben vorhanden waren und der Aufbau einer Infrastruktur daher nicht im Vordergrund stand, besteht bei den Wasserstoffnetzen die Herausforderung, dass die Regulierung, der Aufbau von Wasserstoffnetzen und das Entstehen einer Wasserstoffwirtschaft nebeneinander erfolgen.[258] Da der Aufbau neuer Wasserstoffinfrastrukturen dem Markt überlassen ist,[259] wird sich zeigen, ob und wie schnell sich die vom Gesetzgeber prognostizierte Markthochlaufphase[260] einstellen wird.

46 Den Betreibern von Wasserstoffnetzen ist es grundsätzlich freigestellt, ob sie sich der Regulierung unterwerfen. Wenn sich der Betreiber von Wasserstoffnetzen der Regulierung unterworfen hat (vgl. § 28j Abs. 1, 3 EnWG), treffen ihn gemeinsam mit den Fernleitungsnetzbetreiber Berichtspflichten nach § 28q EnWG, die zu gegebener Zeit in einen **Netzentwicklungsplan Wasserstoff** münden sollen. Insoweit ist § 28q EnWG bewusst als Übergangsregelung ausgestaltet.[261] In Anlehnung an das Verfahren zur Erstellung der Netzentwicklungspläne Strom und Gas haben diese Betreiber von Wasserstoffnetzen und die Fernleitungsnetzbetreiber der Bundesnetzagentur spätestens zum 1. September 2022 einen gemeinsamen Bericht zum aktuellen Ausbauzustand des Wasserstoffnetzes und zur Entwicklung einer zukünftigen Netzplanung Wasserstoff mit dem Zieljahr 2035 vorzulegen. Der Bericht ist fortan in jedem geraden Kalenderjahr vorzulegen. Die nicht der Regulierung unterworfenen Wasserstoffnetzbetreiber treffen Kooperations- und Mitwirkungspflichten bei der Erstellung des Berichts. Die Mindestinhalte des Berichts sind in § 28q Abs. 2 EnWG vorgegeben. Wechselwirkungen und Schnittstellen mit den Netzentwicklungsplänen Gas und Strom der Fernleitungs- und Übertragungsnetzbetreiber sind ebenso darzustellen wie die notwendige Umrüstung von Erdgasleitungen. Auf der Grundlage des Berichts kann die Bundesnetzagentur Empfehlungen für die Einrichtung eines verbindlichen Netzentwicklungsplans für Wasserstoff abgeben.

47 Die Transportnetzbetreiber haben die im Netzentwicklungsplan vorgesehenen Investitionen durchzuführen. Kommen sie dieser Pflicht nicht nach, so kann sie die Regulierungsbehörde nach § 65 Abs. 2a EnWG unter Fristsetzung hierzu auffordern. Kommt der Netzbetreiber seiner Pflicht zur Durchführung der Investition bis Fristende nicht nach, kann die Regulierungsbehörde ein Ausschreibungsverfahren zur Durchführung der Investition einleiten.[262] Die Bundesnetzagentur wird dieses Instrument nur als Ultima Ratio nutzen.

c) Netzausbaupflicht Verteilernetze

48 Die bisher in § 14 Abs. 1b EnWG geregelte Verpflichtung der Hochspannungsnetzbetreiber mit einer Nennspannung von 110 kV zur jährlichen Erstellung und Veröffentlichung von Netzkarten, die die Engpassregionen ihres Hochspannungsnetzes sowie ihre Planungsgrundlagen zur Entwicklung von Ein- und Ausspeisungen in den

---

257 § 3 Nr. 19a EnWG.
258 BT-Drs. 19/27453, S. 117 f.
259 BT-Drs. 19/27453, S. 118.
260 BT-Drs. 19/27453, S. 117.
261 BT-Drs. 19/27453, S. 122.
262 S. zu den Möglichkeiten der Durchsetzung ausführlich *Gärditz/Rubel*, N&R 2010, 194 ff.

D. Aufgaben

nächsten zehn Jahren ausweisen, wurde mit der EnWG-Novelle 2021 in § 14d EnWG überführt, neu gefasst und erweitert.

Danach sind nun grundsätzlich alle Elektrizitätsverteilernetzbetreiber, an deren Elektrizitätsverteilernetz 100.000 Kunden oder mehr unmittelbar oder mittelbar angeschlossen sind[263] verpflichtet, der Regulierungsbehörde einen **Netzausbauplan** für ihr Verteilernetz vorzulegen. Der Turnus wird, abweichend von § 14 Abs. 1b EnWG a.F., auf zwei Jahre erweitert. Zur Erstellung der Netzausbaupläne wird das Gebiet der Bundesrepublik Deutschland durch die Verteilernetzbetreiber in mehrere **Planungsregionen** aufgeteilt, innerhalb derer diese eine Kooperationspflicht zur Abstimmung der Grundlagen der Netzausbauplanung trifft. Ein darüberhinausgehender Austausch zwischen den Planungsregionen ist gesetzlich nicht vorgeschrieben aber sinnvoll, um planungsregionübergreifende Auswirkungen berücksichtigen zu können.[264] Nach der Vorstellung des Gesetzgebers sollen zwischen fünf und 15 Planungsregionen gebildet werden, um zu gewährleisten, dass ein angemessenes Verhältnis zwischen dem Kommunikations- und Abstimmungsaufwand einerseits und dem Nutzen für eine abgestimmte Netzausbauplanung andererseits erreicht werden kann.[265] Die Verteilernetzbetreiber einer Planungsregion sind verpflichtet, die Übertragungsnetzbetreiber in die Netzausbauplanung einzubeziehen und mit diesen ein sog. **Regionalszenario** abzustimmen, welches gemeinsame Grundlage der Netzausbaupläne der Verteilernetzbetreiber in der Planungsregion ist.

49

Der Mindestinhalt des Netzausbauplans ist in § 14d Abs. 3 S. 1 EnWG benannt und umfasst neben den Planungsgrundlagen (Planungshorizont fünf bzw. zehn Jahre im Hochspannungsnetz), Netzkarten für bestimmte Spannungsebenen, Angaben zu engpassbehafteten Leitungsabschnitten, den Bedarf an nicht frequenzgebundenen Systemdienstleistungen und den Umfang, in dem von der Spitzenkappung (vgl. § 11 Abs. 2 EnWG) Gebrauch gemacht werden soll, auch die geplanten Optimierungs-, Verstärkungs- und Ausbaumaßnahmen für das Verteilernetz sowie die Maßnahmen, für die die öffentlich-rechtlichen Planungs- und Genehmigungsverfahren bereits eingeleitet wurden. Hinsichtlich dieser ist zusätzlich anzugeben, ob und zu welchem Zeitpunkt bereits Investitionsentscheidungen getroffen wurden und wann mit einer Realisierung der Maßnahme gerechnet wird. Der Ausbau des jeweiligen Netzes erfolgt demnach unter Berücksichtigung des **NOVA-Prinzips** (Netzoptimierung vor Verstärkung vor Ausbau). Netzoptimierungsmaßnahmen sind beispielsweise das witterungsabhängige Freileitungsmonitoring, die Nutzung von Lastmanagement oder der netzdienliche Einsatz von Speichern. Der Netzverstärkung dient bspw. der Wechsel der Beseilung bestehender Freileitungen auf neue, leistungsfähigere Leiterseile. Zu den Netzbaumaßnahmen gehören typischerweise der Neubau von Stromtrassen, Umspannwerken oder Schaltanlagen.[266]

50

Aus § 14d Abs. 3 S. 2 Nr. 2 EnWG ist zu schließen, dass der Netzausbauplan eine **Alternativenprüfung** zu enthalten hat. Aus § 14d Abs. 3 S. 2 Nr. 4 EnWG ergibt sich, dass auch eine Prognose zu den Kosten der Netzbaumaßnahmen Bestandteil des Netzausbauplans sein muss. Der Netzausbauplan muss so verfasst werden, dass ein sachkundiger Dritter die geprüften Alternativen und abgeschätzten Kosten nachvollziehen kann, sowie welche Kapazitätsveränderungen für Leitungstrassen, Umspannstationen und nicht-frequenzgebundene Systemdienstleistungen sich

51

---

263 § 14d Abs. 6 S. 2 EnWG sieht hiervon eine Rückausnahme vor.
264 BT-Drs. 19/27453, S 102.
265 BT-Drs. 19/27453, S 102.
266 S. zu diesen und weiteren Beispielen auch BT-Drs. 19/27453, S. 101.

durch die geplanten Maßnahmen ergeben und welcher Bedarf an System- und Flexibilitätsdienstleitung nach der Umsetzung der Maßnahmen verbleibt.

52 Durch § 14d Abs. 5 EnWG wird gewährleistet, dass der Verteilernetzbetreiber im Interesse der Kosteneffizienz des Netzbetriebs bei der Konzeption möglicher Leitungsersatz- und Netzausbauprojekte auch berücksichtigt, ob sich der Bedarf der veranschlagten Leitungskapazitäten nicht durch Energieeffizienz- und Nachfragesteuerungsmaßnahmen oder dezentrale Erzeugungsanlagen gewährleisten lässt. Einzelheiten können in einer Verordnung geregelt werden.

53 Das Regelszenario, der Netzausbauplan sowie weitere Informationen sind von den Elektrizitätsverteilernetzbetreibern auf einer ab dem 1. Januar 2023 zu betreibenden gemeinsamen Internetplattform zu veröffentlichen (§ 14e Abs. 1, 3 EnWG). Die Übertragungsnetzbetreiber und die Netznutzer der Hochspannungsebene sind über diese Plattform zu den sie jeweils betreffenden Netzausbauplänen zu **konsultieren**. Verfahren und Inhalt der Netzausbauplanung auf Verteilernetzebene kann die Regulierungsbehörde im Wege der Festlegung (§ 29 Abs. 1 EnWG) näher ausgestalten, § 14d Abs. 4 Satz 1 EnWG.

3. Aufgaben der Betreiber von Elektrizitätsversorgungsnetzen

54 § 12 EnWG enthält verschiedene Verpflichtungen, die seit der Änderung durch das Strommarktgesetz nicht nur die Übertragungsnetzbetreiber, sondern auch die Verteilernetzbetreiber treffen, weshalb die Überschrift entsprechend angepasst wurde.[267] Die Abs. 1–3 des § 12 EnWG regeln auch weiterhin nur die Pflichten der Übertragungsnetzbetreiber, wohingegen die Verpflichtungen in den Abs. 4 und 5 auch die Verteilernetzbetreiber treffen. Dennoch wäre die Überschrift „Aufgaben beim Betrieb von Elektrizitätsversorgungsnetzen" vorzugswürdig gewesen, da in Abs. 4 auch andere Personen als die Netzbetreiber verpflichtet werden. Durch das Gesetz zur Beschleunigung des Energieleitungsausbaus neu eingefügt wurden die Abs. 3b und 3c, die Berichtspflichten der Übertragungs- und Verteilernetzbetreiber im Hinblick auf die Sicherheit, Zuverlässigkeit und Leistungsfähigkeit ihrer Energieversorgungsnetze bzw. des Elektrizitätsversorgungssystems normieren; diese sind auf Anforderung der Regulierungsbehörde zu erfüllen und dienen dem Zweck, auch während des durch die Energiewende veranlassten Umbaus der Stromerzeugung ein sicheres und zuverlässiges Netz zu planen, zu errichten und zu betreiben.[268]

55 § 12 Abs. 1 EnWG enthält eine allgemeine Regelung, wonach Betreiber von Übertragungsnetzen mit der Bereitstellung und mit dem Betrieb ihrer Netze zu einem **sicheren und zuverlässigen Elektrizitätsversorgungssystem** in ihrer Regelzone beizusteuern haben. Dies entspricht auch den übergeordneten Zielen der §§ 1 und 2 EnWG. Die Betreiber von Übertragungsnetzen haben außerdem die Übertragung durch ihr Netz besonders unter Beachtung des Austauschs mit anderen Verbundnetzen zu regeln. Dazu zählt auch die koordinierte Bereitstellung von Ausgleichsenergie. Es ist möglich, dass Übertragungsnetzbetreiber die Regelverantwortung für ihre Netze durch Vereinbarung auf einen anderen Übertragungsnetzbetreiber übertragen; die Regulierungsbehörde kann die Übertragungsnetzbetreiber im Wege einer Festlegung dazu verpflichten, eine einheitliche Regelzone zu bilden (§ 12 Abs. 1 S. 6 EnWG).

---

267 BT-Drs. 18/7317, S. 81.
268 BT-Drs. 19/9027, S. 10.

§ 12 Abs. 3 EnWG interveniert in die unternehmerische Planungsfreiheit der Übertragungsnetzbetreiber mit der Verpflichtung, die Versorgungssicherheit zu gewährleisten, indem ein technisch funktionstüchtiges und von den Durchleitungskapazitäten her ausreichendes Netz bereitgestellt wird. Um die technische Sicherheit und die Systemstabilität zu gewährleisten, wurde das Bundeswirtschaftsministerium in § 12 Abs. 3a EnWG zum Erlass einer Verordnung ermächtigt, die technische Anforderungen an Energieerzeugungsanlagen, insbesondere nach dem EEG und dem KWKG, regelt. Auf dieser Grundlage trat am 26. Juli 2012 die Systemstabilitätsverordnung (SysStabV) in Kraft,[269] die primär Nachrüstungspflichten für Photovoltaikanlagen vorsieht.[270]

Eine Informationspflicht der Betreiber von Übertragungsnetzen gegenüber den Betreibern aller Netze, mit denen ihre Netze verbunden sind, ist in Abs. 2 enthalten. Damit handelt es sich um eine die Interoperabilität fördernde **Informationspflicht** der Übertragungsnetzbetreiber. Abs. 4 normiert hingegen Informationspflichten der Netznutzer, der Elektrizitätsverteilernetzbetreiber, der Betreiber von Gasversorgungsnetzen und Systemdienstleistungserbringer gegenüber den Betreibern der Übertragungs- aber auch der Verteilernetze, um die Sicherheit der Elektrizitätsversorgungsnetze zu gewährleisten. Dazu zählen unter anderem Hinweise der Erzeuger bezüglich der geplanten Einspeisung zu bestimmten Zeitpunkten, das zur Verfügung stellen von Echtzeit-Daten und Hinweise der Verbraucher im Hinblick auf Lastmanagementmaßnahmen. Die Regulierungsbehörde kann den Kreis der hiernach Verpflichteten und den Umgang mit den erhaltenen Daten durch Festlegung nach § 29 Abs. 1 EnWG weiter ausdifferenzieren, § 12 Abs. 6 EnWG. § 12 Abs. 5 EnWG stellt sicher, dass die den Betreibern von Elektrizitätsversorgungsnetzen zur Verfügung gestellten Informationen nur zu den hierfür vorgesehenen Zwecken verwendet werden. Das Monitoring der Versorgungssicherheit mit Elektrizität nach § 51 EnWG wird seit dem 1. Januar 2021 von der Bundesnetzagentur und nicht mehr vom Bundesministerium für Wirtschaft und Energie durchgeführt; hierbei werden die nach § 12 Abs. 4 und 5 EnWG (teils nur auf ausdrückliches Verlangen) übermittelten Informationen berücksichtigt. Die Abfrage gemäß den Abs. 4 und 5 des § 12 EnWG kann ggf. durch die Verwendung der im Marktstammdatenregister (§ 111e EnWG) hinterlegten Daten abgelöst werden, § 12 Abs. 7 EnWG.

Im Zusammenhang mit der Systemverantwortung der Übertragungsnetzbetreiber aus § 12 Abs. 1 EnWG ist § 12g EnWG zu sehen,[271] nach dem diese auch den adäquaten Schutz vor terroristischen Anschlägen und Naturereignissen erfasst.[272] Damit die Übertragungsnetzbetreiber ihr Netz durch das Ergreifen präventiver Maßnahmen vor entsprechenden Ereignissen schützen können, legt die Bundesnetzagentur gemäß § 12g Abs. 1 S. 1 EnWG alle zwei Jahre auf der Basis eines (geheimzuhaltenden) Berichts der Übertragungsnetzbetreiber **„europäisch kritische Anlagen"**, d.h. Anlagen oder Anlagenteile des Übertragungsnetzes, deren Störung oder Zerstörung erhebliche Auswirkungen in mindestens zwei Mitgliedstaaten der EU haben können, fest. Die betroffenen Übertragungsnetzbetreiber sind dann zur Erstellung von Sicherheitsplänen und zur Bestimmung von Sicherheitsbeauftragten verpflichtet.

---

269 Verordnung zur Gewährleistung der technischen Sicherheit und Systemstabilität des Elektrizitätsversorgungsnetzes (Systemstabilitätsverordnung - SysStabV) v. 20.7.2012 (BGBl. I 2012, S. 1635), zuletzt geändert durch Art. 2 der Verordnung v. 14.9.2016 (BGBl. I 2016, S. 2147).
270 S. zur SysStabV auch *Fischerauer/Kraus/Schwarz-Ott,* EnWZ 2015, 153 ff. und unter Bezugnahme auf das EEG 2013 *Held/Seidel,* RdE 2013, 8 ff.
271 *Posser,* in: Kment (Hrsg.), EnWG, 2. Aufl. 2019, § 12g Rn. 2.
272 BT-Drs. 17/6072, S. 46.

59 § 12h EnWG dient der Umsetzung unionsrechtlicher Vorgaben.[273] Danach sind Übertragungs- und Verteilernetzbetreiber verpflichtet, die im abschließenden Katalog des § 12h Abs. 1 S. 1 EnWG aufgezählten, **nicht frequenzgebundenen Systemdienstleistungen** in einem transparenten, diskriminierungsfreien und marktgestützten Verfahren zu beschaffen. Verteilernetzbetreiber trifft diese Verpflichtung jedoch nur, wenn sie die Systemdienstleistung in ihrem eigenen Netz benötigen oder die Beschaffung im Einvernehmen mit dem jeweiligen Übertragungsnetzbetreiber erfolgt. Die Bundesnetzagentur ist berechtigt, im Wege der Festlegung (§ 29 Abs. 1 EnWG) Ausnahmen von der Verpflichtung der marktgestützten Beschaffung von Systemdienstleistungen zu erteilen, wenn diese wirtschaftlich ineffizient ist. Von dieser Berechtigung hat sie für die Systemdienstleistung „Kurzschlussstrom" bereits Gebrauch gemacht.[274] Auch im Übrigen sind der Bundesnetzagentur in § 12h Abs. 4 bis 6 EnWG weitreichende Kompetenzen eingeräumt, um die marktgestützte Beschaffung der Systemdienstleistungen verfahrensrechtlich und inhaltlich weiter auszugestalten.

60 Die §§ 11a, 11b EnWG dienen der Umsetzung der Vorgaben der Art. 36, 54 der RL 2019/944/EU in nationales Recht, die erstmals unionsrechtliche Vorgaben zu **Energiespeicheranlagen** enthalten. Ausweislich der Legaldefinition in § 3 Nr. 15d EnWG handelt es sich bei Energiespeicheranlagen um „Anlagen, die elektrische Energie zum Zwecke der elektrischen, chemischen, mechanischen oder physikalischen Zwischenspeicherung verbrauchen und als elektrische Energie erzeugen oder in einer anderen Energieform wieder abgeben".

61 § 11a Abs. 1 Satz 1 EnWG sieht vor, dass Übertragungs- und Verteilernetzbetreiber Stromspeicheranlagen **ausschreiben** können, wenn dies zum effizienten Netzbetrieb i.S.d. § 11 Abs. 1 S. 1 EnWG notwendig ist. Von der Notwendigkeit für den effizienten Netzbetrieb wird auszugehen sein, wenn die mit der Anlage zu erbringende Dienstleistung während der technischen Lebensdauer der Anlage nicht am Markt beschafft oder durch Netzbetriebsmittel erbracht werden kann.[275] Das Ausschreibungsverfahren muss die Kriterien der Offenheit, Diskriminierungsfreiheit und Transparenz erfüllen. Es kann durch Festlegung der Bundesnetzagentur näher ausgestaltet werden. Das Erfordernis der marktgestützten wettbewerblichen Beschaffung von Speicheranlagen resultiert daraus, Quersubventionierungen zwischen dem wettbewerblichen Speicherbetrieb und dem regulierten Netzbetrieb zu vermeiden. Betreibern von Elektrizitätsversorgungsnetzen ist es daher grundsätzlich **verboten**, Eigentümer von Energiespeicheranlagen zu sein, diese zu errichten, zu verwalten oder zu betreiben (Art. 36 Abs. 1, 54 Abs. 1 RL 2019/944/EU).

62 Während der Gesetzentwurf der Bundesregierung in § 11a Abs. 2 EnWG noch ein Vermarktungsverbot für Leistung und Arbeit der Energiespeicheranlagen vorsah, die nicht zu den Zwecken des § 11a Abs. 1 EnWG benötigt wird,[276] wurde dieses Verbot auf Empfehlung des Ausschusses für Wirtschaft und Energie in die ausdrückliche **Erlaubnis der Vermarktung** nicht genutzter Arbeit und Leistung auf den Strommärkten gewandelt[277].

63 In Umsetzung der Art. 36 Abs. 2 bis 4, 54 Abs. 2 bis 5 RL 2019/944/EU sieht § 11b EnWG **Ausnahmen** vom Verbot für Elektrizitätsversorgungsnetzbetreiber vor,

---

273 S. im Einzelnen BT-Drs. 19/21979, S. 13 f.
274 BNetzA Beschl. v. 18.12.2020 – BK6-20-295.
275 BT-Drs. 19/27453, S. 98 f.
276 BT-Drs. 19/27453, S. 15, 95.
277 BT-Drs. 19/30899, S. 6.

D. Aufgaben

Eigentümer von Energiespeicheranlagen zu sein. Die Ausnahmen greifen, wenn die Regulierungsbehörde dies für die in § 11b Abs. 1 Nr. 2 EnWG genannten Energiespeicheranlagen durch Festlegung gestattet hat oder die Regulierungsbehörde dem Übertragungs- oder Verteilernetzbetreiber auf seinen Antrag hin genehmigt hat, Eigentümer von Energiespeicheranlagen zu sein bzw. solche zu errichten, zu betreiben und zu verwalten. Ausnahmen sollen demnach insbesondere bei erfolglosen Ausschreibungen (sog. **erster Markttest**) nach § 11a Abs. 1 EnWG möglich sein. Bei der Ausnahmegenehmigung handelt es sich um eine gebundene Entscheidung, d.h. die Genehmigung ist zu erteilen, wenn die Voraussetzungen des § 11b Abs. 2 EnWG vorliegen. Erstmals nach fünf Jahren und danach turnusmäßig steht die Genehmigung in einem regulierungsbehördlichen Verfahren auf dem Prüfstand.[278] Dies kann darin münden, dass der Elektrizitätsversorgungsnetzbetreiber Betrieb und Verwaltung seiner Energiespeicheranlage als sog. **zweiten Markttest** ausschreiben und bei erfolgreicher Ausschreibung binnen zwölf Monaten für einen Eigentums- und Betriebsübergang dieser Anlage an den Dritten sorgen muss.

Auch hinsichtlich der verfahrensrechtlichen Gestaltung des Genehmigungs- und Überprüfungsverfahrens nach § 11b EnWG kommen der Bundesnetzagentur umfassende Festlegungskompetenzen zu. **64**

Derzeit gibt es lediglich zwei Projekte, die unter die Bestimmungen der §§ 11a, 11b EnWG fallen.[279] Dabei handelt es sich um die im bestätigten Netzentwicklungsplan 2019 (2030) festgelegten Netzbooster-Pilotanlagen (vgl. Projekte P365 und P430).[280] **65**

4. Systemverantwortung der Betreiber von Übertragungsnetzen

Durch das Strommarktgesetz 2016 sind die §§ 13 ff. EnWG, die die Systemverantwortung der Übertragungsnetzbetreiber regeln, grundlegend neu strukturiert und erweitert worden. Sie beruhen dennoch größtenteils auf bereits zuvor im EnWG enthaltenen Regelungen.[281] **66**

§ 13 EnWG präzisiert als Grundnorm die Aufgaben- und Rechtsstellung der Betreiber von Übertragungsnetzen bei der Sicherstellung der Funktionsfähigkeit des Gesamtsystems der Elektrizitätsversorgung. Aufgrund seines Überblicks und seiner zentralen technischen Einwirkungsmöglichkeiten wird der Übertragungsnetzbetreiber in die Pflicht genommen. Er hat ein Stufensystem von Maßnahmen im Netz und gegenüber Netznutzern auf Erzeuger- und Verbraucherseite einzuführen. Handlungsvoraussetzung ist eine Gefährdung der Sicherheit und Zuverlässigkeit des Elektrizitätsversorgungssystems. Dieses Tatbestandsmerkmal ist in § 13 Abs. 4 EnWG legaldefiniert: Eine Gefährdung liegt danach in der jeweiligen Regelzone vor, wenn örtliche Ausfälle des Übertragungsnetzes oder kurzfristige Netzengpässe zu besorgen sind oder zu besorgen ist, dass die Haltung von Frequenz, Spannung oder Stabilität durch die Übertragungsnetzbetreiber nicht im erforderlichen Maß gewährleistet werden kann. **67**

---

278 Dies gilt nicht für die in § 11b Abs. 4 EnWG genannten Batteriespeicheranlagen unter den dort genannten Voraussetzungen.
279 So BT-Drs. 19/27453, S. 66.
280 S. zu den Details BNetzA, Netzentwicklungsplan Strom 2019-2039, Kap. 5.10, abrufbar unter https://www.netzentwicklungsplan.de/de/netzentwicklungsplaene/netzentwicklungsplan-2030-2019 (Abruf 15.10.2021).
281 Vgl. BT-Drs. 18/7317, S. 85 ff.

68 Auf einer ersten Stufe[282] haben Betreiber von Übertragungsnetzen nach § 13 Abs. 1 EnWG **netzbezogene und marktbezogene Maßnahmen** zur Gewährleistung der Versorgungssicherheit zu ergreifen sowie zusätzliche Reserven einzusetzen. Als marktbezogene Maßnahmen kommen etwa der Einsatz von Regelenergie, die Anpassung der Energieerzeugung oder der Rückgriff auf vertragliche Zu- und Abschaltoptionen in Betracht. Letztere müssen nach § 13 Abs. 6 EnWG im Wege einer diskriminierungsfreien und transparenten Ausschreibung beschafft werden.[283] Nähere Konkretisierungen hierzu finden sich in der Verordnung über Vereinbarungen zu abschaltbaren Lasten (AbLaV),[284] deren Verordnungsermächtigung mit geringfügigen inhaltlichen Änderungen von vormals § 13 Abs. 4a, 4b EnWG in § 13i Abs. 1, 2 EnWG verschoben wurde.

69 Stehen mehrere geeignete Maßnahmen zur Beseitigung der Gefährdung der Sicherheit und Zuverlässigkeit des Elektrizitätsversorgungssystems zur Verfügung, sind diejenigen auszuwählen, die die geringsten Kosten verursachen. Anzusetzen sind die tatsächlichen voraussichtlichen Kosten, vorbehaltlich der in § 13 Abs. 1a bis 1c EnWG gesetzlich geregelten Ausnahmen zur Kostenbestimmung.[285] Die **Einspeisepflichten** nach dem EEG/KWKG sind bei marktbezogenen Maßnahmen nach § 13 Abs. 1 Nr. 2 EnWG zu beachten. Dies ergibt sich aus den mit dem Gesetz zur Beschleunigung des Energieleitungsausbaus neu in das EnWG überführten Regelungen zum Einspeisemanagement in § 13 Abs. 1a bis 1c EnWG. § 13 Abs. 1a EnWG konkretisiert den Einspeisevorrang von Strom aus erneuerbaren Energien. Eine Abregelung von EE-Anlagen ist danach nur dann zulässig, wenn ein Vielfaches an nicht vorrangberechtigter, d.h. konventioneller Erzeugung abgeregelt werden müsste, um die zusätzlich abgeregelte Menge an erneuerbarer Energie einzusparen.[286] Der Einspeisevorrang von Strom aus hocheffizienten KWK-Anlagen findet über § 13 Abs. 1b EnWG Berücksichtigung.

70 Darüber hinaus können weitere **Reserven**, wie die Netz- oder die Kapazitätsreserve, eingesetzt werden, § 13 Abs. 1 Nr. 3 EnWG. Nach der Gesetzesbegründung zum Strommarktgesetz ist der Einsatz der Reserven subsidiär zu den netzbezogenen und marktbezogenen Maßnahmen.[287] Dieses Verhältnis fand allerdings im Wortlaut keine hinreichende Stütze. § 13 Abs. 1c EnWG sieht nun vor, dass der Einsatz von Anlagen der Netzreserve infolge der Vorgaben zur Ermittlung der Kosten in der Regel nachrangig zu konventionellen Erzeugungsanlagen bei der Entscheidung nach § 13 Abs. 1 S. 2 EnWG zum Einsatz kommen.

71 Gemäß § 13a EnWG sind die Übertragungsnetzbetreiber gegen Zahlung einer **angemessenen Vergütung** (Abs. 1a bis 4) berechtigt, von den Betreibern von Erzeugungs- oder Speicheranlagen mit einer Nennleistung ab 100 kW die Anpassung

---

[282] So auch OLG Düsseldorf Beschl. v. 28.4.2015 – VI-3 Kart 306/12 (V), Rn. 91 f., 195. Die dreistufige Einordnung ist nicht zwingend, vgl. *Sötebier*, in: Britz/Hellermann/Hermes (Hrsg.), EnWG, 3. Aufl. 2015, § 13 Rn. 21 ff., nach dem es sich um fünf Stufen handelt bzw. *Tüngler*, in: Kment (Hrsg.), EnWG, 2. Aufl. 2019, § 13 Rn. 54, der nach der Abschaltreihenfolge differenziert.
[283] Die Ausschreibung für sofort und schnell abschaltbare Lasten findet auf der Internetplattform https://www.regelleistung.net/ext/ (Abruf 15.10.2021) statt. Zuschaltleistung wird derzeit nicht ausgeschrieben.
[284] Verordnung über Vereinbarungen zu abschaltbaren Lasten (Verordnung zu abschaltbaren Lasten – AbLaV) v. 16.8.2016 (BGBl. I 2016, S. 1984), zuletzt geändert durch Art. 9 des Gesetzes v. 16.7.2021 (BGBl. I 2021, S. 3026).
[285] BT-Drs. 19/7375, S. 52.
[286] BT-Drs. 19/7375, S. 52.
[287] BT-Drs. 18/7317, S. 85.

D. Aufgaben

der Wirk- oder Blindleistung zu fordern (sogenannte **Redispatch**-Maßnahmen).[288] Diese sind zur Vornahme entsprechender Anpassungen verpflichtet bzw. müssen die Anpassung dulden. Das Anforderungsrecht greift auch für Erzeugungsanlagen, die im Zeitpunkt der Anforderung nicht einspeisen oder deren Betriebsbereitschaft erst hergestellt werden muss, sowie in den Fällen, in denen aufgrund der Einspeisung eine geplante Revision verschoben werden muss. § 13a Abs. 1a EnWG sieht einen bilanziellen Ausgleich der Maßnahme vor, § 13a Abs. 2 bis 4 EnWG regelt die Modalitäten eines finanziellen Ausgleichs zwischen Übertragungsnetz- und Anlagenbetreiber. § 13a Abs. 5 EnWG stellt schließlich sicher, dass das Netzengpassmanagement über alle Netzebenen koordiniert und optimiert wird und trifft in S. 2 auch Regelungen zur Nutzungskonkurrenz.[289]

§ 13a Abs. 1 EnWG ist als marktbezogene Maßnahme nach § 13 Abs. 1 S. 1 Nr. 2 **72** EnWG einzuordnen. Zwischen dem systemverantwortlichen Übertragungsnetzbetreiber und dem Anlagenbetreiber besteht ein gesetzliches Schuldverhältnis.[290] Die Bundesregierung kann den Adressatenkreis des § 13a Abs. 1 EnWG, die Pflichten der Anlagenbetreiber und die Berechnung des finanziellen Ausgleichs im Rahmen einer Rechtsverordnung weiter ausgestalten, § 13i Abs. 3 Nr. 1 lit. a, d EnWG. Zugleich wird die Regulierungsbehörde ermächtigt, durch Festlegung nach § 29 Abs. 1 EnWG den Adressatenkreis zu bestimmen, solange und soweit die Bundesregierung von ihrer Verordnungsermächtigung keinen Gebrauch gemacht hat, sowie die technischen Anforderungen an die Anlagenbetreiber und die verfahrensrechtlichen Anforderungen an die Übertragungsnetzbetreiber sowie Bestimmungen zur angemessenen Vergütung (finanzieller und bilanzieller Ausgleich) zu treffen, § 13j Abs. 1, Abs. 3, Abs. 5 EnWG.

Bleiben diese Maßnahmen erfolglos, sind die Betreiber nach § 13 Abs. 2 EnWG **73** auf der zweiten Stufe ermächtigt, die zur Beseitigung der konkreten Gefährdung oder Störung nötigen **Anpassungen** von Stromerzeugung, -transiten und -bezügen entweder selbst zu bewältigen oder von den betroffenen Netznutzern zu fordern. Die betroffenen Verteilernetzbetreiber und Stromhändler sind – soweit möglich – vorab zu informieren.

Die Übertragungsnetzbetreiber sind berechtigt, von der Anwendung dieses Stufen- **74** modells abzuweichen, wenn dessen Einhaltung dazu führen würde, dass eine Gefährdung oder Störung des Elektrizitätsversorgungssystems aufrechterhalten oder perpetuiert würde. Gemäß § 13 Abs. 3 S. 2 EnWG liegt ein solcher Ausnahmefall insbesondere vor, soweit die Betreiber von Übertragungsnetzen zur Gewährleistung der Sicherheit und Zuverlässigkeit des Elektrizitätsversorgungssystems auf die Mindesteinspeisung aus bestimmten Anlagen angewiesen sind und keine technisch gleich wirksame andere Maßnahme verfügbar ist (sog. netztechnisch erforderliches Minimum).

---

[288] Das OLG Düsseldorf hatte in mehreren Beschwerdeverfahren (vgl. bspw. OLG Düsseldorf Beschl. v. 28.4.2015 – VI-3 Kart 332/12 (V); OLG Düsseldorf Beschl. v. 28.4.2015 – VI-3 Kart 306/12 (V)) die Beschlüsse der BNetzA zur Standardisierung vertraglicher Rahmenbedingungen für Eingriffsmöglichkeiten der Übertragungsnetzbetreiber in die Fahrweise von Erzeugungsanlagen und zur Festlegung von Kriterien für die Bestimmung einer angemessenen Vergütung bei strombedingten Redispatchmaßnahmen und bei spannungsbedingten Anpassungen der Wirkleistungseinspeisung aufgehoben. Die BNetzA hat diese Beschlüsse daraufhin vollständig zurückgenommen (BNetzA Beschl. v. 15.6.2015 – BK6-11-098-A; BNetzA Beschl. v. 19.8.2015 – BK8-12-019-A).
[289] BT-Drs. 19/9027, S. 11.
[290] Vgl. zur Vorgängerregelung in § 13 Abs. 1a EnWG *Sötebier*, in: Britz/Hellermann/Hermes (Hrsg.), EnWG, 3. Aufl. 2015, § 13 Rn. 36.

75 § 13 Abs. 5 S. 1 EnWG bestimmt das Ruhen der Leistungspflichten im Fall einer Anpassung nach Abs. 2. In § 13 Abs. 5 S. 2 EnWG wird klargestellt, dass das Ruhen der Leistungspflichten die Pflicht zur Bilanzkreisabrechnung unberührt lässt. Der Haftungsausschluss für Vermögensschäden nach § 13 Abs. 5 S. 3 EnWG sichert die Handlungsfähigkeit der Netzbetreiber in Notsituationen. § 13 Abs. 7 EnWG verpflichtet die Übertragungsnetzbetreiber, den betroffenen Unternehmen bzw. Personen sowie der Regulierungsbehörde unverzüglich Informationen bezüglich der Gründe für die durchgeführten Anpassungen und Maßnahmen zukommen zu lassen. Die für eine Kontrolle der dargelegten Gründe notwendigen Unterlagen sind auf Verlangen vorzulegen.

76 Wenn auch die Maßnahmen nach Abs. 2 nicht genügen, müssen Betreiber von Übertragungsnetzen nach § 13 Abs. 8 EnWG auf einer dritten Stufe unverzüglich die Regulierungsbehörde informieren, damit untersucht werden kann, ob und inwieweit Maßnahmen nach dem Energiesicherungsgesetz notwendig werden.

77 Schließlich müssen die Übertragungsnetzbetreiber nach § 13 Abs. 9 EnWG alle zwei Jahre[291] eine **Schwachstellenanalyse** durchführen, um durchgreifende Maßnahmen gegen den Eintritt schwerwiegender Versorgungsstörungen ergreifen zu können. Dabei sollen Maßnahmen gemäß den Abs. 1 und 2 des § 13 EnWG vorbereitet werden, welche die erkannten Schwachstellen des Systems in einem Gefährdungs- oder Störungsfall am besten kompensieren können. Die Belegschaft ist zu schulen, um speziell den Koordinationsanforderungen unter Zeitdruck in Notsituationen gewachsen zu sein. Die Regulierungsbehörde ist alle zwei Jahre bis zum 31. August über das Ergebnis der Schwachstellenanalyse in Kenntnis zu setzen.

78 Die Bundesnetzagentur ist berechtigt, das Verfahren nach § 13 EnWG im Rahmen des § 13j Abs. 2 Nr. 1, 2 EnWG durch Festlegung nach § 29 Abs. 1 EnWG weiter auszugestalten.

79 § 13b EnWG enthält eine besondere Systemsicherheitsregelung für die **Stilllegung von Kraftwerken** (mit Ausnahme von Braunkohlekraftwerken) und Stromspeicheranlagen.[292] Nach § 13b Abs. 1 S. 1 EnWG trifft die Betreiber von Stromerzeugungs- und Stromspeicheranlagen mit einer Nennleistung ab 10 MW die Pflicht, geplante vorübergehende oder endgültige, teilweise oder vollständige Stilllegungen ihrer Anlagen mindestens zwölf Monate vor der Stilllegung sowohl bei der Bundesnetzagentur als auch bei dem Übertragungsnetzbetreiber, in dessen Gebiet sich die Anlage befindet, unter Angabe der Gründe für die Stilllegung anzuzeigen.[293] Die **Anzeige** bedarf keiner bestimmten Form, aufgrund der Begründungspflicht empfiehlt sich aber eine schriftliche Anzeige. Zwischen Ende 2012 und Anfang November 2015 wurde bei 50 Kraftwerksblöcken die Planung einer endgültigen Stilllegung, bei

---

291 § 13 Abs. 7 EnWG 2005 verpflichtete die Übertragungsnetzbetreiber noch zur jährlichen Durchführung einer Schwachstellenanalyse.
292 Vgl. zur Vorgängerregelung in § 13a EnWG Sötebier, in: Britz/Hellermann/Hermes (Hrsg.), EnWG, 3. Aufl. 2015, § 13a Rn. 1.
293 Vorläufige Stilllegungen sind alle Maßnahmen, die bewirken, dass eine Anlage nicht mehr anfahrbereit gehalten wird, aber innerhalb eines Jahres nach Anforderung durch den Übertragungsnetzbetreiber wieder betriebsbereit gemacht werden kann, mit Ausnahme von Revisionen und technisch bedingten Störungen. Endgültige Stilllegungen schließen den Betrieb der Anlage endgültig aus oder bewirken, dass eine Anpassung der Einspeisung nicht mehr innerhalb eines Jahres nach Anforderung des Übertragungsnetzbetreibers erfolgen kann, da die Anlage nicht innerhalb dieses Jahres betriebsbereit gemacht werden kann, § 13b Abs. 3 EnWG.

19 Anlagen eine vorläufige Stilllegung angezeigt.²⁹⁴ Zum Stichtag 1. Januar 2021 sind seit 2015 insgesamt 25.324 MW Kraftwerksleistung aus dem Markt ausgeschieden; davon wurde mit 13.342 MW der größere Teil endgültig stillgelegt.²⁹⁵ Verstöße gegen die Anzeigepflicht sind gemäß § 95 Abs. 1 Nr. 3e, Abs. 2 S. 1 EnWG bußgeldbewehrt.

Auf die Anzeige hin prüft der zuständige Übertragungsnetzbetreiber die **Systemrelevanz** der Anlage und weist sie ggf. als systemrelevant aus. Das Ergebnis der Prüfung ist dem Anlagenbetreiber und der Bundesnetzagentur unverzüglich, d.h. ohne schuldhaftes Zögern (§ 121 Abs. 1 S. 1 BGB), mitzuteilen. Die Systemrelevanz wird in § 13b Abs. 2 S. 2 EnWG legaldefiniert. Danach ist eine Anlage systemrelevant, „wenn ihre Stilllegung mit hinreichender Wahrscheinlichkeit zu einer nicht unerheblichen Gefährdung oder Störung der Sicherheit oder Zuverlässigkeit des Elektrizitätsversorgungssystems führen würde und diese Gefährdung oder Störung nicht durch andere angemessene Maßnahmen beseitigt werden kann." Hierbei ist der Maßstab des § 13 Abs. 4 EnWG zu berücksichtigen, d.h. die Sicherheit oder Zuverlässigkeit des Elektrizitätsversorgungssystems ist insbesondere bei der Gefahr örtlicher Ausfälle des Übertragungsnetzes oder bei kurzfristigen Netzengpässen bzw. bei Schwierigkeiten der Haltung von Frequenz, Spannung oder Stabilität gefährdet oder gestört.²⁹⁶ Gleiches gilt für Mindermengen bei der Ausschreibung der Kapazitätsreserve.²⁹⁷ Die Begründung der Ausweisung als systemrelevante Anlage soll sich aus dem Bericht der Bundesnetzagentur zum Bedarf an Erzeugungskapazität für die Netzreserve oder aus der Systemanalyse der Übertragungsnetzbetreiber ergeben. Vor Ablauf der zwölfmonatigen Stillhaltefrist sind sämtliche Stilllegungen verboten, sofern dem Weiterbetrieb keine technischen und/oder rechtlichen Hindernisse entgegenstehen oder der Übertragungsnetzbetreiber die fehlende Systemrelevanz nicht festgestellt hat (Stilllegungsverbot)²⁹⁸. Nach Fristablauf können nicht systemrelevante Anlagen stillgelegt werden, wenn der Anlagenbetreiber dies dem Übertragungsnetzbetreiber angezeigt hat. Für systemrelevante Anlagen greifen die **Stilllegungsverbote** der Abs. 4, 5.

Die Ausweisung als systemrelevant hat bei Anlagen, deren **vorläufige Stilllegung** angezeigt wurde, zur Folge, dass diese auch nach Ablauf der zwölfmonatigen Anzeigefrist nicht vorläufig stillgelegt werden dürfen, sondern für Einspeisungsanpassungen nach § 13a Abs. 1 EnWG vorgehalten werden müssen. Sofern sich die Systemrelevanz einer bereits vorläufig stillgelegten Anlage erst später ergibt, muss der Anlagenbetreiber diese auf Anforderung des Übertragungsnetzbetreibers in Betriebsbereitschaft versetzen, damit sie für marktbezogene Maßnahmen, als zusätzliche Reserve oder zur Anpassung von Einspeiseleistung zur Verfügung steht, § 13b Abs. 4 EnWG.

Verboten ist nach Ablauf der zwölfmonatigen Frist auch die **endgültige Stilllegung** von Stromerzeugungs- und Stromspeicheranlagen mit einer Nennleistung von mindestens 50 MW, sofern der Übertragungsnetzbetreiber die Anlage als systemrele-

---

294 BNetzA/BKartA, Monitoringbericht 2015, Stand 10.11.2015, S. 69, abrufbar unter https://www.bundesnetzagentur.de/SharedDocs/Downloads/DE/Allgemeines/Bundesnetzagentur/Publikationen/Berichte/2015/Monitoringbericht_2015_BA.pdf?__blob=publicationFile&v.=3 (Abruf 15.10.2021).
295 BNetzA/BKartA, Monitoringbericht 2020, Stand 27.1.2021, Kap. B 1.4, abrufbar unter https://www.bundesnetzagentur.de/SharedDocs/Mediathek/Berichte/2020/Monitoringbericht_Energie2020.pdf?__blob=publicationFile&v=5 (Abruf 15.10.2021).
296 BT-Drs. 18/7317, S. 84.
297 BT-Drs. 18/7317, S. 84.
298 Vgl. *Tüngler*, in: Kment (Hrsg.), EnWG, 2. Aufl. 2019, § 13b Rn. 24.

vant bewertet hat, die Bundesnetzagentur die Ausweisung auf Antrag des Übertragungsnetzbetreibers genehmigt hat und der Weiterbetrieb sowohl technisch als auch rechtlich möglich ist, § 13b Abs. 5 S. 1 EnWG. Bei der Genehmigung durch die Bundesnetzagentur handelt es sich um eine gebundene Entscheidung, die ausweislich des § 13b Abs. 5 S. 5 EnWG i.V.m. § 36 Abs. 1 VwVfG mit Nebenbestimmungen (Bedingung, Auflage) versehen werden kann. Die Bundesnetzagentur hat innerhalb von drei Monaten ab Eingang der vollständigen und richtigen Antragsunterlagen zu entscheiden, anderenfalls wird die Genehmigung fingiert. Die Genehmigung der Ausweisung als systemrelevante Anlage und damit auch der Antrag sind sowohl hinsichtlich des Umfangs als auch hinsichtlich des Zeitraums auf das erforderliche Maß zu beschränken und sollen regelmäßig für maximal 24 Monate erteilt werden. Der Umfang der Stilllegung betrifft ganze Kraftwerke oder einzelne Kraftwerksblöcke. Die **Systemrelevanzausweisung** kann ausnahmsweise auch für einen längeren als den 24-monatigen Zeitraum erfolgen, wenn der Übertragungsnetzbetreiber deren Erforderlichkeit im Einzelfall auf der Grundlage einer Systemanalyse gegenüber der Bundesnetzagentur nachweist. Bei der „Bestätigung" durch die Bundesnetzagentur handelt es sich um die Genehmigung der beantragten, längeren Laufzeit. In jedem Fall hat der Übertragungsnetzbetreiber dem Anlagenbetreiber die Systemrelevanzausweisung mit Begründung unverzüglich nach der Genehmigung durch die Bundesnetzagentur mitzuteilen. Den Anlagenbetreiber trifft daraufhin eine Erhaltungspflicht in den Grenzen des § 13b Abs. 5 S. 11 EnWG.

83 Die vorläufige oder endgültige Stilllegung von Anlagen innerhalb der Zwölfmonatsfrist, sowie die endgültige Stilllegung von Anlagen, die dem Stilllegungsverbot des § 13b Abs. 5 S. 1 EnWG unterfallen, können mit einer Geldbuße bis zu fünf Millionen Euro belegt werden, § 95 Abs. 1 Nr. 3f, Abs. 2 S. 1 EnWG.

84 § 13i Abs. 3 Nr. 1 lit. a-d EnWG ermächtigt die Bundesregierung zum Erlass einer Verordnung, die die Anforderungen an die und das Verfahren bei der Stilllegung von Stromerzeugungs- und Stromspeicheranlagen präzisiert. Solange und soweit die Bundesregierung von dieser Ermächtigung keinen Gebrauch macht, kann die Regulierungsbehörde dies auch im Rahmen einer Festlegung nach § 29 Abs. 1 EnWG regeln, § 13j Abs. 3 S. 1 EnWG. Darüber hinaus ist die Regulierungsbehörde jedenfalls berechtigt, Regelungen, die die technischen und zeitlichen Anforderungen an die Anlagenbetreiber, die Methodik und das Datenformat, welches die Übertragungsnetzbetreiber anwenden müssen, zur Form der Ausweisung als systemrelevante Anlage und zur Anpassung an nachträgliche Erkenntnisse, sowie zu den Begründungs- und Nachweiserfordernissen nach § 13b EnWG zu treffen, § 13j Abs. 3 S. 2 EnWG.

85 § 13c EnWG regelt die mit der geplanten vorläufigen (§ 13b Abs. 1, 2 EnWG) oder endgültigen (§ 13b Abs. 3, 4 EnWG) Stilllegung von Stromerzeugungs- und Speicheranlagen in Zusammenhang stehenden, angemessenen **Vergütungsansprüche** der Anlagenbetreiber. Auch in diesem Rahmen wird die Bundesregierung zum Erlass einer Rechtsverordnung ermächtigt, § 13i Abs. 3 Nr. 1 lit. e, f. EnWG, die Bundesnetzagentur wird mit Festlegungskompetenzen ausgestattet, § 13j Abs. 2 Nr. 4, Abs. 3 S. 1, 2 Nr. 4 EnWG.

86 In Anlehnung an § 13b EnWG normiert § 13f EnWG die **Systemrelevanzausweisung von Gaskraftwerken** mit einer Nennleistung von mindestens 50 MW durch die Übertragungsnetzbetreiber. Auch hierdurch sichern die Übertragungsnetzbetreiber die Aufrechterhaltung der Elektrizitätsversorgung ab. Gaskraftwerke tragen regelmä-

D. Aufgaben

ßig als Spitzenlastkraftwerke zur Energieerzeugung bei.[299] Eine ausdrückliche Differenzierung zwischen vorläufiger und endgültiger Stilllegung erfolgt hier nicht. Da sich die Anlagen aber im kommerziellen Normalbetrieb befinden, regelt § 13f EnWG nur Fälle einer vorübergehenden Nichtverfügbarkeit.[300] Dies zeigt sich auch am Wortlaut, der auf eine Einschränkung der Gasversorgung durch die betreffende Anlage rekurriert. Bereits bei dieser muss eine erhebliche Gefährdung oder Störung der Sicherheit oder Zuverlässigkeit des Elektrizitätsversorgungssystems prognostiziert werden können bzw. vorliegen. Verfahrenstechnisch sieht § 13f Abs. 1 EnWG ein dem Genehmigungsverfahren bei der geplanten endgültigen Stilllegung nach § 13b Abs. 5 EnWG entsprechendes Verfahren vor. Die Rechtsfolge der genehmigten Systemrelevanzausweisung durch die Bundesnetzagentur ist allerdings auf die Absicherung der erforderlichen Leistung durch einen Brennstoffwechsel bzw. anderweitige Optimierungs- und Ausbaumaßnahmen zur Deckung des Kapazitätsbedarfs und nicht auf den erzwungenen Weiterbetrieb des Gaskraftwerks ausgerichtet, § 13f Abs. 2 S. 1, 3 EnWG. § 13f Abs. 2 S. 2 EnWG regelt einen Vergütungsanspruch der Gaskraftwerksbetreiber gegen den jeweiligen Übertragungsnetzbetreiber für diejenigen Mehrkosten, die durch den Brennstoffwechsel entstehen. Der Bundesnetzagentur stehen zur Ausgestaltung des Verfahrens auch hier weitreichende Festlegungskompetenzen zur Verfügung, § 13j Abs. 2 Nr. 5-9 EnWG.

Zur Aufrechterhaltung der Systemsicherheit sind die Übertragungsnetzbetreiber darüber hinaus zur Vorhaltung einer **Netzreserve** verpflichtet. Mit dieser sollen insbesondere Netzengpässe bewirtschaftet, für die Aufrechterhaltung der Spannung im Netz gesorgt und ein ggf. erforderlicher Versorgungswiederaufbau ermöglicht werden, § 13d Abs. 1 S. 1 EnWG. Die Netzreserve wird außerhalb des Strommarktes vorgehalten. § 13d Abs. 1 S. 2 EnWG enthält einen abschließenden Katalog der Anlagen, aus denen die Netzreserve gebildet wird. Darunter befinden sich sowohl die den Stilllegungsverboten aus § 13b EnWG unterfallenden Altanlagen und Anlagen nach der Netzreserveverordnung[301], als auch Anlagen, die sich im europäischen Ausland befinden. Der im Gesetzentwurf des Strommarktgesetzes noch enthaltene Vorschlag, dass auch neu zu errichtende Anlagen Teil der Netzreserve sein können, hat sich letztlich nicht durchgesetzt.[302] Der Einsatz der Netzreserveanlagen ist individualvertraglich zu regeln, § 13d Abs. 3 EnWG. Die Netzreserveanlagen können auch am Verfahren zur Beschaffung der Kapazitätsreserve (hierzu sogleich) teilnehmen, § 13d Abs. 2 EnWG. Nach § 13d Abs. 2 S. 2 EnWG bemisst sich der Vergütungsanspruch in diesem Fall ausschließlich nach den Vorschriften zur Kapazitätsreserve. Eine doppelte Vergütung ist ausgeschlossen. Die Bundesregierung ist berechtigt, das Verfahren zur Bildung und Beschaffung der Netzreserve, die Kriterien einer angemessenen Vergütung, die Anforderungen an die Anlagen in der Netzreserve und den Einsatz dieser Anlagen in einer Verordnung zu regeln, § 13i Abs. 3 Nr. 2 EnWG. In dieser Verordnung können der Bundesnetzagentur auch Festlegungskompetenzen hinsichtlich des Bedarfs an Netzreserve und zur Bestimmung von Präqualifikationsbedingungen im Beschaffungsverfahren übertragen werden, § 13i Abs. 4 EnWG.

---

299 *Bourwieg*, in: Britz/Hellermann/Hermes (Hrsg.), EnWG, 3. Aufl. 2015, § 13c Rn. 3.
300 Vgl. zur Vorgängerregelung in § 13c EnWG *Bourwieg*, in: Britz/Hellermann/Hermes (Hrsg.), EnWG, 3. Aufl. 2015, § 13c Rn. 21.
301 Verordnung zur Regelung der Beschaffung und Vorhaltung von Anlagen in der Netzreserve (Netzreserveverordnung – NetzResV) v. 27.6.2013 (BGBl. I 2013, S. 1947), zuletzt geändert durch Art. 15 des Gesetzes v. 13.5.2019 (BGBl. I 2019, S. 706).
302 S. hierzu § 13d Abs. 1 S. 2 Nr. 4 EnWG in BT-Drs. 18/7317, S. 20.

88 Daneben sind die Übertragungsnetzbetreiber aus § 13e EnWG zur Vorhaltung einer **Kapazitätsreserve** verpflichtet. Dieser wurde aus Kostengründen der Vorrang vor einem Stromversorgungssystem mit einem zusätzlichen Kapazitätsmarkt eingeräumt.[303] Mit ihr soll in der Übergangsphase zum weiterentwickelten Strommarkt 2.0 bis etwa 2025 die Stromversorgung zusätzlich abgesichert werden.[304] Auch die Kapazitätsreserve wird außerhalb des Strommarktes vorgehalten. Sie dient – in Abgrenzung zur Netzreserve – zum Ausgleich von Unterdeckungen an der Strombörse (sogenanntes Leistungsbilanzdefizit), § 13e Abs. 1 EnWG. Die Kapazitätsreserve sollte zunächst ab dem Jahr 2017 über ein Ausschreibungsverfahren oder ein gleichwertiges wettbewerbliches Verfahren beschafft werden, § 13e Abs. 2 EnWG. Da aber eine Ausschreibung durch die Übertragungsnetzbetreiber nicht mehr so rechtzeitig durchgeführt werden konnte, dass die Leistung erstmals zum 1. Oktober 2018 erbracht werden konnte, sollte der Beginn der Kapazitätsreserve zunächst um ein Jahr verschoben werden.[305] Nunmehr werden in der Kapazitätsreserve Anlagen für eine Leistungserbringung erst ab dem Winterhalbjahr 2020/2021 gebunden (§ 13e Abs. 2 S. 3 Nr. 1 EnWG).

Den Anlagenbetreibern werden als Bestandteil der im Ausschreibungsverfahren ermittelten Vergütung jährlich die Vorhaltekosten und der Wertverbrauch erstattet. Die angeforderte Einspeiseleistung, die variablen Instandhaltungskosten, die Kosten für die Sicherstellung der Brennstoffversorgung und die Kosten für die Schwarzstartfähigkeit werden gesondert erstattet und über die Netzentgelte auf die Verbraucher umgelegt, § 13e Abs. 3 EnWG. Für die Anlagen in der Kapazitätsreserve gelten nach § 13e Abs. 4 EnWG ein **Vermarktungsverbot** und ein **Rückkehrverbot,** d.h. die Erzeugungsleistung der Anlagen darf weder auf den Strommärkten vermarktet werden, noch dürfen die Anlagen nach dem endgültigen Ausscheiden aus der Kapazitätsreserve weiter betrieben werden. Das Rückkehrverbot schließt einen darüber hinaus gehenden Einsatz systemrelevanter Anlagen in der Netzreserve nicht aus, § 13e Abs. 4 Nr. 2 EnWG. Die Bundesnetzagentur ist dazu verpflichtet, ab dem 31. Oktober 2018 mindestens alle zwei Jahre zu ermitteln, ob die Kapazitätsreserve im erforderlichen Umfang beschafft wird[306] oder ob diese ggf. angepasst werden muss, § 13e Abs. 5 EnWG.

Die auf Grundlage des § 13h EnWG zu erlassende „Kapazitätsreserveverordnung" soll die Bestimmungen zur Kapazitätsreserve weiter ausdifferenzieren.

Verstöße gegen das Vermarktungsverbot und das Rückkehrverbot stellen Ordnungswidrigkeiten dar und können mit einem Bußgeld von bis zu fünf Millionen Euro geahndet werden, § 95 Abs. 1 Nr. 3g, 3h, Abs. 2 S. 1 EnWG.

§ 13g EnWG enthält eine weitere Regelung zu einer Systemsicherheitsreserve. § 13g Abs. 1 S. 1 enthält einen abschließenden Katalog von zunächst vorläufig und schließlich endgültig stillzulegenden Braunkohlekraftwerken (§ 13g Abs. 1 S. 2, 3, Abs. 6 S. 1 EnWG), mittels derer der Ausstoß von Kohlendioxid gemindert werden soll und zielt demzufolge primär auf den Umweltschutz. Da die Kraftwerke aber in den ersten vier Jahren nicht endgültig stillgelegt werden dürfen, stehen sie den Übertragungsnetzbetreibern im zeitlichen Rahmen des § 13g Abs. 3 EnWG subsidiär zu anderen Systemsicherheitsmaßnahmen zur Gewährleistung der Systemstabilität zur Verfügung (sogenannte **Sicherheitsbereitschaft**), § 13g Abs. 2 EnWG. Auf

---

303 BT-Drs. 18/7317, S. 96.
304 BT-Drs. 18/7317, S. 96.
305 BT-Drs. 19/5523, S. 112.
306 BT-Drs. 18/7317, S. 100.

diese Weise dienen auch die abzuschaltenden Kohlekraftwerke in den vier Jahren vor der endgültigen Stilllegung noch als Reserve, die für Systemsicherheitszwecke eingesetzt werden kann. Verstöße gegen die Stilllegungspflichten können mit einem Bußgeld von bis zu fünf Millionen Euro geahndet werden, § 95 Abs. 1 Nr. 3h, 3i, Abs. 2 S. 1 EnWG. Die Betreiber von Braunkohlekraftwerken haben gegen die Übertragungsnetzbetreiber einen **Anspruch auf Vergütung** für die Sicherheitsbereitschaft, die Stilllegung sowie für die auf Anforderung der Übertragungsnetzbetreiber ggf. anfallenden Auslagen für erbrachte Erzeugungsleistung aus § 13g Abs. 5, Abs. 6 S. 2, 3, Abs. 7 EnWG. Zu berücksichtigen ist, dass die Vorschriften zur Stilllegung von Anlagen in den §§ 13b, 13c EnWG auf die Stilllegung von Braunkohlekraftwerken unanwendbar sind, §§ 13b Abs. 6, 13c Abs. 6 EnWG. Der Erfolg der Minimierung der Kohlendioxidemissionen wird durch das in § 13g Abs. 8 EnWG geregelte Monitoring überwacht. Wie auch bei den anderen Systemsicherheitsmaßnahmen wird die Bundesregierung mit weiteren Rechtsetzungskompetenzen, hier zum Zweck der weiteren Reduzierung der Kohlendioxidemissionen, ausgestattet, §§ 13i Abs. 5 EnWG. Die Regelungen zur Stilllegung von Braunkohlekraftwerken in § 13g EnWG stehen grundsätzlich neben den mit dem **Kohleausstiegsgesetz**[307] getroffenen Regelungen im Kohleverstromungsbeendigungsgesetz (vgl. § 50 KVBG).

5. Aufgaben der Betreiber von Elektrizitätsverteilernetzen

Soweit Verteilernetzbetreiber im konkreten Einzelfall in einer – was den Aufgabenzuschnitt und die tatsächlichen Einwirkungsmöglichkeiten anbelangt – mit Übertragungsnetzbetreibern vergleichbaren Lage sind, wenn sie also insbesondere die Regelung ihres Netzes eigenständig wahrnehmen,[308] greifen gemäß § 14 Abs. 1 EnWG für sie die in den §§ 12 und 13-13c EnWG und die in den auf Grundlage des § 13i Abs. 3 EnWG erlassenen Rechtsverordnungen festgelegten Verpflichtungen entsprechend. Eine Schwachstellenanalyse nach § 13 Abs. 9 EnWG ist allerdings nur auf Anforderung der Regulierungsbehörde zu erstellen und dieser zu übermitteln, § 14 Abs. 1 S. 2 EnWG.

§ 14 Abs. 1c EnWG gewährleistet eine **Kooperation** zwischen Übertragungsnetzbetreiber bzw. vorgelagertem Verteilernetzbetreiber mit den (nachgelagerten) Verteilernetzbetreibern in netzseitig vertikaler Hierarchie (sog. Kaskade): Zur Verhinderung von Mängeln und Gefahren in den Übertragungsnetzen können temporäre Stromabschaltungen notwendig werden, die möglichst kleinflächig vorzunehmen sind. Dabei empfehlen sich regelmäßig Abschaltungen in den Verteilernetzen, die zur Unterstützung der Maßnahme der Übertragungsnetzbetreiber erfolgen.

In Ergänzung zu den Berichtspflichten der Netzausbauplanung (s.o. II. 2.) sieht § 14 Abs. 2 EnWG vor, dass die Regulierungsbehörde einen **Bericht über den Netzzustand und die Netzausbauplanung** beim Elektrizitätsverteilernetzbetreiber anfordern kann;[309] dieser hat seinen Bericht innerhalb einer Frist von zwei Monaten vorzulegen. Ein Anforderungsrecht steht der Behörde auch in begründeten Einzel-

---

307 S. Gesetz zur Reduzierung und zur Beendigung der Kohleverstromung und zur Änderung weiterer Gesetze (Kohleausstiegsgesetz) v. 8.8.2020 (BGBl. I 2020, S. 1818), zuletzt geändert durch Art. 23 des Gesetzes v. 21.12.2020 (BGBl. I 2020, S. 3138).
308 BT-Drs. 15/3917, S. 57.
309 Die Berichtspflicht nach § 14 Abs. 2 EnWG wurde durch die EnWG-Novelle 2021 nicht vollkommen neu eingeführt; sie bestand in ähnlicher Form bereits nach § 14 Abs. 1a EnWG i.d.F., die bis zum 26.7.2021 galt.

fällen zu. Der Regelung kommt vor dem Hintergrund, dass die Verteilernetzbetreiber ihre Netzausbaupläne nurmehr alle zwei Jahre vorzulegen haben, besondere Bedeutung zu. Sie ermächtigt die Regulierungsbehörde, jederzeit Informationen zum Netzzustand, zur Umsetzung der Netzausbauplanung (bspw. hinsichtlich Baubeginn, Inbetriebnahme, Gründe für Verzögerung bei der Maßnahmenumsetzung) oder zu einzelnen Anpassungen, die sich in Bezug auf den regulären, zweijährlichen Netzausbaubericht ergeben, zu verlangen.[310] Die Regulierungsbehörde ist berechtigt, konkrete verfahrensrechtliche und inhaltliche Vorgaben zur Berichtspflicht zu machen (vgl. § 14 Abs. 2 S. 2-4 EnWG).

92 Pflichten zur Zusammenarbeit zwischen Elektrizitätsverteilernetzbetreibern und Betreibern von Fernwärme- und Fernkältesysteme zur Bewertung des Potentials von Fernwärme- und Fernkältesystemen zur Erbringung marktbezogener Maßnahmen normiert der mit der EnWG-Novelle 2021 in das EnWG aufgenommene § 14 Abs. 3 EnWG. Diese haben u.a. zu prüfen, ob die Nutzung des gemeinsam ermittelten Potentials der Fernwärme- und Fernkältesysteme gegenüber anderen marktbezogenen Lösungen zur Gewährleistung einer möglichst sicheren, preisgünstigen, verbraucherfreundlichen, effizienten und umweltverträglichen Versorgung der Allgemeinheit mit Elektrizität vorzugswürdig ist.

93 Darüber hinaus verpflichtet § 14a EnWG Elektrizitätsverteilernetzbetreiber dazu, denjenigen Lieferanten und Letztverbrauchern, die im Bereich der Niederspannung angeschlossen sind und mit denen sie Netznutzungsverträge abgeschlossen haben, ein reduziertes Netzentgelt in Rechnung zu stellen, wenn den Verteilernetzbetreibern das Recht eingeräumt wird, den Strombezug **steuerbarer Verbrauchseinrichtungen** der Lieferanten oder Letztverbraucher, die über einen separaten Zählpunkt verfügen, bedarfsangepasst zu- oder abzuschalten, wobei ausdrücklich auch die Zu- oder Abschaltung von Elektromobilen im Auflandevorgang erfasst wird. Die nähere Ausgestaltung dieses Flexibilitätsmechanismus bleibt gemäß § 14a S. 3, 4 EnWG dem Erlass einer Rechtsverordnung vorbehalten.[311] Dies ist ein erster Schritt auf dem Weg, nachfrageseitige Steuerungsmöglichkeiten beim Stromverbrauch fruchtbar zu machen, um die angebotsseitige Volatilität netzseitig partiell zu kompensieren.[312]

94 Auf der Umsetzung von Art. 32 Abs. 1, 2 der RL 2019/944/EU beruht der mit der EnWG-Novelle 2021 neu in das EnWG eingefügte § 14c. Dieser verpflichtet Verteilernetzbetreiber ein transparentes, diskriminierungsfreies und marktgestütztes Verfahren zur **Beschaffung von Flexibilitätsdienstleistungen** durchzuführen. Hierfür und für standardisierte Marktprodukte haben die Verteilernetzbetreiber Spezifikationen zu erarbeiten. Diese müssen eine wirksame und wiederum diskriminierungsfreie Beteiligung aller Marktteilnehmer gewährleisten. Die von den Verteilernetzbetreibern erarbeiteten Spezifikationen unterliegen der Genehmigung durch die Bundesnetzagentur. Alternativ ist die Bundesnetzagentur berechtigt, durch Festlegung (§ 29 Abs. 1 EnWG) Spezifikationen für die Beschaffung von Flexibilitätsdienstleistungen und geeignete standardisierte Marktprodukte vorzugeben. Ausnahmen von der Verpflichtung zur marktbasierten Beschaffung sieht § 14c Abs. 4 EnWG vor. Zu berücksichtigen ist, dass es sich bei den nicht frequenzgebundenen Systemdienstleistungen aus dem Katalog des § 12h Abs. 1 S. 1 EnWG nicht um Flexibilitätsdienstleistungen i.S.d.

---

310 BT-Drs. 19/27453, S. 99.
311 Der Erlass einer entsprechenden Verordnung steht noch aus.
312 S. hierzu *Busch*, Demand Side Management – Rechtliche Aspekte der Vermarktung flexibler Lasten in der Stromwirtschaft, 2017, S. 325 ff.

D. Aufgaben

§ 14c EnWG handelt. Die Regelungen zu den netz- und marktbezogenen Maßnahmen gemäß den §§ 13, 13a, 14 Abs. 1 und 1a EnWG gehen § 14c EnWG als leges speciales vor.

6. Aufgaben der Betreiber von Fernleitungsnetzen (§ 15 EnWG)

§ 15 EnWG normiert den §§ 12 ff. und 14 EnWG entsprechenden Verpflichtungen für die Gasnetzbetreiber. § 15 Abs. 1 EnWG sieht eine Pflicht zur Gewährleistung der Versorgungssicherheit einschließlich einer Interoperabilitätsverpflichtung vor. § 15 Abs. 2 S. 1 EnWG stellt eine flankierende Informationspflicht der Betreiber auf Fernleitungsebene und zusätzlich von LNG-Anlagen und Speichern auf, die gegenüber allen Netzbetreibern des Gassektors greift; Satz 2 verpflichtet hingegen die Übertragungsnetzbetreiber den Fernleitungsnetzbetreibern unverzüglich sämtliche Informationen zur Verfügung zu stellen, die notwendig sind, damit die Fernleitungsnetze sicher und zuverlässig betrieben, gewartet und ausgebaut werden können. § 15 Abs. 3 EnWG zielt speziell auf die Pflicht ab, hinreichende Übertragungskapazitäten vorzuhalten.

7. Systemverantwortung der Betreiber von Fernleitungsnetzen (§ 16 EnWG)

§ 16 EnWG trifft eine dem § 13 EnWG zur Systemverantwortung von Übertragungsnetzbetreibern weitgehend entsprechende Regelung für Betreiber von Fernleitungsnetzen im Gasbereich. Wann die Sicherheit und Zuverlässigkeit des Gasversorgungssystems gefährdet ist, definiert § 16 EnWG nicht; in Anlehnung an § 13 Abs. 4 EnWG ist eine solche anzunehmen, wenn „örtliche Ausfälle des Fernleitungsnetzes oder kurzfristige Netzengpässe zu besorgen sind oder zu besorgen ist, dass die Haltung von Beschaffenheit, Druck oder Stabilität durch die Fernleitungsnetzbetreiber nicht im erforderlichem Maße gewährleistet werden kann".[313] § 16 Abs. 2a S. 1 EnWG stimmt die Systemsicherheitsmaßnahmen der Fernleitungsnetzbetreiber mit denen der Übertragungsnetzbetreiber ab, indem er bestimmt, dass die Auswirkungen der Systemsicherheitsmaßnahmen nach § 16 Abs. 1 EnWG auf die Sicherheit und Zuverlässigkeit des Elektrizitätsversorgungssystems angemessen zu berücksichtigen sind. Zudem stehen den Fernleitungsnetzbetreibern nach § 16 Abs. 2a S. 2–4 EnWG die nach § 13f EnWG als systemrelevant ausgewiesenen Gaskraftwerke praktisch nicht mehr für Netzsicherheitsmaßnahmen zur Verfügung.[314]

8. Aufgaben und Systemverantwortung der Gasverteilernetzbetreiber (§§ 16a, 14b EnWG)

Für die Betreiber von Gasverteilernetzen greifen die Aufgaben und die Systemverantwortung bei entsprechender Verantwortung für die Sicherheit und Zuverlässigkeit der Gasversorgung in ihrem Netz gleichermaßen. Allein bei der Schwachstellenanalyse gilt die Notwendigkeit einer Aufforderung durch die Regulierungsbehörde, wie dies auch für Elektrizitätsverteilernetzbetreiber der Fall ist, § 16a S. 2 EnWG.

---

313 *Tüngler*, in: Kment (Hrsg.), EnWG, 2. Aufl. 2019, § 16 Rn. 7.
314 Vgl. *Bourwieg*, in: Britz/Hellermann/Hermes (Hrsg.), EnWG, 3. Aufl. 2015, § 13c Rn. 11.

Der in § 14b EnWG unsystematisch bei den Pflichten der Elektrizitätsverteilernetzbetreiber angesiedelte Flexibilitätsmechanismus zur Vermeidung von Netzengpässen im vorgelagerten Fernleitungsnetz ist in Anlehnung an § 14a EnWG ausgestaltet. Verpflichtet werden die Gasverteilernetzbetreiber. Auch hier ist die nähere Ausgestaltung in einer Rechtsverordnung bisher nicht erfolgt.

III. Nichteinhaltung der gesetzlichen Verpflichtungen

98 Kommt ein Netzbetreiber einer der ihm nach den §§ 11–16a EnWG obliegenden Verpflichtungen nicht nach, kann die zuständige Regulierungsbehörde ein Verfahren nach § 65 EnWG einleiten.[315] Die Einleitung kann von Amts wegen erfolgen. Eines Antrags eines Dritten bedarf es insoweit nicht. Damit kann die zuständige Regulierungsbehörde die Einhaltung der insbesondere auch der Sicherheit der Energieversorgung der Allgemeinheit dienenden Verpflichtungen sicherstellen, bevor sich konkrete Auswirkungen für einen einzelnen Dritten ergeben. Auf der Grundlage von § 65 EnWG kann die zuständige Regulierungsbehörde den Netzbetreiber verpflichten, ein bestimmtes gegen die gesetzlichen Verpflichtungen verstoßendes Verhalten abzustellen. Des Weiteren kann sie auch konkrete Maßnahmen zur Einhaltung der Vorschriften anordnen.[316]

Literaturhinweise:

Altrock, Martin/Vollprecht, Jens, Zur Entwicklung des Einspeisemanagements zwischen dem Vorrang Erneuerbarer Energien und dem Ausbau fluktuierender Stromerzeugungskapazitäten, ZNER 2011, 231 ff.; *Britz, Gabriele,* „Selbstregulative Zusammenarbeit" und „moderierende Regulierung" im EnWG Energienetz, ZNER 2006, 91 ff.; *Broemel, Roland,* Netzanbindung von Offshore-Windkraftanlagen, ZUR 2013, 408 ff.; *Büdenbender, Ulrich,* Kommentar zum Energiewirtschaftsgesetz, 2003; *Busch, Claudia,* Demand Side Management – Rechtliche Aspekte der Vermarktung flexibler Lasten in der Stromwirtschaft, 2017; *Butler, Janet/Heinickel, Caroline/Hinderer, Hermann Ali,* Der Rechtsrahmen für Investitionen in Offshore-Windparks und Anbindungsleitungen, NVwZ 2013, 1377 ff.; *Fest, Phillip,* Der Netzausbau im Recht der Energiewende, NVwZ 2013, 824 ff.; *Fest, Phillip/Nebel, Julian Asmus,* Das Gesetz zur Änderung von Bestimmungen des Rechts des Energieleitungsausbaus, NVwZ 2016, 177 ff.; *Fischerauer, Sven/Kraus, Markus/Schwarz-Ott, Ursula,* Die Nachrüstungsverpflichtung für EE- und KWK-Anlagen nach der geänderten Systemstabilitätsverordnung, EnWZ 2015, 153 ff.; *Gärditz, Klaus Ferdinand/Rubel, Jörgen,* Die regulierungsbehördliche Sanktionierung ausbleibender Netzinvestitionen im Rahmen des dritten Legislativpakets zur Liberalisierung der Energiebinnenmärkte, N&R 2010, 194 ff.; *Greinacher, Dominik,* Energieleitungsausbau: Tatsächliche Herausforderungen und rechtliche Lösungen, ZUR 2011, 305 ff.; *Held, Joachim/Seidel, Lisa,* Die Systemstabilitätsverordnung (SysStabV), RdE 2013, 8 ff.; *Kment, Martin,* Rechts vor Links? Überlegungen zur Vereinfachung der rechtlichen Vorfahrtsregeln im deutschen Stromnetz, ZNER 2011, 225 ff.; *Kühling, Jürgen/Pisal, Ruben,* Investitionspflichten in der Energiewirtschaft zwischen staatlicher Regulierung und nachfrageorientierter Netzbewirtschaftung, ZNER 2011, 13 ff.; *Moench, Christoph/Ruttloff, Marc,* Netzausbau in Beschleunigung, NVwZ 2011, 1040 ff.; *Moser, Michael,*

---

315 Dazu *Moser,* RdE 2007, 343 f.; *Hanebeck,* in: Britz/Hellermann/Hermes (Hrsg.), EnWG, 3. Aufl. 2015, § 65 Rn. 1 ff.
316 Im Einzelnen dazu Kap. 12.

D. Aufgaben

Einwirkungsbefugnisse der Bundesnetzagentur auf die Elektrizitätsversorgung, RdE 2007, 343 ff.; *Peters, Carsten,* Investitionspflichten der Energienetzbetreiber nach dem EnWG, ZNER 2007, 272 ff.; *Pisal, Ruben,* Entflechtungsoptionen nach dem Dritten Energiebinnenmarktpaket – Die Entflechtungsmodelle der RL 2009/72/EG und 2009/73/EG, 2011; *Ruge, Reinhard,* Netzentwicklungsplan Strom – Aktuelle Gesetzesänderungen und Rechtsfragen der Bedarfsplanung von Höchstspannungsnetzen, EnWZ 2015, 497 ff.; *Ruge, Reinhard,* Änderungsverlangen zum Netzentwicklungsplan Strom und Rechtsschutzmöglichkeiten, EnWZ 2020, 99 ff.; *Ruttloff, Marc/ Strauch, Markus,* Noch ein „Kapazitätsmechanismus" im „Energy-Only-Market"?, EnWZ 2018, 247 ff.; *Säcker, Franz Jürgen,* Netzausbau- und Kooperationsverpflichtungen der Übertragungsnetzbetreiber nach Inkrafttreten des EnLAG und der Dritten StromRL 2009/72/EG v.13.7.2009, RdE 2009, 305 ff.; *Säcker, Franz Jürgen,* Der beschleunigte Ausbau der Höchstspannungsnetze als Rechtsproblem, 2009; *Schneider, Jens-Peter,* Planungs- und Genehmigungsverfahren zum Ausbau des Stromübertragungsnetzes, EnWZ 2013, 339 ff.; *Schumacher, Hanna,* Die Neuregelungen zum Einspeise- und Engpassmanagement, ZUR 2012, 17 ff.; *Schütte, Peter/Winkler, Martin,* Aktuelle Entwicklungen im Bundesumweltrecht, ZUR 2011, 554 ff.; *Schütte, Peter/Winkler, Martin,* Aktuelle Entwicklungen im Bundesumweltrecht, ZUR 2015, 378 ff.; *Wiederholt, Norbert/Bode, Jan-Hendrick/Reuter, Victoria,* Rückenwind für den Ausbau der Offshore-Windenergie?, NVwZ 2012, 1207 ff.

Rechtsprechungshinweise:

BVerfG Beschl. v. 20.3.1984 – 1 BvL 28/82; BVerfG Urt. v. 17.12.2013 – 1 BvR 3139/08, 1 BvR 3386/08; BVerwG Urt. v. 6.4.2017 – 4 A 2/16; OLG Düsseldorf Beschl. v. 28.4.2015 – VI-3 Kart 306/12 (V); OLG Düsseldorf Beschl. v. 28.4.2015 – VI-3 Kart 332/12 (V).

3. Kapitel: Netzanschluss und Netzzugang

A. Zugangsregulierung als Herzstück einer wettbewerblichen Energiewirtschaft

1 Die Regulierung des Zugangs zu Netzwirtschaftsleistungen und insbesondere des Netzzugangs ist das Herzstück der Regulierung jeder Netzwirtschaft.[317] Die Zugangsregulierung gewährleistet zum einen den Zugriff der Letztverbraucher auf die Netzwirtschaftsleistungen. Zum anderen bestimmt sie die Möglichkeiten der Wettbewerber, auf vorgelagerte Netzwirtschaftsleistungen anderer – regelmäßig marktbeherrschender – Unternehmen zurückzugreifen, um eigene nachgelagerte Produkte am Markt anzubieten. Die Verpflichtung zur Zugangsgewährung stellt dabei einen empfindlichen Eingriff sowohl in die unternehmerische Handlungsfreiheit als auch in die Eigentumsfreiheit des Anspruchsverpflichteten dar. Dementsprechend unterliegt der allgemeine wettbewerbsrechtliche Netzzugangsanspruch aus § 19 Abs. 2 Nr. 4 GWB strengen Voraussetzungen. In den liberalisierten Netzwirtschaften wurden davon teils erheblich abweichende Regelungen mit deutlich geringeren Anforderungsprofilen geschaffen. Das gilt spätestens mit der Energierechtsnovelle 2005 auch für die Energieordnung. Im Zuge der Energierechtsnovelle 2011 wurde die Zugangsregulierung nur punktuell ergänzt, zumal insoweit nur beschränkte europarechtliche Umsetzungspflichten vorlagen.

2 Das EnWG gliedert sich dabei – anders als das TKG – nicht in einen eigenen Abschnitt über die Zugangsregulierung und einen solchen über die Entgeltregulierung der Zugangsgewährung, sondern verknüpft diese beiden Aspekte im Abschnitt 3 über den Netzzugang, der in § 21 EnWG explizit auf die Entgelte Bezug nimmt. Mit Leben erfüllt werden Netzzugangs- und Zugangsentgeltregulierung jedoch erst durch die sie konkretisierenden Verordnungen, auch wenn in der damaligen Schlussphase des Gesetzgebungsprozesses die Regelungstiefe des § 20 EnWG mit der Aufnahme der Abs. 1a und 1b noch einmal gesteigert wurde. Mit der EnWG-Novelle 2005 wurden dabei vor allem zeitgleich die Netzzugangs- und Netzentgeltverordnungen jeweils getrennt für die Bereiche Strom und Gas verabschiedet,[318] wobei die Netzentgeltverordnungen auch unter der Geltung der Anreizregulierungsverordnung gemäß § 6 Abs. 1 ARegV weiterhin Ausgangspunkt für die Ermittlung der Netzentgelte bleiben. Nicht zuletzt der Umfang der Zugangs- und Entgeltverordnungen macht deutlich, dass es sich insoweit um komplexe eigenständige Regulierungsinstrumente handelt,[319] die einer gesonderten Behandlung bedürfen (s. dazu Kap. 4).

---

317 Ausführlich dazu *Kühling*, Sektorspezifische Regulierung in den Netzwirtschaften, 2004, S. 182 ff.
318 Verordnung über den Zugang zu Elektrizitätsversorgungsnetzen (Stromnetzzugangsverordnung – StromNZV) v. 25.7.2005 (BGBl. I 2005, S. 2243), zuletzt geändert durch Art. 14 des Gesetzes v. 13.5.2019 (BGBl. I 2019, S. 706); Verordnung über den Zugang zu Gasversorgungsnetzen (Gasnetzzugangsverordnung – GasNZV) v. 25.7.2005 (BGBl. I 2005, S. 2210), zuletzt geändert durch Art. 8 des Gesetzes v. 16.7.2021 (BGBl. I 2021 S. 3026); zu den Entgeltverordnungen s. sogleich Kap. 4.
319 Zur selbstständigen und zentralen Bedeutung des Instruments der Entgeltregulierung *Kühling*, Sektorspezifische Regulierung in den Netzwirtschaften, 2004, S. 284 ff.

B. Anschlussbereitstellung, Anschlussnutzung und Netzzugang bei Strom- und Gasnetzen

Im Übrigen unterscheidet Teil 3 des EnWG (über die Regulierung des Netzbetriebs) zwischen der Regulierung des Netzanschlusses (dazu C.) und der des Netzzugangs (dazu D.). Der Begriff des **Netzanschlusses** ist im EnWG nicht näher definiert. Er bezieht sich auf die Herstellung der physischen Verbindung zum einen von Letztverbrauchern und zum anderen von Erzeugungs- und Speicheranlagen an das Leitungsnetz sowie die Verbindung von gleich- oder nachgelagerten Netzen untereinander. Der Netzanschluss unterscheidet sich dabei im Einzelnen nach der Art der miteinander zu verbindenden Anlagen. Das wird deutlich durch die jeweils spezifischen Definitionen des Umfangs des Netzanschlusses in der für Elektrizität geltenden Niederspannungsanschlussverordnung[320] (§ 5 NAV), der Niederdruckanschlussverordnung[321] für den Gasbereich (§ 5 NDAV) und der Kraftwerks-Netzanschlussverordnung[322] (§ 2 Nr. 2 KraftNAV).

Der Anschluss an ein Energieversorgungsnetz ist die tatsächliche und rechtliche Voraussetzung für die spätere Anschlussnutzung bzw. den folgenden Netzzugang. Etwaige Anschlusspflichten aus dem EEG und dem KWKG bleiben davon unberührt (s. dazu Kap. 9). Der Netzanschluss, also die Herstellung und Aufrechterhaltung der Verbindung zum Netz, ist dabei von der anschließenden Nutzung des Netzanschlusses durch die Bereitstellung von Energie (Anschlussnutzung) zu unterscheiden. Dies wird bereits mit Blick auf das Gesetz daran deutlich, dass die Anschlussnutzung bei der allgemeinen Anschlusspflicht nach § 18 EnWG gesondert erfasst wird. Im Rahmen des Netzanschlusses nach § 17 EnWG wird über die spätere Anschlussnutzung keine Aussage getroffen. Soweit sich der Netzanschluss nach § 17 EnWG richtet, unterliegen entsprechende Regelungen der Anschlussnutzung (etwa der Betretungsrechte oder von Haftungsverträgen bei Beschädigungen) daher ausschließlich einer vertraglichen Vereinbarung.

Von der Anschlussbereitstellung und Anschlussnutzung ist wiederum der Netzzugang zu unterscheiden. Der Netzzugang bezieht sich auf den „Transport" der Energie über das Netz. Er ist das zentrale Element zur Schaffung von Wettbewerb im Netz, da er die Belieferung eines Endverbrauchers mit Energie unabhängig davon ermöglicht, ob gegenüber diesem Kunden ein eigener Netzanschluss besteht, da diese entsprechenden Leistungen insoweit „entflochten" gegebenenfalls als Vorleistungsprodukte eingekauft werden können. Angesichts der Entflechtungsbestimmungen besteht seit dem EnWG 2005 grundsätzlich ein **Dreiecksverhältnis** zwischen einem energieliefernden Unternehmen, einem Netzzugang, Netzanschluss und Anschlussnutzung gewährenden Betreiber von Energieversorgungsnetzen und dem Letztverbraucher.[323] Die Vertragsgestaltung entspricht seither der auch vor 2005 geltenden Praxis.

---

320 Verordnung über Allgemeine Bedingungen für den Netzanschluss und dessen Nutzung für die Elektrizitätsversorgung in Niederspannung (Niederspannungsanschlussverordnung – NAV) v. 1.11.2006 (BGBl. I 2006, S. 2477), zuletzt geändert durch Art. 35 des Gesetzes v. 23.6.2021 (BGBl. I 2021, S. 1858).
321 Verordnung über Allgemeine Bedingungen für den Netzanschluss und dessen Nutzung für die Gasversorgung in Niederdruck (Niederdruckanschlussverordnung – NDAV) v. 1.11.2006 (BGBl. I 2006, S. 2477, 2485), zuletzt geändert durch Art. 36 des Gesetzes v. 23.6.2021 (BGBl. I 2021, S. 1858).
322 Verordnung zur Regelung des Netzanschlusses von Anlagen zur Erzeugung von elektrischer Energie (Kraftwerks-Netzanschlussverordnung – KraftNAV) v. 26.6.2007 (BGBl. I 2007, S. 1187).
323 S. zum Ganzen auch die Begründung zu § 18 EnWG-RE.

6 Bei sämtlichen netzrelevanten Ansprüchen kann zur Strukturierung die klassische zivilrechtliche Frage gestellt werden „Wer will was von wem woraus?".

C. Netzanschluss

I. Netzanschluss (§ 17 EnWG)

1. Berechtigte und Verpflichtete des Anschlussanspruchs

7 § 17 Abs. 1 EnWG verpflichtet die Betreiber von Energieversorgungsnetzen, „Letztverbraucher, gleich- oder nachgelagerte Elektrizitäts- und Gasversorgungsnetze sowie -leitungen, Ladepunkte für Elektromobile, Erzeugungs- und Gasspeicheranlagen sowie Anlagen zur Speicherung elektrischer Energie" an ihr Netz anzuschließen. Berechtigte des Netzanschlussanspruchs sind damit zunächst Betreiber von Netzen und Netzelementen wie Speicheranlagen sowie Betreiber von Energieerzeugungsanlagen. Auch Letztverbraucher sind grundsätzlich aus dem Netzanschlussanspruch berechtigt. Bei ihnen greift jedoch der Vorrang des Netzanschlusses nach § 18 EnWG.[324] Insoweit handelt es sich sowohl um einen konsumtiven (§ 18 EnWG) als auch um einen kompetitiven (§ 17 EnWG) Anspruch.[325] 2007 hat der Netzanschluss von Elektrizitätserzeugungsanlagen zudem in der Kraftwerks-Netzanschlussverordnung eine weitergehende Regelung erfahren, die die Vorgaben des § 17 EnWG diesbezüglich konkretisiert (dazu 5.). Verpflichtete sind die Betreiber von Energieversorgungsnetzen, also umfassend die Betreiber auf allen Ebenen der Übertragung und Verteilung von Gas und Elektrizität.

2. Anspruchsinhalt

a) Umfassender Anschlussanspruch

8 Inhalt des Anspruchs ist ein **umfassender Anschluss**, der entsprechend des weiten Kreises der Berechtigten vom Anschluss einer Biogas- oder LNG-Anlage bis zum Zusammenschluss zweier Elektrizitätsnetze reichen kann (etwa Übertragungsnetz und Verteilernetz), und dabei mit der Bezugnahme auf die einzelne Leitung eine weitgehende Entbündelung vorsieht. § 17 Abs. 1 EnWG normiert nicht nur einen Anspruch auf die originäre Herstellung einer physikalischen Verknüpfung zum Energieversorgungsnetz, sondern auch auf Anschluss an eine von ihm gewählte Netz- oder Umspannebene sowie die Bereitstellung der gewünschten Netzanschlusskapazität.[326] Ausgenommen ist jedoch der in § 18 EnWG normierte Anschluss von Letztverbrauchern an das Niederspannungs- oder Niederdrucknetz.

9 Entscheidend sind bei jedem Anschlussanspruch die einzelnen **Anschlussbedingungen**. Insofern sieht § 17 Abs. 1 EnWG mit der Angemessenheit, Diskriminierungsfreiheit und Transparenz drei Vorgaben vor, wobei die Diskriminierungsfreiheit mit dem Grundsatz „interne gleich externe Behandlung" noch präzisiert wird. Alle

---

324 LG Nürnberg-Fürth Urt. v. 25.5.2007 – 4 HKO 3005/06, RdE 2007, 325 (327).
325 Zu dieser Differenzierung je nachdem, ob der Letztverbraucher oder ein Wettbewerber Zugang verlangt, vgl. *Kühling*, Sektorspezifische Regulierung in den Netzwirtschaften, 2004, S. 190 ff.
326 BGH Beschl. v. 23.6.2009 - EnVR 48/08, nach *juris*, Rn. 11 ff.; OLG Düsseldorf Beschl. v. 15.3.2017 - VI-3 Kart 181/15 (V), nach *juris*, Rn. 109; OLG Düsseldorf Beschl. v. 28.10.2020 – 3 Kart 842/19 (V), nach *juris*, Rn. 66.

genannten Anforderungen beziehen sich sowohl auf die technischen als auch auf die wirtschaftlichen Voraussetzungen des Netzanschlusses.

b) Angemessenheit

Das Erfordernis der Angemessenheit reicht insofern weiter als das formal zu verstehende Gebot der Diskriminierungsfreiheit, als die Zugangsbedingungen zugleich so ausgestaltet werden müssen, dass ein effektiver Zugang ermöglicht wird. So dürfen beispielsweise keine überzogenen technischen Anforderungen gestellt werden, auch wenn diese diskriminierungsfrei verlangt werden. Vorrangige Bedeutung erlangt das Merkmal der Angemessenheit allerdings bei der Bemessung eines adäquaten Anschlussentgelts. Dieses muss grundsätzlich auf den Kosten einer Betriebsführung, die denen eines effizienten und strukturell vergleichbaren Netzbetreibers entsprechen, basieren. Es darf nur solche Kosten berücksichtigen, die tatsächlich mit der Bereitstellung der effizient erbrachten Leistung verbunden sind (ausführlich dazu Kap. 4, B. I. 1.). 10

c) Diskriminierungsfreiheit

Der Grundsatz der Diskriminierungsfreiheit verlangt, dass vergleichbaren Nachfragern der Anschluss zu vergleichbaren Bedingungen in einem umfassenden Sinne gewährt wird. Das betrifft zunächst das Ob des Anschlusses, dann jedoch vor allem die einzelnen Anschlussbedingungen einschließlich des Entgelts (ausführlich dazu Kap. 4, B. I. 2.), die Qualität sowie den Zeitpunkt der Leistungsbereitstellung. In der Sache greift damit ein weitreichendes Gebot der Gleichbehandlung bei der Entscheidung über das Ob und das Wie des Anschlusses. Dieses Gebot ist formal zu verstehen. Die Vorgabe der Diskriminierungsfreiheit verlangt gleichwohl keine identische Behandlung. Vielmehr muss wesentlich Gleiches gleich und wesentlich Ungleiches ungleich behandelt werden. Danach können – etwa im Rahmen der durch die Vertragsstandardisierung gezogenen Grenzen – unterschiedliche Anschlussbedingungen vereinbart werden, wenn sich diese in einer unterschiedlichen Bepreisung widerspiegeln. Genauso können Großabnehmer günstigere Konditionen erlangen, sofern diesen tatsächliche Kosteneinsparungen entsprechen. 11

Beim **Grundsatz „interne gleich externe Behandlung"** handelt es sich um einen besonders betonten Unterfall des Diskriminierungsverbots, der vor dem Hintergrund der Überführung vormals monopolistischer Märkte in den Wettbewerb konzipiert wurde. Die Norm hat als Hauptanwendungsfall den vertikal integrierten früheren Monopolisten vor Augen, der sowohl ein Netz betreibt als auch die Funktionen Erzeugung bzw. Gewinnung oder Vertrieb von Energie anbietet.[327] Dieser vertikal integrierte frühere Monopolist hat erhebliche Anreize, unternehmensinterne Nachfrager gegenüber Wettbewerbern zu bevorzugen. Er muss daher gerade zu einer Gleichbehandlung unternehmensexterner Kunden mit seinen unternehmensinternen Nachfragern bzw. denjenigen verbundener oder assoziierter Unternehmen verpflichtet werden. Angesichts der jetzigen Entflechtungsvorgaben (s. dazu Kap. 5) dürften vor allem Fälle verbundener und assoziierter Unternehmen im Raum stehen. Der Grundsatz wird im Übrigen vor allem für den kompetitiven Anschlussanspruch von Bedeutung sein. 12

---

327 S. dazu auch die Definition in § 3 Nr. 38 EnWG.

d) Transparenz

13 Schließlich verlangt das Erfordernis der Transparenz in Bezug auf § 17 EnWG, dass die Festlegung der Anschlussbedingungen auf inhaltlich nachvollziehbare Weise erfolgt (vgl. auch Kap. 4, B. I. 3.). Eine Veröffentlichung ist nicht erforderlich, wie sich im Gegenschluss aus der besonderen Vorgabe des § 18 Abs. 1 S. 1 EnWG ergibt. Angesichts der oftmals spezifisch ausgehandelten Anschlussbedingungen wäre das auch nur bedingt zielführend. Zu veröffentlichen sind allerdings technische Mindestanforderungen für den Netzanschluss, § 19 Abs. 1, 2 EnWG. Die Anforderung an ein transparentes Geschäftsgebaren des Anspruchsverpflichteten wird schließlich für den Fall der Zugangsverweigerung in § 17 Abs. 2 S. 2, 3 EnWG näher dargelegt (dazu 3.).

e) Durchsetzbarkeit

14 Beim Anschlussanspruch handelt es sich um ein unmittelbar zivilrechtlich einklagbares Recht. Angesichts der behördlichen Eingriffsbefugnis nach § 30 EnWG und § 31 EnWG spricht aber auch hier einiges dafür, von einem bloßen Anspruch auf Abschluss eines Vertrages auszugehen (s. unten D. I. 2.).

f) Sonderfall: Anschluss von Offshore-Windparks

15 Die Netzanbindung Offshore ist in den §§ 17d bis 117j, 118 Abs. 12 EnWG geregelt. Diese stehen in engem Zusammenhang mit den in den §§ 17a ff. EnWG geregelten Netzausbaupflichten. Die Regelung des § 17 Abs. 2a EnWG 2006, die eine projektakzessorische Anbindung von Offshore-Anlagen beinhaltete,[328] ging noch davon aus, dass der Übertragungsnetzbetreiber die Kosten des Netzanschlusses vom Umspannwerk der Offshore-Anlage bis zu dem technisch und wirtschaftlich günstigsten Verknüpfungspunkt des nächsten Übertragungs- oder Verteilernetzes zu tragen hatte. Dies hatte zur Folge, dass das Offshore-Netz faktisch zum Windpark hin gebaut wurde.[329] Dieses System hat sich in der Praxis aufgrund erheblicher Koordinationsdefizite und ungeklärter haftungsrechtlicher Fragen trotz eines entsprechenden Positionspapiers der Bundesnetzagentur nicht bewährt.

16 Die Einführung der §§ 17a ff. EnWG bewirkte daher einen Systemwandel hin zu einem **kapazitätsabhängigen Anbindungsanspruch**, nach dem Netzausbau und -anbindung Offshore eng mit dem Ausbau der Offshore-Windenergie abgestimmt werden.[330] Die Netzanbindung erfolgte zunächst gemäß § 17d Abs. 1 S. 1 EnWG auf der Basis des Offshore-Netzentwicklungsplans. Seit dem 1. Januar 2019 erfolgt diese auf der Grundlage des Netzentwicklungsplans und Flächenentwicklungsplans nach § 5 Windenergie-auf-See-Gesetz (WindSeeG)[331]. Die Übertragungsnetzbetreiber sind zugleich dazu verpflichtet, die Anbindungsleitungen nach den Vorgaben des Netzentwicklungsplans Offshore bzw. seit dem 1. Januar 2019 entsprechend den Vorgaben des Netzentwicklungsplans und des Flächenentwicklungsplans gemäß § 5

---

[328] *Broemel*, in: Britz/Hellermann/Hermes (Hrsg.), EnWG, 3. Aufl. 2015, § 17d Rn. 1.
[329] *Schink*, in: Kment (Hrsg.), EnWG, 2. Aufl. 2019, Vorbemerkungen zu §§ 17a bis 17j Rn. 3.
[330] *Schink*, in: Kment (Hrsg.), EnWG, 2. Aufl. 2019, Vorbemerkungen zu §§ 17a bis 17j Rn. 6, 10.
[331] Gesetz zur Entwicklung und Förderung der Windenergie auf See (Windenergie-auf-See-Gesetz - WindSeeG) v. 13.10.2016 (BGBl. I 2016, S. 2258, 2310), zuletzt geändert durch Art. 12a des Gesetzes v. 16.7.2021 (BGBl. I 2021, S. 3062).

WindSeeG zu errichten und zu betreiben. Mit der Errichtung haben sie nach den Vorgaben der vorgenannten Pläne in inhaltlicher und zeitlicher Hinsicht zu beginnen und diese zügig voranzutreiben. §§ 17d Abs. 11, 65 Abs. 2a EnWG, die eine Ausschreibung des Netzausbauvorhabens und den damit einhergehenden Entzug des Vorhabens vom Vorhabenträger ermöglichen, sichern ab, dass die Anbindungsleitungen entsprechend den Vorgaben des Netzentwicklungsplans-Offshore bzw. entsprechend den Vorgaben des Netzentwicklungsplans und des Flächenentwicklungsplans gemäß § 5 WindSeeG errichtet werden.

Die Anschlusskapazitäten werden durch die Bundesnetzagentur in einem objektiven, transparenten und diskriminierungsfreien Verfahren vergeben, das im Windenergie-auf-See-Gesetz geregelt ist. Ausschreibungen fanden erstmals zum 1. April 2017 statt, § 26 Abs. 1 WindSeeG. Die Ausschreibungsvolumina sind in § 27 WindSeeG festgelegt und sollen einen geregelten Zubau der Offshore-Windenergie gewährleisten. Das Ausschreibungsverfahren selbst ist in den §§ 29 ff. WindSeeG geregelt. Die Errichtung der Windenergieanlage auf See und die Herstellung des Netzanschlusses sind eng aufeinander abgestimmt. Den anbindungsverpflichteten Übertragungsnetzbetreiber und den Betreiber der Windenergieanlage treffen daher Kooperationspflichten. Diese haben u.a. unter Berücksichtigung der Realisierungsfristen (§ 59 WindSeeG) und der Vorgaben des Flächenentwicklungsplans zur Inbetriebnahme der Anbindungsleitung und zum Kabeleinzug (§ 5 Abs. 1 S. 1 Nr. 4 WindSeeG) einen **Realisierungsfahrplan** abzustimmen. Der Anspruch des Anlagenbetreibers auf Netzanbindung auf der zugewiesenen Anbindungsleitung besteht ab dem geplanten und 30 Monate vor der voraussichtlichen Fertigstellung verbindlich gewordenen Fertigstellungstermin, § 17d Abs. 2 S. 11 EnWG. Die Bundesnetzagentur ist gemäß § 17d Abs. 10 EnWG dazu befugt, Festlegungen zum Verfahren zu treffen. Hinsichtlich der Anschlusskapazität und des Anbindungsanspruchs ist zudem die Übergangsbestimmung in § 118 Abs. 12 EnWG zu berücksichtigen.[332]

§ 17d Abs. 6-8 EnWG regeln die Netzanbindung von Flächen für Windenergieanlagen auf See im deutschen Küstenmeer (12 Seemeilen-Zone), die nicht unter die Regelungen des WindSeeG fallen (vgl. § 2 WindSeeG). Der Inhaber einer BImSchG-Genehmigung zum Bau von Windenergieanlagen auf See im Küstenmeer hat gegen den anbindungsverpflichteten Übertragungsnetzbetreiber einen Anspruch auf Netzanschluss und Netzzugang.[333] Der Anschluss ist von dem Umspannwerk der Windenergieanlage bis zum technisch und wirtschaftlich günstigsten Verknüpfungspunkt des nächsten Übertragungsnetzes herzustellen, wobei zu berücksichtigen ist, dass Errichtung und Betrieb auf die technisch und wirtschaftlich günstigste Art und Weise zu erfolgen haben (vgl. § 17d Abs. 6 S. 1 EWG). Der Anbindungsanspruch besteht ferner nur, wenn der Offshore erzeugte Strom ausschließlich im Wege der sonstigen Direktvermarktung nach § 21aa EEG veräußert wird und Sicherheiten hinterlegt wurden, der erzeugte Strom mithin nicht gefördert wird[334]. Der Anbindungsanspruch entfällt, wenn der landseitige Abtransport des erzeugten Stroms nicht möglich ist (§ 17d Abs. 6 S. 5 EnWG).[335] Der Inhaber der BImSchG-Genehmigung und der anbindungsverpflichtete Übertragungsnetzbetreiber sind zur engen Zusammenarbeit auf der Grundlage eines Realisierungsfahrplans verpflichtet. § 17d Abs. 9 EnWG regelt Strafzahlungen, die der Genehmigungsinhaber an den anbindungsverpflichteten

---

332 Vgl. zur Netzanbindung von Offshore-Anlagen auch *Broemel*, ZUR 2013, 408 ff.; *Butler/Heinickel/Hinderer*, NVwZ 2013, 1377 ff.
333 Vgl. auch BT-Drs. 19/31009, S. 15.
334 BT-Drs. 19/31009, S. 15.
335 BT-Drs. 19/31009, S. 15.

Übertragungsnetzbetreiber bei Nichteinhaltung der in § 18d Abs. 8 S. 2 EnWG genannten Fristen bzgl. seiner Nachweispflichten zur Errichtung der Windenergieanlage und Herstellung von deren technischen Betriebsbereitschaft zahlen muss. Damit soll das Risiko reduziert werden, dass eine Netzanbindung errichtet wird, aber keine Windenergieanlage auf See.[336]

19 Haftungsrechtliche Fragen im Fall von **Störungen oder Verzögerungen bei der Netzanbindung** von Offshore-Anlagen klärt § 17e EnWG.[337] Dabei ist zwischen Ansprüchen infolge der verspäteten Fertigstellung der Anbindungsleitung (Abs. 2),[338] infolge von Störungen nach bereits erfolgter Netzanbindung (Abs. 1) und infolge von betriebsbedingten Wartungen an der Netzanbindung (Abs. 3) zu differenzieren. In jedem Fall muss die Störung oder Verzögerung kausal für die dem Anlagenbetreiber nach dem EEG entgangenen Einspeiseerlöse sein, d.h. die Offshore-Anlage muss zum Zeitpunkt der Störung oder Verzögerung betriebsbereit sein.[339] Kein Anspruch besteht daher, wenn die Anlage aus anderen Gründen wie beispielsweise wegen Wartungsarbeiten oder eines Defekts nicht einspeisen konnte.[340] Im Fall des § 17e Abs. 2 EnWG wird die Betriebsbereitschaft fingiert, wenn zumindest das Fundament der Offshore-Anlage und die Umspannanlage errichtet wurden und auf die Herstellung der tatsächlichen Betriebsbereitschaft der Offshore-Anlage selbst lediglich aus Schadensminderungsgründen verzichtet wurde, § 17e Abs. 2 S. 4 EnWG. Die Betriebsbereitschaft der Anlage ist dann aber nach den Maßgaben des § 17e Abs. 2 S. 5 EnWG nachträglich herzustellen, da anderenfalls die gezahlte Entschädigung zurückzuerstatten wäre. Entschädigungsfähig sind grundsätzlich nur die entgangenen Einspeiseerlöse in Höhe eines Anteils von 90 % bzw. bei Anlagen, die in einer Ausschreibung nach dem WindSeeG bezuschlagt wurden, die entgangene Marktprämie in derselben Höhe,[341] d.h. der Anlagenbetreiber wird im Grunde so gestellt, als wäre die Einspeisung in das Übertragungsnetz möglich gewesen[342]. Da die **Entschädigungszahlungen** bei der Netzentgeltberechnung nicht berücksichtigt werden dürfen, wird auf der Grundlage von § 17f EnWG ein Belastungsausgleich zwischen den Übertragungsnetzbetreibern durchgeführt.[343] Die Bundesnetzagentur hat einen Leitfaden zur Ermittlung der Entschädigungsansprüche herausgegeben.[344] Der Anlagenbetreiber kann auf die aus den Ansprüchen aus Abs. 1, 2 folgenden Entschädigungszahlungen aber auch verzichten und alternativ die um den Zeitraum der Störung oder Verzögerung verlängerte volle Einspeisevergütung erhalten, § 17e Abs. 6 EnWG. Der Anlagenbetreiber muss sein diesbezüglich bestehendes Wahlrecht fristgemäß gegenüber dem Übertragungsnetzbetreiber ausüben, § 17e Abs. 6 EnWG. In § 17j EnWG wird das Bundeswirtschaftsministerium im Einvernehmen mit dem BMJV zum Verordnungserlass ermächtigt, um u.a. den Belastungsausgleich nach 17f EnWG näher zu regeln.[345]

---

336 BT-Drs. 19/31009, S. 15.
337 S. zur Verschuldenszurechnung und zum Belastungsausgleich *Broemel,* ZUR 2015, 400 ff.
338 S. zum Entschädigungsanspruch nach § 17e Abs. 2 S. 1 EnWG auch BGH Urt. v. 13.11.2018 - EnZR 39/17, nach *juris,* Rn. 36 ff.
339 § 17e Abs. 1 S. 1, Abs. 2 S. 1, Abs. 3 EnWG.
340 BT-Drs. 17/10754, S. 26.
341 § 17e Abs. 1 S. 1, Abs. 2 S. 1, Abs. 3 bzw. Abs. 3a EnWG.
342 *Broemel,* in: Britz/Hellermann/Hermes (Hrsg.), EnWG, 3. Aufl. 2015, § 17e Rn. 4.
343 S. zum Belastungsausgleich *Kühling/Klein,* DÖV 2014, 103 ff.
344 *BNetzA,* Leitfaden zur Ermittlung einer umlagefähigen Entschädigung bei Störung, Verzögerung oder Wartung der Netzanbindung von Offshore-Anlagen, Stand Oktober 2013.
345 Von dieser Ermächtigung hat das BMWi bisher keinen Gebrauch gemacht.

C. Netzanschluss

Die §§ 17e–17h EnWG waren durch das Bundeswirtschaftsministerium im Einvernehmen mit dem BMJV bis zum 31. Dezember 2015 zu evaluieren, § 17i S. 1 EnWG.[346] Es stellte sich heraus, dass die prognostizierten Errichtungszeiträume für die Anbindungsleitungen regelmäßig nicht eingehalten werden konnten, mit der Folge, dass in den Jahren 2013 und 2014 erhebliche Entschädigungszahlungen in Höhe von insgesamt ca. 1,2 Mrd. Euro gezahlt wurden.[347] Die Zahlen sind seither aber rückläufig und betragen im Jahr 2016 voraussichtlich nurmehr ca. 163 Mio. Euro.[348] Insgesamt ergab die Evaluierung, dass die in den §§ 17e ff. EnWG getroffenen Regelungen ein „ausgewogenes Haftungssystem"[349] bilden, welche zur Förderung von Investitionen in die Offshore-Windenergie aufrechterhalten werden sollten, auch wenn einige praktische Fragen bislang ungeklärt geblieben sind.[350]

20

g) Sonderfall: Anlagen zur Speicherung elektrischer Energie

Mit der EnWG-Novelle 2011 wurden die Rechte der Betreiber von Anlagen zur Speicherung elektrischer Energie gegenüber Netzbetreibern erstmals normiert. Im Hinblick auf die Bedeutung solcher Speicheranlagen für die Integration wachsender Anteile erneuerbarer Energiequellen erfolgte eine gesetzliche Gleichstellung mit Erzeugungsanlagen. Hierzu wurde die Netzanschlussverpflichtung auf Anlagen zur Speicherung elektrischer Energie (§§ 17 Abs. 1, 18 Abs. 2 EnWG) erstreckt und entsprechend auch die Pflichten zu technischen Mindestanforderungen erweitert (§ 19 Abs. 1 EnWG). § 118 Abs. 6 EnWG enthält eine Befreiung von der Netzentgeltpflicht für 20 Jahre hinsichtlich des Bezugs der zu speichernden elektrischen Energie, wenn die Speicheranlage nach dem 31. Dezember 2008 neu errichtet und bis spätestens 15 Jahre nach Inkrafttreten der Novelle in Betrieb genommen wurde. Zudem ist Voraussetzung für die Befreiung, dass die elektrische Energie aus dem Netz der allgemeinen Versorgung entnommen, tatsächlich (elektrisch, chemisch oder physikalisch) gespeichert sowie zeitlich verzögert wieder in dasselbe Netz eingespeist wird. Daneben wurden auch Pumpspeicherkraftwerke und sogenannte Power-to-Gas-Anlagen in § 118 Abs. 6 EnWG nochmals gesetzlich privilegiert.[351]

21

3. Anschlussverweigerung

§ 17 Abs. 2 EnWG räumt den Betreibern von Energieversorgungsnetzen die Möglichkeit ein, den Netzanschluss zu verweigern, wenn dieser nicht möglich oder nicht zumutbar ist. Dabei stellt das Gesetz bestimmte materielle und formelle Anforderungen an die Verweigerung auf.

22

In materieller Hinsicht ist eine **Unmöglichkeit** oder eine **Unzumutbarkeit** notwendig. Dabei kann die Unmöglichkeit/Unzumutbarkeit sowohl aus betriebsbedingten als auch aus sonstigen wirtschaftlichen oder technischen Gründen folgen. Die Unmöglichkeit kann sowohl faktisch (der gewünschte Netzanschluss ist technisch nicht realisierbar) als auch rechtlich begründet sein, wobei das rechtliche Hindernis auch

23

---

346 Vgl. *BMWi*, Evaluierungsbericht gemäß § 17i EnWG.
347 *BMWi*, Evaluierungsbericht gemäß § 17i EnWG, S. 2 f.
348 *BMWi*, Evaluierungsbericht gemäß § 17i EnWG, S. 2.
349 *BMWi*, Evaluierungsbericht gemäß § 17i EnWG, S. 3.
350 S. *BMWi*, Evaluierungsbericht gemäß § 17i EnWG, S. 3.
351 S. zum Netzanschluss, der Anschlussnutzung und dem Netzzugang von Energiespeicheranlagen *de Wyl/Weise/Blumenthal-Barby*, RdE 2015, 507 ff. m.w.N.

auf der Seite des Zugangspetenten bestehen kann, der beispielsweise wegen einer Zwangsverwaltung die Verfügungsbefugnis verloren haben kann.

24 In Abgrenzung zur Unmöglichkeit ist bei der Unzumutbarkeit der Netzanschluss zwar realisierbar, der damit verbundene Aufwand oder die daraus erwachsenden negativen Folgen für den Netzbetreiber stehen jedoch in keinem angemessenen Verhältnis zu dem Anschlussbegehren. Eine nähere Konkretisierung, wann im Einzelnen von einer Unzumutbarkeit auszugehen ist, enthält das EnWG nicht. Insoweit kommt es auf die Entscheidungspraxis der Regulierungsbehörden und eine eventuelle gerichtliche Überprüfung an.[352,353] So hat die Bundesnetzagentur entschieden, dass auch ein bereits bestehender Netzanschluss auf einer niedrigeren Spannungsebene nicht zur Unzumutbarkeit der Anschlussgewährung auf einer höheren Spannungsebene führe, da insoweit dem Anschlussnehmer das Recht zustünde, zu wählen, auf welcher Spannungsebene der Netzanschluss zukünftig erfolgen soll.[354]

25 Die Verweigerung eines Netzanschlusses oder einer bestimmten Netzanschlusskapazität kann auch auf einen (drohenden) Kapazitätsmangel im Anschlusspunkt sowie auf einen (drohenden) Kapazitätsmangel im Übertragungsnetz gestützt werden; auch dies bedingt die Unzumutbarkeit i.S.d. § 17 Abs. 2 EnWG.[355] Ob die Gewährung des Netzanschlusses für den Netzbetreiber unzumutbar ist, ist jedoch anhand der konkreten Umstände des Einzelfalls zu beurteilen; erforderlich ist eine **Abwägung aller im Einzelfall relevanten Belange**. Maßgeblich sind insbesondere die Ziele des § 1 EnWG, die Grundsätze der Elektrizitäts- und Erdgasbinnenmarktrichtlinien sowie die gegenläufigen Interessen von Netzbetreiber und Anschlussnehmer.[356] Im Interesse des Netzbetreibers sind u.a. die Kosten für die Herstellung des Netzanschlusses und Folgekosten (beispielsweise für einen Netzausbau) oder eine Erhöhung der Netzkosten durch schlechtere Kapazitätsnutzung zu berücksichtigen, im Interesse des Anschlussnehmers ist von Bedeutung, in welchem Maß er für den Energiebezug auf den konkret gewünschten Anschluss angewiesen ist, ob alternative Anschlussmöglichkeiten bestehen oder ob es ihm ggf. nur um eine Kostenreduzierung geht.[357] Ein Anschlussverweigerungsrecht besteht nur, wenn die Interessen des Netzbetreibers die Interessen des Anschlussnehmers überwiegen.[358] Es obliegt grundsätzlich dem Betreiber des Energieversorgungsnetzes, die für die materiell-rechtliche Beurteilung relevanten Umstände vorzutragen.[359]

26 Als formelle Anforderung sieht § 17 Abs. 2 S. 2 EnWG eine **Begründung** der Anschlussverweigerung in Textform (§ 126b BGB) vor. Diese Begründung muss so informations- und substanzreich sein, dass sie es dem Anschlusspetenten ermöglicht, die Berechtigung der Verweigerung zu überprüfen. Daher darf sie insbesondere nicht formelhaft sein. Für den zentralen Verweigerungsgrund des Kapazitätsmangels prä-

---

352 S. BGH Beschl. v. 11.12.2012 – EnVR 8/12, Rn. 8 ff., 14 ff., zur Unzumutbarkeit und zur Unzumutbarkeitsprüfung.
353 S. etwa BNetzA Beschl. v. 19.3.2007 – BK6-06-071, ZNER 2007, 246 (249 f.), zur in der Regel nicht vorliegenden Unzumutbarkeit beim Anschluss eines Blockheizkraftwerks.
354 BNetzA Beschl. v. 5.9.2007 – BK6-07-022, Rn. 54; bestätigt von BGH Beschl. v. 23.6.2009 – EnVR 48/08, NJOZ 2009, 3597 (3598 ff.).
355 OLG Düsseldorf Beschl. v. 15.3.2017 – VI-3 Kart 181/15 (V), *nach juris*, Rn. 112, 114 ff.
356 BGH Beschl. v. 23.6.2009 – EnVR 48/08, *nach juris*, Rn. 21; BGH Beschl. v. 11.12.2012 – EnVR 8/12, *nach juris*, Rn. 9.
357 BGH Beschl. v. 23.6.2009 – EnVR 48/08, *nach juris*, Rn. 21; BGH Beschl. v. 11.12.2012 – EnVR 8/12, *nach juris*, Rn. 9.
358 BGH Beschl. v. 23.6.2009 – EnVR 48/08, *nach juris*, Rn. 21; BGH Beschl. v. 11.12.2012 – EnVR 8/12, *nach juris*, Rn. 9.
359 BGH Beschl. v. 27.2.2018 – EnVZ 50/17, *nach juris*, Rn. 19 ff.

C. Netzanschluss

zisiert das Gesetz das Begründungsverfahren wie folgt: Auf besonderes Verlangen des Anschlusspetenten hat der Betreiber des Energieversorgungsnetzes nach § 17 Abs. 2 S. 3 EnWG aussagekräftige Informationen darüber beizubringen, welche konkreten Maßnahmen zum Netzausbau erforderlich wären und welche Kosten diese bedingen würden. Diese Begründungspflicht zielt insoweit insbesondere auf den Fall der Anschlussverweigerung wegen Unzumutbarkeit ab, denn im Fall der Unmöglichkeit kann der Anschluss ja auch durch etwaige Maßnahmen nicht herbeigeführt werden.

Diese Begründung kann auch nachgefordert werden. Zugleich sieht § 17 Abs. 2 S. 4 EnWG einen Modus für die Bezahlung der qualifizierten Begründung vor: Sofern auf die Entstehung entsprechender Kosten hingewiesen wurde, können diese vom Betreiber des Energieversorgungsnetzes geltend gemacht werden. Das Entgelt ist jedoch in der Höhe auf die Hälfte der entstandenen Kosten beschränkt. Die Begründung ist zeitnah zur Verfügung zu stellen, da dem Anschlusspetenten nur so zügig die Möglichkeit verschafft wird, eine etwaige klageweise oder behördliche Durchsetzung seines Anspruchs zu prüfen; nur so kann ein effektiver Netzanschluss gewährleistet werden. Die Beweislast für das Bestehen eines Anschlussverweigerungsgrundes liegt beim Betreiber des Energieversorgungsnetzes. 27

Die Neuregelung in § 17 Abs. 1 S. 2, 3 EnWG entbindet die Betreiber von L-Gasversorgungsnetzen von der aus § 17 Abs. 1 EnWG folgenden Anschlusspflicht an ihr L-Gasversorgungsnetz, um die Versorgungssicherheit während und nach der Umstellung der Gasqualität von L-Gas auf H-Gas zu gewährleisten. Demzufolge stellt § 17 Abs. 1 S. 2 EnWG einen **speziellen Fall der Anschlussverweigerung** unabhängig von der Unmöglichkeit oder Unzumutbarkeit des Anschlusses durch den Gasversorgungsnetzbetreiber dar, bei dem der Nachweis, dass die Gewährung des Netzanschlusses aus betriebsbedingten oder sonstigen wirtschaftlichen oder technischen Gründen unter Berücksichtigung des Zwecks eine möglichst sichere, preisgünstige, verbraucherfreundliche, effiziente und umweltverträgliche leitungsgebundene Versorgung der Allgemeinheit mit Gas nicht möglich oder nicht zumutbar ist, nicht geführt werden muss.[360] 28

Schließlich ist darauf hinzuweisen, dass § 17 Abs. 3 EnWG eine Ermächtigung zum Erlass von Rechtsverordnungen mit Zustimmung des Bundesrates vorsieht. Diese können die einzelnen Anschlussbedingungen ausbuchstabieren und die diesbezüglichen Kompetenzen der Regulierungsbehörde festlegen. Von dieser Verordnungsermächtigung wurde mit Erlass der KraftNAV sowie der GasNZV Gebrauch gemacht. Festlegungen zur Unzumutbarkeit des Netzanschlusses finden sich in § 6 KraftNAV für die der KraftNAV unterfallenden Anlagen (vgl. § 1 Abs. 1 KraftNAV)[361] sowie insbesondere in §§ 33 Abs. 8, 39b Abs. 3 GasNZV. Interessant ist bei der Verordnungsermächtigung die erst auf Vorschlag des Bundesrates aufgenommene Ergänzung in § 17 Abs. 3 S. 2 Nr. 3 Hs. 2 EnWG, wonach bei der Bestimmung der Zumutbarkeit auch auf das „Interesse der Allgemeinheit an einer möglichst kostengünstigen Struktur der Energieversorgungsnetze" geachtet werden kann. Dabei ist insbesondere an eine Beschränkung des Anschlussrechts der Betreiber geschlossener Verteilernetze zu denken, das auf einen Anschluss an das Niederspannungsnetz beschränkt werden kann.[362] Bislang ist keine Verordnung ergangen, die dies fortentwickelt. Das Interesse der Allgemeinheit an einer möglichst kostengünstigen Struktur der Ener- 29

---

360 Vgl. BT-Drs. 19/5523, S. 116 f.
361 Vgl. auch OLG Düsseldorf Beschl. v. 15.3.2017 - VI-3 Kart 181/15 (V), nach *juris*, Rn. 118.
362 S. Stellungnahme des Bundesrates v. 24.9.2004, BR-Drs. 613/04, Rn. 23.

gieversorgung berücksichtigt der BGH aber auch ohne entsprechende Verordnung als Kriterium im Rahmen der Zumutbarkeitsprüfung.[363]

4. Ausnahme von der Netzanschlussverpflichtung für geschlossene Verteilernetze gemäß § 110 EnWG

30 § 110 EnWG wurde durch das EnWG 2011 neu gefasst. Hintergrund der Neufassung war zum einen dessen (partielle) Europarechtswidrigkeit[364] und zum anderen die Erneuerung der EU-Vorgaben für die Befreiung geschlossener Verteilernetze von bestimmten Regulierungsvorgaben durch die Art. 28 der RL 2009/72/EG und 2009/73/EG.[365]

31 Die in § 110 Abs. 1 EnWG genannten Vorschriften sind auf den Betrieb „geschlossene[r] Verteilernetze" nicht anzuwenden. Als geschlossene Verteilernetze kommen zunächst lediglich solche Energieversorgungsnetze[366] in Betracht, die nicht der allgemeinen Versorgung dienen, also aufgrund ihrer Dimensionierung von vornherein nur auf die Versorgung bestimmter, schon bei der Netzerrichtung feststehender oder bestimmbarer Letztverbraucher ausgelegt sind.[367] Darüber hinaus muss für die Anerkennung als geschlossenes Verteilernetz eine der in § 110 Abs. 2 S. 1 Nr. 1 und 2 EnWG aufgeführten Fallgruppen einschlägig sein. Es muss sich bei dem betreffenden Netz also um ein „Dienstleistungsnetz" (§ 110 Abs. 2 S. 1 Nr. 1 EnWG) oder ein „Betriebsnetz" (§ 110 Abs. 2 S. 1 Nr. 2 EnWG) handeln. Beiden Fallgruppen ist dabei gemein, dass sie sowohl eine räumliche Zusammengehörigkeit der betreffenden Netzanlagen als auch einen gemeinsamen Zweckbezug dieser Anlagen voraussetzen. Der Regelfall, den § 110 Abs. 2 S. 1 EnWG formuliert, ist die gemeinsame Belegschaft mehrerer Kunden in einem Industrie- oder Gewerbegebiet. Diese Gebiete bilden den Prototyp einer räumlichen Zusammengehörigkeit, in deren Rahmen Leistungen gemeinsam genutzt werden und sich gegenseitig im Sinne einer Wertschöpfungskette ergänzen.[368] Um dieses Kriterium zu erfüllen, ist eine, über die übliche gemeinsame Nutzung öffentlicher Infrastruktur hinausgehende, Nutzung von Infrastruktur und Dienstleistungen erforderlich.[369] Die alleinige gemeinsame Straßennutzung ist nicht ausreichend.[370] Die genannten Gebiete können als Leitbild für die sonstigen von § 110 Abs. 2 S. 1 EnWG erfassten Gebiete herangezogen werden. Dazu gehören insbesondere Flughäfen, Bahnhöfe, Krankenhäuser, große Campingplätze mit integrierten Anlagen und Standorte der Chemieindustrie.[371]

---

363 BGH Beschl. v. 23.6.2009 – EnVR 48/08, NJOZ 2009, 3597 (3600 f.).
364 EuGH Urt. v. 22.5.2008 – Rs. C-439/06, ECLI:EU:C:2008:298.
365 S. hierzu auch *Schwartz*, RdE 2011, 177 (178 f.).
366 Vgl. § 3 Nr. 16 EnWG.
367 Vgl. hierzu die § 3 Nr. 17 EnWG enthaltene Negativabgrenzung der „Energieversorgungsnetze der allgemeinen Versorgung".
368 Vgl. zur Einordnung als Dienstleistungsnetz und zur geographischen Begrenzung beispielsweise OLG Düsseldorf Beschl. v. 30.4.2015 – VI-5 Kart 9/14 (V), Rn. 42 ff.
369 *BNetzA*, Gemeinsames Positionspapier der Regulierungsbehörden der Länder und der BNetzA zu geschlossenen Verteilernetzen gemäß § 110 EnWG v. 23.2.2012, S. 10.
370 *BNetzA*, Gemeinsames Positionspapier der Regulierungsbehörden der Länder und der BNetzA zu geschlossenen Verteilernetzen gemäß § 110 EnWG v. 23.2.2012, S. 10.
371 Erwägungsgrund 30 Richtlinie 2009/72/EG des Europäischen Parlaments und des Rates v. 13.7.2009 über gemeinsame Vorschriften für den Elektrizitätsbinnenmarkt und zur Aufhebung der Richtlinie 2003/54/EG, ABl. EU Nr. 211, S. 55 v. 14.8.2009, Erwägungsgrund 28 Richtlinie 2009/73/EG des Europäischen Parlaments und des Rates v. 13.7.2009 über gemeinsame Vorschriften für den Erdgasbinnenmarkt und zur Aufhebung der Richtlinie 2003/55/EG, ABl. EU Nr. 211, S. 94 v. 14.8.2009.

C. Netzanschluss

Gemäß § 110 Abs. 3 S. 1 EnWG entscheidet die zuständige Regulierungsbehörde auf Antrag darüber, ob ein geschlossenes Verteilernetz i.S.d. genannten Fallgruppen vorliegt. Auf Grundlage der bis 2011 geltenden Fassung des § 110 EnWG herrschte Streit darüber, ob diese Feststellung rein deklaratorischen Charakter hat, die Eigenschaft als geschlossenes Verteilernetz also bereits beim Vorliegen der genannten Tatbestandsvoraussetzungen des § 110 EnWG gegeben ist, oder ob die Entscheidung der Regulierungsbehörde konstitutiv wirkt, der Netzbetreiber sich also erst nach entsprechender Feststellung der Regulierungsbehörde auf die Privilegierung des § 110 EnWG berufen kann. Während die regulierungsbehördliche Praxis zunächst überwiegend davon ausging, die Feststellung nach § 110 Abs. 4 EnWG erfolge lediglich deklaratorisch, hat das LG Leipzig dieser Entscheidung **konstitutive Wirkung** zugesprochen.[372] Der BGH hat es bei bereits beschiedenen Anträgen unter Bestätigung des OLG Dresden dahinstehen lassen, ob die Entscheidung konstitutiv oder deklaratorisch wirkt.[373] § 110 Abs. 3 S. 3 EnWG stellt nunmehr klar, dass das Netz ab vollständiger Antragstellung bis zur Entscheidung der Regulierungsbehörde als geschlossenes Verteilernetz gilt. Dies gilt ausweislich des Wortlautes auch für den Fall, dass die Einstufung von der Regulierungsbehörde abgelehnt wird. Daher kann aus § 110 Abs. 3 S. 3 EnWG nicht gefolgert werden, dass die Entscheidung in jedem Fall konstitutiv wirke. Die Vorschrift enthält lediglich eine Fiktion für den Zeitpunkt von der Antragstellung bis zur regulierungsbehördlichen Entscheidung. Dennoch sprechen nunmehr bessere Gründe für die Annahme einer konstitutiven Wirkung der Entscheidung. Ausweislich § 110 Abs. 2 S. 1 und 2 sowie Abs. 3 S. 1 EnWG ist die Entscheidung der Regulierungsbehörde als „Einstufung" zu verstehen. Daraus ergibt sich im Umkehrschluss, dass erst diese „Einstufung" den Status als geschlossenes Verteilernetz begründet.[374] Ein solches Verständnis entspricht auch dem gemeinsamen Positionspapier der Regulierungsbehörden der Länder und der Bundesnetzagentur.[375]

Die Befreiung der Betreiber geschlossener Verteilernetze von den durch § 110 Abs. 1 EnWG in Bezug genommenen Vorschriften ist unproblematisch, soweit diese nicht auf europarechtlichen Vorgaben beruhen bzw. Art. 28 der RL 2009/72/EG und 2009/73/EG diese Ausnahmen selbst gestatten. Problematisch könnte vor diesem Hintergrund einzig die Befreiung von der Einbeziehung der geschlossenen Verteilernetze in den Monitoring-Bericht der Bundesnetzagentur gemäß § 35 EnWG sein. Die Verpflichtung zum Monitoring beruht ausweislich der Gesetzesbegründung auf Art. 37 RL 2009/72/EG bzw. Art. 41 RL 2009/73/EG.[376] Diese Vorschriften verwenden den Begriff des Monitorings jedoch im Gegensatz zu den Altvorgaben in Art. 23 Abs. 1 S. 2 RL 2003/54/EG bzw. Art. 25 Abs. 1 S. 2 RL 2003/55/EG nicht mehr. Einzelne der in den letztgenannten Vorschriften enthaltenen Verpflichtungen finden sich zwar auch in Art. 37 Abs. 1 RL 2009/72/EG bzw. Art. 41 Abs. 1 RL 2009/73/EG wieder. Eine Verpflichtung zur Veröffentlichung eines Monitoring-Berichtes ist dort jedoch nicht mehr vorgesehen. Es besteht lediglich eine Pflicht zur Berichterstattung an die Kommission und ACER nach Art. 37 Abs. 1 lit. e RL 2009/72/EG bzw. Art. 41 Abs. 1 lit. e RL 2009/73/EG. Wie die Bundesnetzagentur die dazu nötigen Informationen erhält, bleibt daher ihr überlassen. Die Nichteinbe-

---

372 LG Leipzig Urt. v. 16.2.2005 – 05 O 4702/05, ZNER 2006, 53 ff.
373 BGH Beschl. v. 11.11.2008 – EnVR 1/08, ZNER 2009, 39 (40).
374 Dafür wohl auch *Theobald/Gey-Kern*, EuZW 2011, 896 (900).
375 *BNetzA*, Gemeinsames Positionspapier der Regulierungsbehörden der Länder und der BNetzA zu geschlossenen Verteilernetzen gem. § 110 EnWG v. 23.2.2012, S. 15.
376 BT-Drs. 17/6072, S. 82.

ziehung der geschlossenen Verteilernetze verstößt daher zwar nicht per se gegen die europäischen Richtlinienvorgaben. Dennoch muss die Bundesnetzagentur von den Betreibern geschlossener Verteilernetze auf irgendeine Weise Daten erheben, um ihrer Berichtspflicht gegenüber der Kommission und ACER uneingeschränkt nachkommen zu können.[377] Ob hierzu noch auf § 69 EnWG zurückgegriffen werden kann, ist fraglich. § 35 Abs. 2 EnWG verweist zwar auf diese Vorschrift. Die Betreiber geschlossener Verteilernetze sind gemäß § 110 Abs. 1 EnWG aber gerade von der Einbeziehung in das Monitoring befreit. Auch eine direkte Anwendung von § 69 EnWG dürfte ausscheiden. Die Norm erlaubt zwar Auskunftsersuchen zur Erfüllung von der Bundesnetzagentur im EnWG übertragenen Aufgaben, das Monitoring in Bezug auf Betreiber geschlossener Verteilernetze ist ihr jedoch aufgrund von § 110 Abs. 1 EnWG nicht übertragen. Auch aus § 63 Abs. 3 S. 1 EnWG dürfte keine Anwendbarkeit des § 69 EnWG auf Betreiber geschlossener Verteilernetze folgen, da die Bundesnetzagentur an die Kommission und ACER nur über das Ergebnis ihrer Monitoring-Tätigkeit zu berichten hat, geschlossene Verteilernetzbetreiber in diese Tätigkeit aber nicht einbezogen werden. Auch das Positionspapier der Regulierungsbehörden der Länder und der Bundesnetzagentur verweist nur auf die Unanwendbarkeit des § 35 EnWG auf geschlossene Verteilernetze.[378] Dies ist ein unbefriedigendes Ergebnis.

5. Anschluss von Elektrizitätserzeugungsanlagen nach der Kraftwerks-Netzanschlussverordnung

34 U.a. gestützt auf die Verordnungsermächtigung des § 17 Abs. 3 EnWG hat der Gesetzgeber die am 27. Juni 2007 in Kraft getretene Kraftwerks-Netzanschlussverordnung (KraftNAV) verabschiedet.[379] Ziel der KraftNAV ist es, durch eine höhere Rechtsklarheit sowie inhaltliche und verfahrensmäßige Vereinfachung unter angemessener Berücksichtigung der Interessen der Betreiber von Energieversorgungsnetzen und der Anschlussnehmer sicherzustellen, dass Investitionen in neue Kraftwerke zügig und diskriminierungsfrei erfolgen können.[380] Die KraftNAV ist dabei zum einen vor dem Hintergrund zu sehen, dass angesichts des Atomausstiegs dringend Investitionen in neue Kraftwerke erfolgen müssen. Zum anderen sollte sie einen Beitrag dazu leisten, die Anbietervielfalt auf der Erzeugungsebene zu vergrößern. Ein wesentliches Instrument der KraftNAV ist diesbezüglich auch die zeitlich befristete Privilegierung im Fall von Netzengpässen. Sie sollte insbesondere verhindern, dass neue Anbieter bereits geplante Kraftwerksprojekte aufgrund zukünftig zu befürchtender Netzengpässe noch kurzfristig aufgegeben hätten.[381] Die praktische Relevanz

---

377 S. vergleichend zur Notwendigkeit einer Rechtsgrundlage für die Datenerhebung durch das EBA BVerwG Urt. v. 7.12.2011 – 6 C 39/10, wobei die Annahme an deren Vorliegen allerdings nicht überspannt werden sollte.
378 *BNetzA*, Gemeinsames Positionspapier der Regulierungsbehörden der Länder und der BNetzA zu geschlossenen Verteilernetzen gemäß § 110 EnWG v. 23.2.2012, S. 14.
379 Verordnung zur Regelung des Netzanschlusses von Anlagen zur Erzeugung von elektrischer Energie (Kraftwerks-Netzanschlussverordnung – KraftNAV) v. 26.6.2007 (BGBl. I 2007, S. 1187).
380 S. Begründung zum Regierungsentwurf der Verordnung zur Regelung des Netzanschlusses von Anlagen zur Erzeugung von elektrischer Energie (Kraftwerks-Netzanschlussverordnung – KraftNAV), BR-Drs. 283/07, S. 14.
381 S. Begründung zum Regierungsentwurf der Verordnung zur Regelung des Netzanschlusses von Anlagen zur Erzeugung von elektrischer Energie (Kraftwerks-Netzanschlussverordnung – KraftNAV), BR-Drs. 283/07, S. 22.

dieser spätestens im Jahr 2023 auslaufenden Privilegierung dürfte mit zunehmendem Zeitablauf abnehmen.

a) Anwendungsbereich der KraftNAV und ihr Verhältnis zu § 17 EnWG

Die KraftNAV findet nur Anwendung auf den Anschluss von Elektrizitätserzeugungsanlagen mit einer Nennleistung von mindestens 100 MW an Elektrizitätsversorgungsnetze mit einer Spannung von mindestens 110 kV, § 1 Abs. 1 KraftNAV. Soweit der sachliche Anwendungsbereich eröffnet ist, konkretisiert die KraftNAV die Vorgaben des § 17 EnWG im Bereich des Netzanschlussverfahrens, der Behandlung konkurrierender Netzanschlussbegehren sowie der Anschlussverweigerungsgründe. Eine vollständige Verdrängung des § 17 EnWG ergibt sich daraus nicht. Vielmehr gilt der soeben dargestellte allgemeine Inhalt des Netzanschlussanspruchs auch für den Anschluss von Kraftwerken, soweit durch die KraftNAV keine Konkretisierung erfolgt.

35

b) Einheitliches Netzanschlussverfahren

Die KraftNAV schreibt zunächst ein einheitliches Verfahren vor.[382] Ausgangspunkt dieses Verfahrens ist die Pflicht des Netzbetreibers zur Bereitstellung von **Informationen** auf seiner Internetseite, die der Anschlussnehmer zur Vorbereitung seines Anschlussbegehrens benötigt, § 3 KraftNAV. So hat der Netzbetreiber anzugeben, welche Informationen er von dem Anschlussnehmer für die Prüfung des Anschlussbegehrens mindestens benötigt. Des Weiteren hat er standardisierte Bedingungen für einen Netzanschlussvertrag sowie eine laufend aktualisierte Darstellung des Netzschemaplans sowie der Netzauslastung im gesamten Netz zu veröffentlichen, aus der auch tatsächliche oder zu erwartende Engpässe ersichtlich sind.

36

Richtet der Anschlussnehmer ein Anschlussbegehren an den Netzbetreiber, ist dieser verpflichtet, dem Anschlussnehmer innerhalb von zwei Wochen mitzuteilen, welche Prüfungen er in Bezug auf die endgültige Entscheidung über das Netzanschlussbegehren durchzuführen hat und welche Kosten dem Anschlussnehmer als dem gemäß § 3 Abs. 4 KraftNAV zur Kostentragung Verpflichteten daraus entstehen, § 3 Abs. 2 S. 1 KraftNAV. Zahlt der Anschlussnehmer daraufhin einen Vorschuss auf diese zu erwartenden Kosten in Höhe von 25 %, ist der Netzbetreiber verpflichtet, die Prüfung umgehend durchzuführen, § 3 Abs. 3 S. 1 KraftNAV. Gleichzeitig ist der Netzbetreiber verpflichtet, dem Anschlussnehmer diejenigen Netzdaten zur Verfügung zu stellen, die dieser für eine eigene Bewertung der Netzanschlusssituation benötigt, § 5 KraftNAV.

37

Der Netzbetreiber hat dem Anschlussnehmer unverzüglich, spätestens aber innerhalb von drei Monaten das Ergebnis der **Prüfung** mitzuteilen, § 3 Abs. 3 S. 5 KraftNAV. Eine Verlängerung der Frist ist möglich, wenn er die Verzögerung nicht zu vertreten hat. Liegt kein Anschlussverweigerungsgrund vor, hat der Netzbetreiber dem Anschlussnehmer zusammen mit dem Prüfungsergebnis eine Anschlusszusage zu erteilen, § 4 Abs. 1 S. 1 KraftNAV. Bei der Anschlusszusage handelt es sich um das Angebot zur verbindlichen Reservierung der möglichen Anschlussleistung an dem gewünschten Anschlusspunkt für den Zeitraum der nachfolgenden Verhandlungen über den Abschluss eines Netzanschlussvertrags, § 4 Abs. 1 S. 3 KraftNAV.

38

---

382 S. zum Anschlussverfahren *Rufin*, ZUR 2009, 66 ff.

Die Reservierung wird automatisch wirksam, wenn der Anschlussnehmer eine Reservierungsgebühr von 1000 Euro pro MW sowie die durch die Prüfung des Anschlussbegehrens entstandenen Kosten bezahlt, § 4 Abs. 1 S. 4 KraftNAV. Diese Reservierungsgebühr wird auf den späteren Kostenerstattungsanspruch hinsichtlich der Anschlussherstellung angerechnet, § 4 Abs. 1 S. 5 KraftNAV.

39 Der Netzbetreiber und der Anschlussnehmer sind nach dem Wirksamwerden der Anschlusszusage zu **Verhandlungen** über den Netzanschlussvertrag sowie der Ausarbeitung eines Realisierungsplans verpflichtet, § 4 Abs. 5 KraftNAV. In dem Realisierungsplan wird festgelegt, wie und in welchem Zeitraum das Kraftwerksprojekt nach dem Abschluss des Netzanschlussvertrags realisiert werden soll. Zunächst haben sich der Netzbetreiber sowie der Anschlussnehmer jedoch auf einen Verhandlungsfahrplan zu einigen, in dem die Fristen über die Verhandlungen vereinbart werden sollen, binnen derer eine Einigung über den Netzanschlussvertrag sowie den Realisierungsplan erzielt werden soll, § 4 Abs. 2 S. 3 KraftNAV. Längstens soll der Verhandlungsfahrplan eine Gesamtverhandlungsdauer von zwölf Monaten vorsehen. Kommt ein solcher Verhandlungsfahrplan nicht innerhalb von drei Monaten zustande, hat der Anschlussnehmer diesen unverzüglich einseitig aufzustellen, § 4 Abs. 2 S. 6 KraftNAV.[383]

40 Während der Verhandlungen über den Netzanschlussvertrag und den Realisierungsplan ist der beantragte Netzanschluss reserviert. Die **Reservierung** verfällt jedoch dann, wenn die im Verhandlungsplan vereinbarte Frist aufgrund einer vom Anschlussnehmer voll oder überwiegend zu vertretenden Nichteinhaltung des Verhandlungsplans überschritten wird, § 4 Abs. 3 KraftNAV. Des Weiteren verfällt die Reservierung auch dann, wenn die im Verhandlungsfahrplan vorgesehene Gesamtfrist um mehr als drei Monate überschritten wurde und weder der Netzbetreiber noch der Anschlussnehmer einen Antrag auf Einleitung eines Missbrauchsverfahrens nach § 31 EnWG gestellt haben.

41 Erfolgt binnen der vereinbarten Frist eine Einigung über den Netzanschlussvertrag und den Realisierungsfahrplan, kann der Anschlussnehmer mit der Realisierung seines Vorhabens beginnen. Er ist dabei jedoch an den **Realisierungsfahrplan** gebunden.[384]

c) Anschlusskonkurrenz

42 Aufgrund der eng begrenzten Zahl strategisch günstig gelegener Kraftwerksstandorte ist es nicht unwahrscheinlich, dass mehrere Anschlussnehmer ein Anschlussbegehren für denselben Standort einreichen. Im Zusammenhang mit der begrenzten Leitungskapazität kann das dazu führen, dass nicht alle Anschlussbegehren eine Anschlusszusage erhalten können. § 4 Abs. 1 S. 2 KraftNAV stellt insoweit klar, dass in diesem Fall die Anschlusszusagen nach der zeitlichen Reihenfolge der vollständig eingereichten Anschlussbegehren zu verteilen sind. Eine Ausnahme von diesem **„First-come-first-served"-Grundsatz** gilt jedoch dann, wenn ein Anschlussnehmer es zu vertreten hat, dass trotz eines geschlossenen Netzanschlussvertrags ein Realisierungsplan nicht vereinbart oder nicht eingehalten wurde. Dieser Anschlussnehmer

---

[383] S. zum Verhandlungs- und Realisierungsfahrplan umfassend *Buchmann*, RdE 2010, 127 ff.
[384] Der im Netzanschlussvertrag festgelegte Netzanbindungspunkt stellt einen Zwangspunkt für die spätere Anlagengenehmigung dar; BayVGH Urt. v. 11.5.2016 – 22 A 15.40004, nach *juris*, Rn. 38, 41.

kann sich gegenüber den späteren Anschlussbegehren dann nicht mehr auf seinen zeitlichen Vorrang berufen, § 4 Abs. 6 KraftNAV.[385]

d) Konkretisierung der Anschlussverweigerungsgründe

Die Anschlusszusage kann verweigert werden, wenn die Prüfung des Anschlussbegehrens ergibt, dass ein entsprechender Verweigerungsgrund nach § 17 Abs. 2 EnWG vorliegt, der Netzanschluss also entweder **unmöglich** oder **unzumutbar** ist. § 6 Abs. 1 S. 1 KraftNAV führt insoweit zunächst aus, dass die Gewährung des Netzanschlusses insbesondere dann unzumutbar ist, wenn der begehrte Netzanschlusspunkt technisch nicht zur Aufnahme des erzeugten Stroms geeignet ist und die Eignung nicht durch dem Netzbetreiber mögliche und zumutbare Maßnahmen zur Ertüchtigung des Netzanschlusspunkts oder zum Ausbau des Netzes bis zum nächsten Netzknoten hergestellt werden kann. Damit wird noch einmal das Kriterium der Unzumutbarkeit abstrakt formuliert. Es fehlt jedoch an näheren Vorgaben, wann eine Maßnahme im konkreten Fall noch zumutbar oder schon unzumutbar ist. Daran ändern grundsätzlich auch die zwei Regelbeispiele des S. 2 hinsichtlich der Eignung eines Netzanschlusspunkts nichts. Nach den Regelbeispielen fehlt es an der Eignung, wenn dieser trotz zumutbarer Maßnahmen nicht über eine ausreichende Kurzschlussleistung oder einen ausreichenden Abfuhrquerschnitt verfügt. 43

Keinen Fall der Unzumutbarkeit stellt es jedenfalls dar, wenn bereits im Zeitpunkt der Prüfung des Anschlussbegehrens absehbar ist, dass im Fall der Nutzung des Netzanschlusses im Rahmen des Netzzugangs ein **Engpass** hinsichtlich der Leitungskapazität auftritt (§ 6 Abs. 2 KraftNAV). Insoweit ist die Bewertung des Netzanschlusses strikt von der Bewertung des späteren Netzzugangsbegehrens zu trennen.[386] 44

Verweigert der Netzbetreiber den Netzanschluss, ist er zugleich verpflichtet, dem Anschlussnehmer einen anderen Anschlusspunkt vorzuschlagen, der dem Begehren des Anschlussnehmers soweit wie möglich entspricht, § 6 Abs. 3 KraftNAV. 45

e) Kostentragung

Liegt kein Anschlussverweigerungsgrund vor, sind jedoch beim Netzbetreiber zumutbare Maßnahmen zur Ertüchtigung des Anschlusspunktes erforderlich, hat der Anschlussnehmer zusätzlich zu den Kosten für den eigentlichen Netzanschluss nach Maßgabe des § 8 KraftNAV auch einen Teil der durch diese Maßnahmen verursachten Kosten zu tragen. Dabei gilt als Grundregel, dass der Anschlussnehmer die spezifischen durch den Netzanschluss verursachten Kosten, der Netzbetreiber die Kosten für den allgemeinen Netzausbau trägt.[387] Ein allgemeiner Netzausbau liegt dabei immer dann vor, wenn die zu errichtenden oder auszubauenden Anlagen nicht ausschließlich vom Anschlussnehmer benutzt werden oder aber die Anlagen in das Eigentum des Netzbetreibers übergehen. 46

---

385 S. zur Anschlusskonkurrenz ausführlich *Hartmann*, in: Theobald/Kühling (Hrsg.), Energierecht, 106. EL 2020, § 4 KraftNAV Rn. 34 ff.
386 S. hierzu *Hartmann*, in: Theobald/Kühling (Hrsg.), Energierecht, 106. EL 2020, § 6 KraftNAV Rn. 11 ff.
387 Vgl. *de Wyl/Hartmann/von Petz*, ZNER 2007, 132 (136); *de Wyl/Thole/Bartsch*, in: Schneider/Theobald (Hrsg.), Recht der Energiewirtschaft, 4. Aufl. 2013, § 16 Rn. 205.

f) Privilegierung neuer Erzeugungsanlagen bei Netzengpässen

47 Ist das Kraftwerk an das Netz angeschlossen und kommt es in der Folge zu Engpässen im Bereich der Leitungskapazität, ist es bei der Bewirtschaftung dieser Engpässe dann als privilegiert zu behandeln, wenn die Voraussetzungen des § 7 KraftNAV vorliegen. Es handelt sich damit um eine Regelung, welche die Verweigerung des Netzzugangs betrifft und damit § 20 Abs. 2 EnWG konkretisiert.[388] Die praktische Relevanz dieser Vorschrift dürfte weiter abnehmen, da der Anspruch auf den bevorzugten Netzzugang auf zehn Jahre ab dem Datum der ersten Netzeinspeisung, spätestens jedoch ab dem 31. Dezember 2012 befristet ist. Die Regelung läuft demnach zu Beginn des Jahres 2023 aus.

II. Anschluss von Wasserstoffnetzen

48 § 28n EnWG normiert einen Anschlussanspruch Dritter an Wasserstoffnetze, der im Wege des **verhandelten Netzzugangs** zu gewähren ist. Anspruchsgegner ist der Betreiber des Wasserstoffnetzes. Er hat den Zugang zu angemessenen Bedingungen, diskriminierungsfrei und transparent zu gewähren. Hierfür wird ein hohes Maß an Kooperation zwischen den Betreibern von Wasserstoffnetzen erforderlich sein.[389] Eingeschränkt wird der Zugangsanspruch von der Voraussetzung, dass der Anschluss an das Wasserstoffnetz für den Anschlusspetenten erforderlich ist.

49 **Verweigerungsrechte** des Betreibers eines Wasserstoffnetzes bestehen auch hier im Fall der wirtschaftlichen (einschließlich der betriebsbedingten) sowie der technischen Unmöglichkeit oder Unzumutbarkeit, weshalb auf die obigen Ausführungen (C. I. 3.) verwiesen wird. Die Ablehnung ist aus Transparenzgründen[390] in Textform (vgl. § 126b BGB) zu begründen. Die Beweislast für das Vorliegen der Ablehnungsgründe liegt bei dem den Anschluss verweigernden Betreiber des Wasserstoffnetzes.

50 Die **Netzanschlussbedingungen** können von der Bundesregierung in einer Rechtsverordnung selbst näher ausgestaltet werden; sie kann auch im Wege einer Rechtsverordnung regeln, in welchen Fällen und unter welchen Voraussetzungen die Regulierungsbehörde diese Bedingungen festlegen kann (§ 28n Abs. 4 EnWG).

III. Anschluss von Biogas- und LNG-Anlagen nach der GasNZV

51 Um die Einspeisung von Biogas in das Erdgasnetz zu ermöglichen, hat der Verordnungsgeber **Netzanschlusspflichten für Biogasanlagen** in den sechsten Teil der GasNZV aufgenommen. Dieser sechste Teil der GasNZV ist wie eine „Verordnung in der Verordnung" mit eigenem Regelungszweck (§ 31 GasNZV) sowie mit nur für den sechsten Teil der GasNZV geltenden Begriffsbestimmungen (§ 32 GasNZV) strukturiert. Vom Anlagenbegriff umfasst sind demgemäß nur „Anlagen zur Aufbereitung von Biogas auf Erdgasqualität"; als „Netzanschluss" ist die Herstellung der Verbindungsleitung, die die Biogasaufbereitungsanlage mit dem bestehenden Gasversorgungsnetz verbindet, die Verknüpfung mit dem Anschlusspunkt des bestehenden Gasversorgungsnetzes, die Gasdruck-Regel-Messanlage sowie die Einrichtungen

---

388 Näher dazu sogleich unter D. I. 4.
389 So die Gesetzesbegründung BT-Drs. 19/27453, S. 120.
390 So die Gesetzesbegründung BT-Drs. 19/27453, S. 120.

C. Netzanschluss

zur Druckerhöhung und die eichfähige Messung des einzuspeisenden Biogases zu verstehen (§ 32 Nr. 2, 3 GasNZV).

Wenn ein Anschlussnehmer einer Anlage zur Aufbereitung von Biogas auf Erdgasqualität (i.S.d. Definition des § 32 Nr. 1 GasNZV) dies beantragt, sind die Netzbetreiber verpflichtet, diesen vorrangig an das Gasversorgungsnetz anzuschließen. Der Netzbetreiber prüft gemäß § 33 Abs. 4, 5 GasNZV das Anschlussbegehren und teilt dem Anschlussnehmer sein Prüfergebnis mit, wobei für eine Ablehnung des Anschlussbegehrens auch hier die Gründe des § 17 Abs. 2 EnWG maßgeblich sind. Der Netzanschluss an dem begehrten Anschlusspunkt kann aber nicht unter Hinweis auf unzureichende Kapazitäten verweigert werden. Im Fall der Anschlussverweigerung am begehrten Anschlusspunkt ist der Netzbetreiber verpflichtet, dem Anschlussnehmer unter Berücksichtigung der von diesem geäußerten Absichten und des wirtschaftlich Zumutbaren einen anderen Anschlusspunkt vorzuschlagen. Eine (endgültige) Verweigerung des Netzanschlusses kommt nur dann in Betracht, wenn der Anschluss unter Berücksichtigung jeder vernünftigerweise in Betracht kommenden Anschlussvariante dauerhaft nicht realisierbar ist.[391] Der nach § 33 Abs. 6 GasNZV abzuschließende Netzanschlussvertrag regelt ausschließlich die Einzelheiten des Netzanschlusses.[392] Bei der gemeinsamen Planung des Netzanschlusses nach § 33 Abs. 7 S. 1, 3 GasNZV hat der Netzbetreiber den Anschlussnehmer an der Planung zu beteiligen und dessen Interessen angemessen zu berücksichtigen; die Planungshoheit verbleibt aber in erster Linie beim Netzbetreiber.[393]

Sonderregelungen für den **Netzanschluss von LNG-Anlagen** treffen die §§ 39a-g GasNZV, die durch die Verordnung zur Verbesserung der Rahmenbedingungen für den Aufbau der LNG-Infrastruktur in Deutschland im Jahr 2019 nachträglich Eingang in die GasNZV gefunden haben. § 39a GasNZV enthält, der Strukturierung des sechsten Teils der GasNZV folgend, für den zweiten Abschnitt des siebten Teils der GasNZV geltende Definitionen der Begriffe „Anschlussnehmer", „Netzanschluss" und „für den Netzanschluss erforderliche Infrastruktur". Bei letzterer handelt es sich um die Anbindungsleitung, die die LNG-Anlage mit dem bestehenden Fernleitungsnetz verbindet, den Anschlusspunkt mit dem bestehenden Fernleitungsnetz, die Gasdruck-Regel-Messanlage und die sonstigen zur Anbindung erforderlichen Betriebsmittel (§ 39a Nr. 3 GasNZV).

Nach § 39b Abs. 1 GasNZV sind die Fernleitungsnetzbetreiber verpflichtet, LNG-Anlagen an die Fernleitungsnetze anzuschließen, wobei die konkrete Anschlusspflicht den Fernleitungsnetzbetreiber trifft, der den technisch und wirtschaftlich günstigsten Netzanschluss der LNG-Anlage zum Fernleitungsnetz ermöglichen kann. Der beantragte Anschluss der LNG-Anlage kann auch hier nach Maßgabe des § 17 Abs. 2 EnWG abgelehnt werden, d.h. wenn der Netzanschluss unmöglich oder unzumutbar ist. Allerdings können nach § 39b Abs. 3 S. 2 GasNZV nur tatsächliche **physikalische Netzengpässe** einen Ablehnungsgrund darstellen. Der Netzanschluss kann also nicht mit dem Hinweis auf bestehende Verträge verweigert werden.[394] Im Fall der Verweigerung des begehrten Anschlusses kann der anschlussverpflichtete Fernleitungsnetzbetreiber einen anderen Anschlusspunkt vorsehen, wenn dieser die wirtschaftlichen Interessen des Anschlussnehmers wahrt und dessen Absichten best-

---

391 So BGH Beschl. v. 11.12.2012 – EnVR 8/12, nach *juris*, Rn. 11; dort auch zu den Details der Prüfpflichten des Netzbetreibers.
392 S. hierzu weiterführend OLG Düsseldorf Beschl. v. 5.11.2014 – VI-3 Kart 63/13 (V), nach *juris*, Rn. 98 ff.
393 OLG Düsseldorf Beschl. v. 5.11.2014 – VI-3 Kart 63/13 (V), nach *juris*, Rn. 81 ff.
394 BR-Drs. 138/19, S. 16.

möglich verwirklicht werden.[395] Die Anschlusspflicht besteht allerdings nur, wenn der Antrag des Anschlussnehmers vor dem 1. Juni 2024 **(Stichtagsregelung)** beim anschlussverpflichteten Fernleitungsnetzbetreiber gestellt wird (§ 39g Abs. 1 GasNZV).

55 Das Verfahren zur Durchführung der für den begehrten Netzanschluss erforderlichen Prüfungen regelt § 39d GasNZV. Der Netzanschluss erfolgt auf der Grundlage eines zwischen dem Fernleitungsnetzbetreiber und dem Anschlussnehmer vereinbarten **Realisierungsfahrplans**[396], der insbesondere wesentliche Schritte zur Verwirklichung des Netzanschlusses und der LNG-Anlage enthalten muss. Dadurch soll die Planung des Netzanschlusses beschleunigt und zugleich gewährleistet werden, dass der Netzanschluss nur hergestellt wird, wenn (und soweit) die LNG-Anlage auch gebaut wird.[397] Die durch den Prozess des Netzanschlusses entstehenden Kosten werden gemäß den Vorgaben des § 39f EnWG vom anschlussverpflichteten Netzbetreiber bzw. dem Anschlussnehmer getragen. Ist eine LNG-Anlage an das Fernleitungsnetz angeschlossen, regelt § 39c GasNZV das nähere Verhältnis zwischen Fernleitungsnetzbetreiber und Anschlussnehmer in Grundzügen.

IV. Allgemeine Anschlusspflicht (§ 18 EnWG)

56 § 18 Abs. 1 S. 1 EnWG sieht eine eigenständige Anschlussverpflichtung für Betreiber von Energieversorgungsnetzen vor, sofern es um Energieversorgungsnetze der allgemeinen Versorgung geht und Letztverbraucher[398] an das Niederspannungs- oder Niederdrucknetz angeschlossen werden sollen. Damit erfolgt sowohl in Bezug auf den Kreis der Berechtigten als auch in Bezug auf denjenigen der Verpflichteten eine Beschränkung gegenüber § 17 EnWG, der als allgemeine Norm verdrängt wird. Zum einen handelt es sich um einen ausschließlich konsumtiven Anspruch, d.h. es sind vor allem Haushaltskunden und kleinere Gewerbetreibende berechtigt. Zum anderen sind nur Betreiber von Energieversorgungsnetzen der allgemeinen Versorgung i.S.d. § 3 Nr. 17 EnWG Normadressaten. Was die inhaltliche Reichweite des Anschlussanspruchs anbelangt, erfolgt hingegen eine Erweiterung, da nicht nur der Netzanschluss, sondern auch die **Anschlussnutzung** erfasst wird. Sie unterliegt damit – anders als im Fall des § 17 EnWG – auch dem regulatorischen Zugriff (s. bereits bei C. I.). Für die allgemeine Anschlusspflicht besteht im Übrigen insoweit ein strengeres Transparenzgebot, als die **Netzanschlussbedingungen** sowie die **Anschlussnutzungsbedingungen** zwingend **veröffentlicht** werden müssen. Für die Ausgestaltung der Anschlussbedingungen und der Anschlussnutzungsbedingungen gelten die Anforderungen der Angemessenheit und Diskriminierungsfreiheit nach § 17 EnWG, auch wenn diese Erfordernisse nicht explizit angeführt werden. Da es sich bei der allgemeinen Anschlusspflicht jedoch um eine speziellere und strengere

---

395 BR-Drs. 138/19, S. 16.
396 Gemäß § 2 Nr. 11a GasNZV handelt es sich bei einem Realisierungsfahrplan um einen gemeinsamen „Plan von Netzbetreiber und Anschlussnehmer oder Anschlusswilligem über Inhalt, zeitliche Abfolge und Verantwortlichkeit für die einzelnen Schritte zur Herstellung des Netzanschlusses oder zum Kapazitätsausbau, um die einzelnen Schritte der Beteiligten miteinander zu synchronisieren".
397 BR-Drs. 138/19, S. 16.
398 Letztverbraucher sind nach der Legaldefinition des § 3 Nr. 25 EnWG „natürliche oder juristische Personen, die Energie für den eigenen Verbrauch kaufen". Der Strombezug der Ladepunkte für Elektromobile und für Landstromanlagen (siehe § 3 Nr. 24e EnWG) ist dem Letztverbrauch gleichgestellt. S. zur Beschränkung des Kreises der Anspruchsberechtigten auch *Bourwieg*, in: Britz/Hellermann/Hermes (Hrsg.), EnWG, 3. Aufl. 2015, § 18 Rn. 14 f.

Verpflichtung handelt, sind keine Gründe ersichtlich, warum diese Anforderungen nicht gelten sollten.

Die Möglichkeit der **Anschlussverweigerung** findet sich in § 18 Abs. 1 S. 2 bis 4 EnWG wieder; danach bestehen die Pflichten zum Netzanschluss und zur Anschlussnutzung nicht, wenn diese für den Betreiber des Energieversorgungsnetzes aus wirtschaftlichen Gründen nicht zumutbar sind (§ 18 Abs. 1 S. 2 Nr. 1 EnWG) oder wenn ab dem 21. Dezember 2018 der Anschluss an ein L-Gasversorgungsnetz beantragt wird und der Betreiber des L-Gasversorgungsnetzes nachweist, dass der beantragenden Partei der Anschluss an ein H-Gasversorgungsnetz gleichsam technisch möglich und wirtschaftlich zumutbar ist (§ 18 Abs. 1 S. 2 Nr. 2 EnWG). Während die Nr. 1 den bisherigen Regelungsgehalt des § 18 Abs. 1 S. 2 EnWG übernimmt, resultiert die mit Wirkung ab dem 21. Dezember 2018 eingefügte Nr. 2 aus der Umstellung der Gasversorgung von L-Gas auf H-Gas. 57

Die Anschlussverweigerung kann zunächst weiterhin auf die mangelnde Zumutbarkeit aus wirtschaftlichen Gründen gestützt werden: So kann der Anschluss wegen **wirtschaftlicher Unzumutbarkeit** verweigert werden, wenn der Anschlussnehmer den Anschluss nicht oder nicht mehr zur Energieentnahme zu nutzen beabsichtigt.[399] Denn in dieser Konstellation ist keine wirtschaftliche Gegenleistung zu erkennen, die bei Beachtung der Interessen der Allgemeinheit der Letztverbraucher an einer preisgünstigen Energieversorgung das Bereithalten eines Anschlusses rechtfertigen könnte. In Bezug auf den Anschluss an das Gasversorgungsnetz sind zudem die technischen Risiken eines Gasanschlusses in nicht genutzten oder bewohnten Gebäuden zu berücksichtigen.[400] In jedem Fall bedarf es bei der Prüfung der wirtschaftlichen Zumutbarkeit einer Abwägung im Einzelfall, bei der die wirtschaftlichen Verhältnisse des Netzbetreibers hinsichtlich des konkreten Vertragsverhältnisses mit dem jeweiligen Anschlussnehmer betrachtet werden.[401] Trotz der im Vergleich zu § 17 Abs. 2 S. 1 EnWG weniger klaren Formulierung liegt angesichts der negativen Wortlautfassung des § 18 Abs. 1 S. 2 Nr. 1 EnWG die **Beweislast** für die fehlende Zumutbarkeit beim Betreiber des Energieversorgungsnetzes.[402] 58

Dies wird in § 18 Abs. 1 S. 2 Nr. 2 EnWG für den Anschluss an ein L-Gasversorgungsnetz ausdrücklich klargestellt. Hier hat der Betreiber des L-Gasversorgungsnetzes nachzuweisen, dass der Anschluss für den Antragsteller auch an ein **H-Gasversorgungsnetz technisch möglich und wirtschaftlich zumutbar** ist. Die Zumutbarkeitsbewertung erfolgt anhand der Umstände des Einzelfalls, wobei § 18 Abs. 1 S. 3 EnWG ein Regelbeispiel für den Fall der wirtschaftlichen Zumutbarkeit des Anschlusses an ein H-Gasversorgungsnetz enthält, das greift, wenn die Kosten des Anschlusses an dieses Netz die Kosten für einen Anschluss an ein L-Gasversorgungsnetz nicht wesentlich übersteigen. Weitere im Rahmen der Einzelfallbetrachtung relevanten Umstände können beispielsweise die wirtschaftlichen Verhältnisse der beantragenden Partei, der mit einem Anschluss an ein H-Gasversorgungsnetz im Vergleich zum Anschluss an ein L-Gasversorgungsnetz verbundene zeitliche Aufwand, zeitliche Verzögerungen beim Anschluss und damit einhergehende wirtschaftliche Nachteile wegen der erforderlichen Überbrückung der Wärme- und Warmwas- 59

---

399 BT-Drs. 15/3917, S. 58.
400 BT-Drs. 15/3917, S. 58.
401 *Bourwieg*, in: Britz/Hellermann/Hermes (Hrsg.), EnWG, 3. Aufl. 2015, § 18 Rn. 23 f.; dem folgend OLG Brandenburg Urt. v. 17.12.2019 – 6 U 58/18, nach *juris*, Rn. 37.
402 OLG Brandenburg Urt. v. 17.12.2019 – 6 U 58/18, nach *juris*, Rn. 37; *Bourwieg*, in: Britz/Hellermann/Hermes (Hrsg.), EnWG, 3. Aufl. 2015, § 18 Rn. 23 m.w.N.; *Gerstner*, in: Kment (Hrsg.), EnWG, 2. Aufl. 2019, § 18 Rn. 52.

serversorgung oder die Möglichkeit, die Gasversorgung auch auf anderem (ggf. kostengünstigeren) Weg sicher zu stellen, sein.[403] Die Übergangsregelung in § 18 Abs. 4 S. 4 EnWG führt schließlich dazu, dass die Pflichten des S. 1 wieder aufleben; der Anschluss kann in diesem Fall aber aus den Gründen des § 18 Abs. 1 S. 2 Nr. 1 EnWG verweigert werden.

60 Eine **Begründungspflicht** für die Zugangsverweigerung ist angesichts des systematischen Arguments einer im Gegensatz zu § 17 Abs. 2 S. 2 EnWG fehlenden expliziten Regelung wohl abzulehnen, obwohl Sinn und Zweck des § 18 EnWG die Auferlegung zusätzlicher Pflichten und nicht die Verringerung eben jener sein soll und § 18 EnWG gegenüber § 17 EnWG die speziellere Norm darstellt. Hier wird immerhin durch die Veröffentlichung der Anschlussbedingungen eine besondere Transparenz hergestellt. In der Praxis wird im Übrigen eine Begründung sinnvoll sein.

61 Sofern der Letztverbraucher eine Anlage zur Erzeugung von Elektrizität betreibt oder sich von einem Dritten an das Energieversorgungsnetz anschließen lässt, greift nach § 18 Abs. 2 S. 1 EnWG nicht die privilegierte allgemeine Anschlusspflicht, sondern gemäß § 18 Abs. 2 S. 2 EnWG diejenige aus § 17 EnWG. Denn in diesen Fällen besteht kein Grund für die besonders verbraucherschützenden allgemeinen Transparenzpflichten. Eine Rückausnahme sieht jedoch § 18 Abs. 2 S. 3 EnWG für die Tarifabnehmer aus den als besonders förderungswürdig angesehenen KWK-Anlagen bis 150 KW und aus erneuerbaren Energien vor, sofern es um die Deckung des Eigenbedarfs geht.

62 § 18 Abs. 3 EnWG normiert schließlich parallel zu § 17 Abs. 3 EnWG eine Ermächtigung zum Erlass von Rechtsverordnungen mit Zustimmung des Bundesrats.

63 Sowohl für den Strombereich als auch den Gasbereich hat der Verordnungsgeber mit dem Erlass der **Niederspannungsanschlussverordnung (NAV)** sowie der **Niederdruckanschlussverordnung (NDAV)** von dieser Verordnungsermächtigung Gebrauch gemacht.[404] Die beiden Verordnungen sind hinsichtlich des energiewirtschaftlichen Ordnungsrahmens in engem Zusammenhang mit der StromGVV[405] und der GasGVV[406] zu sehen. Denn während die NAV und die NDAV die allgemeinen Bedingungen für die Rechtsbeziehungen zwischen Betreibern von Energieversorgungsnetzen der allgemeinen Versorgung und den Letztverbrauchern hinsichtlich des Netzanschlusses und der Anschlussnutzung regeln, stellen die Grundversorgungsverordnungen auf die Beziehung des Letztverbrauchers zum Grundversorger als dem zur Versorgung mit Energie Verpflichteten ab.

64 In jeweils 29 Einzelnormen werden die Vorgaben des § 18 EnWG ausführlich konkretisiert. Die allgemeinen Bedingungen werden kraft Gesetzes Inhalt des Netzanschluss- und des Anschlussnutzungsvertrags zwischen dem Anschlussnehmer bzw. Anschlussnutzer und dem jeweiligen Betreiber des Energieversorgungsnetzes der allgemeinen Versorgung, an dessen Netz die jeweilige Kundenanlage angeschlossen wird, soweit sich die Vorschriften nicht ausdrücklich nur auf eines dieser Rechtsver-

---

403 BT-Drs. 19/5523, S. 118.
404 S. dazu *Eder/Ahnis*, ZNER 2007, 123 ff.; *Stenneken/Thomale*, N&R 2007, 51 ff.
405 Verordnung über Allgemeine Bedingungen für die Grundversorgung von Haushaltskunden und die Ersatzversorgung mit Elektrizität aus dem Niederspannungsnetz (Stromgrundversorgungsverordnung - StromGVV) v. 26.10.2006 (BGBl. I 2006, S. 2391), zuletzt geändert durch Art. 4 der Verordnung v. 14.3.2019 (BGBl. I 2019, S. 333).
406 Verordnung über Allgemeine Bedingungen für die Grundversorgung von Haushaltskunden und die Ersatzversorgung mit Gas aus dem Niederdrucknetz (Gasgrundversorgungsverordnung - GasGVV) v. 26.10.2006 (BGBl. I 2006, S. 2391, 2396), zuletzt geändert durch Art. 10 des Gesetzes v. 29.8.2016 (BGBl. I 2016, S. 2034).

hältnisse beziehen. Die Verordnungen enthalten dabei in Teil 2 zunächst Regelungen zur Konkretisierung des Netzanschlussverhältnisses. So wird in § 5 N(D)AV der Netzanschluss zunächst legaldefiniert. Die nachfolgenden Normen füllen die abstrakte Definition mit konkreten Vorgaben hinsichtlich des Inhalts und der Herstellung des Netzanschlusses. In Bezug auf die Herstellung des Netzanschlusses sind insofern die §§ 11 und 12 N(D)AV von Bedeutung. Darin enthalten sind für den Netzbetreiber und den Anschlussnehmer verbindliche Vorgaben für die Auferlegung von Baukostenzuschüssen. Ferner erfolgen Vorgaben zum Recht der Benutzung der privaten Grundstücke durch den Netzbetreiber.

Im dritten Teil wird die Anschlussnutzung näher geregelt. Von besonderer Bedeutung **65** ist hier § 18 N(D)AV, der die **Haftung des Netzbetreibers** bei der Störung der Anschlussnutzung konkretisiert. § 18 Abs. 1 S. 1 N(D)AV enthält dabei zunächst eine Vermutungsregelung. Soweit der Netzbetreiber für Schäden, die der Anschlussnehmer durch Unterbrechung oder durch Unregelmäßigkeiten in der Anschlussnutzung erleidet, haftet, wird hinsichtlich seines Verschuldens bei Vermögensschäden widerleglich vermutet, dass Vorsatz oder grobe Fahrlässigkeit vorliegt. Bei Beschädigung einer Sache wird widerleglich vermutet, dass Vorsatz oder Fahrlässigkeit vorliegt.[407] Diese Beweislastumkehr trägt dem Umstand Rechnung, dass der Anschlussnehmer in der Regel keine Möglichkeit hat, das Verschulden nachzuweisen („Beweisnot"). Während mit dieser Beweislastumkehr eine Belastung der Netzbetreiber erfolgt, wird hinsichtlich der Vermögensschäden nach § 18 Abs. 1 S. 2 N(D)AV zugleich eine Haftung für einfache Fahrlässigkeit ausgeschlossen und damit eine Haftungsentlastung der Netzbetreiber vorgenommen. Des Weiteren enthalten die Abs. 2–6 verschiedene Obergrenzen hinsichtlich der Haftungshöhe, und zwar sowohl bezogen auf die Gesamthaftungssumme als auch hinsichtlich des einzelnen zu ersetzenden Schadens. Dem § 18 N(D)AV kommt eine Leitbildfunktion insofern zu, als eine wortlautgleiche Regelung in Anschlussnutzungsverträgen, die nicht in den Anwendungsbereich der N(D)AV fallen, einer Inhaltskontrolle gemäß den §§ 305 ff. BGB regelmäßig standhält.[408] Allerdings ist zu berücksichtigen, dass die (verschuldensabhängigen) Haftungsregeln aus § 18 N(D)AV die Gefährdungshaftung des Netzbetreibers nach dem Produkthaftungsgesetz[409] aufgrund eines Fehlers des Produktes Elektrizität, der beispielsweise zu Überspannungsschäden führt, nicht ausschließen.[410]

Abschließend enthalten die beiden Verordnungen umfangreiche Vorschriften hin- **66** sichtlich der Leistungsstörung, der Gegenleistungspflicht des Verbrauchers sowie der Beendigung des Netzanschlusses bzw. des Anschlussnutzungsverhältnisses.

V. Technische Vorschriften

§ 19 EnWG dient der Umsetzung von Art. 5 Elektrizitätsrichtlinie 2009/72/EG und **67** Art. 8 Gasrichtlinie 2009/73/EG. Die Bestimmung zielt darauf ab, einheitliche technische Mindestanforderungen für den Netzanschluss zu entwickeln und durch eine

---

407 Zu den Voraussetzungen der Widerlegung der Vermutung nach § 18 Abs. 1 S. 1 Nr. 2 NAV s. OLG Brandenburg Urt. v. 26.2.2019 – 6 U 26/18, nach *juris*, Rn. 4.
408 Vgl. BGH Urt. v. 17.12.2008 – VIII ZR 274/06, NJW 2009, 578 (579).
409 Gesetz über die Haftung für fehlerhafter Produkte (Produkthaftungsgesetzt – ProdHaftG) v. 15.12.1989 (BGBl. I 1989, S. 2198), zuletzt geändert durch Art. 5 des Gesetzes v. 17.7.2017 (BGBl. I 2017, S. 2421).
410 BGH Urt. v. 25.2.2014 – VI ZR 144/13, Rn. 5 f.; OLG Brandenburg Urt. v. 26.2.2019 – 6 U 26/18, nach *juris*, Rn. 9; *Bartsch/vom Wege*, EnWZ 2014, 152 (153 ff.).

Veröffentlichung im Internet transparent zu machen. Abs. 1 bezieht sich auf die Elektrizitätsversorgungsnetze, während Abs. 2 für die Gasversorgungsnetze greift. Die technischen Vorschriften müssen den Anforderungen des § 17 EnWG (also insbesondere dem Gebot der Angemessenheit und Diskriminierungsfreiheit) entsprechen, wie sich auch aus § 19 Abs. 3 EnWG ergibt. § 19 Abs. 3 EnWG hebt zudem das Erfordernis der Interoperabilität der Netze hervor. Für die technische Sicherheit verweist § 19 Abs. 3 S. 3 EnWG auf § 49 Abs. 2–4 EnWG, die für verschiedene Fälle, insbesondere den Fall der Beachtung entsprechender **Verbandsregeln**, eine **Vermutungsregel** aufstellen. Dabei handelt es sich um die jeweils gültigen Fassungen der technischen Regeln des VDE für den Elektrizitätsbereich bzw. des DVGW für den Gasbereich.

68 § 19 Abs. 2 S. 2 EnWG verpflichtet Betreiber von Gasversorgungsnetzen, an deren Netz mehr als 100 000 Kunden unmittelbar oder mittelbar angeschlossen sind oder deren Netz über das Gebiet eines Landes hinausreicht, die von ihnen verlangten technischen Mindestanforderungen für den Netzanschluss rechtzeitig durch Veröffentlichung auf ihrer Internetseite zu konsultieren. Die allgemeinen technischen Mindestanforderungen der Betreiber von Elektrizitätsversorgungsnetzen (vgl. § 19 Abs. 1 EnWG) werden von diesen gemeinsam erstellt und vom VDE als „beauftragte Stelle" verabschiedet, § 19 Abs. 4 EnWG. Die jeweiligen Mindestanforderungen sind der Regulierungsbehörde und dem Bundesministerium für Wirtschaft und Energie vor deren Verabschiedung mitzuteilen (§ 19 Abs. 5 S. 1 EnWG).

69 § 19a EnWG sieht bei einer dauerhaften Umstellung von L-Gas auf H-Gas die Pflicht der Betreiber von Gasversorgungsnetzen zur Vornahme technischer Anpassungen von Anschlüssen, Kundenanlagen und Verbrauchsgeräten vor und regelt u.a. die damit verbundene Frage der Kostentragung. Seit dem 1. Januar 2017 werden die Kosten bundesweit auf alle Gasversorgungsnetze unabhängig vom Marktgebiet umgelegt, § 19a Abs. 1 S. 3 EnWG. Darüber hinaus normiert § 19a EnWG die Modalitäten des Verfahrens und Betretungsrechte.

D. Netzzugang

70 Während die §§ 20–24a EnWG gemeinsame Bestimmungen über den Zugang zu Energieversorgungsnetzen beinhalten, normieren die §§ 25–28c EnWG Besonderheiten für die Gasversorgungsnetze. Da die Details des Netzzugangs aber ohnehin in den divergierenden Netzzugangsverordnungen Gas und Strom geregelt sind, überwiegen in den Einzelheiten die Unterschiede der beiden Regulierungsansätze die Gemeinsamkeiten deutlich. Daher wird im Folgenden zunächst der Zugang zu den Elektrizitätsversorgungsnetzen analysiert (I.), ehe die Gemeinsamkeiten und Besonderheiten im Vergleich mit dem Zugang zu den Gasversorgungsnetzen dargestellt werden (II.).

I. Zugang zu den Elektrizitätsversorgungsnetzen

1. Vertragliche Ausgestaltung: Netznutzungsvertrag – Lieferantenrahmenvertrag – Bilanzkreisvertrag

71 Aus § 20 Abs. 1a EnWG i.V.m. der StromNZV folgt, wie sich der Normgeber die vertragliche Ausgestaltung des Netzzugangs im Strombereich vorstellt, wobei das Modell der VV Strom II Plus entspricht. So regelt § 20 Abs. 1a EnWG den Grundsatz, während sich die Details in Teil 5 der StromNZV i.V.m. § 3 StromNZV finden. Danach

D. Netzzugang

sind drei Vertragstypen vorgesehen: Netznutzungsverträge, Lieferantenrahmenverträge und Bilanzkreisverträge. Netznutzungsverträge oder Lieferantenrahmenverträge vermitteln gemäß § 20 Abs. 1a S. 3 EnWG Zugang zum gesamten Elektrizitätsversorgungsnetz. Der Netznutzungsvertrag wird gemäß der Legaldefinition in § 20 Abs. 1a S. 1 EnWG vom Letztverbraucher bzw. vom Lieferanten mit demjenigen Energieversorgungsunternehmen abgeschlossen, aus dessen Netz die Entnahme bzw. in dessen Netz die Einspeisung von Elektrizität erfolgen soll. Der Lieferantenrahmenvertrag ist letztlich ein Spezialfall des Netznutzungsvertrags, der zu dem gleichen Zwecke vom Lieferanten abgeschlossen wird. Dabei zeichnet sich der Lieferantenrahmenvertrag nach der Legaldefinition des § 20 Abs. 1a S. 2 EnWG dadurch aus, dass er sich nicht auf bestimmte Entnahmestellen bezieht. Ein Lieferantenrahmenvertrag kann nur von einem Lieferanten abgeschlossen werden. Der Lieferant wird wiederum in § 2 Nr. 5 StromNZV legaldefiniert als ein Unternehmen, dessen Geschäftstätigkeit auf den Vertrieb von Elektrizität gerichtet ist.

Nach § 20 Abs. 1a S. 5 EnWG setzt der Netzzugang voraus, dass über einen Bilanzkreis, der in ein vertraglich begründetes **Bilanzkreissystem** nach Maßgabe der **StromNZV** einbezogen ist, ein Ausgleich zwischen Einspeisung und Entnahme stattfindet. Daraus folgt aber nicht, dass der Anspruch auf Netzzugang nur dann besteht, wenn ein entsprechender Bilanzkreis eingerichtet ist, sondern umgekehrt lediglich, dass die Einrichtung eines Bilanzkreises erforderlich wird, sobald eine Netzzugangsgewährung gemäß § 20 Abs. 1 S. 1 EnWG erfolgt.[411] In diesem Kontext ist auch der insoweit missverständliche Wortlaut des § 3 Abs. 2 StromNZV zu lesen, wonach für den Abschluss eines Netznutzungsvertrags ein Bilanzkreisvertrag erforderlich ist. Der Bilanzkreisvertrag wird nach § 26 Abs. 1 StromNZV zwischen dem Bilanzkreisverantwortlichen und dem Betreiber von Übertragungsnetzen geschlossen. Er bezieht sich gemäß der Legaldefinition des § 26 Abs. 1 StromNZV auf die Führung, Abwicklung und Abrechnung von Bilanzkreisen. Die Mindestinhalte des Bilanzkreisvertrags werden in § 26 Abs. 2 StromNZV näher definiert. § 26a StromNVZ ersetzt die ursprünglich in § 26 Abs. 3 StromNZV enthaltene Regelung zur Gestaltung der Vertragsbeziehungen bei der Erbringung von Regelleistung.[412] Mit § 26a StromNZV soll gewährleistet werden, dass ein Letztverbraucher nicht durch den rechtlichen Rahmen daran gehindert wird, Regelleistung zu erbringen, wenn er seine Lastmanagementpotenziale vermarkten will.[413] Das eigentliche Bilanzkreissystem ist jedoch in den §§ 4 und 5 StromNZV geregelt.

72

Nähere Vorgaben sind auch für den **Netznutzungsvertrag** und den Spezialfall des **Lieferantenrahmenvertrags** vorgesehen. Der Anspruch auf Abschluss eines Netznutzungsvertrags wird in § 24 Abs. 1 S. 1 StromNZV geregelt. Wird dieser von einem Lieferanten abgeschlossen, kann der Betreiber des Elektrizitätsversorgungsnetzes nach § 24 Abs. 1 S. 2 StromNZV insbesondere nicht zusätzlich den Abschluss eines Netznutzungsvertrags mit dem Letztverbraucher verlangen. Der Mindestinhalt des Netznutzungsvertrags wird in § 24 Abs. 2 StromNZV definiert. Der Vertragsabschlussanspruch für den Lieferantenrahmenvertrag ergibt sich aus § 25 Abs. 1 StromNZV, die nähere Umschreibung des Mindestinhalts aus § 25 Abs. 2 StromNZV. Die Bundesnetzagentur hat am 20. Dezember 2017 eine Festlegung zum Netznut-

73

---

[411] OLG München Beschl. v. 25.11.2010 – Kart 19/09, nach *juris*, Rn. 25 ff., RdE 2011, 321 ff.; darauf Bezug nehmend *Britz/Herzmann*, in: Britz/Hellermann/Hermes (Hrsg.), EnWG, 3. Aufl. 2015, § 20 Rn. 107; ausdrücklich offen gelassen in OLG Düsseldorf Beschl. v. 16.1.2019 – VI-3 Kart 117/15 (V), VI-3 Kart 498/18 (V), nach *juris*, Rn. 126 f.
[412] BT-Drs. 18/8915, S. 41 f.
[413] BT-Drs. 18/8915, S. 42; s. hierzu auch *Meyer/Sène*, RdE 2019, 278 (284).

zungs- und Lieferantenrahmenvertrag beschlossen, die nicht nur die Mindestinhalte der §§ 24, 25 StromNZV enthält, sondern darüber hinausgehend den gesamten Vertragsinhalt im Sinne eines Mustervertrages als einheitlichen Mindeststandard für die Netznutzung im Bereich der Energieentnahme festlegt.[414] Die umstrittene Frage, ob die Bundesnetzagentur hiermit ihre Festlegungskompetenzen aus § 27 Abs. 1 StromNZV überschritten hat, wurde zwischenzeitlich zugunsten der Bundesnetzagentur verneint.[415] Mit Beschluss vom 21. Dezember 2020 hat die Bundesnetzagentur eine Festlegung zur Weiterentwicklung dieser Netzzugangsbedingungen Strom getroffen.[416] Die Musterverträge in ihrer veränderten Form sind ab dem 1. April 2022 von den Marktpartnern anzuwenden.

74 Die StromNZV sieht in § 23 Abs. 1 auch ein genau definiertes **Prozedere** vor, wie vor allem in zeitlicher Perspektive der Zugangsvertrag herbeigeführt wird: Der Zugangsberechtigte muss dazu spätestens durch Anmeldung der ersten Kundenentnahmestelle zur Netznutzung ein verbindliches Angebot zum Abschluss entweder eines Lieferantenrahmenvertrags oder eines Netznutzungsvertrags beim Netzbetreiber angefordert haben. Erste Entwürfe der StromNZV hatten hier noch eine Vorlaufzeit von zwei Wochen vorgesehen, die jedoch nur eine unnötige zeitliche Verzögerung bewirkt hätte. Der Netzbetreiber muss auf die Aufforderung hin innerhalb von sieben Arbeitstagen nach Anforderungseingang ein vollständiges und bindendes Angebot abgeben. Die ursprünglich vorgesehene Frist zur Prüfung und Annahme dieses Angebots aufseiten des Netznutzers ist entfallen. Was die Beendigung des Vertragsverhältnisses anbelangt, räumt § 23 Abs. 2 StromNZV dem Netzbetreiber ein Recht zur fristlosen Kündigung aus wichtigem Grund ein. Zudem können Betreiber von Elektrizitätsversorgungsnetzen in begründeten Fällen vom Netznutzer eine Sicherheitsleistung verlangen. Dies ist insbesondere dann gerechtfertigt, wenn der Netznutzer bereits durch Zahlungsschwierigkeiten aufgefallen ist.

75 Insgesamt, d.h. auch unter Einbeziehung des Netzanschlusses und der Netznutzung, stellen sich die **Vertragsverhältnisse** im Strombereich demnach im Ergebnis ähnlich wie unter der Praxis der VV Strom II Plus dar: Der Übertragungsnetzbetreiber schließt mit dem Erzeuger einen Netznutzungsvertrag, mit dem Bilanzkreisverantwortlichen einen Bilanzkreisvertrag und mit dem Verteilernetzbetreiber ebenfalls einen Netzanschluss- und einen Netznutzungsvertrag ab.

---

414 BNetzA Beschl. v. 20.12.2017 - BK6-17-168.
415 OLG Düsseldorf Beschl. v. 16.1.2019 – VI-3 Kart 117/15 (V), VI-3 Kart 498/18 (V), nach *juris*, Rn. 67 ff.
416 BNetzA Beschl. v. 21.12.2020 - BK6-20-160.

D. Netzzugang

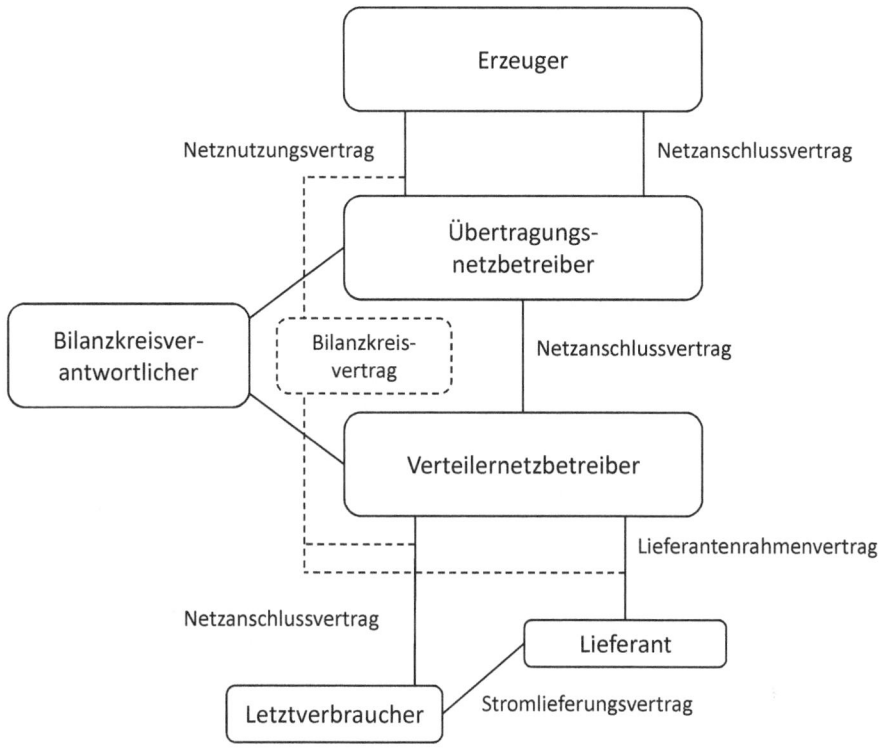

Abbildung 1: Vertragsverhältnisse nach dem EnWG

Der Verteilernetzbetreiber schließt seinerseits einen Netzanschluss- und einen Anschlussnutzungsvertrag mit dem Anschlussnehmer bzw. Anschlussnutzer ab. Mit dem Lieferanten ist der Verteilernetzbetreiber schließlich über den Lieferantenrahmenvertrag vertraglich verbunden.

2. Netzzugangsanspruch und seine Durchsetzung

Verpflichtete des Zugangsanspruchs sind nach § 20 Abs. 1 i.V.m. Abs. 1a EnWG die Betreiber von Elektrizitätsversorgungsnetzen. **Berechtigter** des Zugangsanspruchs ist nach § 20 Abs. 1 S. 1 EnWG „jedermann". Aus den Prinzipien des Netzzugangs nach § 3 Abs. 1 StromNZV wird deutlich, dass es sich dabei sowohl um Letztverbraucher als auch um Lieferanten handeln kann. Damit liegt ebenso wie im Fall des § 17 EnWG ein aus konsumtiven und kompetitiven Elementen[417] bestehender, gemischter Anspruch vor.

Das Recht auf Zugang zum Netz soll nach der Vorstellung des Gesetzgebers auch **unmittelbar zivilrechtlich** geltend gemacht werden können.[418] Diese Durchsetzung

---

[417] S. dazu schon oben C. I. 1.
[418] S. die Vorbemerkung (Allgemeines) der Begründung zum EnWG-RE 2005, BT-Drs. 15/3917, S. 46.

war vor dem Inkrafttreten des EnWG 2005 von entscheidender Bedeutung. Denn die Sicherung des Zugangs im Rahmen der durch das EnWG 2005 normierten Befugnisse der Landesenergiebehörden nach § 18 EnWG a.F. war umstritten.[419] Ebenso umstritten war in Bezug auf § 6 Abs. 1 EnWG a.F., ob dieser einen unmittelbaren Zugangsanspruch gewährleistet oder nur einen Anspruch auf Abschluss eines Zugangsvertrags.[420] Die Konstruktion als bloßer Kontrahierungszwang bedingt dann erhebliche Verzögerungen, wenn der Zugangsverpflichtete sämtliche Rechtsmittel ausschöpft, um die Durchsetzung des Anspruchs zu verhindern. So ist die Verurteilung des Zugangsverpflichteten zur Abgabe der Erklärung der Annahme des Vertrages im Fall der Berufung des Zugangsverpflichteten gegen ein obsiegendes Urteil des Zugangspetenten nicht vorläufig vollstreckbar, da die Fiktionswirkung des § 894 Abs. 1 S. 1 ZPO hinsichtlich der Abgabe einer Willenserklärung erst mit der Rechtskraft des entsprechenden Urteils eintritt. Noch entscheidender ist jedoch der Umstand, dass auch im Fall der erfolgreichen Durchsetzung eines Anspruchs auf Vertragsabschluss, etwa im Rahmen des einstweiligen Rechtsschutzes, eine weitere Verzögerung dann eintreten kann, wenn sich der Zugangsverpflichtete anschließend weigert zu erfüllen. Unter diesen Umständen müsste der Erfüllungsanspruch in einem weiteren Rechtsstreit geltend gemacht werden. Angesichts dieser Ausgangssituation sprach bei teleologischer Auslegung des § 6 Abs. 1 EnWG a.F. einiges dafür, von einem unmittelbaren Zugangsanspruch auszugehen.

79 Die Situation hat sich mit dem EnWG 2005 jedoch grundsätzlich geändert. Zum einen geht der Verordnungsgeber offensichtlich von der schwächeren Ausgestaltung des Zugangsanspruchs als Anspruch auf Abschluss eines Netznutzungsvertrags aus. Darauf deutet jedenfalls die entsprechende Formulierung in § 24 Abs. 1 S. 1 und § 25 Abs. 1 StromNZV hin. Zum anderen bestehen im Unterschied zum § 18 EnWG a.F. effektive Eingriffsbefugnisse der Regulierungsbehörde: Sie kann insbesondere gemäß § 30 Abs. 2 S. 3 Nr. 2 EnWG den Netzzugang anordnen. Diese Bestimmung kennzeichnet gerade den Wandel vom vertraglichen zum – notfalls – regulierten Zugang. Hinzu kommen das besondere Missbrauchsverfahren nach § 31 EnWG und das Instrument der vorläufigen Anordnung nach § 72 EnWG. Damit ist auch eine sehr kurzfristige Durchsetzung des Zugangsanspruchs möglich. Dies spricht vorliegend eher für die Annahme eines bloßen **Kontrahierungszwangs**.[421] Angesichts dieser, seit dem EnWG 2005 bestehenden Eingriffsbefugnisse ist die Bedeutung der zivilgerichtlichen Durchsetzung der Netzzugangsansprüche jedenfalls zurückgegangen.

3. Inhalt des Zugangsanspruchs und sonstige Verpflichtungen

a) Entbündelung

80 Die gesetzliche Ausgestaltung des Zugangsanspruchs ermöglicht eine Entbündelung des **Zugangsobjekts**. So zeigt bereits § 3 Abs. 1 S. 1 MsbG, dass grundsätzlich ein isolierter Zugriff auf den Transportdienst ohne die gleichzeitige Abnahme

---

419 Dazu *Kühling*, Sektorspezifische Regulierung in den Netzwirtschaften, 2004, S. 84 m.w.N.
420 Dazu ausführlich *Kühling*, Sektorspezifische Regulierung in den Netzwirtschaften, 2004, S. 185 ff. m.w.N.
421 So auch *Britz/Herzmann*, in: Britz/Hellermann/Hermes (Hrsg.), EnWG, 3. Aufl. 2015, § 20 Rn. 10; *Kment*, in: Kment (Hrsg.), EnWG, 2. Aufl. 2019, § 20 Rn. 36; der BGH Urt. v. 11.6.2003 – VIII ZR 161/02, NVwZ 2003, 1143 (1147), nimmt für den Anspruch aus § 3 EEG die Möglichkeit an, unmittelbar auf Anschluss der Erzeugungsanlage sowie Abnahme und Vergütung der produzierten Elektrizität zu klagen.

von Messbetriebsleistungen möglich ist. In eine vergleichbare Richtung stößt die Regelung des § 18 StromNEV, die eine entgelttechnische Begünstigung dezentraler Erzeugungsanlagen vorsieht, da diese Kosten auf den vorgelagerten Netz- oder Umspannebenen vermeiden.

b) Diskriminierungsfreiheit und Standardisierung der Lastprofile

Die **Zugangsbedingungen** ergeben sich im Übrigen aus § 20 Abs. 1 und § 21 Abs. 1 EnWG. Dabei greift wie auch bei § 17 Abs. 1 S. 1 EnWG eine Anforderungstrias aus Diskriminierungsfreiheit, Angemessenheit und Transparenz, so dass insoweit auf die obigen Ausführungen verwiesen werden kann (C. I. 2.). Das **Diskriminierungsverbot** erfasst in § 21 Abs. 1 EnWG den Unterfall „interne gleich externe Behandlung". Dabei muss (erneut) nur wesentlich Gleiches gleich und wesentlich Ungleiches ungleich behandelt werden. So sieht die StromNZV selbst entsprechende Differenzierungen vor. Dies gilt maßgeblich für die standardisierten Lastprofile, die im Bereich des Zugangs zu Verteilernetzen von Interesse sind. Derartige Profile sind für Letztverbraucher mit einer jährlichen Entnahme von bis zu 100 000 kWh nach § 12 Abs. 1 StromNZV zu erstellen.[422] Angewendet werden diese, soweit nicht auf der Grundlage des MsbG Last- oder Zählerstandsgänge übermittelt werden oder die Ausnahme des § 12 Abs. 5 StromNZV greift. Dabei sind gemäß § 12 Abs. 2 S. 1 StromNZV typische Abnahmeprofile insbesondere in Bezug auf Gewerbe und Haushalte als Letztverbrauchergruppen zu entwickeln. Innerhalb einer Lastprofilgruppe müssen sodann wieder einheitliche Standards greifen, was vor allem in Bezug auf die Grenzen für die Anwendung von standardisierten Lastprofilen gilt, § 12 Abs. 2 S. 2, 3 StromNZV. § 13 StromNZV bestimmt schließlich, wie die Verteilernetzbetreiber mit dem Problem der Jahresmehr- und -mindermengen umzugehen haben. Danach ist für den Zugangspetenten eine Prognose – im Zweifel auf der Basis des Vorjahresverbrauchs – anzufertigen, die ihm mitzuteilen ist und gegebenenfalls korrigiert werden kann. Notfalls kann sie auch unterjährig angepasst werden. Im Übrigen sind Jahresmehr- und -mindermengen am Jahresende auszugleichen, wobei ein zu veröffentlichender Mittelpreis zugrunde zu legen ist.

c) Angemessenheit und Lieferantenwechsel

Das Merkmal der sachlich gerechtfertigten Kriterien bzw. der Angemessenheit entspricht gleichermaßen demjenigen in § 17 Abs. 1 S. 1 EnWG. Die Gewährleistung eines effektiven Zugangs verlangt hier u.a., dass die Vertragsanbahnungskosten möglichst gering zu halten sind, auch um keine **Lock-in-Effekt**e zu bewirken, die den Anbieterwechsel erschweren.[423]

In diesen Themenkreis gehört auch die Problematik des **Lieferantenwechsels**. § 20a EnWG und § 14 StromNZV enthalten eine Reihe von Informations- und Handlungsgeboten im Zusammenhang mit dem Lieferantenwechsel, die (entgegen der Überschrift des Teil 4 der StromNZV) auch und gerade die Lieferanten und nicht nur die Netzbetreiber verpflichten. Für die Abwicklung des Lieferantenwechsels dürfen vom Letztverbraucher nach § 20a Abs. 3 EnWG insbesondere keine Entgelte erhoben werden, da dies eine erhebliche Wechselbarriere darstellen könnte. § 20a Abs. 2

---

[422] Vgl. hierzu OLG Düsseldorf Beschl. v. 27.4.2017 - VI-5 Kart 17/15 (V), Rn. 54 f.
[423] Zum Wechsel des Messstellenbetreibers nach § 14 MsbG s. Kap. 9, E. I.

EnWG sieht zur weiteren Erleichterung des Wettbewerbs entsprechend den Vorgaben im dritten Energiebinnenmarktpaket (s. Art. 3 Abs. 5 lit. a RL 2009/72/EG und Art. 3 Abs. 6 lit. a RL 2009/73/EG) zudem vor, dass die Dauer des Lieferantenwechsels den Zeitraum von drei Wochen ab dem Zeitpunkt des Zugangs der Netzanmeldung durch den neuen Lieferanten nicht überschreiten darf. Der Netzbetreiber muss den Zugangszeitpunkt dokumentieren. Bei Überschreitung der zulässigen Verfahrensdauer kann der Letztverbraucher vom Verursacher (Lieferant oder Netzbetreiber) Schadensersatz verlangen, wobei eine gesetzliche Beweislastumkehr gilt. Demnach muss der Lieferant oder Netzbetreiber selbst nachweisen, dass er die Verzögerung nicht verschuldet hat. In diesem Zusammenhang hat die Bundesnetzagentur zudem zwei Festlegungen[424] erlassen, in denen sie den elektronischen Datenaustausch zwischen Lieferant und Netzbetreiber ebenso wie einzelne Prozesse zur Abwicklung des Lieferantenwechsels standardmäßig definiert hat.[425] Diese Festlegungen sind zwingender Inhalt von Lieferantenrahmen- und Netznutzungsverträgen.[426] Zuletzt wurden dabei die Abwicklungsfristen für den Netzbetreiber verkürzt. Anstelle des Prozesses „Lieferantenwechsel" sollen alle Wechselprozesse ausschließlich über „Lieferbeginn"/„Lieferende" abgewickelt werden. Wie von der Gesetzesbegründung bereits in Aussicht gestellt, soll in Anlehnung an die Wechselprozesse im Messwesen (WiM) lediglich ein Vetorecht für den Altlieferanten gelten. Eine Abmeldung des Altlieferanten ist nicht mehr notwendig, vielmehr muss dieser gegebenenfalls aktiv einem Wechsel (Zwangsabmeldung) widersprechen. Auch eine rückwirkende Zuordnung von Letztverbrauchern zu Lieferanten/Bilanzkreisen soll grundsätzlich nicht mehr möglich sein. Zudem wurde eine rollierende Abwicklung der Energiemengenbilanzierung eingeführt. Somit wird die Allokation im Gas bzw. Bilanzierung im Strom parallel zum Lieferantenwechsel durchgeführt. Darüber hinaus dürfen die Verträge nach § 20 Abs. 1a, 1b EnWG auch das Recht zum Wechsel des Messstellenbetreibers weder behindern noch erschweren, § 20 Abs. 1c EnWG. Die Verträge nach § 20 Abs. 1a EnWG müssen auch Verträge mit Aggregatoren, d.h. Anbietern, die Verbrauch oder Erzeugung von Energie gebündelt am Markt anbieten,[427] ermöglichen.

d) Transparenzpflicht

84 Die Transparenzpflicht verlangt in § 20 Abs. 1 S. 1 EnWG explizit eine **Publikation der Zugangsbedingungen im Internet** und nach § 20 Abs. 1 S. 4 EnWG die Bereitstellung angemessener **Nutzerinformationen**. Die seit 2005 in § 17 StromNZV geregelten Veröffentlichungspflichten der Betreiber von Elektrizitätsversorgungsnetzen wurden mit dem Gesetz zur Umsetzung unionsrechtlicher Vorgaben und zur Regelung reiner Wasserstoffnetze im Energiewirtschaftsrecht[428] in den neuen § 23c EnWG überführt. Zweck der Neuregelung ist, die Veröffentlichungspflichten der Betreiber von Energieversorgungsnetzen durch eine gebündelte gesetzliche Verankerung transparenter zu gestalten.[429] Die bisherige Regelung des § 17 StromNZV findet sich nun in angepasster Form in § 23c Abs. 2, 3 EnWG, der die Transparenzpflicht

---

[424] Zum Instrument der Festlegung s. Kap. 12, A. II. 1.
[425] BNetzA Festlegung v. 11.7.2006 – BK6-06-009, Geschäftsprozesse zur Kundenbelieferung mit Energie (GPKE) zuletzt geändert durch Beschl. v. 11.12.2019 – BK6-19-218, Tenor Ziff. 3, gültig seit 1.4.2020; s. hierzu auch *Kühling/Rasbach*, RdE 2011, 332 (335) und *Theobald/Gey-Kern*, EuZW 2011, 896 (898).
[426] S. zum Inhalt der Festlegungen *Schau*, ZNER 2007, 25 (25 f.).
[427] S. zur Legaldefinition § 3 Nr. 1a EnWG.
[428] BGBl. I 2021, S. 3026.
[429] BT-Drs. 19/27453, S. 113.

D. Netzzugang

im Sinne umfassender Veröffentlichungspflichten der Netzbetreiber ausdifferenziert und dabei zwischen Übertragungsnetzbetreibern (Abs. 2) und Verteilernetzbetreibern (Abs. 3) unterscheidet. Der Katalog von Informationen reicht von Netzverlusten bis zur Jahreshöchstlast, von der Summe der Stromabgaben bis zur prognostizierten Einspeisung erneuerbarer Energien und der tatsächlichen Einspeisung. Die Publikation hat jeweils unverzüglich zu erfolgen, was angesichts des Grundsatzes der Einheit der Rechtsordnung bedeutet, dass die Informationen ohne schuldhaftes Zögern (§ 121 Abs. 1 S. 1 BGB) der Netzbetreiber bereitzustellen sind. Bei Änderungen sind die Angaben unverzüglich anzupassen; § 23 Abs. 7 S. 2 EnWG konkretisiert den Unverzüglichkeitsbegriff für Anpassungen auf eine mindestens monatliche oder, falls es die Verfügbarkeit kurzfristiger Dienstleistungen erfordert, tägliche Aktualisierung. Die Veröffentlichung muss zudem in geeigneter Weise erfolgen, was in jedem Fall eine Publikation auf der Internetseite der Netzbetreiber erfordert. Dort haben die Elektrizitätsversorgungsnetzbetreiber jeweils zum 1. April eines Jahres auch die in § 23c Abs. 1 EnWG aufgezählten Strukturmerkmale ihres Netzes sowie die dort genannten netzrelevanten Daten zu veröffentlichen. Diese Veröffentlichungspflicht war zuvor in § 27 Abs. 2 StromNEV geregelt. Alle Veröffentlichungen haben „in einem gängigen Format zu erfolgen", § 23c Abs. 7 S. 1 EnWG.

e) Zusammenarbeitspflichten

§ 20 Abs. 1 S. 3 EnWG normiert Zusammenarbeitspflichten der Betreiber von Energieversorgungsnetzen. Die Verpflichtung entspricht spiegelbildlich den in Teil 3 Abschnitt 1 des EnWG definierten Aufgaben der Netzbetreiber. Sie ist angesichts der Vielzahl der Betreiber von (Teil-)Netzen unabdingbar, wenn eine flächendeckende Zusammenschaltung möglich werden soll. Die Einzelheiten ergeben sich aus § 16 StromNZV. § 16 StromNZV verpflichtet zum einen zur Entwicklung **standardisierter Netzzugangsbedingungen** und zum anderen dazu, zu diesem Zwecke entsprechende Verträge abzuschließen und Daten auszutauschen.[430] Die Transaktionskosten sind dabei so gering wie möglich zu halten. Hinzu treten weitere spezifische Kooperationspflichten, etwa in § 15 Abs. 1 StromNZV oder § 22 Abs. 2 EnWG.

85

f) Haftung

Von der eigenen Regelung einer Haftung der Netzbetreiber für den Fall, dass den Netznutzern (oder deren Kunden) ein Schaden durch Unterbrechungen oder Unregelmäßigkeiten der Elektrizitätsversorgung entsteht, wurde in der StromNZV abgesehen. Damit greifen lediglich allgemeine gesetzliche und vertragliche Haftungsvorschriften. In **NAV** und **NDAV** erfolgt nun jedoch wiederum durch den jeweiligen § 18 eine Modifizierung der vertraglichen und deliktischen Haftungsansprüche. Kernpunkte sind hierbei eine Verschuldensvermutung mit einer Umkehr der Beweislast bei einer gleichzeitigen gesetzlichen Fixierung von Haftungsobergrenzen. Die Vorschrift gilt jedoch nur für Sach- und Vermögensschäden, die auf einer Unterbrechung oder Unregelmäßigkeiten der Anschlussnutzung beruhen. Sie betrifft damit nicht Schäden, deren Ursprung vom Lieferanten zu verantwortende Störungen in der Versorgung sind.

86

---

430 Zur Bedeutung derartiger Vorgaben für den Wettbewerb exemplarisch *Witzmann*, ZNER 2005, 54 ff.

g) Messeinrichtungen

87 Die Regelung der Messeinrichtungen war zum Ende des Gesetzgebungsverfahrens zum EnWG 2005 so umstritten, dass neben den bereits in den Vorentwürfen der StromNZV vorgesehenen Bestimmungen der §§ 18–21 im Gesetz selbst in § 21b EnWG umfangreiche Vorgaben getroffen wurden. Mit der Novellierung im EnWG 2011 wurde das Messwesen in den §§ 21b–21i EnWG grundlegend neu geordnet und zugleich weiter ausdifferenziert.[431] § 21i EnWG sah eine Verordnungsermächtigung vor, die eine noch detailliertere normative Vorstrukturierung ermöglicht hätte. Von dieser Verordnungsermächtigung hat die Bundesregierung jedoch keinen Gebrauch gemacht. Auf Grundlage des § 21b Abs. 4 EnWG a.F. wurde aber die MessZV[432] erlassen, welche die Voraussetzungen und Bedingungen des Messstellenbetriebs und der Messung von Energie regelte. Durch das Gesetz zur Digitalisierung der Energiewende[433] hat das Messwesen 2016 erneut eine umfassende Novellierung erfahren. Die §§ 21b–21i EnWG sowie die MessZV wurden im Zuge dieser Änderungen aufgehoben.[434] Zugleich wurden die Themenbereiche der Einführung intelligenter Messsysteme für bestimmte Verbrauchergruppen, technische Mindestanforderungen an den Einsatz dieser Messsysteme, die zulässige Datenkommunikation und der Betrieb sowie die Ausstattung dieser Messsysteme in einem neuen Stammgesetz, dem Messstellenbetriebsgesetz, normiert[435] (s. Kap. 9, E.), auf das § 18 StromNZV nurmehr verweist.

88 Kern der Novellierungen durch das **MsbG** sind die konkretisierten Verpflichtungen zum Einbau intelligenter Messsysteme, die in den §§ 29 ff. MsbG geregelt sind.[436] Der Begriff des intelligenten Messsystems, das umgangssprachlich auch als **„Smart Meter"** bezeichnet wird, ist in § 2 S. 1 Nr. 7 MsbG legaldefiniert als „eine über ein Smart-Meter-Gateway in ein Kommunikationsnetz eingebundene moderne Messeinrichtung zur Erfassung elektrischer Energie, das den tatsächlichen Energieverbrauch und die tatsächliche Nutzungszeit widerspiegelt und über den Smart-Meter-Gateway-Administrator im Zusammenwirken mit den informationstechnischen Systemen weiterer Berechtigter aus § 49 Absatz 2 den besonderen Anforderungen nach den §§ 21 und 22 genügt, die zur Gewährleistung des Datenschutzes, der Datensicherheit und Interoperabilität in Schutzprofilen und Technischen Richtlinien festgelegt werden können". Der Einbau der intelligenten Messsysteme ist ausweislich der Legaldefinition zunächst auf den Strombereich beschränkt. Die Einbauverpflichtung hätte bei Letztverbrauchern, die einen Jahresstromverbrauch von mehr als 6.000 kWh aufweisen oder die dem Verteilernetzbetreiber die netzdienliche Steuerung ihrer Verbrauchseinrichtung überlassen haben frühestens ab dem Jahr 2017 greifen können, § 29 Abs. 1 Nr. 1, § 31 Abs. 1 MsbG. Zudem ist auch erstmals die

---

431 S. hierzu ausführlich *Kühling/Rasbach*, RdE 2011, 332 (337 f.) und auch *Theobald/Gey-Kern*, EuZW 2011, 896 (899).
432 Verordnung über Rahmenbedingungen für den Messstellenbetrieb und die Messung im Bereich der leitungsgebundenen Elektrizitäts- und Gasversorgung (Messzugangsverordnung - MessZV) v. 17.10.2008 (BGBl. I 2008, S. 2006), zuletzt geändert durch Art. 12 des Gesetzes zur Digitalisierung der Energiewende v. 29.8.2016 (BGBl. I 2016, S. 2034).
433 Gesetz zur Digitalisierung der Energiewende v. 29.8.2016 (BGBl. I 2016, S. 2034).
434 Art. 3 Nr. 2, Art. 12 des Gesetzes zur Digitalisierung der Energiewende v. 29.8.2016 (BGBl. I 2016, S. 2034).
435 BT-Drs. 18/7555, S. 3; Gesetz über den Messstellenbetrieb und die Datenkommunikation in intelligenten Energienetzen (Messstellenbetriebsgesetz – MsbG) v. 29.8.2016 (BGBl. I 2016, S. 2034) zuletzt geändert durch Art. 10 des Gesetzes v. 16.7.2021 (BGBl. I 2021, S. 3026).
436 Vgl. hierzu *Busch*, Demand Side Management – Rechtliche Aspekte der Vermarktung flexibler Lasten in der Stromwirtschaft, 2017, S. 289 ff.

D. Netzzugang

Erzeugerseite umfassend von diesen Einbaupflichten betroffen, sofern die Anlage eine installierte Leistung von über 7 KW aufweist, § 29 Abs. 1 Nr. 2, § 31 Abs. 2 EnWG. Die Einbauverpflichtung hängt aber darüber hinaus davon ab, dass der Einbau intelligenter Messsysteme technisch möglich und wirtschaftlich vertretbar ist. Die Anerkennung der **technischen Möglichkeit** setzte eine formale Feststellung des BSI voraus, wonach mindestens drei voneinander unabhängige Unternehmen intelligente Messsysteme am Markt anbieten, die den Anforderungen des § 22 Abs. 2 MsbG an Schutzprofile und Technische Richtlinien genügen (§ 30 MsbG a.F.[437]). Das BSI hat eine entsprechende Allgemeinverfügung am 31. Januar 2020 erlassen,[438] sodass – bei Vorliegen der weiteren Voraussetzungen – seit dem Jahr 2020 eine Einbauverpflichtung für intelligente Messsysteme besteht. Die Vollziehung dieser Allgemeinverfügung hat das OVG Münster mit (unanfechtbarem) Beschluss vom 4. März 2021 vorerst gestoppt, da die am Markt verfügbaren intelligenten Messsysteme nicht den gesetzlichen Anforderungen an die Interoperabilität genügen.[439] Das Messstellenbetriebsgesetz ist allerdings zwischenzeitlich geändert worden und sieht nunmehr die Möglichkeit gestufter Markterklärungen sowie einen weitgehenden Bestandsschutz für verbaute und beschaffte Messstellen vor (vgl. § 19 Abs. 6, § 30 MsbG). Die vom OVG Münster formulierten Bedenken bestehen daher nach jetziger Rechtslage nicht mehr.

Die **wirtschaftliche Vertretbarkeit** des Einbaus hängt nach § 31 MsbG vom Jahresstromverbrauch der Letztverbraucher bzw. der Erzeugungsleistung der Anlagenbetreiber und der Möglichkeit der grundzuständigen Messstellenbetreiber ab, ein Entgelt für den Messstellenbetrieb zu erheben, das die jeweils angegebene Höhe nicht überschreitet. Sofern nach dem MsbG keine intelligenten Messsysteme eingebaut werden müssen, ist der Einbau moderner Messeinrichtungen bis spätestens 2032 verpflichtend vorgesehen, § 29 Abs. 3 MsbG.[440] Messsysteme, die den Mindestanforderungen an Smart-Meter-Gateways und intelligente Messsysteme nicht genügen bzw. die nicht zertifiziert wurden, durften unter den Voraussetzungen des § 19 Abs. 5 MsbG noch mindestens bis zum 31. Dezember 2016 eingebaut und von da an bis zu acht Jahre genutzt werden. Die technischen Anforderungen und Mindestfunktionalitäten an Messsysteme und Gateways sind nunmehr in den §§ 19 ff. MsbG festgelegt und werden in Schutzprofilen und Technischen Richtlinien weiter konkretisiert.

Die **Vorgehensweise bei der Messung** ist seit der Novelle 2016 nicht mehr in den §§ 18 ff. StromNZV, sondern in § 55 MsbG geregelt. Sofern intelligente Messsysteme verbaut sind, ist eine Zählerstandsgangmessung, d.h. „die Messung einer Reihe viertelstündig ermittelter Zählerstände von elektrischer Arbeit und stündlich ermittelter Zählerstände von Gasmengen"[441] vorzunehmen, § 55 Abs. 1 Nr. 1–3 MsbG. Bei Letztverbrauchern mit einem Jahresstromverbrauch von über 100.000 kWh und bei Letztverbrauchern mit einem Jahresstromverbrauch bis 100.000 kWh, die mit einem intelligenten Messsystem ausgestattet sind, können viertelstündig registrierte Lastgänge gemessen werden.[442] Bei den übrigen Letztverbrauchern wird die ent-

---

437 § 30 MsbG i.d.F., die vor dem 27.7.2021 galt.
438 BSI, Allgemeinverfügung v. 31.1.2020, 610 01 04 /2019_001.
439 OVG Münster Beschl. v. 4.3.2021 – 21 B 1162/20. Über die Hauptsacheklage (VG Köln, 9 K 3784/20) ist noch nicht entschieden.
440 Bei einer modernen Messeinrichtung handelt es sich nach § 2 Nr. 15 MsbG um „eine Messeinrichtung, die den tatsächlichen Elektrizitätsverbrauch und die tatsächliche Nutzungszeit widerspiegelt und über ein Smart-Meter-Gateway sicher in ein Kommunikationsnetz eingebunden werden kann".
441 § 2 Nr. 27 MsbG.
442 § 55 Abs. 1 Nr. 1, 2 MsbG.

nommene elektrische Arbeit erfasst, § 55 Abs. 1 Nr. 4 MsbG. Die Nachprüfung der Messeinrichtungen, die jederzeit möglich sein muss und im Fall des Aufdeckens von Fehlern kostenmäßig vom Messstellenbetreiber zu tragen ist, ist in § 71 Abs. 1, 2 MsbG geregelt. Wird schließlich ein Messfehler aufgedeckt, ist der Verbrauchswert entweder im Wege der Extrapolation auf Basis der Durchschnittswerte der vorangehenden und nachfolgenden Ablesezeiträume oder auf Basis des Vorjahreswertes durch Schätzung zu ermitteln, sofern die Messwerte nicht über Parallelmessungen ermittelt werden können, § 71 Abs. 3 MsbG. Die in diesem Zusammenhang bestehenden Netzbetreiberpflichten listet § 20 Abs. 1d EnWG auf.[443]

4. Zugangsbeschränkungen – insbesondere das Problem des Kapazitätsengpasses

91 Nach § 20 Abs. 2 EnWG ist eine Zugangsverweigerung möglich, wobei die Voraussetzungen denen des § 17 Abs. 2 EnWG entsprechen (s. daher schon bei C. I. 3.). Zentraler Zugangsverweigerungsgrund ist der Kapazitätsengpass, der auch in § 3 Abs. 1 S. 1 StromNZV eigens erwähnt wird. § 15 StromNZV sieht nähere Regelungen zum **Engpassmanagement** vor.[444] Gemäß § 15 Abs. 1 StromNZV ist der Netzbetreiber zunächst verpflichtet, durch netz- und marktbezogene Maßnahmen das Entstehen von Engpässen in seinen Netzen und an den Kuppelstellen zu verhindern. Kommt es trotzdem zu einem Engpass, verlangt § 15 Abs. 2 StromNZV eine nicht nur transparente und diskriminierungsfreie, sondern auch marktorientierte Kapazitätsbewirtschaftung. Dies eröffnet die Möglichkeit einer Versteigerung von Engpassressourcen, wie sie etwa für Slots im Eisenbahnbereich bereits seit Längerem, nunmehr auf Basis des ERegG[445] praktiziert wird und auch im Bereich der Bewirtschaftung grenzüberschreitender Verbindungsleitungen mittlerweile fest etabliert ist. Eine weitere Bewirtschaftungsmethode stellt das marktorientierte Redispatching dar.[446]

92 Ist eine solche Engpassbewirtschaftung aufgrund auftretender Engpässe notwendig, sind Kraftwerke, die die Voraussetzungen des § 7 Abs. 2 KraftNAV erfüllen, privilegiert zu behandeln. Gemäß § 7 Abs. 3 S. 2 KraftNAV ist einem privilegierten Kraftwerk der Zugang zu gewähren, ohne dass es hierfür auf der Grundlage von § 15 Abs. 2 StromNZV zur Zahlung erhöhter Entgelte verpflichtet werden kann. Das privilegierte Kraftwerk hat insoweit Vorrang vor den nicht privilegierten Kraftwerken, die dann hinsichtlich der noch verbleibenden Leitungskapazität dem Bewirtschaftungsverfahren unterliegen. Durch eine solche Privilegierung kann jedoch maximal die Hälfte der vorhandenen Leitungskapazität belegt werden.[447] Bei mehreren privilegierten Kraftwerken hat daher gegebenenfalls eine anteilige Kürzung zu erfolgen.[448]

93 Um in den Genuss einer solchen Privilegierung zu gelangen, ist es zunächst erforderlich, dass der Anschlussnehmer spätestens zum 31. Dezember 2007 ein inhalt-

---

443 S. hierzu weiterführend BGH Beschl. v. 12.11.2019, EnVR 66/18, nach *juris*, Rn. 17 ff.
444 S. hierzu auch BGH Beschl. v. 1.9.2020, EnVR 7/19, nach *juris*, Rn. 15 ff.
445 S. § 55 des Eisenbahnregulierungsgesetzes (ERegG) v. 29.8.2016 (BGBl. I 2016, S. 2082), zuletzt geändert durch Art. 2 des Gesetzes v. 9.6.2021 (BGBl. I 2021, S. 1737).
446 Dazu *Pritzsche/Stephan/Pooschke*, RdE 2007, 36 (36 f.); s. allgemein zu den verschiedenen Engpassmanagementmethoden *Arndt*, in: Britz/Hellermann/Hermes (Hrsg.), EnWG, 3. Aufl. 2015, § 20 Rn. 209 ff.
447 § 7 Abs. 3 S. 3 KraftNAV.
448 S. hierzu *Arndt*, in: Britz/Hellermann/Hermes (Hrsg.), EnWG, 3. Aufl. 2015, § 20 Rn. 206 und *Hartmann*, in: Theobald/Kühling (Hrsg.), Energierecht, 109. EL 2021, § 7 KraftNAV Rn. 51 ff.

lich vollständiges Anschlussbegehren an den betroffenen Netzbetreiber gerichtet hat (§ 7 Abs. 2 Nr. 1 KraftNAV). Alle nach diesem Stichtag eingereichten Anschlussbegehren scheiden insoweit aus. Des Weiteren darf der Anschluss an das Netz nicht vor dem 1. Januar 2007 erfolgt sein. Ein noch ausstehender Anschluss musste bis spätestens zum 31. Dezember 2012 erfolgen, wenn nicht eine Verzögerung durch Umstände eintrat, die der Anschlussnehmer nicht zu vertreten hatte (§ 7 Abs. 2 Nr. 2 KraftNAV). Durch die Festsetzung des Termins hinsichtlich des frühestmöglichen Anschlusszeitpunkts erfolgt die Abgrenzung neuer und damit privilegierter Kraftwerke gegenüber alten und damit nicht privilegierten Kraftwerken. Durch die Fristsetzung zur Realisierung sollte auf die zeitnahe Verwirklichung des Kraftwerkprojekts hingewirkt werden. In der Summe ergibt sich aus den Kriterien des § 7 Abs. 2 KraftNAV ein abgeschlossener Zeitraum, binnen dessen ein Kraftwerk geplant und realisiert werden muss, um in den Genuss der Privilegierung zu kommen.

Die Privilegierung dauert an für einen Zeitraum von zehn Jahren, beginnend mit dem Datum der ersten Netzeinspeisung. Sie endet jedoch spätestens zum 31. Dezember 2022. Für solche Kraftwerke, die aufgrund nicht zu vertretender Umstände erst nach dem 31. Dezember 2012 angeschlossen wurden und noch in den Genuss der Privilegierung kommen, verkürzt sich dadurch die Dauer der Privilegierung entsprechend.

Die durch die Engpassbewirtschaftung generierten Einnahmen sind zweckmäßigerweise gemäß der Vorgabe des § 15 Abs. 3 StromNZV unmittelbar zur Beseitigung der Engpässe einzusetzen. Alternativ können sie auch preismindernd bei den Zugangsentgelten berücksichtigt werden. Dabei greift ein Vorrang der Engpassbeseitigung im Rahmen der Vorgaben des § 15 Abs. 1 StromNZV (d.h. im Rahmen des wirtschaftlich Zumutbaren). Nach § 15 Abs. 4 StromNZV müssen entsprechende Mitteilungspflichten im Fall des Auftretens von Engpässen unverzüglich erfüllt werden. § 15 Abs. 5 StromNZV stellt schließlich klar, dass die Pflichten sowohl für die Übertragungsnetzbetreiber als auch für die Elektrizitätsverteilernetzbetreiber gelten.

5. Zugang zu grenzüberschreitenden Verbindungsleitungen

Ebenfalls ein Problem auftretender Engpässe ist der Zugang zu grenzüberschreitenden Verbindungsleitungen. Die Engpässe an den **Grenzkuppelstellen** bewirken, dass sich auf beiden Seiten des Engpasses ein eigenständiger Preis herausbildet. Sie sind damit ein grundsätzliches Problem für die Ausbildung eines unionsweiten Elektrizitätsbinnenmarkts, das langfristig nur durch den Ausbau der Grenzkuppelstellen behoben werden kann. Kurz- und mittelfristig sind über eine möglichst optimale Nutzung der vorhandenen Kapazitäten die Symptome abzumildern. In der Stromhandelsverordnung (EG) 714/2009[449] war zunächst der rechtliche Rahmen zur Bewirtschaftung der Grenzkuppelstellen normiert, der durch in ihrem Anhang enthaltene Engpassleitlinien konkretisiert wurde.[450] Die Stromhandelsverordnung wurde zwischenzeitlich durch die neue **Elektrizitätsbinnenmarktverordnung** ersetzt,[451] die Bestandteil des sog. „Winterpakets" ist, mit dem eine grundsätzliche Anpassung

---

[449] Verordnung (EG) Nr. 714/2009 des Europäischen Parlaments und des Rates v. 13.7.2009 über die Netzzugangsbedingungen für den grenzüberschreitenden Stromhandel und zur Aufhebung der Verordnung (EG) Nr. 1228/2003, ABl. EU Nr. L 211, S. 15 v. 14.8.2009.
[450] Zur Vorgängerfassung der Engpassleitlinien s. *Kühling*, RdE 2006, 173 (173f.).
[451] Verordnung (EU) 2019/943 des Europäischen Parlaments und des Rates v. 5.6.2019 über den Elektrizitätsbinnenmarkt, ABl. EU Nr. L 158, S. 54 v. 14.6.2019; zur Aufhebung der Stromhandelsverordnung s. Art. 70 der Verordnung (EU) 2019/943.

des Regulierungsrahmens an den seit dem dritten Energiebinnenmarktpaket im Jahr 2009 veränderten Energiesektor erreicht werden soll.[452] In deren Art. 14 ff. sind der Netzzugang und das Engpassmanagement geregelt.

Der vorgenannten Problematik entsprechend sind die Stromgebotszonen nach den in Art. 14 Abs. 1 der Elektrizitätsbinnenmarktverordnung festgelegten Grundsätzen zu überprüfen. Die Stromgebotszonen müssen – unter Wahrung der Versorgungssicherheit – möglichst viele Möglichkeiten zum zonenübergreifenden Handel ergeben.[453]

97 Netzengpässen soll mit diskriminierungsfreien und marktbasierten Lösungen begegnet werden (Art. 16 Abs. 1 S. 1 Elektrizitätsbinnenmarktverordnung). Ein erster Schritt zur Bewältigung von Netzengpässen ist die Versteigerung der Kapazitätsnutzungsrechte (explizite Auktionen). Langfristig geht der Trend jedoch zu impliziten Auktionen. Besonders weit sind dabei bereits die Region Zentralwesteuropa[454] sowie der skandinavische Raum.[455] In beiden Regionen sind die Strombörsen weit entwickelt. Bei impliziten Auktionen wird die vorhandene Leitungskapazität bereits als Parameter bei der Bildung der Börsenpreise berücksichtigt, so dass die Bewirtschaftung der Leitungsengpässe in den börslichen Handel integriert wird. Auf der Basis der nach der Auswertung der eingegangenen An- und Verkaufsangebote gebildeten Börsenpreise auf beiden Seiten des Engpasses wird sodann nachträglich eine Annäherung dieser beiden Börsenpreise herbeigeführt, indem an der Börse mit dem niedrigeren Preis Strom gekauft und an der Börse mit dem höheren Strompreis verkauft wird. Dadurch steigt an der Börse mit dem niedrigeren Strompreis die Nachfrage und damit der Preis. An der Börse mit dem höheren Strompreis steigt das Angebot, so dass der Preis dort sinkt. Grenze dieser Vorgehensweise ist die Menge, die durch die freien Leitungskapazitäten ex- bzw. importiert werden kann. Die verfügbare zonenübergreifende Kapazität wird von den Übertragungsnetzbetreibern berechnet (Art. 17 Abs. 1 Elektrizitätsbinnenmarktverordnung). Den Zuschlag erhalten sowohl bei expliziten als auch bei impliziten Auktionen stets die höchsten gültigen Gebote für Netzkapazität, die den höchsten Wert für die knappe Übertragungskapazität in einem bestimmten Zeitbereich bieten (Art. 16 Abs. 6 S. 1 Elektrizitätsbinnenmarktverordnung). Je nachdem, ob dabei auf jeder Seite des Engpasses eine eigene Börse beteiligt ist, oder aber, ob nur eine einzige Börse eingebunden ist, die gezwungen ist, ihren Handelsplatz entsprechend der Engpässe in Handelszonen „zu unterteilen", wird von einem „open market coupling" oder einem „market splitting" gesprochen. Zu beachten ist, dass die den Marktteilnehmern zur Verfügung zu stellende Kapazität an Grenzkuppelstellen seitens der Übertragungsnetzbetreiber nicht zur Behebung eines Engpasses innerhalb der eigenen Gebotszone beschränkt werden darf[456] (Art. 16 Abs. 8 Elektrizitätsbinnenmarktverordnung).

---

452 *Meyer/Sène*, RdE 2019, 278 (278).; s. auch *Pause*, ZUR 2019, 387 (390 f.).
453 Art. 14 Abs. 1 S. 3 Elektrizitätsbinnenmarktverordnung.
454 S. dazu etwa die Gründung des Capacity Allocation Service Centre for the Central Westeuropean Electricity Market (CASC-CWE), gemeinsame Pressemitteilung der Übertragungsnetzbetreiber Cegedel, Elia, EnBW TNG, E.ON Netz, RWE TSO Strom und TenneT v. 18.12.2007.
455 Im August 2008 gründeten Nord Pool Spot, die EEX, 50Hertz Transmission, TenneT TSO und Energinet.dk zu diesem Zweck die European Market Coupling Company (EMCC). S. zum aktuellen Stand und zur Entwicklung der Marktkopplung *Pritzsche/Reimers*, in: Baur/Salje/Schmidt-Preuß (Hrsg.), Regulierung in der Energiewirtschaft, 2. Aufl. 2016, Kap. 19, Rn. 62 ff.
456 In dieser kann ohne Kapazitätsvergabe Energie ausgetauscht werden, Art. 2 Nr. 65 der Verordnung (EU) 2019/943.

D. Netzzugang   119

Zur Durchführung der expliziten Auktionen sowie der Abwicklung der impliziten **98**
Auktionen können neue, rechtlich selbstständige Einheiten gegründet werden, die
zentrale Aufgaben der beteiligten Netzbetreiber und Börsen wahrnehmen. Je nach
rechtlicher Ausgestaltung dieser Einheiten wirft das Fragen hinsichtlich der Vereinbarkeit mit den Unbundling-Vorgaben[457] sowie der Verteilung der regulatorischen Zuständigkeiten[458] auf.[459] Die 2013 neu erlassene **Verordnung zu Leitlinien für die transeuropäische Infrastruktur** (sogenannte **TEN-E-Verordnung**)[460] priorisiert den Ausbau bestimmter grenzüberschreitender Verbindungsleitungen als sogenanntes Vorhaben von gemeinsamen Interesse (VGI) und kann so dazu beitragen, das Auftreten von Netzengpässen an den Grenzkuppelstellen zu verringern. Während die TEN-E-Verordnung den Ausbau von grenzüberschreitenden Infrastrukturvorhaben adressiert, normiert die Verordnung (EU) 2015/1222[461] Leitlinien, die bei der Vergabe grenzüberschreitender Kapazitäten und im Rahmen des Engpassmanagements auf dem Day-Ahead- und Intraday-Markt zu berücksichtigen sind. Diese Märkte sollen einheitlich gekoppelt werden, um die unionsweite Integration des Strommarktes voranzutreiben.[462] Die Vorgaben und Maßnahmen dieser Verordnung sind auch im Rahmen des Engpassmanagements nach der Elektrizitätsbinnenmarktverordnung zu berücksichtigen.

6. Bilanzkreismanagement

Der zur Netznutzung erforderliche **Bilanzkreisvertrag** regelt das Verhältnis zwischen **99**
dem Übertragungsnetzbetreiber und dem Bilanzkreisverantwortlichen (s. I. 1.). Die Herstellung von Bilanzkreisen ist von zentraler Bedeutung für die Gewährleistung der Handelbarkeit von Strom: Sie ermöglichen es jedem Bilanzkreisverantwortlichen, Einspeise- und Ausspeiseseite zu entkoppeln und innerhalb einer Bilanzzone entsprechende Bilanzabweichungen zu regeln. Damit wird zugleich die Börsenfähigkeit des Stromhandels gewährleistet und die Inanspruchnahme von Regelenergie verringert. Diese schon für die Bilanzkreisregelungen der Verbändevereinbarungen geltenden Ziele ergeben sich seit dem EnWG 2005 direkt aus der Definition des Bilanzkreises in § 3 Nr. 10d EnWG als „die Zusammenfassung von Einspeise- und Entnahmestellen, die dem Zweck dient, Abweichungen zwischen Einspeisungen und Entnahmen durch ihre Durchmischung zu minimieren und die Abwicklung von Handelstransaktionen zu ermöglichen". Die §§ 4 und 5 StromNZV regeln die Details der Bildung eines Bilanzkreises, die durch einen oder mehrere Netznutzer erfolgt und aus mindestens einer Einspeise- oder Entnahmestelle bestehen muss. Die bilanz-

---

457 Ausführlich *Kühling/Hermeier*, ZNER 2006, 27 (27 f.).
458 Hierzu *Hermeier*, RdE 2007, 249 (249 f.), sowie hinsichtlich der diesbezüglichen Vorgaben in den Vorschlägen der Kommission zum dritten Energiebinnenmarktpaket *Kühling/Hermeier*, IR 2008, 98 (98 f.).
459 S. zum grenzüberschreitenden Engpassmanagement auch *Pritzsche/Reimers*, in: Baur/Salje/Schmidt-Preuß (Hrsg.), Regulierung in der Energiewirtschaft, 2. Aufl. 2016, Kap. 19.
460 Verordnung (EU) 347/2013 des Europäischen Parlaments und des Rates v. 17.4.2013 zu Leitlinien für die transeuropäische Energieinfrastruktur und zur Aufhebung der Entscheidung 1364/2006/EG und zur Änderung der Verordnungen (EG) 713/2009, (EG) 714/2009 und (EG) 715/2009, ABl. EU Nr. L 115, S. 39 v. 25.4.2013, zuletzt geändert durch die Delegierte Verordnung (EU) 2020/389 v. 31.10.2019, Abl. EU Nr. L 74, S. 1 v. 11.3.2020.
461 Verordnung (EU) 2015/1222 der Kommission v. 24.7.2015 zur Festlegung einer Leitlinie für die Kapazitätsvergabe und das Engpassmanagement, ABl. EU Nr. L 197, S. 24 v. 25.7.2015, zuletzt geändert durch die Durchführungsverordnung (EU) 2021/280 v. 22.2.2021, ABl. EU Nr. L 62, S. 24 v. 23.2.2021.
462 Erwägungsgrund 3 Verordnung (EU) 2015/1222 der Kommission v. 24.7.2015 zur Festlegung einer Leitlinie für die Kapazitätsvergabe und das Engpassmanagement.

kreisbildenden Netznutzer müssen nach § 4 Abs. 2 StromNZV einen **Bilanzkreisverantwortlichen** benennen, der als Schnittstelle zwischen den Netznutzern und dem Übertragungsnetzbetreiber fungiert und wirtschaftlich für den Ausgleich zwischen Einspeisungen und Entnahmen verantwortlich ist. Die Einspeise- oder Entnahmestellen sind sodann nach § 4 Abs. 3 StromNZV dem Bilanzkreis zuzuordnen, an den der Netznutzer die Bilanzkreisverantwortung übertragen hat.

100 Damit kann auch aus dieser Perspektive das bereits eingangs benannte komplexe Vertragsverhältnis beleuchtet werden. Es stellt sich aus der Perspektive des Bilanzkreismanagements wie folgt dar: Der Bilanzkreisverantwortliche schließt einen Bilanzkreisvertrag mit den Übertragungsnetzbetreibern ab. Die Übertragungsnetzbetreiber haben ihrerseits Netznutzungsverträge mit den Verteilernetzbetreibern. Diese haben wiederum Netznutzungsverträge bzw. Lieferantenrahmenverträge mit den Kunden bzw. Lieferanten abgeschlossen, während die vertraglichen Regelungen zwischen den Lieferanten und dem Kunden im Rahmen der Stromlieferungsverträge geregelt sind. Zusätzlich besteht eine vertraglich geregelte Zuordnungsermächtigung der Bilanzkreisverantwortlichen hinsichtlich der Einspeise- und Ausspeisepunkte mit den Verteilernetzbetreibern (s. auch oben 1. am Ende).

101 Die im ursprünglichen Entwurf der StromNZV noch vorgesehene Möglichkeit einer Zugehörigkeit zu mehreren Bilanzkreisen, sofern ein offener Liefervertrag abgeschlossen wurde, sieht die Endfassung der StromNZV nicht mehr vor. § 4 Abs. 4 StromNZV normiert darüber hinaus eine Informationspflicht mit Blick auf die zur Abrechnung und Verminderung der Bilanzkreisabweichung erforderlichen Daten, in die sämtliche Elektrizitätsversorgungsnetzbetreiber einbezogen werden. Die Vorschrift wurde zuletzt mit Gesetz vom 30. April 2012 hinsichtlich einer entsprechenden Prüfungspflicht des Bilanzkreisverantwortlichen ergänzt. Die technische Abwicklung der Energielieferung zwischen Bilanzkreisen erfolgt aufgrund von Fahrplänen, deren Gestaltung durch § 5 StromNZV näher vorstrukturiert wird.

7. Regelenergie

102 Die §§ 22 und 23 EnWG und die §§ 6–11 StromNZV befassen sich mit dem Problem der Regelenergie. Dabei handelt es sich nach der Definition in § 2 Nr. 9 StromNZV um „diejenige Energie, die zum Ausgleich von Leistungsungleichgewichten in der jeweiligen Regelzone eingesetzt wird". In der Sache geht es darum, einerseits Verluste und andererseits Differenzen zwischen Ein- und Ausspeisung auszugleichen. Dabei ist zwischen drei Arten der Reserven zu unterscheiden. Die **Primärregelung** sichert gemäß der Begriffsdefinition in § 2 Nr. 8 StromNZV den sekundenweise erfolgenden Ausgleich von Leistungsbilanzstörungen. Die **Sekundärregelung** dient ausweislich § 2 Nr. 10 StromNZV hingegen einerseits der Ablösung der eingesetzten Primärregelleistung und andererseits dem dauerhaften Ausgleich der Leistungsbilanz. Schließlich tritt drittens subsidiär die **Minutenreserve** gemäß § 2 Nr. 6 StromNZV hinzu, die größere Bilanzstörungen kompensiert, wenn die Sekundärregelung dazu nicht genügt.[463]

---

[463] Zu dem Problem der Regelenergiebeschaffung durch den Übertragungsnetzbetreiber und zum technischen Hintergrund eingängig *Albers/Stelzner*, et 2001, 704 ff., sowie die im Auftrag der deutschen Übertragungsnetzbetreiber erstellte Studie von *consentec*, Beschreibung von Regelleistungskonzepten und Regelleistungsmarkt v. 24.2.2014, abrufbar unter http://www.consentec.de/publikationen/studien (Abruf 15.10.2021).

D. Netzzugang

Das EnWG sieht in § 22 Abs. 1 S. 1 zunächst für sämtliche Versorgungsnetzbetreiber vor, dass die Beschaffung der Ausgleichsenergie transparent, diskriminierungsfrei und marktorientiert zu erfolgen hat. In Bezug auf die Transparenz und die Diskriminierungsfreiheit gelten die obigen Ausführungen zum Netzzugang (s. 3.), wobei auch hier der Grundsatz „interne gleich externe Behandlung" eigens hervorgehoben wird. Die Marktorientierung verlangt im Zweifel eine **Ausschreibung** der Energiebeschaffung, da dadurch zum einen eine Markttransparenz erreicht wird und zum anderen zielsicher der marktübliche und auch geringstmögliche Preis ermittelt werden kann. Als weitere Beschaffungsvorgabe verlangt § 22 Abs. 1 S. 2 EnWG, dass das Verfahren insbesondere einer untertäglichen Beschaffung hohes Gewicht beizumessen hat. Ein Ausschreibungsverfahren ist allerdings nur für die Übertragungsnetzbetreiber in § 22 Abs. 2 S. 1 EnWG zwingend vorgesehen. Zugleich greift auch hier ein Standardisierungsgebot. § 22 Abs. 2 S. 2 EnWG geht sogar so weit, von den Übertragungsnetzbetreibern für die Ausschreibung der Regelenergie die Errichtung einer gemeinsamen Internetplattform zu verlangen. Auch dies dient der Erhöhung der Transparenz und der Senkung der Transaktionskosten. Die Einrichtung ist nach § 22 Abs. 2 S. 3 EnWG der Regulierungsbehörde anzuzeigen. Damit kann die Einhaltung der Voraussetzungen von § 22 Abs. 2 S. 2 EnWG überwacht werden. Abgerundet wird diese konkrete spezifische Kooperationspflicht durch das allgemeine regelenergiebezogene und auf Senkung der Transaktionskosten angelegte Kooperationsgebot in § 22 Abs. 2 S. 4 EnWG. Dieses dient dem Ziel, den Einsatz an Regelenergie vor allem durch die Vermeidung eines „Gegeneinanderregelns" abzusenken. **103**

Die Bundesnetzagentur hat Festlegungen hinsichtlich des Verfahrens zur Ausschreibung von Regelenergie in Gestalt von Primärregelung, Sekundärregelung und Minutenreserve erlassen[464] und im Sommer 2017 novelliert[465]. Damit hat die Bundesnetzagentur die Vorgaben des § 22 EnWG für die Anwendung in der Praxis konkretisiert. Die vier deutschen Übertragungsnetzbetreiber schreiben u.a. die Regelleistung auf der gemeinsamen Internetplattform www.regelleistung.net[466] aus. **104**

§ 23 EnWG behandelt sodann die Frage, unter welchen Bedingungen die Ausgleichsleistungen zu erbringen sind. Insbesondere wird eigens das Gebot der Angemessenheit in Bezug auf die Entgelte normiert („sachlich gerechtfertigt", dazu oben 3.). Die Abrechnung der Regelenergie wird durch § 8 StromNZV geregelt. Dabei kommt es auf die tatsächlichen Kosten der Regelenergiebeschaffung an.[467] Ergänzend präzisiert § 23 S. 2 EnWG, dass die Entgelte gemäß dem Maßstab des § 21 Abs. 2 EnWG materiell kosteneffizient sein müssen (s. dazu Kap. 4). Dieselbe Norm konkretisiert das Transparenzprinzip schließlich dahin gehend, dass die Ausgestaltung der Erbringung von Ausgleichsleistungen im Internet veröffentlicht werden muss. **105**

Die §§ 6–11 StromNZV enthalten detailliertere Vorgaben zur Regelenergie, wobei vor allem das Ausschreibungsverfahren und der Ausschreibungsgegenstand näher konkretisiert werden. Da dieses verpflichtend nur für die Übertragungsnetzbetreiber ist, adressieren die §§ 6–9 StromNZV nur diese. Die (später hinzugekommenen) Vorgaben zur Verlustenergie und zum Bilanzkreis für Energien nach dem EEG in den §§ 10 **106**

---

[464] BNetzA Beschl. v. 12.4.2011 – BK6-10-097 (Primärregelleistung) und BK6-10-098 (Sekundärregelleistung) und v. 18.10.2011 - BK6-10-099 (Minutenreserve).
[465] BNetzA Beschl. v. 13.6.2017 – BK6-15-158 (= Festlegung von Ausschreibungsbedingungen und Veröffentlichungspflichten für Sekundärregelung); BNetzA Beschl. v. 13.6.2017 – BK6-15-159 (= Festlegung von Ausschreibungsbedingungen und Veröffentlichungspflichten für Minutenreserve).
[466] Abruf 15.10.2021.
[467] S. hierzu *Britz*, in: Britz/Hellermann/Hermes (Hrsg.), EnWG, 3. Aufl. 2015, § 23 Rn. 5 ff.

und 11 StromNZV erfassen hingegen alle Betreiber von Elektrizitätsversorgungsnetzen. Ihre spätere Aufnahme erklärt auch die fehlerhafte Beschränkung von Teil 2 der StromNZV auf Übertragungsnetzbetreiber („Zugang zu Übertragungsnetzen").

8. Verordnungsermächtigung

107 § 24 EnWG enthält eine umfassende Rechtsgrundlage für den Erlass von Rechtsverordnungen, welche die Vorgaben in den §§ 20–23 EnWG in Bezug auf den Zugang zu Versorgungsnetzen ergänzen sollen. Diese Ermächtigungsgrundlage erstreckt sich dabei sowohl auf die Zugangsregulierung als auch auf den im Bereich der Zugangsbedingungen wichtigen Spezialfall der Entgeltregulierung. Dementsprechend wurden auf der Grundlage dieser Verordnungsermächtigung sowohl die Netzzugangsverordnungen als auch die Zugangsentgeltverordnungen für den Bereich Strom und den Bereich Gas erlassen. § 24 EnWG enthält sehr detaillierte Vorgaben über den möglichen Gegenstand der Verordnung, wie die Regelungsgegenstände der Rechte der Verbraucher beim Anbieterwechsel oder über die Befugnis der Regulierungsbehörde, die Zusammenfassung von Teilnetzen anzuordnen. Hinzu kommen Vorgaben zur Ausrichtung der einzelnen Regelungsgegenstände in § 24 S. 3–5 EnWG, so dass keine Bedenken hinsichtlich der Bestimmtheit der Verordnungsermächtigung i.S.d. Art. 80 Abs. 1 S. 2 GG bestehen. Schließlich sehen die §§ 20 ff. EnWG weitere Ausgestaltungshinweise vor – so in § 20 Abs. 1a S. 5 und Abs. 1b S. 11 zu den Bilanzkreisen, § 21 Abs. 2 S. 1 und § 21a Abs. 1 und Abs. 6, 7 zur Entgeltregulierung sowie § 23a Abs. 1, Abs. 3 S. 4 Nr. 2 und 3, Abs. 3 S. 7 und Abs. 5 S. 2 zur Entgeltgenehmigung. In diesem Kontext ist nunmehr noch § 120 EnWG zu berücksichtigen, der Regelungen für den schrittweisen Abbau der Entgelte für Einspeisungen aus dezentralen Erzeugungsanlagen vorsieht, die im Rahmen des Verordnungserlasses nach § 24 S. 5 EnWG zu berücksichtigen sind.

II. Zugang zu Gasversorgungsnetzen

1. Zugang im Strom- und Gasbereich – Gemeinsamkeiten und Unterschiede

108 Die physikalischen Unterschiede zwischen Strom und Gas, aber auch die divergierenden Netzstrukturen bedingen schon dem Grunde nach erhebliche Abweichungen zwischen dem Zugangsregime im Strom- und Gasbereich (s. dazu 2. und 3.). Eine normative Reaktion auf die physikalische Besonderheit der **Speicherungsfähigkeit** von Gas ist beispielsweise die sehr frühzeitige Normierung eines Rechts auf Zugang zu Gasspeicheranlagen (s. dazu 8. und die §§ 26 und 28 EnWG). Andererseits gibt es auch deutliche Parallelen. So sind die Vorgaben zur Durchführung der Messung (weiterhin) einheitlich im MsbG geregelt (vgl. § 43 GasNZV i.V.m. MsbG) (s. dazu oben I. 3.).

2. Entry-Exit-System

109 Das vormals im Gasbereich geltende sogenannte Kontraktpfadmodell bzw. Punkt-zu-Punkt-Modell ist bereits durch das EnWG 2005 und hier insbesondere durch § 20 Abs. 1b EnWG von einem netzübergreifenden Entry-Exit-System abgelöst worden.[468] Gemäß § 20 Abs. 1b S. 1 EnWG „müssen Betreiber von Gasversorgungsnetzen Einspeise- und Ausspeisekapazitäten anbieten, die den Netzzugang ohne Festlegung eines transaktionsabhängigen Transportpfads ermöglichen und unabhängig voneinander nutzbar und handelbar sind".[469] Grundsätzlich erfolgt dieser Netzzugang auf der Basis von zwei Verträgen, einem Einspeise- und einem Ausspeisevertrag, vgl. § 20 Abs. 1b S. 2 und 3 EnWG. Mit dieser Feststellung allein ist aber noch nichts darüber ausgesagt, ob der Zugang zum jeweiligen Einzelnetz nach dem Entry-Exit-System erfolgen soll (**einzelnetzbezogenes** Entry-Exit-System)[470] oder aber der Netzzugang insgesamt und netzübergreifend auf der Basis eines Ein- und eines Ausspeisevertrags abgewickelt werden soll (**netzübergreifendes** Entry-Exit-System). § 20 Abs. 1b S. 5 EnWG, der erst unmittelbar vor der Verabschiedung des EnWG 2005 im Vermittlungsverfahren zwischen Bundesrat und Bundestag eingefügt wurde, stellt insoweit klar, dass alle Betreiber von Gasversorgungsnetzen verpflichtet sind, „untereinander in dem Ausmaß verbindlich zusammenzuarbeiten, das erforderlich ist, damit der Transportkunde zur Abwicklung eines Transports auch über mehrere, durch Netzkopplungspunkte miteinander verbundene Netze nur einen Einspeise- und einen Ausspeisevertrag abschließen muss, es sei denn, diese Zusammenarbeit ist technisch nicht möglich oder wirtschaftlich nicht zumutbar". Hierzu haben die Gasnetzbetreiber bei der Berechnung und dem Angebot von Kapazitäten, der Erbringung von Systemdienstleistungen und der Kosten- oder Entgeltwälzung eng zusammenzuarbeiten, § 20 Abs. 1b S. 6 EnWG. Sie sind ferner verpflichtet, gemeinsame Vertragsstandards für den Netzzugang zu entwickeln und unter Berücksichtigung von technischen Einschränkungen und wirtschaftlicher Zumutbarkeit alle Kooperationsmöglichkeiten mit anderen Netzbetreibern auszuschöpfen, mit dem Ziel, die Zahl der Netze oder Teilnetze sowie der Bilanzzonen möglichst gering zu halten. Gemäß § 20 Abs. 1b EnWG ist dem Transportkunden damit jedenfalls – vorbehaltlich der technischen Möglichkeit und wirtschaftlichen Zumutbarkeit – ein Zugang zum gesamten deutschen Erdgasnetz auf der Basis von nur zwei Verträgen zu ermöglichen.[471] Eine weitergehende Konkretisierung dieses netzübergreifenden Entry-Exit-Systems hat der Gesetzgeber indes nicht vorgenommen. Auch in der GasNZV sind diesbezüglich keine weitergehenden Vorgaben enthalten. Insofern hat der Gesetzgeber lediglich in den wenigen Sätzen des § 20 Abs. 1b EnWG die Transformation von einem Kontraktpfadmodell bis hin zu einem auch netzübergreifenden Entry-Exit-Modell vorgesehen; zentrales Instrument ist hierbei die Kooperationspflicht der Netzbetreiber.

Auf dieser Basis haben die ersten Gasnetzbetreiber am 19. Juli 2006 die „Vereinbarung über die Kooperation gemäß § 20 Abs. 1b EnWG zwischen den Betreibern von in Deutschland gelegenen Gasversorgungsnetzen" (**Kooperationsvereinbarung**) unterzeichnet, der in der Folge die übrigen Gasnetzbetreiber beigetreten sind. In der Kooperationsvereinbarung in der Fassung der Erstunterzeichnung (KoopV I) verpflichteten sich die Netzbetreiber, den Transportkunden zwei Netzzugangsvarianten anzubieten: Neben dem sogenannten **Zwei-Vertrags-Modell**, bei dem in Umsetzung von § 20 Abs. 1b S. 5 EnWG der Transport netzübergreifend auf der Grundlage

110

---

468 Vgl. zum Entry-Exit-System und zu den Kooperationsvereinbarungen auch *Merk*, RdE 2013, 349 ff.
469 S. hierzu *Arndt*, in: Britz/Hellermann/Hermes (Hrsg.), EnWG, 3. Aufl. 2015, § 20 Rn. 131 ff.
470 Der Gastransportnetzbetreiber BEB hatte ein solches Modell bereits mit Ablauf der Umsetzungsfrist für die Beschleunigungsrichtlinien am 1.7.2004 als erstes deutsches Erdgasunternehmen eingeführt. Auch die Verbände hatten sich für die flächendeckende Verwirklichung dieses Modells im Rahmen der EnWG-Novelle 2005 stark gemacht. Bis kurz vor Verabschiedung des EnWG 2005 und der GasNZV hatte der Gesetz- und Verordnungsgeber auch ausschließlich ein solches Modell vor Augen.
471 Zum subjektiven Recht der Transportkunden s. *Huber/Storr*, RdE 2007, 1 (4).

eines Ein- und eines Ausspeisevertrags durchgeführt wird, sollte der Transportkunde auch das Recht haben, die sogenannte **Einzelbuchungsvariante** zu wählen. In dieser Variante schließt der Transportkunde einen Ein- und Ausspeisevertrag mit jedem Netzbetreiber, dessen Netz genutzt wird. Das zusätzliche Angebot eines solchen einzelnetzbezogenen Entry-Exit-Systems erfolgte aufgrund der Annahme der Netzbetreiber, dass § 20 Abs. 1b EnWG zwar ein netzbetreiberübergreifendes Entry-Exit-System explizit verlange, daneben aber die Einzelbuchungsvariante nicht ausschließe. § 21 Abs. 1b S. 10 und 11 EnWG sowie § 3 GasNZV zeigten, dass der Gesetzgeber die ursprünglich allein vorgesehene Einzelbuchungsvariante nicht habe ausschließen, sondern dem Transportkunden lediglich zusätzlich einen Anspruch auf das Zwei-Vertrags-Modell habe geben wollen.[472]

111 Mit Beschluss vom 17. November 2006 untersagte die Bundesnetzagentur jedoch drei Netzbetreibern die Anwendung der Einzelbuchungsvariante, da diese diskriminierend und ineffizient sei.[473] Das LG Düsseldorf erklärte bestehende Einzelbuchungsverträge für nichtig.[474] In der Folge wurde am 25. April 2007 eine Änderungsfassung der Kooperationsvereinbarung verabschiedet (KoopV II), bei der das Netzzugangsmodell unter Aussparung der Einzelbuchungsvariante nochmals überarbeitet wurde und zu der nach und nach wiederum alle Gasnetzbetreiber ihren Beitritt erklärt haben. Nachdem in Deutschland zwischenzeitlich eine dritte Kooperationsvereinbarung zwischen den Netzbetreibern von Gasversorgungsnetzen abgeschlossen wurde, erfolgte der Netzzugang schließlich gemäß § 20 Abs. 1b EnWG i.V.m. der KoopV IV[475] ausschließlich auf Basis des Zwei-Vertrags-Modells und damit nach einem netzübergreifenden Entry-Exit-System. Die Kooperationsvereinbarung vom 30. Juni 2011 (KoopV IV) regelte die Zusammenarbeit der Netzbetreiber zur Umsetzung des Netzzugangsmodells umfassend. Sie wurde durch die am 29. Juni 2012 verabschiedete Kooperationsvereinbarung V ersetzt, die zum 1. Oktober 2012 in Kraft trat (KoopV V)[476]. Die Kooperationsvereinbarungen werden seitdem turnusmäßig weiterentwickelt.[477] Auf Grundlage des im März 2014 erlassenen Netzkodex für die Gasbilanzierung in Fernleitungsnetzen,[478] der unionsweite Standards für Gasbilanzierungssysteme setzt, die bis zum 1. Oktober 2016 umzusetzen waren,[479] legte die Bundesnetzagentur im Festlegungsverfahren GaBi GAS 2.0[480] die geforderten Standards fest. In diesem wurde das Ausgleichs- und Bilanzierungssystem für Gas grundlegend neu geregelt.[481] Die Umsetzung der erforderlichen Änderungen erfolgte durch die Kooperationsvereinbarungen VIII und IX. Mit den stetigen Änderungen ging und geht auch eine erhebliche Komplexitätssteigerung einher. Im Folgenden wird auf die aktuelle, elfte Kooperationsvereinbarung abgestellt sowie ein Ausblick

---

472 Vgl. hierzu *Huber/Storr*, RdE 2007, 1 ff.
473 BNetzA Beschl. v. 17.11.2006 – BK7-06-074.
474 LG Düsseldorf Urt. v. 13.2.2008 – 34 O Kart 138/07, RdE 2008, 377 (378).
475 Kooperationsvereinbarung zwischen den Betreibern von in Deutschland gelegenen Gasversorgungsnetzen v. 30.6.2011.
476 Kooperationsvereinbarung zwischen den Betreibern von in Deutschland gelegenen Gasversorgungsnetzen v. 29.6.2012.
477 Vgl. aktuell die Kooperationsvereinbarung zwischen den Betreibern von in Deutschland gelegenen Gasversorgungsnetzen v. 31.3.2020 (KoopV XI), in Kraft getreten am 1.10.2020.
478 Verordnung (EU) 312/2014 der Kommission v. 26.3.2014 zur Festlegung eines Netzkodex für die Gasbilanzierung in Fernleitungsnetzen, ABl. EU Nr. L 91, S. 15 v. 27.3.2014.
479 Vgl. Art. 52 Nr. 1 Verordnung (EU) 312/2014 der Kommission v. 26.3.2014 zur Festlegung eines Netzkodex für die Gasbilanzierung in Fernleitungsnetzen, ABl. EU Nr. L 91, S. 15 v. 27.3.2014.
480 BNetzA Beschl. v. 19.12.2014 – BK7-14-020 wegen der Festlegung in Sachen Bilanzierung Gas (Umsetzung des Netzkodex Gasbilanzierung, „GaBi Gas 2.0").
481 Vgl. *Scholtka/Baumbach,* NJW 2015, 911 (912 f.).

auf die zwölfte Kooperationsvereinbarung (KoopV XI) vom 31. März 2021 gegeben, die am 1. Oktober 2021 in Kraft tritt.

3. Inhalt der Kooperationsvereinbarung

112 In ihr verpflichten sich die Vertragspartner zunächst, zur Abwicklung des netzübergreifenden Transports, **Marktgebiete** festzulegen. Ein Marktgebiet ist eine Verknüpfung von mehreren über Netzkopplungspunkte miteinander verbundenen Netzen und Teilnetzen. Auf diese Weise werden netzübergreifend eine Vielzahl von Einspeisepunkten mit einer Vielzahl von Ausspeisepunkten miteinander verbunden. Hierzu wurden initial alle Endkunden in Deutschland mindestens einem Marktgebiet zugeordnet. In einem solchen Marktgebiet kann der Transportkunde gebuchte Kapazitäten an Ein- und Ausspeisepunkten flexibel nutzen. Die Marktgebietseinteilung erfolgt dabei im Rahmen der technischen Möglichkeiten und der wirtschaftlichen Zumutbarkeit durch die Netzbetreiber. Nachdem anfangs 19 Marktgebiete bestanden, gab es seit dem Oktober 2011 nur noch zwei qualitätsübergreifende Marktgebiete in Deutschland, vgl. § 21 Abs. 1 S. 2 GasNZV.[482] Die Fernleitungsnetzbetreiber sind jedoch verpflichtet, spätestens zum 1. April 2022 ein gemeinsames Marktgebiet zu bilden. Ziel dieses Zusammenschlusses ist es u.a., einheitliche Referenzpreise für alle deutschen Erdgaskunden herzustellen, die Liquidität des deutschen Gasmarkts weiter zu stärken sowie perspektivisch ein grenzüberschreitendes europäisches Marktgebiet unter deutscher Beteiligung zu ermöglichen.[483] Die Zusammenlegung der beiden deutschen Marktgebiete erfolgt zum 1. Oktober 2021 (vgl. § 5 KoopV XII). Bis dahin ist für jedes Marktgebiet ein sogenannter „**Marktgebietsverantwortlicher**" benannt, für den sich bestimmte Rechte und Pflichten bei der Abwicklung des Zugangsmodells aus der KoopV XI ergeben. Wesentlich ist hierbei die Einrichtung eines **virtuellen Handelspunkts** für das gesamte Marktgebiet, an dem Gasmengen unabhängig von Kapazitätsbuchungen gehandelt werden können. Zudem ermöglicht der virtuelle Handelspunkt die Übertragung von Gasmengen zwischen Bilanzkreisen.

113 Auf Verlangen des Transportkunden verpflichten sich die Netzbetreiber – unter den Voraussetzungen des § 51 KoopV XI – darüber hinaus auch zu einem **marktgebietsüberschreitenden Transport**. Mit der Zusammenlegung der beiden deutschen Marktgebiete in der KoopV XII entfällt diese Verpflichtung. Die Vertragspartner der Kooperationsvereinbarung verpflichten sich, die in § 2 Nr. 2 KoopV XI / KoopV XII benannten gemeinsamen Vertragsstandards für den Netzzugang gemäß § 20 Abs. 1b S. 7 EnWG einheitlich anzuwenden. Diese standardisierten Geschäftsbedingungen sind in den dort benannten Anlagen zur KoopV XI / KoopV XII niedergelegt. Daneben können ergänzende Geschäftsbedingungen zu den standardisierten Geschäftsbedingungen nur zu den in § 2 Nr. 3 KoopV XI / KoopV XII genannten Themen abgeschlossen werden und nur soweit sie erforderlich sind, um die standardisierten Geschäftsbedingungen zu ergänzen; sie dürfen den standardisierten Geschäftsbedingungen der jeweiligen Verträge nicht widersprechen. Auch die Möglichkeit, von den standardisierten Geschäftsbedingungen abzuweichen, ist stark beschränkt (vgl. § 2 Nr. 4 KoopV XI / KoopV XII). Standardisierte Geschäftsbedingungen existieren beispielsweise für den zwischen Fernleitungsnetzbetreiber und Transportkunde abzuschließenden Ein- und Ausspeisevertrag (Entry-Exit-System) (Anlage 1 zur KoopV XI / KoopV XII) oder für den zwischen Verteilernetzbetreiber mit Entry-Exit-System

---

[482] Gaspool und NetConnect Germany.
[483] BR-Drs. 419/17, S. 1 u. 7.

und Transportkunde abzuschließenden Ein- und Ausspeisevertrag (Anlage 2 zur KoopV XI / KoopV XII). Als **Anlage 1** der KoopV XI / KoopV XII sind also insbesondere die aktualisierten (Standard-) **Netzgangsbedingungen** beigefügt, zu denen den Transportkunden diskriminierungsfrei Netzzugang gewährt wird (hierzu sogleich unter 4.). Schließlich legt die Kooperationsvereinbarung weitere Pflichten zur Zusammenarbeit im Innenverhältnis der Netzbetreiber fest, die erforderlich sind, um den netzübergreifenden Transport zu ermöglichen. Dies betrifft insbesondere die **interne Bestellung** von Netzkapazitäten, wobei sich die Einzelheiten zur Berechnung der Netzkapazitäten aus den §§ 11 und 13 der KoopV XI / KoopV XII ergeben (hierzu sogleich unter 5.).

4. Vertragsanbahnung und Verträge im Außenverhältnis

114 Ein Transportkunde hat zur Abwicklung des Netzzugangs nach dem Zwei-Vertrags-Modell (Entry-Exit-System) einen **Einspeise- und einen Ausspeisevertrag** abzuschließen. Aus vertragsrechtlicher Sicht gibt es einen Ein- und Ausspeisevertrag nur für die Fernleitungsnetzbetreiberebene (Anlage 1 der KoopV XI / KoopV XII). Auf der Verteilernetzebene gibt es dann den (üblichen) Ein- bzw. Ausspeisevertrag, bei dem der Transportkunde die Kapazität direkt beim Verteilernetzbetreiber bucht (Anlage 2 der KoopV XI / KoopV XII). Beim Ausspeisevertrag bucht der Transportkunde die Strecke vom virtuellen Handelspunkt zum Ausspeisepunkt, beim Einspeisevertrag umgekehrt vom Einspeisepunkt zum virtuellen Handelspunkt. Wenn über einen Transportkunden schließlich Endkunden mit Gas versorgt werden, schließt der Transportkunde mit dem Verteilernetzbetreiber einen Lieferantenrahmenvertrag (Anlage 3 KoopV XI / KoopV XII) ab. Zusätzlich ist ein Bilanzkreisvertrag abzuschließen (Anlage 4 KoopV XI / KoopV XII).[484]

115 Der Inhalt der Einspeise-, Ausspeise-, Lieferantenrahmen- und Bilanzkreisverträge sowie der von Vereinbarungen zur Verbindung von Bilanzkreisen ergibt sich aus den Netzgangsbedingungen (§ 21 Abs. 1b EnWG, §§ 3 ff. GasNZV; vgl. auch Anlagen 1–3, 5 der KoopV XI / KoopV XII).

116 Auch der Lieferantenwechsel erfolgt standardisiert. Im Fall des **Lieferantenwechsels** verpflichtet § 41 Abs. 2 GasNZV den bisherigen Lieferanten jeweils dazu, dem Netzbetreiber unverzüglich die Kundenabmeldung mitzuteilen und „dem neuen Lieferanten in einem einheitlichen Format elektronisch eine Kündigungsbestätigung zu übersenden, soweit der neue Lieferant die Kündigung in Vertretung für den Kunden ausgesprochen hat". § 42a GasNZV regelt den diesbezüglichen Datenaustausch zwischen den Beteiligten.

a) Vertragsanbahnung

117 Soweit ein Netzbetreiber die Möglichkeit eines **Online-Buchungsverfahrens** anbietet (wozu gemäß § 12 Abs. 4 GasNZV alle Fernleitungsnetzbetreiber verpflichtet sind), greift für das Zustandekommen eines Einspeise- oder Ausspeisevertrags regelmäßig ein **Versteigerungsverfahren**. Hiernach haben Fernleitungsnetzbetreiber feste Ein- und Ausspeisekapazitäten über die Primärkapazitätsbuchungsplattform in einem transparenten und diskriminierungsfreien Verfahren zu versteigern. Die

---

[484] In den Anlagen 4, 6 und 7 KoopV XI / KoopV XII finden sich schließlich Sonderregelungen für den Fall der Nutzung von Biogas.

D. Netzzugang

Versteigerung war erstmalig vor dem 1. Oktober 2011 durchzuführen. Bei der Versteigerung erfolgt der Zuschlag nach dem Markträumungspreis (§ 13 Abs. 1 S. 2 GasNZV). Werden die Kapazitäten im Wege einer Auktion auf der Kapazitätsbuchungsplattform vergeben, muss das Verfahren dem Netzkodex über Mechanismen für die Kapazitätszuweisung in Fernleitungsnetzen entsprechen.[485] Dies gilt gemäß § 13 Abs. 3 S. 1 GasNZV jedoch nicht für die bedeutsamen Fälle der Buchung von Ausspeisekapazitäten zur Ausspeisung zu Letztverbrauchern sowie auf Einspeisekapazitäten zur Einspeisung aus Produktions- oder LNG-Anlagen sowie aus Anlagen zur Einspeisung von Biogas in das Fernleitungsnetz gemäß der §§ 31–37 GasNZV. Diese Kapazitäten werden in der zeitlichen Reihenfolge der Anfragen vergeben und können von angeschlossenen Letztverbrauchern, von Betreibern von Produktions- oder LNG-Anlagen sowie von Betreibern von Biogasanlagen im vorgenannten Sinn gebucht werden.

b) Einspeisevertrag

Mit Abschluss des Einspeisevertrags erwirbt der Transportkunde das **Recht, Gas in das Marktgebiet einzuspeisen**, § 20 Abs. 1b S. 2 EnWG. Mit dem Einspeisevertrag wird der virtuelle Handelspunkt des marktgebietsaufspannenden Netzbetreibers erreicht. Die Voraussetzungen für die Einspeisung sind in § 5 Nr. 1 der Anlage 1 und § 5 Nr. 1 der Anlage 2 zur Koop XI / KoopV XII (unterschiedlich) geregelt.

118

c) Ausspeisevertrag

Mit Abschluss des Ausspeisevertrags[486] erwirbt der Transportkunde das **Recht auf Übergabe von Gasmengen am Ausspeisepunkt** durch den Ausspeisenetzbetreiber. Der Transportkunde ist verpflichtet, die Gasmenge am virtuellen Handelspunkt bereitzustellen und am vereinbarten Ausspeisepunkt vom Ausspeisenetzbetreiber zu übernehmen. Der Ausspeisenetzbetreiber verpflichtet sich im Gegenzug, die vom Transportkunden angestellte Gasmenge zu übernehmen und zeitgleich und wärmeäquivalent am vereinbarten Ausspeisepunkt an den Transportkunden zu übergeben, § 8 Abs. 1 GasNZV.

119

Transportkunden, die mehrere Ausspeisepunkte in einem örtlichen Verteilernetz beliefern, wie das bei den meisten Lieferanten regelmäßig der Fall ist, schließen einen Ausspeisevertrag in Form eines **Lieferantenrahmenvertrags** ab.

120

d) Bilanzkreisvertrag

Gegenstand des Bilanzkreisvertrags ist die **operative Abwicklung des Transports**, der Ausgleich und die Abrechnung von Differenzen zwischen den diesem Bilanzkreis zugeordneten ein- und ausgespeisten Gasmengen sowie die Übertragung von Gasmengen zwischen Bilanzkreisen über einen virtuellen Ein- und Ausspeisepunkt.[487] Jeder Bilanzkreis beinhaltet ohne gesonderte Vereinbarung einen virtuellen Ein- und Ausspeisepunkt. Bilanzkreisverträge bestehen zwischen dem Marktgebietsver-

121

---

485 Vgl. insbesondere Art. 10 bis 18 der Verordnung (EU) 2017/459.
486 Vgl. § 20 Abs. 1b S. 3, 4 EnWG.
487 Vgl. § 22 GasNZV.

antwortlichen und dem Bilanzkreisverantwortlichen. Der Bilanzkreisverantwortliche ist verpflichtet, den Bilanzkreis im Ausgleich zu halten. Er nominiert hierzu die Einspeisemengen gegenüber dem Marktgebietsverantwortlichen.

5. Vereinbarungen der Netzbetreiber im Innenverhältnis

122 Um den netzübergreifenden Transport zu ermöglichen, bedarf es weiterer Zusammenarbeit der Netzbetreiber untereinander. Hierfür verpflichten sich die Netzbetreiber in der Kooperationsvereinbarung insbesondere zur internen Bestellung und Entgeltwälzung. Daneben besteht die Pflicht zum Abschluss von Netzkopplungsverträgen.

a) Interne Bestellung

123 Zur Abwicklung der netzübergreifenden Ausspeiseverträge haben gemäß § 11 KoopV XI / KoopV XII alle nachgelagerten Netzbetreiber innerhalb eines Marktgebiets die insgesamt für ihr Netz benötigten Kapazitäten beim jeweils vorgelagerten Netzbetreiber zu bestellen. Eine solche Bestellung erfolgt einmal jährlich für das jeweils folgende Kalenderjahr („**Bestelljahr**"). Die Bestellung erfolgt auf der Grundlage der §§ 13 f. KoopV IX / KoopV XII. Hiernach sind Basis der Bestellung die historisch gemessenen stündlichen Lastgänge der dem 1. April vorausgegangenen 36 Monate. Gesicherte Erkenntnisse über Änderungen des Kapazitätsgerüsts können allerdings berücksichtigt werden, § 12 KoopV XI / KoopV XII. Auf Basis einer Prognose wird die zu bestellende Nettokapazität um im Erbringungsjahr erwartete Ereignisse bereinigt, § 14 Nr. 1, 2 KoopV XI / KoopV XII. Unterjährige Änderungen der internen Bestellung haben gemäß § 15 Nr. 2 KoopV XI / KoopV XII zu erfolgen, wenn sich die benötigte Kapazität nach dem Bestellzeitpunkt ändert. Diesbezüglich werden allerdings nur auf Zu- oder Abgängen basierende Änderungen oder die fehlerhafte Ermittlung der Bestellkapazität bzw. der Vorhalteleistung berücksichtigt.

b) Abrechnung zwischen den Netzbetreibern/Kosten- und Entgeltwälzung

124 Umgekehrt stellen die vorgelagerten Netzbetreiber den nachgelagerten Netzbetreibern die jeweils bei ihnen bestellte (Gesamt-)Kapazität monatlich in Rechnung, § 18 Nr. 1 KoopV XI / KoopV XII. Basis sind die veröffentlichten Netzentgelte der einzelnen Netzbetreiber sowie die Wälzungsbeträge für Biogas und für die Marktraumumstellung. Der Ausspeisenetzbetreiber zahlt somit im Innenverhältnis der Netzbetreiber die Netznutzung der vorgelagerten Netzentgelte bis zum virtuellen Handelspunkt. Dementsprechend werden diese Kosten und Entgelte in die Ausspeiseentgelte eingewälzt, die dem Transportkunden im Außenverhältnis in Rechnung gestellt werden.[488] Der Transportkunde zahlt somit ein gewälztes Entgelt an den Ausspeisenetzbetreiber, das den Transport bis zum virtuellen Handelspunkt abdeckt. Die Risiken von Zahlungsausfällen werden gleichmäßig zwischen den Netzbetreibern verteilt.

---

[488] S. hierzu auch *Arndt*, in: Britz/Hellermann/Hermes (Hrsg.), EnWG, 3. Aufl. 2015, § 20 Rn. 173 sowie zur Kosten- und Entgeltwälzung insgesamt *Neveling*, in: Theobald/Kühling (Hrsg.), Energierecht, 109. EL 2021, § 20 Abs. 1b EnWG Rn. 85 ff.

c) Netzkopplungsvertrag

Schließlich ist für die Abwicklung eines netzübergreifenden Transports insbesondere eine Zusammenschaltung der verschiedenen Gasnetze erforderlich. Dementsprechend sieht § 7 GasNZV Vorgaben für den Abschluss von Netzkopplungsverträgen vor. Diese müssen von den Betreibern mit allen anliegenden Netzbetreibern abgeschlossen werden, mit deren Netzen ein Netzkopplungspunkt besteht. Sie behandeln insbesondere die technischen Grundlagen der Netzkopplung und regeln darüber hinaus den notwendigen Informationsaustausch. Das nähere Vorgehen ist in den §§ 26 ff. KoopV XI / KoopV XII geregelt.

125

6. Veröffentlichungs- und Informationspflichten

Als weitere wettbewerbsfördernde Flankierung der Zugangsrechte sind auch im Gasbereich die Veröffentlichungs- und Informationspflichten zu sehen. Als Medium sämtlicher Veröffentlichungspflichten sind die **Internetseiten** der jeweiligen Netzbetreiber vorgesehen. Von den bisher in § 40 GasNZV normierten Veröffentlichungspflichten finden sich nur noch die Veröffentlichungspflichten der Marktgebietsverantwortlichen in § 40 GasNZV, die im Zusammenhang mit der Beschaffung, Erbringung und Abrechnung von Regelenergie stehen. Die Veröffentlichungspflichten der Betreiber von Gasversorgungsnetzen wurden – wie die der Betreiber von Elektrizitätsversorgungsnetzen (vgl. I. 3. d.) – mit dem Gesetz zur Umsetzung unionsrechtlicher Vorgaben und zur Regelung reiner Wasserstoffnetze im Energiewirtschaftsrecht[489] in den neuen § 23c EnWG überführt. Die in § 23c Abs. 5, 6 GasNZV normierten Verpflichtungen zur Veröffentlichung von Informationen unterscheiden zwischen Fernleitungs- und Verteilernetzen. Fernleitungsnetzbetreiber haben gemäß § 23c Abs. 5 S. 1 Nr. 1 und 2 EnWG eine unter den Betreibern angrenzender Fernleitungsnetze abgestimmte einheitliche Bezeichnung für Netzkopplungspunkte oder Ein- und Ausspeisezonen, unter denen Kapazität gebucht werden kann sowie mindestens einmal jährlich die Termine für Kapazitätsversteigerungen mindestens für die nächsten fünf Jahre im Voraus zu veröffentlichen. Die Erlöse aus der Kapazitätsvergabe nach § 13 Abs. 1 GasNZV sind nach § 23c Abs. 5 S. 1 Nr. 3 EnWG zu veröffentlichen. Verteilernetzbetreiber müssen Informationen zu Regeln für den Anschluss anderer Anlagen und Netze an das vom Netzbetreiber betriebene Netz sowie über den Zugang solcher Anlagen und Netze zu dem vom Netzbetreiber betriebenen Netz bereitstellen, § 23c Abs. 6 Nr. 2 EnWG. Bedeutsam ist schließlich die Pflicht der Gasversorgungsnetzbetreiber jeweils zum 1. April eines Jahres die Mindestanforderungen an die Allgemeinen Geschäftsbedingungen für Ein- und Ausspeiseverträge und an Bilanzkreisverträge sowie die Kooperationsvereinbarung zum Netzzugang zu veröffentlichen, § 23c Abs. 4 Nr. 7 EnWG, sowie für den Netzanschluss von Biogas- und LNG-Anlagen neben den in § 19 Abs. 2 EnWG aufgeführten Angaben die für die Prüfung des Netzanschlussbegehrens erforderlichen Angaben, die standardisierten Bedingungen für den Netzanschluss und eine laufend aktualisierte, übersichtliche Darstellung der Netzauslastung in ihrem gesamten Netz einschließlich der Kennzeichnung tatsächlicher oder zu erwartender Engpässe, § 23c Abs. 4 Nr. 8 EnWG.

126

Die Angaben sind gemäß § 23c Abs. 7 EnWG in einem gängigen Format zu veröffentlichen und regelmäßig zu aktualisieren. Fernleitungsnetzbetreiber müssen die Daten zudem in einem Datenformat zur Verfügung stellen, welches die automatische

127

---

[489] BGBl. I 2021, S. 3026.

Auslesung von der Internetseite gestattet. Sie haben die Angaben auf ihrer Internetseite zusätzlich in englischer Sprache zur Verfügung zu stellen.

128 § 23d EnWG ermächtigt das Bundesministerium für Wirtschaft und Energie eine **Rechtsverordnung für ergänzende Transparenzregeln** zu erlassen, die die Befugnis der Regulierungsbehörde regelt, weitere Daten einschließlich Betriebs- und Geschäftsgeheimnisse zu veröffentlichen.

7. Netzzugangsanspruch und seine Durchsetzung

129 Mit Blick auf den Netzzugangsanspruch und seine Durchsetzung gilt weitgehend das zum Elektrizitätsbereich Gesagte entsprechend (s. dazu I. 2.). Verpflichtete des Zugangsanspruchs sind nach § 20 Abs. 1 i.V.m. Abs. 1b EnWG die Betreiber von Gasversorgungsnetzen. Berechtigter des Zugangsanspruchs ist nach § 20 Abs. 1 S. 1 EnWG „jedermann". Parallelen lassen sich ferner wieder in Bezug auf die Durchsetzung ziehen. Auch hier geht der Verordnungsgeber offensichtlich davon aus, dass der Zugangsanspruch als **Anspruch auf Abschluss eines Netznutzungsvertrags** zu verstehen ist. Dies kann jedenfalls der entsprechenden Formulierung in § 3 Abs. 1 S. 1 GasNZV entnommen werden.[490] Ein solches Verständnis ist angesichts der oben angeführten behördlichen Durchsetzungsmöglichkeiten auch unproblematisch.

8. Inhalt des Zugangsanspruchs

130 Hinsichtlich des Zugangsanspruchs gelten dem Grunde nach gleichfalls die Ausführungen zum Strombereich. Abweichungen ergeben sich angesichts der unterschiedlichen physikalischen Gegebenheiten von Gas und Strom in Bezug auf die Ausdifferenzierung des konkreten Zugangsinhalts und der technischen Abwicklung des Zugangsanspruchs. § 3 Abs. 1 S. 1 GasNZV gewährt Transportkunden gegenüber Ein- und Ausspeisenetzbetreibern einen Anspruch auf Abschluss eines **Ein- und Ausspeisevertrages**. In diesem sind die Rechte und Pflichten der Vertragsparteien, welche den Netzzugang betreffen, sowie das für den Netzzugang zu entrichtende Entgelt zu regeln. § 4 GasNZV präzisiert die Anforderungen an die Allgemeinen Geschäftsbedingungen des Netzbetreibers.[491] § 13 Abs. 3 S. 3 GasNEV stellt klar, dass mit den Netznutzungsentgelten gemäß § 13 Abs. 1 GasNEV sämtliche erforderlichen Systemdienstleistungen abgegolten sind. Gemäß § 13 Abs. 3 S. 4 GasNEV werden lediglich für den Messstellenbetrieb, die Messung sowie die Abrechnung separate Entgelte erhoben.

131 § 13 GasNZV regelt, wie die Ein- und Ausspeisekapazitäten zugeteilt werden. Dabei kommt entweder ein **Versteigerungsverfahren** oder eine Zuteilung nach der zeitlichen Reihenfolge der eingegangenen Anfragen zum Zuge. Im erstgenannten Fall versteigern die Fernleitungsnetzbetreiber (feste) Ein- und Ausspeisekapazitäten über eine Primärkapazitätsbuchungsplattform in einem transparenten und diskriminierungsfreien Verfahren (§ 13 Abs. 1 S. 1 GasNZV). Zur Einrichtung der Kapazitätsbuchungsplattform sind die Fernleitungsnetzbetreiber verpflichtet, den Betrieb können sie hingegen einem Dritten überlassen. Im Einklang mit dem Netzkodex über

---

490 *Kühling/el-Barudi*, DVBl 2005, 1470 (1474f.).
491 S. zu Sicherheitsleitungen nach § 4 Abs. 2 Nr. 9 GasNZV, OLG Düsseldorf Beschl. v. 6.12.2017 – VI-3 Kart 137/16 (V), nach *juris*, Rn. 33 ff.

Mechanismen für die Kapazitätszuweisung in Fernleitungsnetzen[492] (Art. 37) findet der Handel seit April 2013 grenzüberschreitend auf der Plattform PRISMA statt, auf der mittlerweile 45 europäische Fernleitungsnetzbetreiber tätig sind.[493] Die Plattform wird gegenwärtig von allen Fernleitungsnetzbetreibern gemeinsam betrieben und ist als GmbH organisiert. Bei internen Bestellungen i.S.d. § 8 Abs. 3 S. 1 GasNZV kommt ein Versteigerungsverfahren nicht zur Anwendung. Bei der Versteigerung erfolgt der Zuschlag nach dem Markträumungspreis.

§ 13 Abs. 3 GasNZV schränkt den Anwendungsbereich für das Versteigerungsverfahren jedoch erheblich ein. Denn nach § 13 Abs. 3 S. 1 GasNZV wird § 13 Abs. 1 GasNZV „nicht angewendet auf Ausspeisekapazitäten zur Ausspeisung zu Letztverbrauchern sowie auf Einspeisekapazitäten zur Einspeisung aus Produktions- oder LNG-Anlagen sowie aus Anlagen i.S.d. Teils 6 zur Einspeisung von Biogas in das Fernleitungsnetz". Diese Kapazitäten werden nach dem **Prioritätsprinzip** vergeben. Das Versteigerungsverfahren beschränkt sich damit im Wesentlichen auf marktgebietsübergreifende Gaslieferungen. Die Bundesnetzagentur kann bzw. muss unter den näheren Voraussetzungen des § 50 Abs. 3 GasNZV im Wege der Festlegung die prozentuale Aufteilung der technischen Jahreskapazität auf unterschiedliche Kapazitätsprodukte festlegen, soweit dies zur Erreichung der Ziele des § 1 EnWG erforderlich ist. Seit dem 1. November 2015 sind für die Kapazitätsvergabe an Kopplungspunkten die Anforderungen des „Netzkodex über Mechanismen für die Kapazitätszuweisung in Fernleitungsnetzen" zu berücksichtigen, der darauf abzielt, zu langfristige Kapazitätsbindungen und in der Folge auch eine Marktabschottung zu verhindern.[494]

Angesichts unterschiedlicher **Gasbeschaffenheiten** ist der Transportkunde auf die Gewährleistung einer gewissen Gasbeschaffenheit zu verpflichten. Dabei wurden weitgehend die Regelungen der Verbändevereinbarung übernommen. § 19 Abs. 1 GasNZV verweist über § 49 Abs. 2 S. 1 Nr. 2 EnWG explizit auf das Erfordernis einer Kompatibilität i.S.d. Spezifikationen des DVGW. Sofern die Kompatibilität mit den Anforderungen des Netzbetreibers am Einspeisepunkt nicht gegeben ist, muss dieser dem Transportkunden – sofern technisch möglich und zumutbar – nach Maßgabe des § 19 Abs. 4 GasNZV ein Angebot zur Herstellung der Kompatibilität unterbreiten, das den Anforderungen von § 21 Abs. 1 EnWG genügt. Andernfalls hat er die Unmöglichkeit oder Unzumutbarkeit in einer Art und Weise zu begründen, dass diese für den Transportkunden nachvollziehbar ist.

Die §§ 26–28 EnWG sehen abweichend von den Regelungen in § 20 EnWG spezielle Zugangsvorgaben vor. Dabei wird von der in Art. 36 RL 2009/73/EG vorgesehenen Möglichkeit Gebrauch gemacht, anders als beim regulierten Zugang zum Gasnetz einen vertraglichen Zugang zu normieren. Dies gilt für den Zugang zu den vorgelagerten **Rohrleitungsnetzen** nach § 27 EnWG und den Zugang zu **Gasspeicheranlagen** nach § 28 EnWG. In beiden Fällen entspricht die Möglichkeit der Zugangsverweigerung im Wesentlichen den Anforderungen an die Zugangsverweigerung im sonstigen Gasbereich. Im Fall der Gasspeicheranlagen wird allerdings der Zugangs-

---
[492] Verordnung (EU) 2017/459 der Kommission v. 16.3.2017 zur Festlegung eines Netzkodex über Mechanismen für die Kapazitätszuweisung in Fernleitungsnetzen und zur Aufhebung der Verordnung (EU) 984/2013, ABl. EU Nr. L 71, S. 1 v. 17.3.2017. Da die Kapazitäten im Wege einer Auktion auf der Kapazitätsbuchungsplattform vergeben werden, muss das Verfahren diesem Netzkodex, insbesondere den Art. 10–18 der Verordnung entsprechen.
[493] Weitere Informationen abrufbar unter https://platform.prisma-capacity.eu/#/start (Abruf 15.10.2021).
[494] Vgl. zur Verordnung (EU) 948/2013 *Arndt/Herzmann*, in: Britz/Hellermann/Hermes (Hrsg.), EnWG, 3. Aufl. 2015, § 20 Rn. 216a ff.

anspruch dahin gehend konditioniert, dass dieser für einen effizienten Netzzugang im Hinblick auf die Belieferung von Kunden technisch oder wirtschaftlich erforderlich sein muss. Die technische und wirtschaftliche Erforderlichkeit wird bei Untergrundspeichern mit Ausnahme von unterirdischen Röhrenspeichern unwiderleglich vermutet. In den von dieser Vermutung nicht umfassten Anwendungsfällen des § 28 EnWG wird der Zugang zu Gasspeicheranlagen funktional auf die Verschaffung des sonstigen Netzzugangs beschränkt.

135 Mit den §§ 26–28 EnWG lebt der verhandelte Netzzugang in den genannten beschränkten Bereichen fort. Damit stellt sich hier wie bereits im Hinblick auf § 6a EnWG a.F. die Frage des dogmatischen Verständnisses des Zugangsrechts. Angesichts der Bedeutung für die Schaffung von Wettbewerb wird dabei wie schon nach dem alten Recht von einem **unmittelbar zivilrechtlich durchsetzbaren Zugangsanspruch** und nicht von einem bloßen Anspruch auf Abschluss eines Vertrages auszugehen sein (vgl. oben I. 2.).

136 Gemäß dem im Dezember 2019 neu in das EnWG aufgenommenen § 28c EnWG können Fernleitungsnetzbetreiber technische Vereinbarungen über den Betrieb von Fernleitungen mit Fernleitungsnetzbetreibern in Drittstaaten abschließen. Diese Vereinbarungen dürfen sich nicht in Widerspruch zum deutschen oder europäischen Recht setzen. Der Bestand bzw. der Neuabschluss solcher Vereinbarungen ist gegenüber der Regulierungsbehörde anzeigepflichtig.

137 Ergänzend sei darauf hingewiesen, dass im Gasbereich – anders als im Strombereich (dazu oben I. 3. g.) – kein separater Aufbau einer Smart-Metering-Infrastruktur erfolgen soll. Stattdessen sieht § 20 MsbG generell die Pflicht vor, zukünftig ausschließlich **Messeinrichtungen** (auch bei jedem Turnuswechsel) zu verbauen, die sicher mit einem Smart-Meter-Gateway verbunden werden können. Um den Anforderungen an Datenschutz und Datensicherheit zu genügen und die Interoperabilität der Messeinrichtung zu gewährleisten, muss die Anbindung dem Stand der Technik entsprechen, wie er in den Anlagen zu § 22 MsbG durch Schutzprofile und Technische Richtlinien festgelegt ist und ständig weiterentwickelt wird. Auch hier erlaubt zudem eine Übergangsregelung, Bestandsgeräte, die diesen Anforderungen nicht genügen, grundsätzlich noch bis zum 31. Dezember 2016 einzubauen und acht Jahre ab dem Einbau weiter zu nutzen, sofern hiermit keine unverhältnismäßigen Gefahren einhergehen. Ist die neue Messeinrichtung zur stündlichen registrierenden Leistungsmessung fähig, verlängert sich das Einbaurecht sogar auf den 31. Dezember 2024, § 20 Abs. 2 MsbG.

9. Netzzugangsverweigerung

a) Netzzugangsverweigerung wegen unbedingter Zahlungsverpflichtungen

138 Die Netzzugangsverweigerung ist nach § 20 Abs. 2 EnWG im Gasbereich unter den grundsätzlich gleichen Bedingungen möglich wie im Strombereich (s. dazu I. 4.). § 25 EnWG regelt dabei den im Gasbereich virulenten Spezialfall der unbedingten Zahlungsverpflichtungen. Würde die Zugangsgewährung unter Beachtung dieser Verpflichtungen in ernsthafte wirtschaftliche und finanzielle Schwierigkeiten führen, liegt eine Unzumutbarkeit i.S.d. § 20 Abs. 2 EnWG vor. Die Geltendmachung dieser Ausnahme der langfristigen Lieferverträge unterliegt der Prüfung durch die Regulierungsbehörde (§ 25 S. 2 EnWG). Materiell richtet sich die Prüfung an den Maßstäben des Art. 48 der RL 2009/73/EG aus (§ 25 S. 3 EnWG). In dessen Abs. 3 sind eine

D. Netzzugang

Reihe von Abwägungskriterien niedergelegt, die von der Perspektive eines wettbewerbsorientierten Gasmarkts bis zur Schwere der aufgetretenen wirtschaftlichen und finanziellen Schwierigkeiten reichen. Angesichts der Wertungsoffenheit dieser Maßstäbe wird der Regulierungsbehörde ein erheblicher Bewertungsspielraum eingeräumt. Dabei wird es sich empfehlen, die Bewertungsparameter, die das Bundeskartellamt bereits entwickelt hat, aufzugreifen.[495]

139 Die verfahrenstechnische Ausgestaltung wird einer Verodnung vorbehalten (§ 25 S. 4 EnWG). Mit § 49 GasNZV wird diese Verordnungsermächtigung wahrgenommen. Dabei hat sich der Verordnungsgeber für eine **Ex-ante-Genehmigung der Zugangsverweigerung** entschieden, d.h., dass der Zugangsverpflichtete grundsätzlich vor Beginn des 1. Juni eines Jahres eine Ausnahmegenehmigung zu beantragen hat. Dies soll eine Entscheidung über die Rechtmäßigkeit der Verweigerung vor Beginn des jeweiligen Wirtschaftsjahres im Gasbereich gewährleisten. Nur wenn der Verweigerungsgrund nach diesem Datum entstanden ist, besteht die Möglichkeit einer späteren Antragstellung. Allerdings dürfte diese Ausnahmeregel nur von begrenzter Relevanz sein, da bei der Entscheidung über die Genehmigung der Zugangsverweigerung nach Art. 48 Abs. 3 lit. e RL 2009/73/EG i.V.m. § 25 S. 3 EnWG der Zeitpunkt der Unterzeichnung des langfristig bindenden Vertrags zu beachten ist. Das bedeutet, dass nach der Marktöffnung abgeschlossene langfristig bindende Verträge in geringerem Umfang als zugangsverweigerungsbegründend anerkannt werden können.

140 Die Entscheidung über die Zugangsverweigerung ist nach § 58 Abs. 1 S. 1 Alt. 2 EnWG im Einvernehmen mit dem Bundeskartellamt zu treffen. Sodann schließt sich nach § 49 Abs. 2 S. 1 GasNZV noch eine zweite Phase im Regulierungsverbund gemäß den Vorgaben des Art. 48 Abs. 2 der RL 2009/73/EG mit der Kommission an. Dabei ist die jetzige Formulierung des Verfahrens missverständlich. So wird zunächst angeordnet, dass das besagte Verbundverfahren einzuleiten ist. Dazu ist, wie wiederum aus Art. 48 Abs. 2 RL 2009/73/EG folgt, die Entscheidung umgehend der Kommission mitzuteilen. Diese ist so hinreichend zu begründen und zu erläutern, dass sie für die Kommission nachvollziehbar ist. Innerhalb von acht Wochen nach Eingang der Mitteilung kann die Kommission eine Änderung oder den Widerruf der beabsichtigten Ausnahmegenehmigung verlangen. Sollte die Notifizierung nicht vollständig sein, dürfte sich die Frist mit entsprechenden Ergänzungsanfragen jeweils verlängern. Kommt die Regulierungsbehörde den Hinweisen der Kommission zur Änderung oder zum Widerruf nicht nach, muss die Kommission eine endgültige Entscheidung auf der Basis des Art. 48 Abs. 2 UAbs. 2 RL 2009/73/EG treffen. Dabei geht der Verweis auf das Komitologieverfahren in der Variante des Beratungsverfahrens nach Art. 3 des Komitologiebeschlusses 1999/468/EG, bei dem die Kommission die Stellungnahmen der Mitgliedstaaten lediglich berücksichtigen muss. Die weiteren Formulierungen des § 49 Abs. 2 GasNZV sind vor diesem Hintergrund unklar. So heißt es, dass die Regulierungsbehörde ihre Entscheidung entsprechend den Vorgaben der Kommission nach Art. 48 Abs. 2 i.V.m. Art. 51 Abs. 2 RL 2009/73/EG zu ändern oder aufzuheben habe. Dies könnte so verstanden werden, dass die Regulierungsbehörde einerseits eine entsprechende Entscheidung bereits getroffen hat und sich andererseits grundsätzlich eine Entscheidung nach Art. 48 Abs. 2 UAbs. 2 RL 2009/73/EG „einzufangen" hat. Beides ist aber nicht der Fall. Die Regulierungs-

---

[495] S. dazu den Ausgangspunkt in Form eines Diskussionspapiers des Bundeskartellamts v. 25.1.2005, B8 - 113/03, den auf diesem Diskussionspapier beruhenden (ersten) Beschluss des BKartA gegen E.ON Ruhrgas AG, BKartA, Beschl. v. 13.1.2006 – BK8-113/03-1 sowie die die Verfahrenspraxis bestätigenden Beschlüsse des OLG Düsseldorf und des BGH OLG Düsseldorf, Beschl. v. 20.6.2006 – VI-2 Kart 1/06 (V); BGH Beschl. v. 10.2.2009 – KVR 67/07.

behörde wird den Verwaltungsakt erst wirksam werden lassen, wenn das Verfahren mit der Kommission beendet ist. Dies kann auf drei unterschiedlichen Wegen erfolgen. Erstens kann die Kommission die Acht-Wochen-Frist tatenlos verstreichen lassen. Dann kann die Entscheidung wie geplant ergehen. In vorangegangenen Verordnungsentwürfen hatte es hierzu noch klarstellend und zutreffend geheißen, dass dann, wenn kein Widerruf bzw. keine Änderung der Entscheidung verlangt wird, die Regulierungsbehörde diese dem Antragsteller zustellt. Damit wäre der Verwaltungsakt nach § 43 VwVfG wirksam. Zweitens kann die Kommission Änderungswünsche haben oder ein Zurückziehen der Entscheidung verlangen. Dann kann sich die Regulierungsbehörde den Anordnungen der Kommission beugen und die geänderte oder ablehnende Entscheidung erlassen, oder sie kann sich dem – drittens – widersetzen und eine Entscheidung nach Art. 48 Abs. 2 UAbs. 2 RL 2009/73/EG erwirken, die sie sodann umzusetzen hat.

141 Für die Entscheidungspraxis der Bundesnetzagentur werden die in Art. 48 Abs. 3 lit. a–i RL 2009/73/EG genannten, keinen abschließenden Katalog bildenden Kriterien für die Entscheidung über die Gewährung einer Ausnahme von besonderer Bedeutung sein. So dürften dann regelmäßig keine ernsthaften wirtschaftlichen Schwierigkeiten vorliegen, wenn erstens die Mindestabnahmemenge des Gasnetzbetreibers noch nicht unterschritten ist, zweitens der betreffende Gasliefervertrag angepasst werden kann und drittens das Gasversorgungsunternehmen für seine Mindestabnahmevolumina alternative Abnehmer finden könnte.

b) Netzzugangsverweigerung wegen Kapazitätsengpasses und Engpassmanagement

142 Als weiterer Zugangsverweigerungsgrund wird der Kapazitätsengpass in der GasNZV näher behandelt. Eine Diskriminierung bei der Verteilung knapper Kapazitäten wird dabei schon auf einer ersten Stufe dadurch unterbunden, dass Kapazitätsrechte gemäß § 13 Abs. 1 GasNZV von den Fernleitungsnetzbetreibern zu versteigern sind. Lediglich im Hinblick auf die wenig engpassrelevante Einspeisung innerhalb des nationalen Netzes sowie für die Ausspeisung zur Belieferung von Letztverbrauchern kommt das Prioritätsprinzip gemäß § 13 Abs. 3 S. 1 GasNZV zum Zuge. Nach § 13 Abs. 2 GasNZV können Inhaber unterbrechbarer Kapazitäten bei einer Versteigerung Gebote abgeben, um ihre unterbrechbaren Kapazitäten in feste umzuwandeln, wobei sie im Falle eines Misserfolgs ihre unterbrechbaren Kapazitäten behalten. Einen für die Schaffung von Wettbewerb wichtigen Aspekt greifen § 20 Abs. 1b S. 9 EnWG und § 42 GasNZV mit dem sogenannten **Rucksackprinzip** auf. Danach hat der Lieferant bei einem Lieferantenwechsel die frei werdenden Kapazitätsrechte grundsätzlich an den neuen Lieferanten weiterzugeben und kann sie nicht für eigene Zwecke (etwa Auffüllen eines Gasspeichers) nutzen. Damit wird der Lieferantenwechsel kapazitätsseitig erleichtert. Voraussetzung ist, dass der neue Lieferant die Kapazitäten für die Erfüllung der Lieferverpflichtung zwingend benötigt. Die maximale Dauer des Wechselprozesses darf drei Wochen nicht überschreiten, § 20a Abs. 2 S. 1 EnWG.[496] Ab dem 1. Januar 2026 werden diese Vorgaben verschärft. Der technische Vorgang des Lieferanten- oder Aggregatorwechsels muss dann an jedem Werktag möglich sein und binnen 24 Stunden vollzogen werden. Die Gesamtdauer des Wechselvorgangs (einschließlich der Schritte, die durchzuführen sind, bevor der

---

[496] S. hierzu ausführlich *Kühling/Rasbach*, RdE 2011, 332 (335), und oben I. 3. c.

D. Netzzugang

technische Wechselvorgang eingeleitet wird), darf auch dann drei Wochen ab dem Antrag des Letztverbrauchers nicht überschreiten. Die Geschäftsprozesse für den Lieferantenwechsel hat die Bundesnetzagentur auf Grundlage des § 50 Abs. 1 Nr. 14 GasNZV durch Erlass der Festlegung „GeLi Gas" vereinheitlicht, die regelmäßig aktualisiert und an neue Rechtslagen angepasst werden.[497]

143 Ein spezielles Verfahren zum Engpassmanagement sieht die GasNZV nicht (mehr) vor.[498] Dies ist folgerichtig. Galt nach der GasNZV a.f. noch uneingeschränkt das Prioritätsprinzip bei der Vergabe von Kapazitäten, sieht § 13 Abs. 1 GasNZV für den Zugang zu den allein engpassrelevanten Fernleitungsnetzen nunmehr die Versteigerung der Kapazitäten zwingend vor. In Verbindung mit der Aufteilung der Gesamtkapazität auf verschiedene Laufzeitprodukte wird so bereits zu Beginn der Kapazitätsvergabe ein marktorientiertes Vergabemodell bevorzugt. Sofern es aus technischen Gründen (höhere Gewalt, etwa bedingt durch Naturkatastrophen) zu Kapazitätsverminderungen kommt, so darf (und muss) der Netzbetreiber die Kapazitätsrechte gemäß § 18 GasNZV anteilig reduzieren.

144 § 16 GasNZV regelt die Verfahrensweise im Fall der nicht bzw. nicht angemessenen Nutzung bestehender Kapazitäten. Dabei ist grundsätzlich die Reservierung eines Plus an Kapazitätsrechten keine unzulässige Kapazitätshortung, da sie die nötige Flexibilität für einen etwaigen Nachfrageanstieg und damit die Versorgungssicherheit gewährleistet. Allerdings müssen diese „Überbuchungen" nach § 16 Abs. 1 GasNZV freigegeben werden, wenn zum Nominierungszeitpunkt eine Nullnominierung vorliegt.[499] In diesem Fall kann der Netzbetreiber die Kapazitäten Dritten für den Folgetag als feste Kapazitäten anbieten, ohne dass der bisherige Inhaber von seiner Erfüllungspflicht befreit würde. Das Risiko einer erfolglosen „Weitervergabe" trägt damit der ursprüngliche Inhaber. Davon unberührt bleibt die Verpflichtung des Fernleitungsnetzbetreibers gemäß § 11 Abs. 1 GasNZV, unterbrechbare Kapazitäten anzubieten. Durch diesen Mechanismus werden wirksame Anreize gesetzt, nicht unnötig Kapazitäten zu horten. Im Fall einer dauerhaften Minderbuchung besteht im Übrigen die Möglichkeit eines Kapazitätsentzugs nach Maßgabe des § 16 Abs. 3 GasNZV. Der Transportkunde kann dem Entzug unter den Voraussetzungen des § 16 Abs. 4 GasNZV widersprechen.

145 Die §§ 12, 16 Abs. 1 GasNZV eröffnen die Möglichkeit eines **Sekundärhandels mit Kapazitätsrechten**. Die gemeinsame elektronische Plattform soll die Transparenz und die verfügbaren Kapazitäten erhöhen. Auch der Sekundärhandel findet auf der Plattform der europäischen Fernleitungsnetzbetreiber PRISMA statt. Nach § 12 Abs. 2 S. 1 GasNZV ist der Transportkunde abweichend von § 16 Abs. 2 GasNZV bis zum Nominierungszeitpunkt dazu berechtigt, Kapazitäten, die er nicht nutzen wird, anderen potenziellen Transportkunden anzubieten. Kommt er dieser Pflicht nach, so ist dies eine Begründung, um einen dauerhaften Kapazitätsentzug nach § 16 Abs. 3 GasNZV zu verhindern. § 50 Abs. 1 Nr. 6 GasNZV verschafft der Regulierungsbehörde auch in Bezug auf die Entwicklung dieser Handelsplattform eine Kompetenzgrundlage für die Vorgabe bestimmter Vermarktungsverfahren der über die Sekundärplattform angebotenen Kapazitäten.

---

497 BNetzA Beschl. v. 20.8.3007 – BK7-06-067, Geschäftsprozesse Lieferantenwechsel Gas (GeLi Gas) in der konsolidierten Fassung der letzten Änderung durch Beschl. v. 20.12.2016 – BK7-16-142. Die BNetzA hat am 19.8.2019 (BK7-19-001) ein Festlegungsverfahren zur „GeLi Gas 2.0" zur Änderung der Festlegung GeLi Gas BK7-06-067 in der vorgenannten Fassung und der Festlegung BK7-17-026 eingeleitet.
498 Anders noch § 10 GasNZV i.d.F., die vor dem 9.9.2010 galt.
499 S. zur Nominierung § 15 Abs. 1 GasNZV.

10. Befreiung vom Zugangsregime

a) Befreiung neuer Infrastrukturen vom Zugangsregime

146 Eine vollkommene Befreiung vom Zugangsregime ist für neue Infrastrukturen nach § 28a EnWG möglich. Diese Ausnahmemöglichkeit ist erst auf Vorschlag des Bundesrates in das damalige EnWG 2005 aufgenommen worden.[500] Sie beruht nunmehr auf Art. 36 der RL 2009/73/EG, die durch die RL (EU) 2019/692 erneut geändert und um wettbewerbliche Gesichtspunkte ergänzt wurde[501]. Hintergrund ist das Problem der richtigen Mischung aus wettbewerbsfördernden Zugangsrechten einerseits und der Aufrechterhaltung hinreichender Investitionsanreize andererseits. Werden Zugangsrechte gerade auch in der Entgeltgestaltung durch hoheitliche Intervention für die Zugangspetenten zu großzügig gewährt, besteht die Gefahr, dass keine Bereitschaft mehr vorhanden ist, große Investitionsprojekte durchzuführen. Denn mögliche Renditen werden „wegreguliert", die Investitionsrisiken bleiben jedoch. Zudem gefährdet eine wandlungsoffene Zugangsregulierung die notwendige Investitionssicherheit. Daher hat sich in der Regulierungsökonomie und -praxis der Ansatz sogenannter „**Access holidays**" herausgebildet. Danach können für einen beschränkten Zeitraum Ausnahmen vom Zugangsregime gewährt werden.

147 § 28a EnWG setzt dieses Konzept und die entsprechenden europarechtlichen Vorgaben um. Gerade Deutschland ist angesichts beschränkter Eigenproduktionen zunehmend auf Erdgasimporte angewiesen. Die durch § 28a EnWG erleichterte Diversifizierung der Erdgasquellen erhöht die Versorgungssicherheit. In Einklang mit dem regulierungsökonomischen Konzept der „Access holidays" sieht § 28a Abs. 1 EnWG eine zwingende und nicht bloß fakultative Befristung vor.

148 Im Übrigen richten sich die Maßstäbe und die verfahrenstechnische Ausgestaltung der Entscheidung der Regulierungsbehörde an den unionsrechtlichen Vorgaben aus. Diese sind angesichts der besonderen Wettbewerbsrelevanz derartiger Ausnahmen streng (vgl. § 28 Abs. 1 EnWG, Art. 36 RL 2009/73/EG). Materiellrechtlich muss es im Ergebnis um den Aufbau einer Alternativinfrastruktur gehen, die mangels Investition so nicht errichtet würde, wenn keine „Zugangsferien" gewährt werden würden. Folgerichtig wird die Ausnahmemöglichkeit in § 28a Abs. 2 EnWG im Übrigen auch auf wesentliche Aufstockungen bestehender Infrastrukturen angewandt. Diese müssen von Art und Umfang her einem Neubauprojekt gleichkommen, vor allem aber gleichermaßen neue Gasversorgungsquellen erschließen. In formeller und verfahrenstechnischer Hinsicht verweist § 28a Abs. 3 S. 2 EnWG unmittelbar auf Art. 36 Abs. 3–9 der Richtlinienvorgabe, so dass insbesondere eine ausführliche Begründung, ein Austausch mit betroffenen anderen Mitgliedstaaten und eine Überprüfung durch die Kommission erforderlich werden. Letzteres räumt der Kommission insoweit „superregulatorische" Kompetenzen ein. Die Kommission entscheidet gemäß Art. 36 Abs. 9 RL 2009/73/EG letztverbindlich über die Änderung bzw. den Widerruf der Entscheidung auf Gewährung einer Ausnahme. An die Kommissionsentscheidungen ist die Regulierungsbehörde nach § 28a Abs. 3 S. 3 EnWG gebunden. Aus Transparenzgründen sieht § 28a Abs. 4 EnWG schließlich vor, dass entsprechende Entscheidungen von der Regulierungsbehörde auf ihrer Internetseite zu veröffentlichen sind.

---

500 S. die Stellungnahme des Bundesrates v. 24.9.2004, BR-Drs. 613/04, S. 24.
501 Richtlinie (EU) 2019/692 des Europäischen Parlaments und des Rates v. 17.4.2019 zur Änderung der Richtlinie 2009/73/EG über gemeinsame Vorschriften für den Erdgasbinnenmarkt, ABl. EU Nr. L 117, S. 1 v. 3.5.2019.

Die Freistellung nach § 28a EnWG hat praktische Bedeutung. So hat die Bundesnetzagentur die Ostseepipeline-Anbindungsleitung OPAL teilweise von der Regulierung befreit,[502] musste ihre Beschlüsse aufgrund einer abweichenden Kommissionsentscheidung vom 12. Juni 2009 jedoch teilweise abändern.[503] Auch LNG-Anlagen wurden zwischenzeitlich vereinzelt nach § 28a EnWG freigestellt.[504] **149**

b) Befreiung von Bestandsleitungen zwischen Mitgliedstaaten und Drittstaaten

Der mit dem Gesetz zur Änderung des Energiewirtschaftsgesetzes zur Umsetzung der RL (EU) 2019/692 des Europäischen Parlamentes und des Rates über gemeinsame Vorschriften für den Erdgasbinnenmarkt vom 5. Dezember 2019 eingeführte § 28b EnWG[505] sieht in Anlehnung an § 28a EnWG vor, dass auch Bestandsleitungen zwischen Deutschland und Drittstaaten, bei denen es sich nicht um Mitgliedsstaaten der Europäischen Union handelt (vgl. § 3 Nr. 19d EnWG), befristet von der Regulierung freigestellt werden können. § 28b EnWG dient der Umsetzung des mit der RL (EU) 2019/692 in die RL 2009/73/EG aufgenommenen Art. 49a. Art. 49a (bzw. § 28b Abs. 1 S. 1 EnWG) und enthält eine Stichtagsregelung, wonach eine Freistellung von der Regulierung nur für Gasverbindungsleitungen in Betracht kommt, die vor dem 23. Mai 2019 fertig gestellt wurden. Die Entscheidungen über die Freistellung mussten bis zum 24. Mai 2020 getroffen werden. Infolge dieser **Stichtagsregelung** kann insbesondere die Erdgasfernleitung Nord Stream 2, die russisches Erdgas von der Narva-Bucht in Russland über eine Strecke von 1.225 km nach Lubmin (Deutschland) transportieren soll, keine Regulierungsfreistellung erlangen, was im Rahmen der Änderung der GasRL und des EnWG in den Normsetzungsverfahren kontrovers diskutiert wurde.[506] **150**

Die **Regulierungsbefugnis** nach § 28b Abs. 1 S. 1 EnWG bezieht sich auf die im **Hoheitsgebiet** der Bundesrepublik Deutschland befindlichen Leitungsabschnitte der grenzüberschreitenden Gasfernleitung. Verläuft eine bestehende Gasverbindungsleitung durch mehrere Mitgliedstaaten, ist aber (nur) der Mitgliedsstaat zur Entscheidung über die Freistellung berechtigt, in dessen Hoheitsgebiet der erste Kopplungspunkt gelegen ist.[507] Dieser hat vor seiner Entscheidung ein Konsultationsverfahren durchzuführen, an dem alle betroffenen (= gekreuzten) Mitgliedsstaaten zu beteiligen sind. In dem Konsultationsverfahren kann die EU-Kommission als Beobachterin eingeschaltet werden (Art. 49a Abs. 2 GasRL). Zur Prüfung des Tatbestandsmerkmals des Vorliegens einer „Gasverbindungsleitung mit einem Drittstaat" ist hingegen nicht nur auf das im Hoheitsgebiet eines Staates befindliche Teilstück, sondern auf die gesamte Rohrleitung abzustellen. **151**

Das **Freistellungsverfahren** richtet sich im Übrigen nach § 28b Abs. 2 EnWG. Die Freistellung wird unter den materiellen Voraussetzungen des § 28b Abs. 1 EnWG **152**

---

502 BNetzA Beschl. v. 25.2.2009 – BK7-08-009 und BK7-08-010.
503 BNetzA Änderungsbeschlüsse zu BK7-08-009 und BK7-08-010 v. 7.7.2009.
504 BNetzA Beschl. v. 30.11.2020 – BK7-18-063.
505 BGBl. I 2019, S. 2002.
506 Vgl. zusammenfassend BNetzA Beschl. v. 15.5.2020 – BK7-20-004, S. 28 ff.; vgl. auch Stellungnahme des Europäischen Wirtschafts- und Sozialausschusses ABl. EU Nr. C 262/64 v. 25.7.2018 sowie BT-Drs. 19/14878; s. auch *Scholtka/Keller-Herder*, NJW 2020, 890 (891).
Die Nord Stream 2 AG hat gegen die Richtlinie (EU) 2019/692 eine Nichtigkeitsklage vor dem EuG angestrengt, die mit Beschl. v. 20.5.2020 – Rs. T-526/19, ECLI:EU:T:2020:210 als unzulässig abgewiesen wurde. Gegen diesen Beschluss sind derzeit Rechtsmittel beim EuGH rechtshängig (Rs. C-348/20).
507 Vgl. hierzu auch BNetzA Beschl. v. 15.5.2020 – BK7-20-004, S. 14.

und zunächst längstens für die Dauer von 20 Jahren erteilt; eine Verlängerung der Freistellung ist möglich.

153 Die Bundesnetzagentur hat den Antrag der Nord Stream 2 AG auf Freistellung der Erdgaspipeline **Nord Stream 2** von der Regulierung nach § 28b EnWG nach Konsultation der Mitgliedsstaaten Mitte Mai 2020 abgelehnt, da die Nord Stream 2-Pipeline nicht vor dem Stichtag (23. Mai 2019) fertiggestellt war.[508] Abzustellen sei für den **Zeitpunkt der Fertigstellung** auf eine baulich-technische Fertigstellung der ganzen Gasverbindungsleitung im Sinne einer vollständigen Verlegung der Leitung und Verbindung der Leitungsstücke, nicht hingegen auf eine wirtschaftlich-funktionale Betrachtung der Fertigstellung i.S.d. finalen und unumkehrbaren Investitionsentscheidung zur Errichtung der Gasverbindungsleitung.[509] Über die gegen die Entscheidung der Bundesnetzagentur von der Nord Stream 2 AG beim OLG Düsseldorf geführte Beschwerde wurde im Sinne der Bundesnetzagentur entschieden.[510] Die Nord Stream 2 AG hat gegen den Beschluss des OLG Düsseldorf Rechtsbeschwerde beim BGH eingelegt.

11. Bilanzkreismanagement

154 Die §§ 22–26 GasNZV regeln den Ablauf des Bilanzausgleichs. Wie im Strombereich auch besteht die Notwendigkeit eines Ausgleichs unvermeidbarer Abweichungen von eingespeisten und entnommenen Mengen. Dies lässt sich auch bei einer sorgfältigen Kapazitätsplanung nicht verhindern. Diese erfolgt zunächst unter den Mitgliedern eines Bilanzkreises. Mindermengen des einen Mitgliedes können durch Mehrmengen anderer Mitglieder ausgeglichen werden. Ein danach erforderlich bleibender Ausgleich wird gemäß § 27 Abs. 1 GasNZV vom Marktgebietsverantwortlichen durch den Einsatz von Regelenergie vorgenommen und gemäß § 23 Abs. 2 S. 3 GasNZV als Ausgleichsenergie abgerechnet. Der Saldo eines Bilanzkreises wird jedoch um 5 % „der an Letztverbraucher ohne Standardlastprofil und ohne Nominierungsersatzverfahren gelieferten Mengen vermindert (Toleranzmenge). Die Toleranzmenge ist in die übernächste Bilanzierungsperiode zu übertragen und in der Bilanz des Bilanzkreisverantwortlichen auszugleichen."[511] Tatsächliche Abweichungen zwischen allokierten Mengen und der tatsächlichen Ausspeisung beim Letztverbraucher werden durch die Bereitstellung von Mehrmengen oder die Entgegennahme von Mindermengen abgewickelt. Diese gelten gemäß § 25 Abs. 1 S. 1 GasNZV als vom Ausspeisenetzbetreiber bereitgestellt oder entgegengenommen und werden von diesem mit dem Transportkunden abgerechnet. Der Ausspeisenetzbetreiber rechnet seinerseits die Regelenergie gemäß § 25 Abs. 3 GasNZV mit dem Marktgebietsverantwortlichen ab, der diese bereitstellt.

155 Die Information des Netzbetreibers über die zu erwartenden Lastflüsse muss im Rahmen des in § 15 GasNZV geregelten Nominierungsverfahrens nach Stundenmengen in Kilowatt pro Stunde beim Fernleitungsnetzbetreiber erfolgen. Zu diesem Zweck können die Transportkunden nach § 15 Abs. 2 S. 1 GasNZV einen Dritten mit der Nominierung beauftragen. Die vertraglichen Verpflichtungen von Transportkunde und Fernleitungsnetzbetreiber bleiben hiervon unberührt. **Renominierungen**, d.h. die kurzfristige Anpassung an ein von der Prognose abweichendes Konsumverhal-

---

508 BNetzA Beschl. v. 15.5.2020 – BK7-20-004.
509 Im Einzelnen hierzu BNetzA Beschl. v. 15.5.2020 – BK7-20-004, S. 16 ff.
510 OLG Düsseldorf Beschl. v. 25.8.2021 – VI-3 Kart 211/20 (V).
511 § 23 Abs. 2 S. 2, 4 GasNZV.

D. Netzzugang 139

ten des Endverbrauchers, sind gemäß § 15 GasNZV wohl weiterhin zulässig. § 50 Abs. 1 Nr. 12 GasNZV eröffnet hier der Regulierungsbehörde die Möglichkeit, einheitliche Standards der (Re-)Nominierung festzulegen, insbesondere zum Zeitpunkt, bis zu dem eine Nominierung erfolgen muss und zum Umfang der Möglichkeiten, eine Nominierung nachträglich zu ändern. Von dieser Ermächtigungsgrundlage hat die Bundesnetzagentur mit ihren Festlegungen zum Standardkapazitätsvertrag Gas Gebrauch gemacht.[512] Nach § 15 Abs. 3 S. 1 GasNZV muss ein „nachlaufendes" Nominierungsverfahren für größere lastgemessene Letztverbraucher eingerichtet werden. Die Verordnung spricht insoweit von einem „Nominierungsersatzverfahren". Dabei wird die Nominierung der Einspeisung erst nach der Messung der ausgespeisten Menge vorgenommen, mit der Folge, dass eine Abweichung der Nominierung von der Ausspeisung ausgeschlossen ist. Dieses Verfahren steht unter dem Vorbehalt der technischen Machbarkeit und wirtschaftlichen Zumutbarkeit.

§ 24 GasNZV sieht schließlich vergleichbar den Regelungen im Strombereich die Schaffung von standardisierten Lastprofilen vor (s. dazu I. 3. b).). Im Gasbereich greift dabei als Schwellenwert für den Verzicht auf eine registrierende Lastgangmessung eine maximale stündliche Ausspeiseleistung von 500 kW und eine maximale jährliche Entnahme von 1,5 Mio. kWh. § 50 Abs. 4 GasNZV ermächtigt die Regulierungsbehörde u.a., nach Verbrauchergruppen differenzierende Standardlastprofile vorzugeben.[513] 156

§ 26 GasNZV verpflichtet die Netzbetreiber, entsprechende Daten verfügbar zu machen, damit der Transportkunde gegebenenfalls selbst Ausgleichsmaßnahmen ergreifen kann. Im Übrigen verfügt die Regulierungsbehörde gemäß § 50 Abs. 1 Nr. 9 GasNZV über die Möglichkeit, das System des Bilanzausgleichs zu konkretisieren, um berechtigte Bedürfnisse des Marktes angemessen zu berücksichtigen. 157

12. Flexibilitätsdienstleistungen

Ergänzend zum Zugangsanspruch und zu den Regelungen des Bilanzausgleichssystems sah § 34 GasNZV i.d.F., die vor dem 9. September 2010 galt, die Bereitstellung von **Flexibilitätsdienstleistungen** vor. Dieses Instrument steht nunmehr gemäß § 35 GasNZV nur noch für Biogas-Bilanzkreise zur Verfügung. Gemäß § 35 Abs. 3 S. 1 GasNZV beinhaltet ein besonderer Biogas-Bilanzkreisvertrag neben einem Bilanzausgleich von zwölf Monaten einen Flexibilitätsrahmen i.H.v. 25 %. Der Bilanzkreisverantwortliche hat gemäß § 35 Abs. 5 S. 1 GasNZV sicherzustellen, dass Ein- und Ausspeisungen innerhalb des Flexibilitätsrahmens verbleiben und am Ende des Bilanzierungszeitraums ausgeglichen sind. Für die tatsächliche Nutzung des Flexibilitätsrahmens zahlt der Bilanzkreisverantwortliche an den Marktgebietsverantwortlichen ein pauschaliertes Entgelt i.H.v. 0,001 Euro je Kilowattstunde. 158

---

[512] BNetzA Beschl. v. 24.2.2011 – BK7-10-001; Beschl. v. 30.10.2012 – BK7-12-201; Beschl. v. 14.8.2015 – BK7-15-001 sowie Beschl. v. 16.12.2018 – BK7-18-087. Zur Nominierung und Renominierung § 5 des Standardkapazitätsvertrages.
[513] S. hierzu auch den vom BDEW/VKU/GEODE herausgegebenen Leitfaden zur Abwicklung von Standardlastprofilen Gas, Stand 29.3.2018, der gemäß § 3 Nr. 1 lit. b KoopV XI faktisch Bindungswirkung entfaltet.

13. Verordnungsermächtigung

159 Neben der Verordnungsermächtigung nach § 24 EnWG (s. dazu I. 8.) sehen die Sondernormen für den Zugang im Gasbereich in § 25 S. 4, § 27 Abs. 1 S. 5 und § 28 Abs. 4 EnWG eigenständige Verordnungsermächtigungen vor. Dabei ist in allen genannten Fällen das Bundesministerium für Wirtschaft und Energie Verordnungsgeber, im Fall des § 25 S. 4 EnWG sogar ohne Zustimmung des Bundesrates, während in § 24 EnWG die Bundesregierung als Verordnungsgeber und in allen übrigen Fällen eine Zustimmungspflichtigkeit des Bundesrates normiert wird. Dass trotz der unterschiedlichen Zuständigkeiten und Verfahrensweisen die GasNZV sowohl auf § 24 EnWG als auch auf § 25 S. 4 EnWG gestützt wurde, ist daher fragwürdig.

III. Zugang zu Wasserstoffnetzen

160 Neben dem Netzanschluss regelt § 28n EnWG auch den Zugang zu Wasserstoffnetzen. Dieser ist Dritten zu angemessenen und diskriminierungsfreien Bedingungen zu gewähren, wenn der Zugang für den Dritten erforderlich ist. Die Gesetzesbegründung verweist darauf, dass die Entwicklung gemeinsamer Vertragsstandards der Betreiber von Wasserstoffnetzen für die Abwicklung netzübergreifender Transporte von Wasserstoff sinnvoll erscheine.[514] Es steht zu vermuten, dass der Gesetzgeber hierbei die Kooperationsvereinbarungen der Gasnetzbetreiber vor Augen hatte.

161 Die Betreiber von Wasserstoffnetzen trifft die Pflicht, ihre geltenden Geschäftsbedingungen für den Netzzugang, insbesondere die Entgelte für den Netzzugang und das Verfahren der Behandlung von Netzzugangsanfragen auf ihrer Internetseite zu veröffentlichen. Über diese allgemeinen Angaben hinaus sind die Betreiber verpflichtet, auf Anfrage weitergehende Informationen nach § 28n Abs. 3 S. 3 EnWG zur Verfügung zu stellen, die den konkreten Netzzugangsanspruch betreffen und abhängig vom jeweiligen Zugangsbegehren sind.

Literaturhinweise:

Ahnis, Erik/de Wyl, Christian, Maßgebliche Neuerungen der NAV/NDAV unter besonderer Berücksichtigung der Netzbetreiberhaftung, IR 2007, 77 ff. und 102 ff.; *Albers, Klaus/Stelzner, Peter*, Regelenergiebeschaffung durch den Übertragungsnetzbetreiber, et 2001, 704 ff.; *Arzt, Clemens*, Unterhaltungspflicht des Netzbetreibers bei Hausanschlüssen für Wasser, Fernwärme, Strom und Gas, N&R 2008, 2 ff.; *Bartsch, Alexander/vom Wege, Jan-Hendrik*, Die Haftung des Netzbetreibers – Rechtliche Grundlagen und aktuelle Rechtsprechung, EnWZ 2014, 152 ff.; *Breuer, Matthias/Kreienbrock, Ulf/Seidewinkel, Gregor/von Kopp-Colomb, Heinrich*, Die Kooperationsvereinbarung der Gastransportnetzbetreiber gemäß § 20 Abs. 1b EnWG – ein Überblick, RdE 2006, 264 ff.; *Broemel, Roland*, Netzanbindung von Offshore-Windkraftanlagen, ZUR 2013, 408 ff.; *Broemel, Roland*, Verschuldenszurechnung, Sorgfaltsmaßstäbe und Präventionskonzepte bei der Anbindung von Windenergieanlagen auf See, ZUR 2015, 400 ff.; *Buchmann, Felix*, Verhandlungs- und Realisierungsfahrplan im Netzanschlussverfahren nach der KraftNAV, RdE 2010, 127 ff.; *Butler, Janet/Heinickel, Caroline/Hinderer, Hermann Ali*, Der Rechtsrahmen für Investitionen in Offshore-Windparks und Anbindungsleitungen, NVwZ 2013, 1377 ff.; *de Wyl, Christian/Hartmann, Thies Christian/von Petz, Ferdinand*, Die Kraftwerks-Netzanschlussverordnung – eine Chance für Newcomer auf dem deutschen Stromerzeu-

---

514 BT-Drs. 19/27453, S. 120.

gungsmarkt, ZNER 2007, 132 ff.; *de Wyl, Christian/Weise, Michael/Blumenthal-Barby, Cordula,* Netzintegration von zentralen Batteriegroßspeichern – Streitfragen zu Netzanschluss, Anschlussnutzung und Netznutzung, RdE 2015, 507 ff.; *Eder, Jost/ Ahnis, Erik,* Die neuen Verordnungen zum Netzanschluss und zur Anschlussnutzung – Eine rechtspraktische Betrachtung, ZNER 2007, 123 ff.; *Hermeier, Guido,* Die Zuständigkeitsverteilung bei der Regulierung des grenzüberschreitenden Stromhandels – Mehr Binnenmarkt durch mehr Zentralisierung?, RdE 2007, 249 ff.; *Holznagel, Bernd/Schumacher, Pascal,* Netzanschluss, Netzzugang und Grundversorgung im EnWG 2005, ZNER 2006, 218 ff.; *Huber, Peter/Storr, Stefan,* Der Transportkunde als Schlüsselfigur des regulierten Netzzugangs auf dem Gasmarkt, RdE 2007, 1 ff.; *Kühling, Jürgen,* Sektorspezifische Regulierung in den Netzwirtschaften, 2004; *Kühling, Jürgen,* Die neuen Engpass-Leitlinien der Kommission im grenzüberschreitenden Stromhandel – Freie Fahrt für das Open Market Coupling in Deutschland?, RdE 2006, 173 ff.; *Kühling, Jürgen/el-Barudi, Stefan,* Das runderneuerte Energiewirtschaftsgesetz – Zentrale Neuerungen und erste Probleme, DVBl 2005, 1470 ff.; *Kühling, Jürgen/Hermeier, Guido,* Die Vorschläge zur institutionellen Neuorganisation des grenzüberschreitenden Stromhandels im 3. Energiebinnenmarkt-Paket, IR 2008, 98 ff.; *Kühling, Jürgen/Hermeier, Guido,* Innovationsoffenheit des Unbundling-Regimes? – Die Einführung neuer Strukturen im grenzüberschreitenden Stromhandel als Bewährungsprobe, ZNER 2006, 27 ff.; *Kühling, Jürgen/Klein, Carolin Christine,* Der Belastungsausgleich für Haftungen bei der Offshore-Windenergie – Rechtsprobleme wie bei der EEG-Umlage?, DÖV 2014, 103 ff.; *Kühling, Jürgen/Rasbach, Winfried,* Kernpunkte des novellierten EnWG 2011 – Regulierungsausbau im Zeichen der Energiewende, RdE 2011, 332 ff.; *Merk, Sebastian,* Aktuelle Probleme im Gasnetzzugang, RdE 2013, 349 ff.; *Meyer, Melanie/Sène Elhadj Abdoulaye,* Das europäische Strommarktdesign nach Verabschiedung des „Winterpakets", RdE 2019, 278 ff.; *Neveling, Stefanie,* Der neue Verordnungsentwurf zum Gasnetzzugang, et 2004, 611 ff.; *Pritzsche, Kai/Stephen, Michael/Pooschke, Sebastian,* Engpassmanagement durch marktorientiertes Redispatching, RdE 2007, 36 ff.; *Pause, Fabian,* „Saubere Energie für alle Europäer" – Was bringt das Legislativpaket der EU?, ZUR 2019, 387 ff.; *Rufin, Julia,* Fortentwicklung des Rechts der Energiewirtschaft: für mehr Wettbewerb und eine nachhaltige Energieversorgung in Deutschland?, ZUR 2009, 66 ff.; *Schau, Götz-Friedrich,* Die automatisierte Ausgestaltung des Stromnetzzugangs durch die Bundesnetzagentur – Bedeutung und Auswirkungen des Beschlusses BK6-06-009 vom 11.7.2006, ZNER 2007, 25 ff.; *Scholtka, Boris/Baumbach, Antje,* Die Entwicklung des Energierechts im Jahr 2014, NJW 2015, 911 ff.; *Scholtka, Boris/Keller-Herder, Laurenz,* Die Entwicklung des Energierechts im Jahr 2019, NJW 2020, 890 ff.; *Schwartz, Joseph,* Perspektiven für Objektnetzbetreiber nach dem Urteil des BGH vom 24. August 2010, RdE 2011, 177 ff.; *Stenneken, Christian/Thomale, Hans-Christoph,* Die neuen Netzanschlussverordnungen Strom und Gas, N&R 2007, 51 ff.; *Theobald, Christian,* Der künftige, regulierte Netzzugang – EnWG, NZEltV und NEEltV, IR 2005, 123 ff.; *Theobald, Christian/Gey-Kern, Tanja,* Das dritte Energiebinnenmarktpaket der EU und die Reform des deutschen Energiewirtschaftsrechts 2011, EuZW 2011, 896 ff.; *von Hammerstein, Christian,* Netzanschluss und Netzzugang für Kohle- und Gaskraftwerke, ZNER 2006, 110 ff.; *Witzmann, Kerstin,* Umsetzung des novellierten EnWG unter besonderer Berücksichtigung des Entwurfs der Verordnung über den Zugang zu Elektrizitätsversorgungsnetzen, ZNER 2005, 54 ff.

Rechtsprechungshinweise:

EuGH Urt. v. 22.5.2008 – Rs. C-439/06, ECLI:EU:C:2008:298; BVerwG Urt. v. 7.12.2011 – 6 C 39/10; BGH Urt. v. 11.6.2003 – VIII ZR 161/02; BGH Beschl. v.

11.11.2008 – EnVR 1/08; BGH Beschl. v. 17.12.2008 – VIII ZR 274/06; BGH Beschl. v. 10.2.2009 – KVR 67/07; BGH Beschl. v. 23.6.2009 – EnVR 48/08; BGH Beschl. v. 11.12.2012 – EnVR 8/12; BGH Urt. v. 25.2.2014 – VI ZR 144/13; BGH Beschl. v. 27.2.2018 – EnVZ 50/17; BGH Urt. v. 13.11.2018 – EnZR 39/17; BGH Beschl. v. 13.11.2018 – EnVR 33/17; BGH Beschl.v. 12.11.2019 – EnVR 66/18; BGH Beschl. v. 1.9.2020 – EnVR 7/19; OLG Düsseldorf Beschl. v. 20.6.2006 – VI-2 Kart 1/06 (V); OLG München Beschl. v. 25.11.2010 – Kart 19/09; OLG Düsseldorf Beschl. v. 5.11.2014 – VI-3 Kart 63/13 (V); OLG Düsseldorf Beschl. v. 30.4.2015 – VI-5 Kart 9/14 (V); BayVGH Urt. v. 11.5.2016 – 22 A 15.40004; OLG Düsseldorf Beschl. v. 15.3.2017 – VI-3 Kart 181/15 (V); OLG Düsseldorf Beschl. v. 27.4.2017 – VI-5 Kart 17/15 (V); OLG Düsseldorf Beschl. v. 6.12.2017 – VI-3 Kart 137/16 (V); OLG Düsseldorf Beschl. v. 13.6.2018 – VI-3 Kart 77/17 (V); OLG Düsseldorf Beschl. v. 16.1.2019 – VI-3 Kart 117/15 (V), VI-3 Kart 498/18 (V); OLG Brandenburg Urt. v. 26.2.2019 – 6 U 26/18; OLG Brandenburg Urt. v. 17.12.2019 – 6 U 58/18; OLG Düsseldorf Beschl. v. 28.10.2020 – 3 Kart 842/19 (V); OVG Münster Beschl. v. 4.3.2021 – 21 B 1162/20; OLG Düsseldorf Beschl. v. 25.8.2021 – VI-3 Kart 211/20 (V); LG Leipzig Urt. v. 16.2.2005 – 05 O 4702/05, ZNER 2006, 53 ff.; LG Nürnberg-Fürth Urt. v. 25.5.2007 – 4 HKO 3005/06, RdE 2007, 325 ff.; LG Düsseldorf Urt. v. 13.2.2008 – 34 O Kart 138/07, RdE 2008, 377 ff.; ÖVGH, Spruch v. 7.9.2004 – 2003/05/0094; VG Köln – 9 K 3784/20 (laufendes Verfahren).

4. Kapitel: Netzzugangsentgeltregulierung

A. Einführung

I. Funktion der Entgeltregulierung

Diskriminierungsfreier Zugang zu den Energieversorgungsnetzen allein schafft noch keinen wirksamen Wettbewerb, da den Netzbetreibern auch nach Einführung einer Zugangsregulierung die Möglichkeit verbleibt, durch die Forderung **überhöhter Entgelte** den Netzzugang für die Wettbewerber unrentabel zu machen. Die Höhe der Netzzugangsentgelte ist damit ein wesentlicher Faktor für die Schaffung wirksamen Wettbewerbs.[515] Basis der Entgeltregulierung des EnWG für Strom- und Gasnetze sind die §§ 21, 21a EnWG, die auf der Grundlage des § 24 S. 2 Nr. 4 EnWG erlassenen StromNEV und GasNEV sowie die auf Basis des § 21a Abs. 6 EnWG erlassene ARegV. Für die Entgeltregulierung von Wasserstoffnetzen gilt ausschließlich § 21 EnWG i.V.m. den Sonderregelungen des § 28o EnWG.

Die Regulierung der Entgelte hat jedoch nicht nur mit dem Ziel der Sicherstellung eines diskriminierungsfreien Marktzutritts der nicht vertikal integrierten Energieversorgungsunternehmen zu erfolgen. Vielmehr muss auch sichergestellt sein, dass **hinreichende Investitionen** in die Netze vorgenommen werden, um die Sicherheit und die Qualität der Energieversorgung zu erhalten. Im Lichte der Entwicklungen der letzten Dekade (**„Energiewende"**) hat dieser Aspekt maßgeblich an Relevanz gewonnen. Die Entgeltregulierung erfolgt im Spannungsfeld der Ziele des § 1 Abs. 2 EnWG: Hiernach dient die Regulierung der Elektrizitäts- und Gasversorgungsnetze sowohl der Sicherstellung eines wirksamen und unverfälschten Wettbewerbs bei der Versorgung mit Elektrizität und Gas als auch der Sicherung eines langfristig angelegten leistungsfähigen und zuverlässigen Betriebs von Energieversorgungsnetzen.

II. Abgrenzung von der Regulierung der Endkundenentgelte

Netzzugangsentgelte stellen die geldwerte **Gegenleistung** für die Gewährung des **Netzzugangs** dar. Abgegolten wird damit nicht nur die passive „Durchleitung" von Strom und Gas, sondern auch unmittelbar mit der Durchleitung verbundene Systemdienstleistungen des Netzbetreibers wie etwa die Frequenz- und Spannungshaltung.

Abzugrenzen ist die Netzzugangsentgeltregulierung von der Regulierung der Endkundenentgelte. Letztere sind die Preise, die ein Energielieferant Kunden auf der dem Netzbetrieb nachgelagerten Marktstufe der Versorgung für den Elektrizitäts- und Gasbezug in Rechnung stellt. Zwar können auch diese – etwa aus Verbraucherschutzgründen – regulierungsbedürftig sein.[516] Im Folgenden geht es aber ausschließlich um die Regulierung der für die Schaffung wirksamen Wettbewerbs wesentlichen Netzzugangsentgelte.

---

515 Vgl. hierzu *Kühling*, Sektorspezifische Regulierung in den Netzwirtschaften, 2004, S. 359 u. 284 f.; *Schmidt-Preuß*, IR 2004, 146 ff.
516 Verschärft wurde die Preishöhenkontrolle für marktbeherrschende Strom- und Gaslieferanten durch § 29 GWB. Zu § 29 GWB s. Kap. 9, F., sowie *Heitzer*, WuW 2007, 854 ff., und *Markert*, ZNER 2007, 365 ff.

III. Unionsrechtliche Vorgaben für die Netzzugangsentgeltregulierung

5 Unionsrechtlich weist nach bislang einhelliger Auffassung der Regulierungsrahmen des Dritten Binnenmarktpakets dem deutschen Gesetzgeber einen **weiten Spielraum** für die **Ausgestaltung** der nationalen Netzzugangsentgeltregulierung für Strom und Gas zu. Gemäß Art. 32 Abs. 1 S. 2 der beiden darin enthaltenen Richtlinien[517] haben die Mitgliedstaaten sicherzustellen, dass die Tarife für den Netzzugang oder die Methode ihrer Berechnung vor deren Inkrafttreten genehmigt werden. Ein Übergang zur Anreizregulierung war also unionsrechtlich auch durch das dritte Binnenmarktpaket nicht indiziert.[518] Entscheidend war hiernach lediglich, dass das jeweilige nationale System **Anreize zur Effizienzsteigerung** setzt (Art. 37 Abs. 8 EltRL 2009, Art. 41 Abs. 8 GasRL 2009). Eine Anreizregulierung erfordert dies aber nicht, da auch das zuvor praktizierte System der Genehmigung von Entgelten Anreize dafür setzte, nicht anerkennungsfähige Kostenpositionen zu eliminieren. Das dritte Binnenmarktpaket enthält die Vorgabe, dass Netzzugangsentgelte „angemessen" und „nicht diskriminierend" sein müssen (Art. 37 Abs. 10 EltRL 2009, Art. 41 Abs. 10 GasRL 2009). Zudem haben sie sicherzustellen, dass die Lebensfähigkeit der Netze gewährleistet ist (Art. 37 Abs. 6 lit. a EltRL 2009, Art. 41 Abs. 6 lit. a GasRL 2009). Dieser unionsrechtlich vorgegebene Rahmen hat auch durch die **Neufassung der Strombinnenmarktrichtlinie** im Zuge der Verabschiedung des EU-Clean Energy Packages[519] im Jahre 2019 keine grundlegende Änderung erfahren.[520]

6 Indes hat die Europäische Kommission in einem **Vertragsverletzungsverfahren gegen die Bundesrepublik Deutschland** erfolgreich geltend gemacht, dass aus Art. 35 Abs. 4 EltRL 2009[521] die Notwendigkeit einer sehr weitgehenden **Unabhängigkeit der Regulierungsbehörde** auch **gegenüber dem nationalen Gesetz- und Verordnungsgeber** folge.[522] Mit **Urteil vom 2. September 2021** hat der EuGH[523] u.a. festgestellt, dass die Richtlinienvorgaben eine **völlige Unabhängigkeit der nationalen Regulierungsbehörde** gegenüber Wirtschaftsteilnehmern und öffentlichen Einrichtungen verlangen. Diese Unabhängigkeit sei sogar gegenüber dem **nationalen Gesetzgeber** zu gewährleisten. Nur derart sei zu gewährleisten, dass die von den nationalen Regulierungsbehörden getroffenen Entscheidungen unparteiisch und nichtdiskriminierend erfolgen können. Im Hinblick auf die Ausgestaltung der

---

517 Richtlinie 2009/72/EG des Europäischen Parlaments und des Rates v. 13.7.2009 über gemeinsame Vorschriften für den Elektrizitätsbinnenmarkt und zur Aufhebung der Richtlinie 2003/54/EG, ABl. EU Nr. L 211, S. 55 v. 14.8.2009, neugefasst durch die Richtlinie (EU) 2019/944 v. 5.6.2019, ABl. EU Nr. L 158, S. 125 und Richtlinie 2009/73/EG des Europäischen Parlaments und des Rates v. 13.7.2009 über gemeinsame Vorschriften für den Erdgasbinnenmarkt und zur Aufhebung der Richtlinie 2003/55/EG, ABl. EU Nr. L 211, S. 94 v. 14.8.2009, zuletzt geändert durch Richtlinie (EU) 2019/692 v. 17.4.2019, ABl. EU Nr. L 117, S. 1 v. 3.5.2019.
518 So auch *Hardach*, Die Anreizregulierung der Energieversorgungsnetze, 2010, S. 93, der die Anreizregulierung aber als das am besten geeignete Instrument zur Erreichung der Richtlinienvorgaben bezeichnet.
519 Siehe hierzu *Europäische Kommission*, Saubere Energie für alle Europäer, 2019, abrufbar unter https://op.europa.eu/de/publication-detail/-/publication/b4e46873-7528-11e9-9f05-01aa75ed71a1 (Abruf 15.10.2021).
520 Die relevanten Vorgaben finden sich für den Strombereich nun in den Art. 6 Abs. 1, Art. 58 f), Art. 59 Abs. 7–9 der Richtlinie (EU) 2019/944 des Europäischen Parlaments und des Rates vom 5.6.2019 mit gemeinsamen Vorschriften für den Elektrizitätsbinnenmarkt und zur Änderung der Richtlinie 2012/27/EU (Neufassung), ABl. EU Nr. L 158, S. 125 v. 14.6.2019.
521 Die entsprechende Regelung findet sich in Art. 57 EltRL 2019.
522 Rechtsache C-718/18 Europäische Kommission gegen Bundesrepublik Deutschland; siehe hierzu auch *Bourwieg*, ER 2021, 47 (48); *Meinzenbach/Klein/Uwer*, N&R-Beilage 1/2021, 1 ff.
523 EuGH Urt. v. 2.9.2021 – Rs. C-718/18, ECLI:EU:C:2021:662.

A. Einführung

Netzentgeltregulierung bedeutet dies, dass unionsrechtlich belassene Spielräume im Grundsatz durch die nationalen Regulierungsbehörden, nicht aber durch den Gesetz- oder Verordnungsgeber ausgefüllt werden dürfen. Der EuGH hat dem entsprechend in der Ausgestaltung des § 24 Abs. 1 EnWG einen Verstoß gegen die Richtlinien erkannt, da hiermit der Bundesregierung bestimmte Zuständigkeiten übertragen werden, die nach dem Gedanken der Richtlinien allein den Regulierungsbehörden vorbehalten seien. Das EU-Recht selbst enthalte einen ausreichenden normativen Rahmen (Richtlinien, Verordnungen, Netzkodizes) mit materiellen Vorgaben, so dass das Demokratieprinzip gewahrt bleibe. Das deutsche Umsetzungskonzept der normierenden Regulierung ist damit insgesamt in Frage gestellt. **§ 24 Abs. 1 EnWG** und die auf dieser Grundlage erlassenen Umsetzungsverordnungen, allen voran die **ARegV**, die **StromNEV/GasNEV** und die **StromNZV/GasNZV**, möglicherweise aber auch weitere nationale Regulierungsvorgaben sind auf ihren noch unionsrechtlich zulässigen Inhalt zu beschränken.[524] Dies wird vordringliche Aufgabe des bundesdeutschen Gesetzgebers in der neuen Legislaturperiode sein. Bis zu einer Neuregelung durch den Gesetzgeber bleiben die Regelungen allerdings weiter anwendbar.[525] Auch die BNetzA hat bestätigt, dass sie ihre Spruchpraxis auf dem bestehenden Recht fortführen wird.[526]

Für den Bereich des grenzüberschreitenden Stromhandels setzt die gemäß Art. 288 Abs. 2 AEUV mit unmittelbarem Geltungsanspruch versehene Stromhandelsverordnung[527] einen eigenen Entgeltmaßstab. Gemäß Art. 14 Abs. 1 dieser Verordnung müssen die Netzzugangsentgelte transparent sein, der Notwendigkeit der Netzsicherheit Rechnung tragen und die tatsächlichen Kosten eines effizienten und strukturell vergleichbaren Netzbetreibers widerspiegeln. Zudem dürfen die Entgelte nicht entfernungsabhängig sein.

Nach Art. 13 Abs. 1 der Erdgasnetzzugangsverordnung[528] müssen die Tarife für den Zugang zu den Fernleitungsnetzen transparent sein, der Notwendigkeit der Netzintegrität und deren Verbesserung Rechnung tragen sowie die Ist-Kosten widerspiegeln, soweit diese Kosten denen eines effizienten und strukturell vergleichbaren Netzbetreibers entsprechen, transparent sind und gleichzeitig eine angemessene Kapitalrendite umfassen. Dabei steht es den Mitgliedstaaten frei, in diesem Sektor zur Bildung der Entgelte auch marktorientierte Verfahren zuzulassen. Ob die vor Inkrafttreten der ARegV vorgesehene Möglichkeit des § 3 Abs. 2 GasNEV, Fernleitungsnetzentgelte auf Basis eines Vergleichsverfahrens zu bilden, mit dieser Vorgabe in Einklang zu bringen ist,[529] ist für die heutige Praxis nicht mehr relevant: die Bun-

---

[524] S. hierzu bereits *Schmidt-Preuß*, RdE 2021, 173 ff.
[525] BGH Beschl. v. 8.10.2019 – EnVR 58/18, RdE 2020, 78 Rn. 60 ff.; s. auch *Gundel*, EnWZ 2021, 339.
[526] BKartA, Pressemitteilung v. 2.9.2021, abrufbar unter https://www.bundesnetzagentur.de/SharedDocs/Downloads/DE/Allgemeines/Presse/Pressemitteilungen/2021/20210902_RegEnergieEugh.pdf;jsessionid=0EC82A122FEC8DB64BAC953002EA4C83?__blob=publicationFile&v=2 (Abruf 15.10.2021).
[527] Verordnung (EG) 714/2009 des Europäischen Parlaments und des Rates v. 13.7.2009 über die Netzzugangsbedingungen für den grenzüberschreitenden Stromhandel und zur Aufhebung der Verordnung (EG) 1228/2003, ABl. EU Nr. L 211, S. 15 v. 14.8.2009, zuletzt geändert durch die Verordnung (EU) 2019/943 v. 5.6.2019, ABl. EU Nr. L 158, S. 54 v. 14.6.2019.
[528] Verordnung (EG) 715/2009 des Europäischen Parlaments und des Rates v. 13.7.2009 über die Bedingungen für den Zugang zu den Erdgasfernleitungsnetzen und zur Aufhebung der Verordnung (EG) 1775/2005, ABl. EU Nr. L 211, S. 36 v. 14.8.2009, zuletzt geändert durch die Änderungsverordnung (EU) 2018/1999 v. 11.12.2018, ABl. EU Nr. L 328, S. 1 v. 21.12.2018.
[529] Bejahend *Schendel*, ZNER 2007, 404 ff., sowie BR-Drs. 247/05, S. 35; verneinend *Däuper/Scharrer*, ZNER 2007, 18 ff. Darüber hinaus stellt sich heute die – eher rechtstheoretische – Frage, ob die Vorschrift des § 3 Abs. 2 GasNEV nach Wegfall der Ermächtigungsgrundlage (§ 24 S. 2 Nr. 5 EnWG a.F.) weiter gilt; eine Weitergeltung für vorkonstitutionelles Verordnungsrecht bejahend BVerfG Entsch.

desnetzagentur hat den betreffenden Netzbetreibern die marktorientierte Entgeltbildung unter Berufung auf fehlenden Leitungswettbewerb frühzeitig untersagt;[530] auch die Fernleitungsnetzbetreiber unterliegen heute dem Regime der Anreizregulierung.

B. Vorgaben des EnWG zur Bildung der Netzentgelte

9 Die zentralen Vorgaben des EnWG zur Bildung der Netzentgelte finden sich in §§ 21, 21a und 28o EnWG.

10 Hiernach unterliegen alle Netzentgelte zunächst den grundlegenden Erfordernissen der **Angemessenheit**, der **Diskriminierungsfreiheit** und der **Transparenz** (§§ 21 Abs. 1 und 3, 23b–23d EnWG, siehe hierzu sogleich unter **I.**). § 21 Abs. 2 EnWG enthält dann weitergehende Vorgaben für eine grundsätzlich **kostenorientierte** Entgeltbildung (siehe nachfolgend unter **II.**). § 21a EnWG sieht schließlich die Möglichkeit des Verordnungsgebers vor, abweichend von § 21 Abs. 2–4 EnWG die Ermittlung von Netzentgelten für Strom und Gas im Wege einer **Anreizregulierung** vorzugeben, d.h. durch eine Methode, die Anreize für eine effiziente Leistungserbringung setzt (siehe hierzu nachfolgend unter **III.** sowie im Anschluss unter **C.**).

11 Nachdem bis zum Ende des Jahres 2008 die **Strom- und Gasnetzentgelte** ausschließlich kostenorientiert nach Maßgabe des **§ 21 EnWG** i.V.m. den Vorschriften der **StromNEV** und der **GasNEV** gebildet wurden, unterliegt die Ermittlung dieser Netzentgelte seit dem 1. Januar 2009 einem Anreizregulierungsregime (Erlösobergrenzenregulierung) nach Maßgabe des **§ 21a EnWG** i.V.m. den Vorschriften der 2007 in Kraft getretenen Anreizregulierungsverordnung (**ARegV**). Soweit das System der Anreizregulierung zur Ermittlung von Erlösobergrenzen aber nach wie vor im Ausgangspunkt auf die beim Netzbetreiber anfallenden Kosten (etwa im Basisjahr einer Regulierungsperiode) abstellt, gelten im Grundsatz auch die in § 21 Abs. 2 EnWG aufgestellten Maßstäbe fort (siehe auch § 21a Abs. 4 EnWG) und die Kostenprüfung erfolgt weiterhin u.a. nach Maßgabe der StromNEV und GasNEV.

12 Für **Wasserstoffnetze** sieht **§ 28o EnWG**, der durch die EnWG-Novelle 2021 eingeführt worden ist, eine ausschließlich kostenbasierte Netzentgeltregulierung außerhalb der Anreizregulierung vor, die zudem unter dem Vorbehalt steht, dass der Wasserstoffnetzbetreiber für die Anwendung der Gasnetzregulierung optiert hat.

I. Vorgaben des § 21 Abs. 1 EnWG

13 Die Entgelte müssen gemäß § 21 Abs. 1 EnWG angemessen (1.), diskriminierungsfrei (2.) und transparent (3.) sein.

---

v. 3.12.1958 – 1 BvR 488/57, nach *juris*, Rn. 32; ablehnend *Maurer/Waldhoff*, Allgemeines Verwaltungsrecht, 20. Aufl. 2020, § 13 Rn. 7; offengelassen von BVerwG Beschl. v. 23.2.1994 – 4 B 35/94, nach *juris*, Rn. 4.

530 Vgl. die entsprechenden Beschlüsse der BNetzA, abrufbar unter https://www.bundesnetzagentur.de/DE/Beschlusskammern/BK04/BK4_91_Weiteres/LeitWettbVerf/LeitWettbVer_node.html (Abruf 15.10.2021).

B. Vorgaben des EnWG zur Bildung der Netzentgelte 147

1. Angemessenheit

Angemessen ist ein Entgelt, wenn der Netznutzer eine **adäquate Leistung** dafür 14
erhält, wenn also das beanspruchte Netzzugangsentgelt in einem vernünftigen Verhältnis zur erbrachten Leistung steht.[531] Ein Entgelt wird regelmäßig jedenfalls dann angemessen sein, wenn es sich auf dem Niveau strukturell vergleichbarer, effizient arbeitender Anbieter befindet. Diese Vorgabe stellt jedoch ein wenig greifbares Kriterium dar. Sie ist für sich allein betrachtet unbestimmt und bedarf der inhaltlichen Ausfüllung. Hier sind die weiteren im Folgenden genannten Maßstäbe und Kalkulationsmethoden heranzuziehen.

2. Diskriminierungsfreiheit

Das Gebot der Diskriminierungsfreiheit will die **Ungleichbehandlung** von Netznut- 15
zern bei der **Bepreisung von Leistungen** verhindern, es sei denn, hierfür läge ein sachlich rechtfertigender Grund vor. Dieses Gleichbehandlungsgebot im Hinblick auf die Entgeltbildung soll verhindern, dass einzelne Netzzugangspetenten bei der Gestaltung der Tarife bevorzugt oder benachteiligt werden. Einzelne Sonderentgelte/Vergünstigungen sind vom Gesetz- bzw. Verordnungsgeber ausdrücklich normiert worden (z.B. § 19 Abs. 2 StromNEV) und setzen auch unter beihilfenrechtlichen Aspekten grundsätzlich eine adäquate „Gegenleistung" (wie z.B. einen „netzdienlichen Effekt") für die Reduktion des Entgelts voraus. Weitere „Rabatte" sind unzulässig und kommen in der Praxis nicht vor; jeder Netzbetreiber legt vielmehr grundsätzlich einheitliche Netzentgelte für alle Netznutzer fest.

Insbesondere – dies ist historisch der Ausgangspunkt des Diskriminierungsverbots – 16
dürfen die Netzzugangsentgelte für Netzzugangspetenten nicht ungünstiger sein als die Entgelte, die von den Betreibern der Energieversorgungsnetze in vergleichbaren Fällen innerhalb ihres Unternehmens oder gegenüber verbundenen Unternehmen kalkulatorisch oder tatsächlich in Rechnung gestellt werden (**Grundsatz „intern gleich extern"**). Die Normierung dieses Grundsatzes bleibt notwendig, da Diskriminierungspotenziale auch unter Geltung eines strengen Unbundling-Regimes nicht vollkommen auszuschließen sind[532] und eine Bevorzugung von „internen" Netzzugangspetenten eine **Quersubventionierung** der (konzern-)eigenen Vertriebssparte und damit eine Verzerrung des Wettbewerbs zur Folge hätte.[533]

3. Transparenz

Transparenz bedeutet zunächst, dass die Entgelte öffentlich für alle Netzzugangspe- 17
tenten zugänglich sind. Die hier geforderte Transparenz wird insbesondere durch eine generelle Pflicht zur **Veröffentlichung der Netzentgelte** durch die Netzbetreiber hergestellt. Betreiber von Energieversorgungsnetzen sind gemäß § 21 Abs. 3

---

531 *Kühling*, N&R 2004, 12 (13).
532 Bei Durchführung einer vollständigen eigentumsrechtlichen Entflechtung gem. § 8 EnWG ist diese Problematik allerdings tatsächlich entschärft, weil in diesem Fall jeder Energievertrieb gegenüber dem Netzbetreiber „Dritter" ist. Schon bei der Ausgestaltung als unabhängiger Systembetreiber nach § 9 EnWG bleiben dagegen gewisse Diskriminierungspotenziale bestehen. Vgl. dazu näher *Koenig/Schreiber/Spiekermann*, N&R 2008, 7 ff.
533 Dieser Problematik wird insbesondere im Rahmen der internen Rechnungslegung durch eine getrennte Kontenführung der Netzbetriebstätigkeiten von den übrigen Tätigkeiten des vertikal integrierten Energieversorgungsunternehmens gem. § 6b Abs. 3 EnWG begegnet.

EnWG verpflichtet, die für ihr Netz **geltenden Netzentgelte** auf ihren Internetseiten zu veröffentlichen und auf Anfrage jedermann unverzüglich in Textform mitzuteilen. Die Veröffentlichung der geltenden Netzentgelte hat zudem in einem Format zu erfolgen, das eine automatisierte Auslesung der veröffentlichten Daten ermöglicht. Strom- und Gasnetzbetreiber haben darüber hinaus gemäß § 20 Abs. 1 EnWG spätestens zum 15. Oktober eines Jahres für das **Folgejahr** ihre Netzentgelte im Internet zu veröffentlichen. Dies schafft Chancengleichheit für alle Energievertriebe, die ihre Produktpreise für das Folgejahr kalkulieren. Transparenz verlangt aber auch eine **Tarifgestaltung**, die klar und in ihren wirtschaftlichen Folgen absehbar ist.[534] Diese Vorgabe betrifft damit auch die zugrunde zu legenden **betriebswirtschaftlichen Kalkulationsmethoden**.

18 Die bislang in § 31 ARegV enthaltene Regelung zur **Veröffentlichung von Netzbetreiberdaten** für Strom und Gas durch die Regulierungsbehörde in **nichtanonymisierter Form** ist durch die EnWG-Novelle 2021 ergänzt und in § 23b EnWG überführt worden. Die Veröffentlichung der Daten durch die Regulierungsbehörde hat nunmehr einschließlich etwaiger Betriebs- und Geschäftsgeheimnisse zu erfolgen. Von einer Veröffentlichung bestimmter Daten ist lediglich abzusehen, wenn durch die Veröffentlichung Rückschlüsse auf Kosten oder Preise Dritter möglich sind. Die bislang in den Netzzugangs- und Netzentgeltverordnungen enthaltenen Pflichten zur Veröffentlichung von Netzdaten durch die Strom- und Gasnetzbetreiber befinden sich nun ebenfalls im EnWG (§ 23c EnWG), ohne dass hiermit eine Ausweitung materieller Pflichten verbunden ist. Das BMWi wird schließlich durch § 23d EnWG ermächtigt, im Rahmen einer Verordnung, die der Zustimmung des Bundesrates bedarf, weitere Daten zur Veröffentlichung vorzusehen.

II. Entgeltmaßstäbe des § 21 Abs. 2 EnWG

19 Die eben genannten Maßstäbe prägen alle Ansätze der Entgeltregulierung ebenso wie die Missbrauchsaufsicht der Regulierungsbehörde. Jedoch gibt § 21 Abs. 1 EnWG noch keinen Hinweis darauf, wie ein „angemessenes" Entgelt zu kalkulieren ist. § 21 Abs. 2 EnWG stellt insoweit die Grundnorm für die Ermittlung „angemessener" Netzentgelte dar. Die einzelnen Vorgaben des § 21 Abs. 2 EnWG werden insbesondere ausgefüllt durch die Regelungen der StromNEV und der GasNEV.

1. Effizienzkostenorientierung

20 Nach § 21 Abs. 2 S. 1 EnWG werden die Entgelte zunächst im Grundsatz auf der Basis der Kosten einer Betriebsführung, die denen eines effizienten und strukturell vergleichbaren Netzbetreibers entsprechen müssen, gebildet. Dies bedeutet, dass das EnWG insoweit einen **kostenorientierten Ansatz** vorsieht, den Ausgangspunkt für die Entgeltberechnung also bestimmte, im Unternehmen des Netzbetreibers anfallende Kosten bilden.

21 Auch wenn das Ausgangsprinzip der Kostenorientierung als Grundsatz im EnWG festgeschrieben ist, sieht § 21 Abs. 2 EnWG noch die Möglichkeit vor, hiervon durch Rechtsverordnung nach § 24 EnWG **abzuweichen**. Die Abweichungsmöglichkeit im

---

534 *Theobald/Hummel*, ZNER 2003, 176 (176 f.).

B. Vorgaben des EnWG zur Bildung der Netzentgelte

Falle aktuellen oder potenziellen Leitungswettbewerbs ist gemäß § 24 S. 2 Nr. 5 EnWG a.F. aber zwischenzeitlich gestrichen worden.[535]

§ 21 Abs. 2 S. 1 EnWG konkretisiert das Prinzip der Kostenorientierung dahin gehend, dass die Entgelte auf der Grundlage der „Kosten der Betriebsführung, die denen eines effizienten und strukturell vergleichbaren Netzbetreibers entsprechen müssen", gebildet werden. Dies bedeutet, dass sich trotz einer Orientierung an den Kosten des Netzbetriebs nicht alle tatsächlich angefallenen Kosten in dem Netzzugangsentgelt niederschlagen müssen. Damit kombiniert der Gesetzgeber die Entgeltbildung auf der Grundlage der Kostenorientierung mit dem durch die Stromhandelsverordnung (Art. 14) und die Erdgaszugangsverordnung (Art. 13) vorgegebenen Maßstab der Kosten eines effizienten und strukturell vergleichbaren Netzbetreibers. Die Kosten der Betriebsführung sind demnach solche Kosten, die bei **effizienter Leistungserbringung** eines Netzbetreibers entstehen. Das Merkmal der Kostenorientierung wird durch dieses Effizienzkriterium eingegrenzt. 22

Nach § 21 Abs. 2 S. 2 EnWG dürfen bei dieser effizienzkostenorientierten[536] Bildung der Entgelte nur solche Kosten Beachtung finden, die sich ihrem Umfang nach im Wettbewerb einstellen würden. Maßstab sind damit die Kosten, die sich in einem **„Als-ob-Wettbewerb"** in den Netzzugangsentgelten niederschlagen würden. Auch in einem auf der Basis von Marktdaten simulierten hypothetischen Wettbewerb könnte der Netzbetreiber bei der Preisbildung nur solche Kosten auf die Entgelte abwälzen, die ein strukturell vergleichbarer, an Effizienzsteigerung orientierter Wettbewerber an seine Kunden weitergäbe. 23

2. Angemessene Verzinsung des eingesetzten Kapitals

In Umsetzung der EltRL und der GasRL normiert der Gesetzgeber in § 21 Abs. 2 EnWG, dass die **Eigenkapitalverzinsung** angemessen, wettbewerbsfähig und risikoangepasst sein muss.[537] Diesem Erfordernis weist der BGH in seiner Rechtsprechung zur Netzentgeltregulierung **zentrale Bedeutung** zu.[538] Ausschließlich eine ausreichende Eigenkapitalverzinsung versetzt die Netzbetreiber in die Lage, die notwendigen Investitionen in die Netzinfrastruktur vorzunehmen und gibt Kapitalgebern den notwendigen Anreiz, in den Netzbetrieb zu investieren.[539] Detaillierte Vorgaben zur Eigenkapitalverzinsung, die sich – ebenso wie jede Festlegung der Bundesnetzagentur hierzu – am Maßstab des § 21 Abs. 2 EnWG messen lassen müssen, finden sich in § 7 StromNEV und § 7 GasNEV. § 21 Abs. 2 S. 3 EnWG greift abschließend die zwingende unionsrechtliche Vorgabe auf, dass die notwendigen Investitionen in die Netze so vorgenommen werden können müssen, dass die **Lebensfähigkeit der Netze** gewährleistet ist. 24

---

535 Dafür bestehe kein praktischer Bedarf mehr, BT-Drs. 17/6072, S. 151.
536 S. zu dieser Begrifflichkeit auch *Kühling/el-Barudi*, DVBl. 2005, 1470 ff.
537 S. dazu auch *Büdenbender*, RdE 2008, 69 (72).
538 So hat der BGH verschiedentlich im Rahmen der Auslegung von Regelungen der ARegV darauf hingewiesen, dass dem Netzbetreiber nach der gesetzlichen Wertung des § 21 EnWG eine angemessene und wettbewerbsfähige Verzinsung seines Eigenkapitals verbleiben muss, s. etwa BGH Beschl. v. 14.8.2008 – KVR 35/07 – *Stadtwerke Neustadt an der Weinstraße*; BGH Beschl. v. 28.6.2011 – EnVR 34/10 – *Wemag*; BGH Beschl. v. 28.6.2011 – EnVR 48/10 – *EnBW Regional AG*.
539 Dennoch hat nach Auffassung des BGH die Bundesnetzagentur den Eigenkapitalzinssatz zur Bestimmung der Erlösobergrenze für die Betreiber von Elektrizitäts- und Gasversorgungsnetzen für die dritte Regulierungsperiode rechtsfehlerfrei festgelegt, BGH Beschl. v. 9.7.2019 – EnVR 41/18, ZNER 2019, 431 ff. und EnVR 52/18, RdE 2019, 456 ff. – *Eigenkapitalzinssatz II*.

3. Kalkulationsmodell

25 Im EnWG findet sich kein Hinweis auf ein bestimmtes Kalkulationsmodell (z.B. Nettosubstanzerhaltung, Realkapitalerhaltung). Der Gesetzgeber sichert dem Netzbetreiber zwar eine risikoangepasste und wettbewerbsfähige Verzinsung zu, er garantiert aber nicht die Ausgestaltung der **Kostenrechnungsmethode**. Diese Ausgestaltung bleibt als Aufgabe dem Verordnungsgeber zugewiesen. Im Lichte von Regulierungserfahrungen und Markterfordernissen soll der Verordnungsgeber dazu in der Lage sein, Anpassungen und Korrekturen der Kostenrechnungsmethode vorzunehmen, ohne dass es einer erneuten Änderung des EnWG bedarf.

III. Vorgaben des § 21a EnWG

26 § 21a Abs. 1 EnWG enthält die Option des Verordnungsgebers, von einem ausschließlich kostenorientierten Entgeltgenehmigungssystem nach Maßgabe von § 21 Abs. 2–4 EnWG auf ein System der **Anreizregulierung** zur Bildung der Netzentgelte umzustellen. Von dieser Option hat der Verordnungsgeber durch Erlass der Anreizregulierungsverordnung (ARegV) für die **Strom- und Gasnetzbetreiber** Gebrauch gemacht. Ein Anreizregulierungsregime i.S.d. § 21a Abs. 1 EnWG ist dadurch gekennzeichnet, dass eine Methode zur Bildung der Entgelte vorgegeben wird, die Anreize für eine effiziente Leistungserbringung setzt.

27 Der vom EnWG hierfür vorgegebene Rahmen ergibt sich aus § 21a Abs. 2–5 EnWG. Hiernach sind jedem Netzbetreiber für die Dauer einer Regulierungsperiode, die zwischen zwei und fünf Jahre betragen kann, Obergrenzen entweder für Entgelte oder zu erzielende Gesamterlöse vorzugeben. Dabei sind notwendigerweise Effizienzvorgaben zu berücksichtigen, die sich aber ausschließlich auf vom Netzbetreiber auch tatsächlich zu beeinflussende Kostenbestandteile (sogenannte beeinflussbare Kosten) beziehen dürfen. Die Effizienzvorgaben sind auf Grundlage eines **Effizienzvergleichs** unter Berücksichtigung u.a. der bestehenden Effizienz des jeweiligen Netzbetriebs, objektiver struktureller Unterschiede, der inflationsbereinigten Produktivitätsentwicklung und der Versorgungsqualität zu bestimmen. Die Vorgaben für die Entwicklung oder Festlegung der Obergrenze innerhalb einer Regulierungsperiode haben ferner den Ausgleich der allgemeinen Geldentwertung unter Berücksichtigung eines generellen sektoralen Produktivitätsfaktors vorzusehen. Schließlich müssen die Effizienzvorgaben zwingend so gestaltet und über die Regulierungsperiode verteilt sein, dass der betroffene Netzbetreiber die Vorgaben unter Nutzung der ihm möglichen und zumutbaren Maßnahmen erreichen und **auch übertreffen** kann.

IV. Sonderregelung des § 28o EnWG für Wasserstoffnetze

28 Mit der Aufnahme von Wasserstoff als dritten Energieträger in das EnWG (§ 1 Abs. 1 EnWG: „Zweck des Gesetzes ist eine möglichst sichere, preisgünstige, verbraucherfreundliche, effiziente und umweltverträgliche leitungsgebundene Versorgung der Allgemeinheit mit Elektrizität, Gas *und Wasserstoff,* die zunehmend auf erneuerbaren Energien beruht") durch die EnWG-Novelle 2021 ist der energierechtliche Ordnungsrahmen zugleich um Vorschriften zur **Regulierung von Wasserstoffnetzen** ergänzt worden (§§ 28j–28q EnWG). Wasserstoffnetze sind Netze zur Versorgung von Kunden ausschließlich mit Wasserstoff, die von der Dimensionierung nicht von vornherein nur auf die Versorgung bestimmter, schon bei der Netzerrichtung festste-

hender oder bestimmbarer Kunden ausgelegt sind, sondern grundsätzlich für die Versorgung jedes Kunden offenstehen: Dabei umfassen Wasserstoffnetze unabhängig vom Durchmesser Wasserstoffleitungen zum Transport von Wasserstoff nebst allen dem Leitungsbetrieb dienenden Einrichtungen, insbesondere Entspannungs-, Regel- und Messanlagen sowie Leitungen oder Leitungssysteme zur Optimierung des Wasserstoffbezugs und der Wasserstoffdarbietung. Eine maßgebliche Besonderheit des Regulierungsrahmens für Wasserstoffnetze liegt darin, dass er nur dann zur Anwendung gelangt, wenn ein Betreiber eines Wasserstoffnetzes vorab **freiwillig** und **unwiderruflich** gegenüber der BNetzA erklärt, dass seine Wasserstoffnetze der Regulierung unterfallen sollen.[540]

Ist dies geschehen, erklärt § 28o EnWG für die **Regulierung der Wasserstoffnetzentgelte** die Grundsätze des § 21 EnWG (u.a. Angemessenheit, Diskriminierungsfreiheit, Transparenz, Effizienzkostenorientierung, angemessene Kapitalverzinsung) für anwendbar. Die Anreizregulierung nach § 21a EnWG sowie die Genehmigung von Entgelten nach § 23a EnWG ist auf Betreiber von Wasserstoffnetzen allerdings nicht anzuwenden.[541] Die Kosten von regulierten Wasserstoffnetzbetreibern werden stattdessen jährlich anhand der zu erwartenden **Kosten** für das folgende Kalenderjahr sowie der Differenz zwischen den erzielten Erlösen und den tatsächlichen Kosten aus Vorjahren ermittelt und anschließend über Entgelte erlöst. Kosten dürfen nur insoweit geltend gemacht werden, als eine positive Bedarfsprüfung nach § 28p EnWG, die u.a. die Feststellung der energiewirtschaftlichen Notwendigkeit der Wasserstoffnetzinfrastruktur umfasst, vorliegt. Die beantragten Kosten für den Betrieb der Wasserstoffnetze werden durch die **Bundesnetzagentur** festgelegt oder **genehmigt**.

Die Bedingungen für den Netzzugang und die Netzentgelte können im Einzelnen per **Rechtsverordnung** ausgestaltet werden, was bis dato nicht geschehen ist.

C. Anreizregulierung

In Anwendung von § 21a Abs. 1 und 6 EnWG hat der Verordnungsgeber durch **Erlass der AReqV** mit Wirkung zum 1. Januar 2009 das bis dahin praktizierte System der ausschließlich kostenbasierten Entgeltregulierung – die **Ex-ante-Genehmigungspflicht** gemäß § 23a Abs. 1 EnWG[542] – **abgelöst** und dieses durch ein System der Anreizregulierung (Erlösobergrenzenregulierung) für Strom- und Gasnetzbetreiber ersetzt.

Die Anreizregulierung bezweckt **Effizienzsteigerungen** bei den Netzbetreibern. Gegenüber der statischen kostenorientierten Regulierung stellt die Anreizregulierung als Preisobergrenzen- (price cap) oder Erlösobergrenzenregulierung (revenue cap) das Ziel **dynamischer Effizienz** in den Vordergrund. Kernbestandteil dieser Regulierungsform ist es, Effizienzanreize bei gleichzeitigem **Erhalt des Qualitätsniveaus** zu schaffen. Dabei führt die Anreizregulierung in gewissem Umfang – je nach Ausgestaltung teilweise oder vollständig oder auch lediglich temporär – zu einer Entkopplung von Kosten und Erlösen.[543]

---

540 S. hierzu *Stelter/Schieferdecker/Lange*, EnWZ 2021, 99 ff.
541 Die ausführliche Darstellung der Funktionsweise der Anreizregulierung nachfolgend unter C. bezieht sich daher ausschließlich auf die Entgeltregulierung von Strom- und Gasnetzbetreibern.
542 Vgl. zu den diesbezüglichen Einzelheiten die Vorauflage.
543 BNetzA, Bericht nach § 112a EnWG, Rn. 145; *Ludwigs*, NVwZ 2008, 954 ff.; *Säcker/Meinzenbach*, RdE 2009, 1 (14).

I. Allgemeines

33 Die Anreizregulierung erfolgt gemäß § 21a Abs. 2 EnWG durch die Vorgabe von Obergrenzen für eine Regulierungsperiode, die sich auf die Höhe der Netzzugangsentgelte (**Preisobergrenzen**) oder auf die Gesamterlöse aus den Netzzugangsentgelten (**Erlösobergrenzen**) beziehen können. Wie sich aus § 4 Abs. 1 ARegV ergibt, hat der Verordnungsgeber sich für letztere Variante entschieden, so dass die Obergrenzen der zulässigen Gesamterlöse eines Netzbetreibers aus den Netzentgelten reguliert werden.

34 Gemäß § 2 ARegV wird das Verfahren zur Bestimmung der Erlösobergrenzen von Amts wegen eingeleitet. Zuvor standen Netzentgelte unter dem Genehmigungsvorbehalt des § 23a Abs. 1 EnWG; die Netzbetreiber mussten gemäß § 23a Abs. 3 EnWG einen Antrag auf Erteilung der Genehmigung bei der für sie zuständigen Regulierungsbehörde stellen. Dieses Erfordernis ist mit Inkrafttreten der ARegV weggefallen. Methodisch handelt es sich bei dem Verfahren zur Bestimmung der Erlösobergrenze (dazu sogleich) um ein **Festlegungsverfahren** i.S.d. § 29 Abs. 1 EnWG.

35 Gemäß § 3 Abs. 1 ARegV beginnt eine **Regulierungsperiode** jeweils zum 1. Januar des auf die vorangegangene Regulierungsperiode folgenden Jahres. Die erste Regulierungsperiode begann am 1. Januar 2009. § 3 Abs. 2 ARegV sieht die Dauer einer Regulierungsperiode von **fünf Jahren** vor. Damit hat der Verordnungsgeber beim Erlass der ARegV den nach der Vorgabe des § 21a Abs. 3 S. 1 EnWG längstmöglichen Zeitraum gewählt. Im Gasbereich war allerdings gemäß § 34 Abs. 1b ARegV für die erste Regulierungsperiode davon abweichend nur eine Dauer von vier Jahren vorgesehen. Seit der zweiten Regulierungsperiode beträgt die Dauer einer Regulierungsperiode auch im Gassektor fünf Jahre.

36 Eine Erlösobergrenze wird jeweils für **jedes Kalenderjahr** einer Regulierungsperiode festgelegt (§ 4 Abs. 2 ARegV); für eine neue Regulierungsperiode erfolgt eine neue Festlegung. Die wirtschaftlichen Vorteile, die das regulierte Unternehmen innerhalb einer Regulierungsperiode durch Effizienzsteigerungen erzielen kann, darf es vereinnahmen; dies stellt den Anreiz dar.[544]

II. Bestimmung der Erlösobergrenzen

37 Zentrale Vorschrift für die Ermittlung der Erlösobergrenzen ist § 4 Abs. 1 ARegV. Danach werden die Obergrenzen der zulässigen Gesamterlöse eines Netzbetreibers aus den Netzentgelten nach Maßgabe der §§ 5–16, 19, 22, 24 und 25 ARegV bestimmt. Damit sind die **Faktoren**, die die Erlösobergrenze beeinflussen, **abschließend festgelegt**.[545] Die Berechnungsformel für die Erlösobergrenzen („**Regulierungsformel**") enthält alle diese zu berücksichtigenden Faktoren und ergibt sich aus § 7 ARegV i.V.m. Anlage 1 zur ARegV.

38 Die Erlösobergrenzen werden nach § 4 Abs. 2 ARegV vorab für jedes Kalenderjahr innerhalb der Regulierungsperiode einzeln bestimmt. Dieses Verfahren läuft wie folgt ab (zu Einzelheiten unten): Zunächst wird vor Beginn der Regulierungsperiode in einem ca. zweijährigen Verfahren eine unternehmensindividuelle **Kostenprüfung** durchgeführt, die den Regelungen der StromNEV/GasNEV folgt. Hieran anschlie-

---

544 Vgl. dazu auch *Rufin*, ZUR 2009, 66 (68); *Säcker*, IR 2007, 242 ff.; *Säcker*, N&R 2009, 78 (82).
545 *Säcker/Meinzenbach*, in: Säcker (Hrsg.), Berliner Kommentar Energierecht, Bd. 3, 4. Aufl. 2018, § 4 ARegV Rn. 9.

ßend wird ein bundesweiter **Effizienzvergleich** gemäß den §§ 12 ff. ARegV vorgenommen, der für jedes Unternehmen zu einem Effizienzwert und damit verbunden zu einer individuellen Effizienzvorgabe führt. Soweit ein sogenanntes De-minimis-Unternehmen einen Antrag auf Teilnahme am vereinfachten Verfahren gemäß § 24 ARegV gestellt hat, nimmt es am Effizienzvergleich nicht teil und erhält stattdessen einen pauschalisierten Effizienzwert. Parallel dazu erlässt die Regulierungsbehörde weitere für die kommende Regulierungsperiode relevante Festlegungen gegenüber allen Netzbetreibern, wie etwa zur Höhe der Eigenkapitalzinssätze oder des generellen sektoralen Produktivitätsfaktors. Auf dieser Grundlage erfolgt dann abschließend die unternehmensindividuelle Vorgabe der zulässigen Erlösobergrenzen für die nächste Regulierungsperiode, gemäß § 32 Abs. 1 Nr. 1 ARegV i.V.m. § 29 Abs. 1 EnWG, durch Festlegung der Regulierungsbehörde.

1. Ausgangsniveau

Grundlage für die Festlegung der Erlösobergrenze sind nach § 6 Abs. 1 ARegV die **Kostenprüfungen nach StromNEV und GasNEV**, die im vorletzten Kalenderjahr vor Beginn einer Regulierungsperiode durchgeführt werden. Dabei sind die Daten des dann letzten abgeschlossenen Geschäftsjahres maßgebend. Das Kalenderjahr, in dem dieses Geschäftsjahr endet, gilt als **Basisjahr** für die Regulierungsperiode. 39

a) Kostenprüfung nach StromNEV/GasNEV

Gemäß § 6 Abs. 1 S. 1 ARegV ermittelt die Regulierungsbehörde das Ausgangsniveau für die Bestimmung der Erlösobergrenzen durch eine Kostenprüfung nach den Vorschriften des Teils 2 Abschnitt 1 der GasNEV bzw. StromNEV. Diese Vorschriften betreffen die **Kostenartenrechnung**. 40

Die Kostenartenrechnung gibt Auskunft über die **Art der angefallenen Kosten**, wie zum Beispiel Gehälter, Instandhaltungskosten, Fremdleistungen und Abschreibungen. An dieser Stelle werden die **berücksichtigungsfähigen Kosten** ermittelt, die durch die Netzzugangsentgelte gedeckt werden sollen. Dazu ist gemäß § 4 Abs. 1 StromNEV und GasNEV in Einklang mit der Vorgabe des § 21 Abs. 2 S. 1 EnWG die Ansetzung sowohl der bilanziellen als auch der kalkulatorischen Kosten des Netzbetriebs, soweit sie den Kosten eines effizienten und strukturell vergleichbaren Netzbetreibers entsprechen, vorgesehen. 41

Zur Bestimmung der Netzkosten ist gemäß § 4 Abs. 2 StromNEV und GasNEV eine Kalkulation zu erstellen. Die Bestandteile der Netzkosten sind dabei abschließend in den §§ 5–10 StromNEV und §§ 5–9 GasNEV aufgezählt. Gemäß § 4 Abs. 4 StromNEV und GasNEV sind die Einzelkosten des Netzes dem Netz direkt zuzuordnen. § 4 Abs. 4 S. 2–4 StromNEV und GasNEV enthalten Vorschriften, die die Zuordnung der **Gemeinkosten** und die Anforderungen an die **Zuschlüsselung** betreffen. 42

aa) Kalkulatorische Abschreibungen

Bei der Berechnung der kalkulatorischen Abschreibungen wird in § 6 Abs. 1 StromNEV und GasNEV zwischen Altanlagen und Neuanlagen unterschieden. **Altanlagen** sind solche Anlagengüter, die vor dem 1. Januar 2006 aktiviert wurden, 43 während als **Neuanlagen** solche Anlagen definiert werden, die ab diesem Zeitpunkt aktiviert wurden und werden.

44 Zunächst wird in § 6 Abs. 2 StromNEV und GasNEV die Abschreibung der Altanlagen erläutert. Die Netzentgeltverordnungen sehen in § 6 Abs. 2 S. 2 Nr. 1 kalkulatorische Abschreibungen für den eigenfinanzierten Anteil auf der Basis von **Tagesneuwerten** vor. Die Abschreibungen sind nach der **linearen Abschreibungsmethode** zu ermitteln. Demnach ist zweckmäßigerweise die Annahme einer stetigen Abnahme des Nutzungspotenzials der betreffenden Anlagen zugrunde gelegt. § 6 Abs. 2 StromNEV und GasNEV entsprechen der betriebswirtschaftlichen Konzeption der **Nettosubstanzerhaltung**, wonach Abschreibungen eigenfinanzierter Anlagen regelmäßig auf Wiederbeschaffungs- bzw. Tagesneuwertbasis kalkuliert werden. Der Tagesneuwert ist der unter Beachtung der technischen Entwicklung maßgebliche Anschaffungswert zum Zeitpunkt der jeweiligen Bewertung (vgl. § 6 Abs. 3 S. 1 StromNEV/GasNEV). Er wird am Kalkulationsstichtag ermittelt, indem die Anschaffungs- und Herstellungskosten mit einem spezifischen **Preisindex** hochgerechnet werden. Tagesneuwertbasierte Abschreibungen geben den tatsächlichen ökonomischen Wertverlust aus der Sicht des Unternehmens wieder und erhalten die Leistungsfähigkeit der Unternehmen auch in Zeiten steigender Preise. Die StromNEV und GasNEV verweisen mittlerweile in § 6 Abs. 3 S. 2 i.V.m. § 6a auf Indexreihen des Statistischen Bundesamtes, die zur Ermittlung der Tagesneuwerte heranzuziehen sind. Zuvor hatte die Regulierungsbehörde selbst Preisindizes festgelegt,[546] deren Rechtswidrigkeit jedoch sowohl das OLG Düsseldorf als auch der BGH festgestellt haben.[547]

45 Die kalkulatorischen Abschreibungen der Neuanlagen richten sich nach dem Prinzip der **Realkapitalerhaltungsmethode**. Nach § 6 Abs. 4 StromNEV und GasNEV sind die Neuanlagen dementsprechend ausgehend von den jeweiligen **historischen Anschaffungs- und Herstellungskosten** nach der linearen Abschreibungsmethode zu ermitteln. Bei der Realkapitalerhaltung fließt die Inflation durch die **Nominalverzinsung** des betriebsnotwendigen Kapitals in die Berechnung ein. Der Nominalzins liegt um die Inflationsrate erhöht über dem Realzins. Finanzierung und Abschreibungen werden bei diesem Konzept strikt getrennt. Für eine Zugrundelegung der Realkapitalerhaltung spricht, dass das Abstellen auf Anschaffungswerte zu einer **höheren Transparenz** und Nachvollziehbarkeit führt. Sowohl die tatsächlichen Anschaffungs- und Herstellungskosten als auch der Nominalzinssatz sind allgemein verfügbar. Überdies werden bei der Realkapitalerhaltung Daten zugrunde gelegt, die im Rahmen der Buchhaltung eines Unternehmens ohnehin vorliegen. Die Realkapitalerhaltung ist grundsätzlich gleich geeignet wie die Nettosubstanzerhaltung, das Kapital eines Unternehmens und damit die Investitionsfähigkeit zu erhalten.[548] Eine Abweichung zwischen beiden Methoden gibt es in der Summe nicht.

46 Insbesondere als problematisch erwies sich im Rahmen der kalkulatorischen Abschreibungen die Bestimmung der **Nutzungsdauern** nach § 32 Abs. 3 S. 4 StromNEV.[549] Der BGH ist dem mit einer pragmatischen und ergebnisorientierten

---

546 Vgl. dazu BNetzA Beschl. v. 26.10.2011 – BK9-11/602.
547 OLG Düsseldorf Beschl. v. 6.6.2012 – VI-3 Kart 225/07, VI-3 Kart 235/07, VI-3 Kart 241/07, VI-3 Kart 245/07, VI-3 Kart 249/07, VI-3 Kart 269/07, VI-3 Kart 281/07, VI-3 Kart 285/07, VI-3 Kart 290/07, VI-3 Kart 294/07, VI-3 Kart 318/07, VI-3 Kart 356/07, VI-3 Kart 366/07, VI-3 Kart 367/07, VI-3 Kart 383/07, VI-3 Kart 385/07, VI-3 Kart 389/07, VI-3 Kart 391/07 und VI-3 Kart 393/07.
548 *Kaldewei/Kutschke/Simons*, et 2005 (Special), 17 (18).
549 Vgl. dazu OLG Stuttgart Beschl. v. 5.4.2007 – 202 EnWG 8/06, ZNER 2007, 194 ff.; a.A. OLG Koblenz Beschl. v. 4.5.2007 – W 595/06 Kart, RdE 2007, 198 ff., und OLG Frankfurt Beschl. v. 11.9.2007 – 11 W

C. Anreizregulierung

Rechtsprechungslinie begegnet.[550] Diese bestand in einer weiten Auslegung des § 32 Abs. 3 S. 3 StromNEV, wonach es ausreiche, dass die Netzkosten bei der Tarifbildung nach der BTOElt zu berücksichtigen waren. Ob dies geschehen ist, sei unerheblich.[551] Damit greift die Vermutung des § 32 Abs. 3 S. 3 StromNEV, wonach die „nach den Verwaltungsvorschriften der Länder zur Darstellung der Kosten- und Erlöslage im Tarifgenehmigungsverfahren jeweils zulässigen Nutzungsdauern der Ermittlung der Kosten zu Grunde gelegt worden sind". Dabei gelten selbst Arbeitsanleitungen, die das Entwurfsstadium nicht verlassen haben und solche, die nicht veröffentlicht wurden, als Verwaltungsvorschriften in diesem Sinne.[552] Raum für Unklarheiten bezüglich der kalkulatorischen Restwerte lässt dieser Ansatz nicht.

bb) Kalkulatorische Eigenkapitalverzinsung

Gemäß § 7 Abs. 6 StromNEV und GasNEV entscheidet die Regulierungsbehörde durch Festlegung gemäß § 29 Abs. 1 EnWG über den **Eigenkapitalzinssatz**.[553] Dieser enthält einen Wagniszuschlag, der nach den Kriterien des § 7 Abs. 4 StromNEV und § 7 Abs. 5 GasNEV unter Berücksichtigung der Verhältnisse auf den nationalen und internationalen Kapitalmärkten, der durchschnittlichen Verzinsung des Eigenkapitals von Betreibern von Gasversorgungsnetzen auf ausländischen Märkten sowie der beobachteten und quantifizierbaren unternehmerischen Wagnisse ermittelt wird. 47

Für die erste Regulierungsperiode hat die Bundesnetzagentur einen Eigenkapitalzinssatz in Höhe von 9,29 % für Neuanlagen und in Höhe von 7,56 % für Altanlagen festgelegt,[554] für die zweite Regulierungsperiode lag der Eigenkapitalzinssatz bei 9,05 % bzw. 7,14 %.[555] Für die dritte Regulierungsperiode (Gas: 2018 bis 2022; Strom: 2019 bis 2023) hat die Bundesnetzagentur den Zinssatz nochmals deutlich auf 6,91 % für Neuanlagen und 5,12 % für Altanlagen abgesenkt und dies insbesondere mit der andauernden **Niedrigzinsphase** auf den nationalen und internationalen Kapitalmärkten begründet.[556] Dagegen haben zahlreiche Netzbetreiber zunächst mit Erfolg vor dem OLG Düsseldorf Beschwerde eingelegt. Das OLG Düsseldorf hat u.a. als methodisch fehlerhaft beanstandet, dass die Bundesnetzagentur einen für die Bestimmung des Zinssatzes maßgeblichen Faktor – die so genannte Marktrisikoprämie – allein aus historischen Daten abgeleitet hat, ohne die Sondersituation des gegenwärtigen Marktumfelds zu berücksichtigen und eine um alternative Ansätze ergänzte Würdigung und Plausibilitätskontrolle durchzuführen.[557] In der Folge hat 48

39/06, ZNER 2007, 341 ff., die § 32 Abs. 3 S. 3 StromNEV bei sog. Erstreckungsgenehmigungen nicht für erfüllt hielten.
550 *Säcker/Meinzenbach*, in: Säcker (Hrsg.), Berliner Kommentar Energierecht, Bd. 1, 4. Aufl. 2019, § 21 EnWG Rn. 101.
551 BGH Beschl. v. 14.8.2008 – KVR 42/07 – *Rheinhessische Energie*, nach juris, Rn. 12 ff.; BGH Beschl. v. 14.8.2008 – KVR 27/07 – *Stadtwerke Engen*, nach juris, Rn. 16 ff.; BGH Beschl. v. 14.8.2008 – KVR 35/07 – *Stadtwerke Neustadt*, nach juris, Rn. 32 ff.; BGH Beschl. v. 14.8.2008 – KVR 36/07 – *Stadtwerke Trier*, nach juris, Rn. 22 ff.
552 *Säcker/Meinzenbach*, in: Säcker (Hrsg.), Berliner Kommentar Energierecht, Bd. 1, 2. Aufl. 2010, § 21 EnWG Rn. 55; zur Auslegung des Terminus „Verwaltungsvorschrift" in § 32 Abs. 3 S. 3 StromNEV s. auch BGH Beschl. v. 14.8.2008 – KVR 35/07 – *Rheinhessische Energie*, nach juris, Rn. 26.
553 S. hierzu *Böwing/Franz*, et 2007, 26 ff.
554 BNetzA Beschl. v. 7.7.2008 – BK 4-08-068. Dieser Beschluss wurde durch eine neue Festlegung ersetzt und leicht abgesenkt, vgl. BNetzA Beschl. v. 31.10.2011 – BK4-11304.
555 S. zur Festlegung des EK-Zinssatzes für die zweite Regulierungsperiode (Gas) BGH Beschl. v. 27.1.2015 – EnVR 37/13, EnVR 39/13, EnVR 42/13.
556 BNetzA Beschl. v. 5.10.2016 – BK4-16-160 und BK4-16-161.
557 OLG Düsseldorf Beschl. v. 22.3.2018 – 3 Kart 1061/16 und 3 Kart 1062/16.

der Bundesgerichtshof allerdings die Festlegung der Bundesnetzagentur bestätigt und dabei auf einen weitgehenden Beurteilungsspielraum der Bundesnetzagentur bei der Bestimmung des Zinssatzes verwiesen. Die Bundesnetzagentur sei aus Rechtsgründen nicht verpflichtet gewesen, die von ihr gewählte Methode zur Bestimmung der Zinssätze im Hinblick auf historische Besonderheiten am Kapitalmarkt zu modifizieren oder den ermittelten Zinssatz einer ergänzenden Plausibilitätsprüfung zu unterziehen.[558] In ihren Festlegungen für die **vierte Regulierungsperiode** (Gas: 2023 bis 2027; Strom: 2024 bis 2028) hat die Bundesnetzagentur einheitlich für Strom- und Gasnetzbetreiber einen, verglichen mit der dritten Regulierungsperiode, nochmals deutlich abgesenkten Eigenkapitalzinssatz in Höhe von 5,07 % für Neuanlagen sowie 3,51 % für Altanlagen festgelegt.[559]

49 Hinsichtlich des **Fremdkapitalzinssatzes**, der auch für das die zugelassene Eigenkapitalquote überschreitende Eigenkapital gilt, sind die Zinsen gemäß § 5 Abs. 2 StromNEV und GasNEV in **tatsächlicher Höhe** einzustellen, höchstens jedoch in der Höhe kapitalmarktüblicher Zinsen für vergleichbare Kreditaufnahmen. Die Regulierungsbehörden und die Gerichte haben bislang überwiegend einen Zinssatz von 4,8 % anerkannt, teilweise jedoch auch einen höheren Zinssatz unter Einberechnung eines **Risikozuschlags** zugestanden.[560] Der BGH hat einen Risikozuschlag anerkannt.[561] Nach Zurückverweisung an das OLG Koblenz[562] hat dieses den Zuschlag mit 0,46 % bemessen, was wiederum vom BGH nicht beanstandet wurde.[563] Mit Beginn der vierten Regulierungsperiode wird der Fremdkapitalzinssatz als gewichteter Durchschnitt aus verschiedenen von der Deutschen Bundesbank veröffentlichten Zinsreihen und Umlaufsrenditen gebildet.

50 § 7 Abs. 1 StromNEV und GasNEV sehen die Verzinsung des Eigenkapitals auf Grundlage des betriebsnotwendigen Eigenkapitals. vor. Das Eigenkapital errechnet sich gemäß § 7 Abs. 1 S. 2 Nr. 1–4 StromNEV und GasNEV unter Abzug des Abzugskapitals und des verzinslichen Fremdkapitals. Die Auslegungsschwierigkeiten im Zusammenhang mit § 7 Abs. 1 S. 3 StromNEV, GasNEV wurden durch Änderung/Ergänzung der Vorschrift[564] beseitigt.[565]

cc) Kalkulatorische Steuern

51 Darüber hinaus sind Steuern als Kostenpositionen anzusetzen, die aufgrund ihres prinzipiellen Charakters als **Erfolgssteuer** eigentlich aus dem Gewinn zu decken

---

558 BGH Beschl. v. 9.7.2019 – EnVR 41/18, ZNER 2019, 431 ff. und EnVR 52/18, RdE 2019, 456 ff. – *Eigenkapitalzinssatz II*. S. hierzu auch *Burgi*, RdE 2020, 105 ff.
559 Vg. BNetzA, Pressemitteilung vom 20.10.2021, abrufbar unter https://www.bundesnetzagentur.de/SharedDocs/Pressemitteilungen/DE/2021/20211020_EKZins.html#:~:text=Die%20Bundesnetzagentur%20hat%20f%C3%BCr%20Strom,51%20Prozent%20vor%20K%C3%B6rperschaftsteuer%20festgelegt (Abruf 04.11. 2021).
560 S. OLG Frankfurt Beschl. v. 11.9.2007 – 11 W 39/06 (Kart), ZNER 2007, 341 ff.; OLG Koblenz Beschl. v. 4.5.2007 – W 595/06 Kart, RdE 2007, 193 ff. (für einen Risikozuschlag).
561 BGH Beschl. v. 14.8.2008 – KVR 42/07 – *Rheinhessische Energie*, nach *juris*, Rn. 59 f. u. 63.
562 OLG Koblenz Beschl. v. 8.11.2012 – 6 W 594/06 Kart.
563 BGH Beschl. v. 18.2.2014 – EnVR 71/12 – *Rheinhessische Energie II*.
564 Die Änderung erfolgte durch die Verordnung zum Erlass und zur Änderung von Rechtsvorschriften auf dem Gebiet der Energieregulierung v. 8.4.2008 (BGBl. I 2008, S. 693).
565 Die Frage, ob die von einigen Regulierungsbehörden vorgenommene sog. „doppelte Quotierung" (vgl. hierzu im Einzelnen BNetzA Beschl. v. 6.6.2006 – BK 8-05/019) auf Basis der alten Rechtslage rechtmäßig war, hat der BGH Beschl. v. 14. 8. 2008 – KVR 35/07 – *Stadtwerke Neustadt*, nach *juris*, Rn. 73 ff. bejaht.

sind. Insoweit ermöglichen § 8 StromNEV und GasNEV ein Ansetzen der Gewerbesteuer als **kalkulatorische Kostenposition**.[566]

Eine vergleichbare Regelung für die Körperschaftsteuer fehlt. Die Körperschaftsteuer soll auf der Grundlage von § 7 Abs. 6 StromNEV und § 7 Abs. 6 GasNEV im Wege der Eigenkapitalverzinsung abgegolten werden.[567]

52

b) „Einmaleffekte"

Gemäß § 6 Abs. 2 ARegV finden Kosten, die dem Grunde oder der Höhe nach auf einer **Besonderheit des Geschäftsjahres** beruhen, auf das sich die Kostenprüfung bezieht, bei der Ermittlung des Ausgangsniveaus keine Berücksichtigung. Solche **„Einmaleffekte"** können beispielsweise daraus resultieren, dass in dem der Kostenprüfung zugrunde liegenden Geschäftsjahr überhöhte Abschreibungen auf Sachanlagegüter vorgenommen werden. Damit ist dieser Sachverhalt nunmehr ausdrücklich geregelt, ein anderes Ergebnis gilt allerdings auch für Altfälle nicht.[568] Hintergrund ist, dass das Basisjahr Referenzjahr für die Jahre der folgenden Regulierungsperiode ist, kostenseitige Besonderheiten dieses Jahres daher für die adäquate Bemessung der Erlösobergrenzen für die Folgejahre ausgeblendet werden sollen. Das spricht dafür, die Fassung der Vorschrift explizit dahin gehend zu modifizieren, dass nicht nur „untypisch" im Basisjahr angefallene Kosten eliminiert werden, sondern auch „untypisch" ausgebliebene Kostenbelastungen hinzugerechnet werden.

53

c) Kapitalkostenabzug

Die Regulierungsbehörde nimmt nach Ermittlung des Ausgangsniveaus ex ante für jedes Jahr der Regulierungsperiode einen sogenannten **Kapitalkostenabzug** nach Maßgabe des § 6 Abs. 3 S. 2–5 ARegV und der Anlage 2a der ARegV vor. Zu den Kapitalkosten zählen die kalkulatorischen Abschreibungen, die kalkulatorische Eigenkapitalverzinsung, die kalkulatorische Gewerbesteuer und der Aufwand für Fremdkapitalzinsen. Im Rahmen des Kapitalkostenabzugs werden die im Ausgangsniveau enthaltenen Kapitalkosten des Basisjahrs auf die sogenannten „fortgeführten Kapitalkosten" im jeweiligen Jahr der Regulierungsperiode abgesenkt. Die fortgeführten Kapitalkosten ergeben sich unter Berücksichtigung der im Zeitablauf sinkenden kalkulatorischen Restbuchwerte der betriebsnotwendigen Anlagegüter des Ausgangsniveaus sowie der im Zeitablauf sinkenden Werte der hierauf entfallenden Netzanschlusskostenbeiträge und Baukostenzuschüsse. Es werden mithin nicht (mehr) ausschließlich die Kapitalkosten des Basisjahres für alle Jahre der Re-

54

---

[566] § 8 StromNEV und GasNEV stellen – anders als ursprünglich von der Regulierungsbehörde statuiert – nicht auf die tatsächlich gezahlte Gewerbesteuer ab, sondern auf die kalkulatorische Gewerbesteuer. Vgl. dazu *Schalle/Boos*, ZNER 2006, 20 (23); *Becker/Boos*, ZNER 2006, 297 (303). Hinsichtlich der Nichtberücksichtigung von Hinzurechnungen und Kürzungen nach §§ 8, 9 GewStG hat das OLG Düsseldorf Beschl. v. 9.5.2007 – VI-3 Kart. 289/06, RdE 2007, 193 ff., die entsprechende Ansicht der BNetzA bislang bestätigt. Steuerliche Hinzurechnungen und Kürzungen passten nicht zu der ansonsten rein kalkulatorischen Bemessungsgrundlage. Dies hat der BGH Beschl. v. 14.8.2008 – KVR 39/07 – *Vattenfall*, nach *juris*, Rn. 76 ff., ebenfalls bestätigt.

[567] Vgl. dazu und zu der Behandlung der Körperschaftsteuer im Rahmen der Anreizregulierung *Haubold/Glattfeld*, et 2007, 108 ff.

[568] Der BGH Beschl. v. 28.6.2011 – EnVR 48/10, N&R 2011, 212 ff., vertritt die Auffassung, dieses Ergebnis folge schon aus einer Auslegung des § 6 Abs. 2 ARegV; hinsichtlich der Methode kritisch *Ernst*, N&R 2011, 213 (217).

gulierungsperiode zugrunde gelegt, sondern die Kapitalkosten werden im Ergebnis jahresscharf nachgeführt.[569]

55 Gegenstück zum Kapitalkostenabzug gemäß § 6 Abs. 3 ARegV ist der während der Regulierungsperiode jährlich vom Netzbetreiber zu beantragende sogenannte **Kapitalkostenaufschlag** nach Maßgabe des § 10a ARegV. Hiernach genehmigt die Regulierungsbehörde einen Kapitalkostenaufschlag i.S.d. § 10a Abs. 2 bis 9 ARegV auf die Erlösobergrenze für Kapitalkosten, die aufgrund von **nach dem Basisjahr** getätigten Investitionen in den Bestand betriebsnotwendiger Anlagegüter entstehen.

56 Kapitalkostenabzug und Kapitalkostenaufschlag haben im Zuge der am 17. September 2016 in Kraft getretenen **ARegV-Novelle 2016**[570] Eingang in das Regulierungsregime gefunden und sind im Zuge der **ARegV-Novelle 2021** auch auf die Übertragungs- und Fernleitungsnetzbetreiber erstreckt worden. Hierdurch ist der vielfach geforderte Wechsel vom Budgetprinzip zum **Kapitalkostenabgleich** endgültig vollzogen worden. Dieser führt dazu, dass der vormals bestehende **Zeitverzug** zwischen tatsächlichem Anfall der Kapitalkosten und ihrer Erlöswirksamkeit (bis zu sieben Jahre später[571]) behoben wird, der gerade auf Verteilernetzebene als Investitionshindernis ausgemacht worden war.[572]

2. Allgemeine Geldwertentwicklung

57 In der Regulierungsformel wird zusätzlich zu einem geprüften „Ausgangskostenblock" zunächst die **allgemeine Geldwertentwicklung** für die Folgejahre berücksichtigt. Sie ergibt sich gemäß § 8 S. 1 ARegV aus dem durch das Statistische Bundesamt veröffentlichten Verbraucherpreisgesamtindex (= durchschnittliche Inflationsrate). Für die Bestimmung der Erlösobergrenze wird gemäß § 8 S. 2 ARegV der Verbraucherpreisgesamtindex des vorletzten Kalenderjahres vor dem Jahr, für das die Erlösobergrenze gilt, verwendet und zum Verbraucherpreisgesamtindex für das Basisjahr in Verhältnis gesetzt. Dieses Element der Regulierungsformel wirkt sich erhöhend auf die Erlösobergrenze aus.[573]

3. Genereller sektoraler Produktivitätsfaktor

58 Bei der Ermittlung der Erlösobergrenze wird darüber hinaus ein genereller sektoraler Produktivitätsfaktor (X_{gen}) berücksichtigt. Dieser ergibt sich gemäß § 9 Abs. 1 ARegV aus der Abweichung des netzwirtschaftlichen Produktivitätsfortschritts vom gesamtwirtschaftlichen Produktivitätsfortschritt und der gesamtwirtschaftlichen Einstandspreisentwicklung von der netzwirtschaftlichen Einstandspreisentwicklung. Einfach gewendet ist der sogenannte X_{gen} eine von jedem Unternehmen des Sektors zu erreichende Zielvorgabe in Form einer **unterstellten zukünftigen Produktivitäts-**

---

569 S. zum Kapitalkostenabzug auch *Gersemann*, EnWZ 2016, 531 (531 f.), *Missling*, IR 2017, 2 (3) und *Stelter*, EnWZ 2017, 147 (148 f.).
570 Zweite Verordnung zur Änderung der Anreizregulierungsverordnung v. 14.9.2016 (BGBl. I 2016, S. 2147).
571 S. hierzu etwa *Hussong/Jacob*, Versorgungswirtschaft 2017, 10 (11) sowie die durch den Zeitverzug (vormals) entstehenden positiven und negativen Sockeleffekte beschreibend *Stelter*, EnWZ 2017, 147 (147 ff.).
572 Zu Problemen und Auslegungsfragen, die der Systemwechsel im Übergang mit sich bringt, s. im Einzelnen *Stelter*, EnWZ 2017, 147 ff.
573 *Groebel*, in: Säcker (Hrsg.), Berliner Kommentar Energierecht, Bd. 3, 4. Aufl. 2018, § 8 ARegV Rn. 2.

steigerung.[574] Anders als von der Bundesnetzagentur und einigen Beschwerdegerichten angenommen,[575] war die Berücksichtigung dieses Faktors nicht von der ursprünglichen Verordnungsermächtigung gedeckt.[576] Es handelt sich nämlich nicht um eine Regelung über die allgemeine Geldwertentwicklung, wie sie zulässig gewesen wäre, sondern um eine Regelung über die besondere Kostenentwicklung.[577] Allerdings war der generelle sektorale Produktivitätsfaktor politisch gewollt. Es ist daher nachfolgend in einem chaotischen Gesetzgebungsverfahren[578] eine Ergänzung der Ermächtigungsgrundlage erfolgt. Inhaltlich hat sich daher an § 9 Abs. 1 ARegV schlussendlich nichts geändert. Die rückwirkende „Reparatur" durch den Gesetzgeber hat der BGH gebilligt.[579]

Während der X_{gen} für die erste und zweite Regulierungsperiode unmittelbar kraft Verordnung auf 1,25 % bzw. 1,5 % jährlich festgelegt wurde, musste die Regulierungsbehörde diesen Parameter für die dritte Regulierungsperiode gemäß § 9 Abs. 3 ARegV nach Maßgaben und Methoden, die dem Stand der Wissenschaft entsprechen, ermitteln. Die Bundesnetzagentur hat dem entsprechend den **Xgen Gas** für die 3. Regulierungsperiode (2018 bis 2022) auf 0,49 % festgelegt, den Xgen Strom für die 3. Regulierungsperiode (2019 bis 2023) auf 0,9 %. Das OLG Düsseldorf hat an der Festlegung des Xgen Gas auf Basis von Beschwerden vieler Netzbetreiber umfassende Kritik geäußert.[580] In der Folge hat allerdings der BGH die Beschwerden gegen die Festlegung des Xgen Gas zurückgewiesen und dies maßgeblich darauf gestützt, dass der Bundesnetzagentur bei der Bestimmung der Methoden zur Ermittlung der ökonomischen Grundlagen für die Festlegung des generellen sektoralen Produktivitätsfaktors ein **Beurteilungsspielraum** zustehe. Die Bundesnetzagentur sei nicht in jedem Fall verpflichtet, bei der Ermittlung einer volks- oder netzwirtschaftlichen Größe ein nach einer anerkannten wissenschaftlichen Methode gewonnenes Ergebnis einer Überprüfung mittels anderer oder ergänzender methodischer Ansätze zu unterziehen.[581]

4. Beeinflussbare und nicht beeinflussbare Kostenanteile

Bei der Ermittlung der Erlösobergrenzen durch die Regulierungsbehörde unterscheidet bereits § 21a Abs. 4 S. 1 EnWG zwischen solchen Kostenanteilen der Netzzugangsentgelte, die im Einflussbereich des Netzbetreibers liegen (**beeinflussbare Kostenanteile**) und solchen Kostenanteilen, die diesem Einflussbereich entzogen sind (**nicht beeinflussbare Kostenanteile**). Die ARegV setzt diese Unterscheidung in § 11 um: Gemäß § 11 Abs. 1 ARegV gelten als nicht beeinflussbar „dauerhaft nicht

---

574 Ähnlich *Groebel*, in: Säcker (Hrsg.), Berliner Kommentar Energierecht, Bd. 3, 4. Aufl. 2018, § 9 ARegV Rn. 1.
575 S. nur OLG Düsseldorf Beschl. v. 24.3.2010 – VI-3 Kart 200/09, nach *juris*, Rn. 95 ff.
576 BGH Beschl. v. 28.6.2011 – EnVR 48/10 – *EnBW Regional AG*, nach *juris*, Rn. 36; BGH Beschl. v. 28.6.2011 – EnVR 34/10, nach *juris*, Rn. 30; s. hierzu auch die Anmerkungen von *Pfeifle*, N&R 2012, 179 ff.; so auch OLG Celle Beschl. v. 19.8.2010 – 13 VA 23/09, nach *juris*, Rn. 17; OLG Brandenburg Beschl. v. 12.1.2010 – Kart W 7/09, nach *juris*, Rn. 53; OLG Naumburg Beschl. v. 5.11.2009 – 1 W 6/09, nach *juris*, Rn. 52.
577 *Ernst*, N&R 2011, 213 (216).
578 *Koenig*, N&R 2012, 183 (183 f.).
579 BGH Beschl. v. 31.1.2012 – EnVR 16/10; s. hierzu insbesondere die kritischen Anmerkungen von *Pfeifle*, N&R 2012, 179 ff.
580 OLG Düsseldorf Beschl. v. 10.7.2019 – 3 Kart 721/18 (V).
581 BGH Beschl. v. 26.1.2021 – EnVR 7/20, EnWZ 2021, 217 ff.

beeinflussbare Kostenanteile und vorübergehend nicht beeinflussbare Kostenanteile". Die verbleibenden Kosten sind gemäß § 11 Abs. 4 ARegV beeinflussbar.

61 Von besonderer Bedeutung ist jedoch insbesondere die Unterscheidung zwischen den dauerhaft nicht beeinflussbaren Kosten und den übrigen Kosten. Die **dauerhaft nicht beeinflussbaren Kosten** fließen nämlich nicht in den Effizienzvergleich ein und unterliegen keinen Effizienzvorgaben. Die **Erlösobergrenze** wird sogar jährlich gemäß § 4 Abs. 3 Nr. 2 ARegV – überwiegend jedoch mit einem zweijährigen Zeitverzug – bei einer Änderung von nicht beeinflussbaren Kostenanteilen **angepasst**.

62 Die dauerhaft nicht beeinflussbaren Kosten sind in § 11 Abs. 2 ARegV **abschließend aufgezählt**. Nr. 1 nennt die Kosten für gesetzliche Abnahme- und Vergütungspflichten, worunter insbesondere die vom Netzbetreiber auf Basis des EEG 2017 und des KWKG 2017 (bzw. deren Vorläufer) geleisteten Einspeisevergütungen an Anlagenbetreiber zu fassen sind. Ausgaben für Konzessionsabgaben i.S.d. KAV sind von Nr. 2 erfasst. Nicht beeinflussbar sind nach Nr. 3 Kosten zur Zahlung von Betriebssteuern. Die Inanspruchnahme vorgelagerter Netzebenen wird von Nr. 4 erfasst, ist jedoch auf die „erforderliche" Inanspruchnahme beschränkt, um – ausweislich der Begründung – keinen wirtschaftlichen Anreiz zu schaffen, z.B. im Gasbereich den Einsatz sinnvoller Instrumente zur gezielten Kappung der Lastspitze zu reduzieren und dadurch eigene Netzkosten zulasten zugewälzter Entgelte einzusparen. Kosten aus der Inanspruchnahme einer Lastflusszusage sind davon jedoch nicht umfasst.[582] Nr. 5 erfasst Nachrüstungen nach der SysStabV. Nr. 6 privilegiert Kosten für genehmigte Investitionsmaßnahmen nach § 23 ARegV, sofern sie in der betreffenden Regulierungsperiode durchgeführt und auch kostenwirksam werden. Nr. 6a betrifft die Auflösung des Abzugsbetrags nach § 23 Absatz 2a ARegV. Mehrkosten für die Errichtung, den Betrieb und die Änderung von **Erdkabeln** nach § 43 S. 1 Nr. 3 und S. 5 EnWG sowie von Erdkabeln gemäß § 21a Abs. 4 S. 3 2. Hs. EnWG sind unter Nr. 7 zu fassen; allerdings stehen diese Kosten unter dem Vorbehalt, dass sie bei effizientem Netzbetrieb entstehen und nicht bereits nach Nr. 6 berücksichtigt werden. Vermiedene Netzentgelte sind von Nr. 8 erfasst. § 11 Abs. 2 Nr. 8a erfasst Kosten aus dem erweiterten Bilanzausgleich gemäß § 35 GasNZV abzüglich der vom Einspeiser von Biogas zu zahlenden Pauschale. Zum Teil werden **Kosten**, die nach dem **Verursachungsprinzip** sonst vom Biogaseinspeiser zu tragen wären, auf den Netzbetreiber **verlagert**. Dies betrifft drei Viertel der Anschlusskosten (§ 33 Abs. 1 S. 2 GasNZV) sowie mögliche Kosten für die Beimischung von Zusatzstoffen zur Einhaltung der eichrechtlichen Vorgaben (§ 36 Abs. 3 GasNZV) und der Odorierung (§ 36 Abs. 4 GasNZV). Nr. 8b erfasst Zahlungen an Städte oder Gemeinden nach Maßgabe von § 5 Abs. 4 StromNEV für die Errichtung von Freileitungen. Nr. 9 betrifft Kosten der betrieblichen und tarifvertraglichen Vereinbarungen zu Lohnzusatz- und Versorgungsleistungen, die vor dem 31. Dezember 2016 abgeschlossen wurden. Es wurde insoweit diskutiert, ob ausschließlich Personalzusatzkosten von Personal, das unmittelbar beim Netzbetreiber selbst angestellt ist, als dauerhaft nicht beeinflussbare Kosten zu betrachten sind.[583] Nr. 10 stellt die Kosten der im gesetzlichen Rahmen ausgeübten Personal- und Betriebsratstätigkeit unter Schutz. Die Entgelte, die Betriebsratsmitglieder erhalten, sind in § 37 Abs. 2 und 4 BetrVG festgelegt. Nr. 11 betrifft Kosten für die Berufsausbildung und Weiterbildung im Unternehmen und von Betriebskindergesstätten für Kinder der im Netzbereich beschäftigten Betriebsangehörigen. Nr. 12

---

582 BGH Beschl. v. 6.11.2012 – EnVR 101/10; vgl. hierzu *Pfeifle*, N&R 2013, 91 ff.
583 Das OLG Düsseldorf hat hierzu im Jahr 2015 mehrere, nach Einzelfall differenzierende Entscheidungen getroffen, s. etwa Beschl. v. 25.3.2015 – VI-3 Kart 116/14 (V).

C. Anreizregulierung

bezieht sich auf Entscheidungen über die grenzüberschreitende Kostenaufteilung, Nr. 12a auf Forschungs- und Entwicklungsmaßnahmen. Unter Nr. 13 sind die Kosten der Auflösung von Netzanschlusskostenbeiträgen und Baukostenzuschüssen nach § 9 Abs. 1 S. 1 Nr. 3 und 4 i.V.m. S. 2 StromNEV und § 9 Abs. 1 S. 1 Nr. 3 und 4 i.V.m. S. 2 GasNEV gefasst. Kosten aus dem bundesweiten Ausgleichsmechanismus nach § 2 Abs. 5 Energieleitungsausbaugesetz (EnLAG) und nach § 4 Abs. 3 S. 2 BBPlG fallen unter Nr. 14. Nr. 16 umfasst Kosten besonderer netztechnischer Betriebsmittel, Nr. 17 spezifische Entschädigungen nach EEG. Zudem gelten gemäß § 11 Abs. 2 S. 2 ARegV bei Stromversorgungsnetzen auch solche Kosten als dauerhaft nicht beeinflussbar, die sich aus Maßnahmen des Netzbetreibers ergeben, die einer wirksamen Verfahrensregulierung nach der Stromnetzzugangsverordnung oder der Stromhandelsverordnung unterliegen. Für Gasnetzbetreiber gilt gemäß § 11 Abs. 2 S. 3 ARegV Entsprechendes. Eine **wirksame Verfahrensregulierung** liegt gemäß § 11 Abs. 2 S. 4 ARegV vor, soweit eine umfassende Regulierung des betreffenden Bereichs durch vollziehbare Entscheidungen der Regulierungsbehörden oder freiwillige Selbstverpflichtungen der Netzbetreiber erfolgt ist, die Regulierungsbehörde dies nach § 32 Abs. 1 Nr. 4 festgelegt hat und es sich nicht um volatile Kostenanteile nach § 11 Abs. 5 handelt. Auf eine solche Festlegung als wirksam verfahrensreguliert besteht nach Auffassung des OLG Düsseldorf seitens der Netzbetreiber jedoch kein Anspruch, solange auch nur eine geringfügige Beeinflussbarkeit verbleibt.[584]

Eine Sonderkategorie bilden die sogenannten **volatilen Kosten** i.S.d. § 11 Abs. 5 ARegV. Diese fließen – anders als die dauerhaft nicht beeinflussbaren Kosten – mit ihrer Höhe im Basisjahr in den Effizienzvergleich mit ein. Änderungen während der Regulierungsperioden führen aber – ebenso wie dies bei den dauerhaft nicht beeinflussbaren Kosten der Fall ist – zu einer unmittelbaren Anpassung der Erlösobergrenzen auch während der Regulierungsperiode.[585] Zu den volatilen Kosten gehören seit der zweiten Regulierungsperiode durch Festlegung der Bundesnetzagentur[586] insbesondere die Kosten der **Verlustenergie**. Mit der ARegV-Novelle 2021 sind auch die Kosten des Engpassmanagements gemäß den §§ 13, 14 EnWG als volatile Kosten eingestuft worden. 63

5. Unternehmensindividueller Effizienzwert

Gemäß § 14 Abs. 1 Nr. 2 ARegV fließt der nach Abzug der dauerhaft nicht beeinflussbaren Kosten verbleibende Kostenblock vollständig in den **Effizienzvergleich** gemäß den §§ 12 ff. ARegV ein. Dieser gilt allerdings nur für Elektrizitäts- und Gasverteilernetzbetreiber. Als Resultat des Effizienzvergleichs ergibt sich die Aufteilung dieses Rest-Kostenblocks in einen effizienten Anteil (sogenannter **vorübergehend nicht beeinflussbarer Kostenanteil** gemäß § 11 Abs. 4 ARegV) und in einen ineffizienten Anteil (sogenannter beeinflussbarer Kostenanteil gemäß § 11 Abs. 4 ARegV). Letzterer ist innerhalb von fünf Jahren abzubauen, § 16 Abs. 1 ARegV. 64

Die §§ 12–14 ARegV regeln die Durchführung des Effizienzvergleichs, durch den die unternehmensindividuellen Effizienzwerte (X_{ind}) ermittelt werden sollen.[587] § 13 65

---

[584] OLG Düsseldorf Beschl. v. 21.7.2010 – VI-3 Kart 184/09, Rn. 106; offengelassen von BGH Beschl. v. 15.5.2012 – EnVR 46/10.
[585] Vgl. § 14 ARegV sowie den Term „$VK_t - VK_0$" in Anlage 1 (zu § 7) der ARegV.
[586] BNetzA Beschl. v. 20.3.2013 – BK8-12/011; vgl. hierzu BGH Beschl. v. 7.6.2016 – EnVR 62/14.
[587] Dieses Verfahren ist höchst umstritten. Diesbezüglich sind zahlreiche Beschwerdeverfahren anhängig gemacht worden. Zuletzt hat der BGH die Rechtmäßigkeit des Verfahrens bestätigt unter Fortentwick-

Abs. 4 ARegV a.F., der inzwischen weggefallen ist, sah für die ersten beiden Regulierungsperioden noch zwingend heranzuziehende Vergleichsparameter vor (Anzahl der Anschlusspunkte in Stromversorgungsnetzen und der Ausspeisepunkte in Gasversorgungsnetzen, Fläche des versorgten Gebietes, Leitungslänge (Systemlänge), zeitgleiche Jahreshöchstlast). Seit der dritten Regulierungsperiode hat die Bundesnetzagentur gemäß § 13 Abs. 3 ARegV **Vergleichsparameter** mit qualitativen, analytischen oder statistischen Methoden auszuwählen, die dem Stand der Wissenschaft entsprechen. Aus den unternehmensindividuellen Effizienzwerten werden gemäß § 15 Abs. 3 ARegV netzbetreiberscharf die Ineffizienzen ermittelt. Sie ergeben sich aus der Differenz zwischen den Gesamtkosten nach Abzug der dauerhaft nicht beeinflussbaren Kostenanteile und den mit dem Effizienzwert multiplizierten Gesamtkosten nach Abzug der dauerhaft nicht beeinflussbaren Kosten (§ 15 Abs. 3 S. 2 ARegV) und sind die Grundlage für die bei der Festlegung der Erlösobergrenzen einzubeziehenden Effizienzvorgaben.

66 Der durch § 21a Abs. 5 S. 5 EnWG vorgegebenen **Methodenrobustheit** wird dadurch Rechnung getragen, dass zwei Vergleichsmethoden nebeneinander zur Anwendung kommen, nämlich die Data Envelopment Analysis (DEA)[588] und die Stochastic Frontier Analysis (SFA).[589] Allerdings stellen beide Methoden auf die Grenze ab, die von den effizientesten Netzbetreibern gebildet wird.[590]

67 Die Zumutbarkeit, die Erreichbarkeit und auch das Übertreffen[591] der Effizienzvorgaben, die durch § 21a Abs. 5 S. 4 EnWG gesetzlich vorgeschrieben sind, sollen u.a. dadurch gewährleistet werden, dass den Netzbetreibern zum Erreichen des jeweiligen Effizienzwerts ein mehrjähriger Zeitraum eingeräumt wird. § 12 Abs. 4 ARegV sieht darüber hinaus einen **Mindesteffizienzwert** von 60 % vor. § 15 Abs. 1 ARegV gibt die Berücksichtigung struktureller Besonderheiten vor. In **Härtefällen** kann gemäß § 16 Abs. 2 ARegV eine individuelle Anpassung der Effizienzvorgaben des jeweiligen Netzbetreibers erfolgen. Gemäß § 16 Abs. 2 S. 1 ARegV muss der Netzbetreiber dazu nachweisen, dass er trotz Ausschöpfung aller ihm möglichen und zumutbaren Maßnahmen nicht in der Lage ist, die Effizienzvorgabe zu erreichen und zu übertreffen. Er hat dieses Verfahren zu initiieren, auch wenn ein entsprechender Antrag nicht ausdrücklich vorgesehen ist.[592]

---

lung der richterrechtlich geschaffenen Kategorie des „Regulierungsermessens", vgl. nur Beschl. v. 21.1.2014 – EnVR 12/12.
588 DEA i.S.d. ARegV ist eine nicht parametrische Methode, in der die optimalen Kombinationen von Aufwand und Leistung aus einem linearen Optimierungsproblem resultieren. Durch die DEA erfolgt die Bestimmung einer Effizienzgrenze aus den Daten aller in den Effizienzvergleich einzubeziehenden Unternehmen und die Ermittlung der relativen Positionen der einzelnen Unternehmen gegenüber dieser Effizienzgrenze (Anlage 3 zu § 12 ARegV).
589 SFA ist eine parametrische Methode, die einen funktionalen Zusammenhang zwischen Aufwand und Leistung in Form einer Kostenfunktion herstellt. Im Rahmen der SFA werden die Abweichungen zwischen den tatsächlichen und den regressionsanalytisch geschätzten Kosten in einen symmetrisch verteilten Störterm und eine positiv verteilte Restkomponente zerlegt. Die Restkomponente ist Ausdruck von Ineffizienz. Es wird somit von einer schiefen Verteilung der Restkomponente ausgegangen (Anlage 3 zu § 12 ARegV).
590 *Pedell*, et 2007, 32 (33).
591 S. zu diesen Maßstäben eingehend *Pielow*, Auslegungsfragen der Einführung der Anreizregulierung nach § 21a EnWG, 2007, 44f. Ebenfalls *Müller-Kirchenbauer*, in: Theobald/Kühling (Hrsg.), Energierecht, Bd. 1, 109. EL 2021, § 21a EnWG Rn. 86ff., der zur Grenze für zumutbare Effizienzvorgaben den Beschl. des BGH zur Flugpreisspaltung, Beschl. v. 22.7. 1999 – KVR 12/98, BGHZ 142, 239ff., heranzieht.
592 OLG Düsseldorf Beschl. v. 5.5.2010 – VI-3 Kart 65/09, nach *juris*, Rn. 44.

C. Anreizregulierung

Neu eingefügt worden durch die ARegV-Novelle 2016 ist die gemäß § 12a ARegV durchzuführende sogenannte **Supereffizienzwertanalyse**. Diese ermöglicht es ausschließlich effizienten Verteilernetzbetreibern, einen **Effizienzbonus** von maximal 5 % zu erlangen. Dieser ist allerdings gleichmäßig über die Regulierungsperiode zu verteilen, wodurch der wirtschaftliche Effekt für diese besonders effizienten Netzbetreiber gering ausfällt. **68**

6. Sondervorschriften für den Effizienzvergleich von Übertragungs- und Fernleitungsnetzbetreibern

§ 22 ARegV enthält Sondervorschriften für den Effizienzvergleich von Übertragungs- und Fernleitungsnetzbetreibern. Gemäß § 22 Abs. 1 ARegV wird für Betreiber von Übertragungsnetzen (Strom) ein **internationaler Effizienzvergleich** unter Einbeziehung von Netzbetreibern in anderen Mitgliedstaaten der Europäischen Union durchgeführt. Dabei ist die **strukturelle Vergleichbarkeit** der zum Vergleich herangezogenen Unternehmen sicherzustellen. Ist die Belastbarkeit dieses Vergleichs im Einzelfall nicht gewährleistet, so wird gemäß § 22 Abs. 2 ARegV eine relative Referenznetzanalyse durchgeführt, die den internationalen Effizienzvergleich auch ergänzen kann. Die Referenznetzanalyse ist ein Optimierungsverfahren, das modellhaft auf ein optimales Verhältnis zwischen Kosten und Leistung abstellt. Die relative Referenznetzanalyse bewertet die Abweichung mehrerer Netzbetreiber von diesem Modell. Der Netzbetreiber, der die geringste Abweichung aufweist, setzt den Effizienzmaßstab und wird mit einem Effizienzwert von 100 % bewertet. Für Betreiber von Fernleitungsnetzen (Gas) wird gemäß § 22 Abs. 3 ARegV primär auf einen nationalen Effizienzvergleich abgestellt. Sofern für die Durchführung eines nationalen Effizienzvergleichs nicht die Daten einer hinreichenden Anzahl von Netzbetreibern zur Verfügung stehen, ist stattdessen auf einen internationalen Effizienzvergleich (s. o.) abzustellen. Ist die **Belastbarkeit** dieses Vergleichs nicht gewährleistet, so ist stattdessen für die betreffenden Netzbetreiber gemäß § 22 Abs. 4 ARegV eine relative Referenznetzanalyse (s. o.) durchzuführen, die auch hier ergänzend zum internationalen Effizienzvergleich nach § 22 Abs. 3 S. 4 ARegV durchgeführt werden kann, um die Belastbarkeit der Ergebnisse zu verbessern. **69**

7. Vereinfachtes Verfahren

Für **kleine Netzbetreiber** sieht § 24 ARegV ein vereinfachtes Verfahren vor. Teilnahmeberechtigt an diesem Verfahren sind gemäß § 24 Abs. 1 ARegV Gasverteilernetzbetreiber mit weniger als 15000 und Elektrizitätsverteilernetzbetreiber mit weniger als 30000 unmittelbar oder mittelbar angeschlossenen Kunden. Sofern diese sich für das vereinfachte Verfahren entscheiden, werden deren **Effizienzwerte** bezogen auf das jeweilige Netz nicht im Rahmen eines Effizienzvergleichs ermittelt. Stattdessen ergibt sich dieser Wert seit der zweiten Regulierungsperiode aus dem **gewichteten durchschnittlichen Wert** aller in dem bundesweiten Effizienzvergleich für die vorangegangene Regulierungsperiode ermittelten, bereinigten Effizienzwerte (§ 24 Abs. 2 S. 2 ARegV) und beträgt für die dritte Regulierungsperiode 96,69 % bei Strom und 93,46 % bei Gas, für die vierte Regulierungsperiode im Gas 92,55 %[593]. 5 % der **70**

---

[593] Siehe entsprechende Informationen abrufbar unter https://www.bundesnetzagentur.de/DE/Sachgebie te/ElektrizitaetundGas/Unternehmen_Institutionen/Netzentgelte/Strom/EffizienzvergleichVerteilernet

ermittelten Gesamtkosten gelten als dauerhaft nicht beeinflussbare Kostenanteile, § 24 Abs. 2 S. 3 ARegV. Konzessionsabgaben und der Zuschlag aus dem Kraft-Wärme-Kopplungsgesetz bleiben gemäß § 24 Abs. 2 S. 4 ARegV unberücksichtigt.

71 Die Teilnahme am vereinfachten Verfahren ist gemäß § 24 Abs. 4 ARegV jeweils bis zum 31. März[594] des vorletzten der Regulierungsperiode vorangehenden Kalenderjahres zu beantragen. Dabei müssen die notwendigen Angaben zum Vorliegen der Teilnahmevoraussetzungen gemacht werden. Die Wahl des vereinfachten Verfahrens ist für eine Regulierungsperiode **bindend**.

8. Qualitätsvorgaben

72 Gemäß § 18 ARegV dienen Qualitätsvorgaben der Sicherung eines langfristig angelegten, leistungsfähigen und zuverlässigen Betriebs von Energieversorgungsnetzen. § 19 Abs. 1 ARegV eröffnet die Möglichkeit, einen **Qualitätsbonus bzw. -malus** auf die Erlösobergrenze anzuwenden, wenn eine Abweichung der Netzzuverlässigkeit oder -leistungsfähigkeit von Kennzahlenvorgaben vorliegt.[595] **Netzzuverlässigkeit** beschreibt die Fähigkeit des unterbrechungsfreien Transports von Energie unter Einhaltung der Produktqualität, **Netzleistungsfähigkeit** die Fähigkeit, die Nachfrage nach Übertragung von Energie zu befriedigen, § 19 Abs. 3 ARegV. Die Bestimmung des Qualitätselements richtet sich nach § 20 ARegV. Zulässige Kennzahlen sind gemäß § 20 Abs. 1 ARegV die Dauer der Unterbrechung der Energieversorgung, die Häufigkeit der Unterbrechung der Energieversorgung, die Menge der nicht gelieferten Energie und die Höhe der nicht gedeckten Last, wobei eine Kombination und Gewichtung dieser Kennzahlen möglich ist. Abschließend ist diese Aufzählung nicht. Aus diesen Kennzahlen werden gemäß § 20 Abs. 2 ARegV **Kennzahlenvorgaben** als gewichtete Durchschnittswerte ermittelt. Die **monetäre Bewertung** einer Abweichung von diesen Kennzahlen, die für die Ermittlung von Zu- oder Abschlägen auf die Erlösobergrenze erforderlich ist, erfolgt gemäß § 20 Abs. 3 ARegV auf Grundlage der **Zahlungsbereitschaft** der Kunden und durch die Anwendung analytischer Kostenmodelle. Eine Kombination aus beidem ist ausdrücklich zugelassen.

73 Rechtsfolgenseitig erfolgt gemäß § 4 Abs. 5 ARegV höchstens einmal jährlich zum 1. Januar des Folgejahres von Amts wegen eine **Anpassung der Erlösobergrenze**.

9. Forschungs- und Entwicklungskosten

74 Auf Antrag des Netzbetreibers ist gemäß § 25a ARegV von der Regulierungsbehörde ein Zuschlag für **Kosten aus Forschung und Entwicklung** in die Erlösobergrenze für das jeweilige Kalenderjahr einzubeziehen. Der einzubeziehende Zuschlag beträgt 50 % der nach § 25a Abs. 2 ARegV berücksichtigungsfähigen Kosten des nicht öffentlich geförderten Anteils der Gesamtkosten des Forschungs- und Entwicklungs-

---

zbetreiber/effizienzvergleichverteilernetzbetreiber-node.html (Abruf 15.10.2021) sowie https://www.bundesnetzagentur.de/DE/Sachgebiete/ElektrizitaetundGas/Unternehmen_Institutionen/Netzentgelte/Gas/EffizienzvergleichVerteilernetzbetreiber/effizienzvergleichverteilernetzbetreiber-node.html (Abruf 15.10.2021).

594 Für Gasverteilernetzbetreiber galt gem. § 34 Abs. 9 ARegV als Übergangsregel für die dritte Regulierungsperiode die abweichende Frist zum 31.10.2016.

595 S. hierzu beispielhaft OLG Düsseldorf Beschl. v. 26.2.2020 – 3 Kart 75/17.

10. Regulierungskonto

Gemäß § 5 Abs. 1 ARegV ist für jeden Netzbetreiber ein Regulierungskonto anzulegen, das vom Netzbetreiber geführt wird. Auf diesem wird jährlich die **Differenz** zwischen den vorgegebenen **zulässigen** Erlösen und den tatsächlich **erzielten Erlösen** verbucht. Das ist deswegen nötig, weil die Anreizregulierung zu einer signifikanten Entkopplung von Kosten und Erlösen führt. In erster Linie sollte das Regulierungskonto die Abweichungen zwischen der **Mengenprognose** und der tatsächlich realisierten Menge ausgleichen, umfasst aber inzwischen eine Vielzahl anderer Tatbestände, vgl. § 5 Abs. 1 ARegV. So dürfen etwa ab dem 1. Oktober 2021 unter bestimmten Voraussetzungen auch sog. Redispatch 2.0-Kosten als zulässige Erlöse in das Regulierungskonto einbezogen werden. Erfasst sind insbesondere die Kosten, die der digitalen Kooperation der Netzbetreiber zur Umsetzung des Engpassmanagements dienen. 75

Der Netzbetreiber hat jährlich zum 31. Dezember einen **Antrag** auf Anpassung der Erlösobergrenze mit Wirkung zum 1. Januar des übernächsten Jahres zu stellen, § 4 Abs. 4 S. 3 ARegV. Die Regulierungsbehörde genehmigt diesen Antrag gemäß § 5 Abs. 3 ARegV. Der vom Netzbetreiber jährlich ermittelte **Saldo** des Regulierungskontos wird dabei jeweils über die folgenden **drei Kalenderjahre verteilt** durch Zu- oder Abschläge auf die Erlösobergrenze und entsprechend verzinst wieder ausgeglichen.[596] 76

11. Anpassung der Erlösobergrenze

Eine Anpassung der grundsätzlich vorab für die Dauer einer Regulierungsperiode vorgegebenen Erlösobergrenzen kann in bestimmten Fällen jeweils zum 1. Januar eines Jahres innerhalb der Regulierungsperiode erfolgen; die Anpassung richtet sich nach § 4 Abs. 3–5 ARegV. Eine Anpassung erfolgt gemäß § 4 Abs. 3 ARegV bei einer **Veränderung des Verbraucherpreisgesamtindexes** nach § 8 ARegV und bei der Veränderung **dauerhaft nicht beeinflussbarer** sowie **volatiler Kosten**. Diese Anpassung der Obergrenzen gibt in Teilen bereits § 21a Abs. 3 S. 3 EnWG vor und soll in den vom Netzbetreiber nicht zu vertretenden Fällen geschehen. Sowohl bei der Veränderung des Verbraucherpreisgesamtindexes als auch bei den in § 4 Abs. 3 Nr. 2 ARegV genannten Fällen handelt es sich um Sachverhalte, die der Netzbetreiber nicht zu vertreten hat. Besonders deutlich wird das bei den gesetzlichen Abnahme- und Vergütungspflichten gemäß § 11 Abs. 2 Nr. 1 ARegV. Auch im Falle der Veränderung des Qualitätselements nach § 19 ARegV hat die Regulierungsbehörde die Erlösobergrenze gemäß § 4 Abs. 5 ARegV von Amts wegen anzupassen. 77

Auf Antrag des Netzbetreibers hat eine **jährliche Anpassung** der Erlösobergrenze gemäß § 4 Abs. 4 ARegV auch im Falle der Genehmigung eines **Kapitalkostenaufschlags** gemäß § 10 a ARegV zu erfolgen (s. hierzu bereits oben 1.c). Dies ist für einen Netzbetreiber von großer Bedeutung, da der jährlich auf Antrag zu genehmigende Kapitalkostenaufschlag die Nachteile des von der Regulierungsbehörde 78

---

596 Ein entsprechender Effekt wurde früher durch die periodenübergreifende Saldierung der Netzentgelte erzielt, dazu BGH Beschl. v. 14.8.2008 – KVR 39/07 –*Vattenfall*, nach *juris*, Rn. 20 ff. u. 29.

bereits zu Beginn der Regulierungsperiode für alle Jahre vorgenommenen Kapitalkostenabzugs kompensieren soll. Der Antrag **kann** einmal jährlich zum 31. Dezember des Kalenderjahres gestellt werden; die Anpassung erfolgt zum 1. Januar des übernächsten Kalenderjahres.

79 Ebenso erfolgt **auf Antrag** die **Anpassung** der Erlösobergrenze zum Ausgleich des **Regulierungskontos** (s. hierzu bereits oben 10.). Dieser Antrag **muss** einmal jährlich zum 31. Dezember des Kalenderjahres gestellt werden; die Anpassung erfolgt auch hier zum 1. Januar des folgenden Jahres.

80 **Auf Antrag** des Netzbetreibers kann schließlich eine Änderung nach § 4 Abs. 4 ARegV auch dann erfolgen, wenn sich die Einhaltung der Erlösobergrenze als **unzumutbare Härte** für den Netzbetreiber darstellen würde. Der Anlass dafür muss der Eintritt eines „unvorhergesehenen Ereignisses" sein.

81 In den ersten beiden Regulierungsperioden konnte gemäß § 10 Abs. 1 ARegV bei der Bestimmung der Erlösobergrenze zudem noch auf Antrag eines Verteilernetzbetreibers hin ein **Erweiterungsfaktor** Berücksichtigung finden, wenn sich während der Regulierungsperiode die Versorgungsaufgabe des Netzbetreibers nachhaltig änderte, was sich u.a. in einer Erhöhung der Gesamtkosten des Netzbetreibers nach Abzug der dauerhaft nicht beeinflussbaren Kostenanteile um mindestens 0,5 % zu zeigen hatte.[597] Auch im Falle der Genehmigung eines Erweiterungsfaktors erfolgte eine Anpassung der Erlösobergrenzen **innerhalb einer** laufenden **Regulierungsperiode**. Mit Umstellung auf das System des jährlichen vollständigen **Kapitalkostenabgleichs** ist **§ 10 ARegV** folgerichtig gemäß § 34 Abs. 7 ARegV auch für Betreiber von Verteilernetzen seit der dritten Regulierungsperiode **nicht mehr anzuwenden**.

12. Investitionsmaßnahmen

82 Gemäß § 23 ARegV haben Übertragungs- und Fernleitungsnetzbetreiber die Möglichkeit, Investitionsmaßnahmen zu beantragen. Diese sind durch die Regulierungsbehörde für Kapital- und Betriebskosten, die zur Durchführung von **Erweiterungs- und Umstrukturierungsinvestitionen** erforderlich sind, zu genehmigen, soweit diese Investitionen zur Stabilität des Gesamtsystems oder für die Einbindung in das nationale oder internationale Verbundnetz sowie für einen bedarfsgerechten Ausbau des Energieversorgungsnetzes notwendig sind.[598] Die Genehmigung führt dazu, dass die Investitionskosten als dauerhaft nicht beeinflussbare Kosten gemäß § 11 Abs. 2 S. 1 Nr. 6 ARegV gelten. Eine zeitliche **Befristung** der Genehmigung ist möglich.[599] § 23 Abs. 1 Nr. 1–9 ARegV enthält eine nicht abschließende Aufzählung („insbesondere") von Investitionen, bei denen diese Voraussetzungen erfüllt sind. Erlöse aus dem Engpassmanagement i.S.d. EU-Stromhandelsverordnung und der StromNZV sind gemäß § 23 Abs. 2 ARegV kostenmindernd anzusetzen. Gleiches gilt für Erlöse aus dem Engpassmanagement i.S.d. EU-Erdgasnetzzugangsverordnung, soweit diese für Maßnahmen zur Engpassbeseitigung verwendet werden. Auch die in den letzten drei Jahren der Genehmigungsdauer der Investitionsmaßnahme entstandenen Betriebs- und Kapitalkosten, die wegen § 4 Abs. 3 S. 1 Nr. 2 ARegV sowohl im Rahmen der genehmigten Investitionsmaßnahme als auch in der Erlös-

---

597 Vgl. zu den diesbezüglichen Einzelheiten die Vorauflage.
598 Der Abzug eines Betrags zur Vermeidung von Doppelanerkennungen (BVD) ist unzulässig; lesenswert dazu OLG Düsseldorf Beschl. v. 8.12.2010 – VI-3 Kart 237/09, nach *juris*, Rn. 29 ff.
599 OLG Düsseldorf Beschl. v. 11.4.2011 – VI-3 Kart 276/09, nach *juris*, Rn. 57 ff.

obergrenze gemäß § 4 Absatz 1 ARegV der folgenden Regulierungsperiode berücksichtigt werden, sind als Abzugsbetrag zu berücksichtigen. Schließlich ist bei nach dem 17. September 2016 beantragten Ersatzmaßnahmen ein projektspezifischer Ersatzanteil von den Anschaffungs- und Herstellungskosten der Investitionsmaßnahme in Abzug zu bringen.

Der Antrag muss gemäß § 23 Abs. 3 ARegV – der auch Anforderungen an den Inhalt des Antrags enthält – neun Monate vor Beginn des Kalenderjahres, in dem die Investition kostenwirksam werden soll, gestellt werden. § 23 Abs. 5 ARegV eröffnet der Regulierungsbehörde die spezialgesetzliche Möglichkeit, die Genehmigung mit Nebenbestimmungen zu versehen. Mit Beginn der fünften Regulierungsperiode **entfällt** allerdings die Möglichkeit, Investitionsmaßnahmen nach § 23 ARegV zu beantragen. 83

§ 23 Abs. 6 und 7 ARegV sieht grundsätzlich vor, dass auch **Verteilernetzbetreiber** ein Investitionsbudget beantragen können. Diese Möglichkeit ist aber gemäß § 34 Abs. 7 ARegV mit Beginn der dritten Regulierungsperiode **entfallen**. 84

13. Netzübergang

Praktisch relevante Regelungen über das Schicksal der Erlösobergrenze im Falle der Veräußerung von Netzen oder Netzteilen enthält § 26 ARegV. Wird ein Energieversorgungsnetz oder mehrere Energieversorgungsnetze von einem Netzbetreiber auf einen anderen übertragen, so geht gemäß § 26 Abs. 1 S. 1 ARegV die festgelegte Erlösobergrenze ebenfalls auf den übernehmenden Netzbetreiber über. Gleiches gilt gemäß § 26 Abs. 1 S. 2 ARegV bei einem Zusammenschluss von Netzbetreibern. Die **Erlösobergrenze** wird also für das Netz festgelegt und nicht für den Netzbetreiber. Sie „hängt" folglich **akzessorisch am Netz**. 85

Im Falle eines teilweisen Übergangs bzw. bei Netzaufspaltungen wird gemäß § 26 Abs. 2 S. 1 ARegV der Anteil der Erlösobergrenze für den übergehenden Netzteil auf **übereinstimmenden Antrag** der beteiligten Netzbetreiber hin neu festgelegt. § 26 Abs. 2 bis 6 ARegV enthält dabei seit der **ARegV-Novelle 2016** einige Neuerungen: Anders als zuvor bedarf es keiner umfassenden Neufestlegung der Erlösobergrenzen der beteiligten Netzbetreiber mehr. Diese bleiben vielmehr unangetastet. Antrag und Festlegung der Regulierungsbehörde beziehen sich ausschließlich auf den „**übergehenden Anteil**" der Erlösobergrenze. Dieser Anteil ist beim abgebenden Netzbetreiber in Abzug zu bringen und beim aufnehmenden Netzbetreiber hinzuzurechnen. § 26 Abs. 2 S. 5 ARegV stellt klar, dass der aufnehmende Netzbetreiber berechtigt ist, vorübergehend „angemessene Netzentgelte" bis zur Festlegung des Anteils der Erlösobergrenze für den übergehenden Netzteil zu erheben. 86

Wird innerhalb von sechs Monaten nach Aufnahme des Netzbetriebs kein übereinstimmender Antrag von den beteiligten Netzbetreibern gestellt, ist die Regulierungsbehörde verpflichtet, den übergehenden Anteil der Erlösobergrenze **von Amts wegen** festzulegen. Auch im Anschluss an diese behördliche Festlegung können die beteiligten Netzbetreiber weiterhin einen (von der behördlichen Festlegung abweichenden) übereinstimmenden Antrag auf Festlegung des übergehenden Anteils der Erlösobergrenze stellen und so für die Zukunft eine erneute Festlegung herbeiführen. Dies zeigt, dass § 26 ARegV von einem grundsätzlichen Vorrang der **Privatautonomie** im Hinblick auf die Übertragung des übergehenden Anteils ausgeht und jedenfalls keinen zwingenden materiellen Aufteilungsmaßstab vorgibt. 87

III. Bildung der Netzentgelte

88 Die Netzentgelte werden nach § 17 Abs. 1 ARegV aus der festgelegten Erlösobergrenze gebildet und auf der Grundlage der Vorschriften des Teils 2 Abschnitt 2 und 3 der GasNEV bzw. StromNEV bestimmt. Aus der vorgegebenen Erlösobergrenze sind die entsprechend zu erhebenden Netzentgelte abzuleiten. Gemäß § 17 Abs. 2 S. 1 ARegV ist der Netzbetreiber verpflichtet, die Netzentgelte zu senken, wenn die Anpassung der Erlösobergrenze dies erforderlich macht.

89 Die genannten Vorschriften der GasNEV bzw. StromNEV betreffen die Kostenstellen- und Kostenträgerrechnung. Da die Netzentgelte nunmehr nicht mehr aus den Kosten ermittelt werden, sondern auf der zuvor festgelegten Erlösobergrenze beruhen, erfolgt die Bildung „entsprechend" dieser Vorschriften.

1. Kostenstellenrechnung

90 Die Kostenstellenrechnung spiegelt die Struktur des Netzbetreibers wider. Sie dokumentiert die Kosten – getrennt nach den einzelnen Kostenarten – dort, wo sie verursacht worden sind. Mittels der Kostenstellenrechnung wird eine nach verschiedenen **Aufgabenbereichen getrennte Buchführung** realisiert. Die Kostenstellenrechnung untersucht, welchen Betriebsbereichen die Kosten zuzuordnen sind. Die kalkulierten Netzkosten sind gemäß § 11 S. 1 GasNEV bzw. § 12 S. 1 StromNEV so weit wie möglich direkt den **Hauptkostenstellen** nach § 12 GasNEV bzw. § 13 StromNEV zuzuordnen. Ist dies nicht möglich oder mit einem unvertretbar hohen Aufwand verbunden, erfolgt gemäß §§ 11 S. 2 GasNEV, 12 S. 2 StromNEV eine Zuordnung zu geeigneten **Hilfskostenstellen**. Dabei sind die zugrunde zu legenden Haupt- und Nebenkostenstellen gemäß §§ 12 S. 1 GasNEV, 13 S. 1 StromNEV nach der jeweiligen Anlage 2 zu bilden. Die Aufteilung der Netzkosten hat gemäß § 11 S. 3 und 4 GasNEV und § 12 S. 3 und 4 StromNEV verursachungsgerecht und für sachkundige Dritte nachvollziehbar über eine angemessene, d.h. sachgerechte, Schlüsselung zu erfolgen. Bei der Aufschlüsselung gilt der **Grundsatz der Stetigkeit**, so dass Änderungen nur zulässig sind, wenn sie sachlich geboten sind.[600]

2. Kostenträgerrechnung

91 In einem letzten Schritt erfolgt auf Grundlage der Kostenstellenrechnung die Kostenträgerrechnung. Im Rahmen der Kostenträgerrechnung werden die Kosten ihren **Verursachungszwecken zugeordnet**. Diese Verursachungszwecke sind die Erzeugnisse des Betriebs. Dieser letzte Schritt der Kostenträgerrechnung beschreibt den Vorgang der Kostenzuordnung an ein bestimmtes Produkt.

a) GasNEV

92 Die Entgeltermittlung nach § 13 GasNEV hängt unmittelbar zusammen mit dem **Netzzugangsmodell** des § 20 Abs. 1b EnWG i.V.m. GasNEV. Das Inkrafttreten des § 20 Abs. 1b EnWG hat im Gassektor zu einem Übergang von dem früheren

---

600 Vgl. dazu auch *Missling*, in: Theobald/Kühling (Hrsg.), Energierecht, Bd. 2, 109. EL 2021, EnPrR, Einführung StromNEV Rn. 50.

transportpfadabhängigen Netzzugangsmodell zu dem transportpfadunabhängigen **Entry-Exit-Modell** geführt: Gemäß § 20 Abs. 1b S. 1 EnWG müssen Betreiber von Gasversorgungsnetzen zur Ausgestaltung des Netzzugangs „Einspeise- und Ausspeisekapazitäten anbieten, die den Netzzugang ohne Festlegung eines transaktionsabhängigen Transportpfads ermöglichen und unabhängig voneinander nutzbar und handelbar sind". Dabei müssen die Netzbetreiber derart zusammenarbeiten, dass im Außenverhältnis zu den Netzkunden zur Abwicklung des Zugangs zum gesamten deutschen Erdgasnetz lediglich noch ein **Einspeisevertrag** (in der Regel mit dem Fernleitungsnetzbetreiber, bei dem eingespeist wird) und ein **Ausspeisevertrag** (in der Regel mit dem örtlichen Verteilernetzbetreiber, bei dem an den Endkunden ausgespeist wird) erforderlich ist (vgl. zum Ganzen auch oben Kap. 3, D. II. 2.).[601] Dementsprechend ist auch mit diesen Ein- und Ausspeiseentgelten die Nutzung des gesamten deutschen Erdgasnetzes abgegolten. Diese Entgelte decken zudem die **Systemdienstleistungen** ab. Sie beziehen sich im Grundsatz auf ein Gaswirtschaftsjahr und werden als Jahresleistungspreise gebildet, wobei mengenabhängige Arbeitspreise nicht vorgesehen sind. Dabei wird mit dem Ausspeiseentgelt in der Regel der Transport durch mehrere Netze abgegolten. Das Ausspeiseentgelt ist nämlich Gegenleistung für den Transport vom virtuellen Handelspunkt eines Marktgebietes bis zum Ausspeisepunkt beim Kunden. Der Ausspeisenetzbetreiber, in der Regel also der örtliche Verteilernetzbetreiber, in dessen Netz an den Kunden ausgespeist wird, nimmt hierzu eine Wälzung der Kosten der vorgelagerten Netze bis zum virtuellen Handelspunkt auf sein „eigenes" Netzentgelt vor.

Zuvor ermittelt allerdings jeder Netzbetreiber die auf sein Netz entfallenden Entgelte **93** separat. Mit der Ermittlung dieser netzindividuellen Entgelte befassen sich §§ 13 ff. GasNEV. Hiernach ermittelt grundsätzlich jeder Netzbetreiber für sein Netz nochmals Ein- und Ausspeiseentgelte. Im Hinblick hierauf sind die Netzkosten möglichst verursachungsgerecht aufzuteilen. Ein Teil wird durch die Einspeiseentgelte abgedeckt, ein anderer durch die Ausspeiseentgelte. Gemäß § 16 GasNEV haben die Netzbetreiber sicherzustellen, dass ein zur Veröffentlichung stehendes Entgeltsystem geeignet ist, die Netzkosten zu decken. Für örtliche Verteilernetze ist abweichend von §§ 14 bis 16 gemäß § 18 GasNEV ein **transaktionsunabhängiges Punktmodell** zur Berechnung der Netzzugangsentgelte heranzuziehen. Der örtliche Netzbetreiber kalkuliert demnach nur ein Transportentgelt für die Nutzung seines Netzes, unabhängig von der Entfernung zwischen Einspeisungs- und Entnahmeort. Daneben ist die Ausweisung von Kurzstreckenentgelten gemäß § 20 Abs. 1 GasNEV möglich. Gemäß § 20 Abs. 2 S. 1 GasNEV kann der Betreiber eines Verteilernetzes in Einzelfällen zur Vermeidung eines Direktleitungsbaus ein „gesondertes" Entgelt berechnen.

b) StromNEV

Zur Abdeckung der Netzkosten dient ein jährliches Netzzugangsentgelt gemäß **94** § 15 Abs. 1 S. 2 StromNEV. Die Kalkulation der Netzentgelte ist gemäß § 15 Abs. 2 StromNEV so durchzuführen, dass die Differenz zwischen den tatsächlich erzielten Erlösen und den zu deckenden Netzkosten möglichst gering ist.

---

601 Die BNetzA hat das von den Gasnetzbetreibern ursprünglich zugleich angebotene Einzelbuchungsmodell, bei dem der Gastransport auch auf Basis einer Kette von Einzelverträgen abgewickelt werden kann, für mit den gesetzlichen Vorgaben unvereinbar erklärt. Zulässig sei ausschließlich das sog. Zweivertragsmodell, bei dem der Gastransport von der Einspeisung bis zur Entnahme auf Basis von nur zwei Verträgen erfolgt. Vgl. dazu BNetzA Beschl. v. 17.11.2006 – BK7-06/074.

95 Die Kostenträgerordnung in der StromNEV folgt dem **transaktionspfadunabhängigen Punktmodell mit entfernungsunabhängigen Netzzugangsentgelten**. Damit orientieren sich die in § 15 StromNEV geregelten Grundsätze der Entgeltermittlung im Wesentlichen an der vorherigen Praxis. Die Höhe der Netzzugangsentgelte ist insofern entfernungsunabhängig, als dass sie nicht bestimmt wird durch die räumliche Entfernung zwischen dem Ort der Einspeisung und dem Ort der Entnahme. In § 17 Abs. 1 StromNEV wird spezifiziert, dass die Netzzugangsentgelte lediglich von der Anschlussnetzebene und der Jahresbenutzungsstundenzahl der Entnahmestelle abhängen. Die Höhe der Entgelte ist auch von der räumlichen Verteilung der Einspeisungen unabhängig. Abgedeckt wird damit die Nutzung der Netzinfrastruktur einschließlich der vorgelagerten Netze, der Verluste und der Systemdienstleistungen.

96 § 17 Abs. 8 StromNEV regelt schließlich, dass Entgelte, die in der Netzentgeltverordnung nicht aufgeführt sind, nicht zulässig sind. Gemäß § 30 Abs. 2 Nr. 6 StromNEV hat die Regulierungsbehörde jedoch eine **Festlegungskompetenz** zur Gewährleistung sachgerechter Entgelte, von der sie u.a. zur näheren Ausgestaltung des § 19 Abs. 2 StromNEV Gebrauch gemacht hat. § 18 StromNEV trifft eine Regelung für die dezentrale Einspeisung.[602]

97 Die StromNEV sieht die Möglichkeit vor, ein **individuelles Entgelt** zu vereinbaren. Nach § 19 Abs. 2 S. 1 StromNEV hat der Netzbetreiber dem Letztverbraucher abweichend von § 16 StromNEV ein individuelles Entgelt anzubieten, wenn offensichtlich ist, dass dessen Höchstlastbeitrag erheblich von den anderen Entnahmen aus dieser Netz- oder Umspannebene abweicht. Dieses besondere Entgelt darf 20 % des veröffentlichten Entgelts nicht unterschreiten. § 19 Abs. 2 S. 2 StromNEV sah demgegenüber in einer früheren Fassung sogar eine **vollständige Befreiung** von einer Entgeltzahlungspflicht vor: Soweit die Stromabnahme an einer Abnahmestelle 7000 Benutzungsstunden erreichte und der Stromverbrauch an dieser Abnahmestelle 10 Gigawattstunden überstieg, sollte der Letztverbraucher insoweit grundsätzlich von den Netzentgelten befreit werden. Diese Regelung wurde vom BGH indes mangels ausreichender Ermächtigungsgrundlage im EnWG verworfen.[603] Inzwischen sieht § 19 Abs. 2 S. 2 StromNEV daher vor, dass das Entgelt – je nach Benutzungsstundenzahl – auf maximal 10 % des veröffentlichten Netzentgelts reduziert werden darf. Wobei die Bemessung den im Einzelfall konkret vorliegenden Beitrag des Letztverbrauchers zur Kostensenkung bzw. -vermeidung widerspiegeln muss. Mit dieser Vorgabe, die wiederum in einer Festlegung der Bundesnetzagentur weitergehend präzisiert worden ist,[604] soll auch beihilferechtlichen Bedenken Rechnung getragen werden.

98 Die Vereinbarung eines individuellen Netzentgelts bedarf gemäß § 19 Abs. 2 S. 7 StromNEV keiner Genehmigung mehr durch die Regulierungsbehörde. Ausreichend ist eine bloße Anzeige, da die Kriterien der sachgerechten Ermittlung individueller Entgelte in einer Festlegung hinreichend konkretisiert worden sind.[605] Jedoch verbleiben bei der Regulierungsbehörde Befugnisse zum nachträglichen Erlass von Untersagungs- oder Abstellungsverfügungen sowie zur Vorteilsabschöpfung gemäß § 33 EnWG. Die so **entgangenen Netzentgelte** werden gemäß § 19 Abs. 2 S. 13 StromNEV auf die vorgelagerten Netzebenen „gewälzt" und von den Übertragungs-

---

602 Vgl. dazu *Missling*, in: Theobald/Kühling (Hrsg.), Energierecht, Bd. 2, 109. EL 2021, EnPrR, Einführung StromNEV Rn. 54.
603 BGH Beschl. v. 12.4.2016 – EnVR 25/13.
604 BNetzA Beschl. v. 11.12.2013 – BK 4-13-739.
605 BNetzA Beschl. v. 11.12.2013 – BK 4-13-739.

netzbetreibern erstattet. Diese gleichen die Zahlungen durch Verrechnung untereinander aus, § 19 Abs. 2 S. 14 StromNEV. Der Mechanismus des § 9 KWKG findet auf den horizontalen Ausgleich zwischen den Übertragungsnetzbetreibern entsprechende Anwendung.

Literaturhinweise:

Burgi, Martin, Verfassungsrechtliche Grenzen behördlicher Entscheidungsspielräume bei der Festlegung der Eigenkapitalzinssätze, RdE 2020, 105 ff.; *Finger, Hendrik/Ufer, Heinz-Werner,* Wirkungsmechanismen der Investitionsbudgets nach § 23 ARegV, IR 2010, 253 ff.; *Gundel, Jörg,* Die Auswirkungen des Vertragsverletzungsurteils des EuGH zur Unabhängigkeit der Energieregulierung, EnWZ 2021, 339 ff.; *Hardach, Felix,* Die Anreizregulierung der Energieversorgungsnetze, 2010; *Moench, Christoph/Krappel, Thomas,* Zur Wirksamkeit individueller Netzentgelte, RdE 2012, 309 ff.; *Lismann, Christian,* Einführung in das Regulierungsrecht der Netzwirtschaften am Beispiel der energiewirtschaftsrechtlichen Anreizregulierungsverordnung, NVwZ 2014, 691 ff.; *Meinzenbach, Jörg/Klein, Rebecca/Uwer, Dirk,* Grenzenlose Unabhängigkeit der nationalen Regulierungsbehörde?, N&R-Beilage 1/2021, S. 1 ff.; *Missling, Stefan,* Die neue Anreizregulierungsverordnung, IR 2017, 2 ff.; *Richter, Thilo,* Die Trägheit der Regulierungsentscheidung als Rechtsproblem, NVwZ 2009, 270 ff.; *Richter, Thilo/Schulze, Hans-Jürgen*: Die Finanzierung des Ausbaus von Höchstspannungsnetzen, NVwZ 2014, 835 ff.; *Rosin, Peter,* Bestimmung des Ausgangsniveaus für die Erlösobergrenzen in der ersten Regulierungsperiode nach § 6 II ARegV, RdE 2009, 37 ff.; *Säcker, Franz Jürgen,* Verhältnis Ex post und Ex ante-Regulierung am Beispiel aktueller Debatten zum Entflechtungsregime, WuV 2010, 101 ff.; *Säcker, Franz Jürgen/Meinzenbach, Jörg,* Der Effizienzkostenmaßstab des § 21 II EnWG im System der energierechtlichen Netzentgeltregulierung, RdE 2009, 1 ff.; *Scharf, Fabian,* Anreizregulierung und Erweiterungsinvestitionen im Bereich der Energienetze in Deutschland, IR 2008, 258 ff.; *Schendel, Jörg,* Investitionsanreize in der Anreizregulierung: Schritte vorwärts und zurück, IR 2011, 242 ff.; *Schmidt-Preuß, Matthias,* Aktuelles zur Zukunft der normierenden Regulierung im Energiesektor – Empfehlungen an den Gesetz- und Verordnungsgeber, RdE 2021, 173 ff.; *Schneider, Jens-Peter,* Umgang mit außergewöhnlichen Kostensteigerungen für Systemdienstleistungen in der Anreizregulierung (Teil 1), IR 2009, 170 ff.; *Scholz, Ulrich/Richter, Thilo,* Die Kostenprüfung in der Anreizregulierung, RdE 2011, 295 ff.; *Smousavi, Shaghayegh/Küll, Carolin,* Evaluierung der Anreizregulierungsverordnung als Ausgangspunkt für eine Überarbeitung der Anreizregulierung - Neustart oder moderate Korrektur?, RdE 2015, 167 ff.; *Stelter, Christian,* Kernprobleme der novellierten Anreizregulierungsverordnung, EnWZ 2017, 147 ff.; *Stelter, Christian/Schieferdecker, Bernd/ Lange, Moritz,* Der Gesetzentwurf zur Regelung reiner Wasserstoffnetze im EnWG, EnWZ 2021, 99 ff.

Rechtsprechungshinweise:

BGH Beschl. v. 14.8.2008 – KVR 39/07; BGH Beschl. v. 14.8.2008 – KVR 42/07; BGH Beschl. v. 14.8.2008 – KVR 27/07; BGH Beschl. v. 14.8.2008 – KVR 34/07; BGH Beschl. v. 14.8.2008 – KVR 35/07; BGH Beschl. v. 14.8.2008 – KVR 36/07; BGH Beschl. v. 28.6.2011 – EnVR 34/10, N&R 2011, 205 ff.; BGH Beschl. v. 28.6.2011 – EnVR 48/10, N&R 2011, 212 ff.; BGH Beschl. v. 6.11.2012 – EnVR 101/10; BGH Beschl. v. 31.1.2012 – EnVR 16/10; OLG Düsseldorf Beschl. v. 6.6.2012 – VI-3 Kart 245/07; BGH Beschl. v. 21.1.2014 – EnVR 12/12; BGH Beschl.

v. 27.1.2015 – EnVR 37/13, EnVR 39/13, EnVR 42/13; BGH Beschl. v. 12.4.2016 – EnVR 25/13; BGH Beschl. v. 7.6.2016 – EnVR 62/14.

5. Kapitel: Entflechtung

Die bisher in Kap. 3 und 4 dargestellte Netzzugangs- und Entgeltregulierung hat der Gesetzgeber als nicht allein ausreichend erachtet, um wirksamen Wettbewerb im Energiesektor sicherzustellen. Vielmehr hat er in den §§ 6–10e EnWG zusätzlich ein strenges Entflechtungsregime in den energiewirtschaftlichen Ordnungsrahmen eingefügt.

Das Instrument der Entflechtung, vielfach auch mit dem englischen Begriff **Unbundling** bezeichnet, soll eine stärkere Unabhängigkeit des Netzbetriebs von den übrigen Wertschöpfungsstufen (Erzeugung/Gewinnung, Energievertrieb) der Energieversorgung herstellen und durch gesteigerte Transparenz dazu beitragen, dass Ausgestaltung und Abwicklung des Netzbetriebs tatsächlich diskriminierungsfrei erfolgen und Quersubventionierungen weitestgehend ausgeschlossen werden.

Das Unbundling-Regime in seiner heutigen Ausformung geht zu einem großen Teil zurück auf die Vorgaben der Beschleunigungsrichtlinie 2003[606] und hat durch die Novellierung des EnWG im Jahre 2005 Eingang in den nationalen Ordnungsrahmen gefunden. Etabliert wurde damit ein nahezu umfassendes Unbundling-Regime als ein – neben der Zugangs- und Entgeltregulierung stehender – zentraler Baustein zur Regulierung der Energiewirtschaft. Dieses Regime reichte von buchhalterischen, informatorischen und organisatorischen Separierungsanforderungen bis hin zur Pflicht, den Betrieb der Strom- und Gasversorgungsnetze in eine eigenständige Gesellschaft auszulagern.[607]

Obwohl aus Sicht der betroffenen Unternehmen aus diesen Regelungen bereits zum Teil umfangreicher binnenorganisatorischer und struktureller Anpassungsbedarf resultierte, ist dieses Unbundling-Regime in Umsetzung des dritten Energiebinnenmarktpakets[608] nochmals erheblich verschärft worden. Seit der Verabschiedung der EnWG-Novelle 2011 enthält es insbesondere weitergehende, auch das Eigentum an den Netzen tangierende Entflechtungsanforderungen für die Übertragungs- und Fernleitungsnetzbetreiber.[609]

Die Neufassung der Strombinnenmarktrichtlinie im Zuge der Verabschiedung des EU-Legislativpakets zur Energie- und Klimapolitik, dem Clean Energy Package „Clean Energy for all Europeans" im Jahre 2019,[610] hat die Unbundling-Vorgaben nur geringfügig ergänzt und ansonsten unangetastet im Richtlinientext nach hinten ver-

---

606 Vgl. hier insbesondere die Art. 10, 15, 16, 19 Abs. 3 EltRL 2003, Art. 9, 10 Abs. 1, 13, 14 Abs. 1, 17 Abs. 3 GasRL 2003; zur damaligen Rechtslage s. *Koenig/Kühling/Rasbach*, RdE 2003, 221 (223 ff.).
607 Ausgenommen von letztgenannter Pflicht waren und sind lediglich kleine Verteilernetzbetreiber mit weniger als 100 000 angeschlossenen Kunden, vgl. §§ 7 Abs. 2, 7a Abs. 7 EnWG.
608 Die Unbundling-Verschärfungen sind in der Richtlinie 2009/72/EG des Europäischen Parlaments und des Rates vom 13.7.2009 über gemeinsame Vorschriften für den Elektrizitätsbinnenmarkt und zur Aufhebung der Richtlinie 2003/54/EG, ABl. EU Nr. L 211, S. 55 v. 14.8.2009, zuletzt geändert durch die Richtlinie (EU) 2019/944 v. 5.6.2019, ABl. EU Nr. L 158, S. 125 v. 14.6.2019 sowie in der Richtlinie 2009/73/EG des Europäischen Parlaments und des Rates vom 13.7.2009 über gemeinsame Vorschriften für den Erdgasbinnenmarkt und zur Aufhebung der Richtlinie 2003/55/EG, ABl. EU Nr. L 211, S. 94 v. 14.8.2009, zuletzt geändert durch die Änderungsrichtlinie (EU) 2019/692 v. 17.4.2019, ABl. EU Nr. L 117, S. 1 v. 3.5.2019 enthalten.
609 Zu den Inhalten der EnWG-Novelle 2011 allgemein *Kühling/Rasbach*, RdE 2011, 332 ff.
610 Siehe hierzu *Europäische Kommission*, Saubere Energie für alle Europäer, 2019, https://op.europa.eu/de/publication-detail/-/publication/b4e46873-7528-11e9-9f05-01aa75ed71a1 (Abruf 15.10.2021).

schoben.[611] Auch die im Rahmen der EnWG-Novelle 2021 eingeführte Wasserstoffregulierung enthält nunmehr einzelne Entflechtungsvorgaben.

6 Da die Entflechtungsvorschriften ebenfalls die Herstellung wirksamen Wettbewerbs bezwecken, flankieren sie in ihrer Zielrichtung die Zugangs- und Entgeltregulierung (hierzu näher sogleich unter A.). Sie bewirken in sehr unterschiedlicher Intensität (virtuell bis strukturell) eine Herauslösung des Netzbetriebs aus den übrigen energiewirtschaftlichen Geschäftstätigkeiten (zu den verschiedenen Erscheinungsformen der Entflechtung s. unter B.). Trotz des für Strom und Gas gemeinsamen Anwendungsbereichs (hierzu unter C.) unterscheiden sich die verschiedenen Entflechtungsvorschriften in diesen Bereichen daher in ihren Einzelanforderungen deutlich (hierzu im Einzelnen unter D–G.). Im Bereich Wasserstoff besteht schließlich seit kurzem ein gering ausgeprägtes Unbundling-Regime (hierzu gesondert unter H.).

A. Zielrichtung der Entflechtungsvorschriften

7 Gemäß § 6 EnWG dienen die im zweiten Teil des Gesetzes (§§ 6a–10e EnWG) niedergelegten Anordnungen zur Entflechtung des Netzbetriebs der Gewährleistung von Transparenz sowie der diskriminierungsfreien Ausgestaltung und Abwicklung des Netzbetriebs. Die Begründung zu § 6 EnWG nennt darüber hinaus – in Übereinstimmung mit der bereits in Art. 19 Abs. 3 EltRL 2003, Art. 17 Abs. 3 GasRL 2003 ausgesprochenen Motivation – als weitere Zielrichtung den Ausschluss verdeckter Quersubventionen zwischen den Tätigkeiten des Netzbetriebsbereichs und denen der anderen Geschäftsbereiche des vertikal integrierten Unternehmens.[612] Dabei kommt dem erstgenannten Ziel der Transparenz eine eher dienende Funktion zu: Die durch eine Herauslösung der Netzsparte aus dem Verbund eines Energieversorgungsunternehmens erreichte Transparenz soll dazu führen, dass die diskriminierungsfreie Abwicklung des Netzbetriebs sichergestellt bzw. effektiv kontrolliert werden kann und Quersubventionierungen der „Wettbewerbssparten" durch die Netzsparte eines Unternehmens unterbleiben. Auch Diskriminierungsfreiheit und Ausschluss von Quersubventionen stellen keinen gesetzgeberischen Selbstzweck dar, sondern dienen letztlich dem übergeordneten Ziel der Herstellung wirksamen Wettbewerbs auf den dem Netzbetrieb vor- und nachgelagerten Marktstufen, also der Erzeugung/Gewinnung bzw. dem Energievertrieb. Denn wirksamer Wettbewerb, etwa auf der Marktstufe des Energievertriebs, ist davon abhängig, dass der Netzbetreiber seinem eigenen bzw. assoziierten Energievertrieb keine besseren Bedingungen beim Zugang zum Netz einräumt als dritten Händlern. Andernfalls erhielte der eigene Energievertrieb einen Wettbewerbsvorteil im Produktwettbewerb. Entsprechende Wettbewerbsverzerrungen auf den vor- und nachgelagerten Märkten drohen ferner im Fall verdeckter (Quer-)Subventionierungen dieser Sparten durch den eigenen bzw. assoziierten Netzbetrieb.

8 Der Gesetzgeber geht davon aus, dass Elektrizitäts- und im Regelfall auch Gasversorgungsnetze ein **natürliches Monopol** darstellen.[613] An diesem Charakter dürfte sich auch auf absehbare Zeit nichts ändern. Eine Duplizierung der Netze ist

---

611 Diese finden sich für den Strombereich nun in den Art. 35 ff. der Richtlinie (EU) 2019/944 des Europäischen Parlaments und des Rates vom 5.6.2019 mit gemeinsamen Vorschriften für den Elektrizitätsbinnenmarkt und zur Änderung der Richtlinie 2012/27/EU (Neufassung), ABl. EU Nr. L 158, S. 125 v. 14.6.2019.
612 S. Gesetzesbegründung zum EnWG 2011, BR-Drs. 343/11, zu § 6 S. 133.
613 So auch nochmals die Gesetzesbegründung zum EnWG 2011, BR-Drs. 343/11, zu § 6 S. 133.

ökonomisch in aller Regel nicht sinnvoll. Die Entflechtungsvorschriften sind damit auch aus dem materiellen Gedanken des Verbots der missbräuchlichen Ausnutzung einer marktbeherrschenden Stellung gespeist, welches in § 19 Abs. 1 GWB und in Art. 102 AEUV verankert ist. Dem Netzbetreiber ist es untersagt, eine marktbeherrschende Position auf dem jeweiligen Übertragungs- bzw. Verteilermarkt zur Diskriminierung seiner Wettbewerber auf den vor- und nachgelagerten Märkten auszunutzen. Indem die §§ 6 ff. EnWG aber umfangreiche formelle Vorgaben zur Trennung der Netzbereiche von den übrigen energiewirtschaftlichen Tätigkeiten (bis hin zur gesellschafts- und eigentumsrechtlichen Herauslösung) machen, gehen sie in Reichweite und Funktion deutlich über eine Missbrauchsabwehr i.S.d. §§ 19, 20 GWB, Art. 102 AEUV hinaus. Die Entflechtungsregeln reihen sich vielmehr ein in die sektorspezifischen Regulierungsinstrumente zur proaktiven Förderung von Wettbewerbsprozessen in netzgebundenen Wirtschaftszweigen. Sie ergänzen die Netzzugangs- und die Entgeltregulierung, wie sie für die Energiewirtschaft in den Vorschriften des dritten Teils zum EnWG verankert sind (s. hierzu ausführlich oben die Kap. 3 und 4).

Die Regulierung des Netzzugangs als Basisvoraussetzung für wirksamen Wettbewerb auf den benachbarten Märkten dient der Sicherstellung eines diskriminierungsfreien Netzzugangs. § 20 EnWG als sektorspezifische Netzzugangsregel für den Energiesektor verpflichtet alle Betreiber von Energieversorgungsnetzen dazu, jedermann nach sachlich gerechtfertigten Kriterien diskriminierungsfrei Netzzugang zu gewähren. Da dem jeweiligen Netzbetreiber aber auch unter den Rahmenbedingungen einer Zugangsregulierung die Möglichkeit verbleibt, durch die Forderung überhöhter bzw. diskriminierender Entgelte die Netznutzung für einzelne oder alle Wettbewerber unrentabel zu machen, ist in §§ 21, 21a EnWG i.V.m. den Verordnungsermächtigungen der §§ 24 S. 2 Nr. 4, 21 Abs. 6 EnWG eine Regulierung der Netzzugangsentgelte angelegt, die sowohl einen Preismissbrauch als auch Preisdiskriminierungen durch den Netzbetreiber unterbinden soll. Insbesondere gilt hier der (alt-)bekannte Grundsatz „**interne Behandlung gleich externe Behandlung**" fort. Bei der Absicherung dieses materiellen Gebots durch die formellen Anforderungen der Entflechtung wird deren ergänzende Funktion deutlich: Sie stellen durch eine virtuelle oder strukturelle Trennung der Übertragungs- und Verteilernetzbereiche von den übrigen Geschäftsbereichen eines integrierten Energieversorgungsunternehmens die Transparenz her, die einen tatsächlich diskriminierungsfreien Netzzugang erst ermöglichen soll, und erweisen sich damit als „formelle Flanke" der Zugangs- und Entgeltregulierung. Ferner sollen die Entflechtungsvorschriften aber auch zu einer Verringerung von Diskriminierungs- und Quersubventionierungsanreizen außerhalb des Bereichs der unmittelbaren Netzzugangsgewährung und der Entgeltbildung beitragen. Sie fungieren damit neben der Zugangs- und Entgeltregulierung als „dritte Säule" des energiewirtschaftsrechtlichen Instrumentariums zur Herstellung unverfälschten Wettbewerbs auf den dem Netzbetrieb vor- und nachgelagerten Märkten der Erzeugung/Gewinnung und des Energievertriebs.

B. Verschiedene Erscheinungsformen der Entflechtung

Die Entflechtungsvorschriften lassen sich nach ihren Erscheinungsformen grundsätzlich in fünf Kategorien aufteilen.

I. Buchhalterische Entflechtung

11 Die buchhalterische Entflechtung (auch „Unbundling of accounts"[614] genannt) verlangt von Energieversorgungsunternehmen in ihrer Rechnungslegung die Führung getrennter Konten für die verschiedenen Aktivitäten des Unternehmens auf den unterschiedlichen Wertschöpfungsstufen. Die **getrennte Kontenführung** soll dabei durch die gesteigerte Transparenz der Kostenzuordnung zu einer besseren Vergleichbarkeit der Tarife, die das integrierte Unternehmen von Wettbewerbern verlangt, und der Kosten, die es innerhalb des Unternehmens kalkulatorisch in Rechnung stellt, führen. Vorschriften, die eine buchhalterische Entflechtung vorsehen, greifen nicht in die Struktur des Unternehmens ein, sondern bewirken lediglich eine virtuelle Trennung verschiedener Unternehmensbereiche und haben somit auch keine tiefgreifende Einschränkung der Handlungsfreiheit der betreffenden Unternehmen zur Folge.

II. Informationelle Entflechtung

12 Die Vorschriften zur informationellen Entflechtung verpflichten zur getrennten Verwendung betriebswichtiger Informationen. Ziel der informationellen Entflechtung ist es, aus dem Betrieb der Netze resultierende Informationsvorsprünge der vertikal integrierten Unternehmen gegenüber den nicht integrierten Wettbewerbern auf den dem Netzbetrieb vor- bzw. nachgelagerten Märkten auszuschließen. Im Energiesektor geht es dabei etwa um ökonomisch wertvolle Kenntnisse über an das Netz angeschlossene Verbraucher wie beispielsweise Lastprofile, die im Rahmen des Netzbetriebs gewonnen und auf den Märkten der Erzeugung bzw. des Energievertriebs zulasten der dort ebenfalls agierenden Wettbewerber nutzbar gemacht werden könnten. Das Verbot der unternehmensinternen Weitergabe solcher Informationen an die „Wettbewerbsbereiche" macht dabei in der Regel binnenorganisatorische Vorkehrungen, wie etwa die Errichtung sogenannter „**chinese walls**", notwendig. Insoweit kann die informationelle Entflechtung partiell bereits eine unechte strukturelle Trennung verschiedener Bereiche des Unternehmens bewirken.

III. Organisatorische Entflechtung

13 Die organisatorische Entflechtung (auch Verwaltungs-, operationelles oder funktionelles Unbundling genannt) umfasst alle Maßnahmen, die auf binnenorganisatorischer Ebene eine (Ab-)Trennung der Netzsparten von den sonstigen Tätigkeiten eines vertikal integrierten Unternehmens bewirken. Sie kann auf die Anordnung beschränkt sein, innerhalb des Unternehmens eine Auftrennung in unabhängig verwaltete Geschäftsbereiche vorzunehmen.[615] Weitergehend kann sie auch die Einrichtung eines eigenständigen operativen Managements mit voneinander unabhängigen Entscheidungsbefugnissen für die verschiedenen Geschäftsbereiche erfordern. Schließlich fallen alle weiteren, die tatsächliche Unabhängigkeit insbesondere der Netzabteilung absichernden, binnenorganisatorischen Maßnahmen in die Kategorie der organisatorischen Entflechtung. Die Anordnung **binnenorganisatorischer Entflechtungsmaßnahmen** zielt nicht allein auf die Steigerung von Transparenz im Verhältnis der verschiedenen Geschäftsbereiche zueinander ab. Sie soll vielmehr

---

614 S. *Baur/Lückenbach*, Fortschreitende Regulierung in der Energiewirtschaft, 2002, S. 80.
615 So etwa früher der Inhalt von § 4 Abs. 4, § 7 Abs. 4 EnWG a.F.

zugleich durch Steigerung der personellen und sachlichen „Eigenständigkeit" des Netzbereichs innerhalb eines Unternehmens Anreize zur Diskriminierung und Quersubventionierung von vornherein verringern.

IV. Gesellschaftsrechtliche Entflechtung

Einen weitergehenden Eingriff in die Unternehmensorganisation stellt die gesellschaftsrechtliche Entflechtung (auch Legal Unbundling[616] genannt) dar. Sie verlangt eine vollständige gesellschaftsrechtliche (Ab-)Trennung der netzbetrieblichen Aktivitäten von den übrigen energiewirtschaftlichen Tätigkeiten eines Energieversorgungsunternehmens. Die Aufgliederung des integrierten Unternehmens in (mehrere) Gesellschaften erhöht gegenüber den bisher dargestellten Entflechtungsarten nochmals die Transparenz hinsichtlich der wechselseitigen Beziehungen zwischen den Sparten und soll die Kontrolle im Hinblick auf Quersubventionierungen und Diskriminierungen weiter erleichtern. Darüber hinaus ist es das Bestreben der Anordnung einer gesellschaftsrechtlichen Entflechtung, zu einer weiteren Diversifizierung der Unternehmensinteressen beizutragen, wodurch Diskriminierungsanreize vermindert werden sollen. Keinesfalls aber impliziert die gesellschaftsrechtliche Entflechtung eine eigentumsrechtliche Abtrennung der betreffenden Netzsparten. Insoweit bewirkt sie ebenfalls noch eine unechte strukturelle Trennung verschiedener Unternehmensbereiche.

V. Eigentumsrechtliche Entflechtung

Die eingriffsintensivste Form, die eigentumsrechtliche Entflechtung (auch als Ownership Unbundling bezeichnet), verlangt die vollständige, auch eigentumsrechtliche Trennung der verschiedenen Sparten eines integrierten Unternehmens und führt damit zu einer echten strukturellen Trennung der verschiedenen Tätigkeitsebenen des Unternehmens. Das vormals vertikal integrierte Unternehmen verliert alle formalen Eigentumsrechte an den auszugliedernden Netzsparten. Diese Entflechtungsform unterbindet zwar jegliche Diskriminierungsanreize für das vormals verbundene Unternehmen, ist aber gleichzeitig Bedenken hinsichtlich seiner Vereinbarkeit mit der verfassungsrechtlich gewährleisteten Eigentumsgarantie ausgesetzt.[617] Vorschriften, die eine eigentumsrechtliche Entflechtung vorsehen, haben erstmals mit Umsetzung des Dritten Energiebinnenmarktpakets Eingang in den geltenden energierechtlichen Ordnungsrahmen gefunden (s. hierzu unter G.).

C. Anwendungsbereich der Entflechtungsvorschriften

Ausweislich § 6 EnWG sind Normadressaten der Entflechtungsvorschriften primär „vertikal integrierte Energieversorgungsunternehmen". Das **vertikal integrierte Energieversorgungsunternehmen** wird in § 3 Nr. 38 EnWG legaldefiniert als „ein in der Europäischen Union im Elektrizitäts- oder Gasbereich tätiges Unternehmen oder

---

[616] S. *Baur/Lückenbach*, Fortschreitende Regulierung der Energiewirtschaft, 2002, S. 80; *Scholz*, et 2001, 678.
[617] Zu diesen verfassungsrechtlichen Bedenken s. bereits *Jacob*, in: Schmidt-Schlaeger/Zinow (Hrsg.), Grundlagen des Energierechts, 2004, S. 103 ff.; *Holznagel/Schumacher*, N&R 2007, 96 f.; sowie *Kühling/Hermeier*, et 2008, 134 f.; *Mayen/Karpenstein*, RdE 2008, 33 ff.

eine Gruppe von Elektrizitäts- oder Gasunternehmen, die i.S.d. Artikels 3 Absatz 2 der Verordnung (EG) Nr. 139/2004 des Rates vom 20. Januar 2004 über die Kontrolle von Unternehmenszusammenschlüssen (ABl. Nr. L 24 v. 29.1.2004, S. 1) miteinander verbunden sind, wobei das betreffende Unternehmen oder die betreffende Gruppe in der Europäischen Union im Elektrizitätsbereich mindestens eine der Funktionen Übertragung oder Verteilung und mindestens eine der Funktionen Erzeugung oder Vertrieb von Elektrizität oder im Erdgasbereich mindestens eine der Funktionen Fernleitung, Verteilung, Betrieb einer LNG-Anlage oder Speicherung und gleichzeitig eine der Funktionen Gewinnung oder Vertrieb von Erdgas wahrnimmt".

17 Dabei hat der **EuGH** mit **Urteil vom 2. September 2021** in der Rechtssache C-718/18 (Vertragsverletzungsverfahren der Europäischen Kommission gegen die Bundesrepublik Deutschland) entschieden, dass diese Legaldefinition des vertikal integrierten Unternehmens die unionsrechtlichen Vorgaben von Art. 2 Nr. 21 Elt-RL 2009 und Art. 2 Nr. 20 GasRL 2009 insoweit unzureichend umsetzt, als sie die Tätigkeiten eines Unternehmens oder einer Gruppe von Unternehmen **außerhalb der Europäischen Union** ausschließt.[618]

18 Zu den vertikal integrierten Energieversorgungsunternehmen zählt zunächst – vereinfacht ausgedrückt – jedes Unternehmen, das in eigener Rechtspersönlichkeit kumulativ eine Netztätigkeit (Betrieb eines Fernleitungs-/Übertragungs- oder Verteilernetzes) und eine Tätigkeit auf einem der vor- bzw. nachgelagerten Märkte der Erzeugung/Gewinnung oder des Energievertriebs wahrnimmt. Dabei hat die Betrachtung für die Sektoren Elektrizität und Gas jeweils gesondert zu erfolgen.[619]

19 Die Entflechtungsbestimmungen sind aber nicht nur anwendbar, wenn Netzbetrieb und eine vor- oder nachgelagerte Wertschöpfungsstufe von einer juristischen Person wahrgenommen werden. Auch eine **Unternehmensgruppe**, welche die genannten energiewirtschaftlichen Tätigkeiten unter sich vereint, ist vertikal integriertes Unternehmen gemäß § 3 Nr. 38 EnWG und damit Normadressat der §§ 6 ff. EnWG.

20 Eine Unternehmensgruppe liegt dann vor, wenn eine Gesellschaft die Kontrolle i.S.d. Art. 3 Abs. 2 EU-Fusionskontrollverordnung über mindestens eine andere ausübt. Eine solche Kontrolle begründet sich durch Rechte, Verträge oder andere Mittel, die einzeln oder zusammen unter Berücksichtigung aller tatsächlichen oder rechtlichen Umstände die Möglichkeit gewähren, einen **bestimmenden Einfluss** auf die Tätigkeit eines Unternehmens auszuüben, insbesondere durch:
- Eigentums- oder Nutzungsrechte an der Gesamtheit oder an Teilen des Vermögens des Unternehmens;
- Rechte oder Verträge, die einen bestimmenden Einfluss auf die Zusammensetzung, die Beratungen oder Beschlüsse der Organe des Unternehmens gewähren.

21 Nach der von der Kommission veröffentlichten konsolidierten Mitteilung zu Zuständigkeitsfragen gemäß der Verordnung (EG) Nr. 139/2004 des Rates über die Kontrolle von Unternehmenszusammenschlüssen[620] übt ein Unternehmen die „Kontrolle" über ein anderes, verbundenes Unternehmen in aller Regel dann aus, wenn

---

618 EuGH Urt. v. 2.9.2021 – Rs. C-718/18, ECLI:EU:C:2021:662, im Anschluss an Generalanwalt beim EuGH (Pitruzzella), Schlussantrag vom 14.1.2021 – Rs. C-718/18, ECLI:EU:C:2021:20.
619 Nach dem eindeutigen Wortlaut des § 3 Nr. 38 EnWG, der auf die Kumulation von Tätigkeiten entweder im Elektrizitäts- oder Erdgasbereich abstellt, wäre daher ein Stromnetzbetreiber, der zugleich vertriebliche Tätigkeiten im Erdgasbereich wahrnimmt, kein vertikal integriertes Energieversorgungsunternehmen. Vom gegenläufigen Ergebnis geht allerdings noch die Begründung zu § 6 EnWG-RE 2005 aus, ebenso wie die Gesetzesbegründung zu § 6 EnWG 2005, BT-Drs. 15/3917, zu § 6 S. 51.
620 Konsolidierte Mitteilung der Kommission, ABl. EU Nr. C 43, S. 10 v. 21.2.2009.

D. Buchhalterische Entflechtung

es die Stimmrechtsmehrheit des anderen Unternehmens innehat (50 % plus eine Aktie). Ist dies nicht der Fall, liegt also lediglich eine Minderheitsbeteiligung vor, kann ein Unternehmen durch das Hinzutreten weiterer Umstände die Kontrolle über das verbundene Unternehmen erhalten. Dies ist zum einen dann der Fall, wenn die Minderheitsbeteiligung mit besonderen Rechten ausgestattet ist, die es dem Minderheitsgesellschafter ermöglichen, die Geschäftsstrategie des Unternehmens zu bestimmen, etwa im Fall des Rechts, mehr als die Hälfte der Mitglieder des Aufsichtsrates oder des Vorstands zu ernennen. Zum anderen kann eine „De-facto-Kontrolle" beispielsweise dann vorliegen, wenn die übrigen Geschäftsanteile auf viele, kleinere Anteilseigner gestreut sind und es wahrscheinlich ist, dass der Minderheitsgesellschafter angesichts seiner Beteiligung, des früheren Stimmverhaltens und der Position anderer Gesellschafter in der Hauptversammlung über eine stabile Stimmenmehrheit verfügen wird.

Normadressat ist damit auch jede Konzerngesellschaft, die erst unter Hinzurechnung aller Gesellschaften, über die sie nach den genannten Maßstäben die Kontrolle ausübt, sowohl Netz- als auch Tätigkeiten auf den vor- oder nachgelagerten Wertschöpfungsstufen vereint. **22**

Als weiteren Adressaten der Verpflichtungen gemäß den §§ 6a–10e EnWG neben vertikal integrierten Energieversorgungsunternehmen benennt § 6 EnWG zusätzlich die „rechtlich selbstständigen Betreiber von Elektrizitäts- und Gasversorgungsnetzen, die mit einem vertikal integrierten Energieversorgungsunternehmen verbunden sind". Dies hat die Konstellation im Blick, in der innerhalb eines Konzerns eine rechtlich selbstständige Netzgesellschaft die Aufgaben des Netzbetriebs wahrnimmt. In diesen Fällen sollen Anfragen und Entscheidungen der Regulierungsbehörden auch direkt an den Netzbetreiber gerichtet werden können.[621] Der „Umweg" über die jeweilige Muttergesellschaft, welche vertikal integriertes Unternehmen i.S.d. § 3 Nr. 38 EnWG ist, soll dort vermieden werden können, wo die Umsetzung der jeweiligen Entflechtungsvorgabe unmittelbar durch den Netzbetreiber möglich ist und dieser daher auch der geeignetere Ansprechpartner für die Regulierungsbehörden ist. **23**

Die Entflechtungsvorgaben der §§ 6 ff. EnWG gelten im Übrigen auch für den Betrieb von sogenannten **geschlossenen Verteilernetzen** gemäß § 110 EnWG. Anders als noch die Vorgängernorm zu den Objektnetzen nimmt § 110 EnWG in heutiger Fassung diese geografisch typischerweise auf ein Industrie- oder Gewerbegebiet begrenzten Verteilernetze nicht mehr grundsätzlich aus dem Anwendungsbereich der §§ 6 ff. EnWG heraus. Aufgrund ihrer Größe dürften sie aber in aller Regel lediglich den Verpflichtungen zur buchhalterischen und informatorischen Entflechtung unterliegen. **24**

D. Buchhalterische Entflechtung

Die Anordnung zur buchhalterischen Entflechtung ist in § 6b Abs. 3 EnWG verankert. Dabei macht hier der unmittelbare Gesetzestext den näheren Zweck der geforderten Trennung in der Rechnungslegung nochmals deutlich: Ausweislich § 6b Abs. 3 EnWG haben vertikal integrierte Energieversorgungsunternehmen „zur Vermeidung **25**

---

621 S. Gesetzesbegründung zum EnWG 2011, BR-Drs. 343/11, zu § 6 S. 133.

von Diskriminierung und Quersubventionierung" in ihrer internen **Rechnungslegung** jeweils getrennte Konten für ihre Netzbereiche zu führen.[622]

I. Getrennte Kontenführung für die Netzbereiche

26 Als Netzbereiche, für die ein integriertes Energieversorgungsunternehmen getrennte Konten zu führen hat, listet § 6b Abs. 3 S. 1 EnWG zunächst folgende Bereiche auf:
- Elektrizitätsübertragung,
- Elektrizitätsverteilung,
- Gasfernleitung,
- Gasverteilung,
- Gasspeicherung,
- Betrieb von LNG-Anlagen
- Entwicklung, Verwaltung oder Betrieb von Ladepunkten für Elektromobile.

27 Im Strombereich hat ein vertikal integriertes Unternehmen damit separate Konten für seine Übertragungs- und Verteilungstätigkeiten zu führen. Übertragung bezeichnet den Transport von Elektrizität über ein Höchst- und Hochspannungsverbundnetz einschließlich grenzüberschreitender Verbindungsleitungen zum Zwecke der Belieferung von Letztverbrauchern oder Verteilern (§ 3 Nr. 32 EnWG). Sie ist abzugrenzen von der Aufgabe der Verteilung, welche den Transport von Elektrizität mit hoher, mittlerer oder niederer Spannung über Elektrizitätsverteilernetze umfasst (§ 3 Nr. 37 EnWG). Wichtig ist im Strombereich dabei die Abgrenzung sämtlicher netzbetrieblicher Aktivitäten von den Tätigkeiten des Energievertriebs. Die Legaldefinitionen des § 3 Nr. 32, Nr. 37 EnWG stellen klar, dass zu den Tätigkeiten der Übertragung und Verteilung nicht die Belieferung der Kunden selbst zu rechnen ist – was vor der EnWG-Novelle 2005 noch nicht der Fall war. Der Vertrieb von Energie an Kunden stellt – dies ist seither unbestritten – eine selbstständige energiewirtschaftliche Tätigkeit dar. Die aufgeführten Bereiche der Elektrizitätsübertragung und -verteilung sind hiervon zu unterscheiden und demnach gemäß § 6b Abs. 3 EnWG auch rechnungsmäßig von allen energievertrieblichen Aktivitäten zu separieren.

28 Die seit der EnWG-Novelle 2005 auch im Stromsektor für die Rechnungslegung vollzogene Unterscheidung zwischen (Verteiler-)Netzbetrieb und Energievertrieb im Rechnungswesen stellt die notwendige Transparenz zwischen Netz- und Wettbewerbsbereichen her, die eine effektive Überprüfung der Kostenzuweisung ermöglicht. § 6b Abs. 3 EnWG wird hierdurch erst seinem Anspruch gerecht, durch Herstellung von Transparenz „zur **Vermeidung von Diskriminierung und Quersubventionierung**" beizutragen.

29 Im **Gasbereich** sind **getrennte Konten** zu führen zunächst für die Gasfernleitung, also den Transport von Erdgas durch ein Hochdruckfernleitungsnetz, mit Ausnahme von vorgelagerten Rohrleitungsnetzen (§ 3 Nr. 19 EnWG), sowie für die Gasverteilung, mithin den Gastransport über örtliche oder regionale Leitungsnetze (§ 3 Nr. 37 EnWG).[623] Unter diese Netztätigkeiten fallen zwar nur solche Transporttätigkeiten, welche letztendlich die Versorgung von Kunden ermöglichen, sie umfassen jedoch

---

[622] Zum Begriff des vertikal integrierten Energieversorgungsunternehmens im Zusammenhang mit § 6b EnWG s. *Bronisch/Seyderhelm*, RdE 2018, 402 ff.
[623] Der Verteilung von Gas – und nicht etwa der Fernleitung – dienen dabei auch solche Netze, die zwar über Grenzkopplungspunkte verfügen, über die aber ausschließlich ein anderes, nachgelagertes Netz aufgespeist wird, vgl. § 3 Nr. 37 EnWG.

D. Buchhalterische Entflechtung

wiederum nicht die Belieferung der Kunden selbst. Im Gegensatz zum Stromsektor forderte für den Gasbereich bereits der im Jahre 2003 eingefügte § 9a Abs. 2 EnWG a.F. eine auch von den Gashandels- und -vertriebsaktivitäten getrennte Kontenführung für u.a. die Bereiche Fernleitung und Verteilung.

Im Gasbereich sind darüber hinaus für die Tätigkeiten der Gasspeicherung sowie des Betriebs von LNG-Anlagen, also Stationen zur Verflüssigung von Erdgas oder zur Einfuhr, Entladung und Wiederverdampfung von verflüssigtem Erdgas (§ 3 Nr. 26 EnWG), getrennte (Netzbereichs-)Konten zu führen. 30

Zu den Tätigkeiten i.S.d. § 6b Abs. 3 EnWG ist ferner jede wirtschaftliche Nutzung eines Eigentumsrechts an Netzen, Gasspeichern, LNG-Anlagen oder Ladepunkten für Elektromobile zu zählen. Eine Nutzung etwa durch Verpachtung ist damit als Tätigkeit des Netzbetriebs entsprechend zu kontieren. Die Art und Weise der getrennten Kontenführung für die Netzbereiche hat sich schließlich an einem **„Als-ob"-Maßstab** auszurichten: Sie hat zu erfolgen, „wie dies erforderlich wäre, wenn diese Tätigkeiten von rechtlich selbstständigen Unternehmen ausgeführt würden". Dementsprechend haben die gesetzlich adressierten Unternehmen für die in § 6b Abs. 3 S. 1 Nr. 1-6 EnWG genannten Tätigkeitsbereiche jeweils eine Bilanz und eine Gewinn- und Verlustrechnung aufzustellen. Für die gemäß § 6b Abs. 3 S. 2-4 EnWG zu führenden, zusammengefassten Konten gilt diese Verpflichtung nach Sinn und Zweck der Norm nicht.[624] Für die Tätigkeit „moderner und intelligenter Messstellenbetrieb" folgt nach umstrittener Auffassung des OLG Düsseldorf aus § 3 Abs. 4 S. 2 MsbG allerdings eine über die Führung getrennter Konten hinausgehende Pflicht zur Aufstellung eines separaten Tätigkeitsabschlusses.[625] 31

II. Kontenführung außerhalb der Netzbereiche

Außerhalb der aufgeführten Netzbereiche hat das vertikal integrierte Energieversorgungsunternehmen gemäß § 6b Abs. 3 S. 3 EnWG jeweils für die übrigen Tätigkeiten innerhalb des Elektrizitätssektors und innerhalb des Erdgassektors Konten zu führen, die aber für jeden Sektor zusammengefasst werden können. Für Tätigkeiten außerhalb des Elektrizitäts- und Erdgassektors sind ebenfalls eigene Konten zu führen. Diese können wiederum zusammengefasst werden. Den Tätigkeiten außerhalb des Elektrizitäts- und Gassektors zuzuordnen ist neben anderen auch die Tätigkeit des grundzuständigen „modernen und intelligenten Messstellenbetriebs", für die § 3 Abs. 4 S. 2 MsbG in entsprechender Anwendung u.a. des § 6b EnWG die Führung getrennter Konten vorschreibt.[626] 32

---

624 Vgl. *IDW*, Stellungnahme zur Rechnungslegung: Rechnungslegung nach § 6b Energiewirtschaftsgesetz (IDW RS ÖFA 2 n.F.), Stand: 3.9.2013, Rn. 32, der gleichwohl die Aufstellung von Tätigkeitsabschlüssen empfiehlt.

625 OLG Düsseldorf Beschl. v. 7.10.2020 – 3 Kart 885/19, RdE 2020, 557 ff.; a.A. allerdings *Rasbach*, in: Elspas/Graßmann/Rasbach (Hrsg.), EnWG mit Verordnungen, 2018, § 6b Rn. 17; *Reck*, in: Theobald/Kühling (Hrsg.), MsbG, 108. EL 2020, § 3 Rn. 72, *Bourwieg*, in: Steinbach/Weise (Hrsg.), MsbG, 2018, § 3 Rn. 83 ff. sowie *IDW*, Buchhalterische Entflechtung nach § 6b EnWG und Messstellenbetriebsgesetz, Schreiben vom 3.2.2017, https://www.idw.de/blob/98810/4593ce04f06da0afad915ff21216ab9d/down-bnetzagentur-entflechtung-data.pdf (Abruf 15.10.2021), S. 2 f., der insbesondere darauf verweist, dass die Aufstellung des Tätigkeitsabschlusses lediglich eine zusätzliche bürokratische Belastung für den betroffenen Messstellenbetreiber wäre.

626 *IDW*, Buchhalterische Entflechtung nach § 6b EnWG und Messstellenbetriebsgesetz, Schreiben vom 3.2.2017, https://www.idw.de/blob/98810/4593ce04f06da0afad915ff21216ab9d/down-bnetzagentur-entflechtung-data.pdf (Abruf 15.10.2021), S. 2 f.

III. Möglichkeit der Schlüsselung

33 Zusätzlich zu dem für die Kontenführung innerhalb des Netzbereichs geltenden „Als-ob"-Grundsatz legt § 6b Abs. 3 EnWG hinsichtlich der Art und Weise der Rechnungslegung insgesamt fest, dass, soweit eine Zuordnung zu den einzelnen Tätigkeiten nicht oder nur mit unvertretbarem Aufwand möglich ist, die Zuordnung durch Schlüsselung erfolgen kann. Weitere Bedingung hierfür ist allerdings, dass die gewählten Schlüssel den Grundsätzen der Sachgerechtigkeit, Stetigkeit und Nachvollziehbarkeit genügen.

IV. Veröffentlichung und Überprüfung

34 Die Führung interner, getrennter Konten i.S.d. § 6b Abs. 3 EnWG mündet in die Erstellung separierter Gewinn- und Verlustrechnungen für jeden der in § 6b Abs. 3 EnWG genannten Tätigkeitsbereiche. Diese haben den handelsrechtlichen Anforderungen an die Aufstellung eines Jahresabschlusses zu genügen.

35 Obwohl die Pflicht zur getrennten Buchführung nach der ursprünglichen gesetzgeberischen Konzeption nur für die „interne Rechnungslegung" (s. § 6b Abs. 3 S. 1 EnWG) Wirkung entfalten sollte, sieht § 6b Abs. 4 EnWG seit der EnWG-Novelle 2011 vor, dass die mit Erstellung des Jahresabschlusses aufgestellten Spartenabschlüsse „unverzüglich", jedoch spätestens innerhalb von zwölf Monaten nach dem Abschlussstichtag beim elektronischen Bundesanzeiger zur **Bekanntmachung** einzureichen sind.

36 Zusätzlich umfasst die Prüfung des Jahresabschlusses, den jedes Energieversorgungsunternehmen aufzustellen hat,[627] gemäß § 6b Abs. 5 S. 1 EnWG auch die Einhaltung der Pflichten zur getrennten Rechnungslegung.[628] Der Abschlussprüfer hat im Bestätigungsvermerk zum Jahresabschluss daher auch anzugeben, ob das geprüfte Unternehmen die Anforderungen des § 6b Abs. 3 EnWG erfüllt hat. Der insoweit dem Abschlussprüfer gesetzlich zugewiesene Prüfungsumfang beschränkt sich dabei nicht auf das bloße Vorhandensein mehrerer Konten, sondern bezieht explizit die Sachgerechtigkeit und Nachvollziehbarkeit der Wertansätze und der Zuordnung zu den Konten sowie den Grundsatz der Stetigkeit mit ein. Die Regulierungsbehörde ist zudem befugt, den Abschlussprüfern zusätzliche **Schwerpunkte für deren Prüfungen** vorzugeben und Bestimmungen über den Inhalt der Prüfungen zu treffen (§ 6b Abs. 6 EnWG).[629] Die Beschlusskammern 8 und 9 der Bundesnetzagentur haben von dieser Befugnis erstmals im Jahre 2019 Gebrauch gemacht und entsprechende Festlegungen am 25. November 2019 im Internet veröffentlicht und im Amtsblatt öffentlich bekannt gemacht.[630]

---

[627] Gem. § 6b Abs. 1 EnWG hat jedes Energieversorgungsunternehmen, ungeachtet der Eigentumsverhältnisse und der Rechtsform, einen Jahresabschluss nach den für Kapitalgesellschaften geltenden Vorschriften des Handelsgesetzbuchs aufzustellen, prüfen zu lassen und offenzulegen.

[628] Zu Ausnahmen für kleine vertikal integrierte Energieversorgungsunternehmen, die nach dem Handelsrecht nicht prüfungspflichtig und/oder ausschließlich nach Vorschriften außerhalb des Handelsrechts prüfungspflichtig sind, s. *Komenda/Sturm/Häfele*, IR 2018, 245 ff.

[629] Das OLG Düsseldorf Beschl. v. 11.10.2017 – VI-3 Kart 67/16 (V), RdE 2018, 129 ff., konkretisiert dies dahingehend, dass Adressat derartiger regulierungsbehördlicher Vorgaben das Unternehmen ist. § 6b Abs. 6 S. 1 EnWG verpflichte den Abschlussprüfer jedoch, derartige zusätzliche Festlegungen in die Prüfung einzubeziehen.

[630] Zu Auswirkungen dieser Festlegungen s. *Sernecki*, EWeRK 2020, 113 ff.

Der Auftraggeber der Prüfung – also etwa der Aufsichtsratsvorsitzende im Fall einer 37
Aktiengesellschaft – hat den geprüften Jahresabschluss einschließlich des Anhangs,
des Lageberichts sowie des Bestätigungsvermerks (bzw. des Vermerks über die
Versagung) unverzüglich der zuständigen Regulierungsbehörde zu übermitteln. Hierbei sind gemäß § 6b Abs. 7 S. 3 EnWG insbesondere die intern aufgestellten Bilanzen sowie Gewinn- und Verlustrechnungen für die separierten Tätigkeitsbereiche
beizufügen. Der Lagebericht hat auf die Spartentätigkeiten einzugehen. Auch der
Prüfbericht nebst Ergänzungsbänden ist unverzüglich nach Beendigung der Prüfung
bei der Regulierungsbehörde einzureichen. Die Geschäftsberichte zu den einzelnen
Sparten sind schließlich von den Unternehmen auf ihren Internetseiten zu veröffentlichen.

E. Informationelle Entflechtung

§ 6a EnWG enthält die Verpflichtung zur informationellen Entflechtung und dient 38
damit der Umsetzung der Art. 37, 41 EltRL 2019, 16, 27 GasRL 2009 in deutsches
Recht. Bereits die Energiebinnenmarktrichtlinie von 1996 bzw. 1998 enthielten entsprechende Vorgaben zur Implementierung informationeller Entflechtungsvorschriften, doch war eine Umsetzung dieser Richtlinienvorgaben lange nur unzureichend
erfolgt. Erst mit der EnWG-Novelle 2005 haben Bestimmungen, die eine informationelle Entflechtung im gemeinschaftsrechtlich vorgegebenen Umfang anordnen,
Eingang in den nationalen energiewirtschaftlichen Ordnungsrahmen gefunden. In
Umsetzung der entsprechenden Vorschriften des dritten Binnenmarktpakets ist die
Verpflichtung zur informationellen Entflechtung auch auf die Eigentümer von Transportnetzen, d.h. von Übertragungs- oder Fernleitungsnetzen (s. § 3 Nr. 31d EnWG),
auf Gasspeicheranlagenbetreiber und Betreiber von LNG-Anlagen erstreckt worden.
Dem liegt die Überlegung zugrunde, dass auch diese Betreiber bzw. Eigentümer
über wirtschaftlich sensible Informationen aus dem Anlagenbetrieb oder aus der Eigentümerstellung im Hinblick auf die relevante Infrastruktur verfügen, die bei selektiver Weitergabe geeignet sind, den Wettbewerb auf den vor- oder nachgelagerten
Märkten der Energieerzeugung oder des Energievertriebs zu verfälschen.

§ 6a EnWG enthält zwei verschiedene Anwendungsbereiche der Informationstrennung. Abs. 1 befasst sich mit der Vertraulichkeitswahrung von „erlangten Informationen", Abs. 2 der Vorschrift regelt den Umgang mit originär „eigenen Informationen".
Der Hauptunterschied in der Rechtsfolge liegt darin, dass die Vertraulichkeit ersterer
Informationen in jedem Fall zu wahren ist, letztere dagegen unter Beachtung des
Grundsatzes der Nichtdiskriminierung offengelegt werden können.

I. Verbot der Weitergabe von wirtschaftlich sensiblen Informationen (§ 6a Abs. 1 EnWG)

Gemäß § 6a Abs. 1 EnWG haben vertikal integrierte Energieversorgungsunterneh- 40
men, Transportnetzeigentümer, Netzbetreiber, Gasspeicheranlagenbetreiber sowie
Betreiber von LNG-Anlagen unbeschadet gesetzlicher Verpflichtungen zur Offenbarung von Informationen sicherzustellen, dass die Vertraulichkeit wirtschaftlich sensibler Informationen, von denen sie in Ausübung ihrer Geschäftstätigkeit Kenntnis
erlangen, gewahrt wird.

1. „Erlangte Informationen"

41 Die Auslegung des Begriffs der „wirtschaftlich sensiblen Informationen" hat maßgeblich unter Berücksichtigung von Sinn und Zweck der Entflechtungsvorschriften zu erfolgen. Diese sollen insbesondere dazu beitragen, dass Diskriminierungen der Wettbewerber auf den Märkten der Erzeugung/Gewinnung und des Energievertriebs unterbunden werden. Aus dem Betrieb der Netze oder Anlagen resultierende **Informationsvorsprünge** des vertikal integrierten Energieversorgungsunternehmens gegenüber den nicht integrierten Wettbewerbern sollen ausgeschlossen werden. Vor diesem Hintergrund sind unter die „wirtschaftlich sensiblen Informationen" i.S.d. § 6a EnWG alle in Ausübung der netz- oder anlagenbetrieblichen Tätigkeit erlangten Informationen zu fassen, die einem vom Netz- oder Anlagenbetrieb unabhängigen Energiehändler oder Erzeugungs-/Gewinnungsunternehmen nicht zur Verfügung stehen und deren Kenntnis zugleich von wirtschaftlichem Interesse auf den Wettbewerbsmärkten ist. Solche Informationen, die offensichtlich nicht von wirtschaftlicher Bedeutung auf diesen Märkten oder aber auch bereits allgemein zugänglich sind, fallen aus dem Bereich der „wirtschaftlich sensiblen Informationen" von vornherein heraus.

42 § 6a Abs. 1 EnWG ist nur anwendbar auf solche wirtschaftlich sensiblen Informationen, von denen der Betreiber des Netzes oder der Anlage in Ausübung seiner Geschäftstätigkeit Kenntnis erlangt. In Abgrenzung zu den von Abs. 2 der Vorschrift erfassten „Informationen über die eigenen Tätigkeiten" gilt § 6a Abs. 1 EnWG somit nur für Informationen, die der Netz- oder Anlagenbetreiber „von außerhalb" erhalten hat, also insbesondere für die Informationen über Netz- bzw.- Anlagennutzer und potenzielle Nutzer mit wirtschaftlichem Wert. Netznutzer sind dabei natürliche oder juristische Personen, die Energie in ein Elektrizitäts- oder Gasversorgungsnetz einspeisen oder daraus beziehen (§ 3 Nr. 28 EnWG).

43 Zu diesen Informationen zählen etwa:
- die Lastgangdaten eines an das Netz angeschlossenen Verbrauchers,
- Netzkundendaten wie Adressen, Bankverbindungen, Profile, Zählerstände, Geräteinformationen etc.,
- die Höhe der von einem Netznutzer angefragten Kapazitäts- bzw. Transportleistungen,
- Lieferanteninformationen,
- Informationen über potenzielle Projekte von Netznutzern sowie Projektinformationen potenzieller Netznutzer.

2. Wahrung der Vertraulichkeit

44 Derartige „Nutzerinformationen" sind gemäß § 6a Abs. 1 EnWG vertraulich zu halten, dürfen vom vertikal integrierten Energieversorgungsunternehmen sowie vom Netzbetreiber also grundsätzlich[631] nicht weitergegeben werden. Die Pflicht zur Vertraulichkeitswahrung besteht dabei nicht nur gegenüber dritten Energiehändlern und Erzeugern, sondern auch und insbesondere gegenüber dem eigenen bzw. verbundenen Energievertrieb und der eigenen bzw. verbundenen Erzeugungssparte. Das hierdurch entstehende Gebot der **Informationstrennung** ist durch aktive, binnenorganisatorische Maßnahmen („chinese walls" etc.) sicherzustellen. Aufgrund der in

---

631 Zur Ausnahme im Fall gesetzlicher Offenlegungspflichten s. sogleich.

der Praxis zuvor vorherrschenden, vielfältigen organisatorischen Verflechtungen und Überschneidungen in den Prozessabläufen ist mit erstmaliger Implementierung dieser Rechtslage 2005 für viele Unternehmen erhöhter Anpassungsbedarf an die neue Rechtslage entstanden:

Zum einen bedurfte es technischer Maßnahmen im Bereich der IT-Systeme. Diese haben zu gewährleisten, dass die in den Wettbewerbsbereichen aktiv tätigen Mitarbeiter – durch die Einrichtung von geschützten Zugriffsberechtigungen etc. – keinen Zugriff auf „erlangte Informationen" im Wesentlichen über Netznutzer haben. Auch die sonstigen Unternehmensabläufe (Hauspost etc.) sind hieran auszurichten. Die Begründung zu § 9 EnWG-RE 2005 hat allerdings klargestellt, dass diese technischen Maßnahmen nur im Rahmen des technisch, zeitlich und wirtschaftlich Zumutbaren ergriffen werden müssen. Dies ist vor allem für sehr kleine Energieversorger von Bedeutung. Es gilt der Grundsatz der Verhältnismäßigkeit. 45

In Fällen der – möglicherweise auch nur übergangsweisen – Unzumutbarkeit sind allerdings den betreffenden im Netzbereich tätigen Personen zumindest Weisungen aufzuerlegen, wonach den im Erzeugungs- oder Vertriebsbereich tätigen Mitarbeitern Netznutzerinformationen nicht zugänglich gemacht werden dürfen. 46

Darüber hinaus bedingt die Pflicht zur Vertraulichkeitswahrung, dass im Fall der Beauftragung externer Dienstleister (für die § 6a EnWG möglicherweise nicht unmittelbar Wirkung entfaltet) diese durch eine Zusatzvereinbarung dazu zu verpflichten sind, die Vertraulichkeitsanforderungen des § 6a EnWG einzuhalten. 47

Insgesamt folgt aus der Pflicht zur „Sicherstellung" der Vertraulichkeit gemäß § 6a Abs. 1 EnWG eine Organisationspflicht des vertikal integrierten Unternehmens bzw. des Netzbetreibers, ein unternehmensinternes Konzept zur Verhinderung der unzulässigen Weitergabe von erlangten Informationen aufzustellen.[632] Als Bestandteil eines solchen Konzepts bieten sich etwa regelmäßige Schulungen der Mitarbeiter an. Die unternehmensintern getroffenen Maßnahmen sind darüber hinaus auf ihre Wirksamkeit und die Einhaltung durch die Mitarbeiter hin zu überwachen, etwa durch einen intern bestellten Beauftragten. 48

Diese Organisationspflicht geht allerdings nicht so weit, dass allein hieraus organisatorische Entflechtungsmaßnahmen i.S.d. § 7a EnWG hergeleitet werden könnten. Die Anforderungen zur organisatorischen Entflechtung hat der Gesetzgeber gesondert in § 7a EnWG normiert und vertikal integrierte Energieversorgungsunternehmen, an deren Netz weniger als 100 000 Kunden angeschlossen sind (sogenannte „De-minimis-Unternehmen"), ausdrücklich hiervon ausgenommen. Bereits aus systematischen Erwägungen heraus verbietet es sich daher, diese Regelungen über den Umweg des § 6a EnWG auch für „De-minimis-Unternehmen" verpflichtend zu machen. 49

3. Gesetzliche Offenbarungspflichten

Die Pflicht zur Vertraulichkeitswahrung gemäß § 6a Abs. 1 EnWG besteht „unbeschadet gesetzlicher Verpflichtungen zur Offenbarung von Informationen". Hierunter fällt beispielsweise die Pflicht zur Weitergabe von Netznutzerdaten an den Bilanzkreisverantwortlichen und andere Netzbetreiber gemäß § 4 Abs. 4 StromNZV. Ebenso rechtfertigen es die in §§ 36 ff. EnWG verankerten Institute der Grund- und Ersatzversorgung, dass der Netzbetreiber notwendige Informationen (nur) dem Lie- 50

---

632 Die unionsrechtlichen Vorgaben sprechen explizit den „Verhinderungsauftrag" aus.

feranten übermittelt, der die Aufgabe der Grundversorgung – vom Gesetz hierzu verpflichtet – ausübt.

II. Verbot der diskriminierenden Weitergabe von Informationen die eigene Tätigkeit betreffend (§ 6a Abs. 2 EnWG)

51 Legen vertikal integrierte Energieversorgungsunternehmen, Transportnetzeigentümer, Netzbetreiber, Gasspeicheranlagen- und LNG-Anlagenbetreiber Informationen über die eigenen Tätigkeiten offen, die wirtschaftliche Vorteile bringen können, so hat dies gemäß § 6a Abs. 2 EnWG in nicht diskriminierender Weise zu erfolgen. Soweit keine Offenlegung erfolgt, gilt auch im Hinblick auf die Informationen „über die eigenen Tätigkeiten" die Pflicht zur Vertraulichkeit – und dies insbesondere auch gegenüber den anderen, wettbewerblichen Teilen des Unternehmens. Letzteres stellt § 6a Abs. 2 S. 2 EnWG nochmals ausdrücklich fest.

1. „Eigene Informationen"

52 Der Begriff der „Information, die wirtschaftliche Vorteile bringen kann", ist ebenso wie der in Abs. 1 verwendete Begriff der wirtschaftlich sensiblen Information im Hinblick auf das Ziel der Schaffung eines unverfälschten Wettbewerbs auf den vor- und nachgelagerten Marktstufen auszulegen. Auch hierunter fallen nur solche Informationen, die einem vom Netz- oder Anlagenbetrieb unabhängigen Energiehändler oder Erzeugungs-/Gewinnungsunternehmen nicht zur Verfügung stehen und deren Kenntnis zugleich von wirtschaftlichem Interesse auf den Wettbewerbsmärkten ist. Insoweit ergibt sich kein abweichender Bedeutungsgehalt zum Begriff der wirtschaftlich sensiblen Information. Abweichend von Abs. 1 der Vorschrift ist § 6a Abs. 2 EnWG aber nur dann einschlägig, wenn es um Informationen über „eigene Tätigkeiten als Netz-oder Anlagenbetreiber" geht. Hierunter fallen ausschließlich die aus der Sphäre des Betreibers stammenden, **netz- oder anlagenbetreibereigenen Informationen.**

53 Dazu zählen etwa:
- die bei Durchführung der Netzsteuerung erlangten Kenntnisse über Netzauslastungen,
- Informationen über Engpässe im Netz (etwa aufgrund von EEG-Verpflichtungen),
- vom Netzbetreiber veranlasste Netzausbauvorhaben und die hierdurch veränderte Prognose über zukünftig verfügbare Leitungskapazitäten.

2. Diskriminierungsfreie Offenlegung

54 Im Gegensatz zur Verpflichtung aus § 6a Abs. 1 EnWG brauchen derartige Informationen nicht zwingend vertraulich behandelt zu werden. Entscheidet sich das vertikal integrierte Unternehmen bzw. der Netz- oder Anlagenbetreiber aber dazu, derartige Informationen einzelnen Lieferanten (etwa dem eigenen Vertrieb) bekannt zu machen, so ist er durch § 6a Abs. 2 EnWG dazu verpflichtet, diese Informationen in vergleichbarer Weise auch anderen Marktteilnehmern zur Verfügung zu stellen.[633]

---

633 Die Regulierungsbehörden des Bundes und der Länder sprechen in ihrer noch immer gültigen Gemeinsamen Richtlinie zur Umsetzung der informatorischen Entflechtung nach § 9 EnWG (a.F.) vom 13.6.2007, S. 10, abrufbar unter https://www.bundesnetzagentur.de/SharedDocs/Downloads/DE/Sac

Im Geltungsbereich des § 6a Abs. 2 EnWG besteht also die Wahl: Entweder vertrauliche Behandlung der Informationen entsprechend der Regelung in Abs. 1 oder aber diskriminierungsfreie Offenlegung.

F. Gesellschaftsrechtlich-organisatorische Entflechtung

Unternehmen nach § 6 Abs. 1 S. 1 EnWG haben gemäß § 7a Abs. 1 EnWG die Unabhängigkeit ihrer i.S.v. § 3 Nr. 38 EnWG verbundenen Verteilernetzbetreiber hinsichtlich der Organisation, der Entscheidungsgewalt und der Ausübung des Netzgeschäfts sicherzustellen, wobei die Anforderungen im Einzelnen in den Abs. 2 bis 6 enthalten sind (zu diesen organisatorischen Entflechtungsbestimmungen sogleich unter III.). Weitergehend schreibt § 7 Abs. 1 EnWG vertikal integrierten Energieversorgungsunternehmen vor, sicherzustellen, dass Verteilernetzbetreiber, die mit ihnen i.S.v. § 3 Nr. 38 EnWG verbunden sind, hinsichtlich ihrer Rechtsform unabhängig von anderen Tätigkeitsbereichen der Energieversorgung sind (zu dieser rechtlichen Entflechtungsbestimmung sogleich unter II.). Ausgenommen von beiden Verpflichtungen sind allerdings die sogenannten „De-minimis-Unternehmen" (s. sogleich unter I.). Entsprechende Anwendung finden die Bestimmungen über die rechtliche und organisatorische Entflechtung gemäß § 7b EnWG zudem auf bestimmte Gasspeicheranlagenbetreiber und Transportnetzeigentümer (s. abschließend unter IV.). 55

Das EnWG unterscheidet damit zwar redaktionell deutlich zwischen der Pflicht zur rechtlichen (§ 7 EnWG) und organisatorischen (§ 7a EnWG) Entflechtung, indem es beiden Entflechtungsformen jeweils eine eigene Vorschrift widmet. In ihren praktischen Auswirkungen sind beide Verpflichtungen jedoch eng miteinander verwoben: So ordnet zwar allein § 7 EnWG die Ausgliederung oder -gründung einer Netzgesellschaft an. Welche weitergehenden Anforderungen bei der Ausgestaltung der Netzgesellschaft und deren Beziehungen zur Muttergesellschaft zu beachten sind, ist jedoch erst § 7a EnWG zu entnehmen. Umgekehrt werden manche Anordnungen des § 7a EnWG erst vor dem Hintergrund verständlich, dass diese Norm die Situation des nicht nur organisatorisch, sondern zugleich rechtlich entflochtenen Netzbetreibers vor Augen hat. 56

Mit Ablauf des 1. Juli 2007 ist zudem die Konstellation, dass ein Unternehmen zwar zur organisatorischen, nicht aber zur rechtlichen Entflechtung verpflichtet ist, nicht mehr denkbar.[634] Die rechtliche Problematik einer isolierten Anwendung des § 7a EnWG, die für die Vorgängerbestimmung des § 8 EnWG a.F. bestand, ist damit ebenfalls entfallen.[635] 57

Es ist daher sinnvoll, das in den §§ 7 und 7a EnWG verankerte System einer gesellschaftsrechtlich-organisatorischen Entflechtung von Verteilernetzbetreibern unter einer Gesamtüberschrift in den Blick zu nehmen. 58

---

hgebiete/Energie/Unternehmen_Institutionen/EntflechtungKonzession/Entflechtung/Richtlinieinforma torischenEntfId10485pdf.pdf?__blob=publicationFile&v=6 (Abruf 15.10.2021), vom Prinzip „allen oder keinem".
634 Diese Konstellation war für eine Übergangszeit vom Inkrafttreten des EnWG 2005 bis zum 1.7.2007 möglich, da gem. § 7 Abs. 3 EnWG a.F. die Verpflichtung zur rechtlichen Entflechtung (§ 7 Abs. 1 EnWG) im Hinblick auf Verteilernetzbetreiber erst ab dem 1.7.2007 galt, während § 8 EnWG a.F., der die Verpflichtung zur organisatorischen Entflechtung enthielt, ohne zeitlichen Aufschub anzuwenden war.
635 S. hierzu noch in der Erstauflage, S. 135 f.

I. Befreiung der De-minimis-Unternehmen

59 Die §§ 7 Abs. 2, 7a Abs. 7 EnWG nehmen übereinstimmend vertikal integrierte Energieversorgungsunternehmen von der Pflicht zur gesellschaftsrechtlichen und organisatorischen Entflechtung aus, wenn an ihr Elektrizitätsverteilernetz bzw. ihr Gasverteilernetz weniger als 100 000 Kunden angeschlossen sind (sogenannte „De-minimis-Unternehmen").

60 Die Unterschreitung der **100 000-Kunden-Schwelle** ist bei einem Mehrsparten-Unternehmen für den Elektrizitäts- und den Gassektor jeweils separat zu ermitteln. Es ist daher möglich, dass ein vertikal integriertes Unternehmen im Hinblick auf den Betrieb seines Gasverteilernetzes den Anforderungen der gesellschaftsrechtlich-organisatorischen Entflechtung unterliegt, beim Betrieb seines Stromverteilernetzes die §§ 7 und 7a EnWG dagegen nicht zu beachten hat (und umgekehrt). Für ein vertikal integriertes Unternehmen, das sowohl im Strom- als auch im Gasbereich unter die 100 000-Kunden-Schwelle fällt, gelten ausschließlich die Vorschriften zur buchhalterischen und informationellen Entflechtung (§§ 6a, 6b EnWG).

61 Da die §§ 7 Abs. 2, 7a Abs. 7 EnWG aber wiederum auf das vertikal integrierte Unternehmen i.S.d. § 3 Nr. 38 EnWG abstellen und somit die sogenannte **Konzernklausel** auch hier zur Anwendung kommt (die gesamte „Unternehmensgruppe" ist Betrachtungsobjekt), verringert sich der Anwendungsbereich der Befreiungsklausel deutlich: In einem Konzernverbund werden bei der Ermittlung der 100 000-Kunden-Schwelle alle Kunden, die an ein Strom- bzw. Gasverteilernetz einer Konzerngesellschaft angeschlossen sind, zusammengerechnet. Hierdurch fallen auch sehr „kleine" Verteilernetzbetreiber aus der „De-minimis-Klausel" heraus, die zwar für sich allein betrachtet weniger als 100 000 angeschlossene Kunden haben, aber i.S.d. Art. 3 Abs. 2 EU-Fusionskontrollverordnung von einem größeren Energieversorger „beherrscht" werden und in der Zusammenschau der Kunden die Schwelle überschreiten.

62 Bei der Ermittlung der „De-minimis-Schwelle" kommt es schließlich auf die Anzahl der „an das Verteilernetz angeschlossenen Kunden" an. Es ist somit nicht auf die Anzahl der von einer Vertriebssparte mit Energie belieferten Kunden abzustellen, sondern auf die Zahl der an das jeweilige Verteilernetz angeschlossenen Verbraucher. Hierbei spricht aufgrund der Verwendung des vertraglich orientierten Kundenbegriffs viel dafür, bei der Berechnung des Schwellenwertes maßgeblich auf ein rechtliches Kriterium „Anzahl der Vertragsbeziehungen" und damit auf die Anzahl der Anschlussnutzer i.S.d. §§ 3 NAV, NDAV abzustellen.[636] In der Praxis nehmen die Regulierungsbehörden überwiegend eine Bewertung auf der Basis von Zählpunkten vor.[637] Zusätzlich haben die Regulierungsbehörden des Bundes und der Länder in „Gemeinsamen Auslegungsgrundsätzen"[638] eine Vielzahl von Zweifelsfällen einer Einzelbewertung unterzogen.

---

[636] Für ein technisches Kriterium „Anzahl der Abnahmestellen" plädiert dagegen die Europäische Kommission noch im Auslegungsvermerk der GD Energie und Verkehr aus dem Jahr 2004; zum Auslegungsvermerk *Koenig/Haratsch/Rasbach*, ZNER 2004, 10 ff.

[637] Vgl. hierzu etwa BNetzA Beschl. v. 28.8.2008 – BK6-07-031 (BK6-06-062) – *Städtische Werke Kassel*, S. 14, abrufbar unter https://www.bundesnetzagentur.de/DE/Beschlusskammern/1_GZ/BK6-GZ/2007/BK6-07-031/Beschluss%20BK6-07-031_bf.pdf?__blob=publicationFile&v=3 (Abruf 15.10.2021). In diesem Beschluss lehnt es die Beschlusskammer 6 der BNetzA ab, einer personenbezogenen Auslegung zu folgen. Die Anzahl der angeschlossenen Kunden sei vielmehr anhand der im Netzgebiet vorhandenen gemessenen Lieferstellen zu ermitteln, welcher die Zahl aller vorhandenen Zählpunkte entspreche.

[638] Regulierungsbehörden des Bundes und der Länder, Gemeinsame Auslegungsgrundsätze zu den Entflechtungsbestimmungen in §§ 6–10 EnWG v. 1.3.2006, S. 35 f., abrufbar unter https://www.bundesne

II. Rechtliche Entflechtung von Verteilernetzbetreibern

§ 7 EnWG schreibt vertikal integrierten Energieversorgungsunternehmen vor, sicherzustellen, dass Verteilernetzbetreiber, die mit ihnen i.S.v. § 3 Nr. 38 EnWG verbunden sind, hinsichtlich ihrer Rechtsform unabhängig von anderen Tätigkeitsbereichen der Energieversorgung sind. Vertikal integrierte Energieversorgungsunternehmen, die nicht unter die De-minimis-Klausel fallen, haben demnach ihre(n) Verteilernetzbetrieb(e) zunächst als separierte Rechtsperson(en) am Markt aufzustellen. Unter die „anderen Tätigkeitsbereiche der Energieversorgung" fallen die Stromerzeugung, der Stromhandel und -vertrieb, die Gasgewinnung, der Gasbezug, der Gashandel und -vertrieb. Eine noch weitergehende Unterteilung des Netzbetriebs wird von § 7 Abs. 1 EnWG nicht gefordert. Es ist grundsätzlich zulässig, dass eine Netzgesellschaft Netze auf verschiedenen Stufen eines Energiesektors betreibt, also etwa Stromübertragungs- und Verteilernetze (sogenannter **sektorenspezifischer Kombinationsnetzbetreiber**). Dies gilt seit der EnWG-Novelle 2011 jedoch nur noch mit einer ganz erheblichen Einschränkung: Gemäß § 6d EnWG hat ein solcher Kombinationsnetzbetreiber die strengeren Entflechtungsvorgaben für Transportnetzbetreiber einzuhalten (s. hierzu unter G.). Auch steht § 7 EnWG dem gleichzeitigen Betrieb von Elektrizitäts- und Gasverteilernetzen durch eine Gesellschaft nicht entgegen (sogenannter **sektorenübergreifender Netzbetreiber**).[639] Schließlich ist sogar eine zusätzliche Betrauung der Netzgesellschaft mit Tätigkeiten außerhalb des Strom- und Gassektors grundsätzlich denkbar. Diese kann beispielsweise zugleich Wasser- oder Telekommunikationsnetze betreiben oder völlig branchenfremde Aufgaben wahrnehmen.

Die in § 7 Abs. 1 EnWG geforderte Unabhängigkeit des Netzbetreibers „hinsichtlich der Rechtsform" verpflichtet vertikal integrierte Energieversorgungsunternehmen zunächst nur dazu, ihren Verteilernetzbetrieb in eine rechtlich selbstständige Gesellschaft auszugliedern. Eine bestimmte Rechtsform gibt der Gesetzgeber hierfür nicht vor: Grundsätzlich steht der gesamte Numerus clausus der anerkannten Rechtsformen des Gesellschaftsrechts, somit Kapitalgesellschaften (AG, GmbH) ebenso wie (teil-)rechtsfähige Personengesellschaften (GbR, OHG, KG) zur Verfügung. Einschränkungen hinsichtlich der Ausgestaltung der Rechtsform sowie der wirtschaftlichen Beziehungen zwischen Mutter- und Tochtergesellschaft ergeben sich ausschließlich aus § 7a EnWG (s. hierzu sogleich unter III.).

Ergänzend hierzu schreibt § 7 Abs. 1 S. 2 EnWG vor, dass Betreiber von Elektrizitätsverteilernetzen nicht berechtigt sind, Eigentümer einer **Energiespeicheranlage** zu sein oder eine solche zu errichten, zu verwalten oder zu betreiben. § 7c EnWG etabliert darüber hinaus ein grundsätzliches Verbot für Verteilernetzbetreiber, Eigentümer von **Ladepunkten für Elektrofahrzeuge** zu sein, diese zu entwickeln, zu verwalten oder zu betreiben. Ausgenommen sind private Ladepunkte für den Eigenverbrauch des Netzbetreibers. Ausnahmen von diesem grundsätzlichen Verbot bestehen zudem im Falle eines regionalen **Marktversagens** beim Ausbau der notwendigen Ladeinfrastruktur, der nach Durchführung eines Ausschreibungsverfahrens festgestellt worden sein muss. Die Ausnahmegenehmigung zum Betrieb von Ladepunkten durch den Verteilernetzbetreiber wird durch die Bundesnetzagentur erteilt, weitere Rahmenbedingungen können durch Rechtsverordnung festgelegt werden.

---

tzagentur.de/SharedDocs/Downloads/DE/Sachgebiete/Energie/Unternehmen_Institutionen/EntflechtungKonzession/Entflechtung/Auslegungsgrunsaetze5222pdf.pdf?__blob=publicationFile&v=7 (Abruf 15.10.2021).
639 S. auch Gesetzesbegründung zum EnWG 2005, BT-Drs. 15/3917, zu § 6 S. 51.

III. Organisatorische Entflechtung von Verteilernetzbetreibern

66 Über die Pflicht zur rechtlichen Entflechtung hinaus haben vertikal integrierte Energieversorgungsunternehmen gemäß § 7a Abs. 1 EnWG die Unabhängigkeit ihres Verteilernetzbetriebs auch „hinsichtlich der Organisation, der Entscheidungsgewalt und der Ausübung des Netzgeschäfts" zu gewährleisten. Diese Anforderungen sind „nach Maßgabe" der Abs. 2–7 sicherzustellen.

1. Personelle Entflechtungsanforderungen des § 7a Abs. 2 EnWG

67 Zur Gewährleistung eines diskriminierungsfreien Netzbetriebs schließt § 7a Abs. 2 Nr. 1 EnWG für einen bestimmten Personenkreis im vertikal integrierten Unternehmen die kumulierte Zuständigkeit für den Netzbetrieb einerseits und die Wettbewerbsbereiche (Erzeugung/Gewinnung/Energievertrieb) andererseits aus. Zudem sind gemäß § 7a Abs. 2 Nr. 2 EnWG alle für den Netzbetrieb tätigen Personen den Weisungen der Leitung des Verteilernetzbetreibers zu unterstellen.

a) Verbot der Doppelzuständigkeit auf Leitungsebene

68 Das Verbot von Doppelzuständigkeiten gilt zunächst auf der Leitungsebene: Gemäß § 7a Abs. 2 Nr. 1 1. Alt. EnWG müssen Personen, die mit Leitungsaufgaben für den Verteilernetzbetreiber betraut sind, für die Ausübung dieser Tätigkeiten einer betrieblichen Einrichtung des Verteilernetzbetreibers angehören und dürfen keine Angehörigen betrieblicher Einrichtungen des vertikal integrierten Energieversorgungsunternehmens sein, die direkt oder indirekt für den laufenden Betrieb in den Bereichen der Gewinnung, Erzeugung oder des Vertriebs von Energie an Kunden zuständig sind. Diese Beschränkung der Leitungspersonen auf ein Aufgabengebiet soll die Unabhängigkeit der für den Netzbetrieb verantwortlichen Leitungspersonen durch den Ausschluss von ansonsten möglicherweise drohenden **Interessenkollisionen** sichern.[640]

69 Mit Leitungsaufgaben betraute Personen sind solche Personen, die im Hinblick auf unternehmerische Verantwortung, Planung und operative Gestaltung Einfluss auf die Unternehmenspolitik haben. Hierzu zählen jedenfalls die Mitglieder der Geschäftsführung der Verteilernetzgesellschaft. Im Einzelfall können auch – je nach Größe der Netzgesellschaft – Mitglieder der sogenannten „zweiten Führungsebene" hierunter fallen, wenn sie in ihrer konkreten Position über den entsprechenden Einfluss auf die Unternehmenspolitik verfügen.

70 Diese „mit Leitungsaufgaben für den Netzbetreiber befassten Personen" dürfen keine Aufgaben in den energiewirtschaftlichen Wettbewerbsbereichen des vertikal integrierten Unternehmens wahrnehmen. So ist es etwa unzulässig, einem Mitglied der Geschäftsführung der Verteilernetzgesellschaft zugleich Zuständigkeiten im Bereich des Energievertriebs der Muttergesellschaft zuzuweisen. Aus der Vorgabe der Inkompatibilität der Zugehörigkeit zu einer betrieblichen Einrichtung, die für den „laufenden Betrieb" in den anderen energiewirtschaftlichen Tätigkeitsbereichen zuständig ist, folgt aber, dass die gleichzeitige Wahrnehmung von Aufsichtsmandaten in den wettbewerblichen Bereichen nicht erfasst ist. Möglich bleibt demnach, dass ein Netz-Geschäftsführer/-Vorstand im Aufsichtsrat anderer Konzerngesellschaften

---

640 So die Begründung zu § 8 EnWG-RE 2005.

F. Gesellschaftsrechtlich-organisatorische Entflechtung

vertreten ist. Ebenso dürfte eine gleichzeitige Präsenz im Vorstand einer allen Bereichen übergeordneten Holding mit § 7a Abs. 2 Nr. 1 1. Alt. EnWG vereinbar sein, zumindest wenn es sich hierbei um eine rein strategische Führungs- oder Finanzholding handelt.

b) Verbot der Doppelzuständigkeit für Personen mit Letztentscheidungsbefugnissen in besonders diskriminierungsrelevanten Bereichen

§ 7a Abs. 2 Nr. 1 2. Alt. EnWG erweitert das Verbot von Doppelzuständigkeiten zudem auf „Personen, die die Befugnis zu Letztentscheidungen besitzen, die für die Gewährleistung eines diskriminierungsfreien Netzbetriebs wesentlich sind". Auch dieser Personenkreis hat zwingend der Organisationseinheit „Verteilernetzbetreiber" anzugehören und darf nicht zugleich einer betrieblichen Einrichtung des vertikal integrierten Energieversorgungsunternehmens angehören, die für den laufenden Betrieb in den Wettbewerbsbereichen zuständig ist. 71

Für die Gewährleistung eines diskriminierungsfreien Netzbetriebs wesentlich sind alle netzspezifischen Aktivitäten, die erhebliche Gestaltungs- und Einwirkungsmöglichkeiten auf die Wettbewerbsinteressen der Erzeugungs-/Gewinnungs- oder Energievertriebssparten bieten. Hierunter fällt insbesondere die Vermarktung von Netzkapazitäten dort, wo sie eine „engpassverwaltende" Funktion innehat und dadurch über die Marktchancen der Wettbewerber auf den vor- und nachgelagerten Märkten maßgeblich mitbestimmt. Auch die strategische Ausbauplanung des Netzbetreibers (sogenanntes „asset management") dürfte hierunter fallen. 72

§ 7a Abs. 2 Nr. 1 2. Alt. EnWG weitet das Verbot von Doppelzuständigkeiten aber nur auf die Personen aus, welche die **„Befugnis zu Letztentscheidungen"** in diesen Bereichen besitzen. 73

Die Regelung erfasst somit keine Mitarbeiter, die – etwa als Sachbearbeiter – über keine eigenen, wesentlichen Entscheidungsspielräume verfügen. Der eigenständige Anwendungsbereich des § 7a Abs. 2 Nr. 1 2. Alt. EnWG gegenüber § 7a Abs. 2 Nr. 1 1. Alt. EnWG erweist sich damit als vergleichsweise gering: Der Personenkreis, der über Letztentscheidungsbefugnisse mit erheblichen Gestaltungs- und Einwirkungsmöglichkeiten auf die Wettbewerbsinteressen der Erzeugungs-/Gewinnungs- oder Energievertriebssparten verfügt, dürfte – wenn überhaupt – nur noch unwesentlich über den Personenkreis des Leitungspersonals i.S.d. § 7a Abs. 2 Nr. 1 1. Alt. EnWG hinausgehen.

c) Fachliche Weisungsbefugnis des Netzbetreibers bei sonstigen Tätigkeiten des Netzbetriebs

Für Personen, die sonstige Tätigkeiten des Verteilernetzbetriebs ausüben und somit nicht in den Anwendungsbereich des § 7a Abs. 2 Nr. 1 EnWG fallen, gilt das Verbot der Doppelzuständigkeit und der notwendigen organisatorischen Verankerung in der Netzgesellschaft nicht. Diese Personen können daher auch in anderen Organisationseinheiten des vertikal integrierten Unternehmens sonstige Tätigkeiten des Netzbetriebs wahrnehmen und insbesondere – vorbehaltlich der Einhaltung der Vorschriften zur informationellen Entflechtung – gleichzeitig auch Tätigkeiten in den Wettbewerbsbereichen ausüben. Soweit sie Tätigkeiten des Netzbetriebs nachgehen, sind 74 diese Personen lediglich insoweit den fachlichen Weisungen der Leitung des Verteilernetzbetreibers zu unterstellen. Organisatorisch und disziplinarisch können diese Mitarbeiter somit durchaus dem Leiter einer anderen Organisationseinheit (auch dem Energievertrieb) unterstehen; es muss dann aber hinsichtlich der netzbezogenen Tätigkeit eine gesonderte fachliche Aufsicht der Leitung des Verteilernetzbetriebs installiert werden. Möglich ist dies etwa dadurch, dass sich die Verteilernetzgesellschaft die erforderlichen Weisungsrechte im Rahmen einer möglichen Beauftragung einer anderen Konzerngesellschaft vorbehält.

d) Zulässigkeit sog. „Shared Services"

75 Insbesondere die Regelung des § 7a Abs. 2 Nr. 1 EnWG, welche lediglich das Leitungspersonal und Personen mit Letztentscheidungsbefugnissen in besonders diskriminierungsrelevanten Bereichen organisatorisch zwingend der Netzgesellschaft zuordnet, ermöglicht es vertikal integrierten Energieversorgungsunternehmen, eine personell „schlank" gehaltene Netzgesellschaft auszugliedern.[641] Die Notwendigkeit der Unterstellung der Mitarbeiter, die in anderen Abteilungen/Gesellschaften sonstige Tätigkeiten des Netzbetriebs ausüben, unter die fachliche Weisung der Leitung des Netzbetreibers, kann durch den Abschluss von Dienstleistungsverträgen sichergestellt werden.

76 § 7a Abs. 2 EnWG bestimmt damit maßgeblich auch den Umfang der Zulässigkeit der Aufrechterhaltung von Querschnittsabteilungen, die sowohl vom Netzbetrieb als auch von den Bereichen Erzeugung/Gewinnung oder Energievertrieb genutzt werden (sogenannte „Shared Services"). Hierunter fallen Dienstleistungsabteilungen wie beispielsweise Personal, Recht, Materialwirtschaft, Finanzen/Rechnungswesen, IT-Dienstleistungen, Call Center, Immobilien o.Ä. Soweit hiermit keine Übertragung von wesentlichen Letztentscheidungsbefugnissen für einen diskriminierungsfreien Netzbetrieb verbunden ist, ist die Nutzung dieser „Shared Services" auch durch den Netzbetrieb weiterhin möglich. Selbstverständlich sind in der konkreten Ausgestaltung mögliche Restriktionen aus den sonstigen Entflechtungsvorgaben, insbesondere der Pflicht zur informationellen Entflechtung aus § 6a EnWG, zu beachten.

2. Berufliche Handlungsunabhängigkeit der Leitungsebene (§ 7a Abs. 3 EnWG)

77 Gemäß § 7a Abs. 3 EnWG haben Unternehmen nach § 6 S. 1 EnWG zur Sicherstellung einer unabhängigen Ausübung des Netzgeschäfts geeignete Maßnahmen zu treffen, um die berufliche Handlungsunabhängigkeit der Personen zu gewährleisten, die für die Leitung des Verteilernetzbetreibers zuständig sind. Hierzu zählen etwa Maßnahmen, die verhindern, dass wesentliche Anteile der Bezahlung und **Erfolgshonorierung** von anderen Kriterien als den Leistungen und Erfolgen im Netzgeschäft abhängen.[642] § 7a Abs. 3 EnWG wendet sich damit aber nicht per se gegen konzernweite Aktienoptions- oder Wertsteigerungsprogramme, die auch auf den Erfolg des Gesamtkonzerns abstellen. Entscheidend ist, dass der persönliche Erfolg

---

641 Dies gilt allerdings mit der Maßgabe des § 7a Abs. 4 S. 2 EnWG, wonach das vertikal integrierte Energieversorgungsunternehmen sicherzustellen hat, dass der Verteilernetzbetreiber über die erforderliche Ausstattung in materieller, *personeller*, technischer und finanzieller Hinsicht verfügt, um tatsächliche Entscheidungsbefugnisse effektiv ausüben zu können. S. hierzu sogleich unter 3.
642 S. Begründung zu § 8 Abs. 3 EnWG-RE 2005.

bzw. das Ergebnis der Netzsparte in solchen Programmen ausreichend gewichtet wird, um Anreize zur Bevorteilung der eigenen bzw. verbundenen Wettbewerbssparten auszuschließen.[643]

3. Gewährleistung tatsächlicher Entscheidungsbefugnisse (§ 7a Abs. 4 EnWG)

Gemäß § 7a Abs. 4 EnWG haben vertikal integrierte Energieversorgungsunternehmen ferner zu gewährleisten, dass die Verteilernetzbetreiber tatsächliche Entscheidungsbefugnisse in Bezug auf die für den Betrieb, die Wartung und den Ausbau des Netzes erforderlichen Vermögenswerte des vertikal integrierten Energieversorgungsunternehmens besitzen und diese unabhängig von der Leitung und den anderen betrieblichen Einrichtungen des vertikal integrierten Energieversorgungsunternehmens ausüben können. Ausübung und Ausgestaltung des laufenden Netzbetriebs einschließlich der Wartung der Netzinfrastruktur sollen grundsätzlich in der ausschließlichen Entscheidungskompetenz des Verteilernetzbetreibers liegen. Weisungen aus dem vertikal integrierten Unternehmen sind insoweit unzulässig; dies stellt § 7a Abs. 4 S. 5 EnWG ausdrücklich klar.[644] 78

Notwendig ist zudem die Ausstattung der Verteilernetzsparte mit **ausreichenden finanziellen, physischen und personellen Ressourcen**. Dies stellt § 7a Abs. 4 S. 2 EnWG ausdrücklich fest: Hiernach hat das vertikal integrierte Energieversorgungsunternehmen sicherzustellen, dass der Verteilernetzbetreiber über die erforderliche Ausstattung in materieller, personeller, technischer und finanzieller Hinsicht verfügt, um tatsächliche Entscheidungsbefugnisse nach S. 1 effektiv ausüben zu können. Dies verbietet „extreme Pacht light"-Modelle, die aber auch bereits zuvor von den Regulierungsbehörden kritisch gesehen und entsprechend sanktioniert worden sind.[645] 79

Gleichwohl berücksichtigt § 7a Abs. 4 S. 3 EnWG, dass eine Pflicht zur eigentumsrechtlichen Abtrennung des Verteilernetzgeschäfts nicht besteht. Die aus der Eigentümerposition folgenden Aufsichts- und Einwirkungsbefugnisse des vertikal integrierten Unternehmens dürfen daher zwar keine tatsächliche Entscheidungsabhängigkeit des Verteilernetzbetreibers in diskriminierungsrelevanten Fragen zur Folge haben, müssen aber dennoch ausreichend berücksichtigt werden. Aus diesem Grund spricht § 7a Abs. 4 S. 3 EnWG dem vertikal integrierten Energieversorgungs- 80

---

643 Zu weitergehenden Forderungen der GD Energie und Verkehr s. *Koenig/Haratsch/Rasbach*, ZNER 2004, 10 (14).
644 Zu einem möglichen Ausschluss des Weisungsrechts in Betriebsführungsverträgen s. Adenauer, RdE 2019, 324 ff.
645 S. hierzu die gemeinsamen Auslegungsgrundsätze der Regulierungsbehörden des Bundes und der Länder zu den Entflechtungsbestimmungen in §§ 6–10 EnWG v. 1.3.2006, abrufbar unter https://www.bundesnetzagentur.de/SharedDocs/Downloads/DE/Sachgebiete/Energie/Unternehmen_Institutionen/EntflechtungKonzession/Entflechtung/Auslegungsgrunsaetze5222pdf.pdf?__blob=publicationFile&v=7 (Abruf 15.10.2021) sowie die Konkretisierung der gemeinsamen Auslegungsgrundsätze der Regulierungsbehörden des Bundes und der Länder zu den Entflechtungsbestimmungen in §§ 6–10 EnWG v. 21.10.2008, abrufbar unter https://www.bundesnetzagentur.de/SharedDocs/DE/Sachgebiete/Energie/Unternehmen_Institutionen/EntflechtungKonzession/Entflechtung/KonkretisierungAuslegungsgrunsaetze14798pdf.pdf?__blob=publicationFile&v=5 (Abruf 15.10.2021). Die BNetzA hat zudem Ende 2007 ein Verfahren wegen des Verdachts einer Verletzung der §§ 7 Abs. 1, 8 Abs. 2 Nr. 1, 8 Abs. 3 i.V.m. § 8 Abs. 4 S. 1 EnWG a.F. (BK6-07-044 – Stadtwerke Bielefeld), abrufbar unter https://www.bundesnetzagentur.de/DE/Beschlusskammern/1_GZ/BK6-GZ/2007/BK6-07-044/Bk6-07-044_BKV.html?nn=744694 (Abruf 15.10.2021) eingeleitet, das nach Umsetzung geeigneter Maßnahmen durch das betreffende Unternehmen eingestellt worden ist.

unternehmen, „zur Wahrnehmung der wirtschaftlichen Befugnisse der Leitung des vertikal integrierten Energieversorgungsunternehmens und seiner Aufsichtsrechte über die Geschäftsführung des Verteilernetzbetreibers im Hinblick auf dessen Rentabilität" die Nutzung gesellschaftsrechtlicher Instrumente der Einflussnahme und der Kontrolle zu, u.a. der Weisung, der Festlegung allgemeiner Verschuldungsobergrenzen und der Genehmigung jährlicher Finanzpläne oder gleichwertiger Instrumente. Die Nutzung dieser Aufsichts- und Einwirkungsinstrumente ist dabei gemäß § 7a Abs. 4 EnWG nur zulässig, soweit dies zur Wahrnehmung der berechtigten Interessen des vertikal integrierten Energieversorgungsunternehmens erforderlich ist.

81 Die grobe Richtschnur ist somit folgende: Zulässig ist es, dass das vertikal integrierte Unternehmen einen allgemeinen Finanzplan oder ein vergleichbares Instrument vorgibt, wo abstrakt-generelle Vorgaben, etwa hinsichtlich Verschuldungsobergrenzen und der zu erreichenden Ziele, festgelegt werden. Innerhalb dieser Vorgaben ist der Verteilernetzbetreiber in der Ausübung des täglichen Geschäfts frei. Weisungen zum laufenden Netzbetrieb über den Finanzplan hinaus sind dem vertikal integrierten Unternehmen nicht gestattet.

82 Diese **partielle Weisungsfreiheit** des Verteilernetzbetreibers ist auch gesellschaftsrechtlich zu verankern.[646] Ist eine Ausgliederung des Netzbetriebs in eine GmbH erfolgt, ist es anzuraten, Weisungen, die mit § 7a Abs. 4 EnWG unvereinbar sind, in der Satzung auszuschließen. Denn die Geschäftsführung einer GmbH unterliegt gemäß § 37 GmbHG grundsätzlich den uneingeschränkten Weisungsbefugnissen der Gesellschafterversammlung. Von vornherein anders stellt sich die Lage bei der Abspaltung des Verteilernetzbetriebs in eine Aktiengesellschaft dar. Hier leitet gemäß § 76 Abs. 1 AktG der Vorstand die Gesellschaft unter eigener Verantwortung, und der Aufsichtsrat, in dem die Muttergesellschaft als Anteilseignerin vertreten ist, hat sich auf reine Überwachungstätigkeiten zu beschränken. In diesem – nicht sehr praxisnahen – Fall einer ausgegliederten „Netz-AG" bedarf es somit von vornherein keiner gesonderten Einschränkung von Weisungsbefugnissen der Muttergesellschaft.

4. Gleichbehandlungsprogramm (§ 7a Abs. 5 EnWG)

83 § 7a Abs. 5 EnWG verpflichtet vertikal integrierte Energieversorgungsunternehmen, für die mit Tätigkeiten des Netzbetriebs befassten Mitarbeiter ein Programm mit verbindlichen Maßnahmen zur diskriminierungsfreien Ausübung des Netzgeschäfts (Gleichbehandlungsprogramm) festzulegen, den Mitarbeitern dieses Unternehmens und der Regulierungsbehörde bekannt zu machen und dessen Einhaltung durch eine natürliche oder juristische Person (**Gleichbehandlungsbeauftragter**) zu überwachen.

84 Den unionsrechtlichen Vorgaben zum Gleichbehandlungsprogramm zufolge soll aus diesem hervorgehen, welche Maßnahmen zum Ausschluss diskriminierenden Verhaltens getroffen werden. Diese allgemein gehaltene Formulierung lässt es denkbar erscheinen, in dem Gleichbehandlungsprogramm in einem ersten Schritt auch alle Maßnahmen gesellschaftsrechtlicher, organisatorischer, informationeller und buchhalterischer Art aufzuführen, welche der Netzbetreiber in Umsetzung der Entflechtungsvorschriften trifft, wenngleich der Wortlaut des § 7a Abs. 5 EnWG dies nicht

---

646 Zur Auslegung der Vorgängerbestimmung des § 8 Abs. 3 EnWG a.F. in der Übergangszeit bis zum 1.7.2007, in der auf Verteilernetzebene die Verpflichtung zur rechtlichen Entflechtung noch nicht bestand, s. die Erstauflage, S. 135 f.

F. Gesellschaftsrechtlich-organisatorische Entflechtung

ausdrücklich vorsieht. Denn bereits die konkrete Ausgestaltung der gesellschaftsrechtlichen und/oder organisatorischen Abtrennung der Netzsparte kann dazu beitragen, dass Diskriminierungspotenziale weitgehend reduziert sind. Aus der gewählten Unternehmensstruktur heraus können sich dann die einzelnen Pflichten ergeben, die den Mitarbeitern im Gleichbehandlungsprogramm aufzuerlegen sind.

Das Gleichbehandlungsprogramm dient dabei vornehmlich dazu, den Regulierungsbehörden Auskunft darüber zu geben, welche Maßnahmen unternehmensintern getroffen werden, um diskriminierendes Verhalten der Mitarbeiter des täglichen Geschäfts auszuschließen und das materielle Gebot der Nichtdiskriminierung unternehmensintern umzusetzen. Bei der Formulierung der Pflichten ist ein funktionaler Mitarbeiterbegriff zugrunde zu legen. Das Pflichtenpaket hat sich an alle Mitarbeiter zu richten, die mit Tätigkeiten des Netzbetriebs im funktionalen Sinne befasst sind, unabhängig davon, welcher Konzerngesellschaft sie zugeordnet sind. 85

Inhaltlich lassen sich die festzulegenden Mitarbeiterpflichten im Wesentlichen in zwei Komplexe unterteilen: Zum einen geht es um die – an das Gebot zur informationellen Entflechtung anknüpfende – Verpflichtung aller Mitarbeiter der Netzsparte zur Vertraulichkeitswahrung wirtschaftlich sensibler Informationen. In einem zweiten Pflichtenkomplex hat die Einhaltung des **Grundsatzes der Nichtdiskriminierung** im Vordergrund zu stehen. In einem weiteren Teil des Programms sind schließlich die Maßnahmen unternehmensinterner Durchsetzung des Gleichbehandlungsprogramms festzulegen.⁶⁴⁷ Darin ist auch ein „Gleichbehandlungsbeauftragter" zu verankern, der die Einhaltung des Programms überwacht. Der Gleichbehandlungsbeauftragte des Verteilernetzbetreibers ist in seiner Aufgabenwahrnehmung vollkommen unabhängig. Ihm ist Zugang zu allen Informationen zu verschaffen, über die der Verteilernetzbetreiber und etwaige verbundene Unternehmen verfügen, soweit dies zur Erfüllung seiner Aufgaben erforderlich ist. Das Gesetz schreibt dabei nicht vor, bei welcher Konzerngesellschaft der Gleichbehandlungsbeauftragte anzusiedeln ist. Vielmehr gilt eine funktionale Betrachtungsweise: Der Gleichbehandlungsbeauftragte soll im vertikal integrierten Unternehmen an einer Stelle verortet werden, die ihm eine effektive Aufgabenerfüllung ermöglicht. 86

Der „Gleichbehandlungsbeauftragte" hat der Regulierungsbehörde jährlich spätestens zum 31. März einen Bericht über die getroffenen Maßnahmen des vergangenen Kalenderjahres vorzulegen und diesen „**Gleichbehandlungsbericht**" zu veröffentlichen. 87

5. Getrennte Markenpolitik (§ 7a Abs. 6 EnWG)

Verteilernetzbetreiber mit 100 000 oder mehr angeschlossenen Kunden, die Teil eines vertikal integrierten Energieversorgungsunternehmens sind, haben ferner in ihrem **Kommunikationsverhalten** und in ihrer **Markenpolitik** zu gewährleisten, dass eine Verwechslung zwischen Verteilernetzbetreiber und den Vertriebsaktivitäten des vertikal integrierten Energieversorgungsunternehmens ausgeschlossen ist. Diese Pflicht besteht seit der EnWG-Novelle 2011. 88

Dem Endkunden soll deutlich werden, dass er es beim vertikal integrierten Unternehmen grundsätzlich mit mindestens zwei rechtlich voneinander getrennten Unter- 89

---

647 Zum Inhalt des Gleichbehandlungsprogramms s. näher *Koenig/Rasbach/Stelzner*, et 2004, 29 ff. Zur betriebsverfassungsrechtlichen Mitbestimmungspflicht bei der Festlegung eines Gleichbehandlungsprogramms s. *Koenig/Spiekermann/Stelzner*, IR 2005, 242 f.

nehmen (nämlich Vertrieb und Netzbetrieb) zu tun hat. Dabei darf die Zugehörigkeit zu derselben Unternehmensgruppe nach wie vor hervortreten, etwa durch die Verwendung von teilweise übereinstimmenden Namensbezeichnungen. Auch die Änderung von Namenszügen an für die Öffentlichkeit schwer zugänglichen Infrastrukturen wie z.B. an Gasleitungen oder Stromkästen ist nicht erforderlich. Ein vertikal integriertes Unternehmen darf aber auf seiner Internetseite nicht den Eindruck erwecken, es biete sowohl den Verkauf von Energie als auch bestimmte Netzdienstleistungen (Verteilung und Netzanschluss) „aus einer Hand" an, ohne dabei kenntlich zu machen, dass der Netzbetrieb tatsächlich von dem rechtlich selbstständigen Netzbetreiber durchgeführt wird.[648]

90 Die Bundesnetzagentur hat im Jahr 2014 in mehreren Fällen in der Nutzung von Logos im Außenauftritt durch Netzbetreiber eine **Verwechslungsgefahr** mit der verbundenen Vertriebsgesellschaft erkannt und den betreffenden Netzbetreibern die zukünftige Verwendung der Marke bei ihrer Kommunikation im Internet, in Musterverträgen und auf dem Geschäftspapier untersagt.[649] Die hiergegen von einigen Netzbetreibern eingelegten Beschwerden vor dem OLG Düsseldorf haben zur Klärung der Reichweite des § 7a Abs. 6 EnWG beigetragen und auch zur Aufhebung eines Beschlusses der Bundesnetzagentur geführt. Das OLG Düsseldorf und ihm folgend der BGH gehen seither davon aus, dass zur Prüfung der Frage, ob das Kommunikationsverhalten oder die Markenpolitik eines Verteilernetzbetreibers die Gefahr einer Verwechslung mit den Vertriebsaktivitäten des vertikal integrierten Energieversorgungsunternehmens begründet, zwar **markenrechtliche Grundsätze** heranzuziehen sind.[650] Es reicht für eine Verletzung des § 7a Abs. 6 EnWG aber nicht aus, wenn eine bloße Verwechslungsgefahr im weiteren Sinne vorliegt, der Betrachter trotz Wahrnehmung von Unterschieden in den verwendeten Marken also (richtigerweise) noch auf eine wirtschaftliche oder organisatorische Verbindung zwischen beiden Markeninhabern schließen kann.[651] **Unzulässig** ist vielmehr lediglich ein Verhalten, das geeignet ist, den Eindruck zu erwecken, dass der Netzbetreiber und das Versorgungsunternehmen identisch sind.[652] Auch bei gemeinsam verwendeten, u.U. sogar besonders „kennzeichnungskräftigen" Zeichenbestandteilen kann daher durch die im Übrigen unterschiedliche Gestaltung beider Zeichen der **Gesamteindruck einer identischen Gesellschaft** vermieden werden.

91 Die Nutzung von **Fahrzeugen** des vertikal integrierten Unternehmens durch die Netzgesellschaft kann nach Auffassung des OLG Düsseldorf von vornherein keinen

---

648 OLG Jena Urt. v. 21.2.2018 – 2 U 188/17 Kart, das zudem die Auffassung vertritt, dass auch das vertikal integrierte Energieversorgungsunternehmen Adressat der Norm ist und § 7a Abs. 6 EnWG als Marktverhaltensregelung i.S.d. § 3a UWG einordnet.
649 Die Beschlüsse der zuständigen Beschlusskammern 6 und 7 aus dem Jahre 2014 sind abrufbar unter http://www.bundesnetzagentur.de (Abruf 15.10.2021), s. exemplarisch BNetzA Beschl. v. 27.6.2014, BK7-13-119. Ein Überblick zu den Beschlüssen findet sich auch bei *Jacob,* Versorgungswirtschaft 2016, 202 ff. Vorausgegangen war die Veröffentlichung der Gemeinsamen Auslegungsgrundsätze III der Regulierungsbehörden des Bundes und der Länder zu den Anforderungen an die Markenpolitik und das Kommunikationsverhalten bei Verteilernetzbetreibern (§ 7a Abs. 6 EnWG) vom 16.7.2012, abrufbar unter https://www.bundesnetzagentur.de/SharedDocs/Downloads/DE/Sachgebiete/Energie/Unternehmen_Institutionen/EntflechtungKonzession/Entflechtung/AuslegungsgrunsaetzeIIIMarkenpapierpdf.pdf?__blob=publicationFile&v=7 (Abruf 15.10.2021), die jedoch mit Blick auf die zwischenzeitlich ergangene höchstrichterliche Rechtsprechung nicht mehr in Gänze aktuell sein dürften.
650 OLG Düsseldorf Beschl. v. 21.10.2015 – VI-3 Kart 128/14 (V), EnWZ 2016, 33 ff.; BGH Beschl. v. 12.7.2016 – EnVZ 55/15, Rn. 16.
651 BGH Beschl. v. 12.7.2016 – EnVZ 55/15, Rn. 17 mit Verweis auf seine ständige Rechtsprechung in markenrechtlichen Angelegenheiten.
652 BGH Beschl. v. 12.7.2016 – EnVZ 55/15, Rn. 17.

Verstoß gegen § 7a Abs. 6 EnWG begründen, da der Einsatz von Fahrzeugen bei der Erfüllung von Außendienstaufgaben schon nicht unter das Kommunikationsverhalten bzw. die Markenpolitik im Sinne des § 7a Abs. 6 EnWG fällt.[653]

IV. Entsprechende Anwendung auf bestimmte Gasspeicheranlagenbetreiber und Transportnetzeigentümer

Betreiber von Anlagen zur Speicherung von Gas, die Teil eines vertikal integrierten Energieversorgungsunternehmens sind, sind mit Inkrafttreten der EnWG-Novelle 2011 grundsätzlich in entsprechendem Umfang gesellschaftsrechtlich-organisatorisch zu entflechten wie Verteilernetzbetreiber (§ 7b EnWG). Eine De-minimis-Klausel existiert insoweit nicht. Lediglich das Erfordernis einer getrennten Markenpolitik (§ 7a Abs. 6 EnWG) entfällt. 92

Die gesellschaftsrechtlich-organisatorische Entflechtung von Gaspeicheranlagenbetreibern steht jedoch unter einem maßgeblichen Vorbehalt: Sie wird nur beim Betrieb einer **Speicheranlage** erforderlich, zu der ein **Zugang** im Hinblick auf die Belieferung von Kunden für die Verwirklichung eines effizienten Netzzugangs tatsächlich **technisch und wirtschaftlich erforderlich** ist. Nur in diesem Fall stuft der Gesetzgeber auch die Gasspeicheranlage als wesentliche Infrastruktur ein, woraus sich erst die Rechtfertigung ergibt sowohl zu einer Verpflichtung zur Zugangsgewährung (im Wege des verhandelten Zugangs gemäß § 28 EnWG) als auch zu einer gesellschaftsrechtlich-organisatorischen Entflechtung. 93

Gemäß § 28 Abs. 1 S. 2 EnWG gelten als Gasspeicheranlagen, zu denen ein Zugang in diesem Sinne technisch und wirtschaftlich erforderlich ist, ausschließlich **Untergrundspeicher**, jedoch mit Ausnahme von unterirdischen Röhrenspeichern. Letztere sind damit ebenso wie alle Übertagespeicher (insbesondere Kugelspeicher und Scheibengasbehälter) von der Pflicht zur gesellschaftsrechtlich-organisatorischen Entflechtung ausgenommen. 94

Schließlich unterliegen **Eigentümer von Transportnetzen**, soweit sie sich für das Modell des unabhängigen Systembetreibers i.S.d. § 9 EnWG entschieden haben (s. hierzu sogleich unter G.), ebenfalls den §§ 7 Abs. 1, 7a Abs. 1–5 EnWG entsprechend. Denn in diesem Fall verbleiben die Transportnetze – anders, als es das Grundmodell der eigentumsrechtlichen Entflechtung von Transportnetzbetreibern gemäß § 8 EnWG vorsieht – im Eigentum des vertikal integrierten Unternehmens. 95

G. Eigentumsrechtliche Entflechtung von Transportnetzbetreibern

Vorschriften, die eine eigentumsrechtliche Entflechtung vorschreiben, haben erstmals mit Verabschiedung des Dritten Energiebinnenmarktpakets bzw. auf nationaler Ebene mit der Umsetzung durch die EnWG-Novelle 2011 Eingang in den energierechtlichen Ordnungsrahmen gefunden. Seither besteht im Grundsatz eine Pflicht zur eigentumsrechtlichen Entflechtung der **Transportnetzbetreiber**, d.h. aller Betreiber von Stromübertragungs- und Gasfernleitungsnetzen. Eine derartige **eigentumsrechtliche Entflechtung** gemäß § 8 EnWG hat zur Folge, dass keine (natürliche oder juristische) Person zugleich die Kontrolle sowohl über eine Vertriebs-, Gewinnungs- oder Erzeugungsgesellschaft als auch über eine Transportnetzbetreibergesellschaft 96

---

653 OLG Düsseldorf Beschl. v. 21.10.2015 – VI-3 Kart 128/14 (V), EnWZ 2016, 33 ff., Rn. 69.

ausüben darf und umgekehrt. Das Halten von Minderheitsbeteiligungen auf der jeweils vor- bzw. nachgelagerten Wertschöpfungsstufe bleibt jedoch unter bestimmten Voraussetzungen möglich (s. hierzu näher sogleich unter I.).

97 Soweit ein Transportnetz zum Stichtag 3. September 2009 noch im Eigentum eines vertikal integrierten Unternehmens stand, sieht das Gesetz für diese Netze die Möglichkeit vor, an Stelle einer eigentumsrechtlichen Entflechtung einen unabhängigen Systembetreiber gemäß § 9 EnWG oder aber einen unabhängigen Transportnetzbetreiber gemäß § 10–10 e EnWG einzurichten. Die Variante des unabhängigen Systembetreibers (sogenannter **Independent System Operator**, kurz: ISO) ist dadurch gekennzeichnet, dass der Eigentümer des Übertragungs- bzw. Fernleitungsnetzes einen unabhängigen Systembetreiber benennt, wobei die Benennung zusätzlich der Genehmigung durch die EU-Kommission bedarf. Die Rolle des bisherigen Netzbetreibers beschränkt sich in diesem Fall im Wesentlichen auf seine Eigentümerstellung, ohne dass ihm wesentliche Rechte zur Einflussnahme auf den Netzbetrieb und auf die Investitionsentscheidungen verbleiben (s. hierzu nachfolgend unter II.). Die Variante des unabhängigen Transportnetzbetreibers (sogenannter **Independent Transmission System Operator**, kurz: ITO) hat insbesondere auf Betreiben Deutschlands und Frankreichs Eingang in das Richtlinienpaket gefunden. Dieses von beiden Ländern als sogenannter „dritter Weg" („Efficient and effective Unbundling" – EEU) propagierte und in den §§ 10–10e EnWG umgesetzte Alternativmodell sieht im Kern eine gravierende Verschärfung der zuvor geltenden Regeln eines Legal Unbundling vor, mit denen – knapp unterhalb der Schwelle einer eigentumsrechtlichen Entflechtung – die Unabhängigkeit der Transportnetzgesellschaften in struktureller und personeller Hinsicht weiter gestärkt wird (s. hierzu im Einzelnen unter III.).

98 Abgesichert werden diese besonderen Entflechtungsvorgaben für Transportnetzbetreiber durch ein Netzbetreiber-Zertifizierungssystem gemäß §§ 4a, 4b EnWG. Dieses sieht vor, dass jeder Betreiber eines Übertragungs- bzw. Fernleitungsnetzes – gleich, ob nach Durchführung einer eigentumsrechtlichen Entflechtung oder in der Funktion eines unabhängigen System- oder Transportnetzbetreibers – einer **Zertifizierung** durch die Regulierungsbehörde bedarf (s. hierzu abschließend unter IV.).

I. Eigentumsrechtliche Entflechtung

99 § 8 Abs. 1 EnWG legt zunächst fest, dass vertikal integrierte Energieversorgungsunternehmen eine eigentumsrechtliche Entflechtung nach Maßgabe des § 8 Abs. 2–3 EnWG durchzuführen haben, wenn sie sich nicht für eine der beiden Alternativoptionen „unabhängiger Systembetreiber" oder „unabhängiger Transportnetzbetreiber" entscheiden. Letztgenannte Varianten stehen dabei nur für Transportnetze offen, die am 3. September 2009 im Eigentum eines vertikal integrierten Energieversorgungsunternehmens standen oder unter bestimmten Voraussetzungen für Fernleitungsnetze, die Deutschland mit einem Drittstaat verbinden. Die originäre Verpflichtung zur eigentumsrechtlichen Entflechtung gemäß § 8 EnWG umfasst dabei zwei wesentliche Komponenten: Zum einen hat der Transportnetzbetreiber als Eigentümer über das Netz zu verfügen. Zum anderen besteht auf der Gesellschafterebene das Verbot, gleichzeitig die Kontrolle bzw. bestimmte Rechte an einem Transportnetzbetreiber und an einer Gesellschaft, die eine der Tätigkeiten Gewinnung, Erzeugung oder Vertrieb von Energie zum Geschäftsinhalt hat, auszuüben.

G. Eigentumsrechtliche Entflechtung von Transportnetzbetreibern

1. Begriff des vertikal integrierten Energieversorgungsunternehmens

Adressat der eigentumsrechtlichen Entflechtung ist ausweislich § 8 Abs. 1 EnWG das vertikal integrierte Energieversorgungsunternehmen, mithin gemäß § 3 Nr. 38 EnWG jedes „in der Europäischen Union im Elektrizitäts- oder Gasbereich tätige Unternehmen oder eine Gruppe von Elektrizitäts- oder Gasunternehmen, die i.S.d. Art. 3 Abs. 2 der Verordnung (EG) Nr. 139/2004 des Rats vom 20. Januar 2004 über die Kontrolle von Unternehmenszusammenschlüssen (ABl. Nr. L 24 v. 29.1.2004, S. 1) miteinander verbunden sind, wobei das betreffende Unternehmen oder die betreffende Gruppe in der Europäischen Union im Elektrizitätsbereich mindestens eine der Funktionen Übertragung oder Verteilung und mindestens eine der Funktionen Erzeugung oder Vertrieb von Elektrizität oder im Erdgasbereich mindestens eine der Funktionen Fernleitung, Verteilung, Betrieb einer LNG-Anlage oder Speicherung und gleichzeitig eine der Funktionen Gewinnung oder Vertrieb von Erdgas wahrnimmt" (s. hierzu bereits im Einzelnen oben unter C.). 100

Im Kontext des § 8 Abs. 2 EnWG erweist sich diese Adressatenumschreibung jedoch gleich in zweifacher Hinsicht als unzulänglich. Denn § 8 Abs. 2 EnWG enthält Verpflichtungen, die nach der gesetzgeberischen Intention auch dann greifen sollen, wenn gar keine vertikale Integration i.S.d. § 3 Nr. 38 EnWG (mehr) vorliegt: Zum einen enthält § 8 Abs. 2 EnWG Restriktionen im Hinblick auf die Ausgestaltung von Gesellschafterrechten (z.B. das Verbot der Entsendung eines Aufsichtsratsmitglieds gemäß § 8 Abs. 2 S. 4 EnWG) auch in Fällen, in denen eine juristische Person sowohl an der Transportnetz- als auch an der Gewinnungs-, Erzeugungs- oder Vertriebsgesellschaft jeweils ausschließlich eine Minderheitsbeteiligung hält und eine vertikal integrierte Unternehmensgruppe im Sinne obiger Definition gar nicht vorliegt. Zum anderen enthält § 8 Abs. 2 EnWG auch die Untersagung einer energieträgerübergreifend verstandenen vertikalen Integration, obgleich die Frage der vertikalen Integration gemäß § 3 Nr. 38 EnWG für die Sektoren Strom und Gas an sich – und dies gilt auch im Verteilernetzbereich fort – jeweils gesondert zu beantworten ist. 101

Die vollständige Umsetzung einer eigentumsrechtlichen Entflechtung i.S.d. § 8 EnWG geht demgemäß über die Auflösung einer vertikalen Integration i.S.d. § 3 Nr. 38 EnWG noch hinaus. Insbesondere indem § 8 Abs. 2 EnWG das „Transportnetz" zum Anknüpfungspunkt wählt, werden unabhängig davon, für welchen Energieträger die Transportfunktion wahrgenommen wird, Kombinationen mit Tätigkeiten in den Bereichen Erzeugung, Gewinnung und Versorgung für unzulässig erklärt. Anders als auf der Verteilernetzebene sind für Transportnetzbetreiber die Entflechtungsvorgaben damit auch **energieträgerübergreifend** umzusetzen. So führt beispielsweise die Kontrolle über eine Gasvertriebsgesellschaft zum Verbot einer mehrheitlichen Beteiligung an einem Netzbetreiber für Stromübertragung.[654] 102

2. Ausstattung des Transportnetzbetreibers

a) Netzeigentum

Wird keines der Alternativmodelle des unabhängigen Systembetreibers (§ 9 EnWG) oder des unabhängigen Transportnetzbetreibers (§ 10 EnWG) gewählt, hat ein damit den Anforderungen des § 8 Abs. 2 EnWG unterliegender Transportnetzbetreiber 103

---

[654] Vgl. hierzu und näher die Vorgaben der Richtlinien 2009/72/EG und 2009/73/EG beleuchtend *Kühling/Pisal*, et 2012, 127 (128).

zunächst „unmittelbar oder vermittelt durch Beteiligungen" **Eigentümer des Transportnetzes** zu sein (§ 8 Abs. 2 S. 1 EnWG). Modelle, in denen der Betreiber des Transportnetzes das Netz lediglich von einer anderen Gesellschaft pachtet, sind damit grundsätzlich ausgeschlossen. Eine Ausnahme besteht dann, wenn es sich bei der Gesellschaft, die über das Netzeigentum verfügt, um eine Tochtergesellschaft des Transportnetzbetreibers handelt.

104 Die Verpflichtung zum Netzeigentum gilt zudem als erfüllt, wenn Transportnetzeigentümer aus zwei oder mehr Mitgliedstaaten der Europäischen Union ein Gemeinschaftsunternehmen zur Ausübung des Transportnetzbetriebs in mehreren Staaten der EU gründen. In diesem Fall kann das Netzeigentum bei den (nationalen) Transportnetzeigentümern verbleiben und ist nicht zwingend in den – mitgliedstaatenübergreifend tätigen – Transportnetzbetreiber zu überführen. Voraussetzung ist dann allerdings, dass der jeweils nationale Transportnetzeigentümer selbst rechtlich entflochten i.S.d. §§ 8 ff. EnWG ist und über eine entsprechende Zertifizierung gemäß der §§ 4a, 4b EnWG durch die nationale Regulierungsbehörde verfügt.

b) Ausreichende sonstige Mittel

105 Über das Netzeigentum hinaus hat der Transportnetzbetreiber zu gewährleisten, dass er über alle finanziellen, materiellen, technischen und personellen Mittel verfügt, die erforderlich sind, um seine gesetzlichen Netzbetreiberaufgaben (insbesondere Netzbetrieb, Netzanschluss und die Gewährung des Netzzugangs) erfüllen zu können. Hierdurch soll verhindert werden, dass der Transportnetzbetreiber von seinen Eigentümern allzu schlank ausgestaltet und damit die Versorgungssicherheit gefährdet wird. Denn anders als in einem vertikal integrierten Unternehmen, in dem sich ein vernachlässigter Netzbetrieb auch (zumindest im Image) negativ auf die anderen Sparten des Unternehmens auswirken kann, besteht ein solcher „exogener Anreiz" bei einem eigentumsrechtlich entflochtenen Transportnetzbetreiber mit einer typischerweise von Finanzinvestoren geprägten Gesellschafterstruktur nicht mehr.

106 Dass der Transportnetzbetreiber über die ausreichenden finanziellen, materiellen, technischen und personellen Mittel verfügt, hat er im Zertifizierungsverfahren gegenüber der Regulierungsbehörde nachzuweisen.

3. Verbot gleichzeitiger Kontrolle bzw. Rechteausübung

107 § 8 Abs. 2 S. 2–6 EnWG untersagt als Kernstück der eigentumsrechtlichen Entflechtung die gleichzeitige Ausübung von Kontrolle oder Rechten an einem Transportnetzbetreiber und einer Gesellschaft, die eine der Funktionen Gewinnung/Erzeugung oder Vertrieb von Energie an Kunden wahrnimmt. Dabei sind die Verbote in ihrer Reichweite unterschiedlich weit ausgestaltet, zum einen abhängig davon, ob sie den Gesellschafter eines Transportnetzbetreibers oder den Gesellschafter einer Gewinnungs-/Erzeugungs- oder Vertriebsgesellschaft adressieren, zum anderen abhängig davon, ob der jeweilige Gesellschafter Kontrolle über eine Gesellschaft ausübt oder lediglich wesentliche Minderheitsrechte:

108 Personen, die unmittelbar oder mittelbar die **Kontrolle über eine Gewinnungs-/Erzeugungs- oder Vertriebsgesellschaft** ausüben, sind nicht berechtigt, zugleich entsprechende Kontrolle über eine Transportnetzbetreibergesellschaft auszuüben. Ihnen ist darüber hinaus untersagt, unterhalb der Kontrolle auch nur „Rechte" an

einem Transportnetzbetreiber auszuüben. Dies geht jedoch nicht soweit, dass jede Minderheitsbeteiligung mit Stimmrechten verboten wäre. Vielmehr ist es gemäß § 8 Abs. 2 S. 6 EnWG lediglich schädlich, wenn „wesentliche Minderheitsrechte" vermittelt werden oder die Befugnis zur Bestellung von Aufsichtsratsmitgliedern oder Organen des Transportnetzbetreibers besteht. Als Beispiele für wesentliche Minderheitsrechte nennt die Gesetzesbegründung eingeräumte Sperrminoritäten für Satzungsänderungen, Entscheidungen über Kapitalerhöhungen der Gesellschaft gegen Einlagen, Beschlüsse über eine bedingte Kapitalerhöhung sowie Vetorechte ab einem Anteil von 25 %.[655] Umgekehrt sind Personen, die unmittelbar oder mittelbar die **Kontrolle über eine Transportnetzgesellschaft** ausüben, nicht berechtigt, zugleich entsprechende Kontrolle über eine Gewinnungs-/Erzeugungs- oder Vertriebsgesellschaft oder „Rechte" an ihr auszuüben.

Unterhalb der Schwelle der Kontrollausübung ist es auch Personen, die ausschließlich **„Rechte"** (im oben beschriebenen Sinne) **an einer Gewinnungs-/Erzeugungs- oder Vertriebsgesellschaft** ausüben, untersagt, Mitglieder des Aufsichtsrates oder Organe des Transportnetzbetreibers zu bestellen. Umgekehrt existieren entsprechende Einschränkungen für Minderheitsgesellschafter von Transportnetzgesellschaften dagegen nicht.[656] Abschließend sind auch die **Aufsichtsratsmitglieder und Organe einer Gewinnungs-/Erzeugungs- oder Vertriebsgesellschaft** selbst verpflichtet, auf jede Aufsichtsrats- oder Organfunktion bei einem Transportnetzbetreiber zu verzichten (was damit zwangsläufig auch umgekehrt gilt).

109

II. Unabhängiger Systembetreiber

§ 9 EnWG eröffnet die Möglichkeit, an Stelle einer eigentumsrechtlichen Entflechtung das Modell des sogenannten „Unabhängigen Systembetreibers" zu wählen. Die Möglichkeit besteht für ein Transportnetz, wenn dieses am 3. September 2009 im Eigentum eines vertikal integrierten Unternehmens stand, oder für ein Fernleitungsnetz, das Deutschland mit einem Drittstaat verbindet, in Bezug auf den Abschnitt von der Grenze des deutschen Hoheitsgebietes bis zum ersten Kopplungspunkt mit dem deutschen Netz, wenn das Fernleitungsnetz am 23. Mai 2019 im Eigentum eines vertikal integrierten Energieversorgungsunternehmens stand. Formelle Voraussetzung ist das Durchlaufen eines besonderen Zertifizierungsverfahrens zum Betrieb des Netzes durch den unabhängigen Systembetreiber, das eine zwingende Zustimmung der Europäischen Kommission vorsieht. Die **Stichtage** 3. September 2009 bzw. 23. Mai 2019 sind **netzbezogen** zu verstehen. Der Betrieb eines Netzes durch einen unabhängigen Systembetreiber i.S.d. § 9 EnWG bleibt daher auch im Falle der Weiterveräußerung an ein anderes vertikal integriertes Unternehmen möglich.[657]

110

Das Modell des unabhängigen Systembetreibers ermöglicht dem vertikal integrierten Unternehmen, zivilrechtlicher Eigentümer des Transportnetzes zu bleiben. Im Gegenzug hat das vertikal integrierte Unternehmen den Betrieb dieses Netzes jedoch einem unabhängigen Systembetreiber zu überlassen. Dieser unabhängige Systembetreiber hat zunächst ebenso unabhängig von allen Gewinnungs-, Erzeugungs- und Vertriebsaktivitäten zu sein wie jeder andere Transportnetzbetreiber im Grundmodell der eigentumsrechtlichen Entflechtung – mit der einzigen Ausnahme, dass er nicht selbst zivilrechtlicher Eigentümer des Transportnetzes ist. Dem vertikal

111

---
655 S. Gesetzesbegründung zum EnWG 2011, BR-Drs. 343/11, zu § 8 S. 152.
656 Zur sachlichen Rechtfertigung dieser inkongruenten Verpflichtung s. *Kühling/Pisal*, et 2012, 127 (129).
657 S. schon Gesetzesbegründung zum EnWG 2011, BR-Drs. 343/11, zu § 9 S. 153.

integrierten Unternehmen und Transportnetzeigentümer ist es daher untersagt, die Kontrolle über oder „Rechte" i.S.d. § 8 Abs. 2 S. 6 EnWG an dem unabhängigen Systembetreiber auszuüben und umgekehrt.

112 Der **unabhängige Systembetreiber** hat zudem alle Aufgaben eines Transportnetzbetreibers in eigener Verantwortung wahrzunehmen und hierzu über die erforderlichen materiellen, finanziellen, technischen und personellen Mittel zu verfügen. Er hat diskriminierungsfreien Netzzugang zu gewähren, Netzentgelte zu erheben, Engpasserlöse einzunehmen, das Transportnetz zu betreiben, zu warten, auszubauen und im Wege einer Investitionsplanung die langfristige Fähigkeit des Transportnetzes zur Befriedigung einer angemessenen Nachfrage sicherzustellen. Insbesondere hat er den Netzentwicklungsplan gemäß den §§ 12 ff. EnWG umzusetzen und den Verpflichtungen eines Transportnetzbetreibers zur Kooperation mit anderen Transportnetzbetreibern auf europäischer Ebene nachzukommen.

113 Das vertikal integrierte Unternehmen ist umgekehrt darauf beschränkt, als verbleibender **Transportnetzeigentümer** die vom unabhängigen Systembetreiber beschlossenen und im Netzentwicklungsplan von der Regulierungsbehörde bestätigten Investitionen zu finanzieren oder der Finanzierung durch Dritte zuzustimmen. Es hat zur Erleichterung der Finanzierung des Netzausbaus die notwendigen Sicherheitsleistungen zur Verfügung zu stellen. Soweit es sich nicht um Risiken handelt, die unmittelbar aus dem Betrieb des Netzes resultieren, ist der unabhängige Systembetreiber zudem von jeglicher Haftung für Schäden, die durch das Transportnetz verursacht werden, freizustellen. Das vertikal integrierte Unternehmen hat schließlich sicherzustellen, dass innerhalb seiner Konzernstruktur der Transportnetzeigentümer zumindest nach den Vorgaben des § 7b EnWG gesellschaftsrechtlich-organisatorisch von den wettbewerblichen Tätigkeiten des Unternehmens entflochten ist (s. hierzu schon oben unter F. IV.).

114 Das Modell des unabhängigen Systembetreibers belässt dem vertikal integrierten Unternehmen zwar die formale zivilrechtliche Eigentumsposition, Einflussrechte auf den Netzbetrieb und auf Investitionsentscheidungen verbleiben ihm jedoch nicht mehr. Da das Modell damit aus wirtschaftlicher Perspektive kaum Mehrwert gegenüber einer vollständigen eigentumsrechtlichen Entflechtung bietet, ist es in Deutschland bislang nicht zur praktischen Anwendung gelangt.

III. Unabhängiger Transportnetzbetreiber

115 Alternativ zum Modell des unabhängigen Systembetreibers und unter den entsprechenden stichtagsbezogenen Voraussetzungen kann für Transport- bzw. Fernleitungsnetze auch der „dritte Weg" zur Erfüllung der Vorgaben der §§ 8 ff. EnWG, nämlich das Modell des sogenannten unabhängigen Transportnetzbetreibers gewählt werden. Auch das Modell des unabhängigen Transportnetzbetreibers ermöglicht dem vertikal integrierten Unternehmen, zivilrechtlicher Eigentümer des Transportnetzes zu bleiben. Darüber hinaus darf aber auch der Netzbetrieb weiterhin – wenngleich mit erheblichen Beschränkungen – innerhalb des Konzernverbunds erfolgen;[658] § 8 Abs. 2 S. 2–5 EnWG ist auf den unabhängigen Transportnetzbetreiber

---

658 *Säcker/Mohr*, N&R Beilage 2/2012, 3 f. weisen daraufhin, dass in Anbetracht der Vielzahl und der Gewichtigkeit der rechtlichen Beschränkungen der §§ 10a–e EnWG, die der Durchsetzung der Eigentümerinteressen Grenzen setzen, nicht mehr von einem Konzernverbund mit dem unabhängigen Transportnetzbetreiber die Rede sein kann. S. auch *Kühling/Pisal*, et 2012, 127 (129), die von einer verblei-

G. Eigentumsrechtliche Entflechtung von Transportnetzbetreibern

nicht anwendbar. Die §§ 10–10e EnWG können daher als gravierende Verschärfung bzw. „Weiterentwicklung"[659] einer gesellschaftsrechtlich-organisatorischen Entflechtung verstanden werden, gehen dabei in der Summe der formulierten Einzelanforderungen zur Abtrennung des Netzbetriebs jedoch derart weit, dass es zumindest begrifflich angemessen erscheint, von einer quasi-eigentumsrechtlichen Entflechtung zu sprechen.

Im Ausgangspunkt schreibt § 10 Abs. 2 EnWG vertikal integrierten Energieversorgungsunternehmen vor, den Transportnetzbetreiber in einer separaten Gesellschaft in einer durch die RL 2009/101/EG zugelassenen **Rechtsform**, also insbesondere der AG, der KGaA oder der GmbH, zu organisieren.[660] Alle originären Aufgaben eines Netzbetreibers gemäß den §§ 11 ff. EnWG sind auf die unabhängige Transportnetzgesellschaft zu übertragen. Darüber hinaus fordert § 10 Abs. 1 S. 2 EnWG, dass diese auch verantwortlich ist für die Vertretung des unabhängigen Transportnetzbetreibers gegenüber Dritten, der Regulierungsbehörde und innerhalb des Verbunds der Übertragungs- oder Fernleitungsnetzbetreiber. Neben der Erhebung aller transportnetzbezogenen Entgelte soll auch der Aufbau von „Shared Services" ersetzenden Dienstleistungsabteilungen (Buchhaltung, IT, Recht) im Aufgabenbereich der Gesellschaft liegen. Auch die Gründung von Gemeinschaftsunternehmen (mit anderen Transportnetzbetreibern oder Energiebörsen, etwa mit dem Ziel eines Market Coupling[661]) wird dem Verantwortungsbereich der unabhängigen Transportnetzgesellschaft zugewiesen.

116

Vertikal integrierte Energieversorgungsunternehmen haben im Weiteren die **Unabhängigkeit** der mit ihr i.S.d. § 3 Nr. 38 EnWG verbundenen Transportnetzbetreiber hinsichtlich der Organisation, der Entscheidungsgewalt und der Ausübung des Transportnetzgeschäfts nach Maßgabe der §§ 10a–10e EnWG zu gewährleisten.

117

1. Ausstattung des unabhängigen Transportnetzbetreibers

Im Modell des unabhängigen Transportnetzbetreibers hat dieser in jedem Fall unmittelbar oder vermittelt durch Beteiligungen zivilrechtlicher **Eigentümer des Transportnetzes** zu sein. Pachtmodelle, abgesehen von solchen mit Tochtergesellschaften, an denen wiederum ausschließlich unabhängige Transportnetzbetreiber beteiligt sind, scheiden damit aus. Auch darüber hinaus hat der unabhängige Transportnetzbetreiber über alle zur Wahrnehmung seiner ihm durch § 10 Abs. 1 S. 2 EnWG zugewiesenen Aufgaben erforderlichen finanziellen, technischen, materiellen und personellen Mittel zu verfügen (§ 10a Abs. 1 EnWG).

118

Für den Transportnetzbetrieb **erforderliches Personal** darf nicht bei anderen Gesellschaften des vertikal integrierten Unternehmens angestellt sein. Insbesondere Arbeitnehmerüberlassungen des vertikal integrierten Unternehmens an den unabhängigen Netzbetreiber (und auch umgekehrt) sind insoweit unzulässig (§ 10a Abs. 2 EnWG). Schwierig gestaltet sich dabei die Abgrenzung, welches Personal tatsächlich „für den Betrieb des Transportnetzes erforderlich" ist und in der Konsequenz beim unabhängigen Transportnetzbetreiber angestellt sein muss und welcher Mitar-

119

---

benden „vertikalen Integration light" sprechen; vgl. hierzu und zu den europarechtlichen Vorgaben umfassend *Pisal*, Entflechtungsoptionen nach dem Dritten Energiebinnenmarktpaket, 2011, S. 155 ff.
659 So die Gesetzesbegründung zum EnWG 2011, BR-Drs. 343/11, zu § 10 S. 154.
660 S. zur Option der SE sowie weiterführend zur Frage der zulässigen Rechtsformen *Säcker/Mohr*, N&R Beilage 2/2012, 4 f.
661 S. hierzu *Kühling/Hermeier*, ZNER 2006, 26 ff.

beiterbestand nicht hierunter fällt. Ausgehend von der Aufgabenzuweisung an den Netzbetreiber in § 10 Abs. 1 S. 2 EnWG, dem Begriff der Unternehmensspezifität und unter Berücksichtigung des übrigen Regelungskontextes der §§ 10 ff. EnWG ist der Umfang des vom unabhängigen Transportnetzbetreiber selbst zu beschäftigenden Personals richtigerweise dahin gehend festzulegen, dass das Kerngeschäft erfasst wird sowie diejenigen regelmäßig anfallenden Aufgaben, die aufgrund einer besonderen Diskriminierungsanfälligkeit mit eigenem Personal zu erfüllen sind.[662] Denn für den Netzbetrieb erforderlich sind lediglich Tätigkeiten, die eine spezifische Verbindung zur Elektrizitätsübertragung bzw. Gasfernleitung bzw. zu den nach § 10 Abs. 1 S. 2 EnWG darüber hinaus dem Netzbetreiber zugewiesenen Aufgaben aufweisen. Zur IT-seitigen Steuerung des Transportnetzes benötigtes Personal fällt ebenso wie das Personal der Buchhaltung hierunter; Mitarbeiter einer Kantine, eines Fuhrparks oder der Reinigung dagegen nicht. Da für atypische und sporadisch zu erfüllende Tätigkeiten sinnvollerweise kein Personal vorzuhalten ist, ist darüber hinaus – am Maßstab eines rechtlich entflochtenen Transportnetzbetreibers – zusätzlich zu fragen, ob es sich um eine regelmäßig anfallende Tätigkeit handelt.[663]

120 Die Erbringung von **Dienstleistungen** für den unabhängigen Transportnetzbetreiber durch das vertikal integrierte Unternehmen ist unzulässig (§ 10a Abs. 3 S. 1 EnWG). Umgekehrt ist die Erbringung von Dienstleistungen durch den unabhängigen Transportnetzbetreiber für das vertikal integrierte Unternehmen in Ausnahmefällen zulässig, nämlich dann, wenn die Leistung diskriminierungsfrei allen Netznutzern angeboten wird, keinen Kernbereich des wettbewerblichen Geschäfts betrifft und die zugrunde liegenden Vereinbarungen von der Regulierungsbehörde geprüft wurden (§ 10a Abs. 3 S. 2 Nr. 1–3 EnWG).

121 Unabhängige Transportnetzbetreiber haben die gemeinsame Nutzung von **IT-Software** mit dem vertikal integrierten Energieversorgungsunternehmen zu unterlassen, wenn ein bislang gemeinsam genutztes Standardprogramm (SAP, Office o.Ä.) an unternehmerische Besonderheiten der einen oder anderen Sparte angepasst worden ist (§ 10a Abs. 5 S. 1 EnWG). **IT-Hardware** darf nur dann gemeinsam genutzt werden, wenn diese sich körperlich außerhalb der Geschäftsräume des unabhängigen Transportnetzbetreibers und des vertikal integrierten Energieversorgungsunternehmens befindet und von Dritten betrieben wird (§ 10 Abs. 5 S. 2 EnWG). Sowohl in Bezug auf IT-Software als auch auf IT-Hardware ist es untersagt, mit denselben Beratern oder externen Auftragnehmern zusammenzuarbeiten, wenn sich die entsprechende Soft- oder Hardware in den Geschäftsräumen des unabhängigen Transportnetzbetreibers oder des vertikal integrierten Energieversorgungsunternehmens befindet. Der Berater- und Auftragnehmerbegriff ist ausweislich der Gesetzesbegründung auf die jeweils beauftragte natürliche Person beschränkt,[664] so dass der Zugriff auf einen anderen Berater der möglicherweise überregional oder international tätigen Beratergesellschaft möglich bleibt.

122 Gemäß § 10a Abs. 6 EnWG ist es dem unabhängigen Transportnetzbetreiber und den Wettbewerbsbereichen zudem untersagt, **Büro- und Geschäftsräume** einschließlich der Zugangskontrollsysteme gemeinsam zu nutzen. Dadurch soll zum einen die Schaffung einer eigenen Unternehmensidentität entsprechend den unionsrechtlichen Vorgaben aus den Art. 17 Abs. 4 der RL 2009/72/EG und 2009/73/EG

---

662 So im Ergebnis *Kühling/Pisal*, et 2012, 127 (131).
663 S. zum gesamten Themenkomplex weiterführend, auch unter Auseinandersetzung mit der z.T. abweichenden Auffassung der Europäischen Kommission *Kühling/Pisal*, et 2012, 127 (131).
664 S. Gesetzesbegründung zum EnWG 2011, BR-Drs. 343/11, zu § 10a S. 159.

herbeigeführt und zum anderen sichergestellt werden, dass ein diskriminierender Informationsfluss zwischen unabhängigem Netzbetreiber und Wettbewerbsbereichen entsprechend § 6a EnWG erschwert wird. Ausweislich der Gesetzesbegründung ist dafür jedoch nicht erforderlich, dass der unabhängige Transportnetzbetreiber und die Wettbewerbsbereiche auf unterschiedlichen Liegenschaften angesiedelt sind, auch wenn dies in idealer Weise die räumliche Trennung herbeiführen würde.[665] Vielmehr wurde eine Lösung gewählt, die eine räumliche Trennung gewährleistet, zugleich jedoch den Geboten der Verhältnismäßigkeit und wirtschaftlichen Zumutbarkeit Rechnung trägt.[666]

Gemäß § 10a Abs. 7 EnWG hat der unabhängige Transportnetzbetreiber die Rechnungslegung von anderen **Abschlussprüfern** als denen prüfen zu lassen, welche die Rechnungslegung beim vertikal integrierten Energieversorgungsunternehmen durchführen. Auch insoweit ist der Begriff des Prüfers personenbezogen auszulegen. Soweit zur Konsolidierbarkeit erforderlich, darf der Abschlussprüfer des vertikal integrierten Unternehmens Einsicht in die Bücher der Transportnetzgesellschaft nehmen, hat dann aber selbst zum Ausschluss von Diskriminierungspotenzial Vertraulichkeit gegenüber seinem Auftraggeber zu wahren. **123**

Schlussendlich hat der unabhängige Transportnetzbetreiber gemäß § 10a Abs. 4 EnWG auch in seinem Außenauftritt zu gewährleisten, dass hinsichtlich seiner Firma, seiner Kommunikation mit Dritten sowie seiner **Markenpolitik** und Geschäftsräume eine Verwechslung mit dem vertikal integrierten Energieversorgungsunternehmen ausgeschlossen ist. Zulässig bleibt aber die auch nach außen hin kenntliche Zuordnung zu einer Unternehmensgruppe.[667] **124**

2. Rechte und Pflichten des unabhängigen Transportnetzbetreibers

Das vertikal integrierte Energieversorgungsunternehmen hat zu gewährleisten, dass der unabhängige Transportnetzbetreiber, obwohl er sich (noch) im Konzernverbund (light) befindet, seine Aufgaben gemäß § 10 Abs. 1 S. 2 EnWG ohne Einflussnahme aus anderen Teilen des vertikal integrierten Unternehmens wahrnehmen kann. § 10b Abs. 1 EnWG bestimmt daher, dass unabhängige Transportnetzbetreiber **wirksame Entscheidungsbefugnisse** in Bezug auf die für den Betrieb, die Wartung und den Ausbau des Netzes erforderlichen Vermögenswerte des vertikal integrierten Energieversorgungsunternehmens besitzen müssen und sichergestellt werden muss, dass diese **unabhängig** von der Leitung und den anderen betrieblichen Einrichtungen des vertikal integrierten Energieversorgungsunternehmens ausgeübt werden können. Der unabhängige Transportnetzbetreiber muss überdies befugt sein, sich selbst zusätzliche Finanzmittel auf dem Kapitalmarkt, etwa durch Darlehen oder Kapitalerhöhung, zu beschaffen. Die Entscheidungsautonomie besteht aber nur in den Grenzen des vom Aufsichtsrat beschlossenen Finanzplans; dies stellt § 10b Abs. 1 S. 3 EnWG klar. **125**

Die Unabhängigkeit des Transportnetzbetreibers ist bereits auf der Ebene des Gesellschaftervertrags bzw. der **Satzung** zu verankern.[668] § 10b Abs. 2 EnWG stellt ergänzend klar, dass eine Einflussnahme untersagt ist sowohl auf das Tagesgeschäft **126**

---
665 S. Gesetzesbegründung zum EnWG 2011, BR-Drs. 343/11, zu § 10a S. 159.
666 Zur Vereinbarkeit dieser Umsetzung mit unionsrechtlichen Vorgaben s. im Einzelnen *Kühling/Pisal*, et 2012, 127 (133).
667 S. Gesetzesbegründung zum EnWG 2011, BR-Drs. 343/11, zu § 10a S. 157.
668 S. zu den gesellschaftsrechtlichen Implikationen im Einzelnen *Säcker/Mohr*, N&R Beilage 2/2012, 10.

des unabhängigen Netzbetreibers als auch auf die Arbeiten zur Entwicklung des zehnjährigen Netzentwicklungsplans gemäß den §§ 12a ff. EnWG.

127 Weitergehend verbietet § 10b Abs. 3 EnWG, dass Gesellschaften des vertikal integrierten Unternehmens, die eine der Funktionen Gewinnung, Erzeugung oder Vertrieb von Energie wahrnehmen, direkt oder indirekt Anteile an einem unabhängigen Transportnetzbetreiber halten.[669] Umgekehrt darf der unabhängige Transportnetzbetreiber weder direkt noch indirekt Anteile an Gesellschaften des vertikal integrierten Energieversorgungsunternehmens halten, die in den Wettbewerbsbereichen tätig sind, oder Dividenden oder andere finanzielle Zuwendungen von ihnen erhalten. Letztere Anforderung macht Modelle unzulässig, in denen der Netzbetrieb in der Muttergesellschaft ausgeführt wird und die zuweilen als „umgekehrtes Unbundling" beschrieben worden sind.[670] Beide Anforderungen gemeinsam bedingen eine Holding-Struktur des vertikal integrierten Energieversorgungsunternehmens, in der die Wettbewerbsgesellschaften und die Transportnetzgesellschaft allenfalls im Verhältnis von „Schwestergesellschaften" nebeneinander angesiedelt sein können. Dies soll Diskriminierungspotenziale noch weitergehend ausschließen, die sich aus einem **vertikalen Beteiligungsverhältnis** zueinander ergeben könnten.

128 Im Rahmen der kommerziellen und finanziellen Beziehungen zwischen dem vertikal integrierten Energieversorgungsunternehmen und dem unabhängigen Transportnetzbetreiber, sind gemäß § 10b Abs. 5 EnWG **marktübliche Bedingungen** zu vereinbaren. Insbesondere bei der Finanzierung soll damit sichergestellt werden, dass der Transportnetzbetreiber allein nach wirtschaftlichen Gesichtspunkten entscheidet. Bestehende Vereinbarungen waren vom unabhängigen Transportnetzbetreiber im Zertifizierungsverfahren der Regulierungsbehörde zur Genehmigung vorzulegen; fortan sind alle Beziehungen untereinander vom unabhängigen Netzbetreiber zu dokumentieren und die Dokumentation ist auf Verlangen der Regulierungsbehörde vorzulegen.

129 § 10b Abs. 6 EnWG stellt schließlich sicher, dass sich die **organschaftliche Haftung** von Mitgliedern von Organen des vertikal integrierten Energieversorgungsunternehmens nicht auf die Vorgänge beim unabhängigen Transportnetzbetreiber erstreckt, auf die sie keinen Einfluss haben.

3. Unabhängigkeit des Personals des unabhängigen Transportnetzbetreibers

130 Die Unabhängigkeit des Transportnetzbetreibers wird zusätzlich durch das Bestreben nach Sicherstellung der **beruflichen Handlungsunabhängigkeit** des Managements vom vertikal integrierten Energieversorgungsunternehmen flankiert. Zu diesem Zweck sieht § 10c Abs. 1 EnWG vor, dass der unabhängige Transportnetzbetreiber der Regulierungsbehörde die **Ernennung, Bestätigung und Abberufung** von Personen der obersten Unternehmensleitung durch den Aufsichtsrat mitzuteilen hat. Im Falle der Ernennung und Bestätigung ist die Regulierungsbehörde zusätzlich über die diesbezüglich getroffenen Regelungen zu Funktion, Vertragslaufzeit und -bedingungen zu informieren, im Falle der Abberufung über deren Gründe. Zur **obersten Unternehmensleitung** gehören gemäß § 3 Nr. 29 EnWG der Vorstand,

---

[669] Das OLG Düsseldorf hat mit Beschl. v. 20.1.2016 – VI-3 Kart 143/14 (V), RdE 2016, 412 ff. klargestellt, dass der Vertrieb von Erdgas an Tankstellen einen Vertrieb von Energie an Kunden im Sinne der Regelung des § 10b Abs. 3 S. 1 EnWG darstellt.
[670] S. hierzu auch *Säcker/Mohr*, N&R Beilage 2/2012, 10.

die Geschäftsführung oder ein Gesellschaftsorgan mit vergleichbaren Aufgaben und Befugnissen. Ernennung, Bestätigung oder Abberufung dieses Personenkreises werden erst verbindlich, wenn die Regulierungsbehörde keine Einwände hiergegen erhebt, wobei sie Einwände lediglich darauf stützen kann, dass Zweifel an der Unabhängigkeit der ernannten Person der obersten Unternehmensleitung bestehen oder Bedenken im Hinblick auf die Berechtigung einer vorzeitigen Vertragsbeendigung.

Die Mehrheit der Angehörigen der **Unternehmensleitung** des unabhängigen Transportnetzbetreibers darf gemäß § 10c Abs. 2 EnWG in den letzten drei Jahren vor ihrer Ernennung keine Interessen- oder Geschäftsbeziehung zu einer Gesellschaft des vertikal integrierten Unternehmens unterhalten haben, die in den Bereichen Erzeugung/Gewinnung, Verteilung, Lieferung oder Kauf von Energie, Betrieb einer LNG-Anlage oder Speicherung von Gas tätig ist. Für die verbleibenden Angehörigen der Unternehmensleitung gilt eine entsprechende **Cooling-on**-Frist von sechs Monaten vor Ernennung, wobei in dieser Periode auch nur eine Tätigkeit in der Unternehmensleitung (oder vergleichbar) einer Gesellschaft des vertikal integrierten Unternehmens schädlich ist. Zur Unternehmensleitung zählen neben Vorstand und Geschäftsführung gemäß § 3 Nr. 33a EnWG auch solche Personen, die mit Leitungsaufgaben für den unabhängigen Transportnetzbetreiber betraut sind und aufgrund eines Übertragungsaktes, dessen Eintragung im Handelsregister vorgesehen ist, vertretungsbefugt sind, beispielsweise also Prokuristen oder Generalbevollmächtigte. Der **EuGH** hat mit **Urteil vom 2. September 2021** entschieden, dass die inhaltliche Beschränkung der Karenzregelung auf Personen, die zuvor in den Bereichen Erzeugung/Gewinnung, Verteilung, Lieferung oder Kauf von Energie, Betrieb einer LNG-Anlage oder Speicherung von Gas tätig waren, **unvereinbar** mit Art. 19 Abs. 3, 8 der EltRL 2009, GasRL 2009 ist.[671] **131**

Nach Beendigung des Arbeitsverhältnisses in der Unternehmensleitung des unabhängigen Transportnetzbetreibers gibt § 10c Abs. 5 EnWG eine **Cooling-off**-Zeit von vier Jahren vor, bis eine Rückkehr in die Wettbewerbsbereiche des vertikal integrierten Energieversorgungsunternehmens oder ein Wechsel zu Mehrheitsanteilseignern dieser wettbewerblichen Unternehmen wieder möglich ist. Mehrheitsanteilseigner i.S.d. § 10c Abs. 5 EnWG kann auch ein Unternehmen sein, das den bestimmenden Einfluss auf das vertikal integrierte Unternehmen nur mittelbar, über ein von ihm abhängiges Unternehmen, ausübt.[672] Das zeitweilige Anstellungsverbot ist auch dann anwendbar, wenn eine **Person der Unternehmensleitung** des unabhängigen Transportnetzbetreibers nach Beendigung seiner Tätigkeit zu einem anderen, im Ausland ansässigen Unternehmen des vertikal integrierten Energieversorgungsunternehmens wechselt.[673] **132**

Für Personen, die **der obersten Unternehmensleitung unmittelbar unterstellt** sind und für Betrieb, Wartung oder Entwicklung des Netzes verantwortlich sind, gelten die Cooling-on- und Cooling-off-Perioden entsprechend. Diese in § 10c Abs. 6 EnWG i.V.m. § 10c Abs. 2 S. 1 EnWG und § 10c Abs. 5 EnWG angeordnete Erstreckung der **Karenzzeitenregelungen** auf bestimmte Bereiche der **zweiten Führungsebene** ist nach mehreren Grundsatzentscheidungen des BGH **verfassungs- und unionsrechtlich** nicht zu beanstanden.[674] § 10c Abs. 6 EnWG erfasst dabei **133**

---

671 EuGH Urt. v. 2.9.2021 – Rs. C-718/18, ECLI:EU:C:2021:662, im Anschluss an Generalanwalt beim EuGH (Pitruzzella), Schlussantrag vom 14.1.2021 – Rs. C-718/18, ECLI:EU:C:2021:20.
672 BGH Beschl. v. 17.7.2018 – EnVR 21/17 – Karenzzeiten II.
673 BGH Beschl. v. 13.11.2018 – EnVR 30/17 – Karenzzeiten III. S. hierzu *Burbach*, IR 2019, 156 ff.
674 S. nur BGH Beschl. v. 12.7.2016 – EnVR 53/14 sowie bereits zuvor BGH Beschl. v. 26.1.2016 – EnVR 51/14, EnWZ 2016, 262, im Anschluss an OLG Düsseldorf Beschl. v. 25.8.2014 – VI-3 Kart 57/13 (V).

diejenigen Führungskräfte der zweiten Führungsebene, die umfangreiche Kenntnisse über die technischen Eigenschaften des Transportnetzes und seinen Zustand haben müssen und die unternehmerischen Entscheidungen der obersten Unternehmensleitung in Bezug auf Betrieb, Wartung und Entwicklung des Netzes maßgeblich beeinflussen können.[675] Konkret hat der BGH dies in mehreren Einzelfällen für die Leiter der Bereiche „IT/Organisation", „Finanzen/Controlling", „Personal/Recht", „Regulierungsmanagement/Strategie"[676], „Finanzen & IT", „Gremien, Recht & Personal"[677], „Key Account Management", „Operations", „Infrastructure/Europe", „Finance" und "Legal and Regulatory Affairs"[678] angenommen.

134 Schließlich ist allen Beschäftigten des unabhängigen Transportnetzbetreibers untersagt, gleichzeitig eine Interessens- oder Geschäftsbeziehung zu einer Gesellschaft des vertikal integrierten Unternehmens zu unterhalten oder Anteile des vertikal integrierten Energieversorgungsunternehmens zu erwerben (§ 10c Abs. 3, 4 EnWG). Angehörige der Unternehmensleitung hatten vor dem 3. März 2012 erworbene Anteile bis zum 31. März 2016 zu veräußern. Die Vergütung dieses Personenkreises darf nicht vom wirtschaftlichen Erfolg des vertikal integrierten Energieversorgungsunternehmens abhängig gemacht werden. Auch im Hinblick auf § 10c Abs. 4 EnWG hat der **EuGH** mit **Urteil vom 2. September 2021** in der Rechtssache C-718/18 (Vertragsverletzungsverfahren der Europäischen Kommission gegen die Bundesrepublik Deutschland) entschieden, dass die Bundesrepublik Deutschland die Energiebinnenmarktrichtlinien 2009 nicht vollumfänglich in nationales Recht umgesetzt hat. Art. 19 Abs. 5 der EltRIL 2009, GasRL 2009 verlangen nämlich, dass nicht nur Angehörige der Unternehmensleitung, sondern auch alle anderen Beschäftigten des unabhängigen Transportnetzbetreibers ihre erworbenen Anteile am vertikal integrierten Energieversorgungunternehmens zu veräußern haben.[679]

4. Aufsichtsrat des unabhängigen Transportnetzbetreibers

135 Ein unabhängiger Transportnetzbetreiber hat gemäß § 10d Abs. 1 EnWG **zwingend** über einen **Aufsichtsrat** zu verfügen – und zwar unabhängig davon, in welcher Rechtsform er aufgestellt ist. Die Besonderheit dieses Aufsichtsrates liegt zum einen darin, dass er zumindest teilweise **unabhängig besetzt** ist: Für die Hälfte der Mitglieder abzüglich einem Mitglied gelten die personellen Unabhängigkeitserfordernisse des § 10c Abs. 1–5 EnWG entsprechend, d.h., diese Aufsichtsratsmitglieder dürfen u.a. weder aktuell noch in den letzten drei Jahren vor ihrer Ernennung eine Interessens- oder Geschäftsbeziehung zu einer Gesellschaft des vertikal integrierten Unternehmens unterhalten haben, die auf einer anderen energiewirtschaftlichen Wertschöpfungsstufe tätig ist. Die übrigen, grundsätzlich vom vertikal integrierten Energieversorgungsunternehmen als Anteilseigner frei zu entsendenden Aufsichtsratsmitglieder unterliegen zumindest den Schutzbestimmungen der §§ 10c Abs. 1 S. 1-2, 4 Nr. 2 EnWG.[680]

---

675 BGH Beschl. v. 26.1.2016 – EnVR 51/14, EnWZ 2016, 262 ff.
676 BGH Beschl. v. 12.7.2016 – EnVR 52/14.
677 BGH Beschl. v. 12.7.2016 – EnVR 53/14.
678 BGH Beschl. v. 12.7.2016 – EnVR 54/14.
679 EuGH Urt. v. 2.9.2021 – Rs. C-718/18, ECLI:EU:C:2021:662, im Anschluss an Generalanwalt beim EuGH (Pitruzzella), Schlussantrag vom 14.1.2021 – Rs. C-718/18, ECLI:EU:C:2021:20.
680 Zur Frage der Einordnung der Arbeitnehmervertreter unter Geltung des DrittelbG s. weiterführend *Säcker/Mohr*, N&R Beilage 2/2012, 16, sowie *Schmidt-Preuß*, et 2009, 74 f.

Die weitere Besonderheit dieses Aufsichtsrates liegt darin, dass ihm abweichend 136
vom allgemeinen Gesellschaftsrecht bestimmte Befugnisse dezidert zugewiesen werden: Zum einen verfügt der Aufsichtsrat über die Personalkompetenz das Leitungspersonal betreffend, d.h., er ernennt und bestätigt Vorstand, Geschäftsführung, Prokuristen und Generalbevollmächtigte und beschließt über deren Vergütung und Vertragsbeendigung. Daneben ist der Aufsichtsrat gemäß § 10d Abs. 2 EnWG aber insbesondere auch zuständig für die Beschlussfassung über **Finanzpläne** des unabhängigen Transportnetzbetreibers, über dessen Verschuldung sowie über die Höhe der Dividende – Verantwortlichkeiten, die das Gesellschaftsrecht (§ 119 AktG) ansonsten der Haupt- bzw. Gesellschafterversammlung zuweist. Explizit nicht zuständig ist der Aufsichtsrat für alle Entscheidungen des Tagesgeschäfts. Hier und insbesondere im Rahmen der Tätigkeiten zur Aufstellung des Netzentwicklungsplans kommt der Unternehmensleitung des unabhängigen Transportnetzbetreibers die ausschließliche Entscheidungskompetenz zu.

5. Gleichbehandlungsprogramm

Abschließend ist im Modell des unabhängigen Transportnetzbetreibers. dem Gleich- 137
behandlungsprogramm und vor allem der Person des Gleichbehandlungsbeauftragten eine nochmals gestärkte Rolle zugedacht. Der **Gleichbehandlungsbeauftragte** wird gemäß § 10e Abs. 2 S. 2 EnWG vom Aufsichtsrat des unabhängigen Transportnetzbetreibers ernannt, wobei die Ernennung erst nach Zustimmung der Regulierungsbehörde wirksam wird.[681] Auch für den Gleichbehandlungsbeauftragten gelten die Cooling-on- und Cooling-off-Fristen sowie die übrigen Vorgaben des § 10c Abs. 1–5 EnWG entsprechend. Er ist weisungsfrei, mit allen notwendigen Mitteln auszustatten und kann vom unabhängigen Transportnetzbetreiber Zugang zu allen erforderlichen Daten sowie jederzeit ohne Vorankündigung Zutritt zu den Geschäftsräumen verlangen. Er ist berechtigt, an allen Sitzungen der Unternehmensleitung, des Aufsichtsrates oder der Gesellschafter- oder Hauptversammlung teilzunehmen. Im Falle der Behandlung von besonders diskriminierungsrelevanten Fragen hat er zwingend an Aufsichtsratssitzungen teilzunehmen; in diesem Gremium verfügt er über ein generelles Rederecht.

Der Gleichbehandlungsbeauftragte hat der Regulierungsbehörde regelmäßig Bericht 138
zu erstatten und insbesondere fortlaufend über erhebliche Verstöße gegen das Gleichbehandlungsprogramm zu unterrichten. Jährlich zum 30. September legt der Gleichbehandlungsbeauftragte seinen Gleichbehandlungsbericht vor.

IV. Zertifizierung

Abgesichert wird das besondere Entflechtungsregime für Transportnetzbetreiber 139
durch ein Netzbetreiberzertifizierungssystem (§§ 4a–4d EnWG). Dieses sieht vor, dass jeder Betrieb eines Übertragungs- oder Fernleitungsnetzes, unabhängig von der Wahl des Entflechtungsmodells einer Zertifizierung durch die Regulierungsbehörde bedarf. Ein Antrag auf Zertifizierung war gemäß § 4a Abs. 1 S. 2 EnWG bis spätestens 31. März 2012 zu stellen. Alle Transportnetzbetreiber haben diesen An-

---

681 Beschlüsse der zuständigen Beschlusskammern 6 und 7 der BNetzA zur Zustimmung zur Ernennung einer Gleichbehandlungsbeauftragten gem. § 10e Abs. 3 EnWG sind abrufbar unter http://www.bundesnetzagentur.de (Abruf 15.10.2021), s. etwa BNetzA Beschl.v. 16.8.2016, BK6-16-183.

trag rechtzeitig gestellt und die ersten Zertifizierungsverfahren vor der Bundesnetzagentur sind im Laufe des Jahres 2012 abgeschlossen worden.[682]

140 Die Zertifizierung ist zu erteilen, wenn der Betreiber nachweist, die Entflechtungsvorgaben der §§ 8, 9 oder 10–10e EnWG einzuhalten.[683] Wird ein Transportnetzbetreiber von einer Person aus einem sogenannten Drittstaat außerhalb der Europäischen Union oder des Europäischen Wirtschaftsraums kontrolliert, muss das Bundeswirtschaftsministerium zusätzlich feststellen, dass die Zertifizierung die Sicherheit der Strom- oder Gasversorgung der Bundesrepublik Deutschland und der Europäischen Union nicht gefährdet (§ 4b EnWG). Dabei hat die Regulierungsbehörde in allen Zertifizierungsverfahren eine Stellungnahme der Europäischen Kommission so weit wie möglich zu berücksichtigen; allein die Benennung eines unabhängigen Systembetreibers gemäß § 9 EnWG bedarf der Zustimmung der Europäischen Kommission.

141 Die erfolgreiche Zertifizierung ist im Amtsblatt zu veröffentlichen; über nachfolgend eintretende, zertifizierungsrelevante Veränderungen hat der Netzbetreiber die Regulierungsbehörde gemäß § 4c EnWG zu unterrichten. Diese kann die Zertifizierung widerrufen, erweitern oder mit Auflagen versehen (§ 4d EnWG).

H. Entflechtung von Wasserstoffnetzen

Mit Aufnahme von Vorschriften zur **Wasserstoffregulierung** in das EnWG durch die EnWG-Novelle 2021 haben auch spezielle Entflechtungsvorgaben in Bezug auf den Betrieb von Wasserstoffnetzen Eingang in das EnWG gefunden.[684] Es handelt sich dabei um Vorgaben zur buchhalterischen, informationellen und organisatorischen Entflechtung.

I. Buchhalterische Entflechtung

Betreiber von Wasserstoffnetzen, die neben dem Betrieb von Wasserstoffnetzen weitere Tätigkeiten ausüben, haben gemäß § 28k Abs. 2 EnWG zur Vermeidung von Diskriminierung und Quersubventionierung in ihrer internen Rechnungslegung ein eigenes Konto für die **Tätigkeit des Betriebs von Wasserstoffnetzen** so zu führen, wie dies erforderlich wäre, wenn diese Tätigkeit von rechtlich selbstständigen Unternehmen ausgeführt würde. Tätigkeit im Sinne dieser Vorgabe ist auch die wirtschaftliche Nutzung eines Eigentumsrechts. Die Regelung ist damit erkenntlich § 6b Abs. 3 EnWG nachgebildet. Dem entsprechend ist mit der Aufstellung des Jahresabschlusses für den Betrieb von Wasserstoffnetzen ein eigener Tätigkeitsabschluss aufzustellen und dem Abschlussprüfer des Jahresabschlusses zur Prüfung vorzulegen. § 6b Absatz 3 bis 7 EnWG ist entsprechend anzuwenden.

---

682 Die Beschlüsse der zuständigen Beschlusskammern sind abrufbar unter http://www.bundesnetzagentur.de (Abruf 15.10.2021), s. exemplarisch BNetzA Beschl. v. 9.11.2012, BK6-12-040, abrufbar unter https://www.bundesnetzagentur.de/DE/Beschlusskammern/1_GZ/BK6-GZ/2012/BK6-12-040/BK6-12-040_Beschluss_2012_11_09_BF.pdf?__blob=publicationFile&v=3 (Abruf 15.10.2021)
683 Zu den Voraussetzungen im Einzelnen s. BNetzA, Hinweispapier zur Antragstellung im Zertifizierungsverfahren, BK6-11-157, BK7-11-157.
684 S. hierzu im Überblick *Stelter/Schieferdecker/Lange*, EnWZ 2021, 99 ff.

II. Informationelle Entflechtung

Gemäß § 28m Abs. 2 EnWG haben Betreiber von Wasserstoffnetzen unbeschadet gesetzlicher Verpflichtungen zur Offenbarung von Informationen sicherzustellen, dass die Vertraulichkeit wirtschaftlich sensibler Informationen gewahrt wird, von denen sie in Ausübung ihrer Geschäftstätigkeit Kenntnis erlangen. Legen Betreiber von Wasserstoffnetzen Informationen über die eigenen Tätigkeiten offen, haben sie zu gewährleisten, dass dies diskriminierungsfrei erfolgt. Sie haben insbesondere sicherzustellen, dass wirtschaftlich sensible Informationen gegenüber verbundenen Unternehmen vertraulich behandelt werden. Auch diese Pflichten sind der entsprechenden Regelung für den Strom- und Gasbereich (§ 6a Abs. 1 und 2 EnWG) nachgebildet.

III. Organisatorische Entflechtung

Schließlich haben Betreiber von Wasserstoffnetzen gemäß § 28m Abs. 1 EnWG „die Unabhängigkeit des Netzbetriebes von der Wasserstofferzeugung, der Wasserstoffspeicherung sowie vom Wasserstoffvertrieb sicherzustellen". Gefordert wird damit eine organisatorische Separierung, ohne dass dies – wie etwa in § 7a Abs. 1 bis 6 EnWG geschehen – im Einzelnen im Hinblick auf Organisation, Entscheidungsgewalt und Ausübung des Netzgeschäfts ausbuchstabiert wird. Betreibern von Wasserstoffnetzen soll es überdies nicht gestattet sein, Eigentum an Anlagen zur Wasserstofferzeugung, zur Wasserstoffspeicherung und zum Wasserstoffvertrieb zu halten oder diese zu errichten oder zu betreiben. Eine weitergehende Pflicht zur auch rechtlichen Entflechtung des Betriebs von Wasserstoffnetzen besteht hingegen nicht.

Literaturhinweise:

Baur, Jürgen F./Pritzsche, Kai Uwe/Simon, Stefan (Hrsg.), Unbundling in der Energiewirtschaft: ein Praxishandbuch, 2006; *Bourwieg, Karsten*, Neue Entwicklungen im Energieregulierungsrecht, ER 2013, 11 ff.; *Bronisch, Oliver/Seyderhelm, Maximilian*, Rechnungslegung und Buchführung im Energiekonzern, RdE 2018, 402 ff.; *Busch, Martin*, Änderungen des EnWG 2011 zur Umsetzung des dritten EU-Energiebinnenmarktpakets aus netzwirtschaftsrechtlicher Perspektive, N&R 2011, 226 ff.; *Heitling, Tim/Wiegemann, Ann-Christin*, Fallstrick für Finanzinvestoren? – Die eigentumsrechtliche Entflechtung von Transportnetzbetreibern nach dem neuen EnWG, N&R 2011, 233 ff.; *Höck, Christoph/Christ, Peter*, Der Betriebsrat als Letztentscheider im Sinne des EnWG?, RdE 2013, 457 ff.; *Jacob, Martin*, Markentrennung und kommunikative Einflechtung bei Verteilernetzbetreibern (§ 7a Abs. 6 EnWG), Versorgungswirtschaft 2016, 202 ff.; *Klement, Jan Henrik*, Verstaatlichung statt Regulierung?, EuZW 2014, 57 ff.; *Koenig, Christian/Kühling, Jürgen/Rasbach, Winfried*, Das energierechtliche Unbundling-Regime, RdE 2003, 221 ff.; *Koenig, Christian/Haratsch, Andreas/Rasbach, Winfried*, Neues aus Brüssel zum Unbundling: „Interpreting Note" zu den Beschleunigungsrichtlinien für Strom und Gas, ZNER 2004, 10 ff.; *Koenig, Christian/Rasbach, Winfried/Stelzner, Peter*, Kurz-Leitfaden zur Erstellung eines Gleichbehandlungsprogramms, et 2004 (Special), „Energierechtsreform und Regulierung", 29 ff.; *Koenig, Christian/Schellberg, Margret/Spiekermann, Kristin*, Energierechtliche Entflechtungsvorgaben versus gesellschaftsrechtliche Kontrollkompetenzen?, RdE 2007, 72 ff.; *Komenda, Armin/Sturm, Dietrich/Häfele, Markus*, Erweitert § 6b Abs. 5 EnWG eine allein auf § 53 GenG beruhende Prüfungspflicht?, IR 2018, 245 ff.; *Kühling, Jürgen/Hermeier, Guido*, Innovationsoffenheit des Unbundling-Regimes? – Die Einführung neuer Strukturen im grenzüberschreitenden Stromhandel als Bewährungsprobe, ZNER 2006, 27 ff.; *dies.*, Eigentumsrechtliche Leitplanken eines Ownership-Unbundlings in der Energiewirtschaft, et 2008, 134 ff.; *Kühling, Jürgen/Pisal, Ruben*, Die Umsetzung der EU-Entflechtungsvorgaben im EnWG 2011, et 2012, 127 ff.; *Kühling, Jürgen/Rasbach, Winfried*, Kernpunkte des novellierten EnWG 2011 – Regulierungsausbau im Zeichen der „Energiewende", RdE 2011, 332 ff.; *Mayen, Thomas/Karpenstein, Ulrich*, Eigentumsrechtliche Entflechtung der Energieversorgungsnetze, RdE 2008, 33 ff.; *Mückl, Patrick*, Ein Gemeinschaftsbetrieb als Mittel zur „Rettung" des Pachtmodells?, RdE 2013, 68 ff.; *Pisal, Ruben*, Entflechtungsoptionen nach dem Dritten Energiebinnenmarktpaket, 2011; *Rasbach, Winfried*, Unbundling-Regulierung in der Energiewirtschaft, 2009; *Säcker, Franz Jürgen*, Das neue „institutionelle Design" des Independent System Operator, et 2007, 86 ff.; *Säcker, Franz Jürgen/Mohr, Jochen*, Die Entflechtung der Transportnetzbetreiber durch das Modell des Independent Transmission Operator (ITO), N&R Beilage 2/2012, 1 ff.; *Scholtka, Boris/Helmes, Sebastian*, Energiewende 2011 – Schwerpunkte der Neuregelungen im Energiewirtschafts- und Energieumweltrecht, NJW 2011, 3815 ff.; *Sernecki, Marek*, Festlegungen der Bundesnetzagentur von Vorgaben zu Jahres- und Tätigkeitsabschlüssen nach § 6b Abs. 6 EnWG, EWeRK 2020, 113 ff.; *Stelter, Christian/Schieferdecker, Bernd/ Lange, Moritz*, Der Gesetzentwurf zur Regelung reiner Wasserstoffnetze im EnWG, EnWZ 2021, 99 ff.

Rechtsprechungshinweise:

EuGH Urt. v. 2.9.2021 – Rs. C-718/18, ECLI:EU:C:2021:662; BGH Beschl. v. 26.1.2016 – EnVR 51/14, EnWZ 2016, 262 ff.; BGH Beschl. v. 12.7.2016 – EnVZ 55/15; BGH Beschl. v. 17.7.2018 – EnVR 21/17; BGH Beschl. v. 13.11.2018 – EnVR 30/17; BNetzA Beschl. v. 28.8.2008 – BK6-07-031 (BK6-06-062); BNetzA Beschl. v. 9.11.2012 – BK6-12-040; BNetzA Beschl. v. 27.6.2014 – BK7-13-119; BNetzA Beschl. v. 16.8.2016 – BK6-16-183; OLG Düsseldorf Beschl. v. 25.8.2014 – VI-3 Kart 57/13 (V); OLG Düsseldorf Beschl. v. 21.10.2015 – VI-3 Kart 128/14 (V), EnWZ 2016, 33 ff.; OLG Düsseldorf Beschl. v. 20.1.2016 – VI-3 Kart 143/14 (V), RdE 2016, 412 ff.; OLG Düsseldorf Beschl. v. 11.10.2017 – VI-3 Kart 67/16 (V), RdE 2018, 129 ff.; OLG Jena Urt. v. 21.2.2018 – 2 U 188/17 Kart; OLG Düsseldorf Beschl. v. 7.10.2020 – 3 Kart 885/19, RdE 2020, 557 ff.

6. Kapitel: Energielieferung an Letztverbraucher

Ziel des energiewirtschaftlichen Ordnungsrahmens ist ausweislich § 1 EnWG u.a. **1** eine „möglichst sichere, preisgünstige, verbraucherfreundliche (...) Versorgung der Allgemeinheit mit Elektrizität und Gas, die zunehmend auf erneuerbaren Energien beruht". Das EnWG widmet deshalb der Energielieferung an Letztverbraucher einen eigenen Teil (§§ 36–42a EnWG, Teil 4 des Gesetzes), der zum einen die sogenannte **Grund- und Ersatzversorgung** regelt und zum anderen besondere, im Kern verbraucherschützende Bestimmungen für Lieferungen von Strom und Gas (insbesondere) an Haushaltskunden enthält. Der Umfang der verbraucherschützenden Regelungen hat dabei – unionsrechtlich vorgezeichnet – in den letzten Jahren deutlich zugenommen. Zuletzt sind durch die EnWG-Novelle 2021 eine ganze Reihe zusätzlicher Bestimmungen (etwa §§ 40a-40c, 41a-41e EnWG) in den Gesetzestext aufgenommen worden

A. Grund- und Ersatzversorgung

Die Versorgung der Allgemeinheit mit Energie wird in Deutschland dem Bereich der **2** **öffentlichen Daseinsvorsorge** zugerechnet, die „zur Sicherung einer menschenwürdigen Existenz unumgänglich" ist.[685] Hieraus begründet sich die besondere Schutzbedürftigkeit von Letztverbrauchern, die in den Regeln zur Grund- und Ersatzversorgung ihren Niederschlag findet. Jeder Haushaltskunde hat einen gesetzlichen Anspruch darauf, von zumindest einem Energieversorgungsunternehmen zu angemessenen Preisen beliefert zu werden. Auch für den Fall plötzlicher Insolvenz „seines Versorgers" muss sichergestellt sein, dass ein anderes Energieversorgungsunternehmen zumindest übergangsweise die Versorgung übernimmt.

Die Regeln über die Grund- und Ersatzversorgung sind damit notwendiges Korrektiv **3** im Konzept einer „**Daseinsvorsorge durch Wettbewerb**", wie es dem EnWG zugrunde liegt:[686] Prinzipiell soll hiernach bereits der Wettbewerb mehrerer Energieversorgungsunternehmen um die Verbraucher zu einer flächendeckenden, ausreichenden und angemessenen Grundversorgung mit Energie führen. Für Ausnahmefälle aber, in denen das freie Spiel der Marktkräfte allein nicht zu dem – unter Daseinsvorsorgegesichtspunkten – gewünschten (Mindest-)Angebot an Versorgungsleistungen führen würde, hat der Gesetzgeber das „Notfallinstrumentarium" der Grund- und Ersatzversorgung vorgesehen.[687]

Die in den §§ 36ff. EnWG geregelte Grund- und Ersatzversorgung sieht zum einen **4** vor, dass für jedes Netzgebiet ein Energieversorgungsunternehmen als **Grundversorger** bestimmt und dieses Unternehmen unter **Einschränkung der Privatautonomie** dazu verpflichtet wird, jeden Haushaltskunden in diesem Gebiet zu allgemeinen Bedingungen und allgemeinen Preisen zu versorgen. Zum anderen wird für den

---

685 BVerfGE 66, 248 (258).
686 S. zur Vereinbarung von Wettbewerbsgedanken und Daseinsvorsorgezielen in den gemeinschaftsrechtlichen, deutschen und französischen Energierechtsordnungen *Koenig/Kühling/Rasbach*, ZNER 2003, 3ff.
687 Zur Anschlusspflicht des Netzbetreibers nach § 18 Abs. 1 S. 1 EnWG s. das Kap. 3.

Fall, dass ein Letztverbraucher Energie ohne vertragliche Grundlage aus dem Niederspannungs- bzw. Niederdrucknetz entnimmt, ein **gesetzliches Schuldverhältnis** zwischen dem Grundversorger und dem Letztverbraucher über diese Ersatzversorgung begründet.

5 Dabei sind Grund- und Ersatzversorgungspflicht streng von der Anschlusspflicht des Netzbetreibers nach § 18 EnWG zu unterscheiden.[688] Dies folgt systematisch zwingend aus der vom Gesetz vorgesehenen Trennung von Netzbetrieb und wirtschaftlicher Versorgungstätigkeit. Unter Geltung der gesellschaftsrechtlichen (oder sogar eigentumsrechtlichen) Entflechtung stellt es gerade den Regelfall dar, dass Netzbetreiber und Versorger dem Letztverbraucher in unterschiedlichen Rechtspersönlichkeiten („Netz-GmbH", „Versorgungs-AG" bzw. „dritter Händler") gegenübertreten. Insofern ist die Trennung von Anschluss- und Versorgungspflicht auch folgerichtig: Den Netzbetreiber trifft die Anschlusspflicht, den Versorger die Pflicht zur (Grund- und Ersatz-)Versorgung.

I. Grundversorgungspflicht nach den §§ 36, 37 EnWG

6 Grundversorgung i.S.d. § 36 Abs. 1 EnWG bedeutet die Belieferung von Haushaltskunden mit Energie im Niederspannungs- bzw. Niederdruckbereich zu allgemeinen, öffentlich bekannt gegebenen und im Internet veröffentlichten Bedingungen und Preisen.

1. Feststellung des Grundversorgers

7 **Grundversorger** i.S.d. § 36 EnWG ist jeweils das Energieversorgungsunternehmen, das in einem **Netzgebiet der allgemeinen Versorgung** die meisten Haushaltskunden beliefert. Unter die Energieversorgungsnetze der allgemeinen Versorgung fallen ausweislich der Legaldefinition in § 3 Nr. 17 EnWG alle Netze, die der Verteilung von Energie an Dritte dienen und grundsätzlich für die Versorgung jedes Letztverbrauchers offenstehen. Ausgenommen sind lediglich solche Netze, die von ihrer Dimensionierung von vornherein nur auf die Versorgung bestimmter, schon bei der Netzerrichtung feststehender oder bestimmbarer Letztverbraucher ausgelegt sind. Noch nicht geklärt ist damit aber die **räumliche Abgrenzung** des relevanten „Netzgebiets der allgemeinen Versorgung". Teilweise wird vertreten, es komme auf die Ausdehnung des Niederspannungs- bzw. Niederdrucknetzes des jeweiligen Netzbetreibers an.[689] Überwiegend wird dagegen zur Abgrenzung an das jeweilige **Konzessionsgebiet** angeknüpft, so zuletzt auch vom VG Stuttgart.[690] Letztere Auslegung wird auch der Behördenpraxis zugrundegelegt, da im ersten Falle der Netzbetreiber in der Lage wäre, durch die Gestaltung seines Netzes darauf Einfluss zu nehmen, wer Grundversorger in diesem Netzgebiet wird.[691] Hierfür spricht – neben der engen Verknüpfung des Begriffs des Netzes der allgemeinen Versorgung mit dem

---
688 Dazu bereits Kap. 3.
689 So insbesondere *Busche*, in: Säcker (Hrsg.), Berliner Kommentar zum Energierecht, 4. Aufl. 2018, § 36 EnWG Rn. 34.
690 VG Stuttgart Urt. v. 20.10.2020 – 18 K 1797/19, RdE 2021, 336 ff.; s. auch *Bartsch/Kästner*, et 2004, 837 (838); für den Rekurs auf den Konzessionsvertrag auch *Salje*, EnWG, 2005, § 36 Rn. 26; *Hellermann*, in: Britz/Hellermann/Hermes (Hrsg.), EnWG, 3. Aufl. 2015, § 36 Rn. 37 f.; *Ehring*, in: Elspas/Graßmann/Rasbach (Hrsg.), EnWG, 2018, § 36 Rn. 38.
691 So im Ergebnis auch *Bartsch/Kästner*, et 2004, 837 (838).

A. Grund- und Ersatzversorgung

Konzessionsgebiet in den §§ 3 Nr. 29c, 46 Abs. 2 EnWG – auch der Umstand, dass in § 18 EnWG die Anschlusspflicht des Betreibers eines Energieversorgungsnetzes der allgemeinen Versorgung jeweils auf ein Gemeindegebiet bezogen ist. Da dem nach § 18 Abs. 1 EnWG verpflichteten Netzbetreiber zugleich gemäß § 36 Abs. 2 S. 2 EnWG die Aufgabe der Feststellung des Grundversorgers übertragen worden ist, liegt es nahe, dass diese Feststellung ebenfalls bezogen auf das jeweilige Konzessionsgebiet erfolgen soll.[692]

Ist das relevante Netzgebiet bestimmt, kommt es für die Grundversorgerbestimmung darauf an, welcher der in diesem Gebiet tätigen Lieferanten **die meisten Haushaltskunden beliefert**. Unter die Haushaltskunden fallen gemäß § 3 Nr. 22 EnWG alle „Letztverbraucher, die Energie überwiegend für den Eigenverbrauch im Haushalt oder für den einen Jahresverbrauch von 10.000 Kilowattstunden nicht übersteigenden Eigenverbrauch für berufliche, landwirtschaftliche oder gewerbliche Zwecke kaufen". Unerheblich ist es, ob die Haushaltskunden zum relevanten Zeitpunkt in der Grund- oder Ersatzversorgung oder auf Basis eines sogenannten Sonderproduktes außerhalb der Grundversorgung beliefert werden. Es zählen vielmehr alle Versorgungsverhältnisse. Zum einen geht es nach der Konzeption des EnWG darum, den im freien Wettbewerb für ein Netzgebiet ermittelten „stärksten" Lieferanten mit der Gemeinwohlverpflichtung des Kontrahierungszwangs zu belegen, zum anderen wäre bei einem auf Grundversorgungsverträge beschränkten Verständnis der Wechsel des Grundversorgerstatus mit Ausnahme von Veränderungen des Netzgebietszuschnitts nicht möglich.

Der Status als Grundversorger besteht nicht generell, sondern immer nur bezogen auf ein **spezifisches „Netzgebiet** der allgemeinen Versorgung". Es ist demnach denkbar, dass ein Versorger in Teilen des geografischen Gebietes, in dem er Strom oder Gas anbietet, als Grundversorger zu qualifizieren ist, in anderen Gebieten dagegen nicht. Bei einem Versorger mit „angestammtem Vertriebsgebiet", in welchem er die meisten Kunden versorgt, der darüber hinaus aber auch im bundesweiten Vertrieb tätig ist, ist dies sogar typischerweise der Fall. Auch sind wegen der Netzbezogenheit der Feststellung die Grundversorger für **Strom und Gas** immer **separat** zu ermitteln.

Der Status als Grundversorger hat aber auch **wettbewerbsrechtliche Relevanz**. Denn wer sich als Grundversorger i.S.d. § 36 Abs. 2 EnWG bezeichnet, behauptet, als Energieversorgungsunternehmen die meisten Haushaltskunden in einem Netzgebiet der allgemeinen Versorgung zu versorgen. Darüber hinaus misst der Verkehr der Behauptung auch die Bedeutung bei, dass ohne weitere Maßnahmen und Erklärungen des Verbrauchers Energielieferbeziehungen zu dem sich als Grundversorger bezeichnenden Unternehmen begründet werden und dieses auch zur Belieferung verpflichtet ist.[693]

Der **Mechanismus zur Ermittlung** des Grundversorgers gestaltet sich im Einzelnen wie folgt: Alle drei Jahre jeweils zum 1. Juli hat der nach § 18 Abs. 1 EnWG verpflichtete Netzbetreiber das Energieversorgungsunternehmen festzustellen, das die meisten Haushaltskunden in einem „Netzgebiet der allgemeinen Versorgung" versorgt. Dies hat er bis zum 30. September des Jahres im Internet zu veröffentlichen und der nach Landesrecht zuständigen Behörde mitzuteilen. Einwände hiergegen können

---

[692] Sehr instruktiv unter Auseinandersetzung und umfassender Aufbereitung des gesamten Meinungsstands zur Reichweite des Netzgebiets der allgemeinen Versorgung *Borries/Lohmann*, EnWZ 2015, 441 ff.
[693] LG Baden-Baden Urt. v. 20.1.2006 – 1 O 1/06, RdE 2006, 126 f.

noch bis zum 31. Oktober vorgebracht werden, über welche ebenfalls die nach Landesrecht zuständige Behörde entscheidet. Anschließend ist das derart ermittelte Energieversorgungsunternehmen für die folgenden drei Kalenderjahre zur Durchführung der Grundversorgung i.S.d. § 36 EnWG verpflichtet. Erstmalig ist das Verfahren des § 36 Abs. 2 S. 2 und 3 EnWG bei der Ermittlung des Grundversorgers zum 1. Januar 2007 zur Anwendung gekommen. Zuletzt ist zum Stichtag 1. Juli 2021 in allen Netzgebieten der allgemeinen Versorgung der neue Grundversorger für den Zeitraum vom 1. Januar 2022 bis 31. Dezember 2024 bestimmt worden.

2. Pflichten des Grundversorgers

12 Dem derart festgestellten Grundversorger obliegt gemäß § 36 Abs. 1 EnWG die Pflicht, für das jeweilige Netzgebiet **allgemeine Bedingungen und allgemeine Preise** für die Versorgung öffentlich bekannt zu geben und im Internet zu veröffentlichen.

13 Der Grundversorger ist verpflichtet, zu diesen Bedingungen und Preisen jeden Haushaltskunden im Niederspannungs- bzw. Niederdruckbereich zu versorgen. Aus der festgestellten Eigenschaft als Grundversorger folgt mithin ein **Kontrahierungszwang**, der sicherstellen soll, dass jeder Haushalt von mindestens einem Energieversorger zu angemessenen Preisen beliefert wird. Der Kontrahierungszwang ist begrenzt auf die Gruppe der **Haushaltskunden**, d.h. gemäß § 3 Nr. 22 EnWG der Letztverbraucher, die Energie überwiegend für den Eigenverbrauch im Haushalt oder für den einen Jahresverbrauch von 10 000 Kilowattstunden nicht übersteigenden Eigenverbrauch für berufliche, landwirtschaftliche oder gewerbliche Zwecke kaufen.

14 Die Pflicht zur Grundversorgung entfällt, wenn diese aus wirtschaftlichen Gründen **nicht zumutbar** ist (§ 36 Abs. 1 S. 2 EnWG) oder die Haushaltskunden eine Anlage zur Erzeugung von Energie zur Deckung des Eigenbedarfs betreiben bzw. sich von einem Dritten versorgen lassen (§ 37 Abs. 1 S. 1 EnWG). Im letzten Fall verbleibt dem Kunden aber prinzipiell ein wiederum durch den Grundsatz der wirtschaftlichen Zumutbarkeit eingeschränkter Anspruch auf Grundversorgung (sogenannte **Reserveversorgung**[694]). Insoweit sieht das EnWG in § 37 Abs. 3 die Möglichkeit zur näheren Ausgestaltung dieser Ausnahmetatbestände durch Rechtsverordnung vor, wovon bislang aber kein Gebrauch gemacht worden ist.

15 Die Pflicht des Grundversorgers, jeden Haushaltskunden im Netzgebiet zu allgemeinen Bedingungen und Preisen zu versorgen, ist lediglich ein **Notfallinstrument** für den Fall, dass ein Haushaltskunde ansonsten keine Versorgung zu angemessenen Preisen erlangen würde. Jedem Haushaltskunden steht es daher selbstverständlich frei, mit einem dritten Händler ebenso wie mit dem Energieversorgungsunternehmen, das auch Grundversorger ist, einen von den allgemeinen Bedingungen und allgemeinen Preisen abweichenden – dann sogenannten – **„Sonderkundenvertrag"** abzuschließen.[695] Es gilt insoweit das Prinzip der Privatautonomie: Die Vertragspartner sind nicht an die gesetzlichen bzw. Verordnungsvorgaben für Verträge in der

---

[694] Zu Voraussetzungen und Umfang der Reserveversorgung im Einzelnen s. § 37 Abs. 2 EnWG mit über den Grundversorgungsbereich hinaus verallgemeinerbaren Kriterien.

[695] Ausführlich zu der begrifflich im EnWG 2005 aufgegebenen Unterscheidung zwischen Tarif- und Sonderkunde *Theobald/de Wyl/Eder*, Der Wechsel des Stromlieferanten, 2004, 22 ff.; zur heute relevanten Abgrenzung von Grundversorgungsverträgen und Sonderverträgen in der Haushaltskundenversorgung s. *Büdenbender*, RdE 2011, 201 ff.; *Bulla*, N&R 2012, 24 ff.; *Dümke*, ER 2013, 233 ff.

A. Grund- und Ersatzversorgung

Grundversorgung gebunden, sondern können die Lieferbedingungen frei aushandeln.

Wechselt nach Ablauf von drei Kalenderjahren in einem Netzgebiet der allgemeinen Versorgung der Grundversorger, stellt § 36 Abs. 3 EnWG klar, dass die mit dem bisherigen Grundversorger geschlossenen **Lieferverträge** nicht auf den neuen Grundversorger übergehen, sondern unverändert mit dem bisherigen Vertragspartner **fortbestehen**. An der Qualifikation des als Grundversorgungsvertrag geschlossenen Verhältnisses ändert sich auch nach dem Wechsel des Grundversorgers indes nichts. Für den ehemaligen Grundversorger entfällt lediglich der Kontrahierungszwang. Er ist befugt, die bestehenden Grundversorgungsverträge nach Maßgabe der entsprechenden Kündigungsfristen der StromGVV/GasGVV ordentlich zu kündigen, ohne zugleich einen neuen Vertrag zu allgemeinen Bedingungen und Preisen anbieten zu müssen. Letztere Verpflichtung liegt dann allein beim neuen Grundversorger.[696]

a) Versorgung zu den allgemeinen Bedingungen der StromGVV bzw. GasGVV

Materielle Vorgaben für die Ausgestaltung der allgemeinen Bedingungen und für die Berechnung der allgemeinen Preise enthalten die §§ 36 ff. EnWG nicht. Insoweit beschränkt sich das EnWG selbst auf die in § 1 enthaltene Aussage, wonach eine „möglichst sichere, preisgünstige, verbraucherfreundliche, effiziente und umweltverträgliche leitungsgebundene Versorgung der Allgemeinheit mit Elektrizität und Gas, die zunehmend auf erneuerbaren Energien beruht", Zweck dieses Gesetzes ist. Allerdings enthält § 39 EnWG eine Ermächtigung zum Erlass von Rechtsverordnungen, welche die angemessene **Ausgestaltung** der allgemeinen Bedingungen und der allgemeinen Preise zum Gegenstand haben. Insbesondere können diese **Verordnungen** Bestimmungen über Inhalt und Aufbau der Preise und die tariflichen Rechte der Versorgungsunternehmen und ihrer Kunden treffen. Die Vertragsbestimmungen einschließlich aller Regelungen über den Vertragsabschluss, den Gegenstand und die Beendigung der Verträge sowie Rechte und Pflichten der Vertragspartner können einheitlich festgelegt werden. Von letztgenannter Ermächtigung hat der Verordnungsgeber im Oktober 2006 Gebrauch gemacht und die „Verordnung über Allgemeine Bedingungen für die Grundversorgung von Haushaltskunden und die Ersatzversorgung mit Elektrizität aus dem Niederspannungsnetz" (Stromgrundversorgungsverordnung – **StromGVV**) sowie die „Verordnung über Allgemeine Bedingungen für die Grundversorgung von Haushaltskunden und die Ersatzversorgung mit Gas aus dem Niederdrucknetz" (Gasgrundversorgungsverordnung – **GasGVV**) erlassen.[697]

Gemäß den §§ 1 Abs. 1 S. 2 StromGVV, GasGVV sind die Bestimmungen der jeweiligen Verordnung automatisch **Bestandteil jedes Grundversorgungsvertrags** zwischen Grundversorger und grundversorgtem Haushaltskunden. Die Verordnungen enthalten in den nachfolgenden Paragrafen (§§ 2–23 StromGVV, GasGVV) insbesondere Regeln zum Vertragsschluss (§§ 2 StromGVV, GasGVV), zur Vertragslaufzeit und -beendigung (§§ 20, 21 StromGVV, GasGVV), zum Umfang der Versorgungspflicht

---

[696] S. zu diesem Problemkreis weitergehend *Presser*, EnWZ 2015, 296 ff.; *Rasbach*, in: Kment (Hrsg.), EnWG, 2. Aufl. 2019, § 36 Rn. 37 f.
[697] Zu den Grundversorgungsverordnungen s. auch *Groß*, NJW 2007, 1030 ff., *vom Wege/Finke*, ZNER 2007, 116 ff. sowie zur aktuellen Fassung den Überblick von *Feuring/Hanl*, in: Elspas/Graßmann/Rasbach (Hrsg.), EnWG, StromGVV/GasGVV, 2018.

(§§ 4–7 StromGVV, GasGVV), Messung, Ablesung, Abrechnung und Zahlung (§§ 8–18 StromGVV, GasGVV) sowie zur Versorgungsunterbrechung, etwa im Falle der Nichterfüllung von Zahlungsverpflichtungen (§ 19 StromGVV, GasGVV). Gerichtsstand ist gemäß § 22 StromGVV, GasGVV der Ort der Strom- bzw. Gasabnahme durch den Kunden.

19 StromGVV und GasGVV weisen einen stark **verbraucherschützenden Grundgehalt** auf, was sich vor allem in den Mitteilungspflichten des Grundversorgers widerspiegelt. So sind dem Kunden nach Möglichkeit vor Vertragsschluss, bei Vertragsschluss durch Energieentnahme aber zumindest mit der Vertragsbestätigung die allgemeinen Bedingungen unentgeltlich auszuhändigen. Eine Mindestlaufzeit des Grundversorgungsvertrags besteht nicht. Stattdessen hat der Kunde gemäß § 20 Abs. 1 S. 1 StromGVV, GasGVV das Recht, den Grundversorgungsvertrag jederzeit mit einer Frist von zwei Wochen zu kündigen, wofür eine Kündigung in Textform (d.h. auch Fax, E-Mail etc.) ausreicht. Diese Kündigung soll durch den Grundversorger unverzüglich nach Eingang ebenfalls in Textform bestätigt werden (§§ 20 Abs. 2 S. 2 StromGVV, GasGVV).

20 Zur **Preisänderung** ist der Grundversorger gemäß §§ 5 Abs. 2 StromGVV, GasGVV zwar berechtigt.[698] Eine Änderung wird jedoch erst zum Monatsbeginn und nach öffentlicher Bekanntgabe (in der örtlichen Tagespresse o.Ä.) wirksam, die mindestens sechs Wochen vor der beabsichtigten Änderung erfolgen muss. Zusätzlich ist der Grundversorger verpflichtet, zeitgleich mit der öffentlichen Bekanntgabe eine „briefliche Mitteilung" an den Kunden zu senden und die Änderungen auf seiner Internetseite zu veröffentlichen. Im Fall einer Änderung der Preise oder Bedingungen steht dem Kunden gemäß §§ 5 Abs. 3 S. 1 StromGVV, GasGVV ein **Sonderkündigungsrecht** ohne Einhaltung einer Kündigungsfrist zum Zeitpunkt des Wirksamwerdens der Änderungen zu.

21 Bei Kunden, bei denen Grund zur Annahme besteht, dass diese ihren Zahlungsverpflichtungen nicht (oder nicht rechtzeitig) nachkommen werden, kann der Grundversorger nicht nur **Vorauszahlung** verlangen, sondern stattdessen bei diesen Kunden auch sogenannte Bargeld- oder Chipkartenzähler oder sonstige vergleichbare Vorkassensysteme einrichten. Diese schalten die Leistung jeweils nur bis zu dem vom Kunden gewählten und eingezahlten Betrag zu.

22 Unter bestimmten Voraussetzungen (insbesondere bei Nichtzahlung oder anderen Verstößen des Kunden gegen die StromGVV, GasGVV) ist der Grundversorger berechtigt, die Versorgung zu **unterbrechen**, den Kunden also zu sperren. Allerdings führt der Grundversorger diese Sperrung nicht eigenhändig durch, sondern beauftragt den zuständigen Netzbetreiber, die Unterbrechung der Grundversorgung durchzuführen.[699] Dabei ist der Grundversorger verpflichtet, die Sperrung – mit Aus-

---

698 Die Preisanpassungsregelungen der §§ 5 Abs. 2 StromGVV, GasGVV in ihrer jeweiligen Altfassung bis zum 29.10.2014 waren nicht mit den Transparenzanforderungen der GasRL vereinbar und beinhalteten daher an sich keine wirksame gesetzliche Grundlage für Preisanpassungen. Allerdings waren, so der BGH Urt. v. 28.10.2015 – VIII ZR 158/11 und VIII ZR 13/12, Gasversorgungsunternehmen aufgrund einer gebotenen ergänzenden Vertragsauslegung des Gaslieferungsvertrages berechtigt, auch bis zum 29.10.2014 Steigerungen ihrer eigenen (Bezugs-)Kosten an die Grundversorgungskunden weiterzugeben. §§ 5 Abs. 2 StromGVV, GasGVV in den heute gültigen Fassungen sind unionsrechtskonform ausgestaltet, indem sie die Anforderung aufstellen, dass die grundversorgten Kunden rechtzeitig vor Inkrafttreten der Preisänderung über deren Anlass, Voraussetzungen und Umfang informiert werden.

699 Gem. den §§ 24 Abs. 3 NAV, NDAV unterbricht der zuständige Netzbetreiber die Anschlussnutzung auf Anweisung des Lieferanten, wenn der Lieferant glaubhaft versichert, hierzu vertraglich berechtigt zu sein (diese Berechtigung ergibt sich für den Grundversorger aus den §§ 19 StromGVV, GasGVV).

A. Grund- und Ersatzversorgung

nahme von besonders schwerwiegenden Verstößen[700] – vier Wochen zuvor **anzudrohen** und zusätzlich acht Tage im Voraus **anzukündigen**. Im Zuge der Novellierungen der StromGVV und der GasGVV Ende 2021 sind die Voraussetzungen für die Durchführung einer Liefersperre im Einzelnen verschärft worden. So ist eine Unterbrechung der Versorgung nur noch zulässig, wenn der Strom- oder Gaskunde mit Zahlungsverpflichtungen in Rückstand ist, welche die Summe von zwei Monatsabschlägen übersteigen und mindestens 100 Euro betragen.[701] Zusätzlich ist der Grundversorger verpflichtet, dem betroffenen Kunden spätestens mit der Ankündigung einer Unterbrechung den Abschluss einer sog. Abwendungsvereinbarung anzubieten. Diese beinhaltet eine zinsfreie Ratenzahlungsvereinbarung über die Zahlungsrückstände sowie eine Weiterversorgung auf der Basis von Vorauszahlungen des Kunden.

Die Grundversorgungsverordnungen beschreiben den Grundversorgungsvertrag grundsätzlich abschließend. In einigen Bestimmungen überlassen die StromGVV und die GasGVV dem Grundversorger allerdings einen **beschränkten Regelungsspielraum**, den jeder Grundversorger individuell durch die Festlegung sogenannter „Ergänzender Bestimmungen" ausfüllen kann. Dies betrifft etwa die durch die §§ 13 StromGVV, GasGVV eingeräumte Möglichkeit, Abschlagszahlungen zu verlangen.[702] Änderungen der ergänzenden Bestimmungen werden schließlich ebenso wie Preisänderungen gemäß den §§ 5 Abs. 2 StromGVV, GasGVV erst zum Monatsbeginn und erst sechs Wochen nach öffentlicher Bekanntgabe wirksam. Zeitgleich ist wiederum eine briefliche Mitteilung an die Kunden zu versenden und die Änderungen sind auf der Internetseite zu veröffentlichen. **23**

b) Versorgung zu allgemeinen Preisen

Von der entsprechenden Ermächtigung aus § 39 Abs. 1 EnWG im Hinblick auf die Gestaltung der allgemeinen Preise hat der Verordnungsgeber hingegen bislang keinen Gebrauch gemacht. Die allgemeinen Preise der Grundversorgung unterliegen daher im Hinblick auf ihre Höhe lediglich der **kartellrechtlichen Missbrauchskontrolle**.[703] **24**

---

und der Lieferant den Netzbetreiber zusätzlich von sämtlichen Schadensersatzansprüchen freistellt, die sich aus einer unberechtigten Unterbrechung ergeben können.

700 Gem. den §§ 19 Abs. 1 StromGVV, GasGVV ist der Netzbetreiber ohne vorherige Ankündigung zur Versorgungsunterbrechung berechtigt, wenn der Kunde in nicht unerheblichem Maße der jeweiligen Verordnung schuldhaft zuwiderhandelt und die Unterbrechung erforderlich ist, um den Gebrauch von elektrischer Arbeit/Gas unter Umgehung, Beeinflussung oder vor Anbringung der Messeinrichtungen zu verhindern.

701 § 19 Abs. 2 StromGVV, § 19 Abs. 2 GasGVV.

702 Weiteren Regelungsspielraum geben die §§ 7, 11, 16, 17, 19 StromGVV, GasGVV. Für die Abrechnung des Strom- bzw. Gasverbrauchs verweisen die §§ 12 Abs. 1 StromGVV, GasGVV auf die allgemeinen Maßgaben des § 40 Abs. 2 EnWG. S. dazu unter C.

703 Zu § 29 GWB, der als Sondervorschrift für die Energiewirtschaft für eine Übergangszeit die kartellrechtliche Preiskontrolle auch der allgemeinen Preise der Grund- und Ersatzversorgung verschärft, s. noch gesondert in Kap. 9. Daneben unterliegen Preisanpassungen im Verlauf der Grundversorgung gem. den §§ 5 Abs. 2 StromGVV, GasGVV grundsätzlich der Billigkeitskontrolle gem. § 315 BGB. S. hierzu BGH Urt. v. 13.6.2007 – VIII ZR 36/06, NJW 2007, 2540 ff.

II. Ersatzversorgung nach § 38 EnWG

25 Eine Ersatzversorgung mit Energie wird immer dann notwendig, wenn ein Verbraucher Energie bezieht, **ohne** dass dieser Bezug einem **Energieliefervertrag** zugeordnet werden kann. Da § 38 EnWG auf die fehlende Zuordnungsmöglichkeit zu einem Vertragsverhältnis abstellt, fallen hierunter nur solche Konstellationen, in denen ein Vertragsschluss auch nicht durch schlüssiges Verhalten angenommen werden kann. Im Grundversorgungsbereich kommt in aller Regel unmittelbar mit Energieentnahme ein Vertrag zu allgemeinen Bedingungen und Preisen mit dem Grundversorger zustande.[704] In den Anwendungsbereich des § 38 EnWG fallen demnach insbesondere die Fälle, in denen dem tatsächlichen Bezug eines Verbrauchers keine Lieferung mehr zugeordnet werden kann, etwa weil dem Lieferanten aufgrund erfolgter Kündigung des Bilanzkreisvertrags nach Insolvenz eine weitere Einspeisung nicht mehr möglich ist.[705] Gleiches gilt, wenn über einen Liefervertrag verhandelt wird, bislang aber noch keine Einigung erzielt wurde. In solchen Fällen greift das Instrument der Ersatzversorgung zur Gewährleistung einer sicheren Energieversorgung auch unter den Bedingungen des Wettbewerbs.

26 § 38 EnWG begründet in Fällen, in denen ein Vertragsschluss – auch durch schlüssiges Verhalten – nicht angenommen werden kann, ein **gesetzliches Schuldverhältnis** zwischen dem Grundversorger nach § 36 Abs. 1 EnWG und dem jeweiligen Letztverbraucher, der über das Energieversorgungsnetz der allgemeinen Versorgung in Niederspannung oder Niederdruck Energie bezieht. Letztverbraucher sind nach § 3 Nr. 25 EnWG „[n]atürliche oder juristische Personen, die Energie für den eigenen Verbrauch kaufen". Erfasst werden somit nicht ausschließlich Haushaltskunden, sondern u.a. auch Gewerbetreibende. Der Inhalt des gesetzlichen Schuldverhältnisses der Ersatzversorgung richtet sich wiederum nach den Vorschriften der StromGVV bzw. GasGVV.[706] **Zeitlich** ist die Ersatzversorgung dabei auf höchstens drei Monate **begrenzt** und endet, ohne dass es hierzu einer Kündigung bedarf. Vorzeitig endet dieses Rechtsverhältnis, sobald der Letztverbraucher wieder aufgrund eines Energieliefervertrags versorgt wird, die Lieferung also wieder „auf der Grundlage eines Energieliefervertrages des Kunden erfolgt". Entnimmt der Kunde nach Ablauf der drei Monate weiter Energie, kommt damit ein Grundversorgungsvertrag zustande, vgl. jeweils § 3 Abs. 2 StromGVV bzw. GasGVV.

27 Der Grundversorger ist berechtigt, für die Ersatzversorgung höhere Preise zu berechnen als für die Grundversorgung.[707] Der Grund hierfür liegt auf der Hand: Der Grundversorger wird mit einer unter Umständen kurzfristig entstehenden Einstandspflicht belastet. Um auch in diesem Fall die Leistungsfähigkeit sichern zu können, muss Energie bereitgehalten werden, was zu höheren Kosten des Grundversorgers führt. Energie, die mit zeitlichem Vorlauf planmäßig eingekauft werden kann, ist in aller Regel günstiger.[708] Die Möglichkeit, im Vergleich zur Grundversorgung erhöhte Preise in Rechnung zu stellen, besteht allerdings nicht gegenüber Haushaltskunden. Hier zeigt sich wiederum der besondere Schutz, den der Gesetzgeber (unter dem Gesichtspunkt der Daseinsvorsorge) dieser Verbrauchergruppe zukommen lässt.

---

[704] S. auch die §§ 2 Abs. 2 StromGVV, GasGVV, wonach der Grundversorgungsvertrag auch dadurch zustande kommen kann, dass Energie aus dem Netz der allgemeinen Versorgung entnommen wird.
[705] Eine ähnliche Konstellation lag der (zur damaligen Rechtslage) ergangenen Entscheidung des BGH Urt. v. 26.1.2005 – VIII ZR 66/04, N&R 2005, 67 (68), zugrunde.
[706] S. die §§ 1 Abs. 1 S. 3 StromGVV, GasGVV, wonach diese Verordnungen zugleich die Bedingungen für die Ersatzversorgung gem. § 38 Abs. 1 EnWG regeln.
[707] Voraussetzung ist, dass er hierfür gesonderte allgemeine Preise veröffentlicht.
[708] Vgl. hierzu *Bartsch/Kästner*, et 2004, 837 (838).

Aus der in den §§ 36, 38 EnWG angelegten Auffangfunktion des Grund- und Ersatzversorgers folgt schließlich nach Auffassung des BGH, dass die an einer – nicht von einem Drittunternehmen versorgten – Lieferstelle **unberechtigt entnommenen Strommengen** dem Bilanzkreis des Grundversorgers auch dann zuzuordnen sind, wenn mit diesem kein vertragliches oder gesetzliches Lieferverhältnis (mehr) besteht und ein solches vom Nutzer der Lieferstelle auch nicht beansprucht werden kann.[709] Es liegt dann in der Verantwortung des Grundversorgers, bei unberechtigter Entnahme eine aktive Versorgungsunterbrechung einzuleiten.

B. Grundzüge des Energieliefervertrags

Nach der Konzeption des EnWG soll die Regulierung der Netze Wettbewerb u.a. auf der nachgelagerten Marktstufe der wirtschaftlichen Versorgung mit Energie ermöglichen. Auf dieser Marktstufe bedarf es dann theoretisch – Ausnahme sind die Instrumente zur Sicherung einer angemessenen Grundversorgung – keiner weiteren regulatorischen Eingriffe mehr: Der Wettbewerbsmechanismus soll zu einer fairen und die Interessen beider Parteien angemessen berücksichtigenden Vertragsgestaltung führen. Gleichwohl enthält das EnWG über die Regelungen zur Grund- und Ersatzversorgung hinaus sektorspezifische Vorgaben für die Ausgestaltung des Vertragsverhältnisses zwischen Energielieferant und Kunde bzw. Letztverbraucher, welche insbesondere dem **Schutz der Verbraucher** dienen und diese mit den für eine von Wettbewerb geprägte Energieversorgung notwendigen Informationen ausstatten sollen. 28

Rechtsnatur und Inhalt des Energieliefervertrags richten sich daher zwar in erster Linie nach allgemeinen **zivilrechtlichen Regeln** (I., II. und III.), wobei verschiedene Arten von Energielieferverträgen unterschieden werden können, wie nachfolgend (IV.) dargestellt wird. Darüber hinaus enthält das EnWG jedoch auch für Energielieferverträge mit Letztverbrauchern außerhalb der Grund- und Ersatzversorgung einige zwingend einzuhaltende Vorgaben. Ergänzt werden diese Anforderungen an Verträge um weitergehende Transparenz- und Informationsverpflichtungen für Energielieferanten im Bereich der Rechnungsstellung, des Internetauftritts, der Werbung und der Stromkennzeichnung. Gleichfalls der Stärkung des Verbraucherschutzes dienen sollen schließlich die Vorgaben zum Umgang mit **Verbraucherbeschwerden** (vgl. § 111a EnWG) und die Einrichtung einer **Schlichtungsstelle** (vgl. § 111b EnWG) zur Beilegung von Streitigkeiten zwischen Unternehmen und Verbrauchern (vgl. zum Verfahren vor der Schlichtungsstelle Energie e.V. auch unten Kap. 10, F.).[710] 29

---

[709] BGH Beschl. v. 27.10.2020 – EnVR 104/19, EnWZ 2021, 228 ff.; dezidiert auf grundversorgungsfähige Letztverbraucher beschränkend OLG Düsseldorf Beschl. v. 13.11.2019 – VI-3 Kart 801/18, RdE 202, 89 ff.

[710] § 111a EnWG verpflichtet Energieversorgungsunternehmen (sowie Messstellenbetreiber und Messdienstleister), Verbraucherbeschwerden innerhalb von vier Wochen ab Zugang beim Unternehmen zu beantworten sowie ggf. schriftlich oder elektronisch darzulegen, warum einer Beschwerde nicht abgeholfen wird, und auf das Schlichtungsverfahren nach § 111b EnWG hinzuweisen. Diese Norm sieht u.a. die Einrichtung einer Schlichtungsstelle zur Beilegung von Streitigkeiten zwischen Unternehmen und Verbrauchern vor und verpflichtet die Unternehmen zur Teilnahme an einem von Verbrauchern beantragten Schlichtungsverfahren. Zum Zusammentreffen von Schlichtungs- und Missbrauchs- oder Aufsichtsverfahren s. § 111c EnWG.

I. Rechtsnatur und Form des Energieliefervertrags

30 Der Belieferung eines Kunden mit Energie liegt ein **schuldrechtlicher Vertrag** zugrunde, der den allgemeinen zivilrechtlichen Regeln folgt (sogenannter Energieliefervertrag). Dies gilt im Übrigen auch für die Energielieferung im Rahmen der Grundversorgung. Hier ist lediglich die Privatautonomie der Vertragsparteien im soeben beschriebenen Umfang durch Kontrahierungszwang und zwingende Vorgaben der StromGVV und der GasGVV für den Vertragsinhalt eingeschränkt. Aus der Zuordnung des Energieliefervertrags zum Bereich des Zivilrechts folgt im Falle von Rechtsstreitigkeiten im Zusammenhang mit solchen Verträgen die Zuständigkeit der Zivilgerichtsbarkeit nach § 13 GVG.

31 Der Energieliefervertrag kommt durch **übereinstimmende Willenserklärungen** gemäß den §§ 145 ff. BGB zustande. Der Energieliefervertrag ist ein gegenseitiger Vertrag i.S.d. §§ 320 ff. BGB: Die Pflicht des Energielieferanten zur Belieferung des Kunden mit Energie steht im Synallagma zur Pflicht des Kunden zur Bezahlung der gelieferten Energiemenge. Diese Pflichten stellen die Hauptleistungspflichten des Energieliefervertrages dar.

32 Für Energielieferverträge mit Haushaltskunden gibt § 41b Abs. 1 EnWG das Formerfordernis der **Textform** vor. Dies schließt rein mündliche oder telefonische Vertragsabschlüsse mit Haushaltskunden grundsätzlich aus. Einzig im Fall der Grundversorgung kann durch sozialtypisches Verhalten (Entnahme von Energie) ein Liefervertrag (zu den allgemeinen Bedingungen und Preisen der Grundversorgung) **konkludent** abgeschlossen werden.[711] Dies ist in der Praxis sogar der Regelfall. Für Verträge mit Kunden, die keine Haushaltskunden sind, vor allem also Gewerbe- und Industriekunden, besteht gleichfalls kein Formerfordernis.

33 Umstritten ist, ob es sich bei Energielieferverträgen um echte Dauerschuldverhältnisse kraft vertraglicher Vereinbarung[712] oder um unechte Dauerschuldverhältnisse in Form von Sukzessivlieferungsverträgen[713] handelt. Dieser Streit ist jedoch weitestgehend ohne praktische Auswirkungen, denn es besteht letztlich Einigkeit, dass bei einer Gesamtbetrachtung des Vertrages ein Kündigungsrecht des Lieferanten aus wichtigem Grund besteht, daneben aber hinsichtlich der einzelnen Raten isoliert die entsprechenden Einzelrechte geltend gemacht werden können.[714] Besonderheiten im Vergleich zu anderen Dauerschuldverhältnissen oder Sukzessivlieferungsverträgen bestehen beim Energieliefervertrag nicht.

34 Der Energieliefervertrag kann seinem Vertragszweck nach nur erfüllt werden, wenn die Energie exakt zum nachgefragten Zeitpunkt geliefert wird. Damit tritt bei Nichtlieferung der Energie mit Zeitablauf Unmöglichkeit gemäß § 275 Abs. 1 BGB ein. Eine verspätete Lieferung stellt folglich keine Erfüllung mehr dar, so dass der Energieliefervertrag als **absolutes Fixgeschäft** einzustufen ist.[715] Eventuelle Leistungspflichten des Kunden, etwa zur termingemäßen Abnahme einer festgelegten Mindestmenge, sind dagegen i.d.R. nachholbar, soweit nicht im Einzelfall Einschränkungen vereinbart sind. Insoweit sind bei kundenseitiger Verletzung – neben anderen Rechten

---

711 S. hierzu die §§ 2 Abs. 2 StromGVV, GasGVV.
712 So z.B. *Grüneberg*, in: Palandt (Begr.), 80. Aufl. 2021, vor § 311 Rn. 28, 30.
713 Hierfür z.B. BGH Urt. v. 1.7.1981 – VIII ZR 168/80, BGHZ 81, 90 (91); BGH Urt. v. 21.4.1982 – VIII RW 142/81, BGHZ 83, 359 (362); *Reinholz*, RdE 1999, 64 (73f.).
714 Vgl. hierzu bereits *de Wyl/Soetebeer*, in: Schneider/Theobald (Hrsg.), Recht der Energiewirtschaft, 4. Aufl. 2013, § 11 Rn. 87.
715 So auch *Reinholz*, RdE 1999, 64 (74).

des Energielieferanten aus dem konkreten Vertragsverhältnis – die Verzugsregeln einschlägig.

Als Vertragstyp ist der Energieliefervertrag als ein Vertrag, der die Lieferung von Energie, also „Elektrizität, Gas und Wasserstoff, soweit sie zur leitungsgebundenen Energieversorgung verwendet werden" (Legaldefinition des § 3 Nr. 14 EnWG), zum Gegenstand hat, nicht explizit gesetzlich geregelt. Es besteht aber Einigkeit darüber, dass Energielieferverträge als **Kaufverträge** einzuordnen sind[716] oder zumindest als Verträge, auf die das Kaufvertragsrecht der §§ 433 ff. BGB entsprechend anzuwenden ist.[717] Elektrizität und Gas können auch als „sonstige Gegenstände" unter § 453 Abs. 1 BGB gefasst werden.[718] Dieser Energieliefervertrag, der die entgeltliche Belieferung eines Kunden mit Elektrizität oder Gas zum Inhalt hat, ist dabei streng von den Netznutzungs- und den Netzanschlussverträgen zu unterscheiden. Diese haben nicht die Lieferung der Energie selbst, sondern lediglich die Nutzung der Netzinfrastruktur einschließlich der Systemdienstleistungen zum Transport von Energie vom Erzeuger zum Verbraucher bzw. den Anschluss des Verbrauchers an das Versorgungsnetz zum Gegenstand.

II. Parteien eines Energieliefervertrags

Vertragsparteien des Energieliefervertrages. sind auf der einen Seite der **Energielieferant** sowie auf der anderen Seite der Abnehmer der Energie. Ein Energieabnehmer ist entweder **Letztverbraucher** i.S.d. § 3 Nr. 25 EnWG, also ein Kunde, der Energie für den eigenen Verbrauch kauft (Industrie- oder Haushaltskunde), oder aber ein **Großhändler** i.S.d. § 3 Nr. 21 EnWG, der die Energie nur zum Zwecke des Weiterverkaufs kauft, also seinerseits als Verkäufer wiederum Energielieferverträge abschließt. Schließlich zählt auch der **Strombezug der Ladepunkte** für Elektromobile zu den Lieferungen an einen Letztverbraucher i.S.d. EnWG (§ 3 Nr. 25 EnWG).

Der Energieliefervertrag ist daher nicht nur inhaltlich, sondern auch anhand der beteiligten Personen von den Lieferantenrahmen-/Netznutzungs- und den Netzanschluss-/Anschlussnutzungsverträgen deutlich abzugrenzen: Ein Energieliefervertrag wird aus Sicht des Abnehmers unmittelbar mit dem Lieferanten der Energie abgeschlossen, Netznutzungs- und Netzanschlussverträge hingegen sind zwingend mit dem Netzbetreiber zu vereinbaren. Jeder Letztverbraucher schließt einen Netzanschluss- bzw. (als Mieter) zumindest einen Anschlussnutzungsvertrag mit dem Netzbetreiber ab. In der Regel gehen jedoch gerade im Haushaltskundenbereich Letztverbraucher darüber hinaus kein eigenes Netznutzungsverhältnis mit dem Netzbetreiber ein, da in den meisten Fällen der Lieferant die Vereinbarung der Netznutzung für den Letztverbraucher übernimmt. Das von dem Lieferanten hierfür an den Netzbetreiber entrichtete „Transportentgelt" stellt der Lieferant dann dem Verbraucher zusätzlich zum isolierten Energiepreis in Rechnung (**All-inclusive-Vertrag**). Im Bereich industrieller Großabnehmer ist es dagegen nicht unüblich, dass diese selbst einen Netznutzungsvertrag mit dem Netzbetreiber abschließen (s. hierzu Abb. 2).

---

[716] Vgl. *Weidenkaff*, in: Palandt (Begr.), BGB, 80. Aufl. 2021, § 433 Rn. 8; *Westermann*, in: Säcker/Rixecker (Hrsg.), Münchener Kommentar BGB, 8. Aufl. 2019, § 433 Rn. 11.
[717] *Grunewald*, in: Erman (Begr.), BGB, 16. Aufl. 2020, § 433 Rn. 11; *Herrmann*, RdE 1998, 219 (224).
[718] So auch *Berger*, in: Jauernig (Hrsg.), Bürgerliches Gesetzbuch, 18. Aufl. 2021, § 453 Rn. 11; *Weidenkaff*, in: Palandt (Begr.), BGB, 80. Aufl. 2021, § 453 Rn. 6; a.A. *Westermann*, in: Säcker/Rixecker (Hrsg.), Münchener Kommentar BGB, 8. Aufl. 2019, § 433 Rn. 11, der die Lieferung von Energie direkt unter § 433 BGB fasst.

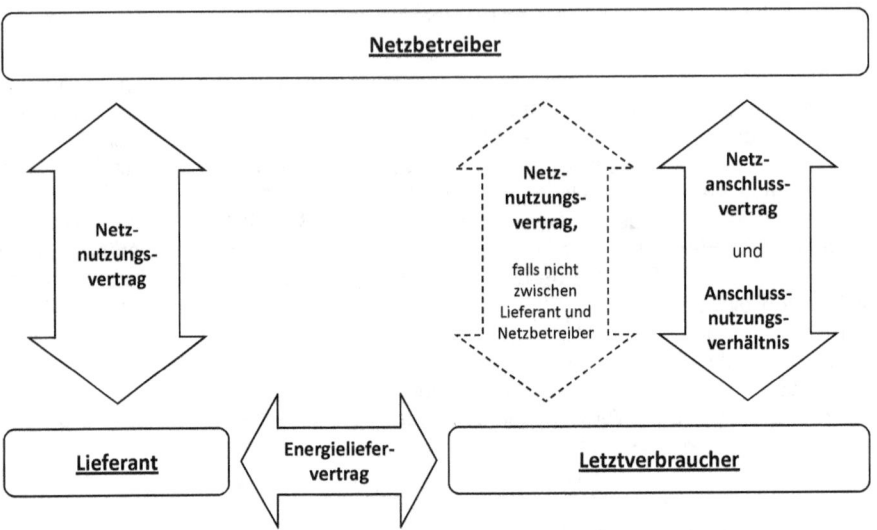

Abbildung 2: Unterschiedliche Parteien der Energieliefer-, Netznutzungs- und Anschlussnutzungsverträge

38 Seit Inkrafttreten des **Messstellenbetriebsgesetzes** am 2. September 2016 ist der Energieliefervertrag darüber hinaus von den Messstellenverträgen abzugrenzen, die der **Messstellenbetreiber** gemäß § 9 MsbG mit dem Anschlussnutzer oder Anschlussnehmer, dem Netzbetreiber sowie u.U. mit dem Energielieferanten über den Betrieb der Messstelle abschließt, bei der es sich um eine „konventionelle" Messeinrichtung, eine moderne Messeinrichtung oder um ein intelligentes Messsystem handeln kann (vgl. zu den Begriffsunterscheidungen insbesondere § 2 MsbG). Ein Letztverbraucher kann als Nutzer eines Anschlusses mit einem Messstellenbetreiber einen gesonderten Messstellenvertrag über diese Messstelle abschließen. Sind im Energieliefervertrag aber bereits Regelungen zur Messstellennutzung und zum Messstellenbetrieb enthalten (**kombinierter Vertrag**), so bedarf es eines gesonderten Messstellenvertrages neben dem Energieliefervertrag nicht mehr, vgl. § 9 Abs. 2 MsbG.

III. Inhalt des Energieliefervertrags

39 Grundsätzlich sind die Vertragspartner – mit deutlichen Einschränkungen im Bereich der Grundversorgung[719] – in der inhaltlichen Ausgestaltung des Energieliefervertrags frei. Bereits aus Praktikabilitätsgründen hat ein Energieliefervertrag jedoch zwingend einige **Mindestangaben** zu enthalten. So ist neben der Bezeichnung der Vertragsparteien die Bestimmung der Hauptleistungen wesentlich. Diesbezüglich ist festzulegen, auf welche Art und Weise die Energielieferung erfolgen soll und welche technischen Lieferanforderungen erfüllt werden müssen.

---

719 S. hierzu die vorherigen Ausführungen unter A.

B. Grundzüge des Energieliefervertrags 225

Bedeutung erlangt dies z.B. bei Industriekunden, die in aller Regel nicht wie Haushaltskunden im Niederspannungs- oder Niederdruckbereich versorgt werden. Einer expliziten Bestimmung bedarf ferner der **Erfüllungsort**, da ein Rückgriff auf § 269 BGB nicht immer interessengerecht ist. Die Gegenleistung des Kunden besteht in der Entrichtung des Kaufpreises für die abgenommene Energiemenge, welcher sich aus den vertraglichen Vereinbarungen bzw. aus den allgemeinen Preisen ergibt. Da der Energieliefervertrag ein Dauerschuldverhältnis bzw. ein Sukzessivlieferungsvertrag ist, sollte auch die Möglichkeit einer ordentlichen Kündigung geregelt bzw. die Vertragsdauer festgelegt sein.[720]

40

1. Vorgaben der §§ 40 ff. EnWG

a) Vorgaben für Energielieferverträge mit Letztverbrauchern

Für **Energielieferverträge mit Letztverbrauchern** gibt § 41 EnWG – in Abweichung vom Grundsatz der Privatautonomie – **Mindestregelungen** vor, die ein solcher Vertrag, der im Übrigen einfach und verständlich sein soll,[721] zwingend zu enthalten hat. So müssen u.a. Bestimmungen enthalten sein über Namen und Anschrift des Energielieferanten, die belieferte Verbrauchsstelle, die Vertragsdauer, die Preise, die Preisanpassung, die Kündigungstermine und über die Kündigungsfristen, die einschlägige Tarif- bzw. Produktbezeichnung sowie den Hinweis, ob die Belieferung im Rahmen der Grundversorgung oder außerhalb der Grundversorgung erfolgt, ferner Regelungen über die zu erbringenden Leistungen einschließlich damit gebündelter Produkte sowie die Angabe, ob der Messstellenbetrieb und hierfür anfallende Entgelte von den vertraglichen Leistungen umfasst sind. Der Vertrag hat auch Informationen darüber zu enthalten, wie sich Verbraucher im Streitfall an die Schlichtungsstelle Energie e.V. wenden können.[722] Ergänzend hierzu sind die Kontaktdaten des Verbraucherservices der Bundesnetzagentur für den Energiebereich in den Vertrag aufzunehmen.

41

Vor Vertragsschluss sind dem Letztverbraucher verschiedene **Arten der Zahlungsweise** anzubieten.[723] Das Angebot von mindestens zwei Zahlungsmöglichkeiten, beispielsweise Überweisung und Lastschrift, ist ausreichend.[724] Die verschiedenen Zahlungsmodalitäten müssen nicht notwendig Inhalt des Vertrages selbst sein, denn dem Kunden ist das Wahlrecht vor Vertragsschluss anzubieten.[725] Nach aktueller BGH-Rechtsprechung ist dem Kunden jedoch vor jedem konkreten Vertragsschluss das Wahlrecht einzuräumen; es genügt nicht, dass der Kunde ausschließlich über die Auswahl zwischen mehreren Produktangeboten des Lieferanten hinweg die Möglichkeit erhält, auch zwischen verschiedenen Arten der Zahlungsweise zu wählen. Wird in einer Online-Bestellstrecke für einen Sondervertrag die Fortsetzung des Bestellvorgangs von der Angabe einer Kontoverbindung abhängig gemacht und

42

---

720 Vgl. ausführlich zum Inhalt eines Energieliefervertrags *de Wyl/Soetebeer*, in: Schneider/Theobald (Hrsg.), Recht der Energiewirtschaft, 4. Aufl. 2013, § 11 Rn. 53 ff.
721 Kritisch dazu *Lange*, RdE 2012, 41 (44).
722 Dazu bereits zuvor unter B.
723 Die Regelung geht auf die EU-Binnenmarktrichtlinien Strom und Gas 2009 zurück, wonach Letztverbrauchern ein breites Spektrum an Zahlungsmodalitäten anzubieten ist.
724 BGH Urt. v. 5.6.2013 – VIII ZR 131/12, S. 15; *Hellermann*, in: Britz/Hellermann/Hermes (Hrsg.), EnWG, 3. Aufl. 2015, § 41 Rn. 16 f.; *Steurer*, IR 2005, 218 ff.; *Strohe*, et 2006, 62 (65 ff.).
725 *Bruhn*, in: Säcker (Hrsg.), Berliner Kommentar zum Energierecht, 4. Aufl. 2018, § 41 EnWG Rn. 70.

keine alternative Zahlungsmöglichkeit angeboten, verstößt dies gegen § 41 Abs. 2 EnWG.[726]

43 Abweichende Preisgestaltungen für unterschiedliche Arten der Zahlungsweise sind grundsätzlich zulässig.[727] Diese Unterschiede bei Zahlungsarten oder Vorauszahlungssystemen müssen aber objektiv, diskriminierungsfrei und verhältnismäßig sein. Gesondert in Rechnung gestellte Kosten für bestimmte Zahlungsarten/Vorauszahlungssysteme dürfen die tatsächlich beim Energielieferanten hierfür entstehenden Kosten (etwa für die Nutzung von Zahlungsplattformen wie PayPal o.ä.) nicht übersteigen.

44 Innerhalb angemessener Frist **nach Vertragsschluss** ist Letztverbrauchern eine knappe, leicht verständliche und klar gekennzeichnete **Zusammenfassung** der wichtigsten Vertragsbedingungen zur Verfügung zu stellen. Diese Zusammenfassung hat mindestens folgendes zu enthalten: die Lieferanten-Kontaktdaten, die Verbrauchsstelle, die geltenden Preise, den voraussichtlichen Belieferungsbeginn, die Kündigungsfrist sowie etwaige Bonusvereinbarungen und Mindestvertragslaufzeiten. Nach Sinn und Zweck der Regelung, den Kunden in möglichst engem zeitlichem Zusammenhang zum Vertragsabschluss einen transparenten Überblick über die Vertragsbedingungen zu geben, sollte auch eine zeitgleiche Übermittlung der Zusammenfassung mit der Auftragsbestätigung zulässig sein.

45 Allgemeine Informationen zu angebotenen Vertragsinhalten sind überdies auf der **Website** zu veröffentlichen und in **Werbematerial** mit aufzuführen, soweit sich dieses mit dem Ziel eines Vertragsabschlusses an Letztverbraucher richtet.

46 Energielieferanten, die sich im Vertrag das Recht vorbehalten haben, die **Vertragsbedingungen einseitig zu ändern**, haben Letztverbraucher rechtzeitig, in jedem Fall vor Ablauf einer Abrechnungsperiode, auf einfache und verständliche Weise über die beabsichtigte Ausübung eines Rechts auf Änderung der Preise oder sonstiger Vertragsbedingungen und über die Rechte der Letztverbraucher zur Vertragsbeendigung zu unterrichten. Mit dieser – seit der EnWG-Novelle 2021 konkretisierten – Formulierung des § 41 Abs. 5 EnWG ist klargestellt, dass die **Ausübung eines einseitigen Preisänderungsrechts** nach billigem Ermessen der einseitigen Änderung von Vertragsbedingungen gleichgestellt wird.[728] Über Preisänderungen ist spätestens zwei Wochen, bei Haushaltskunden spätestens einen Monat, vor Eintritt der beabsichtigten Änderung zu unterrichten. Die Unterrichtung hat unmittelbar zu erfolgen sowie auf verständliche und einfache Weise unter Hinweis auf Anlass, Voraussetzungen und Umfang der Preisänderungen. Im Falle einer einseitigen Änderung von Preisen oder sonstigen Vertragsbedingungen durch den Lieferanten steht dem Letztverbraucher ein fristloses Kündigungsrecht auf den Zeitpunkt des Wirksamwerdens der Änderung zu.[729]

47 Stromlieferverträge dürfen keine vertraglichen Regelungen enthalten, die dem Letztverbraucher den Erwerb oder die Veräußerung von Stromdienstleistungen, die nicht Vertragsgegenstand sind (sog. Aggregierung), untersagen. Macht der Kunde aber

---

726 BGH Urt. v. 10.4.2019 – VIII ZR 56/18, EnWZ 2019, 262 ff. In diesem Sinne zuvor schon OLG Köln Urt. v. 24.3.2017 – I-6 U 146/16, ZNER 2017, 287 ff.
727 So schon *Bruhn*, in: Säcker (Hrsg.), Berliner Kommentar zum Energierecht, 4. Aufl. 2018, § 41 EnWG Rn. 71 ff.
728 So schon zur alten Rechtslage BGH Urt. v. 9.12.2015 – VIII ZR 349/14; Urt. v. 5.7.2017 – VIII ZR 169/16.
729 Jetzt klargestellt in § 41 Abs. 5 EnWG. Zur zeitlichen Begrenzung des Kündigungsrechts nach alter Rechtslage s. BGH Urt. v. 9.12.2015 – VIII ZR 349/14.

B. Grundzüge des Energieliefervertrags

erstmals von seinem **Recht auf Aggregierung** Gebrauch, kann der Lieferant den Vertrag außerordentlich mit einer Frist von drei Monaten zum Monatsende kündigen.

b) Lastvariable, tageszeitabhängige und dynamische Tarife

Gemäß § 41a Abs. 1 EnWG besteht eine Verpflichtung für Lieferanten, für Letztverbraucher von Elektrizität einen Tarif anzubieten, der einen Anreiz zu Energieeinsparung oder Steuerung des Energieverbrauchs setzt. Das Gesetz zählt hierzu insbesondere **lastvariable oder tageszeitabhängige Tarife**.[730] Bislang beinahe ohne praktische Relevanz, ist davon auszugehen, dass mit zunehmender Ausstattung von Letztverbrauchern mit sogenannten intelligenten Messsystemen derartige Produkte auch ihre Kunden finden.[731] 48

Bestimmte Stromlieferanten sind weitergehend verpflichtet, Letztverbrauchern, die über ein intelligentes Messsystem verfügen, den Abschluss eines Stromliefervertrages mit **dynamischen Tarifen** anzubieten. Dabei haben die Stromlieferanten die Letztverbraucher über die Kosten sowie über die Vor- und Nachteile des Vertrages umfassend zu unterrichten sowie Informationen über den Einbau eines intelligenten Messsystems anzubieten. Die Pflicht trifft zunächst nur Stromlieferanten, die mehr als 200.000 Letztverbraucher beliefern. Diese Pflicht wird sukzessive erweitert und zunächst ab dem 1. Januar 2022 auf Vertriebe erstreckt, die zum 31. Dezember 2021 mehr als 100.000 Letztverbraucher beliefern und trifft schließlich ab dem 1. Januar 2025 alle Vertriebe, die zum 31. Dezember des Vorjahres mehr als 50.000 Letztverbraucher beliefern. 49

c) Sonderregelungen für Energielieferverträge mit Haushaltskunden außerhalb der Grundversorgung

§ 41b EnWG enthält weitergehende Anforderungen für Energielieferverträge mit **Haushaltskunden außerhalb der Grundversorgung**. So unterliegen nicht nur diese Verträge dem Formerfordernis der **Textform**.[732] Die Textform hat der Energielieferant auch für eine von ihm erklärte Kündigung einzuhalten. Eine Kündigung des Haushaltskunden hat der Lieferant gleichfalls in Textform innerhalb einer Woche nach Zugang unter Angabe des Vertragsendes zu bestätigen. 50

Auf Ebene des EnWG implementiert § 41b Abs. 2 EnWG eine zusätzliche Voraussetzung für die Durchführung einer Liefersperre wegen Nichtzahlung. Haushaltskunden sind in diesen Fällen vier Wochen vor einer geplanten Versorgungsunterbrechung in geeigneter Weise über für den Kunden kostenlose Möglichkeiten zur **Vermeidung der Versorgungsunterbrechung** zu **informieren**. Als Regelbeispiele nennt das Gesetz Hilfsangebote, Vorauszahlungssysteme, Informationen zu Energieaudits und zu Energieberatungsdiensten, alternative Zahlungspläne verbunden mit einer Stundungsvereinbarung, Hinweise auf staatliche Unterstützungsmöglichkeiten der sozialen Mindestsicherung oder eine Schuldnerberatung. Weitere Voraussetzungen 51

---

[730] Die Verpflichtung zum Angebot von solchen Tarifen besteht freilich mit der Einschränkung der technischen Machbarkeit und wirtschaftlichen Zumutbarkeit. Mit den bislang verfügbaren Zählern waren daher vor allem einfache Zwei-Tarif-Modelle (HT/NT) umsetzbar.
[731] S. hierzu *Busch,* Demand Side Management – Rechtliche Aspekte der Vermarktung flexibler Lasten in der Stromwirtschaft, 2017, S. 325 ff.
[732] S. hierzu schon oben unter I.

für die Durchführung einer Sperrung, wie etwa das Angebot einer Ratenzahlungsvereinbarung durch den Energielieferanten, ergeben sich erst aus der Anwendung der StromGVV/ GasGVV.[733]

52 Wird eine **Voraus- oder Abschlagszahlung** mit einem Haushaltskunden vereinbart, muss sich diese nach dem Verbrauch des vorhergehenden Abrechnungszeitraums oder dem durchschnittlichen Verbrauch vergleichbarer Kunden richten. Macht der Haushaltskunde glaubhaft, dass sein Verbrauch erheblich geringer ist, so ist dies bei der Bemessung angemessen zu berücksichtigen. Eine bei Vertragsabschluss vereinbarte Voraus- oder Abschlagszahlung wird bei der Belieferung von Haushaltskunden nicht vor Beginn der Lieferung fällig.

53 Mit der EnWG-Novelle 2021 ist für den Fall eines **Wohnsitzwechsels** eines Haushaltskunden ein neues **Sonderkündigungsrecht** eingeführt worden. Haushaltskunden sind hiernach zu einer außerordentlichen Kündigung ihres bisherigen Liefervertrages unter Einhaltung einer Kündigungsfrist von sechs Wochen berechtigt. Die Kündigung kann mit Wirkung zum Zeitpunkt des Auszugs oder mit Wirkung zu einem späteren Zeitpunkt erklärt werden. In jedem Fall hat der Haushaltskunde mit Erklärung der Kündigung seine zukünftige Anschrift oder die Identifikationsnummer seiner zukünftigen Entnahmestelle mitzuteilen. Die Kündigung des Haushaltskunden wird aber dann nicht wirksam, wenn der Energielieferant ihm binnen zwei Wochen nach Erhalt der Kündigung in Textform die Fortsetzung des Liefervertrags an dessen neuem Wohnsitz zu den bisherigen Vertragsbedingungen anbietet.

d) Zertifizierte Vergleichsportale

54 Gem. § 41c EnWG hat die Bundesnetzagentur sicherzustellen, dass Haushaltskunden und Kleinstunternehmen, die einen voraussichtlichen Jahresverbrauch von weniger als 100.000 Kilowattstunden haben, unentgeltlich Zugang zu mindestens einem **unabhängigen Vergleichsinstrument** haben, mit dem sie verschiedene Stromlieferanten und deren Angebote in Bezug auf die Preise und die Vertragsbedingungen vergleichen und beurteilen können. Zu diesem Zweck kann die Bundesnetzagentur bei Erfüllung bestimmten Anforderungen Vergleichsportale durch Vergabe eines Vertrauenszeichens **zertifizieren**. Da die Regelung erst mit der EnWG-Novelle 2021 eingeführt worden ist, existiert ein solches zertifiziertes Vergleichsportal bislang (noch) nicht.[734]

e) Verträge über die Lieferung von „Mieterstrom"

55 Sondervorschriften für Mieterstromanbieter, die die Förderung durch einen Mieterstromzuschlag gemäß § 21 Abs. 3 EEG in Anspruch nehmen, enthält § 42a EnWG. Eine derartige Förderung ist möglich bei einer Stromlieferung aus einer auf dem Dach eines Wohngebäudes installierten Solaranlage an die Eigentümer oder Mieter ohne Nutzung des öffentlichen Netzes. Nimmt ein Anbieter von **Mieterstrom** den Mieterstromzuschlag gemäß § 21 Abs. 3 EEG in Anspruch, darf die Erstlaufzeit des Mieterstromvertrags maximal ein Jahr betragen und der Preis des Mieterstroms, der sich aus der Lieferung aus der Solaranlage und der Reststrombelieferung aus dem öffentlichen Netz zusammensetzt, darf 90 % des im jeweiligen Netzgebiet geltenden

---

733 S. hierzu schon oben unter A.I.2.a)
734 Stand: 2.8.2021

Grundversorgungstarifs nicht übersteigen. Ferner endet der Mieterstromvertrag automatisch im Falle der Kündigung des Mietvertrags, § 42a Abs. 2 EnWG.[735]

2. Einbeziehung von AGB / StromGVV / GasGVV

Im Rahmen von Energielieferverträgen ist es zudem üblich, Allgemeine Geschäftsbedingungen einzubeziehen. In den Produktverträgen mit Haushaltskunden werden regelmäßig Vorschriften der StromGVV bzw. der GasGVV ergänzend mit einbezogen. Zu beachten ist insoweit die **rechtliche Privilegierung** der **AGB** des § 310 Abs. 2 BGB, der die Inhaltskontrolle der §§ 308, 309 BGB auf Energielieferverträge für unanwendbar erklärt, soweit die Versorgungsbedingungen nicht nachteilig für die Abnehmer von Verordnungen über allgemeine Bedingungen für die Versorgung von Tarifkunden mit Energie abweichen. Einzelnen Bestimmungen der **StromGVV** und der **GasGVV** hat die ständige Rechtsprechung überdies im Rahmen der Inhaltskontrolle gemäß § 307 BGB eine **Leitbildfunktion** zugesprochen und im Falle einer unveränderten Übernahme dieser Bestimmungen in einen Sondervertrag eine unangemessene Benachteiligung i.S.d. § 307 BGB grundsätzlich ausgeschlossen. Allerdings hat in diesem Fall in richtlinienkonformer Auslegung der §§ 307 Abs. 1, 310 Abs. 2 BGB eine Überprüfung der in Sonderkundenverträgen enthaltenen Klauseln zumindest am Maßstab des **unionsrechtlich** insbesondere durch die Klauselrichtlinie 93/13/EWG zwingend vorgegebenen Kernbestand des AGB-Rechts zu erfolgen.[736] 56

IV. Verschiedene Arten von Energielieferverträgen

Je nach Inhalt und Vertragspartner kann zwischen unterschiedlichen Typen von Energielieferverträgen unterschieden werden, wobei die zunehmende Dynamik auf dem Markt der Belieferung von Endkunden sowie die zunehmenden Unterschiede in den tatsächlichen Verhältnissen (etwa: Kunden mit oder ohne Eigenversorgung; zukünftig: Kunden mit oder ohne intelligentes Messsystem) eine Typisierung immer schwieriger werden lässt. Einzelfallgestaltungen je nach Wunsch und technischer Anschlusssituation des Kunden nehmen zu. Folgende Kennzeichnungen sind aber nach wie vor gültig: 57

1. „All-inclusive-Verträge"

Im Rahmen eines „All-inclusive-Vertrags" verpflichtet sich der Energielieferant zur Lieferung der Energie bis zum Anschluss des Kunden. Der **Energielieferant** schließt hierbei **im eigenen Namen** mit den betreffenden Netzbetreibern bis zur Entnahmestelle des Kunden entsprechende **Netznutzungsverträge** ab und stellt die Kosten der Durchleitung anschließend dem Kunden zusätzlich zum Energiepreis in Rechnung. Der Energielieferant bündelt in der Praxis mehrere Durchleitungsfälle in einem Lieferantenrahmenvertrag über die Netznutzung mit dem jeweiligen Netzbetreiber. Der Kunde genießt den Vorteil, dass er (neben dem Netzanschluss- bzw. Anschlussnutzungsvertrag) nur ein Vertragsverhältnis eingeht und für die gesamte Abwicklung 58

---

735 S. im Einzelnen zur vertraglichen Gestaltung von Mieterstromverträgen *Ehring*, EnWZ 2018, 213 ff.
736 BGH Urt. v. 31.7.2013 – VIII ZR 162/09.

der Energielieferung bis zu seinem Hausanschluss damit auch nur einen Ansprechpartner hat.

2. Ökostrom-Produkte

59 Zunehmend verpflichten sich Lieferanten in Stromlieferverträgen, Elektrizität im vertraglich vereinbarten Umfang ausschließlich aus regenerativen Energiequellen zur Verfügung zu stellen. Da der jeweilige Lieferant durch die **physikalische Vermischung** der auf verschiedene Art und Weise erzeugten Energie im Netz in aller Regel nicht garantieren kann, dass exakt der bestellte Energiemix beim Kunden ausgespeist wird, beschränkt sich die Verpflichtung typischerweise darauf, dass eine der vom Kunden entnommenen Energiemenge entsprechende Menge regenerativ erzeugter Energie in das Netz eingespeist wird.[737]

3. „Offene Lieferverträge" und „Programm- und Bandlieferungen"

60 Unterschieden werden können Energielieferverträge ferner danach, ob mit diesen der gesamte Energiebedarf an einer Abnahmestelle ohne mengenmäßige Beschränkung im Sinne einer „Deckelung" nach oben abgedeckt werden soll (sogenannte „offene Lieferverträge") oder ob bereits vorab vertraglich für einen bestimmten Zeitraum die stündlich (Gas) bzw. viertelstündlich (Strom) zu liefernde Energiemenge festgelegt wird (sogenannte „Programmlieferung" oder „Fahrplanlieferung"). Offene Lieferverträge werden in der Regel in Abhängigkeit vom Wert der (Jahres-)Höchstleistung (Leistungspreis pro kW) sowie der entnommenen Energiemenge (Arbeitspreis pro kWh) bepreist. Im Rahmen von Programmlieferungen und sogenannten Bandlieferungen, bei denen der Kunde wie bei der Programmlieferung über einen festgelegten Zeitraum eine vorab definierte Energiemenge erwirbt, dies jedoch mit konstanter Leistung, muss der Lieferant für diese Kunden keine – teureren – Ausgleichsenergiemengen vorhalten. Im Verhältnis zu offenen Lieferverträgen werden Bandlieferungen daher auf dem Markt zu günstigeren Konditionen angeboten. Im Gegenzug verpflichtet sich der Kunde in aller Regel, das „Band" vollständig abzunehmen und zu bezahlen. Durch eine geschickte Kombination von Bandlieferungen und offenen Lieferverträgen (sogenannte **Portfolio-Bildung**) in Verbindung mit einer guten Prognose des eigenen Energieverbrauchs ist der Letztverbraucher damit in der Lage, seinen Energiebezug insgesamt im Hinblick auf den Gesamteinkaufspreis zu optimieren.

4. Reservelieferung

61 Unternehmen, die zur Deckung ihres Energiebedarfs eine eigene Energieerzeugungsanlage betreiben, werden oftmals Reservelieferungs- bzw. Zusatzversorgungsverträge abschließen. Diese sind notwendig, um eine über die Eigenproduktion hinausgehende Nachfrage ebenso zu decken wie Engpässe bei einem Ausfall der eigenen Energieerzeugungsanlage.

---

[737] Vgl. hierzu bereits *Theobald/de Wyl/Eder*, Der Wechsel des Stromlieferanten, 2004, 134 ff.

V. Energielieferantenwechsel nach § 20a EnWG

Um einen reibungslosen und zügigen Lieferantenwechsel zu gewährleisten, schreibt das EnWG in § 20a vor, dass der neue Lieferant dem Letztverbraucher unverzüglich in Textform zu bestätigen hat, ob und zu welchem Termin er eine vom Letztverbraucher gewünschte Belieferung aufnehmen kann. Ferner darf das Verfahren für den Wechsel des Lieferanten **drei Wochen**, gerechnet ab dem Zeitpunkt des Zugangs der Anmeldung zur Netznutzung durch den neuen Lieferanten bei dem Netzbetreiber, an dessen Netz die Entnahmestelle angeschlossen ist, nicht überschreiten; den Zugangszeitpunkt hat der Netzbetreiber zu dokumentieren. Eine längere Verfahrensdauer ist nur zulässig, soweit die Anmeldung zur Netznutzung sich auf einen weiter in der Zukunft liegenden Liefertermin bezieht. Schließlich darf der Lieferantenwechsel für Letztverbraucher nicht mit zusätzlichen Kosten verbunden sein.[738] Ab dem 1. Januar 2026 muss der technische Vorgang des Stromlieferantenwechsels binnen 24 Stunden vollzogen und an jedem Werktag möglich sein.

62

C. Rechnungsstellung für Energielieferungen gemäß den §§ 40 ff. EnWG

Die §§ 40 ff. EnWG legen Energielieferanten umfangreiche Verpflichtungen bezüglich des Inhalts und des Verfahrens der **Rechungsstellung** für Energielieferungen an Letztverbraucher auf; zugleich sollen auch die Rechnungen einfach und verständlich sein. Sie sind dem Letztverbraucher auf dessen Wunsch verständlich und unentgeltlich zu erläutern. Da nach den Vorgaben der §§ 40 ff. EnWG insgesamt umfangreiche Informationen in die Rechnungsunterlagen aufzunehmen sind, müssen zur besseren Übersichtlichkeit der **Rechnungsbetrag** und das **Datum der Fälligkeit** des Rechnungsbetrages deutlich erkennbar und hervorgehoben aufgeführt werden.

63

Darüber hinaus enthält § 40 Abs. 2 EnWG einen **Katalog an Mindestangaben**, der zuletzt durch die EnWG-Novelle 2021 nochmals ausgeweitet worden und bei Rechnungserstellung zu beachten ist. Rechnungen haben u.a. Angaben zu enthalten über Namen, ladungsfähige Anschrift, E-Mail-Adresse und telefonische Erreichbarkeit des Energielieferanten, über Vertragsdauer, geltende Preise, den nächstmöglichen Kündigungstermin und die Kündigungsfrist, über den ermittelten Verbrauch im Abrechnungszeitraum, den Anfangszählerstand, den Endzählerstand des abgerechneten Zeitraums und die Art der Zählerstandsermittlung, ferner den Verbrauch des vergleichbaren Vorjahreszeitraums.[739] Es ist zudem unter Verwendung von Grafiken darzustellen, wie sich der eigene Jahresverbrauch zu dem Jahresverbrauch von Vergleichskunden verhält.

64

Sämtliche **Preisbestandteile** sind darüber hinaus gesondert auszuweisen. Dies umfasst die Strom- bzw. Energiesteuer, Konzessionsabgabe, EEG-Umlage, KWKG-Umlage, § 19 StromNEV-Umlage, § 17f EnWG-Offshore-Netzumlage, § 18 AbLAV-Umlage, Netzentgelte, Messentgelte und die BEHG-Kosten (nur bei Gasrechnungen). Auch sind Haushaltskunden über ihre Rechte im Hinblick auf **Streitbeilegungsver-**

65

---

738 Erfolgt der Lieferantenwechsel nicht innerhalb der in § 20a Abs. 2 EnWG vorgesehenen Frist, so kann der Letztverbraucher gem. § 20a Abs. 4 EnWG von dem Lieferanten oder dem Netzbetreiber, der die Verzögerung zu vertreten hat, Schadensersatz nach den §§ 249 ff. BGB verlangen. Dabei trägt der Lieferant oder der Netzbetreiber die Beweislast dafür, dass er die Verzögerung nicht zu vertreten hat.
739 Hat der Lieferant den Letztverbraucher im Vorjahreszeitraum nicht beliefert, ist der vormalige Lieferant verpflichtet, den Verbrauch des vergleichbaren Vorjahreszeitraums dem neuen Lieferanten mitzuteilen. Soweit der Lieferant aus Gründen, die er nicht zu vertreten hat, den Verbrauch nicht ermitteln kann, ist der geschätzte Verbrauch anzugeben.

fahren, die ihnen im Streitfall zur Verfügung stehen, einschließlich der für Verbraucherbeschwerden nach § 111b EnWG einzurichtenden **Schlichtungsstelle** und deren Anschrift sowie die Kontaktdaten des Verbraucherservices der Bundesnetzagentur für den Bereich Elektrizität und Gas zu informieren.

66 Der Energielieferant hat insbesondere anzugeben, wie der verwendete Zählerstand ermittelt wurde. Es kann sich dabei um einen Ablese- oder Ersatzwert des Messstellen- oder Netzbetreibers handeln, eine Ablesung durch den Lieferanten, eine Selbstablesung durch Letztverbraucher oder aber auch um eine Verbrauchsschätzung. Für den Fall der **Verbrauchsschätzung** besteht zukünftig eine besondere **Hinweis- und Erläuterungspflicht**. Notwendig ist ein optisch besonders hervorgehobener Hinweis auf die erfolgte Verbrauchsabschätzung, den Grund für deren Zulässigkeit sowie die der Schätzung zugrunde gelegten Faktoren. Auf Wunsch des Letztverbrauchers besteht zusätzlich die Pflicht zur unentgeltlichen Erläuterung der Verbrauchsschätzung in Textform.

67 Die Abrechnung des Energieverbrauchs hat nach Wahl der Lieferanten in Zeitabschnitten, die jedoch ein Jahr nicht überschreiten dürfen, zu erfolgen. Für die **turnusgemäße Abrechnung** darf der Energielieferant kein gesondertes Entgelt in Rechnung stellen. Auf Wunsch des Kunden ist die Abrechnung elektronisch zu übermitteln.

68 Zusätzlich hat der Energielieferant gemäß § 40b Abs. 1 S. 2 EnWG erstens anzubieten eine monatliche, vierteljährliche oder halbjährliche Abrechnung. Diese zusätzliche **unterjährige Abrechnung** hat nicht zwingend kostenfrei zu erfolgen. Der Energielieferant hat zweitens anzubieten die unentgeltliche elektronische Übermittlung der Abrechnungen und Abrechnungsinformationen. Drittens ist anzubieten mindestens einmal jährlich die unentgeltliche Übermittlung der Abrechnungen und Abrechnungsinformationen in Papierform.

69 Im Falle der **Fernübermittlung** von Verbrauchsdaten (beim Einsatz von Smart Metern) sind gem. § 40b Abs. 3 EnWG vom Energielieferanten monatliche Abrechnungsinformationen unentgeltlich zur Verfügung zu stellen. **Abrechnungsinformationen** sind gemäß § 3 Nr. 1 EnWG Informationen, die üblicherweise in Rechnungen über die Energiebelieferung von Letztverbrauchern zur Ermittlung des Rechnungsbetrages enthalten sind, mit Ausnahme der Zahlungsaufforderung selbst. Es geht also im Wesentlichen um die für den jeweiligen Zeitraum relevanten Verbrauchs- und Preisinformationen, ohne dass eine Zahlungsaufforderung ergeht. Die Bereitstellung dieser monatlichen Abrechnungsinformation kann über das Internet oder auch elektronisch erfolgen. Bei **fehlender Fernübermittlung** von Verbrauchsdaten und wenn ein Kunde eine elektronische Rechnungsübermittlung gewählt hat, ist eine halbjährliche Abrechnungsinformation unentgeltlich zur Verfügung zu stellen. Auf Verlangen des Kunden ist ihm sogar einmal alle drei Monate eine derartige Abrechnungsinformation zur Verfügung zu stellen.

70 Gemäß § 40b Abs. 5 EnWG sind Energielieferanten auf Verlangen eines von ihnen belieferten Letztverbrauchers verpflichtet, ergänzende Informationen zu dessen **Verbrauchshistorie** zur Verfügung zu stellen. Diese Informationen müssen kumulierte Daten mindestens für die vorangegangenen drei Jahre umfassen, längstens aber für den Zeitraum seit Beginn des konkreten Liefervertrags bereitgestellt werden. Der Letztverbraucher kann verlangen, dass diese Informationen entweder ihm selbst oder aber auch zusätzlich einem von ihm benannten Dritten zur Verfügung gestellt werden.

Die bislang lediglich in den Grundversorgungsverordnungen vorhandene Regelung **71**
zur **Fälligkeit** von Rechnungen ist mit der EnWG-Novelle 2021 in § 40c EnWG überführt worden und gilt damit automatisch auch gegenüber allen Letztverbrauchern, die nicht in der Grundversorgung beliefert werden. Rechnungen werden hiernach fällig **zum angegebenen Zeitpunkt**, jedoch frühestens zwei Wochen nach Zahlungsaufforderung. Die Abschlussrechnung hat mindestens sechs Wochen nach Lieferende zu erfolgen,[740] bei monatlicher Abrechnung verkürzt sich diese Frist auf drei Wochen. Guthaben sind jeweils mit der nächsten Abschlagszahlung zu verrechnen oder binnen zwei Wochen auszuzahlen.

D. Zivilrechtliche Preiskontrolle

Ergänzend zu der sektorspezifischen (Netz-)Entgeltregulierung im EnWG (vgl. dazu **72**
Kap. 4) tritt die zivilrechtliche Kontrolle der Endkundenpreise für die Strom- und Gasversorgung nach § 315 BGB. § 315 Abs. 3 BGB ist dabei auf den zwischen den Parteien vereinbarten **Anfangspreis** nicht anwendbar, da insoweit der Energieversorger kein einseitiges Leistungsbestimmungsrecht ausübt, sondern ein zwischen Versorger und Kunde konsensual vereinbarter Preis vorliegt.[741] Einer entsprechenden Anwendung des § 315 BGB auf diesen Anfangspreis hat der BGH zu Recht eine Absage erteilt. Eine Übertragung der früheren sogenannten Monopolrechtsprechung kommt schon deshalb nicht (mehr) in Betracht, da alle Energieversorger mittlerweile im Wettbewerb mit einer Vielzahl anderer Anbieter auf dem Strom-[742] bzw. zumindest auf dem Wärmemarkt (Gas)[743] stehen. § 315 BGB findet nach wie vor aber auf **Preiserhöhungen** unmittelbar Anwendung, wenn die entsprechende Preis(vorbehalts-)klausel dem Versorger ein **einseitiges Leistungsbestimmungsrecht** einräumt. Dies ist u.a. bei den §§ 5 Abs. 2 StromGVV, GasGVV der Fall. Für eine Billigkeitsüberpüfung ist aber auch in diesem Fall dann kein Raum mehr, wenn der Kunde die der Preiserhöhung nachfolgende Jahresrechnung nicht **beanstandet** hat. Denn dann liegt nach ständiger Rechtsprechung des BGH wiederum ein (konkludent) vereinbarter Preis vor.[744] Soweit Preiserhöhungen der gerichtlichen Billigkeitskontrolle gemäß § 315 Abs. 3 BGB unterliegen, genügt der Nachweis, dass lediglich **gestiegene Bezugskosten** an die Kunden **weitergegeben** wurden.[745] Voraussetzung ist aber, dass diese gestiegenen Bezugskosten nicht durch rückläufige Kosten in anderen Bereichen hätten ausgeglichen werden können. Darüber hinaus ist es vereinzelt schon als ausreichend angesehen worden, wenn sich aus einem Vergleich ergab, dass der betreffende Anbieter zum günstigsten Drittel der deutschen Gasversorger

---

740 Eine verspätete Abrechnung kann zwar nach § 3a UWG wettbewerbswidrig sein, s. LG Köln Urt. v. 10.12.2019 – 31 O 66/19. Sie hat aber dennoch das Entstehen der Fälligkeit der Forderung zur Folge s. BGH Urt. v. 17.7.2019 – VIII ZR 224/18, EnWZ 2019, 349 ff.
741 BGH Urt. v. 13.6.2007 – VIII ZR 36/06, BGHZ 172, 315 ff.; BGH Urt. v. 28.3.2007 – VIII ZR 144/06, BGHZ 171, 374 ff.
742 BGH Urt. v. 28.3.2007 – VIII ZR 144/06, BGHZ 171, 374 ff.
743 BGH Urt. v. 13.6.2007 – VIII ZR 36/06, BGHZ 172, 315 ff.
744 BGH Urt. v. 8.7.2009 – VIII ZR 314/07, nach *juris*, Rn. 16; BGH Urt. v. 19.11.2008 – VIII ZR 138/07, nach *juris*, Rn. 16, NJW 2009, 502 (503); BGH Urt. v. 13.6.2007 – VIII ZR 36/06, nach *juris*, Rn. 36, RdE 2007, 258 (263).
745 BGH Urt. v. 24.3.2010 – VIII ZR 178/08, nach *juris*, Rn. 26 f., 35; BGH Urt. v. 15.7.2009 – VIII ZR 225/07, nach *juris*, Rn. 22, et 2009 (Heft 11), 82, 83; BGH Urt. v. 19.11.2008 – VIII ZR 138/07, nach *juris*, Rn. 30; BGH Urt. v. 13.6.2007 – VIII ZR 36/06, nach *juris*, Rn. 21 f., NJW 2007, 2540 (2542); dazu *Heßler/Specht*, ZNER 2010, 219 ff.; *Markert*, ZMR 2009, 898 (902); *Scholtka/Baumbach*, NJW 2010, 1118 (1123).

gehörte. Einer derartigen Abkehr von einer Kostenbetrachtung im Rahmen der Billigkeitskontrolle erteilte der BGH zuletzt aber wieder eine Absage.[746]

E. Stromkennzeichnung nach § 42 EnWG

73 Als spezielle Ausprägung des Verbraucherschutzes[747] durch Information im EnWG soll dem Letztverbraucher (vgl. § 3 Nr. 25 EnWG) über § 42 EnWG die Möglichkeit gegeben werden, seine Nachfrageentscheidung nicht nur am Preis, sondern auch an den von den Elektrizitätserzeugern **eingesetzten Primärenergieträgern** zu orientieren. Dies dient dem Gesetzeszweck einer zunehmend auf erneuerbaren Energien beruhenden umweltverträglichen leitungsgebundenen Versorgung der Allgemeinheit mit Elektrizität (vgl. § 1 Abs. 1 EnWG). Elektrizitätsversorgungsunternehmen sind daher verpflichtet, in oder als Anlage zu ihren Rechnungen an Letztverbraucher und in an diese gerichtetem Werbematerial sowie auf ihrer Website für den Verkauf von Elektrizität den Anteil der einzelnen Energieträger (Kernkraft, Kohle, Erdgas und sonstige fossile Energieträger, erneuerbare Energien, die nach dem EEG gefördert werden, sowie sonstige erneuerbare Energien[748]) an ihrem Gesamtenergieträgermix des letzten oder vorletzten Jahres anzugeben.[749] Zudem sind Informationen anzugeben über die **Umweltauswirkungen** zumindest in Bezug auf die CO_2-Emissionen und radioaktiven Abfall, die auf den Gesamtenergieträgermix zurückzuführen sind. Ergänzend hierzu sind die entsprechenden Durchschnittswerte der Stromerzeugung in Deutschland (sogenannter **Deutschlandmix**) anzugeben und verbraucherfreundlich und in grafisch visualisierter Form darzustellen. Entsprechende Angaben sind schließlich für jedes gesondert angebotene Produkt zu machen (sogenannter **Produktmix**), um eine Doppelvermarktung zu verhindern.

Literaturhinweise:

Bartsch, Michael/Kästner, Thomas, Der Tarifkunde auf dem Weg in die neue Grundversorgung, et 2004, 837 ff.; *Borries, Peer/ Lohmann, Oliver*, Das Netzgebiet der allgemeinen Versorgung zur Bestimmung des Grundversorgers, EnWZ 2015, 441 ff.; *Büdenbender, Ulrich*, Die Abgrenzung der Grundversorgungs-(Tarifversorgungs-)verträge von Sonderverträgen über die Lieferung von Elektrizität und Gas, RdE 2011, 201 ff.; *Bulla, Simon*, Grundversorgung und Sondervertragskunden, N&R 2012, 24 ff.; *Dümke, Christian*, Die Abgrenzung von Grundversorgungsverträgen und Sonderverträgen in der Haushaltskundenversorgung, ER 2013, 233 ff.; *Eder, Jost/vom Wege, Jan-Hendrik*, Liberalisierung und Klimaschutz im Zielkonflikt: Die neuen gesetzlichen Rahmenbedingungen im Mess- und Zählerwesen Strom und Gas, IR 2008, 176 ff., 198 ff.; *Ehring, Philipp*, Grundlagen der vertraglichen Gestaltung von Mieterstromverträgen, EnWZ 2018, 213 ff.; *Germer, Christoph*, Umsetzungsfragen beim Wechsel des Grundversorgers, VersorgW 2011, 151 ff.; *Groß, Franz-Rudolf*, Die neuen Netz-

---

746 BGH Urt. v. 24.2.2016 – VIII ZR 216/12; anders zuvor etwa LG Frankenthal Urt. v. 16.7.2009 – 2 HKO 101/08, nach *juris*, Rn. 44.
747 Die allgemeinen Verbraucherschutzvorschriften des BGB gelten auch für Energielieferverträge zwischen einem Unternehmer und einem Verbraucher.
748 Zu den Anforderungen an das Vorliegen einer Verwendung von Strom aus erneuerbaren Energien s. § 42 Abs. 5 EnWG.
749 Die Werte des vorangegangenen Kalenderjahres sind spätestens ab 1.11. eines Jahres anzugeben. Zur Ausweisung nicht eindeutig erzeugungsseitig zuordenbarer Strommengen nach dem ENTSO-E-Energieträgermix für Deutschland s. § 42 Abs. 4 EnWG. Zu den Meldepflichten von Elektrizitätsversorgungsunternehmen gegenüber der BNetzA, deren diesbezüglichen Kompetenzen sowie der Verordnungsermächtigung für Vorgaben zur Stromkennzeichnung s. § 42 Abs. 7 f. EnWG.

anschluss- und Grundversorgungsverordnungen im Strom- und Gasbereich, NJW 2007, 1030 ff.; *Hampel, Christian*, Von der Tarifkundenversorgung zur Grundversorgung, ZNER 2004, 117 ff.; *Koenig, Christian/Kühling, Jürgen/Rasbach, Winfried*, Versorgungssicherheit im Wettbewerb – Ein Vergleich der gemeinschaftsrechtlichen, französischen und deutschen Energierechtsordnung, ZNER 2003, 3 ff.; *Köhler, Markus*, Ein neuer Markt entsteht – Wettbewerb um den Betrieb von Strom- und Gaszählern, RdE 2006, 292 ff.; *Kühling, Jürgen/Rasbach, Winfried*, Kernpunkte des novellierten EnWG 2011 – Regulierungsausbau im Zeichen der „Energiewende", RdE 2011, 332 ff.; *Lange, Knut Werner*, Verbraucherschutz im neuen EnWG, RdE 2012, 41 ff.; *Presser, Florian*, Das Fortbestehen von Grund- und Ersatzversorgungsverhältnissen nach dem Wechsel des Grundversorgers i.S.d. § 36 Abs. 3 EnWG, EnWZ 2015, 296 ff.; *Rottnauer, Achim*, Die neuen Grundversorgungsordnungen Strom und Gas, RdE 2008, 105 ff.; *Schneider, Jens-Peter/Theobald, Christian*, Recht der Energiewirtschaft: Praxishandbuch, 4. Aufl., 2013, § 11 Recht der Energielieferverträge; *Strohe, Dirk*, Grundversorgung, Ersatzversorgung und Sonderkundenversorgung, et 2006, 62 ff.; *Theobald, Christian/de Wyl, Christian/Eder, Jost*, Der Wechsel des Stromlieferanten, 2004; *Thomale, Hans-Christoph*, Die neuen Grundversorgungsverordnungen, et 2007, 61 ff.; *Tittel, Frank/Schüler, Tracy*, Alle Jahre wieder – die Identifikation des Grundversorgers, EnWZ 2018, 154 ff.; *Tödtmann, Ulrich/Schauer, Michael*, Die Stromkennzeichnungspflicht nach § 42 EnWG-E, ZNER 2005, 118 ff.; *vom Wege, Jan-Hendrik/Finke, Jasper*, Grundversorgungsverordnungen (StromGVV/GasGVV) – Eine Vorstellung der wesentlichen Änderungen, ZNER 2007, 116 ff.; *vom Wege, Jan-Hendrik/Sösemann, Fabian*, Smart Metering in Deutschland – Sein oder Schein? § 21b IIIa und IIIb EnWG, IR 2009, 55 ff.

7. Kapitel: Versorgungssicherheit

A. Einleitung

1 Die Energiewirtschaft ist ein Wirtschaftsbereich gemeinwohlverpflichteter Daseinsvorsorge. Der Staat hat sich durch die Liberalisierung aus der Erfüllungsverantwortung für diese gemeinwohlorientierte Dienstleistung zurückgezogen. Der Abbau der Erfüllungsverantwortung geht aber mit der Übernahme einer staatlichen **Gewährleistungsverantwortung** einher.[750] Diese besondere Verantwortung folgt daraus, dass die Energieversorgung eine infrastrukturelle Voraussetzung für das Funktionieren der Wirtschaft und für das Dasein des Einzelnen ist.[751] Nach dem BVerfG ist das „Interesse an einer Stromversorgung [...] heute so allgemein wie das Interesse am täglichen Brot".[752]

2 Kern der Daseinsvorsorge ist die **Versorgungssicherheit**. Sicherheit der Energieversorgung bedeutet dabei zweierlei: Zum einen ist darunter die Gewährleistung einer flächendeckenden, sozialverträglichen und angemessenen Deckung des jeweiligen Bedarfs der Verbraucher mit Energie zu verstehen. Hiervon werden alle Wertschöpfungsebenen erfasst. Zum anderen ist der Begriff der Versorgungssicherheit als Sicherheit im technischen Sinne zu verstehen. Darunter fällt insbesondere die Systemsicherheit, die Großstörungen vermeidet und für ein sicheres Zusammenspiel der Systembereiche sorgt.

3 Die deutschen Stromkunden müssen jährlich mit einer Versorgungsunterbrechung von etwa 15 Minuten[753] rechnen. Damit gehören die Ausfallzeiten in Deutschland zu den geringsten in Europa und liegen weit unter dem europäischen Durchschnitt.

4 Die grundlegende Gemeinwohlverpflichtung auf dem Energiesektor schreibt § 1 Abs. 1 EnWG fest, nach dem der Zweck des Gesetzes eine preisgünstige, verbraucherfreundliche, effiziente und umweltverträgliche Versorgung mit Elektrizität, Gas und Wasserstoff ist, die eine möglichst sichere Versorgung flächendeckend gewährleistet. Es liegt in der Verantwortung des Staates, die notwendigen rechtlichen und tatsächlichen **Rahmenbedingungen** zu schaffen. Die spezifischen Besonderheiten der Energiewirtschaft, vor allem die Leitungsgebundenheit der Belieferung und die fehlende bzw. begrenzte Speicherbarkeit (vor allem der Elektrizität) sowie die hohen Investitionskosten, sind dabei von gesetzlichen Vorgaben zur Gewährleistung der Versorgungssicherheit zu berücksichtigen. Für den Bereich der Elektrizitätsversorgung spezifiziert der mit dem Strommarktgesetz[754] 2016 neu eingeführte § 1 Abs. 4 EnWG die Zwecke des § 1 Abs. 1 EnWG dahingehend, dass die Versorgungssicherheit im weiterentwickelten Strommarkt insbesondere, aber nicht ausschließ-

---

750 *Kühling*, Sektorspezifische Regulierung in den Netzwirtschaften, 2004, S. 34; *Lippert*, Energiewirtschaftsrecht, 2002, S. 195; Zur Versorgungssicherheit im Wettbewerb vgl. *Koenig/Kühling/Rasbach*, ZNER 2003, 3 ff.
751 Vgl. dazu *Pielow*, Grundstrukturen der öffentlichen Versorgung in Europa, 1998, 569; *Löwer*, Energieversorgung zwischen Staat, Gemeinde und Wirtschaft, 1989.
752 BVerfG Beschl. v. 11.10.1994 – 2 BvR 633/86 – *Kohlepfennig*, BVerfGE 91, 186 (206).
753 Vgl. für Werte 200-2019 https://de.statista.com/statistik/daten/studie/241414/umfrage/stromversorgungsunterbrechungen-in-deutschland/#:~:text=Die%20Statistik%20zeigt%20die%20L%C3%A4nge,von%202012%2C2%20Minuten%20hinnehmen (Abruf 15.10.2021); bei der Gasversorgung liegt die Unterbrechungsdauer im Durchschnitt bei unter 1 Minute, vgl. BNetzA/BKartA, Monitoringbericht 2020, S. 325.
754 Gesetz zur Weiterentwicklung des Strommarktes (Strommarktgesetz) v. 26.7.2016 (BGBl. I 2016, S. 1786).

A. Einleitung

lich, durch die dort genannten Maßnahmen erreicht werden soll. Hierzu sieht § 1 Abs. 4 EnWG die Stärkung der wettbewerblichen Preisbildung (Nr. 1), die jederzeitige Möglichkeit des Ausgleichs von Angebot und Nachfrage nach Elektrizität an den Strommärkten (Nr. 2), die Gewährleistung der Sicherheit und Zuverlässigkeit des Elektrizitätsversorgungssystems durch den umweltverträglichen, netzverträglichen, effizienten und flexiblen Einsatz von Erzeugungs- und Speicheranlagen sowie von Lasten (Nr. 3) und die Stärkung des Elektrizitätsbinnenmarktes sowie den Ausbau der Zusammenarbeit mit den Nachbarstaaten der Bundesrepublik Deutschland sowie mit Norwegen und Schweden (Nr. 4) vor.[755]

Auch auf europäischer Ebene ist die Absicherung der Versorgungssicherheit von besonderer Bedeutung. Ein Ziel der Integration der Energiemärkte der Mitgliedstaaten der Europäischen Union und der Öffnung für den Wettbewerb ist die Erhöhung der Versorgungszuverlässigkeit durch Erreichen einer **größeren Energieeffizienz**.[756] Darauf wies bereits die RL 2005/89/EG[757] hin und betonte zudem die Notwendigkeit, den Substanzerhalt der Netze durch Investitionen zu sichern, ihre Betriebsstabilität durch das Vorhalten von angemessener Erzeugungs- und Reservekapazität, einen hohen Verbundgrad sowie die Zusammenarbeit der Übertragungsnetzbetreiber in Fragen der Netzsicherheit zu fördern und somit die Versorgungssicherheit auf einem hohen Niveau zu halten.[758] Durch die im Jahr 2012 erlassene Energieeffizienzrichtlinie 2012/27/EU[759], die Ende des Jahres 2018 aktualisiert wurde,[760] wurden nicht nur unionsweit einheitlich geltende Mindestanforderungen für Maßnahmen geschaffen, die die Energieeffizienz fördern sollen, sondern es wurden auch Regelungen getroffen, mittels derer Hemmnisse und Marktversagen im Energiemarkt, die eine effizienten Energieversorgung und Energienutzung verhindern, beseitigt werden sollten.[761]

Die neu geschaffene **Risikovorsorge-Verordnung**, die zugleich die vorgenannte RL 2005/89/EG ablöst,[762] setzt Vorgaben zur Prävention und Bewältigung von überregionalen Stromversorgungskrisen größeren Umfangs, wie sie bspw. durch extreme Wetterbedingungen, Cyberangriffe oder Brennstoffknappheit ausgelöst werden können,[763] und setzt dabei auf der Grundlage vernetzter Stromsysteme und -märkte Rahmenvorschriften zur solidarischen Zusammenarbeit der Mitgliedstaaten. Die Beobachtung der unionsweiten Stromversorgungssicherheit obliegt dabei der Koor-

---

755 S. hierzu auch BT-Drs. 18/7317, S. 75 f.
756 Vgl. bspw. Erwägungsgrund 1 Richtlinie 2012/27/EU des Europäischen Parlaments und des Rates v. 25.10.2012 zur Energieeffizienz, zur Änderung der Richtlinien 2009/125/EG und 2010/30/EU und zur Aufhebung der Richtlinien 2004/8/EG und 2006/32/EG, ABl. EU Nr. L 315, S. 1 v. 14.11.2012.
757 Richtlinie 2005/89/EG des Europäischen Parlaments und des Rates v. 18.1.2006 über Maßnahmen zur Gewährleistung der Sicherheit der Elektrizitätsversorgung und von Infrastrukturinvestitionen, ABl. EU Nr. L 33, S. 22 v. 4.2.2006.
758 Zur Umsetzung der Richtlinie 2005/89/EG des Europäischen Parlaments und des Rates vom 18.1.2006 über Maßnahmen zur Gewährleistung der Sicherheit der Elektrizitätsversorgung und von Infrastrukturinvestitionen dient etwa die Kraftwerks-Netzanschlussverordnung (KraftNAV) v. 29.6.2007 (BGBl. I 2007, S. 1187).
759 Richtlinie 2012/27/EU des Europäischen Parlaments und des Rates v. 25.10.2012 zur Energieeffizienz, zur Änderung der Richtlinien 2009/125/EG und 2010/30/EU und zur Aufhebung der Richtlinien 2004/8/EG und 2006/32/EG, ABl. EU Nr. L 315, S. 1 v. 14.11.2012.
760 Richtlinie (EU) 2018/2002 des Europäischen Parlaments und des Rates v. 11.12.2018 zur Änderung der Richtlinie 2012/27/EU zur Energieeffizienz, ABl. EU Nr. L 328, S. 210 v. 21.12.2018.
761 Art. 1 Richtlinie 2012/27/EU.
762 Verordnung (EU) 2019/941 des Europäischen Parlaments und des Rates v. 5.6.2019 über die Risikovorsorge im Elektrizitätssektor und zur Aufhebung der Richtlinie 2005/89/EG, ABl. EU Nr. L 158, S. 1 v. 14.6.2019.
763 Vgl. Erwägungsgründe 2 und 3 Verordnung (EU) 2019/941.

dinierungsgruppe „Strom"; diese arbeitet unter Anderem mit den neu gebildeten regionalen Koordinierungszentren[764] zusammen.

Insgesamt ist die Bestrebung erkennbar, im Gebiet der Europäischen Union einen diskriminierungsfreien Wettbewerb als Grundlage für und im Einklang mit der Versorgungssicherheit durchzusetzen. Dies verdeutlicht auch die als Bestandteil des sog. „Winterpakets" erlassene neue Elektrizitätsbinnenmarktrichtlinie noch einmal.[765] Auch im Zusammenhang mit der Versorgungssicherheit gewinnt der Einsatz sog. intelligenter Messsysteme[766] auf Erzeuger- und Verbraucherseite an Relevanz. Es ist möglich, diese intelligenten Netzkomponenten zu einer Stabilisierung der Netze einzusetzen, da durch diese die Nachfrage nach Energie an die instabile Einspeisung aus regenerativen Energiequellen angepasst werden kann. In der Konsequenz setzt die Elektrizitätsbinnenmarktrichtlinie weitere Vorgaben, um den Wandel der Verbraucher vom reinen Konsumenten hin zum Prosumer,[767] der auf dem Einsatz der benannten Technologie basiert, unionsweit voranzutreiben.[768]

In Kap. 4 wurden die Instrumente der Anreizregulierung dargestellt, die die Versorgung durch Qualitätsvorgaben und Investitionsanreize absichern sollen. Auch die Zertifizierung von Transportnetzbetreibern (§ 4b EnWG) erfolgt unter dem Gesichtspunkt der Versorgungssicherheit, die als Aufgabe dieser Netzbetreiber festgeschrieben ist (§ 12 Abs. 3 EnWG; vgl. zum Ganzen auch oben Kap. 2, D. I. und II. 3.). Hier sollen die im EnWG vorgesehenen Maßnahmen für die Sicherheit und Zuverlässigkeit der Energieversorgung dargestellt werden, die insbesondere im 6. Teil (§§ 49–53a EnWG) enthalten sind.

B. Vorgaben zur Erhaltung der Sicherheit und Zuverlässigkeit der Energieversorgung

I. Anforderungen an die Errichtung und Erhaltung von Energieanlagen

7 Ausführlich regelt das EnWG die Sicherheit des Netzbetriebs und der Energieanlagen. Im Hinblick auf die Sicherheit und Zuverlässigkeit der Energieversorgung stellt der Gesetzgeber zunächst hohe Anforderungen an die Errichtung und an die Erhaltung von Energieanlagen. Energieanlagen sind Anlagen zur Erzeugung, Speicherung, Fortleitung oder Abgabe von Energie (§ 3 Nr. 15 EnWG). Nach § 49 Abs. 1 EnWG sind Energieanlagen so zu errichten und zu betreiben, dass die technische Sicherheit gewährleistet ist. Grundsätzlich sind die allgemein **anerkannten Regeln der Technik**[769] zu beachten, falls es keine sonstigen spezielleren Rechtsvorschriften

---

764 Diese werden auf der Grundlage von Art. 35 Verordnung (EU) 2019/943 gebildet; geographische Zuordnung, Aufgabenbereich und Arbeitsweise bestimmen die Art. 36 ff. dieser Verordnung.

765 Vgl. Art. 3 Richtlinie (EU) 2019/944 des Europäischen Parlaments und des Rates v. 5.6.2019 mit gemeinsamen Vorschriften für den Elektrizitätsbinnenmarkt und zur Änderung der Richtlinie 2012/27/EU, ABl. EU Nr. L 158, S. 125 v. 14.6.2019.

766 Bei einem intelligenten Messsystem handelt es sich ausweislich der Legaldefinition in § 2 S. 1 Nr. 7 MsbG um „eine über ein Smart-Meter-Gateway in ein Kommunikationsnetz eingebundene moderne Messeinrichtung zur Erfassung elektrischer Energie, das den tatsächlichen Energieverbrauch und die tatsächliche Nutzungszeit widerspiegelt und den besonderen Anforderungen nach den §§ 21 und 22 [MsbG] genügt, die zur Gewährleistung des Datenschutzes, der Datensicherheit und Interoperabilität in Schutzprofilen und Technischen Richtlinien festgelegt werden können".

767 Art. 2 Nr. 8 der Richtlinie (EU) 2019/944 spricht insoweit vom „aktiven Kunden".

768 S. hierzu zusammenfassend *Meyer/Sène*, RdE 2019, 278 (283 ff.).

769 Vgl. hierzu bereits BVerfG Beschl. v. 8.8.1978 – 2 BvL 8/77 – *Kalkar I, Schneller Brüter*, nach *juris*, Rn. 107 ff.

B. Erhaltung der Sicherheit der Energieversorgung

gibt.[770] Dabei handelt es sich um die technischen Regeln, die von den herrschenden Fachkreisen als richtig anerkannt sind und praktiziert werden, d.h. in der Praxis erprobt und bewährt sind.[771] Hinsichtlich der Einhaltung der allgemein anerkannten Regeln der Technik greift eine widerlegliche Vermutungsregel zugunsten der Netzbetreiber, wenn bei Anlagen in der Elektrizitätsversorgung die technischen Regeln des Verbandes der Elektrotechnik Elektronik Informationstechnik e.V.[772] und in der Gas- und Wasserstoffversorgung die Regeln des Deutschen Vereins des Gas- und Wasserfaches e.V.[773] angewandt und eingehalten wurden, § 49 Abs. 2 S. 1 EnWG.[774],[775] Bei der landseitigen Versorgung von Seeschiffen müssen, neben den Anforderungen des Abs. 2, weitere technische Spezifikationen eingehalten werden.[776] Bei Anlagen oder Anlagenbestandteilen, die die gleiche Sicherheit gewährleisten und in einem anderen Mitgliedstaat oder Vertragsstaat des Abkommens über den Europäischen Wirtschaftsraum gefertigt wurden, ist davon auszugehen, dass diese den in § 49 Abs. 1 EnWG genannten Anforderungen genügen. § 49 Abs. 4 EnWG ermächtigt das Bundesministerium für Wirtschaft und Energie zum Erlass von Rechtsverordnungen, mittels derer u.a. die Anforderungen an die technische Sicherheit von Energieanlagen konkretisiert werden können. Auf dieser Grundlage wurde beispielsweise die Gashochdruckleitungsverordnung[777] erlassen, nach der die Errichtung und der Betrieb von Gashochdruckleitungen grundsätzlich dem Stand der Technik entsprechen müssen. Sollen die vorgenannten verbandsrechtlichen Regelungen ausnahmsweise nicht angewendet werden, da diese im Einzelfall nicht vor dem Hintergrund der zu errichtenden Anlage konzipiert sind, bedarf es in der Praxis regelmäßig eines erheblichen Aufwandes, um nachzuweisen, dass das in Rede stehende fortschrittliche Verfahren bzw. dass die in Rede stehende Anlage den anerkannten Regeln der Technik bzw. dem Stand der Technik entspricht.

Die **zuständige Behörde** für die Überwachung der Einhaltung der Anforderungen an die technische Sicherheit der Anlagen ergibt sich aus landesrechtlichen Vorschriften. Sie kann die erforderlichen Maßnahmen treffen. Ihr ist neben dem Auskunftsanspruch in § 49 Abs. 6 S. 1 EnWG nach § 49 Abs. 7 EnWG auch das Recht eingeräumt, Betriebseinrichtungen zu betreten und betriebliche Unterlagen einzusehen, falls dies erforderlich erscheint, um die technische Sicherheit der Energieanlagen zu überwachen. Die Anforderungen an die Errichtung und Erhaltung von Energieanlagen werden ergänzt durch die Pflichten der Netzbetreiber gemäß § 11 Abs. 1 EnWG, ein sicheres, zuverlässiges und leistungsfähiges Energieversorgungsnetz zu betreiben, zu warten und auszubauen, sowie insbesondere durch die Systemverant- 8

---

770 Nach dem Beschluss des OVG Lüneburg 29.6.2011 – 7 MS 73/11, nach *juris*, Rn. 54, müssen die technischen Regeln dem aktuellen Stand entsprechen, um anwendbar zu sein.
771 BVerwG Urt. v. 18.7.2013 – 7 A 4.12, nach *juris*, Rn. 40 ff.
772 Abrufbar unter https://www.vde.com/de/fnn/themen/tar (Abruf 15.10.2021).
773 Abrufbar unter www.dvgw.de (Abruf 15.10.2021).
774 Vgl. hierzu auch OLG Düsseldorf Beschl. v. 12.6.2013 – VI-3 Kart 165/12 (V), nach *juris*, Rn. 60 ff.; bestätigt durch BGH Beschl. v. 14.4.2015 – EnVR 45/13, nach *juris*, Rn. 24 ff.
775 Vgl. zu den Voraussetzungen der Bindung privatrechtlicher Verbände bei ihrer Normungs- und Zertifizierungstätigkeit an die Warenverkehrsfreiheit aus Art. 34 AEUV EuGH Urt.v. 12.7.2012 – Rs. C-171/11, Rn. 21 ff.,ECLI:EU:C:2012:453; *Fischerauer*, IR 2013, 94 (94 f.).
776 § 49 Abs. 2a EnWG, der der Umsetzung der technischen Vorgaben aus Art. 4 Abs. 6 der Richtlinie 2014/94/EU des Europäischen Parlaments und des Rates v. 22.10.2014 über den Aufbau der Infrastruktur für alternative Kraftstoffe, ABl. EU Nr. L 307, S. 1 v. 28.10.2014, dient (BT-Drs. 19/9027, S. 16).
777 Verordnung über Gashochdruckleitungen (Gashochdruckleitungsverordnung – GasHDrLtgV) v. 18.5.2011 (BGBl. I 2011, S. 928), zuletzt geändert durch Art. 24 des Gesetzes v. 13.5.2019 (BGBl. I 2019, S. 706).

wortung gemäß den §§ 13 ff. EnWG. Die Gewährleistung der Versorgungssicherheit geht daher nach der gesetzlichen Konzeption mit dem Betrieb des Netzes einher.

II. Vorratshaltung zur Sicherung der Energieversorgung

9   § 50 EnWG ermächtigt das Bundeswirtschaftsministerium, zur Sicherung der Energieversorgung Rechtsverordnungen zu erlassen. Energieversorgungsunternehmen können verpflichtet werden, einen bestimmten **Vorrat an Materialien** zur Erzeugung von Elektrizität und Gas ständig aufzuweisen, damit die Abgabeverpflichtungen oder der eigene Bedarf für 30 Tage notfalls abgedeckt werden können. Diese Maßnahmen zur Absicherung der Versorgung auch im **Energieversorgungsengpass** sollen allerdings nicht dazu führen, dass betriebliche Schwierigkeiten auftreten oder die Brennstoffversorgung nicht aufrechterhalten werden kann. Das Bundeswirtschaftsministerium kann für diesen Fall Vorschriften erlassen, in denen eine Freistellung von dieser Vorratshaltungspflicht in begründeten Härtefällen festgeschrieben wird.

10 Die auf Grundlage des § 14 der damaligen Fassung des EnWG erlassene Kraftwerksbevorratungsverordnung vom 11. Februar 1981 wurde 1999 aufgehoben. § 50 EnWG verliert im Elektrizitätsbereich infolge der Einführung des § 13e EnWG, wonach nunmehr die Übertragungsnetzbetreiber zur Vorhaltung einer Reserveleistung in Form der Kapazitätsreserve verpflichtet sind, weiter an Relevanz.

III. Monitoring der Versorgungssicherheit und des Lastmanagements

11 Ein Monitoring der Versorgungssicherheit wird nach § 51 Abs. 1 S. 1 EnWG durchgeführt. Das Monitoring wurde im Zuge des Strommarktgesetzes erheblich ausgeweitet und methodisch neu strukturiert.[778] Seitdem wird das Monitoring der Erdgasversorgung (§ 51 Abs. 2 EnWG) getrennt von dem der Elektrizitätsversorgung (§ 51 Abs. 3 EnWG) durchgeführt. Infolge der mit dem Kohleausstiegsgesetz aufgenommenen Änderungen wird das Monitoring der Versorgungssicherheit seit dem 1. Januar 2021 nicht mehr vom Bundesministerium für Wirtschaft und Energie, sondern von der Bundesnetzagentur durchgeführt. Das Bundesministerium und die Übertragungsnetzbetreiber sind aber in alle wesentlichen Verfahrensschritte des Monitorings der Elektrizitätsversorgung einzubeziehen.

12 Das **Monitoring der Erdgasversorgung** betrifft gemäß § 51 Abs. 2 EnWG insbesondere das nationale und internationale Verhältnis von Angebot und Nachfrage, die Nachfrageentwicklung sowie das lang- und kurzfristig zur Verfügung stehende Angebot, die Kapazitäten und Transportleitungen, die Qualität der Netze, die Netzwartung und die Maßnahmen zur Bewältigung von Störungen, Versorgerausfällen und zur Bedienung von Nachfragespitzen.

13 Das **Monitoring der Elektrizitätsversorgung** beobachtet sowohl die Märkte als auch die Netze. Bei diesem Monitoring werden ebenfalls das Angebot-Nachfrage-Verhältnis auf den europäischen Strommärkten, die prognostizierte Entwicklung der Nachfrage, die Erzeugungs- und Speicherkapazitäten, die Qualität und der Umfang der Netze, von Stromspeicheranlagen sowie der Netzwartung, Maßnahmen zur Bewältigung von Störungen und Versorgerausfällen sowie zur Bedienung von Nachfragespitzen betrachtet, § 51 Abs. 3 S. 1 EnWG. Anders als beim Monitoring

---

778 S. BT-Drs. 18/7317, S. 118 f.

B. Erhaltung der Sicherheit der Energieversorgung

der Erdgasversorgung sind seit dem Strommarktgesetz „auch grenzüberschreitende Ausgleichseffekte bei erneuerbaren Energien, Lasten und Kraftwerksausfällen sowie der heutige und künftige Beitrag von Lastmanagement und von Netzersatzanlagen zur Versorgungssicherheit sowie Anpassungsprozesse an den Strommärkten auf Basis von Preissignalen zu analysieren und zu berücksichtigen. Zudem sollen mögliche Hemmnisse für die Nutzung von Lastmanagement und von Netzersatzanlagen dargestellt werden."[779] Dies weist auf die tragende Bedeutung, die sowohl dem Lastmanagement als auch dem Handel an den Strommärkten hinsichtlich der Versorgungssicherheit eingeräumt wird, hin. Die Methodik des Monitorings, die aber ausschließlich für das Monitoring der Elektrizitätsversorgung verpflichtend ist, wurde mit dem Kohleausstiegsgesetz in § 51 Abs. 4, 4a, 4b EnWG weiter präzisiert. § 51 Abs. 4a EnWG bezieht sich dabei auf das Monitoring der Versorgungssicherheit an den Strommärkten, wohingegen § 51 Abs. 4b EnWG das Monitoring der Versorgungssicherheit mit Blick auf die Netze regelt. Die Bewertung hinsichtlich der Strommärkte erfolgt auf der Grundlage wahrscheinlichkeitsbasierter Analysen des europäischen Strommarkts, die sowohl wettbewerbliche Aspekte als auch Ausfallszenarien berücksichtigen. Hinsichtlich der Netze steht im Fokus, inwieweit gegenwärtig und in Zukunft die Sicherheit, Zuverlässigkeit und Leistungsfähigkeit der Elektrizitätsversorgungsnetze gewährleistet ist und welche Maßnahmen zu deren Sicherung ggf. erforderlich sind. Die Bundesnetzagentur trifft die Pflicht, die Ergebnisse dieses Monitorings in ihre **Berichte nach § 63 EnWG** zu integrieren.

Die Weitergabe der im Rahmen des Monitorings ermittelten Daten an das Bundesministerium für Wirtschaft und Energie sowie an Dritte ist nunmehr unter den in § 51 Abs. 5 S. 2, 3 EnWG genannten Voraussetzungen statthaft.

Insgesamt bezieht sich das Monitoring damit nicht ausschließlich auf Fragen der Sicherheit und Zuverlässigkeit von Energieversorgungsnetzen, die bereits Gegenstand der Meldepflichten nach § 52 EnWG sind. Es beleuchtet vielmehr umfassend die Aspekte der Versorgungssicherheit und damit auch Fragen der hinreichenden **Verfügbarkeit von Primärenergieträgern und Erzeugungskapazitäten**. Im Erdgasbereich sind die Bevorratungskapazität und die langfristigen Erdgaslieferverträge ausdrücklich mit umfasst. Auf das Versorgungssicherheitsmonitoring sind die in § 51 Abs. 1 S. 2 EnWG in Bezug genommenen Verwaltungs- und Gerichtsverfahrensvorschriften entsprechend anwendbar. Angesichts des hohen Stellenwerts der Versorgungssicherheit ist die Ausweitung des ausführlichen und umfassenden Monitorings zu begrüßen.

Neben das Monitoring der Versorgungssicherheit tritt seit dem 30. Juli 2016 die Möglichkeit der Regulierungsbehörde, ein eigenständiges **Monitoring des Lastmanagements** gemäß § 51a EnWG einzuführen, welches im Rahmen des Monitorings der Versorgungssicherheit zu berücksichtigen wäre. Die Bundesnetzagentur hat sich dazu entschlossen, das Monitoring des Lastmanagements bereits im Jahr 2016 erstmals durchzuführen und setzt diese Praxis seither fort.[780] Für das Jahr 2020 hat die Bundesnetzagentur die Abfrage zum Monitoring des Lastmanagements zur Entlastung der Netzbetreiber und Letztverbraucher in der Corona-Pandemie ausgesetzt; die nächste Abfrage ist für das Jahr 2021 geplant. Die Ergebnisse des Monitorings fließen in den Bericht zur Versorgungssicherheit nach § 63 EnWG ein. Unabhängig

---

779 § 50 Abs. 3 S. 2, 3 EnWG.
780 Nähere Informationen hierzu abrufbar unter https://www.bundesnetzagentur.de/DE/Sachgebiete/ElektrizitaetundGas/Unternehmen_Institutionen/DatenaustauschundMonitoring/MonitoringLastmanagement/start.html (Abruf 15.10.2021).

von dem Monitoring des Lastmanagements nach § 51a EnWG ist der Beitrag des Lastmanagements im Rahmen des Monitorings der Elektrizitätsversorgungssicherheit aus den in § 51 Abs. 3 S. 2, 3 EnWG genannten Perspektiven zu betrachten. Die Monitorings werden derzeit zentral in einem Bericht zusammengeführt.

17 Zu berücksichtigen ist, dass auf die §§ 51, 51a EnWG selbst keine Maßnahmen gestützt werden können, um Mängel, die im Zusammenhang mit dem Monitoring festgestellt wurden, zu beheben.[781]

IV. Meldepflicht der Versorgungsnetzbetreiber

18 Neben dem Monitoring gibt es nach § 52 EnWG eine Meldepflicht für Versorgungsnetzbetreiber (Elektrizität und Gas) bei Versorgungsstörungen. Danach müssen die Energieversorgungsnetzbetreiber der Regulierungsbehörde über alle in ihrem Versorgungsbereich aufgetretenen **Unterbrechungen** berichten. Der Bericht muss am 30. April eines jeden Jahres vorgelegt werden. Er muss den Zeitpunkt und die Dauer der Unterbrechung, das Ausmaß der Unterbrechung und die Ursache enthalten. Das Ausmaß der Unterbrechung kann anhand der ausgefallenen Umspannleistung, der Anzahl der ausgefallenen Leitungsabgänge oder der Anzahl ausgefallener Anschlüsse von Letztverbrauchern dargestellt werden. Die Anzahl der von einer Versorgungsstörung betroffenen Letztverbraucher soll in der Regel möglichst genau angegeben werden. Die Meldung soll grundsätzlich so gefasst sein, dass die Beschreibung der Versorgungszuverlässigkeit mit möglichst **geringem Erfassungsaufwand** möglich ist. Der Versorgungsnetzbetreiber muss in diesem Bericht ebenfalls darlegen, welche Maßnahmen von ihm ergriffen wurden, um die im Bericht aufgezeigten Unterbrechungen künftig zu verhindern. Die Regulierungsbehörde kann Vorgaben zur Gestaltung des Berichts machen.[782] Sie darf des Weiteren Ergänzungen und Erläuterungen des Berichts verlangen. Die Erfassung der Versorgungssicherheit, die mit den Meldepflichten nach § 52 EnWG durchgeführt wird, ermöglicht einen nationalen und internationalen Vergleich, der Aufschluss darüber gibt, wie sich die Energieversorgung unter dem Aspekt der Versorgungssicherheit in Deutschland positioniert und wo Verbesserungsmöglichkeiten aufgezeigt werden können. Außerdem kann durch diese **Schwachstellenanalyse** eine Verbesserung der Versorgungssicherheit erreicht werden. Die auf diesem Weg zu offenbarenden Informationen können auch bei den Regulierungsmaßnahmen hilfreich sein, etwa wenn es um die Qualität der Netze und deren Regulierung geht. Von der Meldepflicht nach § 52 EnWG zu unterscheiden ist die Pflicht der Netzbetreiber gemäß § 13 Abs. 8 EnWG, Großstörungen (Versorgungsstörungen für lebenswichtigen Bedarf) jeweils unverzüglich bei der Regulierungsbehörde anzuzeigen.

V. Möglichkeit der Ausschreibung neuer Erzeugungskapazitäten und von Energieeffizienz- und Nachfragesteuerungsmaßnahmen im Elektrizitätsbereich

19 Zur Sicherung einer flächendeckenden Versorgung mit Elektrizität ist in § 53 EnWG die Möglichkeit vorgesehen, **Ausschreibungen** für neue Erzeugungskapazitäten

---

[781] So zu § 51 EnWG *Bourwieg*, in: Britz/Hellermann/Hermes (Hrsg.), EnWG, 3. Aufl. 2015, § 51 Rn. 4.
[782] S. BNetzA, Allgemeinverfügung Gas v. 17.12.2008 – 607/891; BNetzA, Allgemeinverfügung Strom v. 22.2.2006 – 605/8135.

B. Erhaltung der Sicherheit der Energieversorgung

oder für Energieeffizienz- und Nachfragesteuerungsmaßnahmen durchzuführen. Dies ist etwa dann notwendig, wenn die nach § 1 EnWG garantierte Versorgungssicherheit durch vorhandene Erzeugungskapazitäten oder getroffene Energieeffizienz- und Nachfragesteuerungsmaßnahmen nicht flächendeckend gewährleistet werden kann. Seit dem beschlossenen Ausstieg aus der Kernkraft, der unmittelbar folgenden Abschaltung der ersten Kraftwerke und dem seither verstärkt vorangetriebenen Ausbau erneuerbarer Energien stellen sich netzauslastungsbedingte Versorgungsherausforderungen, die diesem Thema eine neue und aktuelle Relevanz vermitteln.[783] Allerdings greift insoweit nunmehr vorrangig die umfassende „Kraftwerksregulierung" in den §§ 13 ff. EnWG (s. dazu Kap. 2, D. II. 4.).[784] Die Bedeutung des § 53 EnWG tritt damit deutlich zurück.

VI. Versorgung der Haushaltskunden mit Erdgas

Besondere Aufmerksamkeit verdient § 53a EnWG, der insbesondere die Versorgung der Haushaltskunden[785] mit Erdgas sicherstellen soll. Mit dem Begriff der „**geschützten Kunden**" werden von § 53a S. 1 Nr. 1 EnWG nicht nur Haushaltskunden, sondern im Wesentlichen auch kleine und mittlere Unternehmen aus den Bereichen Gewerbe, Handel und Dienstleistungen sowie (Nr. 2) grundlegende soziale Dienste, d.h. Einrichtungen, in denen Menschen stationär behandelt werden oder leben, erfasst,[786] einschließlich der diese Kunden beliefernden Fernwärmeanlagen (Nr. 3). Zu den sozialen Diensten zählen bspw. Krankenhäuser oder Seniorenheime.[787] Ausweislich der Gesetzesbegründung ist der Begriff der grundlegenden sozialen Dienste eng auszulegen. Erfasst werden nur solche Dienste, die dem Schutz von Bevölkerungsgruppen dienen, die im Hinblick auf die Unterbrechung einer Gasversorgung vergleichbar schutzbedürftig wie Haushaltskunden sind.[788]

20

Gasversorgungsunternehmen sind auch dann, wenn die Versorgung mit Erdgas teilweise unterbrochen ist, verpflichtet, die vorgenannten geschützten Kunden mit Erdgas zu versorgen, solange dies aus wirtschaftlichen Gründen zumutbar ist. Die „**wirtschaftliche Zumutbarkeit**" ist ein unbestimmter Rechtsbegriff, der der Auslegung bedarf. Hier müssen die wirtschaftlichen Interessen der Gasversorger und das Interesse der geschützten Kunden, angemessen, d.h. insbesondere zuverlässig und ihren Qualitätsansprüchen entsprechend, versorgt zu werden, ausgeglichen werden. Das Gesetz stellt hier auf die individuelle **wirtschaftliche Leistungsfähigkeit** eines Energieversorgungsunternehmens ab. Die Grenze der wirtschaftlichen Zumutbarkeit

---

783 S. dazu die Untersuchung von *Böckers/Giessing/Haucap/Heimeshoff/Rösch*, „Braucht Deutschland einen Kapazitätsmarkt für Kraftwerke? Eine Analyse des deutschen Marktes für Stromerzeugung", Januar 2012, abrufbar unter http://www.dice.hhu.de/fileadmin/redaktion/Fakultaeten/Wirtschaftswissenschaftliche_Fakultaet/DICE/Ordnungspolitische_Perspektiven/024_OP_Bo__ckers_Giessing_Haucap-Heimeshoff_Ro__sch.pdf (Abruf 15.10.2021) sowie BT-Drs. 18/7317, S. 53; s. hierzu auch die vom BMWi in Auftrag gegebene Studie „Definition und Monitoring der Versorgungssicherheit an den europäischen Strommärkten", Stand: 23.1.2019, abrufbar unter https://www.bmwi.de/Redaktion/DE/Publikationen/Studien/definition-und-monitoring-der-versorgungssicherheit-an-den-europaeischen-strommaerkten.html (Abruf 15.10.2021).
784 Nach § 11 Abs. 3 i.V.m. § 118 Abs. 33 EnWG sind die Übertragungsnetzbetreiber übergangsweise gehalten, im Bedarfsfall Erzeugungsanlagen zu errichten und von Dritten betreiben zu lassen, um die Sicherheit und Zuverlässigkeit des Elektrizitätsversorgungssystems bei einem örtlichen Ausfall eines oder mehrerer Betriebsmittel im Übertragungsnetz wiederherstellen zu können (s. Kap. 2 D. II. 1.).
785 S. hierzu weiterführend EuGH Urt. v. 20.12.2017 – Rs. C-226/16, Rn. 40, 48, ECLI:EU:C:2017:1005.
786 BT-Drs. 19/27453, S. 133.
787 BT-Drs. 19/27453, S. 133.
788 BT-Drs. 19/27453, S. 133.

ist erreicht, wenn die mit der Lieferung verbundenen Kosten außer Verhältnis zu den bei einer Alternative anfallenden Kosten stehen.[789] Die wirtschaftliche Zumutbarkeit ist eine Schranke der grundsätzlichen Versorgungspflicht. Gleiches soll gelten, wenn im Falle außergewöhnlich hoher Nachfrage in extremen Kälteperioden die Gasbelieferung erschwert ist. Dabei wird hinsichtlich der zu treffenden Maßnahmen auf die Verordnung über Maßnahmen zur Gewährleistung der sicheren Gasversorgung[790] verwiesen. Diese Verordnung enthält Bestimmungen zur Gewährleistung einer sicheren Erdgasversorgung. Dies geschieht durch die Sicherstellung der Funktion des Binnenmarkts für Erdgas. Daneben werden transparente Mechanismen für die Koordinierung der Planung für Notfälle auf der Ebene der Mitgliedstaaten, auf regionaler Ebene und Unionsebene und für die Reaktion auf derartige Notfälle festgelegt.

VII. Grundversorgungspflicht als Teil der Versorgungssicherheit

21 Versorgungssicherheitsrelevant ist schließlich auch die Grundversorgungspflicht nach § 36 EnWG. Diese sieht die Belieferung von Haushaltskunden (i.S.d. Legaldefinition des § 3 Nr. 22 EnWG) mit Energie im Niederdruck- bzw. Niederspannungsbereich zu allgemeinen, im Internet zu veröffentlichenden Bedingungen und Preisen vor und durchbricht die grundsätzlich bestehende wettbewerbliche Vertragsfreiheit.[791] Für den jeweiligen Grundversorger besteht damit in seinem Versorgungsgebiet ein Kontrahierungszwang, der ausschließen soll, dass ein Haushaltskunde ansonsten keine Versorgung zu angemessenen Preisen erhalten würde. Diesbezüglich haben in der jüngeren Vergangenheit Fragen der Angemessenheit des Preises, der Reichweite der Preisanpassungsrechte der Grundversorger sowie des Umfangs der in der StromGVV und GasGVV umfassend festgelegten „Allgemeinen Bedingungen" die Gerichte beschäftigt.[792] Die Regulierungsbehörde kann mit den Aufsichtsmaßnahmen nach § 65 EnWG auf die Grundversorgungspflicht einwirken. Als Bestandteil der Versorgungssicherheit ist die Grundversorgungspflicht unmittelbare Konsequenz der Qualifizierung der Energieversorgung als Teil der Daseinsvorsorge, wonach die Energieversorgung eine Leistung darstellt, auf die der Bürger zur Sicherung einer menschenwürdigen Existenz unumgänglich angewiesen ist.[793]

Literaturhinweise:

Fischerauer, Sven, EuGH: Bindung eines Branchenzertifizierers – hier: DVGW – an die Warenverkehrsfreiheit, IR 2013, 94 ff.; *Hohlefelder, Walter/Kästner, Thomas,* Regulierung und Kapitalmarktfähigkeit der Energieinvestitionen, WiVerw 2005, 66 ff.; *Klaue, Helmut/van de Loo, Kai,* Sicherheit der Energieversorgung der EU, et 2006, 8 ff.; *Koenig, Christian/Kühling, Jürgen/Rasbach, Winfried,* Versorgungssicherheit im Wettbewerb – Ein Vergleich der gemeinschaftsrechtlichen, französischen und deut-

---

789 Eine solche „Schranke der wirtschaftlichen Zumutbarkeit" findet sich auch in § 7 Abs. 4 S. 3 KrWG.
790 Verordnung (EU) 2017/1938 des Europäischen Parlaments und des Rates v. 25.10.2017 über Maßnahmen zur Gewährleistung der sicheren Gasversorgung und zur Aufhebung der Verordnung 994/2010, ABl. EU Nr. L 280, S. 1 v. 28.10.2017.
791 Vgl. *Moser,* RdE 2007, 343 (348).
792 S. hierzu im Einzelnen oben in Kap. 6 sowie exemplarisch EuGH Urt. v. 2.4.2020 – Rs. C-765/18, ECLI:EU:C:2020:270; EuGH Urt. v. 23.10.2014 – verbundene Rs. C-359/11 und C-400/11, ECLI:EU:C:2014:2317; BGH Urt. v. 6.4.2016 – VIII ZR 324/12; BGH Urt.v. 6.4.2016 – VIII ZR 71/10; BGH Urt. v. 9.12.2015 (Berichtigungsbeschluss v. 27.4.2016) – VIII ZR 330/12; BGH Urt. v. 9.12.2015 – VIII ZR 208/12; BGH Urt. v. 28.10.2015 – VIII ZR 158/11 und VIII ZR 13/12; S. hierzu auch *Starke,* DVBl 2015, 746 (746 ff.).
793 BVerfGE 66, 248 (258).

schen Energierechtsordnung, ZNER 2003, 3 ff.; *Kühling, Jürgen,* Sektorspezifische Regulierung in den Netzwirtschaften, 2004; *Kuhnt, Dietmar,* Die Versorgung Europas mit sicherer und preisgünstiger Energie, RdE 1994, 41 ff.; *Lippert, Michael,* Energiewirtschaftsrecht: Gesamtdarstellung für Wissenschaft und Praxis, 2002; *Löwer, Wolfgang,* Energieversorgung zwischen Staat, Gemeinde und Wirtschaft, 1989; *Löwer, Wolfgang* (Hrsg.), Bonner Gespräch zum Energierecht 2, Wettbewerb und Versorgungssicherheit, 2007; *Meyer, Melanie/Sène Elhadj, Abdoulaye,* Das europäische Strommarktdesign nach Verabschiedung des „Winterpakets", RdE 2019, 278 ff.; *Moser, Michael/* Einwirkungsbefugnisse der Bundesnetzagentur auf die Elektrizitätsversorgung, RdE 2007, 343 ff.; *Peters, Carsten,* Investitionspflichten der Energienetzbetreiber nach dem EnWG, ZNER 2007, 272 ff.; *Pielow, Johann-Christian,* Grundstrukturen öffentlicher Versorgung, 2001; *Pröfrock, Matthias,* Energieversorgungssicherheit im Recht der Europäischen Union/Europäischen Gemeinschaften, 2007; *Schneider, Jens-Peter/Prater, Janine,* Das europäische Energierecht im Wandel, RdE 2004, 57 ff.; *Starcke, Christian Paul,* Die Auswirkungen des EuGH-Urteils vom 23.10.2014 auf die Preisanpassungsklauseln in der deutschen Grundversorgung mit Strom und Gas, DVBl 2015, 746 ff.; *Steeg, Helga,* Risiken in der Energieversorgungssicherheit – Ursachen und Strategien zu ihrer Minderung, RdE 2002, 235 ff.; *Tettinger, Peter J.,* Zum Thema „Sicherheit" im Energierecht, RdE 2002, 225 ff.; *Thimig, Daniel,* Die rechtlichen Möglichkeiten zur Errichtung eines europäischen Erdgasnotstandsprogramms, 2008.

Rechtsprechungshinweise:

EuGH Urt. v. 12.7.2012 – Rs. C-171/11, ECLI:EU:C:2012:453; EuGH Urt. v. 23.10.2014 – verbundene Rs. C-359/11 und C-400/11, ECLI:EU:C:2014:2317; EuGH Urt. v. 20.12.2017 – Rs. C-226/16, ECLI:EU:C:2017:1005; EuGH Urt. v. 2.4.2020 – Rs. C-765/18, ECLI:EU:C:2020:270; BVerfG Beschl. v. 20.3.1984 – BvL 28/82, BVerfGE 66, 248 ff.; BVerfG Beschl. v. 11.2.1994 – 2 BvR 633/86, BVerfGE 91, 186 ff.; BGH Beschl. v. 14.4.2015 – EnVR 45/13; BVerwG Urt. v. 18.7.2013 – 7 A 4.12; BGH Urt. v. 9.12.2015 (Berichtigungsbeschluss v. 27.4.2016) – VIII ZR 330/12; BGH Urt. v. 9.12.2015 – VIII ZR 208/12; BGH Urt. v. 6.4.2016 – VIII ZR 324/12; BGH Urt. v. 6.4.2016 – VIII ZR 71/10; OVG Lüneburg Beschl. v. 29.6.2011 – 7 MS 73/11; OLG Düsseldorf Beschl. v. 12.6.2013 – VI-3 Kart 165/12 (V).

8. Kapitel: Planfeststellung, Wegenutzung und Konzessionen

1 Für den Bau und die Erweiterung von Energieanlangen, insbesondere von Energieleitungen, ist die Nutzung privater Grundstücke und öffentlicher Verkehrswege unumgänglich. -Viele Energieleitungen sind in das kommunale Wegenetz eingebettet, nahezu jede Energieleitung quert private Grundstücke oder verläuft entlang öffentlicher Straßen, Wege und Plätze. Die Energieversorgungsunternehmen sind daher auf die Mitbenutzung gemeindlichen und privaten Grundeigentums angewiesen. Mit den §§ 46 ff. EnWG bestehen sondergesetzliche Vorschriften für diese Wegenutzung **im Gemeindegebiet** und mit den §§ 44b, 45 ff. EnWG Regelungen bis hin zur Enteignung von sonstigem **Grundeigentum**, um dieses im Rahmen der Energieversorgung zu nutzen. Dabei sind die Nutzung der öffentlichen Verkehrswege (C.) und die Benutzung privater Grundstücke (B.) zu unterscheiden. Der Zugriff auf Grundstücke zum Energieleitungsbau wird teilweise bereits vor Erlass einer diesen, dem Grunde nach legitimierenden, Genehmigung erforderlich. Für diese Fälle treffen die §§ 44 und 44c EnWG Sonderregelungen.

2 Vor dem – einvernehmlichen oder ggf. zwangsweisen – Zugriff auf private und öffentliche Grundstücke, werden der Trassenverlauf der Energieleitungen bzw. der Standort der Energieanlagen sowie deren Bau, Betrieb und/oder deren Änderung in nur einem Genehmigungsverfahren, dem Planfeststellungsverfahren, gesamthaft zugelassen (A.).

A. Energierechtliche Planfeststellung

3 Die energierechtliche Planfeststellung und die hiernach planfeststellungsbedürftigen Vorhaben sind – anders als die sich nach anderen Fachgesetzen richtenden Planfeststellungsverfahren – in mehreren Gesetzen normiert.[794] Die nach dem Fachrecht der §§ 43 ff. EnWG **planfeststellungsbedürftigen Infrastrukturvorhaben** bilden demnach nur einen Teilausschnitt der planfeststellungsbedürftigen energierechtlichen Infrastrukturvorhaben. Dies stellt auch § 43 Abs. 1 S. 2 EnWG klar, der darauf verweist, dass sich die energierechtliche Planfeststellung der im NABEG benannten Leitungsvorhaben grundsätzlich nicht nach den §§ 43 ff. EnWG richtet.[795]

4 Für die in § 43 Abs. 1 S. 1, Abs. 2 EnWG genannten Vorhaben sowie für die im Bedarfsplan (= Anlage zum Energieleitungsausbaugesetz – EnLAG) genannten Vorhaben richtet sich das Planfeststellungsverfahren nach den §§ 43 ff. EnWG.[796] Daneben treten die im Bundesbedarfsplan (= Anlage zu § 1 Abs. 1 BBPlG) als länderübergreifend oder grenzüberschreitend gekennzeichneten Höchstspannungsleitungen und Anbindungsleitungen von Offshore-Windpark-Umspannwerken zu den Netzverknüpfungspunkten an Land (§ 2 Abs. 1 NABEG). Für diese Vorhaben wird zunächst das bei der Bundesnetzagentur geführte Verfahren der Bundesfachplanung

---

[794] Die eisenbahnrechtliche Planfeststellung richtet sich beispielsweise (nur) nach den §§ 18 ff. AEG, die fernstraßenrechtliche Planfeststellung ist in den §§ 17 ff. FStrG normiert.
[795] § 18 Abs. 5 NABEG bestimmt wiederum die Anwendbarkeit des Teils 5 des EnWG für Planfeststellungsverfahren nach dem NABEG, wenn das NABEG keine abweichenden Regelungen enthält.
[796] Für die in der Anlage zum EnLAG aufgezählten Vorhaben ergibt sich dies aus § 1 Abs. 2 S. 4 EnLAG.

nach den §§ 4-17 NABEG durchgeführt, das vornehmlich zur Festlegung des Trassenkorridors für das jeweilige Leitungsvorhaben dient. An diesen Verfahrensschritt schließt sich die Planfeststellung der länderübergreifenden oder grenzüberschreitenden Vorhaben nach den §§ 18-28 NABEG an. Die Planfeststellung nach dem NABEG kann auf die in § 2 Abs. 3 NABEG genannten Vorhaben bzw. Vorhabenbestandteile erweitert werden. Die im Bundesbedarfsplan nicht als länderübergreifend oder grenzüberschreitend gekennzeichneten Vorhaben werden hingegen ebenfalls nach den §§ 43 ff. EnWG planfestgestellt.

Der Planfeststellungsbeschluss als Zulassungsentscheidung für das Vorhaben entfaltet **formelle Konzentrationswirkung** (vgl. § 43 Abs. 4, 5 EnWG i.V.m. § 75 Abs. 1 S. 1 VwVfG/LVwVfG). Andere behördliche Entscheidungen, insbesondere öffentlich-rechtliche Genehmigungen, Verleihungen, Erlaubnisse, Bewilligungen, Zustimmungen und Planfeststellungen sind neben der (energierechtlichen) Planfeststellung nicht erforderlich. Konzentriert werden in der Planfeststellung damit die Zuständigkeit und das Verfahren. Die **materiellen Genehmigungsvoraussetzungen** der von der Planfeststellung eingeschlossenen Entscheidungen sind im Rahmen der Genehmigungserteilung hingegen vollumfänglich zu prüfen.

Der Planfeststellungsbeschluss entfaltet ferner unmittelbar rechtsgestaltende Wirkung, da er alle öffentlich-rechtlichen Beziehungen zwischen dem Vorhabenträger und den durch den Plan Betroffenen regelt (§ 75 Abs. 1 S. 2 VwVfG/LVwVfG).

Darüber hinaus entfaltet die Planfeststellung nach dem EnWG **enteignungsrechtliche Vorwirkung**, d.h. mit der Planfeststellung ist bereits über das „Ob" der Zulässigkeit einer Enteignung entschieden (§ 45 Abs. 1 Nr. 2, Abs. 2 S. 1 EnWG) (s. hierzu B. III.).

I. Erfordernis der Planfeststellung

Die energierechtlich planfeststellungsbedürftigen Vorhaben nach dem EnWG sind nicht auf die Leitungsvorhaben des Strom- und Gasbereichs als „typischerweise" planfeststellungsbedürftige linienförmige Infrastrukturvorhaben beschränkt, sondern bei diesen kann es sich auch um Wasserstoffleitungen, Leerrohre und (betriebsnotwendige und andere) Anlagen handeln.

Durch das Gesetz zur Beschleunigung des Energieleitungsausbaus vom 13. Mai 2019[797] wurde § 43 EnWG neu gefasst und ergänzt. § 43 EnWG unterscheidet (weiterhin) zwischen obligatorisch und fakultativ planfeststellungsbedürftigen Vorhaben. Die **obligatorisch planfeststellungsbedürftigen Vorhaben** nach dem EnWG sind in § 43 Abs. 1 S. 1 EnWG geregelt. Erfasst sind unter anderem Hochspannungsfreileitungen mit einer Nennspannung von 110 kV oder mehr und damit bereits weite Teile des Verteilernetzes. Lediglich wenn es sich bei diesen Hochspannungsfreileitungen um Bahnstromfernleitungen handelt, sind diese nicht nach dem Fachrecht des EnWG planfeststellungsbedürftig. Erfasst sind ferner Hochspannungsleitungen zur Netzanbindung von Windenergieanlagen auf See und grenzüberschreitende Gleichstrom-Hochspannungsleitungen, die im Küstenmeer jeweils als Erdkabel verlegt werden, deren landseitige Fortführung aber als Freileitung oder Erdkabel bis zum technisch und wirtschaftlich günstigsten Verknüpfungspunkt des nächstgelegen Übertragungs- oder Verteilernetzes erfolgen kann. Planfeststellungs-

---

[797] BGBl. I 2019, S. 706.

bedürftig nach den §§ 43 ff. EnWG sind ferner die in § 2 Abs. 5 und 6 BBPlG benannten Höchstspannungs-Gleichstrom- und Höchstspannungs-Wechselstrom-Vorhaben. Diese weisen die Besonderheit auf, dass sie nach den Maßgaben der §§ 3 und 4 BBPlG als Erdkabel errichtet werden können bzw. müssen. Verpflichtend planfestzustellen sind neben den in § 43 Abs. 1 S. 1 EnWG aufgezählten **Stromleitungen** auch **Gasversorgungsleitungen** mit einem Durchmesser von mehr als 300 Millimetern und damit vornehmlich Gashochdruckfernleitungen. Mit dem Gesetz zur Beschleunigung des Energieleitungsausbaus wurde die Planfeststellungsbedürftigkeit für Anbindungsleitungen von LNG-Anlagen an das Fernleitungsnetz mit einem Durchmesser von mehr als 300 Millimetern klargestellt.[798] Seit der EnWG-Novelle 2021[799] sind ferner die Errichtung und der Betrieb sowie die Änderung von Wasserstoffleitungen einschließlich der Anbindungsleitungen von Anlandungsterminals für Wasserstoff mit einem Durchmesser von mehr als 300 Millimetern obligatorisch planfestzustellen (§ 43l Abs. 2 S. 1 EnWG). Die Aufzählung der planfeststellungsbedürftigen Vorhaben nach dem EnWG in §§ 43 Abs. 1 S. 1, 43l Abs. 2 S. 1 EnWG ist abschließend; zu darüber hinaus planfeststellungsbedürftigen Vorhaben mit energierechtlichem Bezug wird auf die einleitenden Ausführungen (s.o. A.) hingewiesen.

10 Die Planfeststellung gestattet sowohl die **Errichtung** als auch den **Betrieb** der Anlagen. Unter Errichtung ist der Bau der Energieversorgungsleitung zu verstehen.[800] Betrieb ist die Nutzung der Anlage entsprechend ihrem Verwendungszweck,[801] wobei betriebsbedingte Nutzungsunterbrechungen, bspw. zur Wartung oder Reparatur der Anlage, dem Betrieb zuzurechnen sind. Planfeststellungsbedürftig ist daneben aber auch die **Änderung** von Bestandsanlagen, wenn sie unter die Aufzählung in §§ 43 Abs. 1 S. 1, 43l Abs. 2 S. 1, Abs. 8 EnWG fallen. Eine Änderung liegt vor, wenn der Um- oder Ausbau der Anlage nicht von der ursprünglich für die Anlage erteilten Zulassungsentscheidung gedeckt ist.[802] Sofern es sich um unwesentliche Änderungen handelt, können diese statt im Planfeststellungsverfahren im **Anzeigeverfahren** nach § 43f EnWG zugelassen werden. Das Anzeigeverfahren hat gegenüber der Planfeststellung den Vorteil, dass dieses materiell an geringere Voraussetzungen geknüpft ist, was sich deutlich im Umfang der für das Anzeigeverfahren zu erstellenden Unterlagen niederschlägt. Verfahrensrechtlich ist das Anzeigeverfahren deutlich schlanker gestaltet; insbesondere des im Rahmen der Planfeststellung durchzuführenden, zeitaufwendigen formalisierten Anhörungsverfahrens (Öffentlichkeits- und Behördenbeteiligung)[803] bedarf es im Anzeigeverfahren nicht. Beides bringt eine erhebliche Zeit- und Kostenersparnis für den Vorhabenträger mit sich.[804]

11 Wann eine Änderung als **unwesentlich** einzuordnen ist, legt § 43f Abs. 1 S. 1 EnWG fest. Danach sind Änderungen nur dann unwesentlich, wenn für diese keine Umweltverträglichkeitsprüfung durchzuführen ist; dies bestimmt sich nach § 9 UVPG[805] i.V.m. Anlage 1 zum UVPG sowie nach § 43f Abs. 2 EnWG. Letzterer schließt, über

---

798 Vgl. BT-Drs. 19/9027, S. 13.
799 Gesetz zur Umsetzung unionsrechtlicher Vorgaben und zur Regelung reiner Wasserstoffnetze v. 16.7.2021 (BGBl. I 2021, S. 3026).
800 *Kment*, in: Kment (Hrsg.) EnWG, 2. Aufl. 2019, § 43 Rn. 27; *Hermes/Kupfer*, in: Britz/Hellermann/Hermes (Hrsg.), EnWG, 3. Aufl. 2015, § 43 Rn. 13.
801 *Kment*, in: Kment (Hrsg.) EnWG, 2. Aufl. 2019, § 43 Rn. 29; *Hermes/Kupfer*, in: Britz/Hellermann/Hermes (Hrsg.), EnWG, 3. Aufl. 2015, § 43 Rn. 14.
802 So auch *Hermes/Kupfer*, in: Britz/Hellermann/Hermes (Hrsg.), EnWG, 3. Aufl. 2015, § 43 Rn. 13.
803 Dieses ergibt sich aus § 43a EnWG i.V.m. § 73 VwVfG (Bund) bzw. den entsprechenden Vorgaben der LVwVfG sowie aus §§ 17 ff. UVPG.
804 S. zum Anzeigeverfahren nach § 43f EnWG weitergehend *Grigoleit/Klanten*, EnWZ 2020, 435 ff.
805 Gesetz über die Umweltverträglichkeitsprüfung v. 18.3.2021 (BGBl. I 2021, S. 540).

A. Energierechtliche Planfeststellung

die Vorgaben des UVPG hinausgehend, auch Änderungen des Betriebskonzepts sowie Um- oder Zubeseilungen von der Pflicht zur Durchführung einer Umweltverträglichkeitsprüfung aus, wenn die in § 43f Abs. 2 S. 2 bis 4 EnWG genannten Voraussetzungen vorliegen. Bei Höchstspannungsfreileitungen mit einer Nennspannung von 220 kV oder mehr, dürfen Zubeseilungen nur auf einer Länge von maximal 15 km stattfinden, damit die Pflicht zur Durchführung einer Umweltverträglichkeitsprüfung entfällt und die Zubeseilung als unwesentlich eingestuft werden kann. Darüber hinaus muss bei Um- oder Zubeseilung generell geprüft werden, ob die in § 43f Abs. 2 S. 3 EnWG benannten habitatschutzrechtlichen und artenschutzrechtlichen Vorgaben eingehalten werden.[806] Die Änderung des Betriebskonzepts sowie die Um- oder Zubeseilung müssen schließlich die immissionsschutzrechtlichen Vorgaben der 26. BImSchV[807] und der TA Lärm[808] einhalten.

12 Neben den in § 43 Abs. 1 S. 1 EnWG aufgeführten, können weitere Anlagen durch Planfeststellung zugelassen werden. Erforderlich ist ein entsprechender Antrag des Vorhabenträgers. Die **fakultative Planfeststellung** bezieht sich auf die in § 43 Abs. 2 EnWG genannten Energieanlagen. Umfasst sind hiervon u.a. die für den Betrieb der Energieleitungen notwendigen Anlagen. Dabei handelt es sich beispielsweise um Umspannanlagen, Verdichterstationen oder Netzverknüpfungspunkte. Planfeststellungsfähig sind diese aber nur, wenn sie in das Planfeststellungsverfahren für die Energieleitung integriert werden. Eine solche Integrationspflicht besteht ferner für die in § 43 Abs. 2 S. 1 Nr. 5 EnWG genannten Vorhaben; hierdurch soll erreicht werden, dass mehrere Verfahren auf der Verteilernetzebene in einem Planfeststellungsverfahren gebündelt werden.[809] Wenn der Vorhabenträger des Planfeststellungsverfahrens nach § 43 Abs. 1 EnWG nicht identisch mit dem Vorhabenträger des zu integrierenden Vorhabens nach Nr. 5 ist, was regelmäßig der Fall sein wird, ist der Vorhabenträger des „Trägervorhabens" nach § 43 Abs. 1 EnWG verpflichtet, entweder die Planung eines fremden Vorhabenträgers in seine Planfeststellungsunterlagen zu integrieren, oder die Planung für das Vorhaben eines Dritten in Abstimmung mit diesem durchzuführen. Kostentragung und Verfahren dieser Integration sowie Mitwirkungspflichten regelt das EnWG nicht; diese sind individualvertraglich zu vereinbaren. Für die weiteren, in § 43 Abs. 2 S. 1 Nr. 2 bis 4 und Nr. 6 bis 8 EnWG genannten Vorhaben besteht eine solche Integrationspflicht nicht. Hinsichtlich dieser Anlagen können sowohl Errichtung und Betrieb als auch Änderung in einem eigenen Planfeststellungsverfahren zugelassen werden. Fakultativ kann seit 2021

---

806 Die habitatschutzrechtlichen Vorgaben finden sich in § 34 BNatSchG. Bei den bedeutenden Brut- oder Rastgebieten geschützter Vogelarten handelt es sich um *Ramsar-Gebiete*, die insbesondere als Lebensraum für Wat- und Wasservögel von internationaler Bedeutung ausgewiesen sind, sowie um sog. *Important Bird Areas*, die als wichtig für den Arten- und Biotopschutz eingestuft sind. Diese finden besondere Berücksichtigung, da bestimmte Vogelarten eine besondere Kollisionsgefährdung an Freileitungen aufweisen (vgl. auch BT-Drs. 19/7375, S. 61). Der in § 43f Abs. 2 S. 3 EnWG enthaltene Hinweis, dass erhebliche Beeinträchtigungen bedeutender Brut- oder Rastgebiete geschützter Vogelarten nicht zu erwarten sein dürfen, dürfte nicht dazu führen, dass die artenschutzrechtlichen Zugriffsverbote des § 44 Abs. 1 BNatSchG im Anzeigeverfahren im Übrigen nicht von Bedeutung wären; in diesem Fall sind vielmehr „andere öffentliche Belange berührt". Wenn die Gewährung einer artenschutzrechtlichen Ausnahme im Einzelfall (§ 45 Abs. 7 BNatSchG) nicht in Betracht kommt, dürfte die Durchführung des Anzeigeverfahrens bereits aus diesem Grund ausgeschlossen sein.
807 Sechsundzwanzigste Verordnung zur Durchführung des Bundes-Immissionsschutzgesetzes (Verordnung über elektromagnetische Felder - 26. BImSchV) v. 14.8.2013 (BGBl. I 2013, S. 3266).
808 Sechste Allgemeine Verwaltungsvorschrift zum Bundes-Immissionsschutzgesetz (Technische Anleitung zum Schutz gegen Lärm – TA Lärm) v. 26.8.1998 (GMBl Nr. 26/1998, S. 503), zuletzt geändert durch Verwaltungsvorschrift v. 1.6.2017 (BAnz AT 8.6.2017 B5).
809 BT-Drs. 19/9027, S. 13.

ein Planfeststellungsverfahren auch für Wasserstoffleitungen einschließlich der Anbindungsleitungen von Anlandungsterminals für Wasserstoff mit einem Durchmesser von 300 Millimeter durchgeführt werden.

13 Mit dem Gesetz zur Beschleunigung des Energieleitungsausbaus wurde ferner § 43j EnWG in das EnWG eingefügt, der im Fall der Planfeststellung von **Erdkabelvorhaben** die Möglichkeit vorsieht, dass bei dieser Gelegenheit eine Planfeststellung für eine weitere Erdkabel-Stromleitung erfolgt, wenn absehbar ist, dass diese in den nächsten 15 Jahren realisiert wird. Gegenstand dieses Planfeststellungsverfahrens sind die zu verlegenden **Leerrohre**, die Errichtung und der Betrieb der Stromleitung.

14 **Zuständig** für die Planfeststellung ist die nach dem jeweiligen Landesrecht zuständige Planfeststellungsbehörde.

II. Planfeststellungsverfahren

15 Für das Planfeststellungsverfahren verweist § 43 Abs. 4 EnWG auf die §§ 72 bis 78 des (Bundes-)Verwaltungsverfahrensgesetzes bzw. auf die entsprechenden Vorschriften in den Verwaltungsverfahrensgesetzen der Länder (§ 43 Abs. 5 EnWG).[810] Diese werden durch die spezielleren Vorschriften in §§ 43a ff. EnWG modifiziert.

16 Die §§ 43a bis 44c EnWG enthalten **Spezialvorschriften des Fachrechts**, die für die energierechtliche Planfeststellung neben die §§ 72 ff. VwVfG/LVwVfG treten. Die §§ 43a und 43b EnWG ergänzen dabei die in §§ 73 und 74 VwVfG/LVwVfG geregelten Vorgaben zum Anhörungsverfahren und zum Planfeststellungsbeschluss mit punktuellen Sonderregelungen. In den Fällen, in denen ein bestehender Planfeststellungsbeschluss zum Verfahrensgegenstand gemacht werden soll, d.h. wenn ein Planfeststellungsbeschluss vor Fertigstellung des genehmigten Vorhabens geändert, eine Planergänzung oder ein ergänzendes Verfahren durchgeführt werden sollen, greifen die Verfahrenserleichterungen des § 43d S. 1 EnWG.

17 § 43g EnWG enthält eine im Wesentlichen klarstellende Regelung, wonach die zuständige Anhörungs- und Planfeststellungsbehörde Dritte, sog. **Projektmanager**, als Verwaltungshelfer mit der Vorbereitung und Durchführung von im Planfeststellungsverfahren erforderlichen Verfahrensschritten beauftragen kann. Die Kosten für die Einbindung des Projektmanagers trägt der Vorhabenträger, weshalb seine Zustimmung vor dessen Einbindung erforderlich ist. Aus Sicht des Vorhabenträgers dürfte die Einbindung eines Projektmanagers vor allem dann sinnvoll erscheinen, wenn sich hiermit eine (erhebliche) Verfahrensbeschleunigung erreichen lässt. Behördlicherseits kann die Einbindung des Projektmanagers bei knappen Personalressourcen Erleichterung verschaffen.

18 Den oftmals zähen Prozess der Beschaffung von bei den zuständigen Behörden vorhandenen Geodaten, die für die Ausarbeitung der Antragsunterlagen zur Planfeststellung benötigt werden, soll nunmehr § 43k EnWG erleichtern.

---

810 S. zum Planfeststellungsverfahren allgemein die Kommentierung von *Lieber,* in: Mann/Sennekamp/Uechtritz (Hrsg.), Verwaltungsverfahrensgesetz, 2. Aufl. 2019, zu §§ 73, 74 VwVfG; *Kment* fasst den Ablauf eines Planfeststellungsverfahrens nach dem EnWG in Kment (Hrsg.), EnWG, 2. Aufl. 2019, § 43 Rn. 67 ff. zusammen. S. ferner *Kupfer,* in: Britz/Hellermann/Hermes (Hrsg.), EnWG, 3. Aufl. 2015, § 43a Rn. 6.

III. Materielle Genehmigungsvoraussetzungen

§ 43 Abs. 3 EnWG normiert das auf dem Rechtsstaatsprinzip beruhende **Abwägungsgebot**, als Herzstück einer jeden Fachplanung, ausdrücklich. Danach sind bei der Planfeststellung die von dem Vorhaben berührten öffentlichen und privaten Belange im Rahmen der Abwägung zu berücksichtigen. Damit enthält § 43 EnWG allerdings nur einen Eckpfeiler der materiellrechtlichen Voraussetzungen, denen die Planfeststellung genügen muss. Daneben sind insbesondere die Planrechtfertigung sowie die spezialgesetzlichen Zulassungsschranken, denen jede Fachplanung unterliegt, zu berücksichtigen. Die spezialgesetzlichen Zulassungsschranken sind danach zu unterscheiden, ob sie dem zwingenden Recht zuzuordnen oder einer Abwägungsentscheidung zugänglich sind.

Die **Planrechtfertigung** ist ein ungeschriebenes Erfordernis jeder Fachplanung. Sie ist Ausprägung des Verhältnismäßigkeitsprinzips, dem jedes staatliche Handeln unterliegt. Die Planrechtfertigung liegt nach der ständigen Rechtsprechung des Bundesverwaltungsgerichts vor, wenn für das beabsichtigte Vorhaben, gemessen an den Zielsetzungen des jeweiligen Fachplanungsgesetzes, ein Bedarf besteht, die geplante Maßnahme unter diesem Blickwinkel also erforderlich ist. Dies ist nicht erst bei Unausweichlichkeit des Vorhabens der Fall, sondern wenn das Vorhaben vernünftigerweise geboten ist.[811] Die nach § 43 EnWG planfeststellungsbedürftigen bzw. -fähigen Vorhaben müssen sich demnach an den Zwecken des § 1 Abs. 1 EnWG messen lassen. Eine Besonderheit gilt u.a., wenn es sich um Vorhaben nach § 43 Abs. 1 EnWG handelt, die zugleich im Bundesbedarfsplan (= Anlage zu § 1 BBPlG) oder im Bedarfsplan (= Anlage zum EnLAG) aufgeführt sind. Für diese Vorhaben steht der Bedarf gesetzlich fest,[812] die Planrechtfertigung liegt in diesen Fällen – mit Bindungswirkung auch für die Gerichte[813] – vor.

Welche Vorgaben dem **zwingenden Recht** zuzuordnen sind, ist im Einzelfall zu prüfen. Für die Zulassung von Höchstspannungsfreileitungen sind beispielsweise die Ziele der Raumordnung (vgl. § 4 ROG), Darstellungen in Flächennutzungsplänen (vgl. § 7 BauGB), die unionsrechtlich determinierten Vorschriften zum Natura 2000-Gebietsschutz (§ 33 f. BNatSchG) sowie zum Artenschutz (§ 44 f. BNatSchG), die Vorgaben der naturschutzrechtlichen Eingriffsregelung (§§ 13 ff. BNatSchG), die §§ 3, 4 der 26. BImSchV oder die Anforderungen an die technische Sicherheit von Energieanlagen (§ 49 EnWG) als Bestandteile des strikten Rechts einzuhalten. Der **Abwägung** zugänglich sind hingegen die von dem Vorhaben berührten öffentlichen und privaten Belange (§ 43 Abs. 3 EnWG), zu denen auch das Eigentum oder dingliche Berechtigungen an von dem Vorhaben betroffenen Grundstücken gehören, sowie vorhabenbedingte erhebliche nachteilige Umweltauswirkungen auf die Schutzgüter nach § 2 Abs. 1 UVPG.

Dem Abwägungsgebot zuzuordnen sind ferner die **Abschnittsbildung** und die **fachplanerische Alternativenprüfung**.

Wie auch bei anderen linienförmigen Infrastrukturvorhaben ist es bei der Planung von Energieleitungen üblich, die Planung und den Bau des Vorhabens in Abschnitten zu realisieren. Denn die detaillierte Planung und Umsetzung der meist über lange Strecken und durch mehrere Regierungsbezirke oder Bundesländer verlaufenden

---

811 BVerwG Urt. v. 16.3.2006 – 4 A 1075.04, nach *juris*, Rn. 182 m. w. N.; BVerwG Urt. v. 6.4.2017 – 4 A 2.16 u.a., nach *juris*, Rn. 32.
812 S. § 1 Abs. 1 S. 1 BBPlG bzw. § 1 Abs. 2 EnLAG.
813 Vgl. BVerwG Urt. v. 22.6.2017 – 4 A 18.16, nach *juris*, Rn. 17.

Leitungsvorhaben würde regelmäßig an die Grenzen der Handhabbarkeit und Praktikabilität stoßen, wenn diese für das Gesamtvorhaben „in einem Guss" erfolgen müsste.[814] Das Vorhaben würde schlicht unüberschaubar und könnte kaum effizient gestaltet werden. Die Aufteilung des Gesamtvorhabens in mehrere Abschnitte ist daher in der Rechtsprechung anerkannt.[815] Im Energieleitungsrecht gilt hierbei – wie auch für die Abschnittsbildung von schienengebundenen Verkehrsanlagen – die Besonderheit, dass der gebildete Abschnitt keine eigenständige Versorgungsfunktion erfüllen muss;[816] ausreichend ist, wenn erst das Gesamtvorhaben die bezweckte Energieversorgung übernehmen kann.

24 Die Planfeststellung trifft auch eine Standortentscheidung bzw. bezieht sich auf den (ober- oder unterirdischen) Leitungsverlauf von Energieversorgungsleitungen. Hinsichtlich des Trassenverlaufs kommen regelmäßig mehrere **Trassenvarianten** in Betracht. Um zu seiner Vorzugsvariante zu kommen, betrachtet der Vorhabenträger diese Varianten und begründet in seinem Antrag die Vor- und Nachteile der in Betracht kommenden Alternativen einschließlich der Vorzugsvariante. Die von der Planfeststellungsbehörde zu treffende Auswahl unter verschiedenen in Frage kommenden Trassenvarianten ist, ungeachtet hierbei zu beachtender, rechtlich zwingender Vorgaben, eine fachplanerische Abwägungsentscheidung.[817] Abwägungsfehlerhaft handelt die Planfeststellungsbehörde nicht schon, wenn eine von ihr verworfene Trassenführung ebenfalls mit guten Gründen vertretbar gewesen wäre. Sie verletzt die Grenzen der planerischen Gestaltungsfreiheit bei der Auswahl zwischen verschiedenen Trassenvarianten erst, wenn sich ihr die Alternativlösung hätte aufdrängen müssen, weil sich diese unter Berücksichtigung aller abwägungserheblichen Belange eindeutig als die bessere, weil öffentliche und private Belange insgesamt schonendere darstellt oder wenn der Behörde infolge einer fehlerhaften Ermittlung, Bewertung oder Gewichtung einzelner Belange ein rechtserheblicher Abwägungsfehler unterlaufen ist.

25 Um eine Alternative handelt es sich dann nicht (mehr), wenn eine Variante auf ein anderes Projekt hinausläuft.[818] Diese muss die Behörde in ihrer Auswahl nicht berücksichtigen. Zu betrachten sind ferner **technische Alternativen**; gerade im Bereich der Hoch- und Höchstspannungsleitungen (Strom) nimmt jüngst die Diskussion um die Verlegung von Erdkabeln statt den (weithin sichtbaren) Freileitungen viel Raum ein.[819]

---

814 Sind die jeweiligen Landesbehörden für die Planfeststellung zuständig, würde sich bei Vorhaben, die über das Gebiet mehrerer Regierungsbezirke oder Bundesländer verlaufen, zudem Fragen der Kompetenz der Genehmigungsbehörden stellen.
815 Zu den einzelnen Voraussetzungen s. BVerwG Urt. v. 15.12.2016 – 4 A 4.15, nach *juris*, Rn. 26-29.
816 BVerwG Urt. v. 15.12.2016 – 4 A 4.15, nach *juris*, Rn. 28.
817 BVerwG Urt. v. 15.12.2016 – 4 A 4.15, nach *juris*, Rn. 32.
818 Zu alledem BVerwG Urt. v. 15.12.2016 – 4 A 4.15, nach *juris*, Rn. 32 m. w. N.
819 Für Neubautrassen von Hochspannungsleitungen mit einer Nennspannung von 110 kV oder weniger, bei denen es sich nicht um Ersatz- oder Parallelneubauten handelt, trifft § 43h EnWG eine Grundsatzentscheidung zu Gunsten der Ausführung als Erdkabel, wenn die Gesamtkosten für Errichtung und Betrieb des Erdkabels nicht über das 2,75-fachen Gesamtkosten für eine Freileitung liegen und der Erdkabelvariante naturschutzfachliche Belange nicht entgegenstehen. Eine Freileitung kann in diesen Fällen nur auf Antrag des Vorhabenträgers zugelassen werden, wenn der Zulassung auch öffentliche Interessen nicht entgegenstehen.

IV. Geltungsdauer, Rechtsschutz und Überwachung

Die nach Durchführung des Planfeststellungsverfahrens ergehende Zulassungsentscheidung, der Planfeststellungsbeschluss oder die Plangenehmigung, sind Verwaltungsakte in Form der Allgemeinverfügung (§ 35 S. 2 VwVfG/LVwVfG), sodass – abhängig vom Klagebegehren – Anfechtungs- und Verpflichtungsklage (gerichtet auf Planergänzung) grundsätzlich statthaft sind. Die **Hauptsacheklage** ist innerhalb von sechs Wochen zu begründen; anders als nach der VwGO (vgl. § 82 Abs. 1 S. 3 VwGO) ist der Kläger verpflichtet, innerhalb dieser Frist die zur Begründung seiner Klage dienenden Tatsachen und Beweismittel anzugeben.[820]

Für den Rechtsschutz gegen auf Grundlage des § 43 Abs. 1, 2 EnWG ergangene Zulassungsentscheidungen enthält § 43e Abs. 1 EnWG eine besonders hervorzuhebende Regelung: Danach haben gegen einen Planfeststellungsbeschluss (oder eine Plangenehmigung) gerichtete Anfechtungsklagen, entgegen dem in § 80 Abs. 1 S. 1 VwGO normierten Grundsatz, keine aufschiebende Wirkung. Der zur effektiven Wahrung der Rechte des Hauptsacheklägers gleichsam erforderliche **einstweilige Rechtsschutz** in Form eines Antrags auf Anordnung der aufschiebenden Wirkung nach § 80 Abs. 5 S. 1 VwGO kann nur innerhalb eines Monats nach der Zustellung des Planfeststellungsbeschlusses oder der Plangenehmigung gestellt werden; er ist auch innerhalb dieser Frist zu begründen.

Sachlich zuständig ist im ersten Rechtszug nach § 48 Abs. 1 Nr. 4 VwGO das Oberverwaltungsgericht bzw. der Verwaltungsgerichtshof, wenn nicht das Bundesverwaltungsgericht erstinstanzlich entscheidet. Letzteres ist in vielen Bereichen des Fachplanungsrechts vorgesehen und für die in § 50 Abs. 1 Nr. 6 VwGO aufgezählten Energieanlagen, namentlich bei Vorhaben, die dem EnLAG, dem BBPlG oder dem § 43e Abs. 4 EnWG unterfallen, der Fall.

Die Gültigkeit bestandskräftiger Planfeststellungsbeschlüsse, mit deren Umsetzung (zunächst) nicht begonnen wird, ist nach § 43c EnWG auf eine maximale Dauer von 15 Jahren beschränkt.

§ 43i EnWG verpflichtet die Planfeststellungsbehörde schließlich zur Überwachung der Einhaltung der umweltbezogenen Bestimmungen und Maßnahmen des Planfeststellungsbeschlusses in der Phase der Baudurchführung. Diese wird im Planfeststellungsbeschluss regelmäßig dem Vorhabenträger im Wege einer Auflage (§ 36 Abs. 2 Nr. 4 VwVfG/LVwVfG) zur Durchführung einer umweltfachlichen und/oder ökologischen Baubegleitung übertragen werden, die (auch) turnusmäßige Berichtspflichten gegenüber der Planfeststellungsbehörde beinhaltet.

B. Benutzung privater Grundstücke

I. Maßnahmen zur Vorbereitung von Planung und Baudurchführung sowie vorzeitiger Baubeginn

Bereits vor der förmlichen Einleitung des Planfeststellungsverfahrens besteht das Bedürfnis des Vorhabenträgers, Grundstücke zu betreten und dort Untersuchungen bspw. zur Bodenbeschaffenheit oder zu den Grundwasserverhältnissen durchzuführen. Diese können auch dazu dienen, frühzeitig zu erkennen, dass eine beabsichtigte Trassenführung aufgrund der Verhältnisse vor Ort, wie bspw. dem Vor-

---

[820] § 43e Abs. 3 EnWG.

handensein nicht tragfähiger Böden oder zu hoch anstehendem Grundwasser, ausscheidet.[821] Die Ergebnisse dieser Untersuchungen dienen als Grundlage für die Erstellung des Antrags auf Planfeststellung. (Weiterer) Erkundungsbedarf kann sich aber auch während oder nach dem Planfeststellungsverfahren ergeben. Aus diesem Grund verpflichtet § 44 Abs. 1 S. 1 EnWG Grundstückseigentümer und sonstige Nutzungsberechtigte wie Mieter oder Pächter dazu, Vermessungen, Boden- und Grundwasseruntersuchungen (einschließlich der vorübergehenden Anbringung von Markierungszeichen), bauvorbereitende Maßnahmen zur bodenschonenden Bauausführung, Kampfmitteluntersuchungen und archäologische Voruntersuchungen durch den Vorhabenträger oder von ihm mit der Durchführung dieser Arbeiten betraute Fachfirmen zu dulden, wenn diese zur Vorbereitung der Planung oder zur Vorbereitung der Baudurchführung eines Vorhabens zur Errichtung und/oder Änderung einer Energieanlage oder deren Betrieb i.S.d. § 43 Abs. 1 S. 1 oder Abs. 2 EnWG dienen. Die Aufzählung ist indes nicht abschließend. Die Duldungspflicht besteht für alle **Vorarbeiten**, die dem Zweck des § 44 EnWG – der Vorbereitung der Planung oder der Vorbereitung der Baudurchführung – dienen, sowie für Unterhaltungsmaßnahmen. Wird die Duldung der Vorarbeiten verweigert, ergeht auf Antrag des Vorhabenträgers eine Duldungsverfügung gegenüber dem Verpflichteten. Mit den Vorarbeiten einhergehende Entschädigungsfragen regelt § 44 Abs. 3 EnWG.

32 Die Absicht zur Durchführung solcher Arbeiten hat der Vorhabenträger dem Eigentümer und weiteren Nutzungsberechtigten mindestens zwei Wochen vorher bekannt zu geben. Die Bekanntgabe erfolgt, indem der Vorhabenträger den Eigentümer oder Nutzungsberechtigten unmittelbar benachrichtigt oder die Ankündigung in den Gemeinden, in denen die Vorarbeiten durchzuführen sind, ortsüblich bekannt macht. Da der Vorhabenträger mögliche Nutzungsberechtigte an den Grundstücken nicht ohne Weiteres ermitteln kann, empfiehlt es sich, neben der Benachrichtigung des Eigentümers vorsorglich ortsüblich bekannt zu machen.

33 Abzugrenzen sind diese Vorarbeiten von der Zulassung des **vorzeitigen Baubeginns**. Unter den Voraussetzungen des § 44c Abs. 1 EnWG kann bereits vor der Vorhabenzulassung mit zur Baudurchführung der noch zu genehmigenden Energieanlage erforderlichen, reversiblen und auch irreversiblen Arbeiten begonnen werden, wenn der Vorhabenträger dies beantragt. Dies ist vor dem Hintergrund sinnvoll, dass zum Schutz von Flora und Fauna regelmäßig enge, oft nur wenige Wochen umfassende Bauzeitenfenster festgelegt werden, die geeignet sind, den Baubeginn erheblich zu verzögern, wird die Baugenehmigung kurz nach Ablauf der möglichen Bauzeit erteilt. Auch natur- und artenschutzrechtliche Kompensationsmaßnahmen mit längeren Vorlaufzeiten können auf dieser Grundlage umgesetzt werden. Der Zugriff auf Grundstücke Dritter ist im Rahmen des vorgezogenen Baubeginns möglich, wenn sich der Vorhabenträger gütlich mit dem Eigentümer über die Grundstücksnutzung geeinigt hat oder vorzeitig in den Besitz eingewiesen wurde.[822] Die Zulassung des vorzeitigen Baubeginns setzt ein **berechtigtes Interesse** des Vorhabenträgers oder ein **öffentliches Interesse** an dem vorzeitigen Beginn und dem daraus resultierenden Zeitgewinn[823] voraus. Als berechtigtes Interesse ist jedes verständige, durch die besondere Sachlage gerechtfertigte Interesse zu werten, wie bspw. das Interesse an einer zeitlichen Beschleunigung, um den im Netzentwicklungsplan angestrebten

---

821 So auch *Turiaux*, in: Kment (Hrsg.), EnWG, 2. Aufl. 2019, § 44 Rn. 5; vgl. auch *Hermes*, in: Britz/Hellermann/Hermes (Hrsg.), EnWG, 3. Aufl. 2015, § 44 Rn. 7.
822 S. § 44b Abs. 1a EnWG.
823 So BT-Drs. 19/7375, S. 64.

B. Benutzung privater Grundstücke

Fertigstellungstermin für das Vorhaben einzuhalten.[824] Das öffentliche Interesse wird insbesondere dann zu bejahen sein, wenn durch die vorzeitigen Maßnahmen der Umweltschutz verbessert wird.[825] Den Vorhabenträger treffen Schadenersatz- und Wiederherstellungspflichten, wenn das Vorhaben nicht oder nicht wie im Zeitpunkt des vorzeitigen Baubeginns prognostiziert zugelassen wird.

II. Veränderungssperre

Um zu vermeiden, dass die von einem Vorhaben voraussichtlich betroffenen Grundstücke während des meist mehrere Jahre andauernden Planfeststellungsverfahrens derart wertsteigernd verändert werden, dass dies die Durchführung des Vorhabens nach Planfeststellung verzögert, sieht § 44a EnWG eine Veränderungssperre vor.[826] Ab der Auslegung der Pläne im Planfeststellungsverfahren oder ab dem Zeitpunkt, zu dem den Betroffenen Gelegenheit gegeben wird, den Plan einzusehen, dürfen daher auf den vom Plan betroffenen Flächen bis zu ihrer Inanspruchnahme wesentlich wertsteigernde oder die geplante Baumaßnahmen erheblich erschwerende Veränderungen nicht vorgenommen werden. Hierunter fällt beispielsweise die Bebauung eines zuvor unbebauten Grundstücks. Werden solche Veränderungen dennoch vorgenommen, geht dies zu Lasten des Eigentümers, da er die Anordnung von Schutzvorkehrungen für die geänderte Nutzung nicht verlangen kann; die Wertsteigerung bleibt auch in einem Entschädigungsverfahren unberücksichtigt. Die Veränderungssperre tritt kraft Gesetzes ein. Die mit dieser Inhalts- und Schrankenbestimmung des Eigentums (Art. 14 Abs. 1 S. 2 GG) einhergehenden Entschädigungsfragen regelt § 44a Abs. 2 EnWG.

34

III. Zulässigkeit der Enteignung

Neben der Benutzung der Grundstücke von Gemeinden (s. hierzu C.), ist für die Verlegung von Energieleitungen regelmäßig die Benutzung privater Grundstücke erforderlich.[827] Nach der Ausgestaltung des EnWG ist die Nutzung privater Grundstücke nur im Wege einer Enteignung möglich, wobei auch eine Teilenteignung vorstellbar ist, also die lediglige Beschränkung von Grundeigentum mit dinglichen Rechten.

35

§ 45 Abs. 1 EnWG enthält Zulässigkeitsanforderungen an die Entziehung oder die Beschränkung von Grundeigentum im Wege der Enteignung. Diese ist zum einen dann zulässig, soweit sie zur Durchführung eines Vorhabens erforderlich ist, für das bereits ein Planfeststellungs- bzw. Plangenehmigungsverfahren gemäß § 43 EnWG i.V.m. §§ 73 ff. VwVfG/LVwVfG durchgeführt worden ist, also für die in § 43 Abs. 1, 2 EnWG genannten Hochspannungsleitungen (in Form von Freileitungen, Erdkabeln oder Seekabeln), Gasversorgungsleitungen und sonstigen Energieanlagen. In diesem Fall wird über die Zulässigkeit der Enteignung im Planfeststellungsbeschluss oder in der Plangenehmigung entschieden. Beiden kommt somit, ausweislich des Wortlauts des § 45 Abs. 1 Nr. 1 EnWG, **enteignungsrechtliche Vorwirkung** zu.[828]

36

---

824 So BT-Drs. 19/7375, S. 64.
825 So BT-Drs. 19/7375, S. 64.
826 *Turiaux*, in: Kment (Hrsg.), EnWG, 2. Aufl. 2019, § 44a Rn. 1.
827 Vgl. dazu allgemein und speziell auch für die Energieleitungen *Stenneken*, N&R 2005, 134 ff.
828 Kritisch zur enteignungsrechtlichen Vorwirkung der Plangenehmigung *Hermes,* in: Britz/Hellermann/Hermes (Hrsg.), EnWG, 3. Aufl. 2015, § 45 Rn. 24 ff.; *Pielow,* in: Säcker (Hrsg.), Berliner Kommentar Energierecht, Bd. 1 Halbband 2, 4. Aufl. 2019, § 45 Rn. 14 f.

Zum anderen ist eine Enteignung gemäß § 45 Abs. 1 Nr. 2 EnWG zulässig, soweit sie zur Durchführung eines sonstigen Vorhabens zum Zwecke der Energieversorgung erforderlich ist. In diesem Fall wird die Zulässigkeit der Enteignung gemäß § 45 Abs. 2 S. 3 EnWG von der nach Landesrecht zuständigen Behörde festgestellt.

37 Da § 45 Abs. 1 EnWG die Zulässigkeit der Enteignung an die Erforderlichkeit für die Durchführung der in Abs. 1 genannten Vorhaben knüpft, muss in beiden Fällen stets eine Einzelfallabwägung der privaten und öffentlichen Belange vorgenommen werden. Für die im Wege der Planfeststellung bzw. Plangenehmigung zuzulassenden Vorhaben ergibt sich dies wie gezeigt (s.o. A.) ausdrücklich aus § 43 Abs. 3 EnWG. Das Planfeststellungsverfahren stellt dabei bereits verfahrenstechnisch eine geeignete Form der Zulassung von Vorhaben dar, deren konkrete Ausgestaltung einer umfassenden Abwägung der verschiedensten Belange und Rechte Dritter bedarf.[829] Mit Inkrafttreten des Infrastrukturplanungs-Beschleunigungsgesetzes (InPlBG) am 17. Dezember 2006[830] wurden Konkretisierungen und Neuerungen in das EnWG aufgenommen, die dem Ziel dienen, die Planungsverfahren zum Neubau von Transportnetzinfrastruktur im Elektrizitäts- und Gasbereich zu **beschleunigen** und **langwierige Verwaltungsverfahren zu straffen**. Zudem ergab sich hieraus eine für den Energiesektor erstmals normierte Neuerung im Hinblick auf das Recht der Enteignung, die in § 44b EnWG geregelt ist: die **vorzeitige Besitzeinweisung**.[831] Danach besteht die Möglichkeit, bereits vor Bestandskraft eines Planfeststellungsbeschlusses und vor Abschluss des förmlichen Enteignungsverfahrens das Besitzrecht an einem Grundstück zu verlangen, sofern der sofortige Beginn von Bauarbeiten von Hochspannungsfreileitungen, Erdkabeln oder Gasversorgungsleitungen i.S.d § 43 EnWG **geboten** ist und eine gütliche Einigung zur Besitzüberlassung mit dem Eigentümer oder Besitzer nicht erzielt werden kann. Erforderlich ist nach § 44b Abs. 1 S. 2 EnWG ferner lediglich, dass Planfeststellungsbeschluss oder Plangenehmigung **vollziehbar** sind. Aber auch davor kommt im Einzelfall eine vorzeitige Besitzeinweisung nach § 44b Abs. 1a EnWG in Betracht. Hier ergeht die vorzeitige Besitzeinweisung gemäß § 44b Abs. 1a S. 2 EnWG auf Grundlage des nach dem Verfahrensstand zu erwartenden Planfeststellungsbeschlusses und mithin auf der Grundlage einer Prognose. Der Besitzeinweisungsbeschluss ist in diesem Fall unter der aufschiebenden Bedingung der Bestätigung durch den Planfeststellungsbeschluss zu erlassen. Der Wortlaut der Vorschrift lehnt sich dabei eng an die vorzeitige Besitzeinweisung nach § 21 AEG und § 18f FStrG an. Für die Auslegung der einzelnen Tatbestandsmerkmale kann daher auf die hierfür in der Rechtsprechung entwickelten Kriterien zurückgegriffen werden.

38 Für sonstige Vorhaben zum Zwecke der Energieversorgung verlangt die Prüfung der Erforderlichkeit nach § 45 Abs. 1 EnWG eine Abwägung der widerstreitenden Interessen.[832] Erforderlich ist eine Enteignung nur dann, wenn keine wirtschaftlich gangbare Alternative zur Benutzung des betroffenen Privateigentums existiert (s.o. A.).

39 Das eigentliche Enteignungsverfahren wird in einem zweiten Schritt gemäß § 45 Abs. 3 EnWG im Rahmen der Landesenteignungsgesetze durchgeführt, nachdem entweder in einem Planfeststellungs- oder Plangenehmigungsverfahren bzw. auf-

---

829 De Witt, RdE 2006, 141 ff.
830 Gesetz zur Beschleunigung von Planungsverfahren für Infrastrukturvorhaben v. 9.12.2006 (BGBl. I 2006, S. 2833).
831 Vgl. zu diesem Rechtsinstitut ausführlich Riedel, RdE 2008, 81 ff., sowie zur vorzeitigen Besitzeinweisung und zum vorzeitigen Enteignungsverfahren nach § 45b EnWG Kment, NVwZ 2012, 1134 ff.
832 Hermes, in: Schneider/Theobald (Hrsg.), Recht der Energiewirtschaft, 4. Aufl. 2013, § 10 Rn. 50.

grund einer Entscheidung der Energieaufsichtsbehörde über das „Ob" der Enteignung entschieden wurde. In diesem zweiten Schritt ist von den nach Landesrecht zuständigen Enteignungsbehörden nur noch über die Modalitäten (das „Wie") der Enteignung im Einzelnen zu entscheiden. U.a. ist in diesem Schritt über die Höhe der nach Art. 14 Abs. 3 S. 2 GG gebotenen Entschädigung zu befinden. Dabei sind die Interessen der Allgemeinheit und der Beteiligten gegeneinander abzuwägen. Durch § 45a EnWG ist mit Inkrafttreten des InPlBG die Möglichkeit geschaffen worden, die Entscheidung über die Höhe einer Entschädigung von der Entscheidung über die Enteignung abzukoppeln. Das Entschädigungsverfahren kann gemäß § 45 Abs. 2 S. 2 EnWG unmittelbar nach der Einverständniserklärung mit der Übertragung des Eigentums durch den Beteiligten eingeleitet werden. Gerade die Ermittlung der Höhe der gebotenen Entschädigung sorgt in der Praxis regelmäßig für rechtliche Auseinandersetzungen, da der bisherige Grundstückseigentümer den Wert seiner Flächen meist subjektiv bewertet und regelmäßig eine höhere als die angebotene Entschädigung für angemessen hält.

Nach § 45b EnWG kann das Enteignungsverfahren auf Verlangen des Vorhabeträ- **40** gers noch während des Planfeststellungsverfahrens durchgeführt werden. Dem Enteignungsverfahren ist in diesem Fall der nach dem Verfahrensstand des abgeschlossenen Anhörungsverfahrens zu erwartende Planfeststellungsbeschluss zu Grunde zu legen. Der Enteignungsbeschluss ist, so er nicht seine inhaltliche Bestätigung durch den Planfeststellungsbeschluss findet, auf Grundlage des Planfeststellungsbeschlusses zu ergänzen.[833]

IV. Verfassungsrechtliche Vorgaben

Im Zusammenhang mit der Enteignung privater Grundstücke sind die Vorgaben des **41** Art. 14 Abs. 3 GG zu beachten.[834] Die verfassungsrechtlichen Voraussetzungen für eine Enteignung privater Grundstücke zugunsten anderer Privatpersonen sind bislang nicht vollständig geklärt.[835] Gesichert ist jedenfalls, dass eine solche privatnützige Enteignung nur bei Vorliegen erheblicher **Allgemeinwohlzwecke** verfassungsrechtlich zulässig ist, also bei der Wahrnehmung einer Aufgabe der öffentlichen Daseinsvorsorge.[836] Demnach müsste die Gemeinwohlbindung sowohl der privatrechtlich organisierten EVU selbst[837] als auch der konkreten Energieversorgungsvorhaben gewährleistet sein. Letztlich kommt es hier auf die **Erforderlichkeit des Leitungsbaus** an, wobei die Versorgungssicherheit und die Möglichkeit zumutbarer Planungsalternativen für die Energieversorgungsunternehmen in Betracht zu ziehen sind. Derartige zumutbare Planungsalternativen sind nach der Rechtsprechung allerdings nur dann anzunehmen, wenn entstehende Mehraufwendungen bei alternativer Planung den zu erwartenden Betrag der Enteignungsentschädigung nicht erheblich übersteigen.[838]

---

833 S. zu den Grundlagen des Einteignungsrechts sowie zum vorzeitigen Enteignungsverfahren und den hiergegen bestehenden verfassungsrechtlichen Bedenken *Kümper*, RdE 2020, 522 ff.
834 Vgl. demgegenüber zur Enteignung von Hoheitsträgern für die Zuwegung eines Windparks und dessen Netzanschluss BGH Urt. v. 12.3.2015 – III ZR 36/14 und kritisch hierzu *Greinacher*, ER 2015, 235 ff.
835 Vgl. allgemein zur Enteignungsdogmatik insbesondere in der Rechtsprechung des BVerfG *Kühling*, in: FS Säcker, 2011, S. 783 ff.
836 BVerfG Beschl. v. 10.9.2008 – 1 BvR 1914/02, nach *juris*, Rn. 15.
837 Vgl. zur Gemeinwohlbindung privatrechtlich organisierter Versorgungsunternehmen *Stenneken*, N&R 2005, 134 ff.
838 BayVGH Urt. v. 13.2.2003 – 22 A 97.40029, NVwZ 2003, 1534 (1536).

42 Ein erheblicher **Allgemeinwohlzweck** und damit die energiewirtschaftliche Erforderlichkeit eines Eingriffs in Eigentumsrechte Privater wird sich hiernach für die in den Planfeststellungs- bzw. Plangenehmigungsverfahren aufgeführten Überlandleitungen bejahen lassen, die ganze Gemeinden oder Regionen mit Energie versorgen.[839] Zudem muss sich die Versorgung Einzelner nicht über öffentliche Wege bewerkstelligen lassen, damit eine Enteignung privater Grundstücke zugunsten eines EVU außerhalb des Planfeststellungs- bzw. Plangenehmigungsverfahrens kaum verfassungsrechtlich gerechtfertigt werden kann. Allerdings sind in § 45 EnWG die konkreten Enteignungsziele nicht präzise festgelegt, so dass es der Verwaltung obliegt, anstelle des Gesetzgebers die eine Enteignung rechtfertigenden Gemeinwohlaufgaben zu definieren.[840] Von der Aufnahme einer eigentumsrechtlichen Inhalts- und Schrankenbestimmung in das EnWG, wie dies etwa in dem einen vergleichbaren Gegenstand regelnden § 76 TKG geschehen ist, als sinnvolle Regelung im Hinblick auf die Mitbenutzung privater Grundstücke,[841] wurde bislang abgesehen.

C. Nutzung öffentlicher Verkehrswege – Wegenutzungsvertrag und Konzessionsvertrag

43 Nach § 46 Abs. 1 S. 1 EnWG müssen Gemeinden ihre öffentlichen Verkehrswege „für die Verlegung und den Betrieb von Leitungen, einschließlich Fernwirkleitungen zur Netzsteuerung und Zubehör, zur unmittelbaren Versorgung von Letztverbrauchern im Gemeindegebiet diskriminierungsfrei durch Vertrag zur Verfügung stellen". Diese Vorschrift adressiert explizit Gemeinden, nicht dagegen andere öffentlich-rechtliche Körperschaften (Bund, Länder, Landkreise). Die Verpflichtung erstreckt sich auf öffentliche Verkehrswege, also Straßen, Wege und Plätze, die dem öffentlichen Verkehr gewidmet sind.

44 Bei der Nutzung öffentlicher Verkehrswege sind die „einfachen" Wegenutzungsverträge gemäß den §§ 46 Abs. 1, 48 EnWG von den Konzessionsverträgen als „qualifizierten" Wegenutzungsverträgen gemäß den §§ 46 Abs. 2–7 i.V.m. Abs. 1, 48 EnWG abzugrenzen, wobei der Gesetzgeber den Begriff des Konzessionsvertrags stets vermeidet.[842] Konzessionsverträge sind spezielle Wegenutzungsverträge, die die Verlegung und den Betrieb von ganzen Netzen der allgemeinen Versorgung zum Gegenstand haben. Unterschieden wird diese spezielle Form des Wegenutzungsvertrags von dem einfachen Wegenutzungsvertrag anhand des Vertragsgegenstands, der weitergehend zu verstehen ist. Konzessionsverträge umfassen nicht nur die

---

839 Problematisch in diesem Zusammenhang ist jedoch die Versagung der aufschiebenden Wirkung einer Anfechtungsklage gegen den Planfeststellungsbeschluss gemäß § 43e Abs. 1 S. 1 EnWG, weil hierdurch eigentumsrechtliche Tatsachen geschaffen werden können, die sich nicht ohne Weiteres rückgängig machen lassen. Allerdings kann hier auf Antrag durch das Gericht die aufschiebende Wirkung einer Anfechtungsklage angeordnet werden.

840 Das könnte nach der Boxberg-Entscheidung des BVerfG verfassungsrechtliche Bedenken im Hinblick auf den Parlamentsvorbehalt aufwerfen, siehe BVerfG Urt. v. 24.3.1987 – 1 BvR 1046/85, BVerfGE 74, 264; s. auch BVerfG Urt. v. 10.3.1981 – 1 BvR 92/71, 1 BvR 96/71, BVerfGE 56, 259 (261).Die Gültigkeit der in der Boxberg-Entscheidung aufgestellten Grundsätze wird auch im Beschl. des BVerfG Beschl. v. 10.9.2008 – 1 BvR 1914/02, nach *juris*, Rn. 13, bestätigt.

841 Vgl. zu der oftmals schwierigen Grenzziehung zwischen Enteignungen und Inhalts- und Schrankenbestimmungen *Kühling*, in: FS Säcker, 2011, S. 783 (787 ff.).

842 Über die Frage, warum das so ist, lässt sich nur spekulieren. *Klemm*, Versorgungswirtschaft 2005, 197 ff., sieht die Begründung darin, dass sich der Begriff bei differenzierter Betrachtung als ungenau erweist; weiterführend zur Verwendung des Begriffes der Konzession in der Rechtsterminologie *Toros*, Handlungsoptionen auf dem Weg in die Gigabit-Gesellschaft, 2021, S. 54 ff.

Verlegung und den Betrieb von Leitungen zur unmittelbaren Versorgung von Letztverbrauchern im Gemeindegebiet, vielmehr sind auch die Verkehrswege für die Verlegung und den Betrieb von Leitungen umfasst, die der allgemeinen Versorgung im Gemeindegebiet dienen.[843] Gegenstand eines Konzessionsvertrags sind damit die Energieleitungen, die zu einem Energieversorgungsnetz der allgemeinen Versorgung gemäß § 3 Nr. 17 EnWG gehören, Gegenstand des einfachen Wegenutzungsvertrags ist hingegen eine Energieleitung, die der unmittelbaren Versorgung von Letztverbrauchern dient.[844] Bei den Konzessionsverträgen handelt es sich demnach nicht um reine Wegenutzungsverträge, sondern um eine demgegenüber qualifizierte Vertragsform.[845]

I. Kontrahierungszwang

Die Gemeinden sind nach § 46 Abs. 1 EnWG verpflichtet, Wegenutzungsverträge abzuschließen. Es besteht also ein Kontrahierungszwang.[846] Dadurch wird sichergestellt, dass die Gemeinde die unmittelbare Versorgung der Letztverbraucher mit Energie innerhalb ihres Gemeindegebiets durch ein Energieversorgungsunternehmen nicht beschränken kann. Die Benutzung ihrer Wege durch ein Energieversorgungsunternehmen könnten die Gemeinden vor dem Hintergrund insbesondere zweier Motive zu verweigern versuchen. Zum einen könnten sie eine Konkurrenz zu ihren eigenen Energieversorgungsunternehmen verhindern wollen. Zum anderen werden sie Eingriffe in die Straßensubstanz vermeiden wollen, die bei dem Verlegen neuer Leitungen unvermeidbar sind. Beide Motive sind nicht als mögliche Verweigerungsgründe in § 46 EnWG vorgesehen. 45

Vielmehr besteht nach § 46 Abs. 1 S. 2 EnWG ein **Rechtfertigungsgrund** für die Ablehnung des Abschlusses eines einfachen Wegenutzungsvertrags ausdrücklich nur, solange das Energieversorgungsunternehmen die Zahlung von Konzessionsabgaben in Höhe der Höchstsätze verweigert und auch keine andere Einigung über die Höhe der Konzessionsabgaben erzielt wurde. Damit besteht nach dem Wortlaut ein Kontrahierungszwang immer, wenn sich Energieversorgungsunternehmen und Gemeinde entweder über die Höhe der Konzessionsabgabe geeinigt haben oder das Energieversorgungsunternehmen bereit ist, die Höchstsätze nach § 48 Abs. 2 EnWG zu zahlen. 46

Es stellt sich jedoch die Frage, ob sich die Gemeinde nicht auf weitere – ungeschriebene – Gründe zur Ablehnung eines Vertragsschlusses mit dem Energieversorgungsunternehmen berufen kann. Zu denken ist einmal an die tatsächliche Unmöglichkeit der Verlegung einer Energieleitung entlang eines Verkehrsweges. Wenn die zweckgerichtete Überlassung faktisch nicht realisiert werden kann, so kann die Einräumung eines Wegenutzungsrechts auch von der Gemeinde für diesen Verkehrsweg nicht verlangt werden. 47

---

843 Vgl. dazu *Albrecht*, in: Schneider/Theobald (Hrsg.), Recht der Energiewirtschaft, 4. Aufl. 2013, § 9 Rn. 57 ff.
844 *Klemm*, Versorgungswirtschaft 2005, 197 (198 ff.).
845 S. zu dieser Thematik auch *Probst*, Auswahlkriterien bei der Vergabe von energiewirtschaftlichen Konzessionsverträgen, 2016; *Templin*, Recht der Konzessionsverträge, 2009, S. 125 ff.; *Toros*, Handlungsoptionen auf dem Weg in die Gigabit-Gesellschaft, 2021, S. 94.
846 Zu der Frage, welcher Rechtsträger in einem gesellschaftsrechtlich entflochtenen Konzern Vertragspartner der Gemeinde ist, vgl. *v. Hesler*, in: Baur/Pritzsche/Simon (Hrsg.), Unbundling, 2006, Kap. 11 Rn. 21 ff.

48 Daneben ist zu überlegen, ob auch Gesichtspunkte der **Unzumutbarkeit einer Leitungsverlegung** für die Gemeinde als berechtigter Verweigerungsgrund infrage kommen.[847] So ist mit Verkehrsbehinderungen während etwaiger Bauarbeiten zu rechnen sowie mit einer erheblichen Beeinträchtigung der Substanz des Verkehrsweges, indem Straßendecken aufgerissen werden etc. Solche Unzumutbarkeitsgesichtspunkte sind in § 46 EnWG nicht als Verweigerungsgründe vorgesehen. Dies ist auch nicht notwendig, weil die Interessenpositionen der Gemeinden durch § 46 EnWG nicht geschwächt werden. Die nach Art. 28 Abs. 2 GG verfassungsrechtlich garantierte Planungshoheit der Gemeinden wird dadurch gewahrt, dass die Gemeinden innerhalb der Wegenutzungsverträge die einzelnen Bedingungen festlegen können, unter denen Verkehrswege zur Verfügung gestellt werden. Die Gemeinden bestimmen weiterhin selbst, welche Verkehrswege in welcher Weise genutzt werden können, also beispielsweise, ob Elektrizitätsleitungen entlang einer bestimmten Straße ober- oder unterirdisch zu verlegen sind. Gleichfalls ist der Schutzbereich der kommunalen Selbstverwaltungsgarantie nicht dadurch berührt, dass eine Straße für die Verlegung neuer Leitungen aufgegraben werden muss und während dieser Zeit nicht widmungsgemäß benutzbar ist.[848] Auch beeinträchtigen Eingriffe in die Substanz der Verkehrswege grundsätzlich nicht die vermögenswerten Rechtspositionen der Gemeinde. Einen Schutz einzelner vermögenswerter Rechtsgüter könnte allein Art. 14 Abs. 1 S. 1 GG gewähren, der den Gemeinden jedoch nicht zur Seite steht.[849]

II. Konzessionsabgaben

49 Für das von den Gemeinden vertraglich eingeräumte Wegenutzungsrecht nach den §§ 46, 48 EnWG haben die Energieversorgungsunternehmen auf der Grundlage der Wegenutzungsverträge bzw. der Konzessionsverträge sogenannte Konzessionsabgaben zu leisten. § 48 EnWG definiert diese als Entgelte, die „für die Einräumung des Rechts zur Benutzung öffentlicher Verkehrswege für die Verlegung und den Betrieb von Leitungen, die der unmittelbaren Versorgung von Letztverbrauchern im Gemeindegebiet mit Energie dienen", zu entrichten sind. Demnach sind Schuldner der Konzessionsabgabe die Energieversorgungsunternehmen, Gläubiger sind die Gemeinden. Die Definition der Konzessionsabgaben trägt der vom EnWG geforderten Trennung von Netzbetrieb und Energievertrieb Rechnung, weil sie entgegen der früheren Rechtslage nicht mehr Entgelte für die Einräumung des Rechts zur Versorgung mittels öffentlicher Verkehrswege darstellen. Versorgungsrechtliche Aspekte sind kein zulässiger Gegenstand von Konzessionsverträgen mehr.[850]

50 Da der Abschluss eines Konzessionsvertrags mit der Gemeinde Grundvoraussetzung für die Aufnahme bzw. die Fortführung der wirtschaftlichen Betätigung als Netzbetreiber ist, stellen die zu entrichtenden Konzessionsabgaben Kosten des Netzbetriebs dar.[851]

---

847 Nach *Hellermann*, in: Britz/Hellermann/Hermes (Hrsg.), EnWG, 3. Aufl. 2015, § 46 Rn. 50, sind auch Versorgungsaspekte dazu geeignet, eine Verweigerung zu rechtfertigen. Sich dieser Ansicht anschließend *Huber*, in: Kment (Hrsg.), EnWG, 2. Aufl. 2019, § 46 Rn. 25.
848 Vgl. zu den §§ 50 Abs. 1 S. 1, 52 TKG a.F. BVerfG Beschl. v. 7.1.1999 – 2 BvR 929/97, Rn. 37.
849 BVerfGE 61, 82 (105 ff.).
850 *Scholtka*, NJW 2005, 2421 (2426); auch *Klemm*, Versorgungswirtschaft 2005, 197 (201), der darauf hinweist, dass sich diese Begriffsbestimmung nun auch in § 1 Abs. 2 KAV fast wortgleich wiederfindet.
851 *Theobald*, IR 2005, 149 (150); zur Einordnung als sog. Dauerhaft nicht beeinflussbare Kostenbestandteile vgl. § 11 Abs. 2 Nr. 2 AregV.

Die Bemessung und die **zulässige Höhe** von Konzessionsabgaben[852] sind in der 51
Konzessionsabgabenverordnung vom 9. Januar 1992 (KAV)[853] geregelt. Ein Pfeiler
des Konzessionsabgabenrechts ist die **Festbetragsregelung** in § 2 KAV. Diese sorgt
dafür, dass die Höhe des Konzessionsabgabenaufkommens weitgehend unabhängig von den Geschehnissen auf dem Energiemarkt ist.[854] Gemäß § 3 Abs. 1 Nr. 1
KAV kann der Gemeinde ein 10-prozentiger Rabatt auf die Netzzugangsentgelte für
den in Niederspannung und Niederdruck abgerechneten Eigenverbrauch eingeräumt
werden.[855] Zum Eigenverbrauch der Gemeinde zählen hierbei auch Energiemengen,
die diese zu Sondervertragsbedingungen bezieht. Sonstige Nebenleistungen sind
vor dem Hintergrund eines unverfälschten Wettbewerbs um die Konzessionserteilung nicht zulässig, § 3 Abs. 2 KAV.

III. Vertragslaufzeit und Wechsel des Konzessionärs

Für die qualifizierten Wegenutzungs- bzw. Konzessionsverträge ist in § 46 Abs. 2 52
S. 1 EnWG eine **Laufzeitbegrenzung** von 20 Jahren festgeschrieben. Hierdurch soll
gewährleistet werden, dass zumindest alle 20 Jahre ein Wettbewerb um die örtlichen
Verteilernetze stattfindet und somit ein Beitrag zu dem Ziel der Preisgünstigkeit i.S.d.
§ 1 Abs. 1 EnWG geleistet wird.[856] Für die einfachen Wegenutzungsverträge ist eine
solche Laufzeitbegrenzung nicht vorgesehen.[857] Läuft der Konzessionsvertrag aus,
ist gemäß § 46 Abs. 3 S. 1 EnWG spätestens zwei Jahre zuvor das Vertragsende im
Bundesanzeiger zu veröffentlichen und sind Hinweise darauf zu geben, wo die für
die Konzession relevanten Daten eingesehen werden können. Diesbezüglich räumt
§ 46a EnWG der Gemeinde einen umfassenden **Auskunftsanspruch** gegen den bisherigen Netzbetreiber ein, um einen fairen Wettbewerb durch den Ausgleich potentiell vorhandener Wissensasymmetrien zu ermöglichen.[858] Dieser hat die Gemeinde
spätestens ein Jahr vor der Bekanntmachung nach § 46 Abs. 3 EnWG über die
technische und wirtschaftliche Situation des Netzes dergestalt zu informieren, dass
eine zur Bewerbung um einen Konzessionsvertrag notwendige Bewertung des Netzes möglich ist, § 46a S. 1 EnWG. Zu den aus wirtschaftlicher Sicht erforderlichen
Informationen zählen Informationen über die Anschaffungs- und Herstellungskosten
zum Zeitpunkt der Anlagenerrichtung, das Jahr der erstmaligen Aktivierung der Verteilungsanlagen, die in Ansatz gebrachten betriebsgewöhnlichen Nutzungsdauern
sowie Informationen zu den kalkulatorischen Restwerten und den kalkulatorischen

---

852 Zur Diskussion über die Höhe der Gaskonzessionsabgaben bei Durchleitungsfällen nach § 2 Abs. 6 KAV s. OLG Düsseldorf Beschl. v. 19.10.2011 – VI-3 Kart 1/11 (V). Diesen Beschluss bestätigend BGH Beschl. v. 6.11.2012 – KVR 54/11, Rn. 29 ff. (= EnWZ 2013, 263 ff. m. Anmerkung *Schray*).
853 Verordnung über Konzessionsabgaben für Strom und Gas (Konzessionsabgabenverordnung – KAV) v. 9.1.1992 (BGBl. I 1992, S. 12, 407) zuletzt geändert durch Art. 3 Abs. 4 der Verordnung zum Erlass von Regelungen des Netzanschlusses von Letztverbrauchern in Niederspannung und Niederdruck v. 1.11.2006 (BGBl. I 2006, S. 2477).
854 Vgl. dazu und zu den weiteren Hintergründen dieser Festbetragsregelung *Scholtka*, Das Konzessionsabgabenrecht in der Elektrizitäts- und Gaswirtschaft, 1999, S. 176; s. auch *Klemm*, Versorgungswirtschaft, 2005, 197 (201).
855 Dabei weist *Klemm*, Versorgungswirtschaft 2005, 197 (202), darauf hin, dass der Netzbetreiber Vertragspartner der Gemeinde ist. Dieser sei aber nicht der Lieferant der Gemeinde und könne insofern auch keinen Preisnachlass gewähren.
856 *Kühling/Hermeier*, GewArch 2008, 102 ff.
857 Dazu auch *Kermel*, RdE 2005, 153 ff.; *Scholtka*, NJW 2005, 2421 (2425 ff.).
858 *Kupfer*, NVwZ 2017, 428 (429 f.).

Nutzungsdauern.[859] Wenn im Gemeindegebiet mehr als 100 000 Kunden unmittelbar oder mittelbar an das Versorgungsnetz angeschlossen sind, muss die Bekanntmachung gemäß § 46 Abs. 3 S. 2 EnWG darüber hinaus auch im Amtsblatt der EU erfolgen. An der Konzession interessierte Energieversorgungsunternehmen können dann entsprechende Angebote auf Abschluss des Konzessionsvertrags gegenüber der Gemeinde abgeben. Will die Gemeinde vor Ablauf der Laufzeit den Konzessionsvertrag verlängern, so hat sie gemäß § 46 Abs. 3 S. 3 EnWG die bestehenden Verträge zu beenden und sowohl die vorzeitige Beendigung als auch das Vertragsende öffentlich bekannt zu geben. Der Gemeinde ist es infolge der Fristbindung in § 46 Abs. 4 S. 4 i.V.m. § 47 Abs. 6 EnWG nicht möglich, vor Ablauf von drei Monaten ab der Bekanntmachung über die erneute Konzessionsvergabe zu entscheiden. Darüber hinaus ist hinsichtlich des Zeitpunkts der Vergabeentscheidung die Fristbindung des § 47 Abs. 6 EnWG zu berücksichtigen, d.h. eine Entscheidung kann erst getroffen werden, wenn keine Rügen mehr erhoben werden können bzw. wenn allen rechtzeitig erhobenen Rügen abgeholfen wurde.[860] Bewerben sich mehrere Unternehmen um die Konzession, ist die Gemeinde verpflichtet, den Unternehmen, deren Angebote abgelehnt werden sollen, eine schriftliche und begründete Ablehnungsentscheidung unter Hinweis auf den frühestmöglichen Zeitpunkt des Vertragsschlusses zukommen zu lassen, § 46 Abs. 5 S. 1 EnWG. Zugleich ist die Gemeinde dazu verpflichtet, die für den Vertragsschluss maßgeblichen Gründe öffentlich bekannt zu machen, § 46 Abs. 5 S. 2 EnWG. Diese **Verfahrensanforderungen** erhöhen die Begründungspflicht und -komplexität für die Gemeinden.[861]

53 § 46 Abs. 4 S. 1 EnWG verpflichtet die Gemeinden bei der Konzessionsvergabe auf die Ziele des § 1 Abs. 1 EnWG.[862] Mit der Reform des § 46 EnWG durch das

---

859 § 46a S. 2 EnWG; § 46a S. 2 Nr. 4 EnWG dient der Umsetzung des Urteils des BGH Urt. v. 14.4.2015 – EnZR 11/14, Tenor und Rn. 11 ff., der feststellte, dass der Auskunftsanspruch der Gemeinde ggü. dem bisherigen Nutzungsberechtigten nach § 46 Abs. 2 S. 4 EnWG a.F. auch Angaben zu den kalkulatorischen Restwerten und den kalkulatorischen Nutzungsdauern für sämtliche Anlagen des zu überlassenden Netzes umfasst. Wie in der Altfassung wird der Bundesnetzagentur im Einvernehmen mit dem Bundeskartellamt weiterhin die Kompetenz übertragen, eine Festlegung über den Umfang und das Format der zur Verfügung zu stellenden Daten zu erlassen. Der Gemeinsame Leitfaden von BKartA und BNetzA zur Vergabe von Strom- und Gaskonzessionen und zum Wechsel des Konzessionsnehmers v. 21.5.2015 stellt allerdings keine Festlegung im Sinne der Norm dar, auch wenn die Gesetzesbegründung darauf hinweist, dass diesem Leitfaden weitere praxisrelevante Beispiele für Daten entnommen werden können. Der Leitfaden ist auch weiterhin unverbindlich.
860 Vgl. BT-Drs. 18/8184, S. 17.
861 Weiterführend zu verschiedenen Bewertungsmethoden im Rahmen der Auswahlentscheidung, *Martel/Ebbinghaus*, RdE 2018, 354 ff.
862 Die Reichweite der gemeindlichen Bindung an die Ziele des § 1 Abs. 1 EnWG war nach § 46 EnWG a.F. umstritten. Während die Rechtsprechung von einer mindestens hälftigen (so OVG Lüneburg Beschl. v. 11.9.2013 – 10 ME 88/12, EnWZ 2013, 570) oder vorrangigen (so BGH Urt. v. 17.12.2013 – KZR 66/12, Tenor und Rn. 36 ff.; BGH Urt. v. 17.12.2013 – KZR 65/12, Rn. 15, 49) Berücksichtigung der Ziele ausging, wurde in der Literatur die Auffassung vertreten, dass es sich bei § 1 Abs. 1 EnWG lediglich um einen Programmsatz handele, „der den kommunalen Beurteilungsspielraum bei der Auswahl und Bewertung der Kriterien nur insoweit beschränkt, als keine Aspekte außerhalb der Energieversorgung bei der Auswahl berücksichtigt werden dürfen" (*Theobald*, in: Theobald/Kühling (Hrsg.), Energierecht, Bd. 1, 109. EL 2021, § 46 EnWG Rn. 7). Nach anderer Literaturansicht seien die Ziele des § 1 Abs. 1 EnWG zwar zu berücksichtigen. Aus dem in Art. 28 Abs. 2 GG verankerten kommunalen Selbstverwaltungsrecht ergebe sich aber, dass der Einbezug weiterer Ziele hierdurch nicht ausgeschlossen werde (*Hellermann*, in: Britz/Hellermann/Hermes (Hrsg.), EnWG, 3. Aufl. 2015, § 46 Rn. 67g). Insoweit dürfte die Neufassung des § 46 EnWG nunmehr klarstellend wirken. Denn dieser bestimmt in § 46 Abs. 4 S. 2 EnWG, dass neben netzwirtschaftlichen Anforderungen auch Angelegenheiten der örtlichen Gemeinschaft Berücksichtigung finden können, und schließt sich damit der Einschätzung des BGH zu deren nachrangiger Berücksichtigungsfähigkeit an (vgl. auch BT-Drs. 18/8184, S. 14 f.); kritisch hierzu *Hellermann*, EnWZ 2014, 339 (341 f., 344 f.).

Gesetz zur Änderung der Vorschriften zur Vergabe von Wegenutzungsrechten zur leitungsgebundenen Energieversorgung im Jahr 2017[863] wurden erstmals darüber hinausgehende **materiellrechtliche Anforderungen**, die bei der Vergabeentscheidung zu berücksichtigen sind, normiert. So ist nunmehr eindeutig festgelegt, dass die Gemeinden bei der Vergabe neben netzwirtschaftlichen Anforderungen wie beispielsweise der Versorgungssicherheit oder der Kosteneffizienz auch Angelegenheiten der örtlichen Gemeinschaft berücksichtigen dürfen, wobei die Gewichtung dieser Kriterien auf die Anforderungen des jeweiligen Netzgebiets ausgerichtet werden kann, § 46 Abs. 4 S. 3, 4 EnWG. Daneben ist bei der Neuvergabe der Konzession das materielle Diskriminierungsverbot (s. hierzu sogleich) zu beachten.[864] Durch die Berücksichtigungsfähigkeit der Angelegenheiten der örtlichen Gemeinschaft soll sichergestellt werden, dass das kommunale Selbstverwaltungsrecht aus Art. 28 Abs. 2 GG gewahrt wird, wobei gleichzeitig betont wird, dass die in dieser Form berücksichtigungsfähigen kommunalen Belange nicht im Widerspruch zu den in § 1 Abs. 1 EnWG genannten netzwirtschaftlichen Anforderungen und insbesondere zu den zentralen Zielen der Versorgungssicherheit und der Kosteneffizienz stehen dürfen.[865] Ob dies insgesamt zu mehr Rechtssicherheit bei der Konzessionsvergabe führen wird, darf bezweifelt werden.[866] Das Gegenteil zeigt sich daran, dass oftmals sehr kleinteilige Streitigkeiten um die Vergabekriterien und deren Gewichtung stattfinden.[867]

Abgesehen von den bereits genannten verfahrensrechtlichen Anforderungen hat die Gemeinde gemäß § 46 Abs. 4 S. 4 EnWG ein **Auswahlverfahren** durchzuführen, das so ausgestaltet ist, dass interessierte Unternehmen bereits im Verfahren die entscheidungsrelevanten Auswahlkriterien und deren Gewichtung erkennen können.[868] Gerichtlich wird insoweit überprüft, ob die Auswahlentscheidung hinreichend nach-

54

---

863 BGBl. I 2017, S. 130.
864 Darüber hinaus finden sich rechtlich unverbindliche Vorgaben im Gemeinsamen Leitfaden von BNetzA und BKartA zur Vergabe von Strom- und Gaskonzessionen und zum Wechsel des Konzessionsnehmers, 2. Aufl. v. 21.5.2015, abrufbar unter http://www.bundeskartellamt.de/SharedDocs/Publikation/DE/Leitfaden/Leitfaden%20-%20Vergabe%20von%20Strom-%20und%20Gaskonzessionen.pdf?__blob=publicationFile&v.=7 (Abruf 15.10.2021).
865 BR-Drs. 73/16, S. 17 f.
866 Eher kritisch insoweit zu den entsprechenden Vorschlägen im Gesetzgebungsverfahren, wenn auch mit unterschiedlichen Akzenten daher *Lange/Möllnitz*, EWeRK 2016, 5 (11 f.); *Mundt*, EWeRK 2016, 149 (151); *Theobald/Wolkenhauer*, DÖV 2016, 724 (726 ff.); die *Monopolkommission* hatte vorgeschlagen, als wesentlichen Wettbewerbsparameter die Höhe des angebotenen Abschlages vom Netznutzungsentgelt bzw. der jährlichen Erlösobergrenze zu berücksichtigen, siehe *Monopolkommission*, Sondergutachten 65, 2014, S. 241 ff. Tz. 470 ff. und weiterführend Sondergutachten 71, 2015, S. 206 ff. Tz. 485 ff. Damit könnten die Komplexität der Zuschlagskriterien und so auch die Transaktionskosten gesenkt und dadurch entsprechende Effizienzen gehoben werden, die den Aufwand des Ausschreibungsverfahrens rechtfertigen. Die Vorteile kämen unmittelbar den lokalen Verbrauchern zugute. Zur Frage, inwiefern durch diese und andere Änderungen des Gesetzestextes lediglich die bisherige BGH-Rechtsprechung kodifiziert oder eine Abweichung normiert wurde, die sicherlich künftig die Gerichte und Aufsichtspraxis beschäftigen wird, *Keller-Herder*, ER 2017, 91 ff. Vieles spricht hier auf der Basis der Gesetzesbegründung dafür, dass keine Änderungen gewollt waren.
867 Siehe dazu etwa OLG Dresden Urt. v. 29.11.2016 – U 1/16 Kart, mit dem Tenor, dass die Nichtberücksichtigung der Netzentgelte mit nicht mindestens 10-15 % und die Berücksichtigung des Kriteriums effizienter Versorgung mit weniger als 4 % fehlerhaft ist; siehe hierzu in jüngerer Zeit auch OLG Schleswig Urt. v. 18.5.2020 – 16 U 66/19 Kart zu der Frage, wie energiewirtschaftliche Kriterien prozentual im Verhältnis zu kommunalen Belangen zu gewichten sind.
868 Auch diese Anforderungen beruhen auf zuvor in der Rspr. entwickelten Kriterien, vgl. BGH Urt. v. 17.12.2013 – KZR 65/12, Rn. 43 ff.; vgl. hierzu etwa die umfassende Untersuchung einzelner Auswahlkriterien in OLG Celle Urt. v. 17.3.2016 – 13 U 141/15 (Kart), Rn. 42 ff.; vgl. zu den Verfahrensanforderungen im Überblick, *Katz*, KommJur 2018, 1 (4 ff.).

vollziehbar und plausibel ist.[869] Werden diese Anforderungen im Auswahlverfahren nicht eingehalten, liegt eine unbillige Behinderung derjenigen Bewerber vor, deren Chancen auf die Konzession beeinträchtigt worden sind.[870] Zu berücksichtigen ist weiterhin, dass auch bei der Vergabe an einen Eigenbetrieb der Gemeinde die genannten Verfahrensanforderungen anwendbar sind mit der Folge, dass das im Unionsrecht anerkannte sogenannte **Inhouse-Privileg** nach der Praxis des Bundeskartellamts und der Rechtsprechung des BGH nicht greift.[871] Daran wurde auch – trotz gegenläufiger Bestrebungen[872] im Rahmen der Diskussion der Novelle – festgehalten. Insofern findet sich in der Gesetzesbegründung zur letzten Novelle des § 46 EnWG im Jahr 2017 eine deutliche Abstützung dieser Rechtsprechung. So wird unter anderem ausgeführt, dass die Forderung, von einem vergabeähnlichen Verfahren gänzlich absehen zu können und eine Inhouse-Vergabe der Gemeinde an ein kommunales Unternehmen zuzulassen, nicht aufgegriffen werde. Vielmehr sei der in § 46 EnWG angelegte „Wettbewerb um das Netz" zwingend aufrecht zu erhalten. Dieser sei auch kein Selbstzweck, sondern diene dazu, die in § 1 Abs. 1 EnWG normierten Ziele, die im Interesse des Allgemeinwohls liegen, zu erreichen.[873] Die Diskussion über die Auslegung der Norm in Bezug auf die Ausschreibungspflicht bei Inhouse-Konstellationen dürfte sich angesichts dieser klaren Gesetzesbegründung vorerst erledigt haben.[874]

55 Verfahrenstechnisch wird die Einhaltung der Vergaberechtsgrundsätze abgesichert, indem den beteiligten Unternehmen Akteneinsichts- und Rügerechte eingeräumt werden. Diese sind aber zur rechtzeitigen Geltendmachung verpflichtet, andernfalls ist der Einwand – auch in prozessualer Hinsicht – präkludiert, § 47 Abs. 1, 2 und 5 EnWG. In verfahrensrechtlicher Hinsicht steht den Unternehmen ein zweischrittiges **Rügeverfahren** zur Verfügung.[875] Hiernach sind die beteiligten Unternehmen zunächst dazu verpflichtet, die Rechtsverletzung in Textform mit Begründung gegenüber der Gemeinde geltend zu machen, § 47 Abs. 1 EnWG. Die Rüge kann sowohl vom Altkonzessionär, als auch von anderen Bewerbern erhoben werden.[876] Hilft die Gemeinde der Rüge nicht ab, kann das beteiligte Unternehmen ausschließlich innerhalb von 15 Kalendertagen ab Zugang der in Textform übermittelten, begründeten Ablehnungsentscheidung der Gemeinde vor den Zivilgerichten Eilrechtsschutz erlangen, § 47 Abs. 4, 5 EnWG, mit der Besonderheit, dass ein Verfügungsgrund nicht glaubhaft gemacht werden muss, § 47 Abs. 5 S. 3 EnWG. Diese knappe Rüge-

---

869 OLG Schleswig Urt. v. 16.4.2018 – 16 U 110/17, Rn. 71 geht davon aus, dass die Entscheidung „gut vertretbar" sein müsse, insbesondere wenn eine Eigenbewerbung der Kommune vorliege. Das LG Kiel Urt. v. 21.6.2019 – 14 HKO 56/18 Kart, Rn. 29 kritisiert diesen Entscheidungsmaßstab mit dem Argument, dass dies in einem Spannungsverhältnis mit dem allgemeinen Gleichbehandlungsgrundsatz (Art. 3 GG) und dem Recht auf kommunale Selbstverwaltung (Art. 28 Abs. 2 GG) stehe.
870 BGH Urt. v. 17.12.2013 – KZR 65/12, Rn. 50 ff.
871 BGH Urt. v. 17.12.2013 – KZR 65/12, Rn. 35 ff.; OLG Düsseldorf Beschl. v. 9.1.2013 – VII-Verg 26/12, Rn. 76 ff.; s. auch BKartA Beschl. v. 22.6.2012, B 10-16/11, BeckRS 2013, 09750, Rn. 43; zustimmend *Monopolkommission*, Sondergutachten 65, 2014, S. 239, Tz. 467; kritisch *Hellermann*, EnWZ 2014, 339 (342 ff.); das BVerfG hat eine gegen die Rechtsprechung des BGH gerichtete Kommunalverfassungsbeschwerde nicht zur Entscheidung angenommen, BVerfG Beschl. v. 22.8.2016 – 2 BvR 2953/14. Eine nach wie vor bestehende Unsicherheit beklagend *Hofmann/Zimmermann*, NZBau 2016, 71 f.
872 Siehe den erfolglos von der Bundestagsfraktion DIE LINKE eingebrachten Antrag mit dem Titel „Übernahme der Energienetze durch Stadtwerke erleichtern", BT-Drs. 18/3745, Ziff. II.1.
873 BR-Drs. 73/16, S. 1 f.
874 Weiterführend und m. w. N. zum bisherigen, nunmehr durch die Gesetzgebung überholten Streitstand, *Kühling/Rasbach/Busch*, Energierecht, 4. Aufl. 2018, S. 216; hierzu ausführlich *Kühling/Seiler*, EnWZ 2017, 99 ff.
875 Vgl. im Überblick *Czernek*, EnWZ 2018, 99 ff.
876 BGH Urt. v. 28.1.2020 – EnZR 99/18, Rn. 29.

C. Nutzung öffentlicher Verkehrswege

frist dient der Rechtssicherheit und fördert den Vertrauensschutz, da ausgeschlossen wird, dass Verfahrensfehler auch noch Jahre nach dem Abschluss des neuen Konzessionsvertrages geltend gemacht werden können.[877] Zu berücksichtigen ist, dass die Rügeobliegenheiten des § 47 EnWG auch für laufende Verfahren zur Vergabe von Wegenutzungsrechten und also auch für Verfahren gelten, bei denen am 3. Februar 2017 bereits die gemeindlichen Auswahlkriterien einschließlich deren Gewichtung bekannt gegeben wurden, wenn und soweit die Gemeinde die jeweiligen Unternehmen gesondert zur Rüge auffordert, § 118 Abs. 23 EnWG. Die Verfahren, die diese Übergangsregelung betrifft, dürften mittlerweile jedoch weitestgehend abgeschlossen sein. Die Rügefristen beginnen in diesen Fällen mit dem Zugang der vorgenannten Aufforderung bei den jeweiligen Unternehmen und mithin zu individuellen Zeitpunkten zu laufen. Die Novelle des Rügeverfahrens in § 47 EnWG dürfte der wichtigste Beitrag zu mehr Rechtssicherheit im Rahmen der Überarbeitung des Konzessionsverfahrens im Jahre 2017 gewesen sein.[878] Eine **Präklusion der Rüge** kann in den Fällen vorliegen, in denen eine ausreichende Möglichkeit gegeben war, verletzte Rechte zu wahren.[879] Die Rechtsprechung untergliedert das Konzessionsvergabeverfahren in **drei Phasen**, die im Hinblick auf die Rügen von Rechtsverletzungen zu beachten sind.[880] Die erste Phase betrifft die Bekanntmachungspflichten aus § 46 Abs. 3 S. 1 und S. 2 EnWG. Die Mitteilungspflichten aus § 46 Abs. 4 S. 4 EnWG sind der zweiten Phase zuzuordnen. Die dritte Phase betrifft etwaige Rechtsverletzungen, die nach der Information über die Auswahlentscheidungen zu Tage treten. Eine Rüge von Rechtsverletzungen muss, sofern sie erkennbar waren, in der jeweiligen Phase erfolgen, um nicht präkludiert zu sein.[881] Darüber hinaus muss sie hinreichend konkret sein, wobei insoweit geringe Anforderungen zu stellen sind.[882] Fehler an der Ausschreibung selbst können nicht präkludiert sein, können also unabhängig davon, welche Phase sie betreffen, auch im Nachgang des Verfahrens geltend gemacht werden.[883]

Die erkennenden Gerichte haben sich mit sämtlichen erhobenen und nicht präkludierten Rügen auseinander zu setzen. Selbst wenn einzelne Rügen bereits ausreichen, um von einer unbilligen Behinderung auszugehen, hat dennoch eine **Auseinandersetzung mit allen weiteren Rügen** zu erfolgen.[884]

Das EU-Sekundärvergaberecht und dementsprechend auch das GWB-**Vergaberecht** finden im Übrigen keine Anwendung auf den Abschluss von energierechtlichen Konzessionsverträgen.[885] Der Abschluss von Konzessionsverträgen gemäß § 46 Abs. 2 EnWG ist nicht vergleichbar mit den unter das Vergaberecht fallenden Konstellationen, in denen die Gemeinde als öffentlicher Auftraggeber Liefer-, Bau- oder Dienstleistungen bei Dritten nachfragt. Dementsprechend fielen – nach umstrit-

---

877 BT-Drs. 18/8184, S. 16.
878 So auch *Keller-Herder*, ER 2017, 91 (96), mit weiteren Hinweisen zu den verbleibenden Problemen.
879 BGH Urt. v. 28.1.2020 – EnZR 99/18, Rn. 30; zu den Anforderungen an die Erkennbarkeit OLG Karlsruhe Urt. v. 27.3.2019 – 6 U 113/18 Kart, Rn. 74 f.; weiterführend hierzu mit Auswertung der instantiellen Rechtsprechung und Literatur, *Meyer-Hetling/Schneider*, NZBau 2020, 142 (146); vgl. auch *Reimann*, EWerK 2019, 121 (122 ff.).
880 KG Berlin Urt. v. 24.9.2020 - 2 U 93/19.EnWG, Rn. 29.
881 KG Berlin Urt. v. 24.9.2020 - 2 U 93/19.EnWG, Rn. 30; so im Ergebnis auch OLG Karlsruhe Urt. v. 28.8.2019 – 6 U 109/18, Rn. 140.
882 Unzulässig sind danach Rügen „ins Blaue hinein", OLG Brandenburg Urt. v. 18.8.2020 – 17 U 1/19, Rn. 63; vgl. hierzu auch OLG Karlsruhe Urt. v. 28.8.2019 – 6 U 109/18 Kart, Rn. 62 f.
883 OLG Dresden Urt. v. 18.9.2019 – U 1/19 Kart.
884 KG Berlin Urt. v. 24.9.2020 - 2 U 93/19.EnWG, Rn. 31.
885 *Kermel/Brucker/Baumann*, Wegenutzungsverträge und Konzessionsabgaben in der Energieversorgung, 2008, S. 97 ff.; *Pippke/Gaßner*, RdE 2006, 33 (36); a.A. *Salje*, EnWG, 2006, § 46 Rn. 144 ff.

tener, aber wohl überzeugender Meinung – energierechtliche Konzessionsverträge auch nicht in den Anwendungsbereich der bisherigen europarechtlichen Richtlinien zur öffentlichen Auftragsvergabe.[886] Es handelt sich vielmehr um einen Fall einer Dienstleistungskonzession, da der Verteilernetzbetreiber eine Aufgabe der Daseinsvorsorge wahrnimmt und als Entgelt für diese Leistungserbringung berechtigt ist, die Einnahmen aus der Leistungserbringung abzüglich der Konzessionsabgabe zu behalten.[887] Insoweit fanden schon immer jedenfalls die im Ansatz vergleichbaren **primärrechtlichen Anforderungen** des Vergaberechts Anwendung.[888] Daher konnte sich die Gemeinde bei der Durchführung des Verfahrens zur Neuvergabe von Konzessionen seit jeher an den bekannten **Abläufen des Vergaberechts** orientieren.[889] Verpflichtet hierzu war sie – über die Vorgaben des EU-Primärrechts hinaus – allerdings nicht.[890] Umstritten ist nunmehr, ob die Dienstleistungskonzessionen nach § 46 Abs. 2 EnWG in den Anwendungsbereich der neuen Konzessionsvergaberichtlinie 2014/23/EU[891] fallen, so dass sie nunmehr auch dem Anwendungsbereich des Kartellvergaberechts unterliegen.[892] Zur Umsetzung dieser Richtlinie wurde das GWB durch das Vergaberechtsmodernisierungsgesetz 2016[893] umfassend novelliert. Zugleich wurde die Verordnung zur Modernisierung des Vergaberechts[894] erlassen, die in Art. 3 die Verordnung über die Vergabe von Konzessionen enthält. Mit dieser wurden erstmals umfassende Bestimmungen für die Erteilung von Bau- und Dienstleistungskonzessionen geschaffen. In der Gesetzesbegründung zum Vergaberechtsmodernisierungsgesetz stellt der Gesetzgeber klar, dass es sich bei Wegenutzungsverträgen i.S.d. § 46 EnWG gerade nicht um Konzessionen im Sinne des § 105 Abs. 1 Nr. 2 GWB handelt,[895] so dass auch weiterhin weder das GWB noch die Konzessionsvergabeverordnung auf die Wegenutzungsverträge Anwendung finden.[896] Bestätigt sich diese Auffassung auch bei einer etwaigen Überprüfung durch den EuGH, bleibt es aus vergaberechtlicher Sicht ausschließlich bei der Anwendung der primärrechtlichen Anforderungen.[897]

---

886 Vgl. insbesondere die Richtlinie 2004/17/EG des Europäischen Parlaments und des Rates v. 31.3.2004 zur Koordinierung der Zuschlagserteilung durch Auftraggeber im Bereich der Wasser-, Energie- und Verkehrsversorgung sowie der Postdienste (sog. Sektorenrichtlinie), ABl. EU Nr. L 134, S. 1 v. 30.4.2004.
887 Dazu *Hofmann*, NZBau 2012, 11 (12).
888 Dazu allgemein *Kühling/Huerkamp*, Einleitung zum Vergaberecht, in: Säcker (Hrsg.), Münchener Kommentar zum Europäischen und Deutschen Wettbewerbsrecht (Kartellrecht), Bd. 3, Vergaberecht I, Rn. 20 ff. (im Erscheinen).
889 So die Empfehlung von *Kermel/Brucker/Baumann*, Wegenutzungsverträge und Konzessionsabgaben in der Energieversorgung, 2008, S. 99.
890 Vgl. zu § 13 EnWG a.F. OLG Düsseldorf Urt. v. 12.3.2008 – VI-2 U (Kart) 8/07, IR 2008, 115 ff.
891 Richtlinie 2014/23/EU des Europäischen Parlaments und des Rates v. 26.2.2014 über die Konzessionsvergabe, ABl. EU Nr. L 94, S. 1 v. 28.3.2014, zuletzt geändert durch die Delegierte Verordnung (EU) 2019/1827 v. 30.10.2019, ABl. EU Nr. L 279, S. 23 v. 31.10.2019.
892 Dafür *Hofmann/Zimmermann*, NZBau 2016, 71 (73 ff.), *Weiß*, NVwZ 2014, 1415 (1419), dagegen BT-Drs. 18/6281, S. 76, *Grünewald*, Die (Re)Kommunalisierung in der Energieverteilung, 2016, S. 315 ff.; *Schwab/Giesemann*, VergabeR 2014, 351 (366); *Toros*, Handlungsoptionen auf dem Weg in die Gigabit-Gesellschaft, 2021, S. 115 ff. mit umfasender Auswertung des Streitstandes.
893 Gesetz zur Modernisierung des Vergaberechts (Vergaberechtsmodernisierungsgesetz – VergRModG) v. 17.2.2016 (BGBl. I 2016, S. 203).
894 Verordnung zur Modernisierung des Vergaberechts (Vergaberechtsmodernisierungsverordnung – VergRModVO) v. 12.4.2016 (BGBl. I 2016, S. 624).
895 BT-Drs. 18/6281, S. 76.
896 Dagegen zwischen deren Unanwendbarkeit auf einfache Wegenutzungsverträgen nach § 46 Abs. 1 EnWG und deren Anwendbarkeit auf Konzessionsverträge nach § 46 Abs. 2 EnWG differenzierend *Brück von Oertzen/Kreggenfeld*, EWeRK 2016, 12 (13 f.).
897 Zur Verneinung einer Ausschreibungspflicht im – allerdings leicht abweichenden – Fall der Vergabe von Wegerechten für Fernwärmenetze *Kühling*, in: Körber/Kühling (Hrsg.), Ausschreibung von Fernwärme-

C. Nutzung öffentlicher Verkehrswege

Wird der Konzessionsvertrag nach Ablauf der 20 Jahre mit dem alten Konzessionär **58** nicht verlängert, so ist dieser dazu verpflichtet, dem neuen Konzessionär seine für den Betrieb der Netze notwendigen Verteilungsanlagen gegen Zahlung einer wirtschaftlich angemessenen Vergütung zu überlassen. Der Gesetzgeber hat einen zuvor ausgetragenen, äußerst kontroversen Streit im Hinblick auf den Umfang der Eigentumsübertragungspflichten[898] durch die Umformulierung des § 46 Abs. 2 EnWG beseitigt. Nach § 46 Abs. 2 S. 2 EnWG hat der Neukonzessionär gegen den Altkonzessionär einen Anspruch auf **Übereignung** der für den Betrieb der Netze der allgemeinen Versorgung im Gemeindegebiet notwendigen Verteilungsanlagen.[899] Der Begriff der Übereignung ist sachenrechtlich i.S.d. §§ 873 ff. BGB zu verstehen. Der Neukonzessionär kann jedoch nach § 46 Abs. 2 S. 3 EnWG anstelle der Übereignung eine bloße Überlassung des Besitzes, z.B. im Rahmen eines Pachtvertrags verlangen. Umgekehrt kann der Altkonzessionär hingegen nicht vom Neukonzessionär verlangen, dass sich dieser mit der Einräumung „nur" des Besitzes zufriedengibt.

Lange Zeit nicht legislativ gelöst war die bereits unter dem EnWG 1998 umstrittene **59** Frage, welche Anlagen zu überlassen sind. In der Rechtsprechung wird die Überlassungspflicht eher weit verstanden und auch auf solche Anlagen erstreckt, die zwar zum Betrieb des Netzes der allgemeinen Versorgung im Gemeindegebiet notwendig sind, zugleich aber auch für die Durchleitung von Strom über das Gemeindegebiet hinaus genutzt werden (sogenannte gemischt genutzte Anlagen).[900]

Sofern der Netzbetreiber als ehemaliger Konzessionsnehmer zur Übereignung der **60** für den Betrieb der Netze notwendigen Verteilungsanlagen verpflichtet ist, kann er hierfür nach § 46 Abs. 2 S. 2 EnWG eine **wirtschaftlich angemessene Vergütung** verlangen.[901] Diese Regelung beschränkt die Vertragsautonomie der Parteien und stellt zum einen sicher, dass ein Wechsel des Netzbetreibers nicht an einer prohibitiv hohen Vergütung scheitert.[902] Zum anderen wird hierdurch gewährleistet, dass Verpflichtungen zur Überlassung von Verteilungsanlagen ohne eine wirtschaftlich angemessene Vergütung nicht begründet oder erfüllt werden dürfen.[903] Die Beibehaltung des unbestimmten Rechtsterminus der wirtschaftlich angemessenen Vergütung, der auch schon im EnWG 1998 und 2005 enthalten war, lässt erkennen, dass sich der Gesetzgeber zunächst nicht auf eine bestimmte Art der Berechnung festlegen wollte.[904] Vielmehr hat er die Entscheidung über den Streit, ob für die Wertfindung einer Verteilungsanlage der **Sachzeitwert**, der **Ertragswert** oder der **tarifkalkulato-**

---

netzen?, 2016, S. 9 ff.; vgl. hierzu auch *Prieß/Marx/Hölzl*, NVwZ 2011, 65 (68), welche die Vorgaben des unionalen Primärrechts als „Vergaberecht light" bezeichnen; weiterführend zu den hieraus folgenden Anforderungen an das Vergabeverfahren, *Toros*, Handlungsoptionen auf dem Weg in die Gigabit-Gesellschaft, 2021, S. 120 ff.

898 Vgl. hierzu mit Nachweisen auf die Rechtsprechung und den Streitstand in der Literatur die Vorauflage, *Kühling/Rasbach/Busch*, Energierecht, 4. Aufl. 2018, S. 214.
899 BGH Urt. v. 7.4.2020 – EnZR 75/18 – Strom- und Gasnetz Stuttgart, Rn. 23 ff.; mit umfassender Auswertung der zuvor ergangenen Rechtsprechung *Krassow*, EnWZ 2018, 195 ff.
900 BGH Urt. v. 7.4.2020 – EnZR 75/18, Rn. 23 ff.; OLG Frankfurt Urt. v. 14.6.2011 – 11 U 36/10 Kart, RdE 2011, 422 ff.; LG Hannover Teilurteil v. 22.2.2011 – 18 O 383/06, RdE 2011, 195 ff.; BNetzA Beschl. v. 19.6.2012 – BK6-11/079; gegen eine Pflicht zur Überlassung gemischt genutzter Anlagen *Kermel/Hofmann*, RdE 2011, 353 ff.
901 Vgl. zur Verfassungsmäßigkeit BGH Urt. v. 7.4.2020 – EnZR 75/18, Rn. 20 ff.; vgl. zur Verhältnismäßigkeit der Vorgabe auch *Braedel*, die Überlassung von Verteilungsanlagen nach Ablauf des Konzessionsvertrages gemäß § 46 Abs. 2 S. 2 EnWG, 2011, S. 71 ff.; *Papier/Schröder*, Wirtschaftlich angemessene Vergütung für Netzanlagen, 2012, S. 27 ff.; kritisch hierzu *Kühling*, EnWZ 2012, 7 ff.
902 Vgl. amtliche Begründung zum Regierungsentwurf des EnWG 1998, BT-Drs. 13/7274, S. 21.
903 So auch § 3 Abs. 2 Ziff. 2 KAV.
904 *Ballwieser/Lecheler*, et 2007, 48 (49).

rische Restwert maßgeblich ist, der Entwicklung der Rechtsprechung überlassen. Bereits im Jahre 1999 hat der BGH in seiner bekannten Entscheidung „Kaufering" entschieden, dass die in einer Endschaftsbestimmung enthaltene Sachzeitwertklausel unwirksam ist, wenn der Sachzeitwert den Ertragswert nicht unerheblich übersteigt.[905]

61 Der Gesetzgeber hat den Maßstab dahingehend konkretisiert, dass es für die Bestimmung der wirtschaftlich angemessenen Vergütung auf den objektivierten Ertragswert ankommt, solange keine Einigung auf eine anderweitige Vergütung erzielt wurde, § 46 Abs. 2 S. 4, 5 EnWG. Dieser ebenfalls zunächst von der Rechtsprechung entwickelte Grundsatz[906] fand im Rahmen der Novelle 2017 Eingang in das EnWG mit dem Ziel, „die Rechtssicherheit beim Netzübergang zu verbessern".[907] Der Ertragswert ist dabei anhand der Verhältnisse derjenigen potenziellen Erwerber zu ermitteln, für die die Übernahme des Netzes wirtschaftlich ernsthaft in Betracht kommt, wobei unter dem Ertragswert der äußerste Betrag zu verstehen ist, „der aus der Sicht des Käufers unter Berücksichtigung der sonstigen Kosten der Stromversorgung einerseits und der zu erwartenden Erlöse aus dem Stromverkauf andererseits für den Erwerb des Netzes kaufmännisch und betriebswirtschaftlich vertretbar erscheint".[908] Der Ertragswert bestimmt sich dabei auch nach dem netzentgeltkalkulatorischen Restwert i.S.d. § 6 Abs. 6 StromNEV.[909] Damit werden die erzielbaren Einnahmen und damit der Ertrag vornehmlich durch die Vorschriften von StromNEV und ARegV determiniert.[910] Zugleich sind jedoch auch Synergieeffekte des erwerbenden Netzbetreibers zu berücksichtigen.[911]

IV. Diskriminierungsverbot

62 Nach § 46 Abs. 1 S. 1 EnWG sind die Verkehrswege „diskriminierungsfrei" zur Verfügung zu stellen. Diese Anforderung ist Ausfluss des kartellrechtlichen Diskriminierungsverbots, wie es auch in § 19 Abs. 1, Abs. 2 Nr. 1 GWB verankert ist.[912] Das **Gebot der Gleichbehandlung** stellt sicher, dass die dadurch begründete beherrschende Stellung der Gemeinden nicht zu unterschiedlichen Wettbewerbsbedingungen für verschiedene Energieversorgungsunternehmen führt. Dabei geht das Gleichbehandlungsgebot über die Verpflichtung hinaus, unterschiedliche, gemeindefremde Energieversorgungsunternehmen gleich zu behandeln. Das Diskriminierungsverbot nach § 46 Abs. 1 S. 1 EnWG bezieht sich auch auf eine Gleichbehandlung von Energieversorgungsunternehmen und gemeindeeigener Versorgung als unselbstständigen Teils der Gemeindeverwaltung (Eigenbetriebe). Die Gemeinden können sich dabei, wie gezeigt, nicht auf das sogenannte Inhouse-Privileg berufen.[913] Darüber

---

905 BGH Urt. v. 16.11.1999 – KZR 12/97, BGHZ 143, 128 ff.
906 Vgl. BGH Beschl. v. 3.6.2014 – EnVR 10/13, Rn. 45; OLG Karlsruhe Beschl. v. 24.10.2012 – 6 U 168/10, RdE 2013, 88 (88), 90; OLG Frankfurt am Main Urt. v. 14.6.2011 – 11 U 36/10 (Kart), Tenor und Rn. 44 ff.
907 BT-Drs. 18/8184, S. 1.
908 OLG Karlsruhe Beschl. v. 24.10.2012 – 6 U 168/10, RdE 2013, 88 (90); OLG Koblenz Beschl. v. 11.11.2010 – U 646/08 Kart., ZNER 2011, 338 (339 f.).
909 BT-Drs. 18/8184, S. 12; OLG Frankfurt Urt. v. 14.6.2011 – 11 U 36/10 Kart, RdE 2011, 422 ff.
910 BT-Drs. 18/8184, S. 12.
911 BT-Drs. 18/8184, S. 12.
912 BGH Urt. v. 28.1.2020 – EnZR 99/18, Rn. 30; weiterführend mit umfassender Auswertung der instantiellen Rechtsprechung *Kermel*, RdE 2020, 351 (353 ff.).
913 BGH Urt. v. 17.12.2013 – KZR 65/12, Rn. 35 ff.; OLG Düsseldorf Beschl. v. 9.1.2013 – VII-Verg 26/12, Rn. 76 ff.

hinaus hat der BGH klargestellt, dass auch die Berufung auf das sogenannte Konzernprivileg ausgeschlossen ist.[914] Die Wegenutzung durch Eigenbetriebe kann in einer kommunalen Satzung geregelt sein, deren Bedingungen aber im Vergleich zu den abgeschlossenen Wegenutzungsverträgen nicht als Nachteil für andere Energieversorgungsunternehmen wirken dürfen. Die Möglichkeit einer Behinderung der Energieversorgungsunternehmen durch eine Besserstellung der kommunalen Eigenbetriebe würde dem wettbewerbsfördernden Zweck des § 46 EnWG zuwiderlaufen. Der finanzielle Nachteil, der Gemeinden durch die Wegenutzung fremder Energieversorgungsunternehmen in Bezug auf die eigenbetriebliche Energieversorgung entstehen kann, ist verfassungsrechtlich nicht als Eingriff in die kommunale Finanzhoheit zu beanstanden.[915]

Das Diskriminierungsverbot hat auch sehr spezifische Auswirkungen auf das Treffen der Auswahlentscheidung. Es führt letztlich auch ein **Mitwirkungsverbot** für solche Personen an der Entscheidungsfindung, die für einen Bewerber tätig sind. Zwar hat der Gesetzgeber das Mitwirkungsverbot nicht explizit normiert. Die Rechtsprechung leitet es aber aus den Grundsätzen des § 16 VgV a.F. ab.[916] Der Verstoß gegen das Mitwirkungsverbot führt nicht pauschal zur Nichtigkeit der Auswahlentscheidung. Hiervon ist nur dann auszugehen, wenn andere Bewerber im Auswahlprozess „unbillig behindert" werden.[917] Dies ist im Rahmen einer umfassenden Einzelfallabwägung festzustellen.[918]

63

V. Rechtsweg

Problematisch ist die Bestimmung des Rechtswegs für Streitigkeiten im Zusammenhang mit Wegenutzungs- bzw. Konzessionsverträgen.[919] § 47 Abs. 5 EnWG verweist für gerügte Rechtsverletzungen von am Vergabeverfahren beteiligten Unternehmen, denen von der Gemeinde nicht abgeholfen wird, wie gezeigt, ausdrücklich auf den Rechtsweg vor den ordentlichen Gerichten. Im Übrigen kommt es darauf an, ob der Gegenstand dieser Verträge als öffentlich-rechtlich oder privatrechtlich einzustufen ist, wobei auf den inhaltlichen Gesamtcharakter abzustellen ist. Für die Einordnung als öffentlich-rechtliche Verträge könnte zunächst sprechen, dass unter dem Begriff der Erteilung von Konzessionen oder Wegerechten gemeinhin eine hoheitliche Rechtsgewährung in Form einer besonderen Genehmigung oder Erlaubnis verstanden wird.[920]

64

Allerdings handeln die Gemeinden in Fragen der Nutzung öffentlicher Straßen in ihrer Eigenschaft als Privatrechtssubjekte. Wegerechts- und Konzessionsverträge regeln die Vergabe von Nutzungsrechten an öffentlichen Straßen auf der Grundlage

65

---

914 BGH Urt. v. 17.12.2013 – KZR 65/12, Rn. 31; vgl. zu den Folgen im Fall der Einräumung der Möglichkeit zur Berufung auf das Konzernprivileg *Eufinger*, NVwZ 2014, 779 (782).
915 Vgl. zu den parallelen §§ 50 Abs. 1 S. 1, 52 TKG a.F. BVerfG Beschl. v. 7.1.1999 – 2 BvR 929/97, Rn. 44, wo selbst ein Wegeentgelt nicht als erforderlich erachtet wird.
916 BGH Urt. v. 28.1.2020 – EnZR 99/18, Rn. 35.
917 BGH Urt. v. 28.1.2020 – EnZR 99/18, Rn. 36.
918 BGH Urt. v. 28.1.2020 – EnZR 99/18, Rn. 37 ff; zustimmend *Prieß/Friton/von Rummel*, NZBau 2020, 498 (500).
919 S. zu tatsächlichen Problemen bei der Rechtsdurchsetzung sowie zu Reformvorschlägen unter Berücksichtigung der Zuständigkeitsverteilung *Boos/Templin*, EnWZ 2016, 59 ff.
920 Dazu auch *Klemm*, Versorgungswirtschaft 2005, 197 (198), der die Bezeichnung „Konzessionsvertrag" für ungenau hält.

des Zivilrechts,[921] die Leitungsverlegung im Rahmen von Wegenutzungsverträgen ist als rein privatrechtliche Eigentumsnutzung durch die Versorgungsunternehmen zu sehen. Daher hat die Rechtsprechung wiederholt entschieden, dass ein Vertrag zwischen Gemeinde und Versorgungsunternehmen über die Leitungsverlegung in öffentlichen Straßen zivilrechtlicher Natur ist.[922] Alle Streitigkeiten im Zusammenhang mit Wegerechts- bzw. Konzessionsverträgen wären somit von den ordentlichen Gerichten zu entscheiden.

66 Zu beachten ist jedoch, dass § 46 EnWG die Gemeinden nicht allein – was die bloße Gestattung der Nutzung von öffentlichen Straßen angeht – als Privatrechtssubjekte adressiert. Die Verpflichtung aus § 46 Abs. 2 EnWG erstreckt sich vielmehr auf die Nutzung öffentlicher Verkehrswege für die Verlegung und den Betrieb von Leitungen, die zu einem Energieversorgungsnetz der allgemeinen Versorgung gehören. Auch nach der Liberalisierung der Strommärkte ist die allgemeine Versorgung mit Energie eine öffentliche Aufgabe der **Daseinsvorsorge**.[923] Indem die Gemeinden Konzessionsverträge mit privatrechtlich organisierten EVUs schließen, delegieren sie gleichsam die Wahrnehmung dieser öffentlichen Aufgabe.[924] Sie treffen die Entscheidung über die Auswahl des Vertragspartners in Wahrnehmung ihrer hoheitlichen Befugnisse. Hierbei steht die öffentlich-rechtliche Bindung der Gemeinden an die in § 1 Abs. 1 EnWG niedergelegten Zielsetzungen im Vordergrund. Vor dem Hintergrund dieser Ausführungen sind Streitigkeiten im Zusammenhang mit Wegenutzungs- bzw. Konzessionsverträgen (z.B. in Bezug auf Nutzungseinräumung, Haftungs- oder Kostenfragen) im Wesentlichen zivilrechtlicher Natur, so dass der **ordentliche Rechtsweg** nach § 13 GVG eröffnet ist. Ist Gegenstand einer Streitigkeit die Frage der Auswahl des örtlichen Netzbetreibers (auch im Fall eines kartellrechtlichen Streits im Anwendungsbereich des GWB[925]), erschiene es naheliegend, grundsätzlich von einer öffentlich-rechtlichen Streitigkeit auszugehen, weil es sich bei der Auswahl des Netzbetreibers durch die Gemeinde um einen öffentlich-rechtlichen Betrauungsakt handelt. Mängel im Auswahlprozess sind nach § 47 Abs. 5 EnWG aber nunmehr eindeutig vor den Zivilgerichten geltend zu machen. Wird der Auffassung gefolgt, dass es sich im Grunde um eine öffentlich-rechtliche Streitigkeit handelt, ist § 47 Abs. 5 EnWG als abdrängende Sonderzuweisung einzuordnen. Anderenfalls käme ihm lediglich klarstellende Bedeutung zu. Die einheitliche Rechtswegzuweisung zu den Zivilgerichten ist rechtspolitisch zu begrüßen. Da die Gemeinde bei der Vergabe von Wegenutzungsverträgen nicht hoheitlich, sondern als marktbeherrschender Anbieter des Wegenutzungsrechts und damit privatrechtlich handelt, sind auch weitere Rechtsstreitigkeiten, die den Abschluss entsprechender Verträge betreffen, vor den Zivilgerichten auszutragen.[926] Das gilt erst recht für kartellrechtliche Streitigkeiten.

---

921 *Klemm*, Versorgungswirtschaft 2005, 197 ff.
922 BVerwG Urt. v. 29.3.1968 – IV C 100/65, BVerwGE 29, 248 (251); BGH Urt. v. 22.10.1954 – I ZR 236/53, BGHZ 15, 114 ff.; BGH Urt. v. 7.3.1991 – III ZR 3/90, BGHZ 114, 30 ff.; BGH Urt. v. 31.3.1993 – XII ZR 198/91, BGHZ 122, 166 ff.; BGH Urt. v. 16.9.1993 – III ZR 136/91, BGHZ 123, 256 ff.
923 Das BVerfG Beschl. v. 10.9.2008 – 1 BvR 1914/02, nach *juris*, Rn. 24 äußert Zweifel, ob die Energieversorgung nach dem durch das EnWG 2005 eingeläuteten Paradigmenwechsel in der Art, Wettbewerb zu ermöglichen, noch als Daseinsvorsorge zu bezeichnen ist, obwohl an den Begriff ohnehin keine verfassungsrechtlichen Konsequenzen geknüpft sind; bejahend *Wichert*, NVwZ 2009, 876 (878); grundlegend zum Begriff der Daseinsvorsorge in der Energiewirtschaft, *Hermes*, Staatliche Infrastrukturverantwortung, S. 94 ff.
924 *Albrecht*, in: Schneider/Theobald (Hrsg.), Recht der Energiewirtschaft, 4. Aufl. 2013, § 9 Rn. 23.
925 Dazu *Hofmann*, NZBau 2012, 11 (12).
926 So BGH Urt. v. 17.12.2013 – KZR 66/12, Rn. 19 ff.; bereits zuvor den Zivilrechtsweg bejahend OVG Münster Beschl. v. 10.2.2012 – 11 B 1187/11, nach *juris*, Rn. 15; ähnlich auch schon LG Köln Urt. v. 20.4.2007 – 81 O (Kart) 193/06, nach *juris*, Rn. 21 ff., bei dem es um die Nichtigkeit eines Stromkonzes-

Die Überwachung der Einhaltung der Wegenutzungs- und Konzessionsverträge obliegt der Bundesnetzagentur bzw. den Landesregulierungsbehörden.[927] **67**

Literaturhinweise:

Ballwieser, Wolfgang/Lecheler, Helmut, Die angemessene Vergütung für Netze – rechtliche und ökonomische Bewertung, et 2007, 48 ff.; *Bauer, Christian/Seckelmann, Margrit,* Zentral, dezentral oder egal?, DÖV 2014, 951 ff.; *Baur, Jürgen F./Pritzsche, Kai Uwe/Simon, Stefan* (Hrsg.), Unbundling in der Energiewirtschaft, 2006; *Boos, Philipp/Templin, Wolf,* Konzessionsverfahren und Netzübernahmen nach § 46 EnWG – wer sollte entscheiden?, EnWZ 2016, 59 ff.; *Braedel, Stephanie,* Die Überlassung von Verteilunganlagen nach Ablauf des Konzessionsvertrages gemäß § 46 Abs. 2 S. 2 EnWG, 2011; *Britz, Gabriele/Hellermann, Johannes/Hermes, Georg* (Hrsg.), EnWG, 3. Aufl. 2015; *Brück von Oertzen, Martin/Kreggenfeld, Lena,* Die Novelle des § 46 EnWG im Spannungsfeld des Vergaberechts, EWeRK 2016, 12 ff.; *Czernek, Gregor,* Das neue Rügeregime des § 47 EnWG – Mehr Rechtssicherheit für die Gemeinden?, EnWZ 2018, 99 ff.; *De Witt, Siegfried,* Notwendige Reformen zum beschleunigten Ausbau des Hochspannungs- und Gasversorgungsleitungsnetzes, RdE 2006, 141 ff.; *Eufinger, Alexander,* Neuvergabe von Konzessionsverträgen durch Gemeinden, NVwZ 2014, 779 ff.; *Greinacher, Dominik,* Enteignung für einen Netzanschluss und eine Zuwegung eines Windparks, ER 2015, 235 ff.; *Grigoleit, Klaus Joachim/Klanten, Moritz,* Die Zulassung von Änderungen im Anzeigeverfahren nach § 43f EnWG, EnWZ 2020, 435 ff.; *Grünewald, Stefanie,* Die (Re)Kommunalisierung in der Energieverteilung, 2016; *Hellermann, Johannes,* § 46 EnWG und die gemeindliche Selbstverwaltung – aus Sicht des Bundesgerichtshofs; Zu den Urteilen des BGH vom 17.12.2012 – KZR 65/12 und KZR 66/12, EnWZ 2014, 339 ff.; *Hermes, Georg,* Staatliche Infrastrukturverantwortung, 1998; *Hofmann, Heiko,* Kommunale Konzessionsverträge im Lichte des Energiewirtschafts- und Wettbewerbsrechts, NZBau 2012, 11 ff.; *Hofmann, Heiko/Zimmermann, Manuel,* Droht eine Fortsetzung der gegenwärtig bestehenden Rechtsunsicherheit?, NZBau 2016, 71 ff.; *Katz, Alfred,* Kommunales Konzessionierungsverfahren – am Beispiel der Strom-/Gas- und Wasserkonzessionsverträge, KommJur 2018, 1 ff.; *Keller-Herder, Laurenz,* Konzessionierungsverfahren nach der Neuregelung des Konzessionsvertragsrecht, ER 2017, 91 ff.; *Kermel, Cornelia,* Aktuelle Entwicklungen im Konzessionsvertragsrecht, RdE 2005, 153 ff.; *Kermel, Cornelia,* Die Bedeutung des Neutralitätsgebots bei der Vergabe von Strom- und Gaskonzessionen, RdE 2020, 351 ff.; *Kermel, Cornelia/Brucker, Guido/Baumann, Toralf,* Wegenutzungsverträge und Konzessionsabgaben in der Energieversorgung, 2008; *Kermel, Cornelia/Hofmann, Bianca,* Keine Herausgabepflicht gemischt genutzter Anlagen nach § 46 Abs. 2 EnWG, RdE 2011, 353 ff.; *Klemm, Andreas,* Konzessionsverträge und Konzessionsabgaben nach der Energierechtsreform 2005, Versorgungswirtschaft 2005, 197 ff.; *Kment, Martin* (Hrsg.), Energiewirtschaftsgesetz, 2. Aufl. 2019; *Kment, Martin,* Vorzeitige Besitzeinweisung und vorzeitiges Enteignungsverfahren nach dem Energiewirtschaftsgesetz, NVwZ 2012, 1134 ff.; *Kment, Martin/Vorwalter, Sebastian,* Streitfragen der energiewirtschaftlichen

---

sionsvertrages nach § 134 BGB wegen der Nichteinhaltung der energierechtlichen Bekanntmachungspflicht aus § 13 Abs. 3 EnWG a.F. bzw. § 46 Abs. 3 EnWG seitens der Gemeinde ging; vgl. auch OLG Naumburg Urt. v. 29.1.2015 – 2 W 67/14, ZfBR 2016, 187 (188 f.), wonach vermeintliche Verfahrensfehler bei der Konzessionsvergabe auch bereits vor dem Abschluss des Konzessionsvertrages vor den Zivilgerichten geltend gemacht werden können.

927 Ausdrücklich ergibt sich dies nicht aus dem Gesetz. Vielmehr wird diese Zuständigkeit aus einer analogen Anwendung des § 54 Abs. 3 EnWG entwickelt. Vgl. dazu ausführlich *Klemm,* Versorgungswirtschaft 2005, 197 (202); *Bauer/Seckelmann,* DÖV 2014, 951 ff.

Konzession, EnWZ 2015, 387 ff.; *Krassow, Sven,* Gemischt genutzte Leitungen als Gegenstand des Netzübereignungsanspruchs gem. § 46 II 2 EnWG, EnWZ 2018, 195 ff.; *Kühling, Jürgen,* Ausschreibungspflichten beim Abschluss von Gestattungsverträgen für die Verlegung von Fernwärmeleitungen, in: Körber, Torsten/Kühling, Jürgen (Hrsg.), Ausschreibung von Fernwärmenetzen?, 2016, S. 9 ff.; *Kühling, Jürgen/Hermeier, Guido,* Der Wechsel des Konzessionärs bei Wegenutzungsverträgen nach § 46 Abs. 2 EnWG – wem gehört fortan die Infrastruktur?, GewArch 2008, 102 ff.; *Kühling, Jürgen,* Der Streit um die „wirtschaftlich angemessene Vergütung" für die Netzanlagen nach § 46 II 2 EnWG – Grenzen der verfassungsrechtlichen Vorsteuerung, EnWZ 2012, 7 ff.; *Kühling, Jürgen,* Die Bedeutung der Eigentumsgarantie aus Art. 14 GG für die Regulierung der Energieordnung, in: Joost, Detlev/Oetker, Hartmut/Paschke, Marian (Hrsg.), Festschrift für Franz Jürgen Säcker, 2011, S. 783 ff.; *Kühling, Jürgen/Seiler, Martin,* Der Ausschluss der Inhouse-Vergabe vom Energiekonzessionen nach der Novellierung von § 46 EnWG im Mehrebenensystem, EnWZ 2017, 99 ff.; *Kühling, Jürgen/Rasbach, Winfried /Busch,Claudia,* Energierecht, 4. Aufl. 2018; *Kümper, Boas,* Das energierechtliche vorzeitige Enteignungsverfahren – Durchführung, Rechtswirkungen und verfassungsrechtliche Bewertung, RdE 2020, 522 ff.; *Kupfer, Dominik,* Die Neufassung des Rechts zur Vergabe von Energiekonzessionen – Novellierung des § 46 EnWG, NVwZ 2017, 428 ff.; *Lange, Knut Werner/Möllnitz, Christina,* Der Gesetzesentwurf zur Änderung der Vorschriften zur Konzessionsvergabe – Reform oder Reförmchen, EWeRK 2016, 5 ff.; *Mann, Thomas/Sennekamp, Christoph/Uechtritz, Michael* (Hrsg.), Verwaltungsverfahrensgesetz, 2. Aufl. 2019; *Martel, Dominik /Ebbinghaus, Jens,* Zur Zulässigkeit der relativen Bewertungsmethode bei der Vergabe von Strom- und Gaskonzessionen nach den §§ 46 ff. EnWG, RdE 2018, 354 ff.; *Meyer-Hetling, Astrid/Schneider, Julia,* Aktuelle Entwicklungen des Konzessionsrechts, NZBau 2020, 142 ff.; Mundt, Andreas, (Re-)Kommunalisierung – Quo Vadis Wettbewerb?, EWeRK 2016, 149 ff.; *Monopolkommission,* Sondergutachten 71, Energie 2015: Ein wettbewerbliches Marktdesign für die Energiewende, Sondergutachten der Monopolkommission gemäß § 62 Abs. 1 EnWG, 2014; *Monopolkommission,* Sondergutachten 65, Energie 2013: Wettbewerb in Zeiten der Energiewende, Sondergutachten der Monopolkommission gemäß § 62 Abs. 1 EnWG, 2015; *Papier, Hans-Jürgen/Schröder, Meinhard,* Wirtschaftlich angemessene Vergütung für Netzanlagen, 2012; *Pippke, Nicole/Gaßner, Hartmut,* Neuabschluss, Verlängerung und Änderung von Konzessionsverträgen nach dem neuen EnWG, RdE 2006, 33 ff.; *Prieß, Hans-Joachim/Marx, Friedhelm/Hölzl, Franz,* Kodifizierung des europäischen Rechtes zur Vergabe von Dienstleistungskonzessionen nicht notwendig – Überlegungen am Beispiel der europäischen Regeln für die Trinkwasserversorgung, NVwZ 2011, 65 ff.; *Prieß, Hans-Joachim/Friton, Pascal/von Rummel, Alexander,* Das Ende des „bösen Scheins" durch den BGH im Verfahren nach § 46 EnWG, NZBau 2020, 498 ff.; *Probst, Matthias Ernst,* Auswahlkriterien bei der Vergabe von energiewirtschaftlichen Konzessionsverträgen – Eine Untersuchung der europa-, verfassungs-, energie-, kartell- und kommunalrechtlichen Anforderungen an Kommunen in Konzessionsverfahren, 2016; *Reimann, Wibke,* Das Verhältnis von einstweiligem Rechtsschutz gegen die Gemeinden und Klagen auf Netzherausgabe – Die Mär von mehr Rechtssicherheit durch § 47 EnWG, EWerK 2019, 121 ff.; *Riedel, Daniel,* Die vorzeitige Besitzeinweisung nach § 44b EnWG, RdE 2008, 81 ff.; *Scholtka, Boris,* Das Konzessionsabgabenrecht in der Elektrizitäts- und Gaswirtschaft – Rechtliche Grundlagen und Anwendungsprobleme der Konzessionsabgabenverordnung (KAV) unter Berücksichtigung der Energierechtsreform, 1999; *Säcker, Franz Jürgen* (Hrsg.), Münchener Kommentar zum Europäischen und Deutschen Wettbewerbsrecht, 4. Aufl. 2021 (im Erscheinen); *Schneider, Peter Jens/Theobald, Christian*

(Hrsg.), Recht der Energiewirtschaft, 4. Aufl. 2013; *Scholtka, Boris,* Das neue Energiewirtschaftsgesetz, NJW 2005, 2421 ff.; *Stenneken, Christian,* Nutzung privater Grundstücke zum Leitungsbau im liberalisierten Markt, N&R 2005, 134 ff.; *Templin, Wolf,* Recht der Konzessionsverträge, 2009; *Theobald, Christian/Kühling, Jürgen* (Hrsg.), Energierecht, 109. EL 2021; *Theobald, Christian,* Fragen und Antworten zum künftigen Konzessionsvergaberecht, IR 2005, 149 ff.; *Theobald, Christian/Wolkenhauer, Sören,* Vergabe von Strom- und Gaskonzessionen, DÖV 2016, 724 ff.; *Toros, Fabian,* Handlungsoptionen auf dem Weg in die Gigabit-Gesellschaft, 2021; *Weiß, Holger,* Stand und Perspektive des Rechts der Strom- und Gaskonzessionen, NVwZ 2014, 1415 ff.; *Wichert, Friedrich,* Enteignung und Besitzeinweisung für energiewirtschaftliche Leitungsvorhaben, NVwZ 2009, 876 ff.

Rechtsprechungshinweise:

BVerfG Urt. v. 10.3.1981 – 1 BvR 92/71, 1 BvR 96/71, BVerfGE 56, 259 ff.; BVerfG Beschl. v. 8.7.1982 – 2 BvR 1187/80, BVerfGE 61, 82 ff.; BVerfG Urt. v. 24.3.1987 – 1 BvR 1046/85, BVerfGE 74, 264 ff.; BVerfG Beschl. v. 7.1.1999 – 2 BvR 929/97; BVerfG Beschl. v. 10.9.2008 – 1 BvR 1914/02; BGH Urt. v. 22.10.1954 – I ZR 236/53, BGHZ 15, 144 ff.; BGH Urt. v. 7.3.1991 – III ZR 3/90, BGHZ 114, 30 ff.; BGH Urt. v. 31.3.1993 – XII ZR 198/91, BGHZ 122, 166 ff.; BGH Urt. v. 16.9.1993 – III ZR 136/91, BGHZ 123, 256 ff.; BGH Urt. v. 16.11.1999 – KZR 12/97, BGHZ 143, 128 ff.; BGH Urt. v. 29.9.2009 – EnZR 14/08, NJW-RR 2010, 1070 ff.; BGH Beschl. v. 6.11.2012 – KVR 54/11, EnWZ 2013, 263 ff.; BGH Urt. v. 17.12.2013 – KZR 65/12; BGH Urt. v. 17.12.2013 – KZR 66/12; BGH Beschl. v. 3.6.2014 – EnVR 10/13; BGH Urt. v. 12.3.2015 – III ZR 36/14; BGH Urt. v. 14.4.2015 – EnZR 11/14; BGH Urt. v. 28.1.2020 – EnZR 99/18; BGH Urt. v. 7.4.2020 – EnZR 75/18; BVerwG Urt. v. 29.3.1968 – IV C 100/65, BVerwGE 29, 248 ff.; BVerwG Urt. v. 11.7.2002 – 4 C 9/00, NJW 2003, 230 ff.; BVerwG Urt. v. 16.3.2006 – 4 A 1075.04; BVerwG Urt. v. 15.12.2016 – 4 A 4.15; BVerwG Urt. v. 6.4.2017 – 4 A 2.16 u.a., BVerwG Urt. v. 22.6.2017 – 4 A 18.16; BayVGH Urt. v. 13.2.2003 – 22 A 97.40029, NVwZ 2003, 1534 ff.; OVG Münster Beschl. v. 10.2.2012 – 11 B 1187/11; OVG Lüneburg Beschl. v. 11.9.2013 – 10 ME 88/12, EnWZ 2013, 570 ff.; OLG Frankfurt Urt. v. 29.1.2008 – 11 U 20/07 (Kart), RdE 2008, 146 ff.; OLG Düsseldorf Urt. v. 12.2.2008 – VI-2 U (Kart) 8/07; OLG Koblenz Beschl. v. 11.11.2010 – U 646/08 Kart, ZNER 2011, 338 ff.; OLG Frankfurt am Main Urt. v. 14.6.2011 – 11 U 36/10 (Kart), RdE 2011, 422 ff.; OLG Düsseldorf Beschl. v. 19.10.2011 – VI-3 Kart 1/11 (V); OLG Karlsruhe Beschl. v. 24.10.2012 – 6 U 168/10, RdE 2013, 88 ff.; OLG Düsseldorf Beschl. v. 9.1.2013 – VII-Verg 26/12; OLG Naumburg Urt. v. 29.1.2015 – 2 W 67/14, ZfBR 2016, 187 ff.; OLG Celle Urt. v. 17.3.2016 – 13 U 141/15 (Kart); OLG Düsseldorf Urt. v. 12.3.2008 – VI-2 U (Kart) 8/07, IR 2008, 115 ff.; OLG Schleswig Urt. v. 16.4.2018 – 16 U 110/17; OLG Dresden Urt. v. 29.11.2016 – U 1/16 Kart; OLG Karlsruhe Urt. v. 27.3.2019 – 6 U 113/18 (Kart); OLG Karlsruhe Urt. v. 28.8.2019 – 6 U 109/18 (Kart); OLG Dresden Urt. v. 18.9.2019 – U 1/19 (Kart); OLG Schleswig Urt. v. 18.5.2020 – 16 U 66/19 Kart; OLG Brandenburg Urt. v. 18.8.2020 – 17 U 1/19; LG Köln Urt. v. 20.4.2007 – 81 O (Kart) 193/06; LG Hannover Teilurteil v. 22.2.2011 – 18 O 383/06, RdE 2011, 195 ff.; LG Kiel Urt. v. 21.6.2019 – 14 HKO 56/18 (Kart); KG Berlin Urt. v. 24.9.2020 – 2 U 93/19.

9. Kapitel: Materielles Energierecht außerhalb des EnWG

1 Materielles Energierecht außerhalb des EnWG findet sich vor allem in dem **Gesetz für den Ausbau erneuerbarer Energien** (EEG) und dem **Gesetz für die Erhaltung, die Modernisierung und den Ausbau der Kraft-Wärme-Kopplung** (KWKG). Die Ziele der Gesetze sind die kosteneffiziente und netzverträgliche Erhöhung des Anteils erneuerbarer Energien an der Stromversorgung (EEG) bzw. die Steigerung der Energieeffizienz in Kraft-Wärme-Kopplungsanlagen (KWKG). Hiermit soll der Schutz von Klima, Natur und Umwelt forciert werden. Das Instrumentarium zur Verwirklichung dieser Ziele ist eine zeitlich begrenzte Abnahme- und Vergütungspflicht zulasten von Elektrizitätsnetzbetreibern, durch die Investoren betreffender Anlagen Planungs- und Investitionssicherheit erhalten. Darüber hinaus soll mit dem **Gesetz zur Förderung Erneuerbarer Energien im Wärmebereich** (EEWärmeG) der Anteil erneuerbarer Energien am Endenergieverbrauch für Wärme und Kälte in privaten und öffentlichen Gebäuden erhöht werden. Mit dem **Netzausbaubeschleunigungsgesetz Übertragungsnetz** (NABEG) sollen die Errichtung und Änderung von länderübergreifenden oder grenzüberschreitenden Höchstspannungsleitungen, die im Rahmen der sogenannten Energiewende erforderlich sind, beschleunigt werden. Das 2016 erlassene **Messstellenbetriebsgesetz** (MsbG)[928] bündelt die zentralen Vorschriften zum Messwesen und zur Messung, zu Einbaupflichten für Messeinrichtungen sowie zu den Anforderungen an den Datenschutz und die Datensicherheit im Umgang mit diesen Systemen erstmals in einem Gesetz. Des Weiteren wurde durch das **Gesetz zur Bekämpfung von Preismissbrauch im Bereich der Energieversorgung und des Lebensmittelhandels** von Dezember 2007 § 29 GWB eingeführt, der – zunächst bis Ende 2012 befristet und dann zweimal jeweils für weitere fünf Jahre verlängert – den Kartellbehörden erweiterte Befugnisse für die Kontrolle von Strom- und Gaspreisen einräumt. Daneben wird für den Bereich der Stromerzeugung der **Emissionshandel** in Zukunft eine bedeutende Rolle einnehmen.

A. Erneuerbare Energien

2 Die Regelungen des EEG sollen zugunsten des Klima- und Umweltschutzes eine nachhaltige Entwicklung der Energieversorgung durch eine Erhöhung des Anteils erneuerbarer Energien an der Stromversorgung ermöglichen. In der am 1. Januar 2012 in Kraft getretenen grundlegenden Novellierung des EEG wurden erstmals die kontinuierlich steigenden Anteile erneuerbarer Energien an der gesamten Stromversorgung für die nächsten 40 Jahre festgeschrieben. Handelte es sich bei erneuerbaren Energien bis dato um einen Sonderbereich des Energiemarktes mit randständigen Auswirkungen auf den Energiesektor, hat sich dieses Verhältnis mittlerweile grundlegend gewandelt. Die erneuerbaren Energieträger stellen mittlerweile eine tragende Säule der Energieversorgung dar und zogen im Hinblick auf die Netto-Nennleistung

---

928 Gesetz über den Messstellenbetrieb und die Datenkommunikation in intelligenten Energienetzen (Messstellenbetriebsgesetz – MsbG) v. 29.8.2016 (BGBl. I 2016, S. 2034), zuletzt geändert durch Artikel 10 des Gesetzes v. 16.7.2021 (BGBl. I 2021, S. 3026).

A. Erneuerbare Energien

bereits im Jahr 2014 fast gleichauf mit den nicht erneuerbaren Energieträgern.[929] Der Ausbau der Stromerzeugung aus erneuerbaren Energien wurde und wird vor allem durch das EEG vorangetrieben. Um die im EEG 2012 festgelegten Ausbauziele zu erreichen, wurde den Investoren von Anlagen zur Stromerzeugung aus erneuerbaren Energien **Planungs- und Investitionssicherheit** eingeräumt und insbesondere den Betreibern von Windkraft-, Photovoltaik- oder Biomasseverwertungsanlagen für einen gewissen Zeitraum ein bestimmter **Abnahmepreis zugesichert**, der (deutlich) über dem marktüblichen Abnahmepreis für Strom lag.[930] Dies hat zur Folge, dass die Integration der erneuerbaren Energien erhebliche **kostenseitige Auswirkungen** zeitigt. So betrug die nach dem EEG zu zahlende Gesamtvergütung im Jahr 2014 knapp 24 Mrd. Euro und im Jahr 2017 etwa 30 Mrd. Euro. Für das Jahr 2021 wird eine Gesamtvergütung in Höhe von knapp 34 Mrd. Euro prognostiziert.[931] Es besteht demnach eine erkennbare Tendenz zu einem kontinuierlichen Anstieg der Zahlungsverpflichtungen. Durch das EEG 2021 wird ein grundlegender Wechsel dahingehend eingeläutet, dass die Energiewende nicht mehr vollständig umlage-, sondern künftig zum Teil auch steuerfinanziert erfolgen soll.[932]

Da die Integration erneuerbarer Energien zugleich große Herausforderungen für den Netzausbau und die Netzstabilität bedingt, soll die Stromerzeugung aus erneuerbaren Energieträgern letztlich in den Markt integriert werden. Um das EEG und damit auch den Ausbau der erneuerbaren Energien vermehrt an wettbewerblichen und marktwirtschaftlichen Kriterien auszurichten, wurde bereits im Rahmen der EEG-Novelle 2014 eine Degression der Fördersätze eingeführt, die Förderung von Freiflächenanlagen für Photovoltaik auf ein Ausschreibungsverfahren umgestellt und die verpflichtende Direktvermarktung eingeführt.[933] Weitere Anpassungen brachte das am 1. Januar 2017 in Kraft getretene EEG 2017[934] mit sich, durch das die Mehrheit der EEG-Anlagen einem wettbewerblichen Ausschreibungsverfahren unterworfen wurde.[935] Die Vergütung für Strom aus Wasserkraft-, Geothermie-, Deponiegas-, Klärgas- und Grubengasanlagen wurde dagegen weiterhin gesetzlich bestimmt.[936] Auch bei Windkraftanlagen Onshore und Solaranlagen mit einer installierten Leis-

3

---

929 Laut dem Monitoringbericht 2015, S. 34 der BNetzA und des BKartA lag die installierte elektrische Erzeugungsleistung aus nicht erneuerbaren Energieträgern im Jahr 2014 bei 105.288 MW, die aus erneuerbaren Energieträgern bei 93.881 MW. Der Monitoringbericht ist abrufbar unter http://www.bundesnetzagentur.de/SharedDocs/Downloads/DE/Allgemeines/Bundesnetzagentur/Publikationen/Berichte/2015/Monitoringbericht_2015_BA.pdf?__blob=publicationFile&v.=4 (Abruf 15.10.2021).
930 S. zur Einordnung der EEG-Umlage nach dem EEG 2012 als staatliche Beihilfe, die mit dem europäischen Beihilfenrecht vereinbar ist und zur nur teilweisen Vereinbarkeit der Förderung stromintensiver Unternehmen mit dem Beihilfenrecht EuG Urt. v. 10.5.2016 – Rs. T-47/15, Rn. 29 ff., ECLI:EU:T:2016:281. Die BRD hat gegen das Urteil Rechtsmittel eingelegt. Die Rechtssache ist beim EuGH anhängig, Rs. C-405/16 P.
931 Vgl. zu den Zahlenwerten und weiteren Statistiken *BMWi*, EEG in Zahlung: Vergütungen, Differenzkosten und EEG-Umlage 2000 bis 2021, Stand: 15.10.2020, Tabelle 2, abrufbar unter https://www.erneuerbare-energien.de/EE/Redaktion/DE/Downloads/eeg-in-zahlen-xls.html (Abruf 15.10.2021).
932 Siehe dazu *BMWi*, Pressemitteilung v. 15.10.2020, abrufbar unter https://www.bmwi.de/Redaktion/DE/Pressemitteilungen/2020/10/20201015-altmaier-die-eeg-umlage-2021-sinkt-entlastung-aus-dem-konjunkturpaket-wird-umgesetzt.html; vgl. auch *BMWi*, FAQ zur beihilferechtlichen Genehmigung der EU-Kommission, abrufbar unter, https://www.bmwi.de/Redaktion/DE/FAQ/EEG-2021/faq-beihilferechtlichen-genehmigung-eu-kommission.html; *BMWi*, Pressemitteilung v. 29.4.2021, abrufbar unter https://www.bmwi.de/Redaktion/DE/Pressemitteilungen/2021/04/20210429-europaeische-kommission-genehmigt-eeg-2021-signal-fuer-rechtssicherheit.html (Abruf je 15.10.2021).
933 BT-Drs. 18/1304, S. 88.
934 S. Art. 25 des Gesetzes zur Einführung von Ausschreibungen für Strom aus erneuerbaren Energien und zu weiteren Änderungen des Rechts der erneuerbaren Energien v. 13.10.2016 (BGBl. I 2016, S. 2258).
935 Vgl. BT-Drs. 18/8860, S. 1 f.; § 22 Abs. 1 EEG 2017.
936 BT-Drs. 18/8860, S. 2; § 22 Abs. 6 S. 2 i.V.m. § 40 ff. EEG 2017.

tung von bis zu 750 kW sowie für Biomasseanlagen mit einer installierten Leistung bis einschließlich 150 kW griff die sogenannte Bagatellgrenze und die Vergütung wurde weiterhin gesetzlich festgelegt.[937] Um die angespannte Netzsituation durch den verstärkten Ausbau von EEG-Anlagen nicht noch weiter zu verschärfen, wurde beim Ausbau von Windenergieanlangen an Land die Netzverträglichkeit des Ausbaus berücksichtigt, indem die Zuschläge für neue Windenergieanlagen in Gebieten mit Netzengpässen, also insbesondere in Norddeutschland, erstmals mengenmäßig begrenzt wurden.[938] Hierzu fügte die Bundesnetzagentur der Erneuerbare-Energien-Ausführungsverordnung (EEAV)[939] einen Abschnitt 2 hinzu, nach dem in den Netzausbaugebieten der Bundesländer Schleswig-Holstein, Niedersachsen, Mecklenburg-Vorpommern, Bremen und Hamburg bei Ausschreibungen aufgrund des EEG 2017 seit dem 1. März 2017 nurmehr insgesamt höchstens 902 MW an zu installierender Leistung für Windenergieanlagen an Land bezuschlagt werden durften, §§ 1, 2, 13 EEAV. Die in § 1 Abs. 2 S. 1 EEG 2017 festgelegten Ausbauziele, d.h. die Steigerung des Anteils des aus erneuerbaren Energien erzeugten Stroms am Bruttostromverbrauch auf 40-45 % bis zum Jahr 2025, auf 55-60 % bis zum Jahr 2035 und auf mindestens 80 % bis 2050 sollten dadurch aber nicht gefährdet werden.

4 Am 1. Januar 2021 trat das **EEG 2021** in Kraft. Prägend ist das klar definierte Ziel, dass der gesamte Strom, der in Deutschland verbraucht wird, bis zum Jahr **2050 treibhausgasneutral** sein soll.[940] Im Vergleich zum EEG 2017 wurden die Ziele, den Anteil von erneuerbaren Energien am Stromverbrauch zu erhöhen, ambitionierter ausgestaltet. So soll im Jahr 2030 bereits 65 % des Stroms aus erneuerbaren Energiequellen stammen. Erreicht werden soll dies etwa durch die Möglichkeit, weitere Flächen für die Energiewende nutzbar zu machen. Hierdurch entstehen verschiedene Konfliktfelder zu angrenzenden Regelungsmaterien, wie dem Planungs-, Natur- und Artenschutzrecht, die zunächst beseitigt werden müssen. Hierzu wird ein Kooperationsausschuss beim BMWi eingerichtet. Zudem werden Bund und Ländern Berichtspflichten auferlegt.[941] Der Energieträger Wasserstoff wird durch die gesetzlichen Neuregelungen von der Umlagepflicht befreit.[942] Die EEG-Umlage soll in Zukunft dadurch gesenkt werden, dass Teile der Förderung aus dem **Bundeshaushalt** beglichen werden.[943] Mit verschiedenen Detailoptimierungen will der Gesetzgeber zudem die Netz- und Marktintegration verbessern.[944] Zudem soll durch eine kontinuierliche Evaluation sichergestellt werden, dass ein möglichst kurzfristiger Übergang der EEG-Förderung in einen marktgetriebenen Ausbau sichergestellt wird.[945] Dass dieser Übergang aktuell noch nicht wirtschaftlich möglich ist, illustriert der Umgang des Gesetzgebers mit „ausgeförderten Anlagen", bei denen die 20-jährige Förderzeit abgelaufen ist. Diese sollen auch künftig ihren Strom vorrangig in das Netz einspeisen dürfen und erhalten die Möglichkeit einer Direktvermarktung.[946]

---

937 BT-Drs. 18/88660, S. 2 ff.; § 22 Abs. 2 Nr. 1, Abs. 3 S. 2, Abs. 4 S. 2 Nr. 1, Abs. 6 S. 2 i.V.m. §§ 46 ff. EEG 2017.
938 BT-Drs. 18/88660, S. 3 f., 210; § 36c EEG 2017.
939 Verordnung zur Ausführung der Erneuerbare-Energien-Verordnung (Erneuerbare-Energien Ausführungsverordnung – EEAV) v. 22.2.2010 (BGBl. I 2010, S. 134), zuletzt geändert durch Art. 7 des Gesetzes v. 21.12.2020 (BGBl. I 2020, S. 3138).
940 BT-Drs. 19/23482, S. 2.
941 BT-Drs. 19/23482, S. 2.
942 BT-Drs. 19/23482, S. 2 f.
943 BT-Drs. 19/23482, S. 3.
944 BT-Drs. 19/23482, S. 3 f.
945 BT-Drs. 19/23482, S. 4.
946 Für Betreiber kleinerer Anlagen sieht der Gesetzgeber Alternativen zur Direktvermarktung vor.

A. Erneuerbare Energien

Ziel des Gesetzgebers ist es sicherzustellen, dass bereits aufgebaute Anlagen nicht aus Wirtschaftlichkeitsgründen abgebaut werden und kein „wildes" Einspeisen von Strommengen in den Kreislauf stattfindet.[947] Insgesamt ist die Einführung wettbewerblicher Elemente vorerst weiterhin überschaubar. Dabei muss zudem berücksichtigt werden, dass die Implementierung wettbewerblicher Ausschreibungsverfahren nur zur Marktintegration der künftig zugebauten Kapazitäten führt. Die bereits installierten Kapazitäten profitieren weiterhin von dem 20-jährigen Förderzeitraum seit ihrer Installation. Ein relevanter Block der Erzeugung kann damit weiterhin mit einem fixen, marktfernen Mindestpreis kalkulieren. Auch nach dem Ablauf der Förderzeit bleibt, wie zuvor ausgeführt, eine Abnahme sichergestellt.

Zu beobachten bleibt, wie sich der Beschluss des Bundesverfassungsgerichts, indem das Klimaschutzgesetz teilweise als verfassungswidrig klassifiziert wurde, auf das EEG auswirkt.[948] Dem Gesetzgeber wurde aufgegeben, die Maßnahmen zur Begrenzung der Erderwärmung auch über das Jahr 2031 hinaus weiter zu konkretisieren. Die Maßnahmen des Gesetzgebers werden sich voraussichtlich nicht nur auf das Klimaschutzgesetz, sondern auch auf angrenzende Rechtsmaterien – wie das EEG – auswirken, allerdings nicht unmittelbar, da der Gesetzgeber einen breiten Spielraum hat, wo und wie er entsprechende Anpassungen vornehmen möchte. 5

Als erste Reaktion hat der Bundestag am 24. Juni 2021, neben einer Anpassung des Klimaschutzgesetzes, insbesondere eine weitere **umfassende Novellierung des EEG 2021** beschlossen. Verschiedene Sofortmaßnahmen, wie Sonderausschreibungen im Jahr 2022, sollen dazu beitragen, die ehrgeizigen Ziele des Klimaschutzgesetzes zu erreichen. Zudem soll eine verbesserte EEG-Umlagebefreiung für Wasserstoff erfolgen, um den Markthochlauf dieser Technologie zu erleichtern und eine klimaneutrale Industrie zu ermöglichen. Im Übrigen erfolgt durch die Novelle eine Optimierung des Rechtsrahmens in Detailfragen. Insbesondere werden etwa die Ausschreibungen für Solarenergie erheblich vereinfacht und bürokratische Hürden beseitigt. Viele der Vorgaben stehen gemäß § 105 EEG 2021 noch unter **Beihilfevorbehalt**, sodass ihr Anwendbarkeit von der Genehmigung der EU-Kommission abhängt. Zeitgleich hat der Bundestag auch ein Verordnungspaket gebilligt, dass der Umsetzung des EEG 2021 in der Fassung des 1. Januar 2021 dient. Die weitere Umsetzung der Maßgaben des Bundesverfassungsgerichts bleiben der Bundesregierung der 20. Legislaturperiode vorbehalten. 6

I. Anschluss-, Abnahme- und Übertragungspflicht

Die zentralen Regelungen zur Anschluss-, Abnahme- und Übertragungspflicht finden sich im ersten Abschnitt des zweiten Teils des EEG. Hiernach sind Netzbetreiber[949] verpflichtet, Anlagen zur Stromerzeugung aus erneuerbaren Energien unverzüglich **vorrangig anzuschließen**, § 8 Abs. 1 S. 1 1. Hs. EEG 2021, und den hiermit gewonnenen **Strom abzunehmen**, zu übertragen und zu verteilen, § 11 Abs. 1 S. 1 7

---

947 BT-Drs. 19/23482, S. 4.
948 BVerfG Beschl. v. 24.3.2021 - 1 BvR 288/20.
949 Wer Netzbetreiber ist, richtet sich nach der Legaldefinition des § 3 Nr. 36 EEG 2021 und nicht nach den Regelungen des EnWG. Gemäß § 3 Nr. 36 EEG 2021 ist „Netzbetreiber jeder Betreiber eines Netzes für die allgemeine Versorgung mit Elektrizität, unabhängig von der Spannungsebene"; weiterführend hierzu *Toros*, in: Theobald/Kühling (Hrsg.), Energierecht, Bd. 3, § 3 Nr. 36 EEG 2021 (im Erscheinen).

EEG 2021.[950] Die in den §§ 8 und 11 EGG 2021 normierten Pflichten sind strikt von den Zugangsregeln des EnWG zur Durchleitung von Strom zu unterscheiden. Die Zugangsregeln sollen es Energieerzeugern ermöglichen, ein bestehendes Netz mitzubenutzen, um ihren Strom vermarkten zu können. Das EEG hingegen verpflichtet die Netzbetreiber zur Abnahme und Übertragung des erzeugten Stroms und regelt nicht die Mitbenutzung des Netzes zugunsten der Betreiber von EEG-Anlagen.[951]

8 Anlagen zur Erzeugung von Strom aus erneuerbaren Energien sind gemäß § 8 Abs. 1 S. 1 1. Hs. EEG 2021 unverzüglich vorrangig an den Verknüpfungspunkt anzuschließen, der technisch für die Aufnahme des Stroms geeignet ist und die kürzeste Entfernung vom Standort der Anlage aufweist. Unter den besonderen Voraussetzungen des § 83 EEG 2021 kann der Anspruch auch im Wege des einstweiligen Rechtsschutzes geltend gemacht werden.[952] Zum **Anschluss** verpflichtet ist der Netzbetreiber, dessen Netzverknüpfungspunkt diese Kriterien erfüllt. Dieser hat dem EEG-Anlagenbetreiber auf Anfrage mitzuteilen, welcher der für ihn günstigste Verknüpfungspunkt ist.[953] Ausnahmsweise kann der Anschluss auch an einem anderen als dem Verknüpfungspunkt vorgenommen werden, wenn dasselbe[954] oder ein anderes Netz einen technisch und wirtschaftlich **günstigeren Verknüpfungspunkt** aufweist, § 8 Abs. 1 S. 1 EEG 2021. Liegt der technisch und wirtschaftlich günstigere Verknüpfungspunkt in einem anderen Netz, trifft die Anschlusspflicht aus § 8 Abs. 1 S. 1 EEG 2021 diesen Netzbetreiber. Die Wirtschaftlichkeitsbetrachtung hat die „unmittelbar durch den Netzanschluss entstehenden Kosten zu berücksichtigen".[955] In welchen Fällen der Anschluss unter technischen Gesichtspunkten günstiger ist, regelt das EEG 2021 nicht. Es können daher diverse technische Erwägungen berücksichtigt werden. Der Anschluss ist an einem technisch günstigeren Verknüpfungspunkt beispielsweise dann möglich, wenn die Anbindungsleitung zu diesem schneller errichtet werden kann.[956]

9 § 8 Abs. 2 EEG 2021 räumt dem Anlagenbetreiber ein Wahlrecht hinsichtlich des Anschlusses an einem Netzverknüpfungspunkt desselben oder eines anderen Netzbetreibers ein, sofern durch den Anschluss an dem gewählten Netzverknüpfungspunkt keine erheblichen Mehrkosten entstehen. Erheblich sind die Mehrkosten nach der Rechtsprechung des BGH, wenn die Kosten, die dem Netzbetreiber infolge der Ausübung des Wahlrechts entstehen, „nicht nur unerheblich über den Kosten eines Anschlusses an dem gesamtwirtschaftlich günstigsten Verknüpfungspunkt liegen".[957] In diesen Fällen ist die Ausübung des Wahlrechts rechtsmissbräuchlich.[958]

---

950 Zum 1.10.2021 tritt eine umfassende Änderung des § 11 EEG 2021 in Kraft, die jedoch keine Auswirkungen auf die dargestellten Zusammenhänge hat und auf die aus diesem Grund nicht umfassend eingegangen wird.
951 Vgl. in Bezug auf die alte Rechtslage *Koenig/Kühling/Winkler*, WuW 2003, 228 (238).
952 Das Gesetz normiert in § 83 Abs. 2 EEG 2021 Abweichungen von den allgemeinen Voraussetzungen der §§ 935 und 940 ZPO; weiterführend hierzu *Toros*, in: Theobald/Kühling (Hrsg.), Energierecht, Bd. 3, § 83 EEG 2021 Rn. 11 ff. (im Erscheinen).
953 Andernfalls kann darin eine Pflichtverletzung i.S.d. § 280 Abs. 1 BGB liegen, OLG Schleswig Urt. v. 3.7.2009 – 14 U 96/08, RdE 2010, 156 ff.
954 Ob der günstigere Netzanschlusspunkt auch in demselben Netz liegen kann, war unter Geltung des § 5 Abs. 1 S. 1 EEG 2009/2012 infolge der sprachlichen Fassung des Gesetzes umstritten. Die Frage wurde letztlich vom BGH dahin gehend beantwortet, dass dieser auch in demselben Netz liegen könne, BGH Urt. v. 10.10.2012 – VIII ZR 362/11, Tenor lit. a sowie Rn. 21 ff. Diese Rechtsprechung hat nunmehr Eingang in die Gesetzesformulierung des EEG gefunden.
955 § 8 Abs. 1 S. 1 2. Hs. EEG 2021.
956 *Scholz*, in: Säcker (Hrsg.), Berliner Kommentar Energierecht, Bd. 6, 4. Aufl. 2018, § 8 EEG Rn. 31.
957 BGH Urt. v. 10.10.2012 – VIII ZR 362/11, Rn. 57.
958 BGH Urt. v. 10.10.2012 – VIII ZR 362/11, Rn. 57.

A. Erneuerbare Energien

10 Die Netzanschlusspflicht des Netzbetreibers besteht gemäß § 8 Abs. 4 EEG 2021 auch dann, wenn die Abnahme des Stroms erst durch die Optimierung, die Verstärkung oder den Ausbau des Netzes möglich wird. Ein **Ausbau** kann etwa erforderlich sein, wenn die Netzkapazität zu gering ist, um den von der Anlage zusätzlich gelieferten Strom aufzunehmen. Denkbar ist auch, dass zur Aufnahme des einzuspeisenden Stroms die Umrüstung eines Transformators notwendig ist, der aufgrund eines Überspannungsschutzes die Stromeinspeisung zu oft abschaltet.[959] Der Netzbetreiber ist in diesen Fällen auf Verlangen des Betreibers der EEG-Anlage gemäß § 12 Abs. 1 S. 1 EEG 2021 zu einer unverzüglichen **Erweiterung der Netzkapazität** verpflichtet, soweit ihm diese wirtschaftlich zumutbar ist, § 12 Abs. 3 S. 1 EEG 2021. Wirtschaftliche Zumutbarkeit liegt vor, wenn der erforderliche Aufwand des Ausbaus zu dem angestrebten Erfolg, also letztlich der möglichen Menge des einzuspeisenden EEG-Stroms, in einem ausgewogenen Verhältnis steht.[960]

11 Die Anschlusspflicht nach § 8 Abs. 1 EEG 2021 ist strikt von der **Ausbaupflicht** im Rahmen der Erweiterung der Netzkapazität zur Sicherstellung der Abnahme, Übertragung und Verteilung des Stroms aus erneuerbaren Energien nach § 12 EEG 2021 zu unterscheiden. Die Anschlusspflicht hinsichtlich der EE-Anlage knüpft gemäß § 8 Abs. 1 S. 1 1. Hs. EEG 2021 an den günstigsten Netzverknüpfungspunkt an. Dies nutzt der BGH als Ausgangspunkt für die Abgrenzung von Netzausbau und Anschluss.[961] Danach handelt es sich um einen Netzanschluss, wenn die Errichtung oder Verstärkung von technischen Einrichtungen zwischen der Anlage und dem Netzverknüpfungspunkt stattfindet.[962] Liegen die technischen Einrichtungen dagegen hinter dem Netzverknüpfungspunkt, handelt es sich um eine Maßnahme des Netzausbaus.[963] Die Pflicht zum Netzausbau erfasst gemäß § 12 Abs. 2 EEG 2021 ferner „sämtliche für den Betrieb des Netzes notwendigen technischen Einrichtungen und die im Eigentum des Netzbetreibers stehenden oder [nach Fertigstellung] in sein Eigentum übergehenden Anschlussanlagen". Die Abgrenzung hat sich somit auch hiernach an technisch-funktionalen Gesichtspunkten und den Eigentumsverhältnissen zu orientieren. Für den Betrieb eines Netzes „notwendige technische Einrichtungen" sind solche Einrichtungen, die für die Funktionsfähigkeit des Netzes – vor oder nach Ausführung des Anschlusses – unentbehrlich werden[964] und dem Netz so „zugutekommen". Die Rechtsprechung hat die Abgrenzung vor Einführung entsprechender Vorschriften ins EEG danach vorgenommen, ob die Maßnahme rein netzintern (dann Netzausbau) oder „von außen" (dann Netzanschluss) durchgeführt wurde.[965] Nach wie vor orientiert sich die Rechtsprechung neben den Abgrenzungskriterien des § 12 Abs. 2 EEG 2021 an diesem **netzorientierten Ansatz**.[966] Der „Netzausbau" betrifft die Herstellung der technischen Eignung eines Netzes zur

---

[959] Vgl. LG Krefeld Urt. v. 19.4.2001 – 3 O 355/00, ZNER 2001, 186 ff., bezogen auf § 3 EEG a.F. (jetzt § 8 EEG 2021).
[960] Vgl. *Wustlich*, in: Altrock/Oschmann/Theobald, EEG Kommentar, 4. Aufl. 2013, § 9 Rn. 33 ff.; s. auch BT-Drs. 15/2864, S. 34.
[961] S. BGH Urt. v. 28.11.2007 – VIII ZR 306/04, Rn. 11 ff., ZNER 2008, 53 ff.; BGH Urt. v. 1.10.2008 – VIII ZR 21/07, Rn. 10 ff., ZNER 2008, 370 ff.
[962] Vgl. BGH Urt. v. 28.11.2007 – VIII ZR 306/04, Rn. 16, ZNER 2008, 53 ff.; BGH Urt. v. 1.10.2008 – VIII ZR 21/07, Rn. 17 ff., ZNER 2008, 370 ff.
[963] So auch in Bezug auf die vorherige Argumentation *König*, in: Säcker (Hrsg.), Berliner Kommentar Energierecht, Bd. 6, 4. Aufl. 2018, § 12 EEG Rn. 58.
[964] BT-Drs. 15/2864, S. 34.
[965] S. BGH Urt. v. 10.11.2004 – VIII ZR 391/03, II. 2, RdE 2005, 79 ff.
[966] S. BGH Urt. v. 1.10.2008 – VIII ZR 21/07, Rn. 18, ZNER 2008, 370 ff.; BGH Urt. v. 18.7.2007 – VIII ZR 288/05, II. 2. b) bb) (2) (b), RdE 2008, 18 ff.; OLG Celle Urt. v. 2.11.2006 – 5 U 78/06, NJW-RR 2007, 853 (854); OLG Hamm Urt. v. 6.3.2006 – 17 U 117/06, NJW-RR 2006, 1351 ff.

Aufnahme von EEG-Strom und damit die qualitative Verbesserung eines Netzes.[967] Bei einer quantitativen Maßnahme in Form der räumlichen Ausdehnung des Netzes ist eine funktionale Betrachtung anzustellen: Dient der Bau einer Leitung der Verteilung des Stroms im Netz oder der allgemeinen Versorgung, so handelt es sich um eine „netzinterne" Maßnahme zur Erweiterung der Netzkapazität i.S.d. § 12 Abs. 1 EEG 2021. Dient der Leitungsbau allein dem Anschluss einer Anlage an das Netz, so handelt es sich um einen „netzexternen" Anschluss i.S.d. § 8 Abs. 1 EEG 2021.[968]

12 Die Unterscheidung zwischen Netzanschluss und Netzausbau ist insbesondere wesentlich für die Frage der **Kostentragung** gemäß den §§ 16, 17 EEG 2021. Aus der Anschlusspflicht eines Netzbetreibers ergibt sich nicht, dass dieser Netzbetreiber die notwendige Leitung zwischen dem nach § 8 Abs. 1 S. 1 1. Hs. EEG 2021 geeigneten Netzknotenpunkt und der EEG-Anlage bezahlen müsste. Vielmehr regelt § 16 Abs. 1 EEG 2021, dass der Betreiber der EEG-Anlage die notwendigen Kosten des Anschlusses trägt. Die Anschlusspflicht beinhaltet für den Netzbetreiber also nicht die Pflicht zur Herstellung des Anschlusses, sondern die **Pflicht zur Duldung** derselben.[969] Im Rahmen der Netzkapazitätserweiterung trägt jedoch der Netzbetreiber selbst die notwendigen Kosten für die Optimierung, die Verstärkung oder den Ausbau des Netzes, § 17 EEG 2021.[970]

13 Im Regulierungsrecht des EnWG ist umstritten, inwieweit der Netzbetreiber den Netzzugang bei **Kapazitätsengpässen** verweigern kann. Diese Streitfrage ist im Zusammenhang mit der Abnahmepflicht des EEG nicht bedeutend, da in § 11 Abs. 1 S. 1 EEG 2021 eindeutig geregelt ist, dass die **Abnahme, Übertragung und Verteilung** des EEG-Stroms vorrangig ist.[971] Die Durchleitung von konventionell erzeugtem Strom muss bei Kapazitätsengpässen also zurückgefahren werden, um die Aufnahme des EEG-Stroms zu ermöglichen.[972] Wenn selbst dann die Einleitung des abzunehmenden Stroms aufgrund fehlender Kapazität nicht möglich ist, kann zudem der Ausbau notwendig werden, § 8 Abs. 4 i.V.m. § 12 EEG 2021. Eine Verweigerung der Aufnahme des EEG-Stroms ist also möglich, wenn nach vollständiger Rückführung der Durchleitung konventionell erzeugten Stroms dem Netzbetreiber der Ausbau unzumutbar ist. Die diese **Unzumutbarkeit** begründenden Tatsachen sind für diese zivilrechtliche Einwendung gegen den Netzausbauanspruch nach zivilprozessualen Grundsätzen durch den Netzbetreiber darzulegen und gegebenenfalls zu beweisen. Dieser grundsätzliche Vorrang steht unter den Vorbehalten der § 11 Abs. 3 S. 1, Abs. 4, § 14 EEG 2021.[973] Die Abnahme-, Übertragungs- und Verteil-

---

967 So zur alten Rechtslage: BGH Urt. v. 7.2.2007 – VIII ZR 225/05, NVwZ 2007, 971 (972).
968 So zur alten Rechtslage *Wustlich*, in: Altrock/Oschmann/Theobald, EEG Kommentar, 4. Aufl. 2013, § 9 Rn. 32.
969 Der Anspruch setzt grundsätzlich voraus, dass die Anlage anschlussfertig errichtet ist; allerdings ist im Hinblick auf die erheblichen Investitionskosten eines Anlagenbetreibers bereits dann eine Klage auf Feststellung der (späteren) Anschlusspflicht zulässig, wenn das Vorhaben hinreichend konkretisiert ist, s. BGH Urt. v. 12.7.2006 – VIII ZR 235/04, ZNER 2006, 238 f.; *Altrock*, in: Altrock/Oschmann/Theobald, EEG Kommentar, 4. Aufl. 2013, § 5 Rn. 31.
970 Die Netzbetreiber können die nach § 17 EEG 2017 zu tragenden Kosten gemäß den §§ 3 ff. StromNEV i.V.m. der ARegV auf die Netznutzer umlegen, sofern sie infolge eines effizienten Netzbetriebs entstanden sind. So *König*, in: Säcker (Hrsg.), Berliner Kommentar Energierecht, Bd. 6, 4. Aufl. 2018, § 12 EEG Rn. 56; *Ekardt/Henning*, in: Frenz/Müggenborg/Cosack/Ekardt (Hrsg.), EEG, 5. Aufl. 2017, § 17 Rn. 6. Die Regelung des § 18 Abs. 1 EEG 2017 gilt, ausweislich ihres eindeutigen Wortlauts dagegen nur für Vereinbarungen nach § 11 Abs. 3 EEG 2017.
971 Nach § 11 Abs. 1 S. 3 EEG 2021 ist der Strom aus erneuerbaren Energien und Grubengas mit Strom aus Kraft-Wärme-Kopplung gleichrangig zu behandeln.
972 *Altrock*, in: Altrock/Oschmann/Theobald, EEG Kommentar, 4. Aufl. 2013, § 8 Rn. 19.
973 Der § 14 EEG 2021 wird m. W. zum 1.10.2021 aufgehoben.

II. Vergütungspflicht

Die Abnahmepflicht des Stroms wäre ohne Wirkung, wenn nicht auch eine bestimmte Vergütung für den abgenommenen Strom gesichert wäre. Deshalb verpflichtet § 19 Abs. 1 EEG 2021 die Netzbetreiber zu einer Vergütung des von EEG-Anlagen abgenommenen Stroms. Die Vergütung erfolgt im Fall der Direktvermarktung entweder über eine Marktprämie gemäß § 19 Abs. 1 Nr. 1, § 20 EEG 2021 oder in den sonstigen Fällen der Direktvermarktung, in denen die Marktprämie nicht in Anspruch genommen wird, auf der Basis bilateraler Vereinbarungen. Wird der Strom nicht direkt vermarktet, erhält der Anlagenbetreiber eine Einspeisevergütung, § 19 Abs. 1 Nr. 2, § 21 EEG 2021. Die Vergütungsregeln des EEG wurden bereits zahlreichen Änderungen unterzogen, um die Genauigkeit der **Investitionsanreize** zu erhöhen und diese an die technologische Entwicklung anzupassen sowie um Fehlanreize durch Überförderung zu vermeiden.[974] Seit dem EEG 2017 werden die Anspruchsberechtigten und die anzulegende Werte für Windenergieanlagen an Land und auf See sowie für Solar- und Biomasseanlagen nunmehr wettbewerblich im Rahmen eines Ausschreibungsverfahrens ermittelt, § 22 Abs. 1 EEG 2021. Für Bestandsanlagen bleibt es beim bisherigen Vergütungskonzept. Für Strom aus Wasserkraft, Deponie-, Klär- und Grubengas, der Vergärung von Bioabfällen und Gülle, für Geothermie sowie für Windenergie an Land und auf See, für Strom aus solarer Strahlungsenergie und für Biomasse, die eine bestimmte Bagatellgrenze unterschreiten, werden die Vergütungen hingegen auch künftig weiterhin gesetzlich festgelegt, §§ 40 ff. EEG 2021. In diesen Fällen werden **Mindestvergütungen** über einen bestimmten Zeitraum garantiert. Dabei wird danach differenziert, ob der Strom aus Wasserkraft (§ 40 EEG 2021), Deponie-, Klär- oder Grubengas (§ 41 EEG 2021), aus Biomasse (§§ 42, 44a–44c EEG 2021), Geothermie (§ 45 EEG 2021), der Vergärung von Bioabfällen (§§ 43, 44a–44c EEG 2021), der Vergärung von Gülle (§§ 44–44c EnWG 2021), aus Windkraftanlagen an Land (§ 46 EEG 2021) oder solarer Strahlungsenergie (§§ 48, 49 EEG 2021) gewonnen wird. Die Vergütungshöhen unterscheiden sich zum Teil erheblich, um den unterschiedlichen **Investitions- und Betriebskosten** der Anlagen gerecht zu werden. Auch das Vergütungssystem des EEG 2021 ist im Grunde degressiv ausgestaltet, d.h., dass die Vergütungssätze in Abhängigkeit zum Jahr der Inbetriebnahme der Anlage sinken (§§ 40 ff. EEG 2021).[975]

Insgesamt führt die Vielzahl an unterschiedlichen Tarifen zu einer erheblichen Komplexitätssteigerung und der Gesetzgeber hat erhebliche Schwierigkeiten, passgenau angemessene Vergütungen festzulegen, wie die zahlreichen Korrekturen im Rahmen der letzten EEG-Novellen belegen.

Sowohl die **Zahlung der Marktprämie** als auch die der **Einspeisevergütung** sind gemäß § 25 S. 1, 3 EEG 2021 ab der Inbetriebnahme der Anlage auf 20 Jahre **befristet**. Bei den Anlagen, bei denen die anzulegenden Werte gesetzlich bestimmt sind, verlängert sich der Zeitraum, in dem der Zahlungsanspruch besteht, „bis zum 31. Dezember des zwanzigsten Jahres der Zahlung".[976] Der 20-jährige Zeitraum ent-

---

974 So zur vorherigen Rechtslage bereits *Sellner/Fellenberg*, NVwZ 2011, 1025 (1029).
975 Vgl. BT-Drs. 18/8860, S. 226 ff.
976 § 25 Abs. 1 S. 2 EEG 2021.

spricht gängigen energiewirtschaftlichen Amortisationszyklen, so dass eine weitergehende Garantie der Mindestvergütung zugunsten der Investitions- und Planungssicherheit nicht erforderlich ist. Für die Höhe der Vergütung nach Ablauf der 20 Jahre enthält das EEG keine Regelung. Mangels Befristung besteht aber die Pflicht der Netzbetreiber zur vorrangigen Abnahme und zu einer Vergütung des EEG-Stroms fort. Die Vergütungshöhe entspricht dann der Vergütungshöhe für Nicht-EEG-Strom. Entscheidender Maßstab ist der an der Strombörse in Leipzig gehandelte Preis.[977]

III. Einspeisevergütung

17 Gemäß § 19 Abs. 1 Nr. 2, § 21 EEG 2021 haben Anlagenbetreiber gegen den Netzbetreiber Anspruch auf Zahlung einer Einspeisevergütung. Erforderlich ist hiernach, dass der Anlagenbetreiber den EE-Strom in das Netz einspeist und auch physikalisch zur Verfügung stellt. Ferner muss es sich um eine Anlage handeln, deren installierte Leistung nicht mehr als 100 kW beträgt und bei der der anzulegende Wert gesetzlich festgelegt ist, § 21 Abs. 1 Nr. 1 EEG 2021. Bei Anlagen mit einer installierten Leistung von mehr als 100 kW besteht ebenfalls Anspruch auf Zahlung einer Einspeisevergütung in Form der sogenannten Ausfallvergütung. Allerdings ist diese begrenzt auf maximal drei Kalendermonate am Stück und maximal sechs Kalendermonate pro Kalenderjahr, § 19 Abs. 1 Nr. 2, § 21 Abs. 1 Nr. 2 EEG 2021. Damit erfasst diese Regelung Anlagen, die ihren Strom grundsätzlich direkt vermarkten, aber aufgrund besonderer, nicht vorhersehbarer Umstände, wie einer Insolvenz des Direktvermarkters, vorübergehend eine Einspeisevergütung verlangen.[978] Der Wechsel der Veräußerungsform ist jeweils zum Monatsersten möglich.[979] Alle Neuanlagen, die die Voraussetzungen des § 21 EEG 2021 nicht erfüllen, sind zur **Direktvermarktung** verpflichtet.[980]

IV. Direktvermarktung von Strom aus erneuerbaren Energien und Marktprämie; Ausschreibungen

18 Infolge der grundsätzlich bestehenden Pflicht zur Direktvermarktung für Neuanlagen erhalten die EE-Anlagenbetreiber regelmäßig nicht die gesetzlich garantierte Vergütung, sondern sie vermarkten ihren Strom direkt an der Strombörse oder außerbörslich. Im Fall der Direktvermarktung des EE-Stroms erhalten die Anlagenbetreiber eine **Marktprämie**, § 20 Nr. 1 EEG 2021. Der Erhalt der Marktprämie ist ferner an die Voraussetzungen geknüpft, dass der Netzbetreiber zur Kennzeichnung des Stroms als „Strom aus erneuerbaren Energien oder aus Grubengas, finanziert aus der EEG-Umlage"[981] berechtigt ist und die Bilanzierungsvorgaben des § 20 Nr. 4 EEG 2021 gewahrt werden.

19 Die Marktprämie wird für Strom aus Windenergieanlagen an Land und Solaranlagen mit einer installierten Leistung von mehr als 750 kW, für Biomasseanlagen mit einer installierten Leistung von mehr als 150 kW und für Windenergieanlagen auf See jeweils in technologiespezifischen Ausschreibungsverfahren ermittelt, § 22 EEG 2021.

---

977 S. dazu www.eex.com/de (Abruf 15.10.2021).
978 BT-Drs. 18/8860, S. 195.
979 § 21b Abs. 1 S. 2 EEG 2021.
980 Vgl. BT-Drs. 18/8860, S. 194 f.
981 § 20 Nr. 2 EEG 2021.

In § 39n EEG 2021 sieht das Gesetz die Möglichkeit von Innovationsausschreibungen vor, die nicht auf spezifische erneuerbare Energien beschränkt sind (S. 2) und in denen auch Gebote für Kombinationen oder Zusammenschlüsse verschiedener erneuerbarer Energien abgegeben werden (S. 3). Die Ausschreibungen werden sämtlich von der Bundesnetzagentur durchgeführt. Die allgemeinen Ausschreibungsbedingungen finden sich in den §§ 28 ff. EEG 2021. Die §§ 36 ff. EEG 2021 enthalten gesonderte Vorschriften für die genannten Erzeugungsformen. Letztere beziehen sich insbesondere auf besondere Anforderungen, Angaben und Nachweise, die bei der Ausschreibung des jeweiligen Energieträgers zu berücksichtigen sind. Darüber hinaus gilt ein energieträgerabhängiger Höchstgebotspreis, der einzuhalten ist.[982]

Die allgemeinen **Ausschreibungsbedingungen** nach dem EEG 2021 werden im Folgenden in Grundzügen dargestellt:[983] Das Ausschreibungsverfahren ist in das auf erster Stufe stattfindende Gebotsverfahren und das auf zweiter Stufe stattfindende Zuschlagsverfahren untergliedert. Das Gebotsverfahren für die einzelnen Energieträger ist in den §§ 28-31 EEG 2021, das Zuschlagsverfahren in den §§ 32-35a EEG 2021 geregelt. Die erfolgreiche Teilnahme am Gebotsverfahren ist Voraussetzung für die Berücksichtigung des Gebots im Zuschlagsverfahren.[984] Die §§ 28-28c EEG 2021 legen die Gebotstermine für die verschiedenen Energieträger und die auszuschreibende installierte Leistung ab dem Jahr 2021 fest. Die Ausschreibungen finden zwischen einem Mal und bis zu drei Mal jährlich statt. Die Bundesnetzagentur muss die Ausschreibungen jeweils mindestens fünf und höchstens acht Wochen vor dem Gebotstermin unter Angabe des Gebotstermins, des Ausschreibungsvolumens, des jeweiligen Höchstwerts nach §§ 36b, 37b, 38e, 39b und 39l EEG 2021, von bei der Ausschreibung oder dem Zuschlagsverfahren zu berücksichtigenden Formatvorgaben und von zu berücksichtigenden Festlegungen auf ihrer Internetseite bekannt machen, § 29 Abs. 1 EEG 2021. Das Gebot des Anlagenbetreibers muss die in § 30 Abs. 1 EEG 2021 aufgezählten Angaben enthalten und in der Regel eine Mindestangebotsgröße von 750 kW aufweisen.[985] Ausnahmen gelten für Zusatzangebote im Sinne des § 36j EEG 2021, die keine Mindestgröße aufweisen müssen.[986] Bei Biomasseanlagen und Biomethananlagen nach Teil 3 Abschnitt 3 Unterabschnitt 6 des EEG 2021 beträgt die Mindestgebotsgröße 150 kW, während bei Bestandsanlagen im Sinne des § 39g EEG 2021 keine Mindestgebotsgröße zu beachten ist.[987] Damit wird eine freiwillige Teilnahme der Anlagen, deren installierte Leistung unterhalb der Mindestangebotsgröße liegt, ausgeschlossen.[988] Diese erhalten somit auch dann nur die gesetzliche festgelegte Vergütung, wenn sie im Rahmen der Ausschreibung eine höhere Vergütung erwarten würden.[989] Die Anlagenbetreiber sind berechtigt, im Rahmen einer Ausschreibung mehrere Gebote abzugeben.[990] Die Angebote müssen sich dann auf unterschiedliche Anlagen beziehen.[991] Bei der Zuschlagserteilung berücksichtigt die Bundesnetzagentur sämtliche form- und fristgemäß zugegangenen und nicht zurückgenommenen Gebote, § 32 Abs. 1 i.V.m. §§ 33

---

982 S. §§ 36b, 37b, 38e, 39b, 39l EEG 2021.
983 Vgl. hierzu im Überblick, *Lülsdorf-Bresges*, in: Theobald/Kühling (Hrsg.), Energierecht, Bd. 3, 109. EL 2021, vor §§ 28-39j EEG 2017.
984 Dies folgt aus § 33 EEG 2021.
985 § 30 Abs. 2 S. 1 EEG 2021.
986 § 30 Abs. 2 S. 2 Nr. 1 EEG 2021.
987 § 30 Abs. 2 S. 2 Nr. 3 EEG 2021.
988 BT-Drs. 18/8860, S. 204.
989 S. BT-Drs. 18/8860, S. 204, wonach ein „Rosinenpicken" verhindert werden soll.
990 § 30 Abs. 3 S. 1 EEG 2021.
991 § 30 Abs. 3 S. 1 EEG 2021.

Abs. 1, 30a EEG 2021.[992] Mittels der Formvorschriften soll ein massentaugliches Verfahren gesichert werden.[993] Die Zuschlagserteilung erfolgt gemäß § 32 Abs. 1 S. 3 Nr. 1 EEG 2021 auf Basis der Gebotswerte beginnend mit dem Niedrigsten. Bei gleichen Gebotswerten ist die Gebotsmenge ausschlaggebend, wobei die niedrigeren Gebotsmengen vorrangig bezuschlagt werden, § 32 Abs. 1 S. 3 Nr. 2 EEG 2021. Bei identischen Gebotswerten und -mengen wird per Losentscheid über die Zuschlagserteilung entschieden, sofern die Reihenfolge der Zuschlagserteilung relevant ist, § 32 Abs. 1 S. 3 Nr. 2 EEG 2021. Dies ist bei Erreichen der Zuschlagsgrenze der Fall, d.h. wenn durch die Bezuschlagung eines der in Rede stehenden Gebote das Ausschreibungsvolumen erreicht oder erstmals überschritten wird.[994] Anderenfalls erhalten beide Gebote denselben Rang.[995] Der anzulegende Wert für die jeweilige Anlage richtet sich schließlich nach der Gebotshöhe (sogenanntes „pay-as-bid-Verfahren").[996] Den Publizitätserfordernissen wird durch die Veröffentlichungspflichten in § 35 EEG 2021 Rechnung getragen.

21 Mit der Direktvermarktungspflicht und der Einführung des Ausschreibungsverfahrens für alle EE-Anlagen mit einer installierten Leistung oberhalb der für den jeweiligen Energieträger geltenden Bagatellgrenze, die einem Wettbewerb standhalten können, sollen die erneuerbaren Energien wettbewerblich ausgerichtet und in den Markt integriert werden, ohne die Akteursvielfalt zu gefährden.[997] Letztlich wird damit ein marktliches und wettbewerbliches Verfahren zur Ermittlung der Kompensationsbedürftigkeit initiiert. Eine Marktfähigkeit der erneuerbaren Energien wird damit allerdings nicht begründet. Weitere Schritte – etwa im Sinne einer Stärkung der Technologieneutralität – bleiben damit erforderlich.

V. Ausgleichsregelungen

22 In einem ersten Schritt ist der Netzbetreiber, an dessen Netz die EEG-Anlage angeschlossen ist, wie gezeigt, nach den §§ 8, 11 und 19 EEG 2021 zum Anschluss, zur Abnahme und zur Vergütung des EEG-Stroms verpflichtet. Diese Belastung des Netzbetreibers wird jedoch **bundesweit ausgeglichen**. Auf einer zweiten Stufe ist daher der dem aufnehmenden Netzbetreiber vorgelagerte Übertragungsnetzbetreiber zur Abnahme und Vergütung des aufgenommenen EEG-Stroms verpflichtet, §§ 11 Abs. 5,[998] 56, 57 Abs. 1 EEG 2021. Auf einer dritten Stufe findet ein bundesweiter Ausgleich nach den Vorgaben des § 58 EEG 2021 zwischen den Übertragungsnetzbetreibern statt: Jeder Übertragungsnetzbetreiber soll im Ergebnis so stehen, als habe er EEG-Strom entsprechend dem bundesweiten Durchschnitt abgenommen und vergütet. Übertragungsnetzbetreibern, die überdurchschnittlich viel EEG-Strom abgenommen und vergütet haben, kommt ein Anspruch auf Ausgleich gegenüber denjenigen Übertragungsnetzbetreibern zu, die eine unter dem Durchschnitt liegende Menge an EEG-Strom abgenommen und vergütet haben,

---

992 Der Gesetzgeber sieht die Möglichkeit vor, dass in der Innovationsausschreibungsverordnung, die gemäß § 88d EEG 2021 noch erlassen werden kann, Sonderregelungen enthalten sind.
993 BT-Drs. 18/8860, S. 204.
994 Vgl. § 32 Abs. 1 S. 4, 5 EEG 2021.
995 BT-Drs. 18/8860, S. 206.
996 BT-Drs. 18/8860, S. 148.
997 BT-Drs. 18/8860, S. 146, 148.
998 § 11 EEG 2021 wird m. W. zum 1.10.2021 so geändert, dass sich die zitierte Regelung künftig in § 11 Abs. 3 EEG 2021 befindet.

A. Erneuerbare Energien

§ 58 Abs. 3 S. 1 EEG 2021.[999] In einem vierten Schritt wird der von den Übertragungsnetzbetreibern vergütete EEG-Strom nach § 59 EEG 2021 i.V.m. der Erneuerbare-Energien-Verordnung[1000] an der Strombörse vermarktet. Da die Erlöse an der Strombörse die Kosten für den EEG-Strom nicht decken, erhalten die Übertragungsnetzbetreiber von den Elektrizitätsversorgungsunternehmen, die Strom an Letztverbraucher liefern, anteilig des von ihnen gelieferten Stroms Ersatz in Form der **EEG-Umlage**, § 60 EEG 2021. In den Fällen der §§ 60a, 61 EEG 2021 können die Übertragungsnetzbetreiber die EEG-Umlage auch unmittelbar von den Letztverbrauchern einfordern. Die Pflicht zur Zahlung der EEG-Umlage entfällt unter den Voraussetzungen des § 61a EEG 2021 bei Eigenversorgungen. Eine Verringerung der EEG-Umlage ist insbesondere in den Fällen der §§ 61b, 61c EEG 2021 möglich.[1001] Diese kann sich bei Bestandsanlagen sogar auf bis zu Null Prozent verringern, § 61c EEG 2021. Betrug die EEG-Umlage im Jahr 2012 bereits 3,592 Cent/kWh, ist deren Wert mit 6,354 Cent/kWh 2016 deutlich angestiegen. Mit einem Wert von 6,880 Cent/kWh setzte sich der Trend der jährlichen Steigerung der EEG-Umlage auch 2017, wenn auch in geringerem Maße als in den Jahren zuvor, fort.[1002] Seit dem Jahr 2017 blieb die Höhe der EEG-Umlage jedoch stabil. Tendenziell wird sogar ein Absinken der Umlage prognostiziert, sodass im Jahr 2021 mit einer EEG-Umlage von 6,50 Cent/kWh gerechnet wird.[1003] Im Ergebnis tragen die Letztverbraucher die Kosten der Differenz, die durch die Vergütungsvorgaben der §§ 19–50b EEG 2021 im Vergleich zum Bezug konventionell erzeugten Stroms entsteht.[1004] Um den hiermit einhergehenden Missbrauchsgefahren effektiv zu begegnen, enthält § 82 EEG 2021 spezielle Rechtsschutzregelungen für den Verbraucherschutz und verweist insoweit auf das UWG.[1005]

VI. Verfassungs- und unionsrechtliche Fragen

In der Vergangenheit wurden wiederholt **verfassungsrechtliche Bedenken** gegen das EEG bzw. gegen das diesem vorangegangene Stromeinspeisungsgesetz (StrEG) geltend gemacht. Nach Entscheidungen des BVerfG und des BGH hat sich dagegen zunächst die Meinung durchgesetzt, dass das EEG in seinen Grundzügen mit dem Grundgesetz vereinbar ist.[1006] Insbesondere resultiert aus der Abnahme- und Vergütungspflicht keine Verletzung der von Art. 12 Abs. 1 GG geschützten Berufsfreiheit der Netzbetreiber und Stromlieferanten. Zwar besteht ein Eingriff in deren Schutz-

23

---

999 Vgl. *Cosack*, in: Frenz/Müggenborg/Cosack/Ekardt (Hrsg.), EEG, 5. Aufl. 2017, § 58 Rn. 1 ff.
1000 Verordnung zur Durchführung des Erneuerbare-Energien-Gesetzes und des Windenergie-auf-See-Gesetzes (Erneuerbare-Energien-Verordnung – EEV) v. 17.2.2015 (BGBl. I 2015, S. 146), zuletzt geändert durch Artikel 87 des Gesetzes v. 10.8.2021 (BGBl. I 2021, S. 3436).
1001 Weitere Vorgaben zur Verringerung der EEG-Umlage für Sonderkonstellationen enthalten die §§ 61d-61g und § 61i EEG 2021.
1002 S. zu all diesen Werten https://www.netztransparenz.de/de/EEG-Umlage.htm (Abruf 15.10.2021).
1003 S. https://www.erneuerbare-energien.de/EE/Redaktion/DE/Downloads/eeg-in-zahlen-xls.xlsx;jsessionid=C96E32DD549BCB724078BA601271EE81?__blob=publicationFile&v=15 (Abruf 15.10.2021).
1004 Diese Weitergabe der Differenzkosten an den Letztverbraucher ist als „fünfte Stufe" gesetzlich nicht umfassend geregelt, sondern bedarf einer vertraglichen Grundlage, so zur vorhergehenden Gesetzesfassung vgl. *Oschmann*, in: Danner/Theobald (Hrsg.), Energierecht, Kommentar, 70. EGL., Bd. 2, 2011, § 14 EEG Rn. 1, 53 ff.
1005 Weiterführend hierzu *Toros*, in: Theobald/Kühling (Hrsg.), Energierecht, Bd. 3, § 82 EEG 2021 Rn. 1, 17 ff. (im Erscheinen).
1006 BVerfG Beschl. v. 9.1.1996 – 2 BvL 12/95, NJW 1997, 573 ff.; BGHZ 134, 1 (13 ff.); BGH Urt. v. 11.6.2003 – VIII ZR 160/02, RdE 2003, 268 ff.

24 Hinsichtlich des EEG 2012 wurde die finanzverfassungsrechtliche Zulässigkeit der EEG-Förderung infrage gestellt.[1008] Die hiergegen bestehenden Bedenken hat der BGH aber verworfen.[1009] Denn bei der EEG-Umlage handele es sich bereits nicht um eine öffentliche Abgabe, weil sie keine Aufkommenswirkung zugunsten der öffentlichen Hand habe.[1010] Es handele sich lediglich um eine Preisregelung, nicht um eine Sonderabgabe mit Finanzierungsfunktion.[1011] Eine entsprechende Anwendung der für letztere geltenden Grundsätze sei ausgeschlossen.[1012] Eine gegen diese Entscheidung des BGH beim BVerfG eingereichte Verfassungsbeschwerde wurde nicht zur Entscheidung angenommen.

25 Nicht zu rechtfertigende Eingriffe in die durch Art. 14 Abs. 1 GG geschützte Eigentumsposition gehen mit der Umstellung des Förderverfahrens auf ein Ausschreibungsverfahren nicht einher, da der Gesetzgeber zum einen Investitions- und Vertrauensschutzgesichtspunkte bei der Gesetzgebung berücksichtigt hat und zum anderen im EEG 2014 bereits nur vorübergehenden Schutz vermittelnde befristete Genehmigungen für die Nutzung von Windenergieanlagen auf See vorgesehen hatte.[1013]

26 Die Regelungen des EEG wurden regelmäßig auch von der Kommission überprüft. Nach Einschätzung des EuGH waren die Regelungen des StrEG mit **unionsrechtlichen Vorgaben**, insbesondere mit dem Beihilfenrecht nach Art. 107 ff. AEUV, vereinbar. Dies hat der EuGH in seinem *PreussenElektra*-Urteil entschieden.[1014] Zum einen stellte der EuGH fest, dass die Verpflichtung zur Abnahme des Stroms aus erneuerbaren Energiequellen zu Mindestpreisen keine nach Art. 107 Abs. 1 AEUV verbotene staatliche **Beihilfe** darstellt, da weder direkt noch indirekt staatliche Mittel auf die stromerzeugenden Unternehmen übertragen werden. Gleiches musste auch für das dem StrEG nachfolgende EEG gelten, da sich dessen Abnahme- und Vergütungsregelungen aus beihilfenrechtlicher Sicht nicht von denen des früheren StrEG unterschieden.[1015]

27 Anders sieht demgegenüber die Beurteilung des EuG zu der Frage der Beihilfeneigenschaft der im EEG 2012 getroffenen Regelungen aus. Hier stellte das EuG klar, dass es sich sowohl bei der EEG-Umlage an sich als auch bei den besonderen Ausgleichsregelungen für stromintensive Unternehmen gemäß §§ 40 ff. EEG 2012 um staatliche Beihilfen handele.[1016] Der EuGH hat im Rechtsmittelverfahren gegen das Urteil des EuG klargestellt, dass es sich bei der EEG-Umlage nicht um staatliche Beihilfen handelt.[1017]

1007 BGH Urt. v. 11.6.2003 – VIII ZR 160/02, RdE 2003, 268 ff.
1008 *Manssen*, DÖV 2012, 499 ff., geht davon aus, dass eine verfassungswidrige Sonderabgabe vorliegt.
1009 BGH Urt. v. 25.6.2014 – VIII ZR 169/13, Tenor und Rn. 12 ff. und in der Vorinstanz bereits OLG Hamm Urt. v. 14.5.2013 – 19 U 180/12, Leitsätze und Rn. 36 ff.
1010 BGH Urt. v. 25.6.2014 – VIII ZR 169/13, Rn. 12 ff.
1011 BGH Urt. v. 25.6.2014 – VIII ZR 169/13, Rn. 12 ff.
1012 BGH Urt. v. 25.6.2014 – VIII ZR 169/13, Rn. 12, 20 ff.
1013 BT-Drs. 18/8860, S. 157 f.
1014 EuGH Urt. v. 13.3.2001 – Rs. C-379/98, ECLI:EU:C:2001:160 – *PreussenElektra*; s. dazu *Haucap/Klein/Kühling*, Die Marktintegration der Stromerzeugung aus erneuerbaren Energien, 2013, S. 30 ff.; *Klein*, Rechtliche Rahmenbedingungen für den Ausbau von Wettbewerbselementen bei der Förderung Erneuerbarer Energien, 2015, S. 28 ff.
1015 So auch Europäische *Kommission*, Beschl. v. 22.5.2002, ABl. EU Nr. C 164, S. 5 v. 10.7.2002.
1016 EuG Urt. v. 10.5.2016 – Rs. T-47/15, Rn. 29 ff., ECLI:EU:T:2016:281.
1017 EuGH Urt. v. 28.3.2019 – Rs. C-405/16 P, Rn. 48 ff., ECLI:EU:C:2019:268.

A. Erneuerbare Energien

Am 27. Mai 2015 hat die Europäische Kommission demgegenüber beschlossen, dass der Fördermechanismus des EEG 2014 mit dem europäischen Beihilfenrecht vereinbar ist.[1018]

Die bisher kontrovers diskutierte beihilfenrechtliche Problematik des EEG[1019] relativierte sich im Rahmen des EEG 2017. Denn der im EEG 2017 geregelte Übergang auf das Ausschreibungsverfahren beruhte auf den Umweltschutz- und Energiebeihilfeleitlinien der Europäischen Kommission[1020], die für die Förderung der Stromerzeugung aus regenerativen Energiequellen den Übergang auf ein transparentes, diskriminierungsfreies und auf eindeutigen Kriterien beruhendes Ausschreibungsverfahren ab dem 1. Januar 2017 vorschreiben, sofern kein Ausnahmetatbestand greift.[1021] Dieser Pflicht kam der nationale Gesetzgeber mit den im EEG 2017 getroffenen Regelungen nach,[1022] so dass von der Konformität des EEG 2021 mit den Vorschriften des Europäischen Beihilfenrechts – jedenfalls nach den Vorstellungen der Europäischen Kommission – ausgegangen werden kann.[1023] Da das EEG 2021 insoweit an das EEG 2017 anknüpft, bestehen auch hinsichtlich der Beihilfenrechtskonformität des EEG 2021 keine Bedenken.[1024] Dadurch, dass nunmehr eine partielle Finanzierung der Energiewende durch Steuermittel erfolgt, liegen insoweit hingegen künftig unzweifelhaft staatliche Mittel vor.[1025] Dieses Verständnis des Gesetzgebers wird insbesondere dadurch deutlich, dass er verschiedene Vorschriften in § 105 EEG 2021 unter Beihilfevorbehalt stellt.

Zum anderen widersprechen die Regelungen des EEG nach überwiegender Ansicht auch nicht der **Warenverkehrsfreiheit** nach Art. 34 AEUV. Ein Verstoß gegen die Warenverkehrsfreiheit könnte anzunehmen sein, wenn aufgrund der Abnahmeverpflichtung von in Deutschland erzeugtem Strom nach § 11 EEG 2021 (theoretisch) der Import von Strom aus anderen Mitgliedstaaten beschränkt werden könnte. Allerdings sei dies – aus zwingenden Gründen des Allgemeinwohls[1026] – mit dem Schutz der Umwelt sowie der Gesundheit und des Lebens von Menschen, Tieren und Pflanzen zu rechtfertigen.[1027]

1018 S. Europäische Kommission, Genehmigung staatlicher Beihilfen nach den Artikeln 107 und 108 des Vertrages über die Arbeitsweise der Europäischen Union – Vorhaben, gegen die von der Kommission keine Einwände erhoben werden, ABl. EU Nr. C 234, S. 5 v. 17.7.2015.
1019 S. hierzu und zur Problematik der Vereinbarkeit mit der Warenverkehrsfreiheit bspw. *Frenz*, in: Frenz/Müggenborg/Cosack/Ekardt (Hrsg.), EEG, 5. Aufl. 2017, Europarecht der Erneuerbaren Energien Rn. 3 ff.
1020 S. Europäische Kommission, Leitlinien für staatliche Umweltschutz- und Energiebeihilfen 2014 – 2010, ABl. EU Nr. C 200, S. 1 v. 28.6.2014.
1021 Europäische Kommission, Leitlinien für staatliche Umweltschutz- und Energiebeihilfen 2014 – 2010, ABl. EU Nr. C 200, S. 1 v. 28.6.2014, Rn. 126.
1022 BT-Drs. 18/8860, S. 156 f.
1023 Europäische Kommission, SA.45461 (2016/N), Germany EEG 2017 – Reform of the Renewable Energy Law, https://ec.europa.eu/competition/state_aid/cases/264992/264992_1871004_175_2.pdf (Abruf: 15.10.2021).
1024 Die Europäische Kommission hat das EEG 2021 am 29.4.2021 genehmigt: https://ec.europa.eu/germany/news/20210429-erneuerbare-energien-gesetz_de (Abruf: 15.10.2021). Der Beschluss ist derzeit noch nicht veröffentlicht.
1025 Umfassend zu den beihilfenrechtlichen Fragestellungen der EE-Förderung, *Kühling*, Die Förderung erneuerbarer Energien zwischen EU-Beihilfenrecht und der neugefassten EE-Richtlinie. Auf dem Weg zu Wettbewerb und einem level playing field im Binnenmarkt, in: Gundel/Lange (Hrsg.), Bayreuther Energierechtstage 2020, 2021, S. 123 ff.
1026 Vgl. zu diesem Rechtfertigungsgrund EuGH Urt. v. 20.2.1979 – Rs. C-120/78, ECLI:EU:C:1979:42 – *Cassis de Dijon*.
1027 Zwar hat der EuGH dies für die Vorschriften des StrEG festgestellt; diese unterschieden sich jedoch in den relevanten Punkten nicht wesentlich von jenen des EEG 2017. S. zu dieser Thematik auch EuGH Urt. v. 1.7.2014 – Rs. C-573/12, ECLI:EU:C:2014:2037 – *Ålands Vindkraft*.

B. Kraft-Wärme-Kopplung und Kraft-Wärme-Kälte-Kopplung

31 Die Kraft-Wärme-Kopplung (KWK) und seit 2012 auch die Kraft-Wärme-Kälte-Kopplung (KWKK) sind im Kraft-Wärme-Kopplungsgesetz (KWKG 2020)[1028] geregelt.[1029] Kraft-Wärme-Kopplung ist die gleichzeitige Nutzbarmachung der eingesetzten Energie als elektrische Energie und Nutzwärme in einer ortsfesten technischen Anlage (vgl. § 2 Nr. 13 KWKG). Typischerweise wird dabei die in Wärmekraftwerken bei der Stromproduktion anfallende Abwärme nicht an die Umgebung abgeführt, sondern entweder als Nutzwärme oder zur Erzeugung weiteren Stroms verwertet. Diese Art der Energiegewinnung dient vor allem der **Steigerung des Energienutzungsgrades**. Unter Kraft-Wärme-Kälte-Kopplung wird dagegen „die Umwandlung von Nutzwärme aus KWK in Nutzkälte durch thermisch angetriebene Kältemaschinen" verstanden.[1030] Deren Förderung erweitert die Absatzmöglichkeiten der in KWK-Anlagen erzeugten Wärme und steigert die Rentabilität der Anlagen.[1031] Geplant ist, dass der Anteil der Nettostromerzeugung aus KWK zunächst auf 110 TWh im Jahr 2020 und schließlich auf 120 TWh im Jahr 2025 ansteigt.[1032] Um dieses Ziel zu erreichen, sehen die §§ 18-21 KWKG zusätzlich die Förderung des Neu- und Ausbaus von Wärme- und Kältenetzen vor, in die Wärme aus KWK und KWKK-Anlagen eingespeist wird.[1033] Auch der Neubau von Wärme- und Kältespeichern wird gefördert, §§ 22-25 KWKG. Das KWKG ist wie das EEG Teil eines Bündels von Maßnahmen, die auf einen Umwelt- und Klimaschutz durch Energieeinsparung und Reduktion des CO_2-Ausstoßes abzielen. Das KWKG wurde im Jahr 2016 umfassend novelliert und trat, wie auch das EEG 2017, mit Wirkung zum 1. Januar 2017 in geänderter Form in Kraft.[1034] Mit der Novelle wurde das Ziel verfolgt, die im KWKG geregelten Maßnahmen mit weiteren durch die Energiewende bedingten Maßnahmen abzustimmen und deshalb insbesondere KWK-Anlagen, die als Brennstoff Kohle verwenden, nicht weiter zu fördern.[1035] Daneben sollten der Erhalt und der Ausbau der KWK perspektivisch verbessert werden.[1036] Unter anderem, um die unionsrechtswidrige beihilferechtliche Überförderung für neue KWK-Anlagen, die der Eigenversorgung dienen, von Bestandsanlagen sowie größerer Solaranlagen abzustellen, wurde das KWKG 2018 erneut in wesentlichen Punkten reformiert.[1037] Das vorgenannte Ziel, die Kohleverstromung in Deutschland weiter zu reduzieren, um CO_2-Emissionen zu senken, wird mit dem sog. Kohleausstiegsgesetz[1038] weiter verfolgt.[1039] Im Zuge

---

1028 Gesetz für die Erhaltung, die Modernisierung und den Ausbau der Kraft-Wärme-Kopplung (Kraft-Wärme-Kopplungsgesetz – KWKG) v. 21.12.2015 (BGBl. I 2015, S. 2498), zuletzt geändert durch Art. 88 des Gesetzes v. 10.8.2021 (BGBl. I 2021, S. 3436).
1029 S. § 1 Abs. 2 KWKG.
1030 § 2 Nr. 12 KWKG.
1031 BT-Drs. 17/8801, S. 14.
1032 S. § 1 Abs. 1 KWKG; dies entspricht einem Anteil von ca. 25 % an der Nettostromerzeugung, BT-Drs. 18/6419, S. 39.
1033 Wärmenetze sind nach der Legaldefinition des § 2 Nr. 32 KWKG öffentliche Netze zur leitungsgebundenen Versorgung mit Wärme.
1034 S. Gesetz zur Änderung der Bestimmungen zur Stromerzeugung aus Kraft-Wärme-Kopplung und zur Eigenversorgung v. 22.12.2016 (BGBl. I 2016, S. 3106).
1035 BT-Drs. 18/6419, S. 2, 35 f.
1036 BT-Drs. 18/6419, S. 2, 35.
1037 Gesetz zur Änderung des Erneurbaren-Energien-Gesetzes, des Kraft-Wärme-Kopplungsgeseztes, des Energiewirtschaftsgesetzes und weiterer energierechtlicher Vorschriften v. 17.12.2018 (BGBl. I 2018, S. 2549); vgl. BT-Drs. 19/5523, S. 2, 47 f., 101 ff.
1038 Gesetz zur Reduzierung und zur Beendigung der Kohleverstromung und zur Änderung weiterer Gesetze (Kohleausstiegsgesetz) v. 8.8.2020 (BGBl. I 2020, S. 1818), zuletzt geändert durch Art. 23 des Gesetzes v. 21.12.2020 (BGBl. I 2020, S. 3138).
1039 BT-Drs. 19/17342, S. 2.

B. Kraft-Wärme-Kopplung und Kraft-Wärme-Kälte-Kopplung

dessen wurde das KWKG weiterentwickelt und modernisiert, um zu gewährleisten, dass die Energiewende im Strom- und Wärmesektor, hinsichtlich derer das KWKG einen wichtigen Baustein darstellt, langfristig gesichert wird.[1040] Vornehmlich sollen durch den sog. **Kohleersatzbonus** Anreize geschaffen werden, um Kohle-KWK zu ersetzen.[1041] Hierfür wurden die §§ 7a ff. in das KWKG eingefügt. Diese und weitere Vorschriften des KWKG wurden durch das Gesetz zur Änderung des Erneuerbare-Energien-Gesetzes und weiterer energierechtlicher Vorschriften[1042] mit Wirkung zum 1. Januar 2021 erneut reformiert, um das **Ausschreibungssegment** des KWKG zu erweitern und beihilferechtlichen Vorgaben[1043] zu genügen.[1044] Durch das Gesetz zur Umsetzung unionsrechtlicher Vorgaben und zur Regelung reiner Wasserstoffnetze im Energiewirtschaftsrecht[1045] wurde das KWKG mit Wirkung zum 27.07.2021 erneut angepasst, um den unionsrechtlichen Vorgaben zum Einspeisevorrang von Strom aus erneuerbaren Energien-Anlagen gegenüber KWK-Anlagen abzubilden (vgl. Art. 13 VO (EU) 2019/943).[1046]

KWK-Anlagen werden – entsprechend dem EEG-Modell – dadurch gefördert, dass für den mit ihnen produzierten Strom Anschluss-, Abnahme- und Vergütungspflichten bestehen, die in der zentralen Vorschrift des § 3 KWKG ausgestaltet sind. **32**

I. Anschluss- und Abnahmepflicht

§ 3 Abs. 1 KWKG verpflichtet Netzbetreiber, hocheffiziente KWK-Anlagen an ihr Netz unverzüglich vorrangig anzuschließen und den in diesen Anlagen erzeugten KWK-Strom physikalisch abzunehmen, zu übertragen und zu verteilen. **33**

1. Hocheffiziente KWK-Anlagen

Die Anschlusspflicht bezieht sich zunächst ausschließlich auf hocheffiziente KWK-Anlagen. § 2 Nr. 14 KWKG definiert den Begriff der KWK-Anlagen, d.h. derjenigen „Anlagen, in denen Strom und Nutzwärme erzeugt werden", abschließend. Als hocheffizient sind gemäß § 2 Nr. 8a KWKG nur diejenigen KWK-Anlagen einzustufen, die den Vorgaben der Energieeffizienzrichtlinie[1047] entsprechen. Das KWKG enthält an mehreren Stellen Sonderregelungen für KWK-Anlagen mit einer Leistung von bis zu 100 kW, die hierdurch speziell gefördert werden.[1048] **34**

Auch Betreiber von hocheffizienten Anlagen haben nur dann einen **Förderanspruch**, wenn es sich bei ihrer Anlage um eine neue, modernisierte oder nachgerüstete KWK-Anlage handelt und die Stromerzeugung auf der Basis von Abfall, Abwärme, Biomasse oder gasförmigen oder flüssigen Brennstoffen beruht.[1049] Diese enumera- **35**

1040 BT-Drs. 19/17342, S. 3.
1041 BT-Drs. 19/17342, S. 3 f.
1042 BGBl. I 2020, S. 3138.
1043 Vgl. hierzu EuGH Urt. v. 28.3.2019 – Rs. C-405/16 P, ECLI:EU:C:2019:268.
1044 BT-Drs. 19/25326, S. 47.
1045 BGBl. I 2021, S. 3026.
1046 BT-Drs. 19/27453, S. 147.
1047 Richtlinie 2012/27/EU des Europäischen Parlaments und des Rates v. 25.10.2012 zur Energieeffizienz, zur Änderung der Richtlinien 2009/125/EG und 2010/30/EU und zur Aufhebung der Richtlinien 2004/7/EG und 2006/32/EG, ABl. EU Nr. L 315, S. 1 v. 14.11.2012, zuletzt geändert durch die Richtlinie 2009/49/EU v. 5.6.2019, ABl. EU Nr. L 158, S. 125 v. 14.6.2019.
1048 Vgl. § 6 Abs. 3 Nr. 1 KWKG.
1049 §§ 5, 6 Abs. 1 Nr. 2, 3 KWKG.

tive Aufzählung der Brennstoffe, aus denen KWK-Strom stammen darf, soll gewährleisten, dass unter den Gesichtspunkten des Umweltschutzes und der Emissionsminderung nicht förderungswürdige Technologien, wie KWK-Strom aus Kohle- oder Kernbrennstoffanlagen von der Förderung ausgenommen sind.[1050] Darüber hinaus muss die Anlage bis spätestens zum 31. Dezember 2026 bzw. nach dem 31. Dezember 2026, aber vor dem 1. Januar 2030[1051] in Dauerbetrieb genommen werden, einen in einem Zuschlagsverfahren nach § 11 der KWK-Ausschreibungsverordnung erteilten, gültigen Zuschlag verfügen, das Verdrängungsverbot beachten und, sofern es sich um eine Anlage mit einer Leistung von über 1 kW handelt, nachgewiesen sein, dass diese den technischen Vorgaben des § 9 Abs. 1, 1a oder Abs. 2 EEG 2021 genügen (§ 6 Abs. 1 S. 1 Nr. 1, 4, 5 KWKG), um zuschlagsberechtigt zu sein. § 6 Abs. 1 S. 2 KWGK trifft Sonderregelungen für KWK-Anlagen mit einer elektrischen Leistung bis einschließlich 50 MW. Sonderregelungen für Bestandsanlagen sieht § 13 Abs. 1 KWKG vor.

36 Schließlich muss die Anlage durch das Bundesamt für Wirtschaft und Ausfuhrkontrolle (BAFA) zugelassen worden sein, § 6 Abs. 1 S. 1 Nr. 6 KWKG. Das Zulassungsverfahren ist in den §§ 10 und 11 KWKG geregelt. Es handelt sich um ein Antragsverfahren, das vom BAFA durchgeführt wird. Bei KWK-Anlagen mit einer elektrischen KWK-Leistung von mehr als 300 MW hängt die Zulassung zudem von der beihilferechtlichen Genehmigung durch die EU-Kommission ab.

Seit der 2017 in Kraft getretenen KWKG-Novelle ist es möglich, dass dem Antragsteller für Anlagen mit einer elektrischen KWK-Leistung von mehr als 10 MW unter den Voraussetzungen des § 12 KWKG auf gesonderten Antrag hin für neue Anlagen oder Nachrüstungen ein **Vorbescheid** erteilt wird. Für die Modernisierung von KWK-Anlagen kann ein Vorbescheid erst bei einer elektrischen KWK-Leistung von mehr als 50 MW beantragt werden. Der Vorbescheid verfolgt das Ziel, Investoren Rechtssicherheit hinsichtlich der wesentlichen Förderkonditionen der Anlage im Zeitraum bis zur Inbetriebnahme der Anlage zu verschaffen, führt aber selbstverständlich nicht dazu, dass die nachfolgende Anlagenzulassung entbehrlich wäre.[1052] Die Bindungswirkung des Vorbescheids erstreckt sich nunmehr auch auf die Möglichkeit der Inanspruchnahme der in den §§ 7a bis 7c KWKG geregelten Boni.

37 Die Zulassung ist gemäß § 10 Abs. 1 S. 1 KWKG Voraussetzung für den Anspruch auf Zahlung des Zuschlags auf den Abnahmepreis sowie des Anspruchs auf Zahlung der Boni nach den §§ 7a bis 7c KWGK. Das Zulassungsverfahren umfasst allerdings nur die **Qualifizierung der KWK-Anlage**. Fragen zur Absatz- und Vergütungspflicht sind im Rahmen des zivilrechtlichen Verhältnisses von Anlagenbetreiber und Netzbetreiber zu klären.

2. Netzbetreiber

38 Nach § 2 Nr. 21 KWKG sind die zum Netzanschluss, zur physikalischen Abnahme, Übertragung und Verteilung und die zur Vergütung des KWK-Stroms verpflichteten Netzbetreiber die „Betreiber von Stromnetzen aller Spannungsebenen für die allge-

---

1050 S. zum Kohlebrennstoff BT-Drs. 18/6419, S. 35 f. und zum Kernbrennstoff *Koenig/Kühling/Rasbach*, Energierecht, 3. Aufl. 2013, Kap. 9 Rn. 23.
1051 S. hierzu die Übergangsbestimmung in § 35 Abs. 19 KWKG, die die Anwendung dieser Bestimmung von der beihilferechtlichen Genehmigung der Europäischen Kommission und nach Maßgabe der Genehmigung abhängig macht.
1052 BT-Drs. 18/6419, S. 46.

meine Versorgung mit Elektrizität sowie die Betreiber von geschlossenen Verteilernetzen nach § 110" EnWG. Die Bezugnahme auf sämtliche Spannungsebenen weist darauf hin, dass auch Hoch- und Höchstspannungsnetze vom Gesetz erfasst sein können. Für die Förderung einer KWK-Anlage kommt es somit nicht darauf an, in welche Netzart der Strom eingespeist wird, vielmehr ist die Art der Stromerzeugung maßgeblich.

Die **Anschlusspflicht** trifft – wie auch unter den Voraussetzungen des EEG – denjenigen Netzbetreiber, dessen Netz die kürzeste Entfernung zum Anlagenstandort aufweist und das technisch geeignet ist, den KWK-Strom aufzunehmen, sofern der Anschluss nicht an einem anderen Netz technisch und wirtschaftlich günstiger wäre.[1053] Dies dürfte insbesondere dann der Fall sein, wenn bereits ein Netzanschluss an einem anderen Netz existiert. **39**

Eine Regelung für die Übernahme der **Netzanschlusskosten** bzw. etwaiger Netzverstärkungskosten trifft das KWKG selbst nicht. Da § 3 Abs. 1 S. 2 KWKG ausdrücklich nur auf die Anschlusspflicht nach § 8 EEG verweist, nicht aber auf die Kostentragungsregel für den Netzanschluss in § 16 EEG, kann diese nicht – auch nicht entsprechend – angewendet werden. Dies hat zur Folge, dass die Regelung der Kostenübernahme grundsätzlich der Vertragsautonomie unterliegt. **40**

II. Vergütungsregelung

Die Vergütung der KWK-Anlagenbetreiber setzt sich gemäß § 4 Abs. 1, 2 i.V.m. § 7 KWKG grundsätzlich aus dem im Wege der Direktvermarktung erzielten Preis und einem gesetzlich fixierten **Zuschlag** zusammen. Zusätzlich zum Zuschlag besteht ein Anspruch auf Zahlung der in den §§ 7a bis 7c KWKG normierten **Boni** unter den dort genannten Voraussetzungen.[1054] Dieser an das EEG angelehnte **Grundsatz der verpflichtenden Direktvermarktung** führt dazu, dass die Anlagenbetreiber die Vermarktung ihres Stroms nicht den Netzbetreibern aufbürden können, sondern vielmehr selbst in der Verantwortung stehen, ihren Strom zu vermarkten.[1055] Die grundsätzliche Pflicht zur Direktvermarktung wurde mit der Reform des KWKG im Jahr 2017 eingeführt. Eigenerzeuger und -versorger sind für selbstverbrauchten Strom grundsätzlich von der Förderung ausgeschlossen. **41**

Anlagenbetreiber, deren Anlagen eine elektrische KWK-Leistung von mehr als 100 kW erbringen, sind ausnahmslos zur Direktvermarktung oder zum Eigenverbrauch des erzeugten Stroms verpflichtet. Um eine Direktvermarktung handelt es sich, „wenn der Strom an einen Dritten geliefert wird"[1056], wobei als Dritte in diesem Sinne auch Letztverbraucher in Betracht kommen. **42**

Demgegenüber steht Anlagenbetreibern, deren Anlagen eine elektrische KWK-Leistung von bis zu 100 kW erbringen, ein **Wahlrecht** zu. Gemäß § 4 Abs. 2 S. 1 KWKG sind sie einerseits, wie auch die größeren Anlagenbetreiber, dazu berechtigt, den **43**

1053 § 3 Abs. 1 S. 2 KWKG i.V.m. § 8 EEG 2017.
1054 Der durch das Gesetz zur Reduzierung und zur Beendigung der Kohleverstromung und zur Änderung weiterer Gesetze (Kohleausstiegsgesetz) v. 8.8.2020 (BGBl. I 2020, S. 1818) in § 7d KWKG eingeführte „Südbonus", wurde durch das Gesetz zur Änderung des Erneuerbare-Energien-Gesetzes und weiterer rechtlicher Vorschriften v. 21.12.2020 (BGBl. I 2020, S. 3138) bereits wieder aufgehoben, da im Zuge des beihilferechtlichen Notifizierungsverfahrens diesbezüglich keine Einigung mit der EU-Kommission über eine Genehmigung des Bonus erreicht werden konnte (vgl. BT-Drs. 19/25326, S. 50).
1055 BT-Drs. 18/6419, S. 41.
1056 § 4 Abs. 1 S. 2 KWKG.

Strom direkt zu vermarkten oder diesen selbst zu verbrauchen. Andererseits haben sie auch einen Anspruch gegen den Netzbetreiber auf die kaufmännische Abnahme des Stroms, der bei Anlagen mit einer elektrischen Leistung von mehr als 50 kW bis zu 100 kW zeitlich an die Pflicht zur Zuschlagserteilung nach §§ 6-13 KWKG gekoppelt ist, § 4 Abs. 2 S. 1, 3 KWKG. Entscheidet sich der Anlagenbetreiber für die kaufmännische Abnahme des Stroms, ist zusätzlich zu den Zuschlagzahlungen nach den §§ 6 bis 13 KWKG der übliche, d.h. der durchschnittliche Preis für Grundlaststrom an der Strombörse EEX in Leipzig im jeweils vorangegangenen Quartal zu entrichten (§ 4 Abs. 3 S. 1, 2 KWKG). Der Anlagenbetreiber hat jedoch die Möglichkeit gegenüber dem Netzbetreiber nachzuweisen, dass ein Dritter bereit wäre, den Strom zu einem anderen/höheren Preis zu erwerben. Dies hat zur Folge, dass der Netzbetreiber gegenüber dem Anlagenbetreiber zur Abnahme des Stroms zu den mit dem Dritten ausgehandelten Konditionen, der Dritte zur Abnahme gegenüber dem Netzbetreiber verpflichtet ist, § 4 Abs. 3 S. 3, 4 KWKG. Der Netzbetreiber nimmt in diesem Fall lediglich die Rolle eines Zwischenhändlers ein.

44 Die Vergütung wird durch den gesetzlich fixierten **Zuschlag** ergänzt. Dieser hat die Funktion, den Unterschied zwischen dem am Markt erzielbaren Verkaufspreis und den für die Wirtschaftlichkeit der Anlage erforderlichen Deckungsbeiträgen zu schließen. Die Zuschlagshöhe ist nach den Leistungsklassen der KWK-Anlagen gestaffelt.[1057] Die Dauer der Zuschlagszahlung wird in § 8 KWKG befristet. Für bereits bestehende KWK-Anlagen trifft § 13 Abs. 2-5 KWKG Sonderregelungen, insbesondere hinsichtlich der Vergütungshöhe und deren Dauer. Diese Regelungen zielten darauf ab, die Stilllegung der von der Regelung betroffenen KWK-Anlagen zu verhindern.[1058] Die hieraus resultierende Überförderung dieser Anlagen wurde durch Gesetz vom 17. Dezember 2019 mit Wirkung ab dem 1. Januar 2019 korrigiert.[1059] Die **Boni** hingegen dienen der Systemintegration der Kraft-Wärme-Kopplung, damit sich diese in Zukunft an eine stark fluktuierende Energieerzeugung auf der Strom- und Wärmeseite anpassen kann.[1060]

III. Nachweispflichten

45 Zum Nachweis der von den Anlagenbetreibern eingespeisten Mengen an KWK-Strom wird von den Netzbetreibern, von den Anlagenbetreibern oder von hiermit beauftragten Dritten sowohl der Strom als auch die Nutzwärme messtechnisch erfasst, § 14 Abs. 1 S. 1, Abs. 2 S. 1 KWKG. Der Messstellenbetrieb richtet sich auch hier nach dem neuen MsbG, § 14 Abs. 1 S. 2 KWKG. Darüber hinaus treffen die Anlagenbetreiber bzw. die von diesen beauftragten Dritten die Mitteilungspflichten des § 15 KWKG, deren Nachprüfung gemäß § 16 KWKG dem BAFA als zuständiger Behörde obliegt.

1057 § 7 KWKG; BT-Drs. 18/6419, S. 43.
1058 BT-Drs. 18/6491, S. 46.
1059 Gesetz zur Änderung des Erneuerbare-Energien-Gesetzes, des Kraft-Wärme-Kopplungsgesetzes, des Energiewirtschaftsgesetzes und weiterer energierechtlicher Vorschriften v. 17.12.2018 (BGBl. I 2018, S. 2549).
1060 BT-Drs. 19/17342, S. 160.

IV. Förderung von Wärme- und Kältenetzen sowie von Wärme- und Kältespeichern

Das KWKG fördert neben der Stromerzeugung aus KWK-Anlagen auch **Wärme- und Kältenetze**. Dieser Fördermechanismus ist in den §§ 18-20 KWKG für Wärmenetze geregelt. Auf Kältenetze sind diese Vorschriften entsprechend anwendbar, § 21 KWKG. Die Begriffe des Kälte- und Wärmenetzes sind in § 2 Nr. 10 und Nr. 32 KWKG legaldefiniert. Förderberechtigt sind unter Berücksichtigung der Voraussetzungen des § 18 KWKG sowohl der Neu- als auch der Ausbau von Wärme- und Kältenetzen. Die Förderung erfolgt erneut im Wege eines gesetzlich festgelegten **Zuschlags**, der sich an der jeweiligen Neu- bzw. Ausbaumaßnahme orientiert, § 19 KWKG. Anspruchsgegner des Zahlungsanspruchs ist hier allerdings der Übertragungsnetzbetreiber, § 18 Abs. 1 KWKG, nicht der Verteilernetzbetreiber. Voraussetzung des Zahlungsanspruchs ist u.a., dass das Wärme- bzw. Kältenetz zuvor auf Antrag des Wärme- bzw. Kältenetzbetreibers durch das BAFA zugelassen wurde.[1061] Auf Antrag ist auch hier die Erteilung eines Vorbescheids für Projekte ab einer gewissen Größenordnung möglich, § 20 Abs. 5 KWKG.

46

Ebenso wie die Förderung dieser Wärme- und Kältenetze orientiert sich die Förderung für **Wärme- und Kältespeicher** am Förderverfahren der Stromerzeugung aus KWK-Anlagen. Die Begriffe des Kälte- und Wärmespeichers werden in § 2 Nr. 11 und Nr. 33 KWKG definiert. Die Förderung der Wärmespeicher ist in den §§ 22-24 KWKG geregelt. Gemäß § 25 KWKG gelten diese Vorschriften für Kältespeicher entsprechend. Auch Wärme- bzw. Kältespeicher müssen vom BAFA zugelassen werden, § 24 KWKG, damit dem Betreiber des Wärme- bzw. Kältespeichers einen Anspruch gegen den jeweiligen Übertragungsnetzbetreiber auf Zuschlagszahlung unter den Voraussetzungen des § 22 KWKG zustehen kann, § 22 Abs. 1 Nr. 4 KWKG, der der Höhe nach in § 23 KWKG gesetzlich festgelegt ist. Auch hier kann ggf. ein Vorbescheid erteilt werden, § 24 Abs. 6 KWKG. Allerdings ist die Förderung auf den Neubau von Wärme- und Kältespeichern beschränkt,[1062] Aufrüstungen bzw. Modernisierungen werden nicht gefördert.

47

V. Belastungsausgleich

Neben dem Vergütungsanspruch der Anlagenbetreiber sieht das KWKG einen **Belastungsausgleich für die abnahmeverpflichteten Netzbetreiber** vor. Gemäß § 28 Abs. 1 S. 1 KWKG können Netzbetreiber, die Zuschläge zu leisten haben, von dem vorgelagerten Übertragungsnetzbetreiber einen finanziellen Ausgleich für diese Zahlungen verlangen. Davon abzuziehen sind jedoch verpflichtend Erlöse oder vermiedene Aufwendungen aus der Verwertung des kaufmännisch abgenommenen KWKG-Stroms (§ 28 Abs. 1 S. 2 KWKG). § 28 Abs. 2 KWKG regelt den **horizontalen Belastungsausgleich** zwischen den Übertragungsnetzbetreibern anhand der Einnahmen aus der KWKG-Umlage (vgl. §§ 26 ff. KWKG). Damit wird sichergestellt, dass die Belastung gleichmäßig auf alle Übertragungsnetzbetreiber verteilt wird. Der **vertikale Belastungsausgleich** zwischen Verteil- und Übertragungsnetzbetreibern ist in § 28 Abs. 3 KWKG geregelt; danach werden grundsätzlich sämtliche Einnahmen aus der KWKG-Umlage von den Verteilernetzbetreibern zu den Übertragungsnetzbetreibern durchgereicht. Gezahlt werden monatliche Abschlagszahlungen.

48

1061 § 18 Abs. 1 Nr. 3 i.V.m. § 20 Abs. 1–5 KWKG.
1062 S. § 24 Abs. 1 S. 1 KWKG.

49 Die Netzbetreiber können nicht erstattete Zuschlagszahlungen und Ausgleichszahlungen im Wege der Refinanzierung nach § 26 Abs. 1 KWKG bei der Berechnung der **Netznutzungsentgelte** in Ansatz bringen (sogenannte **KWKG-Umlage**). Für besonders stromkostenintensive Unternehmen wird die KWKG-Umlage, wie auch die EEG-Umlage, begrenzt, § 27 KWKG. Weitere Privilegierungen gelten seit dem 1. Januar 2017 für Anlagen zur Verstromung von Kuppelgasen, für Stromspeicheranlagen sowie für Schienenbahnen, §§ 27a-27c KWKG sowie seit dem 1. Januar 2021 zur Herstellung von Grünem Wasserstoff, § 27d KWKG. Diese Privilegierung bestimmter Unternehmen wird letztlich von den nicht privilegierten Stromverbrauchern, d.h. insbesondere von den Haushalten getragen, bei denen die KWK-Umlage mit 0,25 Cent/kWh im Jahr 2015 bereits einen erheblichen Anteil des Strompreises ausmachte und deren Anstieg auf bis zu 0,53 Cent/kWh erwartet wird.[1063] Die Höhe der KWKG-Umlage wird jährlich bis zum 25. Oktober für das folgende Kalenderjahr durch die Übertragungsnetzbetreiber auf ihren Internetseiten veröffentlicht (§ 26b Abs. 1 KWKG).

C. Gebäudeenergiegesetz

50 Das Gesetz zur Einsparung von Energie und zur Nutzung erneuerbarer Energien zur Wärme- und Kälteerzeugung in Gebäuden (**Gebäudeenergiegesetz – GEG**)[1064], das am 1. November 2020 in Kraft getreten ist, führt den Inhalt des Gesetzes zur Einsparung von Energie in Gebäuden (Energieeinsparungsgesetz – EnEG), der Energieeinsparverordnung (EnEV) und des Gesetzes zur Förderung Erneuerbarer Energien im Wärmebereich (EEWärmeG) zusammen und ersetzt diese zeitgleich außer Kraft getretenen Regelungen. Im GEG werden die energetischen Anforderungen an Gebäude, die zuvor in den genannten Gesetzen / Verordnungen geregelt waren, gebündelt. Dies soll die Rechtsanwendung erleichtern und Friktionen, die zwischen den vorgenannten Gesetzen bestanden, ausräumen. Zudem dient das GEG der Umsetzung der europäischen Vorgaben zur Gesamtenergieeffizienz von Gebäuden (vgl. Art. 9 RL 2010/31/EU)[1065] sowie weiterer europäischer Richtlinien.

51 Mit dem GEG wird die **Verbesserung der Energieeffizienz im Gebäudebereich** als wichtiger Baustein der Energiewende und für den Klimaschutz verfolgt. Zu den wesentlichen Zielen des GEG gehören daher der sparsame Einsatz von Energie in Gebäuden, d.h. die Energieeinsparung, und der Einsatz erneuerbarer Energien zur Erzeugung von Wärme, Kälte und Strom (§ 1 Abs. 1 GEG). Der Primärenergiebedarf von Gebäuden soll durch einen energetisch hochwertigen baulichen Wärmeschutz von vornherein gering gehalten, der verbleibende Energiebedarf soll zunehmend durch erneuerbare Energien gedeckt werden.[1066]

52 **Neue Gebäude** sind grundsätzlich als **Niedrigstenergiegebäude** zu errichten. Die Standards, die ein neu zu errichtendes Niedrigstenergiegebäude hinsichtlich der Faktoren Gesamtenergiebedarf, Energieverluste und Wärme- und Kälteenergiebedarf erfüllen muss, sind in § 10 Abs. 2 GEG i.V.m. §§ 15 bis 17 GEG (für Wohngebäude) bzw. §§ 18, 19 GEG (für Nichtwohngebäude) sowie in §§ 34 bis 45 GEG festgelegt. Letztere legen die konkreten Anforderungen an die und den Umfang der Nutzung

---

[1063] BT-Drs. 18/6419, S. 36, 50.
[1064] Gesetz zur Einsparung von Energie und zur Nutzung erneuerbarer Energien zur Wärme- und Kälteerzeugung in Gebäuden (Gebäudeenergiegesetz – GEG) v. 8.8.2020 (BGBl. I 2020, S. 1728).
[1065] BT-Drs. 19/16716, S. 1.
[1066] BT-Drs. 19/16716, S. 2, 106.

erneuerbarer Energien zur Deckung des Wärme- und Kälteenergiebedarfs von zu errichtenden Gebäuden fest und bestimmen, mit welchen Ersatzmaßnahmen die Anforderungen anstelle der Nutzung erneuerbarer Energien erfüllt werden können.[1067]

Regelungen für die energetischen Anforderungen und Pflichten bei **Bestandsgebäuden** finden sich in den §§ 46 ff. GEG. Diese enthalten anlassbezogene Auslösetatbestände für Pflichten zur Einhaltung energetischer Qualitätsstandards.[1068] Abgesehen von der öffentlichen Hand (vgl. §§ 52 ff. GEG) besteht keine ordnungsrechtliche Pflicht zur Nutzung erneuerbarer Energien im Gebäudebestand; diese soll aber mit gezielten Fördermaßnahmen vorangebracht werden.[1069] 53

Der öffentlichen Hand kommt bei der Errichtung oder Renovierung von Nichtwohngebäuden, die in ihrem Eigentum stehen und von Behörden genutzt werden bzw. genutzt werden sollen, eine besondere **Vorbildfunktion** zu; bei deren Errichtung oder Renovierung hat sie zu prüfen, ob Solarthermie oder Photovoltaikanlagen genutzt werden können (§ 4 GEG). 54

Anforderungen an die energetische Qualität **bestehender Anlagen** der Heizungs-, Kühl- und Raumlufttechnik sowie der Warmwasserversorgung sowie bei deren (neuen) Einbau und Ersatz regeln die §§ 57 bis 78 GEG. Die bisher in der EnEV enthaltenen Vorgaben zur Erstellung der **Energieausweise** sind nunmehr – teils neu gefasst und ergänzt – in den §§ 79 bis 88 GEG zu finden. U.a. bei Vermietung, Verpachtung und Verkauf haben Vermieter / Verkäufer oder Immobilienmakler einen Energieausweis des Gebäudes vorzulegen (§ 80 Abs. 3 bis 5 GEG). 55

D. NABEG

Der Energieleitungsausbau erfolgt im Rahmen verschiedener – teils komplexer – Regelungssysteme, die mehrere Planungsstufen vorsehen. Seit der EnWG-Novelle 2011 wird für das gesamte Übertragungsnetz auf einer ersten Stufe der **Bundesbedarfsplan** erstellt, § 12e EnWG. In diesem Bedarfsplan sind länderübergreifende und grenzüberschreitende Höchstspannungsleitungen sowie die Anbindungsleitungen von Windpark-Umspannwerken auf See zu den jeweiligen Netzverknüpfungspunkten an Land besonders zu kennzeichnen, § 12e Abs. 2 S. 1 EnWG, da für diese das Regelungssystem des Netzausbaubeschleunigungsgesetzes Übertragungsnetz (NABEG) gilt, das auf einer zweiten und dritten Stufe die Bundesfachplanung (§§ 4–17 NABEG) – sofern nicht nach § 5a NABEG auf die Durchführung der Bundesfachplanung verzichtet wird – und das Planfeststellungsverfahren (§§ 18–28 NABEG) vorsieht. 56

Darüber hinaus gelten die Vorschriften des NABEG auch für den Neubau von Hochspannungsleitungen mit einer Nennspannung von mindestens 110 kV sowie für Bahnstromfernleitungen, sofern diese Leitungen zusammen mit einer dem NABEG unterfallenden Höchstspannungsleitung auf einem Mehrfachgestänge geführt werden können und die Planungen so rechtzeitig beantragt werden, dass die Einbeziehung ohne wesentliche Verfahrensverzögerung für die Bundesfachplanung oder Planfeststellung möglich ist (§ 2 Abs. 3 S. 1 NABEG) sowie für Erdkabel und Leerrohre, sofern diese nach § 26 NABEG im räumlichen und zeitlichen Zusammenhang mit der Baumaßnahme eines Vorhabens i.S.v. § 2 Abs. 5, 6 BBPlG mitverlegt werden 57

[1067] BT-Drs. 19/16716, S. 129.
[1068] Vgl. BT-Drs. 19/16716, S. 136.
[1069] BT-Drs. 19/16716, S. 138.

können. Das NABEG erweitert seinen Anwendungsbereich damit um die in der fachplanungsrechtlichen Praxis der Zulassung von Energieversorgungsleitungen relevanten Fälle der Leitungsmitführung von 110 kV-Leitungen und Bahnstromfernleitungen auf einem Gestänge mit der Höchstspannungsfreileitung. Eine Übertragung dieser Sonderregelungen auf (nur) praktikabel erscheinende, aber rechtlich nicht gebotene Leitungsmitführungen, die nicht dem NABEG unterfallen, erscheint wegen der getroffenen Sonderregelung nicht möglich. Klargestellt wird, dass das NABEG auch für die Verlegung von Erdkabeln und Leerrohren anwendbar ist; diese fallen damit ebenfalls in die Zuständigkeit der BNetzA.

58 In Abgrenzung zum Energieleitungsausbaugesetz (EnLAG) ist das NABEG nicht auf Vorhaben anwendbar, die dem EnLAG unterfallen,[1070] § 2 Abs. 4 NABEG.[1071] Durch das NABEG wird der Netzausbau weiter den Marktmechanismen entzogen und stärker in die staatliche Verantwortung überführt. Die Zuständigkeit wird zunehmend bei der Bundesnetzagentur konzentriert, um die Koordinierung der einzelnen Planungsabschnitte zu erleichtern und den Aus- und Umbau der Netze in Anbetracht des Atomausstiegs und der damit forcierten Energiewende weiter zu beschleunigen (vgl. zum Ganzen auch oben Kap. 2, D. II. 2.).[1072] Das dieses Ziel durch die Einführung einer weiteren fachplanungsrechtlichen Verfahrensstufe und die Zuständigkeitskonzentration nicht erreicht wird, veranschaulichen die Verfahrensdauern der bei der BNetzA geführten Bundesfachplanungen und Planfeststellungen sowie die Anzahl der gesetzlichen Nachjustierungen, mit denen seit Jahren die Beschleunigung des Netzausbaus vorangetrieben werden soll.

E. Messstellenbetriebsgesetz

59 Im Rahmen des „Gesetzes zur Digitalisierung der Energiewende"[1073] hat der Gesetzgeber das zuvor in den §§ 21b ff. EnWG und in der MessZV geregelte Messwesen grundlegend reformiert und in das Messstellenbetriebsgesetz (MsbG) überführt, Einbaupflichten für Messeinrichtungen[1074] auf Seiten der Stromerzeuger und -verbraucher klar definiert, die unter den Gesichtspunkten des Datenschutzes und der Datensicherheit entstehenden technischen Anforderungen an intelligente Messsysteme sowie die Erhebung, Verarbeitung und Nutzung der Daten abschließend geregelt (s. auch Kap. 3, D. I. 3.).[1075] Durch Art. 90 des zweiten Datenschutz-Anpassungs- und Umsetzungsgesetzes EU wurden die Regelungen zur Datenkommunikation in intelligenten Netzen mit Wirkung vom 26. November 2019 geändert bzw. zum Teil neu gefasst.[1076]

1070 S. Anlage zum EnLAG.
1071 S. zum Verhältnis des EnLAG zum BBPlG sowie zum fortschreitenden Einbezug der Erdverkabelung in das Gesetzgebungsverfahren *Ruge*, RdE 2016, 105 ff.
1072 *Schmitz/Jornitz*, NVwZ 2012, 332 ff.; zu verfassungsrechtlichen Bedenken bezüglich der Kompetenzverlagerung auf die BNetzA s. *Appel/Eding*, NVwZ 2012, 343 ff.; *Erbguth*, NVwZ 2012, 326 ff.
1073 Gesetz zur Digitalisierung der Energiewende v. 29.8.2016 (BGBl. I 2016, S. 2034).
1074 Der Begriff der Messeinrichtung ist in § 2 S. 1 Nr. 10 MsbG legaldefiniert, als „ein Messgerät, das allein oder in Verbindung mit anderen Messgeräten für die Gewinnung eines oder mehrerer Messwerte eingesetzt wird".
1075 S. zur historischen Entwicklung der Digitalisierung des Messwesens sowie überblicksartig zum Regierungsentwurf des MsbG *vom Wege/Wagner*, N&R 2016, 2 ff.
1076 Zweites Gesetz zur Anpassung des Datenschutzrechts an die Verordnung (EU) 2016/679 und zur Umsetzung der Richtlinie (EU) 2016/680 (Zweites Datenschutz- Anpassungs- und Umsetzungsgesetz EU- 2. DSAnpUG-EU) v. 20.11.2019 (BGBl. I 2019, S. 1626).

I. Messstellenbetrieb

Der Messstellenbetrieb, also der Einbau, der Betrieb und die Wartung der Messstelle, ihrer Messeinrichtungen und der Messsysteme, die Gewährleistung einer die mess- und eichrechtlichen Anforderungen einhaltenden Messung sowohl der entnommenen als auch der verbrauchten und eingespeisten Energie, die Aufbereitung der Messwerte, der technische Betrieb der Messstelle und die insbesondere den Anforderungen des MsbG genügende Datenübertragung,[1077] fällt in den Verantwortungsbereich des sogenannten **grundzuständigen Messstellenbetreibers**, sofern nicht der Anschlussnutzer (z.b. ein Mieter) oder der Anschlussnehmer (z.b. ein Vermieter) einen Dritten mit dem Messstellenbetrieb beauftragt hat, wozu diese unter Berücksichtigung der Voraussetzungen der §§ 5, 6 MsbG berechtigt sind. Grundzuständiger Messstellenbetreiber ist ausweislich der Legaldefinition in § 2 S. 1 Nr. 4 MsbG „der Betreiber von Energieversorgungsnetzen, solange und soweit er seine Grundzuständigkeit für den Messstellenbetrieb nicht nach § 43 [MsbG] auf ein anderes Unternehmen übertragen hat, oder jedes Unternehmen, das die Grundzuständigkeit für den Messstellenbetrieb nach § 43 [MsbG] übernommen hat". Diesbezüglich sehen die §§ 41-44 MsbG ein Verfahren vor, in dem der grundzuständige Messstellenbetreiber die Grundzuständigkeit freiwillig auf einen anderen übertragen kann. In den Fällen des § 45 MsbG ist er hierzu verpflichtet. Wie auch die Genehmigung des Netzbetriebs nach § 4 Abs. 1, 2 EnWG steht die Genehmigung des grundzuständigen Messstellenbetriebs unter einem präventiven Verbot mit Erlaubnisvorbehalt, § 4 Abs. 1 S. 1, Abs. 3 MsbG.

60

Die Durchführung des Messstellenbetriebs bedarf des Abschlusses sogenannten **Messstellenverträge** zwischen dem Messstellenbetreiber und dem Anschlussnutzer bzw. Anschlussnehmer, dem Netzbetreiber und ggf. mit dem Lieferanten oder dem grundzuständigen Messstellenbetreiber, § 9 Abs. 1 MsbG. Ist die Messung Bestandteil eines Vertrages über die Lieferung von Energie (sogenannter „kombinierter Vertrag"), entfällt aber das Erfordernis eines gesonderten Messstellenvertrags zwischen Messstellenbetreiber und Anschlussnutzer bzw. Anschlussnehmer, § 9 Abs. 2 MsbG. Der Mindestinhalt der Messstellenverträge ist in § 10 MsbG gesetzlich geregelt. Sie beziehen sich jeweils auf eine bestimmte Messstelle, § 10 Abs. 1 S. 1 MsbG. Der Messstellenbetreiber erhält für den Betrieb der Messeinrichtung ein Entgelt. Dieses Entgelt für den Messstellenbetrieb muss gemäß § 7 Abs. 1 S. 1 MsbG die in §§ 31, 32 MsbG festgelegten Grenzen einhalten und darf, wenn es sich um Kosten handelt, die dem grundzuständigen Messstellenbetreiber für den Messstellenbetrieb mit intelligenten Messeinrichtungen oder modernen Messsystemen entstehen, nicht über die Netzentgelte auf die Letztverbraucher gewälzt werden. Vielmehr sind diese als Bestandteil des Messstellenvertrags auf diesem Wege geltend zu machen, § 7 Abs. 1 S. 2 MsbG.

61

Der **Wechsel des Messstellenbetreibers** ist jederzeit unter Berücksichtigung der Voraussetzungen der §§ 14-16 MsbG möglich. Für den Wechsel dürfen keine gesonderten Entgelte erhoben werden, § 14 Abs. 3 MsbG. Den Wechsel des Messstellenbetreibers hat der Anschlussnutzer seinem bisherigen Messstellenbetreiber in Textform (§ 126b BGB) anzuzeigen, § 14 Abs. 1 S. 1 MsbG. Die Erklärung muss den Namen und die ladungsfähige Anschrift des Anschlussnutzers und des neuen Messstellenbetreibers, bei Unternehmen, deren Eintragung im Handelsregister erfolgt ist, das Registergericht und die Registernummer enthalten sowie genaue Angaben

62

1077 Vgl. § 3 Abs. 2 MsbG.

zur Entnahmestelle, die Zählernummer und den Zählpunkt sowie den Wechselzeitpunkt.[1078] Die vorhandene Messeinrichtung kann der neue Messstellenbetreiber vom bisherigen Messstellenbetreiber kaufen oder mieten.[1079] Anderenfalls ist der bisherige Messstellenbetreiber zum unentgeltlichen Ausbau der Messeinrichtung bzw. zur Duldung des Ausbaus durch den neuen Messstellenbetreiber verpflichtet, § 16 Abs. 2 MsbG. Das Recht des neuen Messstellenbetreibers, eine Messeinrichtung einzubauen, folgt aus § 3 Abs. 3 MsbG. Die nähere Ausgestaltung des Messstellenbetreiberwechsels obliegt der Bundesnetzagentur, § 14 Abs. 2 MsbG.

II. Messeinrichtungsbezogene Ausstattungspflichten

63   Die §§ 29 ff. MsbG normieren Ausstattungspflichten für Messstellen, die von Verbrauchern oder Erzeugern genutzt werden.[1080] § 29 MsbG legt als Ausgangsnorm fest, dass sämtliche Letztverbraucher mit einem jährlichen Stromverbrauch von mehr als 6.000 kWh und Letztverbraucher, die am Flexibilitätsmechanismus nach § 14a EnWG teilnehmen, sowie Betreiber von Erzeugungsanlagen, deren installierte Leistung über 7 kW liegt, verpflichtend mit intelligenten Messsystemen auszustatten sind, sofern dies technisch möglich und wirtschaftlich vertretbar ist. Unter einem intelligenten Messsystem ist ausweislich der Legaldefinition in § 2 S. 1 Nr. 7 MsbG „eine über ein Smart-Meter-Gateway in ein Kommunikationsnetz eingebundene moderne Messeinrichtung zur Erfassung elektrischer Energie" zu verstehen. Das Messsystem muss in der Lage sein, den tatsächlichen Energieverbrauch und die tatsächliche Nutzungszeit widerzuspiegeln und den besonderen Anforderungen nach den §§ 21 und 22 MsbG zu genügen, die zur Gewährleistung des Datenschutzes, der Datensicherheit und Interoperabilität in Schutzprofilen und Technischen Richtlinien festgelegt werden können.[1081] Die Ausstattung mit intelligenten Messsystemen ist bei Letztverbrauchern mit einem Jahresstromverbrauch von bis zu 6.000 kWh sowie bei Erzeugungsanlagen, deren installierte Leistung zwischen einem und 7 KW liegt, optional, § 29 Abs. 2 MsbG. Die diesbezügliche Entscheidungsgewalt liegt bei den grundzuständigen Messstellenbetreibern.

64   Die **Voraussetzungen der technischen Möglichkeit** sind in § 30 MsbG, die der **wirtschaftlichen Vertretbarkeit** in § 31 MsbG abschließend geregelt. Technisch möglich ist der Einbau gemäß § 30 S. 1 MsbG, „ wenn mindestens drei voneinander unabhängige Unternehmen intelligente Messsysteme am Markt anbieten, die den am Einsatzbereich des Smart-Meter-Gateways orientierten Vorgaben des § 24 Abs. 1 genügen" und das BSI eine entsprechende Feststellung getroffen hat, die es auf seiner Internetseite veröffentlicht, § 30 S. 2 MsbG. Das BSI hat mit sofort

---

1078   § 14 Abs. 1 S. 2 MsbG.
1079   § 16 Abs. 1 MsbG.
1080   S. zu dieser Thematik im Detail *Busch,* Demand Side Management – Rechtliche Aspekte der Vermarktung flexibler Lasten in der Stromwirtschaft, 2017, S. 289 ff.
1081   Unter einer modernen Messeinrichtung ist gemäß § 2 S. 1 Nr. 15 MsbG „eine Messeinrichtung, die den tatsächlichen Elektrizitätsverbrauch und die tatsächliche Nutzungszeit widerspiegelt und über ein Smart-Meter-Gateway sicher in ein Kommunikationsnetz eingebunden werden kann" zu verstehen. Ein Smart-Meter-Gateway wiederum ist gemäß § 2 S. 1 Nr. 19 MsbG „die Kommunikationseinheit eines intelligenten Messsystems, die ein oder mehrere moderne Messeinrichtungen und weitere technische Einrichtungen wie insbesondere Erzeugungsanlagen nach dem [EEG und dem KWKG] zur Gewährleistung des Datenschutzes, der Datensicherheit und Interoperabilität unter Beachtung der besonderen Anforderungen von Schutzprofilen und Technischen Richtlinien nach § 22 [Abs. 1, 2 MsbG] sicher in ein Kommunikationsnetz einbinden kann und über Funktionalitäten zur Erfassung, Verarbeitung und Versendung von Daten verfügt".

vollziehbarer Allgemeinverfügung vom 31. Januar 2020 (Az.: 610 01 04 /2019_001) die technische Möglichkeit zum Einbau intelligenter Messsysteme festgestellt. Die Vollziehung dieser Allgemeinverfügung hat das OVG Münster mit (unanfechtbarem) Beschluss vom 4. März 2021 vorerst gestoppt, da die am Markt verfügbaren intelligenten Messsysteme nicht den gesetzlichen Anforderungen an die Interoperabilität genügen.[1082]

Die wirtschaftliche Vertretbarkeit des Einbaus ist sowohl auf Erzeuger- als auch auf Verbraucherseite nach Erzeuger- bzw. Verbrauchsgruppen gestaffelt, die sich am Jahresstromverbrauch bzw. der installierten Leistung und den jährlichen Kosten für den Messstellenbetrieb orientieren.[1083] Die Staffelung beruht auf einer Kosten-Nutzen-Abwägung, um einen individuell zumutbaren und aus gesamtwirtschaftlicher Sicht sinnvollen Einbau der neuen Messsysteme sicherstellen zu können.[1084] **65**

III. Geräteausstattung und Kommunikation

Die §§ 19 ff. MsbG stellen technische Vorgaben an die Geräteausstattung auf, um zu gewährleisten, dass **datenschutz- und datensicherheitsrechtliche Aspekte** bei der Nutzung der Geräte gewahrt werden und deren interoperabler Einsatz gesichert ist.[1085] § 19 MsbG stellt dabei allgemeine Anforderungen an Messsysteme auf, d.h. an moderne Messeinrichtungen und intelligente Messsysteme. § 21 MsbG beinhaltet Mindestanforderungen, die nur für intelligente Messsysteme gelten. Diese sind technologieneutral ausgestaltet, um den Herstellern bei der Entwicklung der Messsysteme diesbezüglich keine Einschränkungen aufzuerlegen.[1086] § 22 MsbG trifft grundlegende Entscheidungen dazu, welche Mindestanforderungen das Smart-Meter-Gateway einhalten muss. Dessen Mindestanforderungen werden in vom BSI erlassenen Schutzprofilen und technischen Richtlinien näher spezifiziert und sind dem MsbG als Anlage zu § 22 MsbG beigefügt. Da die mittels der intelligenten Messsysteme erhobenen Daten Aufschluss über das Verbrauchsverhalten der Nutzer, insbesondere von Privathaushalten geben können, enthalten die Schutzprofile ein detailliertes Datenschutzkonzept, das sogenannte „data protection by design".[1087] § 23 MsbG trifft schließlich Vorgaben für die sichere Anbindung, § 24 MsbG solche für die Zertifizierung des Smart-Meter-Gateways. Das Smart-Meter-Gateway wird von einem zertifizierten Smart-Meter-Gateway-Administrator betrieben, § 25 MsbG. Diese Rolle übernimmt der (grundzuständige oder frei gewählte) Messstellenbetreiber, § 3 Abs. 1 S. 2 MsbG. Die §§ 26, 27 MsbG sichern die Aufrechterhaltung des mit dem Smart-Meter-Gateway erreichten Schutzniveaus auch für die Zukunft ab. **66**

1082 OVG Münster Beschl. v. 4.3.2021 – 21 B 1162/20. Über die Hauptsacheklage (VG Köln - 9 K 3784/20) ist noch nicht entschieden.
1083 Vgl. § 31 MsbG.
1084 BT-Drs. 18/7555, S. 91; die vom BMWi in Auftrag gegebene Kosten-Nutzen-Analyse aus dem Juli 2013 ist abrufbar unter https://www.bmwi.de/BMWi/Redaktion/PDF/Publikationen/Studien/kosten-nutzen-analyse-fuer-flaechendeckenden-einsatz-intelligenterzaehler,property=pdf,bereich=bmwi2012,sprache=de,rwb=true.pdf (Abruf 15.10.2021). Die hierzu zusätzlich durchgeführte Variantenrechnung aus dem Dezember 2014 ist abrufbar unter https://www.bmwi.de/BMWi/Redaktion/PDF/Publikationen/Studien/variantenrechnungen-von-in-diskussion-befindlichen-rollout-strategien,property=pdf,bereich=bmwi2012,sprache=de,rwb=true.pdf (Abruf 15.10.2021).
1085 Vgl. bspw. § 19 Abs. 1 MsbG.
1086 BT-Drs. 18/7555, S. 82.
1087 BT-Drs. 18/7555, S. 81.

67 Die den Beteiligten im Zusammenhang mit der Datenerhebung und -nutzung zustehenden Rechte und Pflichten sind in den §§ 49-70 MsbG abschließend geregelt. Bei diesen Vorschriften handelt es sich um **bereichsspezifisches Datenschutzrecht**, das dem allgemeinen Datenschutzrecht vorgeht.[1088] Das MsbG gewährleistet ein der europäischen Datenschutz-Grundverordnung (DSGVO) 2016/679 vergleichbares Schutzniveau.[1089]

Ausweislich der Gesetzesbegründung zum MsbG sollen den berechtigten Stellen nur die Daten zur Verfügung gestellt werden, die sie zur Erfüllung der ihnen obliegenden Aufgaben benötigen.[1090] Ein darüber hinaus gehender Datenverkehr ist nur dann erlaubt, wenn der Anschlussnutzer, von dem die Daten erhoben werden, ausdrücklich zugestimmt hat.[1091] Hervorzuheben ist des Weiteren der **Grundsatz der sternförmigen Kommunikation**.[1092] Bei Messstellen, die mit intelligenten Messsystemen ausgestattet sind, erfolgt – jedenfalls mittelfristig – die Aufbereitung der Daten im Smart-Meter-Gateway; dieses übermittelt perspektivisch die Daten verschlüsselt direkt an die berechtigten Stellen, § 60 Abs. 2 S. 1 MsbG. Ist die Messstelle nicht mit einem intelligenten Messsystem ausgestattet, übernimmt der Messstellenbetreiber die Aufgaben der Datenaufbereitung und Übermittlung, § 60 Abs. 1 MsbG.[1093]

IV. Bezüge zum EnWG

68 Die neuen Regelungen des MsbG stehen nicht bezugsfrei neben denen des EnWG. Vielmehr werden die mit dem Einsatz intelligenter Messsysteme verbundenen Möglichkeiten zur Erfassung des Stromverbrauchs nach tatsächlicher Nutzungszeit durch die gemäß § 40 Abs. 5 EnWG bestehende Verpflichtung für Lieferanten, für Letztverbraucher von Elektrizität einen Tarif anzubieten, der einen Anreiz zu Energieeinsparungen oder zur Steuerung des Energieverbrauchs setzt, ergänzt. Das Gesetz zählt hierzu insbesondere **lastvariable oder tageszeitabhängige Tarife**.[1094] Die Eignung solcher Tarife, die Steuerung des Stromverbrauchs anzureizen, ist allerdings fraglich.[1095]

69 Letztverbrauchern, deren Verbrauchswerte über ein intelligentes Messsystem ausgelesen werden, ist gemäß § 40 Abs. 3 S. 3 EnWG vom Lieferanten eine monatliche Verbrauchsinformation, die auch die Kosten widerspiegelt, kostenfrei bereitzustellen.

70 Des Weiteren stehen die Vorschriften des MsbG zu intelligenten Messsystemen in engem Zusammenhang mit § 14a EnWG (s. Kap. 2, D.). Dieser verpflichtet die Verteilernetzbetreiber dazu, denjenigen Lieferanten und Letztverbrauchern ein reduziertes Netzentgelt in Rechnung zu stellen, mit denen eine Vereinbarung über eine netz-

---

1088 BT-Drs. 19/4674, S. 321; so auch OLG Düsseldorf Beschl. v. 19.3.2020 – VI-3 Kart 159/20 (V), nach *juris* Rn. 19.
1089 BT-Drs. 19/4674, S. 321.
1090 BT-Drs. 18/7555, S. 104.
1091 Art. 6 Abs. 1 UAbs. 1 lit. a Verordnung (EU) 2016/679; vgl. auch BT-Drs. 18/7555, S. 104.
1092 S. BT-Drs. 18/7555, S. 108.
1093 S. hierzu auch *Weise/Wagner*, IR 2016, 125 (127 ff.).
1094 § 40 Abs. 5 S. 2 EnWG. Die Verpflichtung zum Angebot von solchen Tarifen besteht ebenfalls mit der Einschränkung der technischen Machbarkeit und wirtschaftlichen Zumutbarkeit. Lieferanten haben Haushaltskunden daneben gemäß § 40 Abs. 5 S. 3 EnWG „mindestens einen Tarif anzubieten, für den die Datenaufzeichnung und -übermittlung auf die Mitteilung der innerhalb eines bestimmten Zeitraums verbrauchten Gesamtstrommenge begrenzt bleibt."
1095 S. hierzu kritisch *Busch*, Demand Side Management – Rechtliche Aspekte der Vermarktung flexibler Lasten in der Stromwirtschaft, 2017, S. 346 ff. m. w. N.

dienliche Steuerung von steuerbaren Verbrauchseinrichtungen mit einem separaten Zählpunkt vorliegt. Diese Steuerungshandlungen werden idealerweise mittels eines intelligenten Messsystems vorgenommen, das den technischen und datenschutzrechtlichen Anforderungen des MsbG unterworfen ist.[1096]

F. Kartellrechtliche Missbrauchskontrolle

Außerhalb des EnWG ist seit Dezember 2007 neben das allgemeine Missbrauchsverbot aus den §§ 19, 20 GWB der § 29 GWB als Spezialnorm für die Energiewirtschaft getreten. Bereits § 19 Abs. 1 GWB verbietet allgemeingültig die missbräuchliche Ausnutzung einer marktbeherrschenden Stellung durch ein oder mehrere Unternehmen. § 29 GWB verschärfte die kartellrechtliche Preiskontrolle für den Energiesektor. Dies geschieht dadurch, dass § 29 GWB im Hinblick auf Anbieter von Elektrizität und Gas erstens das **Vergleichsmarktkonzept erleichtert** (Vergleich der Strom- und Gaspreise zwischen strukturell vergleichbaren Unternehmen), zweitens ein Preismissbrauchsverbot nach dem **Gewinnbegrenzungskonzept** normiert und drittens die Beweislast für nicht überhöhte Preise in gewissem Umfang den Energieversorgungsunternehmen auferlegt. Schließlich und viertens ist mit Einführung des § 29 GWB den Kartellbehörden zugleich das Instrument der sofortigen Vollziehung behördlicher Entscheidungen entsprechend den Bestimmungen über die sofortige Vollziehung aus dem EnWG (§ 76 Abs. 1) und TKG (§ 137 Abs. 1) an die Hand gegeben worden.[1097]

71

Bereits während des Gesetzgebungsverfahrens ist an der geplanten Einführung des § 29 GWB erhebliche Kritik geäußert worden, u.a. von der Monopolkommission[1098] und vom Sachverständigenbeirat beim Bundeswirtschaftsministerium. Beide Institutionen bemängelten insbesondere, die strenge Orientierung am preisgünstigsten Energieanbieter führe letztlich zu einem stark **gleichförmigen Preisverhalten** aller Anbieter. Dies verschlechtere aber die Marktzutrittschancen neuer Anbieter. Jedenfalls bei strenger Anwendung könne § 29 GWB daher wettbewerbshindernd wirken.[1099] In dieser Auffassung sieht sich die Monopolkommission nach Abschluss einiger Missbrauchsverfahren bestätigt und kommt zu dem Schluss, dass die Ausweitung der Missbrauchsaufsicht ohne nachhaltigen Erfolg geblieben ist.[1100] Aus diesem Grund sprach sich die Monopolkommission im Rahmen ihres Sondergutachtens zur 8. GWB-Novelle ausdrücklich gegen eine Verlängerung der ursprünglich nur bis zum 31. Dezember 2012 befristet geltenden Regelung des § 29 GWB aus.[1101] Dem wurde allerdings nicht entsprochen, die Geltung der Norm ist zuletzt durch § 186 Abs. 1 GWB nochmals bis zum 31. Dezember 2022 verlängert worden. Praktische

72

[1096] S. zu den in diesem Zusammenhang bestehenden Problemen *Busch,* Demand Side Management – Rechtliche Aspekte der Vermarktung flexibler Lasten in der Stromwirtschaft, 2017, S. 325 ff.
[1097] S. § 64 GWB.
[1098] Vgl. *Monopolkommission*, 47. Sondergutachten, S. 9 ff., Tz. 4 ff., abrufbar unter http://www.monopolkommission.de/images/PDF/SG/s47_volltext.pdf (Abruf 15.10.2021).
[1099] S. dazu *Monopolkommission*, 47. Sondergutachten, S. 19, Tz. 35 (s. Fn. 1091), sowie nachfolgend *Monopolkommission*, 63. Sondergutachten, 2012, S. 38 ff., Tz. 98, 102, 105; ebenfalls kritisch *Kahlenberg/Haellmigk*, BB 2008, 174 ff.; *Faustmann/Raapke*, WRP 2008, 67 ff.
[1100] *Monopolkommission*, 58. Sondergutachten, 2010, S. 11, Tz. 33; *Monopolkommission*, 63. Sondergutachten, 2012, S. 38 f., Tz. 100 f.
[1101] Monopolkommission, 63. Sondergutachten, 2012, S. 40, Tz. 105.

Relevanz hat § 29 GWB bisher im Wesentlichen bei der Kontrolle der Preise und Lieferkonditionen im Gassektor und der Heizstromversorger erlangt.[1102]

I. Anwendungsbereich der Norm

73 § 29 GWB richtet sich ausschließlich an **Versorgungsunternehmen**, legaldefiniert in dieser Norm als „Anbieter von Elektrizität oder leitungsgebundenem Gas". Auf Fernwärmepreise ist § 29 GWB dagegen nicht anwendbar. § 29 GWB setzt des Weiteren voraus, dass das Versorgungsunternehmen auf dem relevanten Markt eine **marktbeherrschende Stellung** innehat. Wann ein Versorgungsunternehmen eine marktbeherrschende Stellung innehat, regelt § 29 GWB nicht. Ausweislich der Gesetzesbegründung ist zur Beantwortung dieser Frage auf die allgemeinen Grundsätze des § 18 GWB zurückzugreifen.[1103]

II. Preis- oder Konditionenmissbrauch auf der Grundlage des Vergleichsmarktkonzepts

74 § 29 S. 1 Nr. 1 GWB verbietet zunächst die missbräuchliche Ausnutzung einer marktbeherrschenden Stellung dadurch, dass ohne sachlichen Grund Entgelte oder sonstige Geschäftsbedingungen gefordert werden, die ungünstiger sind als diejenigen anderer Versorgungsunternehmen oder von Unternehmen auf vergleichbaren Märkten (Preis- oder Konditionenmissbrauch). Bei der ersten Alternative des § 29 S. 1 Nr. 1 GWB erfolgt mithin der Vergleich mit einem anderen Versorgungsunternehmen. Hierbei ist zur Annahme eines missbräuchlichen Verhaltens aber – ebenso wie im Rahmen der §§ 19, 20 GWB – eine **erhebliche Abweichung** erforderlich.[1104] Auch muss das Versorgungsunternehmen, mit dem verglichen wird, strukturell vergleichbar sein, was gegebenenfalls durch Zu- und Abschläge auf den Vergleichspreis sicherzustellen ist.[1105] Die zweite Alternative des § 29 S. 1 Nr. 1 GWB eröffnet den Kartellbehörden schließlich die Möglichkeit, den Vergleich mit anderen Unternehmen auf vergleichbaren Märkten anzustellen. Dabei verweist die Gesetzesbegründung im Hinblick auf mögliche vergleichbare Märkte insbesondere auf solche, die ebenfalls von Netzstrukturen geprägt sind.[1106]

75 Beide Varianten sehen die Möglichkeit der Entlastung durch den Nachweis vor, dass die Abweichung sachlich gerechtfertigt ist. Diesen Nachweis haben die Versorgungsunternehmen allerdings selbst zu erbringen. Sie tragen im Kartellverfahren also die Beweislast für die sachliche Rechtfertigung, während der Amtsermittlungsgrundsatz weiterhin seine Gültigkeit behält. Im Ergebnis trifft die Versorgungsunter-

---

1102 *Körber*, in: Immenga/Mestmäcker (Hrsg.), Wettbewerbsrecht, Bd. 4, 6. Aufl. 2021, § 29 GWB Rn. 24 ff.; vgl. vertiefend *Kolpatzik/Berg*, WuW 2011, 712 ff. sowie *Baumgart/Rasbach/Rudolph*, in: FS Kühne, 2009, S. 25 ff.
1103 BT-Drs. 16/5847, S. 10 f.; so unter Verweis auf die Gesetzesbegründung *Schwensfeier*, in: Loewenheim/Meessen/Riesenkampff/Kersting/Meyer-Lindemann (Hrsg.), Kartellrecht, 4. Aufl. 2020, § 29 GWB Rn. 15.
1104 Der Referentenentwurf sah zwar zunächst die Abschaffung des Erheblichkeitszuschlags vor, es gelten aber weiterhin die in BGH Beschl. v. 28.6.2005 – KVR 17/04, BGHZ 163, 282 ff. - *Stadtwerke Mainz*, aufgestellten Grundsätze, vgl. dazu im Einzelnen *Kahlenberg/Haellmigk*, BB 2008, 174 (178).
1105 S. hierzu BGH Beschl. v. 16.12.1976 – KVR 2/76, GRUR 1977, 269 (273); BGH Beschl. v. 2.2.2010 – KVR 66/08, Rn. 35 f.; BGH Beschl. v. 15.5.2012 – KVR 51/11, Rn. 15.
1106 BT-Drs. 16/5847, S. 11.

nehmen eine wesentlich **gesteigerte Mitwirkungs- und Darlegungspflicht**.[1107] Die Monopolkommission plädiert aus verfassungsrechtlichen Gründen dafür, die Kartellbehörden jedenfalls im ersten Schritt der Auswahl eines tatsächlich strukturell vergleichbaren Unternehmens nicht aus der Untersuchungspflicht zu entlassen, da dem unter Missbrauchsverdacht stehenden Unternehmen in aller Regel der Zugang zu den benötigten Daten fehlt, mit denen es insoweit den Entlastungsbeweis führen könnte.[1108]

Die **Beweislastumkehr** gilt gemäß § 29 S. 1 Nr. 1 GWB nur für das Verfahren vor den Kartellbehörden, nicht also im Bußgeldverfahren (wegen der Unschuldsvermutung) und im Zivilprozess. **76**

III. Preismissbrauchsverbot nach dem Gewinnbegrenzungskonzept

Ein Missbrauch liegt nach § 29 S. 1 Nr. 2 GWB ferner vor, wenn ein Versorgungsunternehmen Entgelte fordert, die die Kosten in unangemessener Weise überschreiten. Diese erstmalige, normative Verankerung des Gewinnbegrenzungskonzepts im GWB stellte die wesentliche Neuerung des § 29 GWB dar.[1109] Ein Missbrauch nach § 29 S. 1 Nr. 2 GWB liegt allerdings nur vor, wenn die Preise die Kosten „unangemessen" überschreiten. Dieser unbestimmte Rechtsbegriff soll Raum für die Berücksichtigung positiver Auswirkungen auf die übrigen Zielsetzungen des § 1 Abs. 1 EnWG bieten.[1110] Welcher Kostenbegriff der Norm zugrunde liegt, ist dem Wortlaut der Norm nach unklar, wenngleich die Gesetzesbegründung Bezug auf das Grenzkostenprinzip nimmt.[1111] **77**

Im Rahmen der Verfolgung des Preismissbrauchsverbots nach dem Gewinnbegrenzungskonzept gilt der **Untersuchungsgrundsatz**. Den Nachweis, dass die Entgelte in unangemessener Weise die Kosten überschreiten, haben die Kartellbehörden zu führen. **78**

IV. Berücksichtigungsfähigkeit von Kosten

§ 29 S. 2 GWB trifft eine Sonderregelung für die Berücksichtigungsfähigkeit der Kosten. Danach sind sowohl im Tatbestand des § 29 Nr. 2 GWG als auch auf Rechtfertigungsebene des § 29 Nr. 1 GWB diejenigen Kosten bei der Feststellung des Missbrauchs einer marktbeherrschenden Stellung nicht berücksichtigungsfähig, die **79**

1107 *Körber*, in: Immenga/Mestmäcker (Hrsg.), Wettbewerbsrecht, Bd. 4, 6. Aufl. 2021, § 29 GWB Rn. 114; *Dorß*, in: Loewenheim/Meessen/Riesenkampff (Hrsg.), Kartellrecht, 2. Aufl. 2009, § 29 GWB Rn. 24.; a.A. inzwischen *Schwensfeier*, in: Loewenheim/Meessen/Riesenkampff/Kersting/Meyer-Lindemann (Hrsg.), Kartellrecht, 4. Aufl. 2020, § 29 GWB Rn. 63, der davon ausgeht, dass die Beweislastumkehr über die allgemeine Mitwirkungspflicht hinausgeht. Zu der mit der Beweislastumkehr drohenden Aushöhlung der Rechtsschutzgarantie s. *Baumgart/Rasbach/Rudolph*, in: FS Kühne, 2009, S. 25 ff.
1108 *Monopolkommission*, 47. Sondergutachten, S. 12 f., Tz. 14 (s. Fn. 1091).
1109 Das Gewinnbegrenzungskonzept diente zuvor lediglich als Indiz für einen Preishöhenmissbrauch und liegt als solches insbesondere einigen Entscheidungen des EuGH zur Art. 102 AEUV (ex. Art. 82 EG) zugrunde, EuGH Urt. v. 13.11.1975 – Rs. 26/75, ECLI:EU:C:1975:150 – *General Motors*; EuGH Urt. v. 14.2.1978 – Rs. 27/76, ECLI:EU:C:1978:22 – *United Brands*; s. dazu auch *Faustmann/Raapke*, WRP 2008, 67 ff.
1110 So die Gesetzesbegründung, BT-Drs. 16/5847, S. 11; s. dazu auch *Faustmann/Raapke*, WRP 2008, 67 ff.
1111 S. dazu BT-Drs. 16/5847, S. 11; eine Klarstellung im Gesetzestext selbst wäre aber wünschenswert gewesen, so auch *Kahlenberg/Haellmigk*, BB 2008, 174 ff.

sich im Wettbewerb nicht einstellen würden.[1112] Dabei handelt es sich beispielsweise um „Kosten, die ein Unternehmen bei funktionierendem Wettbewerb vermeiden oder nicht geltend machen würde bzw. nicht über die Preise abwälzen könnte".[1113] Der Kostenbegriff ist von den Kartellbehörden unter Zugrundelegung anerkannter ökonomischer Theorien auszufüllen.[1114] Hierzu können auch die der Netzentgeltregulierung entnommenen Grundsätze der StromNEV und der GasNEV vollständig oder in Teilaspekten sowie andere Kalkulationsweisen herangezogen werden.[1115]

V. Sofortige Vollziehbarkeit kartellbehördlicher Entscheidungen

80 Durch die im Rahmen der Einführung des § 29 GWB zugleich erfolgte Änderung des § 64 GWB ist die aufschiebende Wirkung von Beschwerden, die sich gegen bestimmte Verfügungen der Kartellbehörden richten, entfallen. Verfügungen nach § 29 GWB sind demnach sofort vollziehbar, wenn nicht die Kartellbehörde von vornherein etwas Anderes bestimmt oder das Gericht auf Antrag des Beschwerdeführers die sofortige Vollziehung zunächst aussetzt.

G. Emissionshandelssysteme

81 Bereits im Jahr 2005 ist auf Ebene der Europäischen Union ein Emissionshandelssystem (EU-EHS oder englisch: EU-ETS) zur Bekämpfung des Klimawandels und zur kostenwirksamen Verringerung der Treibhausgasemissionen der Industrie eingeführt worden. Rechtliche Grundlage für das europäische Emissionshandelssystem war und ist die (zwischenzeitlich mehrfach veränderte) RL 2003/87/EG (Emissionshandelsrichtlinie). Sie wird in Deutschland durch das Treibhausgas-Emissionshandelsgesetz (Gesetz über den Handel mit Berechtigungen zur Emission von Treibhausgasen, TEHG) umgesetzt.

82 Mit Inkrafttreten des Bundesemissionshandelsgesetzes (Gesetz über einen nationalen Zertifikatehandel für Brennstoffemissionen, BEHG) hat der deutsche Gesetzgeber daneben ein auf Deutschland begrenztes nationales Emissionshandelssystem eingeführt. Startpunkt für dieses Emissionshandelssystem war der 1. Januar 2021.

83 Beide Emissionshandelssysteme bestehen grundsätzlich unabhängig voneinander. Die in einem System erworbenen Zertifikate können daher nicht in dem jeweils anderen Emissionshandelssystem verwertet werden. Allerdings unternimmt das nationale Emissionshandelssystem den Versuch, Doppelbelastungen zu vermeiden, indem Sachverhalte, die bereits dem EU-Emissionshandelssystem unterliegen, nicht zusätzlich eine Pflicht zum Erwerb nationaler Emissionszertifikate auslösen sollen (s. hierzu unter II.). Zentrale Behörde sowohl für den europäischen als auch den nationalen Emissionshandel in Deutschland ist die **Deutsche Emissionshandelsstelle** als Teil des Umweltbundesamtes.

1112 *Schwensfeier,* in: Loewenheim/Meessen/Riesenkampff/Kersting/Meyer-Lindemann (Hrsg.), Kartellrecht, 4. Aufl. 2020, § 29 GWB Rn. 25.
1113 BT-Drs. 16/5847, S. 11.
1114 BT-Drs. 16/5847, S. 11.
1115 BGH Beschl. v. 14.7.2015 – KVR 77/13, Rn. 25; s. auch *Schwensfeier,* in: Loewenheim/Meessen/Riesenkampff/Kersting/Meyer-Lindemann (Hrsg.), Kartellrecht, 4. Aufl. 2020, § 29 GWB Rn. 27 f.

I. Das EU-Emissionshandelssystem

Die Emissionshandelsrichtlinie 2003/87/EG[1116] ist u.a. durch die RL 2009/29/EG[1117] sowie zuletzt durch die RL (EU) 2018/410[1118] grundlegend geändert und angepasst worden. Der EU-Emissionshandel unterwirft die Nutzung der natürlichen Ressource Luft einem knappheitsinduzierenden Handelssystem. Ihre Verschmutzung durch den Ausstoß von Schadstoffen wird in **handelbaren Rechten** verbrieft, so dass durch den Knappheitsfaktor bedingt ein Preis für Emissionen entsteht. Die Zuteilung dieser Rechte erfolgte in der ersten und zweiten Handelsperiode von 2005-2007 und von 2008-2012 auf der Grundlage historischer Emissionswerte noch (weit überwiegend) kostenlos. Mit der dritten Handelsperiode (2013-2020) ist die kostenpflichtige Zuteilung im Rahmen von Auktionen zur Regel geworden. Insbesondere für den Bereich der Stromerzeugung kommt seither das System der Vollversteigerung zur Anwendung. Die Verringerung der noch kostenlos zugeteilten Zertifikatsmengen findet in der **vierten Handelsperiode** (2021-2030) ihre Fortsetzung. Die **unionsweite Gesamtmenge** der Zertifikate wird gemäß Art. 9 der Emissionshandelsrichtlinie 2003/87/EG ab dem Jahr 2021 zusätzlich jährlich um den linearen Faktor 2,2 % verringert. **84**

Gemäß § 7 Abs. 1 S. 1 TEHG hat jeder Anlagenbetreiber jährlich bis zum 30. April an die zuständige Behörde **Emissionszertifikate** in Höhe des Emissionsäquivalents seiner im vorangegangenen Jahr verursachten Emissionen **abzugeben**. Die Versteigerung der Zertifikate regelt § 8 Abs. 1 S. 1 TEHG, der auf das einschlägige europäische Recht, insbesondere auf die Versteigerungsverordnung (EU) Nr. 1031/2010 in ihrer jeweils geltenden Fassung verweist.[1119] **85**

Die Versteigerungen folgen einem sogenannten Auktionskalender (Art. 8 der Verordnung). Geboten werden kann während bestimmter Zeitfenster, die an ein und demselben Handelstag geöffnet und geschlossen werden. Ein Zeitfenster umfasst mindestens zwei Stunden. Zertifikate sollen gemäß Art. 8 Abs. 4 der Verordnung wenigstens einmal wöchentlich versteigert werden. **86**

Gegenstand der Versteigerung sind gemäß Art. 4 Abs. 2 der Verordnung Zwei-Tage-Spots oder Fünf-Tage-Futures. Die Versteigerung erfolgt gemäß Art. 5 der Verordnung zu einem **Einheitspreis**. Die Preisermittlung regelt Art. 7 der Verordnung. Danach werden alle abgegebenen Gebote in absteigender Reihenfolge nach dem Preis geordnet. Der Clearingpreis, also der Preis, zu dem die Zertifikate schlussendlich abgegeben werden, ergibt sich aus dem niedrigsten Gebot, für das noch Zertifikate **87**

1116 Richtlinie 2003/87/EG des Europäischen Parlaments und des Rates v. 13.10.2003 über ein System für den Handel mit Treibhausgasemissionszertifikaten in der Gemeinschaft und zur Änderung der Richtlinie 96/61/EG des Rates, ABl. EU Nr. L 275, S. 32 v. 25.10.2003, zuletzt geändert durch die Delegierte Verordnung (EU) 2021/1416 v. 17.5.2021, ABl. EU L 305, S. 1 v. 31.8.2021.
1117 Richtlinie 2009/29/EG des Europäischen Parlaments und des Rates v. 23.4.2009 zur Änderung der Richtlinie 2003/87/EG zwecks Verbesserung und Ausweitung des Gemeinschaftssystems für den Handel mit Treibhausgasemissionszertifikaten, ABl. EU Nr. L 140, S. 63 v. 5.6.2009.
1118 Richtlinie (EU) 2018/410 des Europäischen Parlaments und des Rates vom 14.3.2018 zur Änderung der Richtlinie 2003/87/EG zwecks Unterstützung kosteneffizienter Emissionsreduktionen und zur Förderung von Investitionen mit geringem CO2-Ausstoß und des Beschlusses (EU) 2015/1814, ABl. EU Nr. L 76, S. 3 v. 19.3.2018.
1119 Verordnung (EU) 1031/2010 der Kommission v. 12.11.2010 über den zeitlichen und administrativen Ablauf sowie sonstige Aspekte der Versteigerung von Treibhausgasemissionszertifikaten gem. der Richtlinie 2003/87/EG des Europäischen Parlaments und des Rates über ein System für den Handel mit Treibhausgasemissionszertifikaten in der Gemeinschaft, ABl. EU Nr. L 302, S. 1 v. 18.11.2010, zuletzt geändert durch die Delegierte Verordnung (EU) 2019/1868 v. 28.8.2019, ABl. EU L 289, S. 9 v. 8.11.2019.

zur Verfügung stehen. Sind mehrere gleichlautende Gebote nach dieser Systematik preissetzend, kommt ein Zufallsalgorithmus zur Anwendung. Übersteigt das preissetzende Gebot die insgesamt zur Verfügung stehende Menge teilweise, kommt es für diesen Bieter zu einer Teilzuteilung.

88 Werden zu wenig Gebote abgegeben, um einen Knappheitspreis ermitteln zu können, wird die **Versteigerung abgebrochen**, Art. 7 Abs. 5 der Verordnung. Gleiches gilt gemäß Art. 7 Abs. 6 der Verordnung, wenn der Clearingpreis signifikant von dem Preis abweicht, zu dem Zertifikate auf dem Sekundärmarkt gehandelt werden, oder wenn ein technischer Störungsfall eintritt, Art. 9 der Verordnung. Diese nicht zugeteilte Menge wird dann gemäß Art. 7 Abs. 8 bzw. Art. 9 der Verordnung auf die nächsten vier Auktionen verteilt, steht dem Markt also zeitlich später wieder zur Verfügung.

89 Derzeit ist die Leipziger EEX als Versteigerungsplattform für Deutschland benannt.[1120] Deutschland und Großbritannien haben sich dazu entschlossen, jeweils eigene nationale Plattformen zu errichten. Im Übrigen findet die Versteigerung auf einer gemeinsamen europäischen Plattform statt.

90 Die erworbenen Emissionszertifikate sind frei **handelbar** und können durch Einigung und Eintragung im Emissionshandelsregister von einem Anlagenbetreiber auf einen anderen übertragen werden. Im Vorfeld zur Abgabe der erforderlichen Zertifikate für die tatsächlichen Emissionen im Vorjahr zum 30. April jeden Jahres (§ 7 Abs. 1 TEHG) hat jeder Betreiber bis zum 31. März über seine Vorjahresemissionen **Bericht** zu erstatten (§ 5 Abs. 1 TEHG). Ausgangsbasis dieser jährlichen Berichterstattung ist der **Überwachungsplan**, den der jeweilige Anlagenbetreiber gemäß § 6 Abs. 1 TEHG vor Beginn einer Handelsperiode bei der zuständigen Behörde zur Genehmigung einzureichen hat. Das TEHG enthält in den §§ 29-32 Sanktions- und Bußgeldbestimmungen für den Fall des Verstoßes gegen diese Melde- und Abgabepflichten.

II. Das nationale Emissionshandelssystem

91 Die gesetzliche Grundlage zur Schaffung eines nationalen Emissionshandels für CO_2-Emissionen aus dem Einsatz von Brenn- und Kraftstoffen (insbesondere Heizöl, Flüssiggas, Erdgas, Kohle, Benzin und Diesel) ab dem Jahr 2021 bildet das am 20.12.2019 in Kraft getretene und kurz vor dem Start bereits zum ersten Mal veränderte Brennstoffemissionshandelsgesetz (BEHG). Das BEHG enthält zur Durchführung des nationalen Emissionshandels eine Vielzahl von Verordnungsermächtigungen.

92 In einem ersten Schritt hat das Bundesministerium für Umwelt, Naturschutz und nukleare Sicherheit (BMU) eine Durchführungsverordnung zum Brennstoffemissionshandelsgesetz (**Brennstoffemissionshandelsverordnung** – BEHV) erlassen. Die Verordnung ist angelegt als zentrale Umsetzungsverordnung des BEHG und soll perspektivisch in den nächsten Jahren auf Basis der verschiedenen Verordnungsermächtigungen weiter ergänzt werden. Die BEHV enthält Regelungen insbesondere zur Festlegung der die Zertifikate veräußernden Stelle, zum Zugang zum Handelssystem einschließlich der Verkaufstermine, Berichtspflichten und Transaktionsentgelte sowie zur Funktionsweise des Emissionshandelsregisters im Einzelnen (Kontoarten und -bevollmächtigte, Erzeugung, Lieferung, Transaktionen und Abgabe von

---

[1120] S. Anhang der Verordnung (EU) Nr. 1031/2010.

Emissionszertifikaten, Sicherheitsanforderungen u.ä.). Die Regelungen orientieren sich dabei weitgehend am Ablauf im EU-Emissionshandel.

Da ausschließlich für die ersten beiden Jahre des nationalen Emissionshandels (2021 und 2022) im BEHG eine eingeschränkte Berichtspflicht angelegt ist, hat das BMU zusätzlich eine Verordnung über die Emissionsberichterstattung nach dem Brennstoffemissionshandelsgesetz für die Jahre 2021 und 2022 (**Emissionsberichterstattungsverordnung** 2022 – EBeV 2022) erlassen. Für diese beiden Jahre 2021 und 2022 regelt der Verordnungsentwurf die Entbehrlichkeit eines Überwachungsplans sowie die Anforderungen an die von den Unternehmen zu erstellenden Emissionsberichte. Diese sollen vollständig auf Standardemissionsfaktoren zurückgreifen. Von besonderer praktischer Bedeutung sind dabei die Regelungen zur Vermeidung von Doppelbelastungen durch das nationale und das EU-Handelssystem. Die ab dem Jahre 2023 und dann dauerhaft geltenden Vorgaben zur Emissionsberichterstattung sollen zukünftig in die BEHV integriert werden. 93

Die Einrichtung eines nationalen Emissionshandelssystem ist nach wie vor auch grundlegender Kritik ausgesetzt. Diese bezieht sich im Wesentlichen auf eine mögliche Umgehung finanzverfassungsrechtlicher Vorgaben und damit einer möglichen Verfassungswidrigkeit des BEHG. Daneben wird zum Teil infrage gestellt, dass eine Doppelbelastung von Unternehmen durch die parallel bestehenden Emissionshandelssysteme auf nationaler und europäischer Ebene nicht oder nur mit einem Übermaß an neuer Bürokratie gelingen kann. 94

1. Grundlegende Funktionsweise der CO2-Bepreisung im nationalen Emissionshandel nach BEHG, BEHV und EBeV 2022

Als Teilnehmer am nationalen Emissionshandelssystem sind perspektivisch vorgesehen alle Unternehmen, die Heiz- und Kraftstoffe in den Verkehr bringen. Für zu erwerbende CO_2-Zertifikate gilt dabei in der von 2021 bis 2025 andauernden sog. Einführungsphase ein Festpreissystem mit steigenden Preisen. Das BEHG sieht dabei nach Verabschiedung des Ersten Änderungsgesetzes zum Start des nationalen Emissionshandelssystems Preise von 25 € - 55 € pro Tonne CO_2 vor (2021: 25 €/t, 2022: 30 €/t, 2023: 35 €/t, 2024: 45 €/t, 2025: 55 €/t). 95

Ab dem Jahr 2026 wird eine maximale Emissionsmenge festgelegt, die jährlich verringert wird. Ab diesem Jahr erfolgt auch keine Ausgabe von Emissionszertifikaten zu Festpreisen mehr, die jährlich vorhandenen Mengen werden stattdessen auktioniert. Für das Jahr 2026 sieht das BEHG dabei noch einen Preiskorridor innerhalb von 55 - 65 €/t CO_2 vor. Im Jahr 2025 soll eine Prüfung erfolgen, ob für die Jahre 2027 ff. weiterhin Mindest-/Höchstpreise erforderlich sind. 96

2. Anwendungsbereich des BEHG und der darauf basierenden Verordnungen

Der Anwendungsbereich des BEHG orientiert sich unmittelbar an den Festlegungen des Energiesteuergesetzes (EnergieStG). Das BEHG gilt gemäß § 2 Abs. 1 für die Emission von Treibhausgasen aus den in Anlage 1 genannten **Brennstoffen**. Die Anlage 1 des Gesetzes entspricht dabei § 1 Abs. 2, 3 EnergieStG („Energieerzeugnisse") und enthält durch Verweis auf die Nomenklatur einen Katalog von Waren, die als Brennstoffe i.S.d. BEHG gelten. Zu den Brennstoffen, deren Emissionen vom BEHG erfasst werden, gehören damit neben vielen anderen beispielsweise Stein- 97 kohle (Position 2701 der Kombinierten Nomenklatur), Braunkohle (Position 2702), Erdgas (Position 2711), Soja-, Raps-, Rüben-, Senföl (Position 1507-1518) oder Biodiesel als Kraft- und Heizstoff (Position 3826).

98 Der Anwendungsbereich des BEHG und der darauf basierenden Verordnungen ist eröffnet, wenn diese in Anlage 1 genannten Brennstoffe in den Verkehr gebracht werden. Dies ist mit dem Entstehen der Energiesteuer nach den entsprechenden Tatbeständen des EnergieStG der Fall. Verfahren zur Steuerbefreiung im Einzelfall ändern nichts daran, dass mit der Steuerschuld dem Grunde nach der Brennstoff als in den Verkehr gebracht gilt.

99 Verantwortlicher für die Einhaltung der Verpflichtungen des BEHG ist gem. § 3 Ziff. 3 BEHG jede natürliche oder juristische Person oder Personengesellschaft, die nach dem EnergieStG als Steuerschuldner definiert ist, auch wenn sich ein Verfahren der Steuerbefreiung anschließt. Im Falle von Erdgas und Flüssiggas ist diese der **Lieferant von Gas an Endkunden**.

3. Die Pflichten des Verantwortlichen und deren Erfüllung in der Praxis

100 Der Verantwortliche hat im Wesentlichen einen Überwachungsplan aufzustellen (§ 6 BEHG), einen Emissionsbericht zu fertigen (§ 7 BEHG), Emissionsberechtigungen zu beschaffen und eine entsprechende Menge fristgerecht abzugeben (§ 8 BEHG).

101 Der grundsätzlich von jedem Verantwortlichen aufzustellende **Überwachungsplan** ist gem. § 3 Ziff. 8 BEHG eine Darstellung der Methode, die ein Verantwortlicher anwendet, um seine Brennstoffemissionen zu ermitteln und darüber Bericht zu erstatten. Der Überwachungsplan ist grundsätzlich einmal initial für eine Handelsperiode aufzustellen. Bei ausschließlicher Anwendung von Standardemissionsfaktoren ist lediglich ein sog. vereinfachter Überwachungsplan zu erstellen. Der Überwachungsplan ist bei der zuständigen Behörde (Deutsche Emissionshandelsstelle beim Umweltbundesamt) zur Genehmigung einzureichen. Die Genehmigung ist von der Behörde zu erteilen, wenn die Voraussetzungen der Rechtsverordnung eingehalten werden. Bei vereinfachtem Überwachungsplan gilt eine Genehmigungsfiktion, falls die Behörde nicht innerhalb von zwei Monaten Änderungen einfordert.

102 Gem. § 3 EBeV 2022 **entfällt** allerdings für die **Periode 2021 und 2022** die Pflicht zur Übermittlung und Genehmigung eines Überwachungsplans. Dies ist auch konsequent, da in diesen beiden Jahren der Verantwortliche die zu berichtenden Brennstoffemissionen ausschließlich auf Basis der im Rahmen der Energiesteueranmeldungen anzugebenden Brennstoffmengen sowie unter Anwendung von Standardwerten zu ermitteln hat. Die Option, abweichende Methoden zur Ermittlung von Brennstoffemissionen anzuwenden, die einer Genehmigung durch die zuständige Behörde bedürften, besteht in dieser ersten Phase ohnehin nicht. Erstmalig wird die Verpflichtung zur Aufstellung und Einreichung eines Überwachungsplans daher voraussichtlich in Bezug auf die Lieferjahre 2023 ff. wirksam werden; Vorgaben hierzu (Frist zur Abgabe, Dokumentation etc.) sollen bis dahin in die BEHV aufgenommen werden.

103 Gemäß § 7 BEHG hat der Verantwortliche die Brennstoffemissionen für die in einem Kalenderjahr in Verkehr gebrachten Brennstoffe auf Grundlage des Überwachungsplans (für die Jahre 2021, 2022: auf der Grundlage der EBeV 2022) zu ermitteln und der zuständigen Behörde bis zum 31. Juli des Folgejahres über die Brennstoffemissionen zu berichten. Das bedeutet: Erstmals bis zum 31. Juli 2022 haben alle nach

G. Emissionshandelssysteme 309

dem BEHG verpflichteten Unternehmen über ihre Brennstoffemissionen des Jahres 2021 gegenüber der Emissionshandelsstelle beim Umweltbundesamt Bericht zu erstatten. (Ausnahme: CO_2-Emissionen liegen in einem Jahr unterhalb 1 Tonne CO_2 pro Jahr). Die Angaben im **Emissionsbericht** nach Absatz 1 müssen grundsätzlich von einer Prüfstelle nach § 15 BEHG (Umweltgutachter o.ä.) vorab verifiziert worden sein.

Für die Perioden 2021 und 2022 gelten aber mehrere Einschränkungen: Der Emissionsbericht für die Lieferjahre 2021 und 2022 ist von seinem Inhalt beschränkt auf Brennstoffe der Anlage 2 des BEHG (Ottokraftstoffe, Diesel, Erdgas, Heizöl); erst ab 2023 werden auch die übrigen Brennstoffe der Anlage 1 des BEHG erfasst und unterliegen der Berichtspflicht. Zudem entfällt für beide Jahre die Vorab-Verifizierung durch eine Prüfstelle nach § 15 BEHG. **104**

Im Emissionsbericht hat der Verantwortliche zunächst die im abgelaufenen Kalenderjahr in Verkehr gebrachten Brennstoffe rechnerisch zu ermitteln und dabei die Grundsätze der Vollständigkeit, der Konsistenz und der Integrität der zu berichtenden Daten zu beachten. Verbleibende Datenlücken sind durch konservative Schätzungen zu füllen. Grundsätzlich ist diejenige Brennstoffmenge zu Grunde zu legen, die das Unternehmen in den Steueranmeldungen zur Berechnung der Energiesteuer angegeben hat. Die Brennstoffmenge ist dann mit dem Standardemissionsfaktor des eingesetzten Brennstoffs zu multiplizieren. Die relevanten Standardemissionsfaktoren ergeben sich aus Anlage 1, Teil 4 der EBeV 2022. Der Standardemissionsfaktor für Erdgas beträgt beispielsweise 0,056 t CO_2/GJ. **105**

Bei der Ermittlung der Brennstoffemissionen kann der Verantwortliche für den Bioenergieanteil eines Brennstoffes einen Emissionsfaktor von Null anwenden, soweit dieser Bioenergieanteil die Nachhaltigkeitsanforderungen der Biomassestrom-Nachhaltigkeitsverordnung erfüllt. Entsprechende Nachweise sind beizubringen. Beim Abzug von Mengen an Brennstoffemissionen, die dem Bioenergieanteil an Biomethan entsprechen, kann auf die Vorlage eines Nachhaltigkeitsnachweises verzichtet werden, wenn das verpflichtete Unternehmen einen Biomethanliefervertrag und einen Nachweis vorlegt, dass die Menge des entnommenen Gases im Energieäquivalent der Menge an Biomethan entspricht, die an anderer Stelle in das Erdgasnetz eingespeist worden ist, und für den gesamten Transport und Vertrieb des Biomethans bis zur Entnahme aus dem Erdgasnetz ein Massenbilanzsystem verwendet wurde. Hintergrund ist, dass reines Biomethan nach Anlage 2 Nummer 4 BEHG in den Jahren 2021 und 2022 kein berichtspflichtiger Brennstoff und insofern vom Anwendungsbereich ausgenommen ist. Dies gilt dann konsequenterweise auch für Biomethananteile, die Erdgas beigemischt sind. Die Berechnung des abzugsfähigen Bioenergieanteils im Einzelnen ergibt sich aus Anlage 1 Teil 2 der EBeV 2022. **106**

Der Emissionsbericht hat einen zwingenden Mindestinhalt, der einzuhalten ist und sich aus Anlage 2 der EBeV 2022 ergibt (Allgemeine Angaben zum Verantwortlichen, Gesamtemissionsmenge in einem Kalenderjahr, Angaben zum jeweils in Verkehr gebrachten Brennstoff, Angaben zu Brennstoffen im Zusammenhang mit der Vermeidung einer Doppelerfassung, Angaben zu Brennstoffen im Zusammenhang mit der Vermeidung einer Doppelbelastung, erleichterte Nachweisführung). Alle Unterlagen und Daten sind nach der Übermittlung an die Behörde für zehn Jahre aufzubewahren. **107**

Gem. § 10 EBeV 2022 werden bestimmte Brennstoffmengen zur Vermeidung einer Doppelerfassung von der Berichtspflicht ausgenommen. Dies betrifft insbesondere Brennstoffmengen, die bereits Gegenstand eines Emissionsberichts nach dem **108**

BEHG waren und erneut in ein Leitungsnetz für unversteuertes Erdgas eingespeist oder erneut nach Deutschland wiedereingeführt werden. Erneutes Inverkehrbringen soll nicht doppelt erfasst werden. Der Verantwortliche kann zusätzlich einen Abzug von den zu berichtenden Brennstoffemissionen vornehmen, wenn ihm der Verwender in geeigneter Form rechtzeitig vor Erstellung des Emissionsberichtes nachweist, dass er das Erdgas stofflich verwendet. Bei der stofflichen Verwendung von Erdgas entstehen keine Emissionen im Sinne des BEHG. Dem Erdgas-Lieferanten wird so ermöglicht, die zur stofflichen Verwendung vorgesehenen Erdgasmengen ohne zusätzliche Zertifikatskosten zu liefern.

109 Das BEHG sieht darüber hinaus in § 7 Abs. 5 vor, dass Doppelbelastungen infolge des Einsatzes von Brennstoffen in einer dem EU-Emissionshandel unterliegenden Anlage möglichst vorab zu vermeiden sind. Hierauf aufbauend sieht § 11 EBeV 2022 vor, dass der verantwortliche Erdgaslieferant eine entsprechende Menge an Brennstoffemissionen von den zu berichtenden Brennstoffemissionen abziehen kann, soweit er das Erdgas direkt an ein Unternehmen geliefert hat, das den Brennstoff in demselben Kalenderjahr in einer dem EU-Emissionshandel unter-liegenden Anlage eingesetzt hat. Der derartige Brennstoffeinsatz muss u.a. durch eine Bestätigung, die bestimmte in Anlage 3 der EBeV 2022 näher aufgeführte Erklärungen, Daten und Angaben des belieferten Unternehmens enthält, nachgewiesen sein.

110 Der Verantwortliche hat gem. § 8 BEHG jährlich bis zum 30. September an die zuständige Behörde eine Anzahl von Emissionszertifikaten abzugeben, die der im Emissionsbericht (bis zum 31. Juli abzugeben) angegebenen Menge an Brennstoffemissionen im vorangegangenen Kalenderjahr entspricht.

111 Hierfür hat der Verantwortliche die entsprechende Menge an Emissionszertifikaten vorab zu erwerben (zu den Zulassungsvoraussetzungen zur Teilnahme am Festpreisverkauf s. § 5 BEHV, es können überdies Transaktionsentgelte anfallen). Dies ist ihm in der Einführungsphase der Jahre 2021-2025 jeweils im laufenden Kalenderjahr zum festgelegten Preis möglich. Zusätzlich kann der Verantwortliche **max. 10 %** der benötigten Zertifikate bis zum 30. September des Folgejahres zum **Vorjahrespreis** beschaffen.

112 Der Verkauf von Emissionszertifikaten an Verantwortliche durch die beauftragte Stelle (Deutsche Emissionshandelsstelle beim Umweltbundesamt) erfolgt an mindestens zwei Terminen pro Woche. Diese werden mindestens sechs Wochen zuvor auf der Internetseite der DEHSt veröffentlicht. Zusätzliche Termine sind möglich und werden mindestens zwei Wochen vorab bekanntgegeben.

113 Hat der Verantwortliche zu viele Zertifikate für ein Kalenderjahr beschafft, können diese in der Einführungsphase von 2021-2025 nicht für die Folgejahre verwendet werden. Hat der Verantwortliche zu wenige Zertifikate für ein Kalenderjahr beschafft, muss er bei Überschreiten der 10%-Schwelle zusätzliche Zertifikate zu den höheren Preisen des jeweiligen Folgejahres zukaufen.

114 Der Erwerb, die Abgabe, die Übertragung und die Löschung von Emissionszertifikaten erfolgt über das nationale Emissionshandelsregister, eine elektronische Plattform, die spätestens ab dem Jahr 2026 an ein elektronisches Handelssystem angeschlossen werden soll. Das nationale Emissionshandelsregister veröffentlicht Nutzungsbedingungen und unterliegt der technischen Aufsicht durch ein Transaktionsprotokoll.

115 § 10-13 ff. BEHV enthalten umfangreiche Regelungen für die Eröffnung, Sperrung und Schließung von Konten sowie deren jeweiligem Status, §§ 14-17 BEHV zu Kontoangaben und -bevollmächtigten, §§ 20-21 BEHV zu Fristen, Voraussetzungen und Möglichkeiten der Annullierung von Transaktionen zwischen Konten (Übertragung, Löschung und Abgabe), §§ 23-24 BEHV zu Verfügungs- und Transaktionsbeschränkungen sowie § 27 ff. BEHV zur Sicherheit des Registers, insbesondere zur Aussetzung des Betriebs des Registers und zur Kriminalitätsprävention.

Das nationale Emissionshandelsregister verfügt über verschieden Kontoarten mit unterschiedlichen Funktionen: Auf einem Nationalkonto erzeugt das Umweltbundesamt im Ausgangspunkt gem. § 18 BEHV die benötigte Menge an Zertifikaten, die in der Einführungsphase zudem eine Zuordnung zu einem bestimmten Kalenderjahr und einer bestimmten Handelsperiode enthalten. Im Fall des Erwerbs von Emissionszertifikaten durch einen Verantwortlichen werden die Zertifikate zunächst auf das Veräußerungskonto der für den Verkauf zuständigen Stelle (Deutsche Emissionshandelsstelle) und von dort auf das Konto des Erwerbers transferiert. Die Übertragung erfolgt in der Regel auf das Compliance-Konto des Verantwortlichen als zentralem Konto zur Vorhaltung von Zertifikaten zur Erfüllung der Verpflichtungen aus de BEHG. Der Kontoinhaber eines Compliance-Kontos ist zudem für die ordnungsgemäße Eintragung der für das Vorjahr berichteten Emissionen verantwortlich. Zur Erfüllung seiner Abgabepflichten bis zum 30. September eines Jahres transferiert der Verantwortliche die erforderliche Anzahl von Zertifikaten vom Compliance-Konto auf das Abgabekonto. In der Einführungsphase können Emissionszertifikate nur für ein bestimmtes Kalenderjahr und zeitlich davor liegende Kalenderjahre für die Erfüllung der Abgabepflicht genutzt werden. Verfügt der Verantwortliche über Zertifikate, die er nicht mehr verwenden kann, löscht er diese, indem er sie auf das Löschungskonto transferiert. Zur Übertragung von Zertifikaten transferiert ein Verantwortlicher Zertifikate ferner auf ein dafür vorgesehenes Handelskonto. Handelskonten dienen damit der wirtschaftlichen Optimierung durch den Handel mit Emissionszertifikaten. Diese Optimierung zwischen Unternehmen durch den Emissionshandel mit zeitlich abgelaufenen Emissionszertifikaten zum Zweck der Erfüllung von Nachabgabepflichten ist über die Nutzung von Handelskonten daher unbeschränkt möglich. **116**

Literaturhinweise:

Altrock, Martin/Oschmann, Volker/Theobald, Christian (Hrsg.), EEG Kommentar, 4. Aufl. 2013; *Antonow, Katrin,* Neues aus dem Energierecht – das EEG 2017, NJ 2016, 372 ff.; *Appel, Markus/Eding, Annegret,* Verfassungsrechtliche Fragen der Verordnungsermächtigung des § 2 Abs. 2 NABEG, NVwZ 2012, 343 ff.; *Baumgart, Caspar/Rasbach, Winfried/Rudolph, Bernd,* Eine brisante Mischung – Erste Erfahrungen mit § 29 GWB im Zusammenspiel mit §§ 32 und 64 f. GWB, in: Baur, Jürgen F./Sandrock, Otto/Scholtka, Boris/Shapira, Amos (Hrsg.), Festschrift für Gunther Kühne, 2009, S. 25 ff.; *Böhm, Monika/Schwarz, Philip,* Möglichkeiten und Grenzen bei der Begründung von energetischen Sanierungspflichten für bestehende Gebäude, NVwZ 2012, 129 ff.; *Busch, Claudia,* Demand Side Management – Rechtliche Aspekte der Vermarktung flexibler Lasten in der Stromwirtschaft, 2017; *Ehrmann, Markus,* Beihilfecharakter des EEG 2012, NVwZ 2016, 997 ff.; *Erbguth, Wilfried,* Energiewende: großräumige Steuerung der Elektrizitätsversorgung zwischen Bund und Ländern, NVwZ 2012, 326 ff.; *Faustmann, Jörg/Raapke, Julius,* Zur Neuregelung des Preismissbrauchs im Energie- und Lebensmittelsektor – Fortschritt für den Wettbewerb?, WRP 2008, 67 ff.; *Frenz, Walter/Müggenborg, Hans-Jürgen/Cosack, Tilman/Ekardt, Thomas* (Hrsg.), EEG, 5. Aufl. 2017; *Frenz, Walter,* Anmerkung zu EuG Urt. v. 10.5.2016 – T-47/15 – (EEG 2012) EEG-Umlage und Befreiung davon als Beihilfe, DVBl 2016, 847 ff.; *Hartmann, Moritz,* Emissionshandel in der vierten Zuteilungsperiode (2021-2030) – Die Vorschläge der Europäischen Kommission, NVwZ 2016, 189 ff.; *Haucap, Justus/Klein, Carolin/Kühling, Jürgen*, Die Marktintegration der Stromerzeugung aus erneuerbaren Energien, 2013; *Immenga, Ulrich/Mestmäcker, Ernst-Joachim* (Hrsg.), Wettbewerbsrecht, 6. Aufl. 2021; *Jope, Lars*, Das neue Gebäudeenergiegesetz, EWeRK 2020, 151 ff.; *Kirchhof, Charlotte*, Emissionshandel und Erneuerbare Energien Richtlinie, ZUR 2019, 396 ff.; *Kahlenberg, Harald/Haellmigk, Christian*, Aktuelle Änderungen des Gesetzes gegen Wettbewerbsbeschränkungen, BB 2008, 174 ff.; *Klein, Carolin*, Rechtliche Rahmenbedingungen für den Ausbau von Wettbewerbselementen bei der Förderung Erneuerbarer Energien, 2015; *Knappe, Lukas*, Gestufter Netzausbau und Bundesfachplanung im Spannungsfeld des effektiven Rechtsschutzes, DVBl 2016, 276 ff.; *Loewenheim, Ulrich/Meessen, Karl/Riesenkampff, Alexander/Kersting, Christian/Meyer-Lindemann, Hans-Jürgen* (Hrsg.), Kartellrecht, 4. Aufl. 2020; *Koenig, Christian/Ernst, Lukas/Hasenkamp, Christopher*, Gemeinschaftsrechtliche Rahmenbedingungen der Vollversteigerung von Emissionszertifikaten im Energiesektor, RdE 2009, 73 ff.; *Koenig, Christian/Kühling, Jürgen/Rasbach, Winfried*, Energierecht, 3. Aufl. 2013; *Koenig, Christian/Kühling, Jürgen/Winkler, Kai E.*, Pflichten zur Veränderung von Netzinfrastrukturen – Eine Analyse der telekommunikations- und energierechtlichen Netzzugangsrechte, WuW 2003, 228 ff.; *Kolpatzik, Christoph/Berg, Werner*, Gasversorger in der Zwickmühle – oder was taugen die Preismissbrauchsverfahren?, WuW 2011, 712 ff.; *Kröger, James*, Anmerkung EuG, Urteil vom 10.5.2016, T-47/15 – Deutschland/Kommission, ZUR 2016, 417 ff.; *Kühling, Jürgen/Wachinger, Lorenz*, Das Altmark Trans-Urteil des EuGH- Weichenstellung für oder Bremse gegen mehr Wettbewerb im deutschen ÖPNV, NVwZ 2003, 1202 ff.; *Manssen, Gerrit*, Die EEG-Umlage als verfassungswidrige Sonderabgabe, DÖV 2012, 499 ff.; *Michaels, Sascha*, EuG: EEG als staatliche Beihilfe gemäß Art. 107 Abs. 1 AEUV, IR 2016, 155 ff.; *Monopolkommission*, Sondergutachten 58, Gestaltungsoptionen und Leistungsgrenzen einer kartellrechtlichen Unternehmensentflechtung, Sondergutachten der Monopolkommission gemäß § 44 Abs. 1 Satz 4 GWB, 2010; *Monopolkommission*, Sondergutachten 63, Die 8. GWB-Novelle aus wettbewerbspolitischer Sicht, Sondergutachten der Monopolkommission gemäß § 44 Abs. 1 S. 4 GWB, 2012; *Ruge, Reinhard*, „We Love Cable": Erdkabel im Höchstspannungsbereich als Allheilmittel für mehr Akzeptanz für den Netzausbau, RdE 2016, 105 ff.; *Säcker, Franz Jürgen* (Hrsg.), Berliner Kommentar Energierecht, 4. Aufl. 2018; *Schmitz, Holger/Jornitz, Philipp*, Regulierung des deutschen und des europäischen Energienetzes: Der Bundesgesetzgeber setzt Maßstäbe für den kontinentalen Netzausbau, NVwZ 2012, 332 ff.; *Schütte, Peter/Winkler, Martin*, Aktuelle Entwicklungen im Bundesumweltrecht, ZUR 2011, 554 ff.; *Sellner, Dieter/Fellenberg, Frank*, Atomausstieg und Energiewende 2011 – das Gesetzespaket im Überblick, NVwZ 2011, 1025 ff.; *Theobald, Christian/Kühling, Jürgen* (Hrsg.), Energierecht, EL 109. 2021; *Vollmer, Miriam*, Aller guten Dinge sind vier? Der europäische Rechtsrahmen für die vierte Handelsperiode des Emissionshandels von 2021 bis 2030, N&R 2018, 365 ff.; *Vom Wege, Jan-Hendrik/Wagner, Florian*, Digitalisierung der Energiewende – Markteinführung intelligenter Messtechnik nach dem Messstellenbetriebsgesetz, N&R 2016, 2 ff.; *Weghake, David*, Bundesfachplanungen versus Landesplanungen – Inhalt und Umfang der Vorrangwirkung bei Planungen nach dem Netzausbaubeschleunigungsgesetz, DVBl 2016, 271 ff.; *Weise, Michael/Wagner, Florian*, Auf dem Weg zur sternförmigen Datenkommunikation – Interimsszenario und Zielmodell für die Marktkommunikation 2.0, IR 2016, 125 ff.; *Wiggers, Christian*, Erneuerbare Energien – Vorbildfunktion Öffentlicher Gebäude, NJW-Spezial 2011, 364 ff.

G. Emissionshandelssysteme

Rechtsprechungshinweise:

EuGH Urt. v. 13.11.1975 – Rs. 26/75, ECLI:EU:C:1975:150; EuGH Urt. v. 14.2.1978 – Rs. 27/76, ECLI:EU:C:1978:22; EuGH Urt. v. 20.2.1979 – Rs. C-120/78, ECLI:EU:C:1979:42; EuGH Urt. v. 13.3.2001 – Rs. C-379/98, ECLI:EU:C:2001:160; EuGH Urt. v. 1.7.2014 – C-573/12, ECLI:EU:C:2014:2037; EuG Urt. v. 10.5.2016 – Rs. T-47/15, ECLI:EU:T:2016:281; EuGH Urt. v. 28.3.2019 – Rs. C-405/16 P, ECLI:EU:C:2019:268; BVerfG Beschl. v. 9.1.1996 – 2 BvL 12/95, NJW 1997, 573 ff., BGHZ 134, 1 ff.; BVerfG Beschl. v. 24.3.2021 – 1 BvR 288/20; BGH Beschl. v. 16.12.1976 – KVR 2/76, GRUR 1977, 269 ff.; BGH Urt. v. 11.6.2003 – VIII ZR 160/02, RdE 2003, 268 ff.; BGH Urt. v. 10.11.2004 – VIII ZR 391/03, RdE 2005, 79 ff.; BGH Beschl. v. 28.6.2005 – KVR 17/04, BGHZ 163, 282 ff.; BGH Urt. v. 12.7.2006 – VIII ZR 235/04, ZNER 2006, 238 ff.; BGH Urt. v. 7.2.2007 – VIII 2 R 225/05, NVwZ 2007, 971 ff.; BGH Urt. v. 27.6.2007 – VIII ZR 149/06, RdE 2007, 306 ff.; BGH Urt. v. 18.7.2007 – VIII ZR 288/05, RdE 2008, 18 ff.; BGH Urt. v. 28.11.2007 – VIII ZR 306/04, RdE 2008, 178 ff.; BGH Urt. v. 1.10.2008 – VIII ZR 21/07, ZNER 2008, 370 ff.; BGH Beschl. v. 2.2.2010 – KVR 66/08; BGH Beschl. v. 15.5.2012 – KVR 51/11; BGH Urt. v. 10.10.2012 – VIII ZR 362/11; BGH Urt. v. 25.6.2014 – VIII ZR 169/13; BGH Beschl. v. 14.7.2015 – KVR 77/13; OLG Hamm Urt. v. 6.3.2006 – 17 U 117/06, NJW-RR 2006, 1351 ff.; OLG Celle Urt. v. 2.11.2006 – 5 U 78/06, NJW-RR 2007, 853 ff.; OLG Schleswig Urt. v. 3.7.2009 – 14U 96/08, RdE 2010, 156 ff.; OLG Hamm Urt. v. 14.5.2013 – 19 U 180/12; LG Krefeld Urt. v. 19.4.2001 – 3 O 355/00, ZNER 2001, 186 ff.; OLG Düsseldorf Beschl. v. 19.3.2020 – VI-3 Kart 159/20 (V); OVG Münster Beschl. v. 4.3.2021 – 21 B 11.

10. Kapitel: Institutionelles Gefüge der Energieaufsicht

1 Das EnWG widmet sich der institutionellen Ausgestaltung der Energieregulierung in den §§ 54–108 EnWG. Hiernach erfolgt die staatliche Aufsicht über die Energiewirtschaft nicht durch eine einzelne Behörde. Vielmehr teilt das Gesetz die Kompetenz zwischen verschiedenen staatlichen Stellen auf, wie nachfolgend dargelegt wird. Die zentrale Rolle im institutionellen Gefüge nimmt dabei die – mit dem Zweiten Gesetz zur Neuregelung des Energiewirtschaftsrechts installierte – Bundesnetzagentur ein (zu Organisation und Aufbau der Bundesnetzagentur s. Kap. 11). Verfahrensregeln und Entscheidungsbefugnisse sind im Einzelnen in den §§ 65 ff. EnWG niedergelegt (Kap. 12).

A. Überblick

2 Die Aufgaben der „Regulierungsbehörde" i.S.d. EnWG werden zum einen von der **Bundesnetzagentur für Elektrizität, Gas, Telekommunikation, Post und Eisenbahnen (BNetzA)** mit Sitz in Bonn, zum anderen von den jeweiligen **Landesregulierungsbehörden** wahrgenommen. Die Aufgabenverteilung zwischen Landesregulierungsbehörden und Bundesnetzagentur ergibt sich im Einzelnen aus § 54 EnWG. Hinzu kommt auf europäischer Ebene inzwischen die **Agentur für die Zusammenarbeit der Energieregulierungsbehörden** („Agency for the Cooperation of Energy Regulators", **ACER**) mit Sitz in Ljubljana, die in Umsetzung des Dritten Energiebinnenmarktpakets am 3. März 2011 ihre Arbeit aufgenommen hat.[1121]

3 Von der Zuständigkeit der Regulierungsbehörden i.S.d. EnWG bleiben gemäß § 111 Abs. 1 S. 2 EnWG die Aufgaben und Zuständigkeiten der **Kartellbehörden** (Bundeskartellamt und Landeskartellämter) unberührt.

4 Gewisse Aufgaben sind zudem von der **„nach Landesrecht zuständigen Behörde"** (s. etwa § 4 EnWG) wahrzunehmen. Der **Monopolkommission** und dem **Bundeswirtschaftsministerium** weist das EnWG Gutachten- bzw. Monitoring-Aufgaben zu.

5 Die Bundesnetzagentur verfügt zudem über die „Auffangzuständigkeit" im Geltungsbereich des EnWG: Weist eine Vorschrift des EnWG eine Zuständigkeit nicht einer bestimmten Behörde zu, so ist – dies folgt aus § 54 Abs. 3 EnWG – im Zweifel der Zuständigkeits- und Verantwortungsbereich der Bundesnetzagentur eröffnet.

6 Schließlich ist seit dem 25. Oktober 2011 die **Schlichtungsstelle Energie e.V.** mit Sitz in Berlin zuständig für die außergerichtliche und einvernehmliche Lösung von individuellen Streitfällen zwischen Verbrauchern und Energieversorgungsunternehmen, Messstellenbetreibern und Messdienstleistern.

7 Im Rahmen des Winterpakets der EU wurden eigenständige, von den Übertragungsnetzbetreibern unabhängige **regionale Koordinierungszentren** (RKZ) eingeführt, vgl. § 57b EnWG 2021. Zuständig ist nach § 57b Abs. 1 EnWG die Bundesnetzagen-

---

[1121] Vgl. Verordnung (EG) 713/2009 des Europäischen Parlaments und des Rates v. 13.7.2009 zur Gründung einer Agentur für die Zusammenarbeit der Energieregulierungsbehörden, ABl. EU Nr. L 211, S. 1 v. 14.8.2009, zuletzt geändert durch Delegierte Verordnung (EU) 2020/389 v. 31.10.2020, ABl. EU Nr. L 47, S. 1 v. 11.3.2020.

tur für die in der Netzregion eingerichteten regionalen Koordinierungszentren. Nach § 57b Abs. 2 EnWG werden eine Reihe von Aufgaben auf die Bundesnetzagentur übertragen, wie die Billigung des Vorschlags zur Errichtung eines regionalen Koordinierungszentrums (Nr. 1) sowie die Genehmigung der damit im Zusammenhang stehenden Ausgaben (Nr. 2) und die Unterbreitung von Vorschlägen zur Übertragung etwaiger zusätzlicher Aufgaben oder Befugnisse an diese Koordinierungszentren (Nr. 5). Zurück geht die Einrichtung der regionalen Koordinierungszentren auf die ursprünglich von der Kommission angestrebte Einrichtung von regionalen Betriebszentren (ROC) mit eigenständig zugewiesenen Kompetenzen und Befugnissen, was aufgrund Widerstands nicht umgesetzt wurde.[1122] Der Status der regionalen Koordinierungsstellen bleibt deutlich hinter dem ursprünglichen Vorschlag der Kommission zurück.[1123]

B. Zuständigkeiten von Bundesnetzagentur und Landesregulierungsbehörden

Die im EnWG der Regulierungsbehörde zugewiesenen Aufgaben teilen sich Bundesnetzagentur und Landesregulierungsbehörden. Daneben nimmt die Bundesnetzagentur die ihr explizit zugeordneten Aufgaben wahr. Die Abstimmung zwischen Bundesnetzagentur und Landesregulierungsbehörden findet im sogenannten Länderausschuss statt. 8

I. Zuständigkeit als Regulierungsbehörde

Gemäß § 54 EnWG nimmt grundsätzlich die Bundesnetzagentur die im Gesetz der „Regulierungsbehörde" zugewiesenen Aufgaben wahr. Insbesondere die drei großen netzbezogenen „Säulen der Energieregulierung" (Netzzugangs-, Entgeltregulierung und Entflechtung) fallen somit in ihre Zuständigkeit. Diese Aufgabenzuweisung erfolgt aber unter dem Vorbehalt des § 54 Abs. 2 EnWG. Hiernach wird unter bestimmten Voraussetzungen eine Zuständigkeit der Landesregulierungsbehörden begründet.[1124] 9

1. Zuständigkeiten der Landesregulierungsbehörden

Weist das EnWG in einzelnen Vorschriften der „Regulierungsbehörde" Aufgaben zu, so ist im Einzelfall die jeweilige Landesregulierungsbehörde zuständig, wenn es sich um ein „kleines", im Netzbetrieb nur auf ein Bundesland beschränktes Unternehmen handelt (a) und eine der in § 54 Abs. 2 Nr. 1–12 aufgezählten Materien in Rede steht (b). Diese Voraussetzungen müssen **kumulativ** vorliegen, um eine Zuständigkeit der Landesregulierungsbehörde im Einzelfall zu begründen. Mit einigen Bundesländern hat der Bund Organleihevereinbarungen abgeschlossen mit der Folge, dass in diesen Bundesländern die Bundesnetzagentur zugleich die Funktion der Landesregulierungsbehörde übernimmt (c). 10

[1122] Vgl. auch *Meyer/Sene*, RdE 2019, 278 (282); *Pielow*, RdE 2019, 421 (429) m.w.N.
[1123] Vgl. wiederum *Meyer/Sene*, RdE 2019, 278 (282); ebenso *Scholtka/Keller-Herder*, NJW 2020, 890 (890 f.); *Pielow*, RdE 2019, 421 (429).
[1124] S. zum Verhältnis zwischen BNetzA und den Landesregulierungsbehörden einschließlich der unionsrechtlichen Hintergründe *Bauer/Seckelmann*, DÖV 2014, 951 (951 ff.).

a) „Kleines", im Netzbetrieb nur auf ein Bundesland beschränktes Unternehmen

11 Gemäß § 54 Abs. 2 S. 1, 2 EnWG ist erste Voraussetzung für eine Zuständigkeit der Landesregulierungsbehörden, dass ein Energieversorgungsunternehmen betroffen ist, an dessen Elektrizitäts- oder Gasverteilernetz jeweils **weniger als 100 000 Kunden** unmittelbar oder mittelbar angeschlossen sind und dessen Netz nicht über die Grenzen eines Bundeslandes hinausreicht. Strom- und Gasversorgungsnetze werden hierbei separat betrachtet, so dass sich für dasselbe Energieversorgungsunternehmen je nach Sparte eine abweichende Zuständigkeit ergeben kann. Die Gesetzeslage ist im Übrigen eindeutig: Reicht nur ein kleiner „Stummel" eines Gas- oder Stromnetzes in ein anderes Bundesland hinein, ist die Zuständigkeit der Bundesnetzagentur begründet. Bei der Berechnung der Kundenzahlen waren für die Jahre 2005 und 2006 die Kundenzahlen vom Tag des Inkrafttretens des Gesetzes (13. Juli 2005) maßgebend, seit dem Jahr 2007 entscheidet jeweils die Anzahl der angeschlossenen Kunden zum 31. Dezember über die Zuständigkeit für das darauffolgende Kalenderjahr, § 54 Abs. 2 S. 4 EnWG. Im Fall eines Wechsels der Zuständigkeit zum Stichtag von der Landesregulierungsbehörde zur Bundesnetzagentur oder umgekehrt werden alle laufenden Verfahren noch von der verfahrenseröffnenden Behörde zu Ende geführt.[1125, 1126] Wichtig für die Berechnung der 100 000-Kunden-Schwelle im Rahmen des § 54 Abs. 2 EnWG ist ferner, dass hier im Gegensatz zur De-Minimis-Regelung im Entflechtungsrecht die sogenannte Konzernklausel keine Anwendung findet: § 54 Abs. 2 EnWG stellt – anders als die §§ 7 Abs. 2, 7a Abs. 7 EnWG – nur auf das „Energieversorgungsunternehmen" ab. § 3 Nr. 38 EnWG, der die Betrachtung der gesamten Unternehmensgruppe fordert, findet daher keine Anwendung. Im Rahmen der Zuständigkeitsabgrenzung nach § 54 EnWG sind bei der Berechnung der 100 000-Kunden-Schwelle die angeschlossenen Kunden anderer Konzerngesellschaften somit nicht einzubeziehen.

b) Sachliche Zuständigkeit gemäß § 54 Abs. 2 Nr. 1–12 EnWG

12 Ist für ein Elektrizitäts- oder Gasversorgungsunternehmen grundsätzlich die Zuständigkeit der Landesregulierungsbehörde begründet, so ist diese **Zuständigkeit sachlich** auf die im Katalog des § 54 Abs. 2 Nr. 1–12 EnWG aufgeführten Sachgebiete **beschränkt**. Die Landesregulierungsbehörden sind hiernach zuständig insbesondere für

- die Netzentgeltgenehmigung und Erlösobergrenzenfestlegung,
- die Überwachung der Einhaltung der Entflechtungsvorschriften,
- die Überwachung der Systemverantwortung der Netzbetreiber,
- die (teilweise) Überwachung der Netzanschlussregeln,
- die Überwachung der technischen Vorschriften,
- die besondere Missbrauchsaufsicht nach den §§ 30, 31 EnWG sowie die Vorteilsabschöpfung nach § 33 EnWG,
- die Entscheidung über die Einstufung als geschlossenes Verteilernetz i.S.d. § 110 Abs. 2 und 4 EnWG sowie,

---

1125 § 54 Abs. 2 S. 5 EnWG.
1126 S. zur analogen Anwendung des § 54 Abs. 2 S. 5 EnWG zur Beibehaltung der ursprünglichen regulierungsbehördlichen Zuständigkeit auch in dem Fall, in dem das Netz zwischenzeitlich auf einen anderen Netzbetreiber übertragen wurde, BGH Beschl. v. 6.10.2015 – EnVR 18/14, Rn. 23 f.

- die Festlegung und Feststellung der notwendigen technischen Anpassungen und Kosten im Rahmen der Umstellung der Gasqualität nach § 19a Abs. 2 EnWG,
- die Veröffentlichungen der Regulierungsbehörde nach § 23b Abs. 1 EnWG und
- die Genehmigung der vollständig integrierten Netzkomponenten nach § 11b Abs. 1 und 2.

Zugleich darf die Aufgabenerfüllung in den Fällen des § 54 Abs. 2 S. 1 Nr. 6-8 EnWG nicht im Zusammenhang mit dem Anschluss von Biogasanlagen stehen, damit die Landesregulierungsbehörden sachlich zuständig sind. § 54 Abs. 2 EnWG ist als abschließende Zuständigkeitsregelung zu verstehen,[1127] die gegebenenfalls auch für die Entscheidung relevante Vorfragen mitumfasst.[1128] Außerhalb dieses Katalogs bleibt es auch für die „kleinen" Unternehmen bei der Zuständigkeit der Bundesnetzagentur. Darüber hinaus ist darauf hinzuweisen, dass den Landesregulierungsbehörden immer dann die sachliche Zuständigkeit zum Erlass von Festlegungen nach § 29 Abs. 1 EnWG zugewiesen ist, wenn kein Fall des § 54 Abs. 3 S. 3 EnWG vorliegt und eine Festlegung auch nicht zur Wahrung gleichwertiger wirtschaftlicher Verhältnisse in der BRD erforderlich ist.[1129]

13

c) Vereinbarung einer „Organleihe"

Die Einrichtung von Landesregulierungsbehörden war im Gesetzgebungsverfahren 2005 lange umstritten. Als Kompromisslösung ist im Vermittlungsausschuss schließlich zum einen die beschränkte Kompetenzzuweisung an die Landesregulierungsbehörden gemäß § 54 Abs. 2 EnWG festgelegt worden. Zum anderen hat der Bund in einer Protokollnotiz zur Einigung im Vermittlungsausschuss allen Bundesländern den Abschluss von Verwaltungsabkommen mit dem Inhalt einer sogenannten „**Organleihe**" angeboten. Ziel solcher Vereinbarungen ist es, den Aufbau einer gesonderten Stelle „**Landesregulierungsbehörde**" in den Bundesländern, die dies wünschen, entbehrlich zu machen. Der Bund bietet (gegen entsprechendes Entgelt) an, dass die Bundesnetzagentur für diese Bundesländer die Aufgaben der jeweiligen Landesregulierungsbehörden übernimmt.

14

Derzeit haben die Bundesländer Berlin, Brandenburg, Bremen und Schleswig-Holstein ein entsprechendes Verwaltungsabkommen mit dem Bund geschlossen.[1130] Die Bundesländer Mecklenburg-Vorpommern und Niedersachsen hatten zunächst ein Verwaltungsabkommen über die Organleihe mit dem Bund abgeschlossen, dieses aber zwischenzeitlich gekündigt und zum 1. Januar 2016 bzw. zum 1. Januar 2014 eigene Landesregulierungsbehörden[1131] eingesetzt. Auch das Bundesland Thüringen nimmt seit dem 19. Januar 2019 selbstständig die Aufgaben der Landesregulierungsbehörde wahr.[1132] Im Hinblick auf Unternehmen, die in den Ländern mit

15

1127 S. OLG Stuttgart Beschl. v. 29.1.2009 – 202 EnWG 98/07 (PS), IR 2009, 65, das in der Konsequenz der Landesregulierungsbehörde Baden-Württemberg keine Zuständigkeit für die Festlegung von Indexreihen zuerkannte.
1128 Vgl. BGH Beschl. v. 27.1.2015 – EnVR 42/13, Rn. 14 ff.
1129 Umkehrschluss zu § 54 Abs. 3 S. 2 EnWG.
1130 S. die Informationen der BNetzA über die zuständige Regulierungsbehörde, abrufbar unter https://www.bundesnetzagentur.de/DE/Vportal/Energie/BeschwerdeSchlichtung/start.html#FAQ483520 (Abruf 15.10.2021).
1131 Hierbei handelt es sich um die „Regulierungskammer Mecklenburg-Vorpommern" und die „Regulierungskammer Niedersachsen".
1132 S. *Regulierung Thüringen*, abrufbar unter: https://regulierung.thueringen.de/ (Abruf 15.10.2021); es handelt sich dabei um die „Regulierungskammer des Freistaats Thüringen".

Verwaltungsabkommen in die Zuständigkeit der Landesregulierungsbehörde fallen, wird die Bundesnetzagentur mithin derzeit „für die Landesregulierungsbehörde Berlin, Bremen etc." tätig.[1133] Alle übrigen Bundesländer haben eigene Landesregulierungsbehörden eingerichtet. Diese sind überwiegend bei den jeweiligen Wirtschaftsministerien oder den für die Energiewirtschaft zuständigen Ministerien angesiedelt.

16 Gemäß Art. 57 EltRL 2019, Art. 39 GasRL 2019 haben die Mitgliedstaaten die **Unabhängigkeit der Regulierungsbehörden** zu gewährleisten und dafür zu sorgen, dass diese ihre Befugnisse unparteiisch und transparent ausüben.[1134] Hierfür ist u.a. sicherzustellen, dass eine nationale Regulierungsbehörde rechtlich getrennt und funktional unabhängig von anderen öffentlichen (und privaten) Einrichtungen ist und das Personal und Management keine direkten Weisungen von Regierungsstellen oder anderen öffentlichen (und privaten) Einrichtungen einholt oder entgegennimmt. Problematisch war diesbezüglich zunächst, dass die als Landesregulierungsbehörden tätigen Stellen überwiegend einem ministeriellen Weisungsrecht unterlagen. Die Landesgesetzgebung wurde in diesem Punkt aber inzwischen angepasst.[1135]

17 In Bayern wurde beispielsweise die „Regulierungskammer des Freistaates Bayern" geschaffen, die ihre regulierungsrechtlichen Entscheidungen ähnlich wie die Beschlusskammern der Bundesnetzagentur[1136] in einem gerichtsähnlichen Verfahren trifft.[1137] Auch die anderen Bundesländer haben eigenständige Landesregulierungsbehörden geschaffen.[1138]

2. Zuständigkeit der Bundesnetzagentur als Regulierungsbehörde

18 Aus § 54 Abs. 2 EnWG folgt im Umkehrschluss für die Zuständigkeit der Bundesnetzagentur als Regulierungsbehörde i.S.d. EnWG Folgendes: Für alle Elektrizitäts- und Gasversorgungsunternehmen, an deren Netz mehr als 100 000 Kunden angeschlossen sind oder deren Netz das Gebiet eines Bundeslandes überschreitet, ist die Bundesnetzagentur ausschließlich zuständig. Aber auch für die übrigen Energie-

---

1133 Vgl. beispielhaft den Beschl. der BNetzA zur Festlegung von Preisindizes für die Ermittlung der Tagesneuwerte nach § 6 Abs. 3 StromNEV, den die Beschlusskammer 8 der BNetzA am 17.10.2007 nicht nur einmal für den Bund erlassen hat (Az.: BK8-07-272), sondern zeit- und inhaltsgleich auch noch „für die Landesregulierungsbehörde Bremen" (Az.: BK8-07-273), „für die Landesregulierungsbehörde Berlin" (Az.: BK8-07-274), „für die Landesregulierungsbehörde Mecklenburg-Vorpommern" (Az.: BK8-07-275), „für die Landesregulierungsbehörde Niedersachsen" (Az.: BK8-07-276), „für die Landesregulierungsbehörde Schleswig-Holstein" (Az.: BK8-07-277) sowie „für die Landesregulierungsbehörde Thüringen" (Az.: BK8-07-278).
1134 S. zur Unabhängigkeit der Regulierungsbehörden auch Rn. 30.
1135 *Hermes*, in: Britz/Hellermann/Hermes (Hrsg.), EnWG, 3. Aufl. 2015, § 54 Rn. 14; *Franke*, in: Baur/Salje/Schmidt-Preuß (Hrsg.), Regulierung im Energiewirtschaft, 2. Aufl. 2016, Kap. 40 Rn. 7; s. hierzu beispielsweise § 2 des Gesetzes über die Unabhängigkeit der Landesregulierungsbehörde Baden-Württemberg v. 23.2.2016 (GBl. S. 161); Art. 2 des Gesetzes über die Zuständigkeiten zum Vollzug wirtschaftsrechtlicher Vorschriften (ZustWiG) v. 24.1.2005 (GVBl. S. 17) BayRS 700-2-W, zuletzt geändert durch § 10 des Gesetzes v. 23.12.2020 (GVBl.S. 663); Art. 1 § 4 des Gesetzes zur Errichtung der Regulierungskammer Hessen v. 27.5.2013 (GVBl. S. 200).
1136 S. hierzu nachfolgend in Kap. 11.
1137 S. hierzu das Gesetz über die Zuständigkeiten zum Vollzug wirtschaftsrechtlicher Vorschriften (ZustWiG) v. 24.1.2005 (GVBl. S. 17) BayRS 700-2-W, zuletzt geändert durch § 10 des Gesetzes v. 23.12.2020 (GVBl.S. 663). Die Geschäftsordnung der Regulierungskammer Bayern ist abrufbar unter https://www.regulierungskammer-bayern.de/fileadmin/user_upload/landesregulierungsbehoerde/dokumente/2020-05-15_Geschaeftsordnung.pdf (Abruf 15.10.2021).
1138 Sämtliche Landesregulierungsbehörden sind auf der Internetseite der BNetzA als zuständige Regulierungsbehörden verlinkt, abrufbar unter https://www.bundesnetzagentur.de/DE/Vportal/Energie/BeschwerdeSchlichtung/start.html#FAQ483520 (Abruf 15.10.2021).

versorgungsunternehmen bleibt die Bundesnetzagentur zumindest partiell originär zuständig. Dies ergibt sich negativ aus dem abschließenden Katalog der den Landesregulierungsbehörden in § 54 Abs. 2 EnWG zugewiesenen Aufgabengebiete: In allen Sachgebieten, die nicht in diesem Katalog aufgeführt sind, ist die Bundesnetzagentur auch für die kleinen Unternehmen i.S.d. § 54 Abs. 2 EnWG die zuständige Regulierungsbehörde. Dies betrifft etwa die Festlegung der technisch-wirtschaftlichen Bedingungen für den Netzanschluss gemäß § 17 Abs. 3 Nr. 2 EnWG oder die Durchführung des Vergleichsverfahrens für die Netzzugangsentgelte gemäß § 21 Abs. 3 EnWG, ferner auch das Monitoring gemäß § 35 EnWG zur Herstellung von Markttransparenz und das Monitoring des Lastmanagements nach § 51a EnWG. Des Weiteren weist § 54 Abs. 2 S. 3 EnWG der Bundesnetzagentur die Zuständigkeit in dem originären Zuständigkeitsbereich der Landesregulierungsbehörden aus § 54 Abs. 2 S. 1 Nr. 6–8 EnWG zu, sofern diese einen Zusammenhang mit dem Anschluss von Biogasanlagen aufweisen. Damit sollen Parallelverfahren vor den Regulierungsbehörden und Gerichten vermieden und eine vergleichbare Behandlung gleichgerichteter Fälle gewährleistet werden.[1139]

Zusätzlich bestimmt § 54 Abs. 3 S. 2–3 EnWG, dass die Bundesnetzagentur immer dann die Festlegungsbefugnisse aus dem EnWG und den zugrundeliegenden Verordnungen wahrnimmt, wenn dies zur Wahrung gleichwertiger wirtschaftlicher Verhältnisse im Bundesgebiet erforderlich ist. Diese im Rahmen der EnWG-Novelle 2011 eingefügte Bestimmung stellt eine gewisse Verschiebung der Kräfteverhältnisse zulasten der Landesregulierungsbehörden dar. Die aufgeführten Regelbeispiele betreffen bereits seit jeher bundeseinheitlich getroffene Festlegungen (Preisindizes, EK-Zinssätze, Strukturparameter für den Effizienzvergleich), jedoch ist in Zukunft mit weiteren Fällen zu rechnen, in denen sich aus der Erforderlichkeit einer bundeseinheitlichen Festlegung eine Zuständigkeit der Bundesnetzagentur ergeben kann. Da diese weiteren bundesweiten Festlegungen aber geeignet sind, die Regulierungspraxis der Landesregulierungsbehörden mittelbar zu beeinträchtigen, ist die Bundesnetzagentur gemäß § 54 Abs. 3 S. 4, 5 EnWG verpflichtet, die geplante Festlegung dem Länderausschuss vorzulegen und dessen mehrheitliche Auffassung im Rahmen ihrer Festlegung zu berücksichtigen.[1140] Zwar ist die Bundesnetzagentur nicht an das Votum des Länderausschusses gebunden.[1141] Folgt sie diesem nicht, hat sie ihre Entscheidung aber ausführlich zu begründen.[1142] **19**

Soweit die Bundesnetzagentur im Übrigen aufgrund einer Organleihevereinbarung die Aufgaben einer Landesregulierungsbehörde wahrnimmt, wird sie funktional ausschließlich als Landesregulierungsbehörde tätig. **20**

II. Sonstige, der Bundesnetzagentur explizit zugewiesene Aufgaben

Das EnWG weist bestimmte Aufgaben darüber hinaus nicht der „Regulierungsbehörde", sondern explizit der Bundesnetzagentur zu. **21**

1139 BT-Drs. 17/6072, S. 89.
1140 BT-Drs. 17/10754, S. 33.
1141 BT-Drs. 17/10754, S. 33.
1142 BT-Drs. 17/10754, S. 33.

1. Vollzug des Unionsrechts und Zusammenarbeit mit anderen europäischen Regulierern

22 So nimmt die Bundesnetzagentur die Aufgaben „mit unionsrechtlichem Bezug" wahr. Soweit die EU-Verordnungen zum grenzüberschreitenden Stromhandel,[1143] zum Zugang zu den Erdgasfernleitungsnetzen,[1144] zur Gasversorgungssicherheit in Europa (sogenannte „**SoS-Verordnung**"),[1145] zur Integrität und Transparenz des Energiegroßhandelsmarktes,[1146] zu Leitlinien für die transeuropäische Infrastruktur[1147] und zu Leitlinien für die Kapazitätsvergabe und das Engpassmanagement[1148] Aufgaben und Befugnisse den „Regulierungsbehörden der Mitgliedstaaten" zuweisen, fällt dies für die Bundesrepublik Deutschland ausschließlich in den Aufgaben- und Zuständigkeitsbereich der Bundesnetzagentur. Dies stellt § 56 EnWG klar. Zum 14. August 2020 sind die Nummern 6 und 7 des § 56 EnWG neu in Kraft getreten. § 56 Nr. 6 EnWG betrifft die Risikoversorgung im Elektrizitätssektor, § 56 Nr. 7 EnWG die Zusammenarbeit der Energieregulierungsbehörden im Rahmen einer Agentur der Europäischen Union. Wird die Bundesnetzagentur auf der Grundlage dieser EU-Verordnungen tätig, gelten auch insoweit die Verfahrensvorschriften des 8. Teils des EnWG.

23 Gemäß § 57 Abs. 1 EnWG arbeitet die Bundesnetzagentur zum Zwecke der Anwendung energierechtlicher Vorschriften zudem mit den Regulierungsbehörden anderer Mitgliedstaaten, der Agentur für die Zusammenarbeit der Energieregulierungsbehörden[1149] sowie der Europäischen Kommission zusammen.[1150] Zur Vermeidung widersprüchlicher Regulierungsentscheidungen in Europa kann sie insbesondere Entscheidungen von Regulierungsbehörden anderer Mitgliedstaaten berücksichtigen, soweit diese Auswirkung auf die Regulierung im Inland haben können, § 57 Abs. 2 S. 1 EnWG. Liegt ein Netz weit überwiegend im Ausland und hat keine hinreichende Bedeutung für die Energieversorgung im Inland, etwa, weil hieran keine inländischen Verbraucher angeschlossen sind, kann die Bundesnetzagentur unter bestimmten, in § 57 Abs. 2 S. 2, 3 EnWG näher beschriebenen Voraussetzungen von der Regulierung des auf deutschem Gebiet verlaufenden Netzteils sogar vollständig zugunsten einer ausländischen Regulierungsbehörde absehen. Umgekehrt kann sie unter den entsprechenden Voraussetzungen ihre Regulierungsentscheidungen in Abstimmung

---

1143 Verordnung (EU) 2019/943 des Europäischen Parlaments und des Rates v. 5.6.2019 über den Elektrizitätsbinnenmarkt, ABl. EU Nr. L 158, S. 54 v. 14.6.2019.
1144 Verordnung (EG) Nr. 715/2009 des Europäischen Parlaments und des Rates v. 13.7.2009 über die Bedingungen für den Zugang zu den Erdgasfernleitungsnetzen und zur Aufhebung der Verordnung (EG) Nr. 1775/2005, ABl. EU Nr. L 211, S. 36 v. 14.8.2009, zuletzt geändert durch die Änderungsverordnung (EU) 2018/1999 v. 11.12.2018, ABl. EU Nr. L 328, S. 1 v. 21.12.2018.
1145 Verordnung (EU) 2017/1938 des Europäischen Parlaments und des Rates v. 25.10.2017 über Maßnahmen zur Gewährleistung der sicheren Gasversorgung und zur Aufhebung der Verordnung (EU) Nr. 994/2010, ABl. EU Nr. L 280, S. 1 v. 28.10.2017.
1146 Verordnung (EU) Nr. 1227/2011 des Europäischen Parlaments und des Rates v. 25.10.2011 über die Integrität und Transparenz des Energiegroßhandelsmarktes, ABl. EU Nr. L 326, S. 1 v. 8.12.2011.
1147 Verordnung (EU) 347/2013 des Europäischen Parlaments und des Rates v. 17.4.2013 zu Leitlinien für die transeuropäische Energieinfrastruktur und zur Aufhebung der Entscheidung 1364/2006/EG und zur Änderung der Verordnung (EG) 713/2009, (EG) Nr. 714/2009 und (EG) 715/2009, ABl. EU Nr. L 115, S. 39 v. 25.4.2013, zuletzt geändert durch die Delegierte Verordnung (EU) 2020/389, ABl. EU Nr. L 74, S. 1 v. 11.3.2020.
1148 Verordnung (EU) 2015/1222 der Kommission v. 24.7.2015 zur Festlegung einer Leitlinie für die Kapazitätsvergabe und das Engpassmanagement, ABl. EU Nr. L 197, S. 24 v. 25.7.2015, zuletzt geändert durch die Änderungsverordnung (EU) 2021/280 v. 22.2.2021, ABl. EU Nr. L 62/24, S. 2 v. 23.2.2021.
1149 S. hierzu sogleich unter C.
1150 S. zu in diesem Zusammenhang entstehenden Zuständigkeitsfragen BGH Beschl. v. 7.3.2017 – EnVR 21/16, Rn. 16 ff.

mit der nachbarstaatlichen Regulierungsbehörde auf Netzteile erstrecken, die partiell über ausländisches Staatsgebiet verlaufen.[1151] Die Bundesnetzagentur ist ferner in Umsetzung von Art. 61 Abs. 3 EltRL 2019, Art. 42 Abs. 3 GasRL 2019 durch § 57 Abs. 3 EnWG ermächtigt, mit Zustimmung des Bundeswirtschaftsministerium allgemeine Kooperationsvereinbarungen mit Regulierungsbehörden anderer Mitgliedstaaten zu schließen, um die **Zusammenarbeit bei der Regulierungstätigkeit** zu verstärken. Die Weitergabe von Informationen zwischen den Regulierungsbehörden ist dabei möglich, steht aber unter dem Vorbehalt der Anwendung energierechtlicher Vorschriften und des Schutzes vertraulicher Informationen.

Gemäß § 57a Abs. 1 EnWG kann die Bundesnetzagentur die Agentur für die Zusammenarbeit der Energieregulierungsbehörden (ACER) um eine Stellungnahme dazu ersuchen, ob eine von einer anderen nationalen Regulierungsbehörde getroffene Entscheidung im Einklang mit den Richtlinien und Verordnungen des Dritten Energiebinnenmarktpakets steht.[1152] Sie kann darüber hinaus der Europäischen Kommission jede Entscheidung einer Regulierungsbehörde eines anderen Mitgliedstaates mit Belang für den grenzüberschreitenden Handel innerhalb von zwei Monaten ab dem Tag, an dem die fragliche Entscheidung ergangen ist, zur Prüfung vorlegen, wenn sie der Auffassung ist, dass die Entscheidung der anderen Regulierungsbehörde nicht mit den auf der Grundlage des Dritten Energiebinnenmarktpakets erlassenen Leitlinien in Einklang steht (sogenanntes Überprüfungs- oder **„peer-review-Verfahren"**), § 57a Abs. 2 EnWG. Gemäß § 57a Abs. 4 EnWG ist die Bundesnetzagentur schließlich befugt, eine Entscheidung auf Verlangen der Europäischen Kommission abzuändern oder aufzuheben, ohne dass es eines ausdrücklichen Widerrufsvorbehalts in der aufzuhebenden Entscheidung bedarf. Neu eingefügt wird im EnWG der § 57b EnWG, der die Zuständigkeit der Bundesnetzagentur für regionale Koordinierungszentren regelt. 24

2. Berichterstattung gemäß § 63 EnWG

Der Bundesnetzagentur kommen ferner Berichtspflichten zu. Insbesondere hat sie die Aufgabe, jährlich einen Bericht über ihre Tätigkeit und die Ergebnisse ihrer Monitoring-Tätigkeit zu veröffentlichen und ihn der Europäischen Kommission und der Europäischen Agentur für die Zusammenarbeit der Energieregulierungsbehörden vorzulegen, § 63 Abs. 3 S. 1 EnWG. In den Bericht sind die gegebenenfalls ergangenen Weisungen des Bundeswirtschaftsministeriums ebenso aufzunehmen wie die Ergebnisse der Monitoring-Tätigkeiten von Bundesnetzagentur und Bundeskartellamt gemäß § 35 EnWG i.V.m §§ 48 Abs. 3, 53 Abs. 3 S. 1 GWB.[1153] 25

3. Auffangzuständigkeit der Bundesnetzagentur

Schließlich verfügt die Bundesnetzagentur über eine „Auffangzuständigkeit" im Geltungsbereich des EnWG. Dies folgt aus § 54 Abs. 3 S. 1 EnWG. Die Zuständigkeit der Bundesnetzagentur geht damit deutlich über die insbesondere in Teil 3 des 26

1151 § 57 Abs. 2 S. 4 EnWG.
1152 Vereinzelt wird hier die Frage aufgeworfen, ob die in Rede stehende Entscheidung grenzüberschreitende Auswirkungen entfalten muss. Dies zu Recht bejahend *Hermes*, in: Britz/Hellermann/Hermes (Hrsg.), EnWG, 3. Aufl. 2015, § 57a Rn. 6.
1153 S. zu den fehlenden Befugnissen des BKartA bei seiner Monitoringtätigkeit *Dalibor*, RdE 2013, 207 (209 ff.).

Gesetzes (Regulierung des Netzbetriebs) der „Regulierungsbehörde" zugewiesenen Aufgaben hinaus. So ist die Bundesnetzagentur hieraus etwa auch für die Überwachung der Vorschriften zur Ersatz- und Grundversorgung zuständig.

III. Zusammenarbeit von Bundesnetzagentur und Landesregulierungsbehörden

27 Die Aufgabengebiete von Bundesnetzagentur und Landesregulierungsbehörden weisen trotz der trennscharfen Zuständigkeitsabgrenzung insbesondere durch § 54 EnWG materiell vielfältige Berührungspunkte und Überschneidungen auf: Im Anwendungsbereich des § 54 Abs. 2 EnWG entscheiden alle Regulierungsbehörden – wenngleich gegenüber unterschiedlichen Regulierungsadressaten – über inhaltlich zumindest ähnliche Sachverhalte. Das EnWG verpflichtet die verschiedenen Regulierungsinstanzen daher zur gegenseitigen Unterstützung und Zusammenarbeit.

28 Bei der Wahrnehmung der ihnen nach § 54 EnWG als Regulierungsbehörde obliegenden Aufgaben haben sich Bundesnetzagentur und Landesregulierungsbehörden gemäß § 64a Abs. 1 EnWG gegenseitig insbesondere durch den Austausch notwendiger Informationen zu unterstützen. Auch bei den der Bundesnetzagentur explizit zugewiesenen Aufgaben etwa gemäß § 35 und § 63 EnWG verpflichtet § 64a Abs. 2 EnWG die Landesregulierungsbehörden zur Unterstützung. Soweit hierbei Aufgaben der Landesregulierungsbehörden berührt sind, soll diesen auf geeignete Weise Gelegenheit zur Mitwirkung gegeben werden.

29 Hauptinstrument zur Sicherstellung einer ausreichenden Abstimmung zwischen der Bundesnetzagentur und den Landesregulierungsbehörden ist der nach § 8 BNetzAG[1154] bei der Bundesnetzagentur eingerichtete **Länderausschuss**. Dieser setzt sich zusammen aus Vertretern der Landesregulierungsbehörden und dient gemäß § 10 BNetzAG i.V.m. § 60a Abs. 1 EnWG insbesondere der Sicherstellung des bundeseinheitlichen Vollzugs. Innerhalb dieses Gremiums, an dessen Sitzungen auch der Präsident der Bundesnetzagentur teilnehmen kann (und in denen er jederzeit gehört werden muss), findet nicht nur eine formlose Abstimmung in allen Regulierungsfragen statt.[1155] Das EnWG weist dem Länderausschuss auch bestimmte verfahrensrechtliche Mitwirkungsbefugnisse zu: So ist dem Länderausschuss vor dem Erlass von Festlegungen nach § 29 EnWG, Verwaltungsvorschriften, Leitfäden und vergleichbaren, auch informellen Regelungen durch die Bundesnetzagentur Gelegenheit zur Stellungnahme zu geben, § 60a Abs. 2 EnWG. In diesem Zusammenhang ist der Länderausschuss berechtigt, Auskünfte und Stellungnahmen von der Bundesnetzagentur einzuholen.[1156] Der Länderausschuss soll mindestens zweimal im Jahr zusammentreten, Sitzungen sind darüber hinaus jederzeit anzuberaumen, wenn die Bundesnetzagentur, der Vorsitzende des Länderausschusses oder drei Mitglieder dies beantragen, § 9 Abs. 5 BNetzAG.

1154 Gesetz über die Bundesnetzagentur für Elektrizität, Gas, Telekommunikation, Post und Eisenbahnen v. 7.7.2005 (BGBl. I 2005, S. 1970), zuletzt geändert durch Art. 3 des Gesetzes zur Umsetzung unionsrechtlicher Vorgaben und zur Regelung reiner Wasserstoffnetze im Energiewirtschaftsrecht v 16.7.2021 (BGBl. I 2021, S. 3026).
1155 S. § 9 BNetzAG.
1156 § 60a Abs. 3 S. 1 EnWG.

IV. Kritik an der fehlenden Unabhängigkeit der Bundesnetzagentur

Nach Art. 57 Abs. 4 der EltRL 2019[1157] müssen die Mitgliedstaaten die Unabhängigkeit der Regulierungsbehörden gewährleisten. Diese umfasst auch den Aspekt, dass sie ihre Befugnisse unparteiisch und transparent ausüben. Erfasst davon ist auch das Weisungsrecht nach Art. 57 Abs. 4 S. 2 der EltRL. In Art. 59 EltRL 2019[1158] werden die Aufgaben der Regulierungsbehörde benannt, die unter dem Aspekt der Unabhängigkeit wahrgenommen werden sollen. In einem **Vertragsverletzungsverfahren** der Europäischen Kommission **gegen** die **Bundesrepublik Deutschland**[1159] wurde der Vorwurf erhoben, dass der Bundesnetzagentur die Unabhängigkeit fehle, da diese nicht eine uneingeschränkte Ermessensfreiheit darin habe, wie sie ihre Bedingungen, z.B. hinsichtlich der Netztarife festlege.[1160] Indem die Bundesrepublik Deutschland der Regierung durch § 24 Abs. 1 EnWG Zuständigkeiten für die Festlegung der Übertragungs- und Verteilungstarife, der Bedingungen für den Zugang zu den nationalen Netzen und Bedingungen für die Erbringung von Ausgleichsleistungen übertragen und eine Reihe von Regelungen über die Modalitäten der Wahrnehmung der Regulierungsaufgaben erlassen habe, habe die Bundesrepublik gegen die alleinige Zuständigkeit, die das Unionsrecht der nationalen Regulierungsbehörden (NRB) übertragen habe, verstoßen.[1161] Der Vorwurf wurde vom EuGH mit Urteil vom 2. September 2021 bestätigt[1162] und ein Verstoß gegen die erforderliche Unabhängigkeit der nationalen Regulierungsbehörde festgestellt. Das deutsche Umsetzungskonzept der **normierenden Regulierung** ist nunmehr als Konsequenz der Entscheidung in Frage zu stellen und mehrere Umsetzungsverordnungen, wie die ARegV und die NEV, sind nicht mehr zu halten. Damit steht eine umfassende Neuregelung durch den Gesetzgeber an, die zu einer deutlichen Stärkung der BNetzA führen wird.

C. Europäische Agentur für die Zusammenarbeit der Energieregulierungsbehörden (ACER)

In Umsetzung der VO (EG) 713/2009 ist im Jahre 2011 auf europäischer Ebene die Agentur für die Zusammenarbeit der Energieregulierungsbehörden („Agency for the Cooperation of Energy Regulators", ACER) mit Sitz in Ljubljana gegründet worden. Die Regulierungsagentur wurde durch das sogenannte Winterpaket „Saubere Energie für alle Europäer" im Rahmen der neu gefassten VO (EU) 2019/942[1163] sodann weiter gestärkt. Dabei wurden die Befugnisse entgegen des ursprünglichen Kommissionsvorschlags jedoch nur leicht und ohne grundlegende Änderungen ausgeweitet.[1164] Die ursprünglich im Winterpaket vorgesehene Einräumung von zusätz-

---

[1157] Ehemals Art. 35 Richtlinie (EU) 2009/72.
[1158] Ehemals Art. 37 der Richtlinie (EU) 2009/72.
[1159] Rechtsache C-718/18 Europäische Kommission gegen Bundesrepublik Deutschland; s. dazu auch *Bourwieg*, ER 2021, 47 (48), sowie bereits Kap. 1 Rn. 52.
[1160] Vgl. *Legal Tribune Online*, Meldung v. 15.1.2021, abrufbar unter https://www.lto.de/recht/nachrichten/n/schlussantraege-eugh-umsetzung-richtlinen-energiemarkt-nicht-ordnungsgemaess/ (Abruf 15.10.2021).
[1161] Ausführlich dazu, s. *Generalanwalt beim EuGH (Pitruzzella)*, Schlussantrag v. 14.01.2021 – Rs. C-718/18, ECLI:EU:C:2021:20.
[1162] EuGH Urt. v. 2.9.2021 – Rs. C-718/18, ECLI:EU:C:2021:662.
[1163] Vgl. Verordnung (EU) 2019/942 des Europäischen Parlaments und des Rates v. 5.6.2019 zur Gründung einer Agentur der Europäischen Union für die Zusammenarbeit der Energieregulierungsbehörden (Neufassung), ABL. EU Nr. L 158, S. 22 v. 14.6.2019.
[1164] *Gundel*, in: Dauses/Ludwigs (Hrsg.), Handbuch des EU-Wirtschaftsrechts, 52. Aufl. EL Februar 2021, Energierecht, Rn. 166; *Pielow*, RdE 2019, 421 (429).

lichen Entscheidungsbefugnissen für ACER über Regulierungsfragen hinsichtlich grenzüberschreitenden Handel oder die Betriebssicherheit betreffend, wurde aufgrund in der Form nicht beschlossen.[1165] Erfolgt ist eine institutionell stärkere Verdichtung.[1166] Hintergrund der Anpassung ist es, den Strommarkt flexibler und marktorientierter auszugestalten und den Anteil erneuerbarer Energien am Strommarkt zu erhöhen.[1167] Neue Befugnisse ergeben sich durch die ACER-Neufassung hinsichtlich der Regulierungsaufsicht über europäische Organisationen wie den Verbund der Übertragungsnetzbetreiber und der Europäischen Organisation für Verteilernetzbetreiber.[1168] Ferner stärken die neuen Bestimmungen ACER bei der Schlichtung von Uneinigkeiten verschiedener nationaler Regierungsbehörden hinsichtlich der Frage, ob eine Pflichtverletzung vorliegt oder nicht.[1169]

32 Ein zentrales Tätigkeitsfeld der ACER liegt in der Beobachtung und Bewertung der Aufgabenerfüllung des „European Network of Transmission System Operators for Electricity" (**ENTSO-E**) und des „European Network of Transmission System Operators for Gas" (**ENTSO-G**). Hierzu gibt die Agentur Stellungnahmen und Empfehlungen ab. Gemäß Art. 4 der VO (EU) 2019/942 und Art. 6 der VO (EG) 715/2009[1170] wirkt die Agentur, u.a. durch die Vorlage „nicht bindender **Rahmenleitlinien**" bei der Entwicklung der von beiden Vereinigungen auszuarbeitenden **Netzkodizes** mit. Sie beobachtet und analysiert im Anschluss die Umsetzung dieser Kodizes.

33 ACER soll darüber hinaus einen Rahmen für die **Zusammenarbeit** der nationalen Regulierungsbehörden schaffen und kann hierzu u.a. auf Antrag einer nationalen Regulierungsbehörde Stellungnahmen abgeben. In Fragen des Zugangs zu grenzüberschreitenden Infrastrukturen ist sie befugt, am Ende eines Eskalationsprozesses eine Regulierungsentscheidung zu treffen, wenn sich zwei nationale Regulierungsbehörden nicht haben einigen können und die Entscheidung beantragt haben. In weiteren spezifisch dafür vorgesehenen Fällen kann die Agentur Einzelfallentscheidungen in technischen Fragen treffen.

34 Seit der Verabschiedung der Veordnung über die Integrität und Transparenz des Energiegroßhandelsmarkts (Regulation on wholesale Energy Market Integrity and Transparency – **REMIT**)[1171], welche die Bekämpfung von Insiderhandel und Marktmanipulation zum Ziel hat, ist ACER darüber hinaus mit der Überwachung des europäischen Energiegroßhandelsmarktes, der Sammlung von Transaktionsmeldungen und der Registrierung von Marktteilnehmern betraut.

35 In binnenorganisatorischer Hinsicht setzt sich die ACER aus vier verschiedenen Organen zusammen: Dem Verwaltungsrat obliegen Verwaltungsaufgaben und Personalentscheidungen. Der Direktor leitet mithilfe des ihm unterstellten Mitarbeiterstabs das Tagesgeschäft der Agentur, vertritt sie nach außen und verabschiedet formell die von der Agentur abgegebenen Stellungnahmen und erlassenen Entscheidungen.

1165 S. *Meyer/Sene*, RdE 2019, 278 (286); *Pielow*, RdE 2019, 421 (429) m.w.N.
1166 S. dazu *Kühling*, in: Ruffert (Hrsg.), Europäisches Sektorales Wirtschaftsrecht, Bd. 5 Enzyklopädie Europarecht, 2. Aufl. 2020, § 20 Rn. 36.
1167 Weiterführend *Kühling*, in: Ruffert (Hrsg.), Europäisches Sektorales Wirtschaftsrecht, Bd. 5 Enzyklopädie Europarecht, 2. Aufl. 2020, § 20 Rn. 36; vgl. auch zum EU-Winterpaket *Pause/Kahles*, ER 2019, 9 ff.; *Frenz*, RdE 2017, 281 (281 ff.); *Mai*, RdE 2017, 335 (335 ff.); *Scholtka/Martin*, ER 2017, 183 ff. und 240 ff.; *Mai*, RdE 2017, 515 ff.; *Wehle*, RdE 2018, 407 (407); *Pause/Kahles*, ER 2019, 9 ff.
1168 *Scholtka/Keller-Herder*, NJW 2020, 890 (890).
1169 *Scholtka/Keller-Herder*, NJW 2020, 890 (890).
1170 Zuletzt geändert durch Art. 50 ÄndVO (EU) 2018/1999 v. 11.12.2018, ABl. L 328, S. 1 v. 21.12.2018.
1171 Verordnung (EU) Nr. 1227/2011 des Europäischen Parlaments und des Rates vom 25.10.2011 über die Integrität und Transparenz des Energiegroßhandelsmarkts (REMIT), ABl. EU Nr. L 326, S. 1 v. 8.12.2011.

Darüber hinaus besitzt die Agentur einen Regulierungsrat, der von ranghohen Vertretern der nationalen Regulierungsbehörden gebildet wird und faktisch das Hauptentscheidungsorgan bezüglich regulatorischer Sachfragen darstellt. Die Kommission ist innerhalb des Regulierungsrats vertreten, jedoch nicht stimmberechtigt. Schließlich können beim Beschwerdeausschuss unmittelbar Beschwerdeverfahren gegen Entscheidungen der ACER durchgeführt werden, so dass zugleich eine Art Vorverfahren zu einem möglicherweise späteren Rechtsschutzersuchen geschaffen wird.

Im Zuge der ACER-Gründung wurde die European Regulators Group for Electricity and Gas (**ERGEG**) aufgelöst. Diese ist als beratendes Organ der Europäischen Kommission von dieser mit Entscheidung vom 11. November 2003 ins Leben gerufen worden und sollte zu einer möglichst konsistenten Umsetzung der Energiebinnenmarktrichtlinien in den Mitgliedstaaten beitragen. In diesem Gremium der mitgliedstaatlichen Energieregulierer war Deutschland lange Zeit durch das Bundeswirtschaftsministerium vertreten. Der bereits im März 2000 von zehn damals für Energie zuständigen nationalen Regulierungsbehörden gegründete Council of European Energy Regulators (**CEER**) existiert dagegen nach wie vor. Er hatte sich bei Gründung zum Ziel gesetzt, die Kooperation der nationalen Regulierer zu forcieren und die Zusammenarbeit mit den europäischen Organen zu verbessern. Der CEER, als Gesellschaft belgischen Rechts mit Sitz in Brüssel organisiert, hat mittlerweile 29 Mitglieder, darunter für die Bundesrepublik Deutschland die Bundesnetzagentur. 36

D. Verbleibende Zuständigkeit der Kartellbehörden im Energiesektor

Gemäß § 111 Abs. 1 S. 2 EnWG bleiben die Aufgaben und Zuständigkeiten der Kartellbehörden unberührt. Allerdings sind die §§ 19, 20, 29 GWB durch die Kartellbehörden nicht (mehr) anzuwenden, soweit das EnWG oder Rechtsverordnungen, die aufgrund des EnWG erlassen worden sind, ausdrücklich abschließende Regelungen treffen, § 111 Abs. 1 S. 1 EnWG. § 111 Abs. 2 EnWG „erleichtert" die „Auswahl" der im EnWG und den hierauf ergangenen Rechtsverordnungen vorhandenen ausdrücklich abschließenden Regelungen. Danach sind „[d]ie Bestimmungen des Teiles 3 und die auf Grundlage dieser Bestimmungen erlassenen Rechtsverordnungen [...] abschließende Regelungen im Sinne des Absatzes 1 Satz 1." 37

Vor diesem Hintergrund sind die §§ 1 S. 2 StromNZV, GasNZV, § 1 Abs. 2 S. 1 KraftNAV, welche die Regelungen der jeweiligen Verordnungen für abschließend i.S.d. § 111 Abs. 2 EnWG erklären, nur (noch) deklaratorischer Natur.[1172] Die Regelungen dieser sowie aller anderen die Netzregulierung betreffenden Verordnungen, wie die NAV, NDAV, StromNEV, GasNEV, ARegV oder NetzResV gehen damit ebenso der Anwendung der §§ 19, 20, 29 GWB vor wie die Abschnitte des EnWG zu den Aufgaben der Netzbetreiber sowie zum Netzanschluss und Netzzugang (Zugangs- und Entgeltregulierung). Insoweit sind auch die Befugnisse der Bundesnetzagentur bzw. der Landesregulierungsbehörden gemäß den §§ 29 ff. EnWG abschließend und verdrängen die Zuständigkeit der Kartellbehörden. Zusammenfassend lässt sich feststellen: Die Bundesnetzagentur bzw. die Landesregulierungsbehörden sind die für die **Regulierung des Netzbetriebs** ausschließlich zuständigen Behörden. 38

Die Kartellbehörden bleiben daneben jedoch zuständig für die **Missbrauchsaufsicht** über die **Energiepreise** und **außerhalb des Netzbereichs** auch für sonstige Verfah- 39

1172 Zur alten Rechtslage, die auch im Bereich der „Netzverordnungen" noch eine ausdrückliche Bestimmung der Regelungen als abschließend erforderte, vgl. die Vorauflagen (1 und 2).

ren wegen des Verdachts auf Missbrauch einer marktbeherrschenden Stellung.[1173] Ausgenommen der kartellrechtlichen Prüfung ist wegen § 111 EnWG aber die Höhe der Netzentgelte. Deren Prüfung (und Genehmigung nach § 23a EnWG) oblag allein der Bundesnetzagentur bzw. den Landesregulierungsbehörden. Die Kartellbehörden hatten demnach in Verfahren der Missbrauchsaufsicht über die Energiepreise gemäß § 111 Abs. 3 EnWG die veröffentlichten und genehmigten Netzzugangsentgelte als rechtmäßig zugrunde zu legen. Problematisch ist die Vorschrift des § 111 Abs. 3 EnWG aber seit der Geltung der ARegV.[1174] Denn im Rahmen der Anreizregulierung wird – anders als nach § 23a EnWG – keine Einzelgenehmigung für die Netzzugangsentgelte erteilt, sondern es werden Erlösobergrenzen genehmigt.[1175] Dies hat wohl zur Folge, dass die Bindungswirkung der Kartellbehörde bereits hinsichtlich des veröffentlichten Entgelts eintritt, wenn dieses die Erlösobergrenzen berücksichtigt.[1176] Sehr stark vereinfacht lässt sich damit die Zuständigkeitsverteilung zwischen Regulierungsbehörden und Kartellbehörden bezogen auf die verschiedenen Wertschöpfungsstufen der Energiewirtschaft wie in Abbildung 3 darstellen.

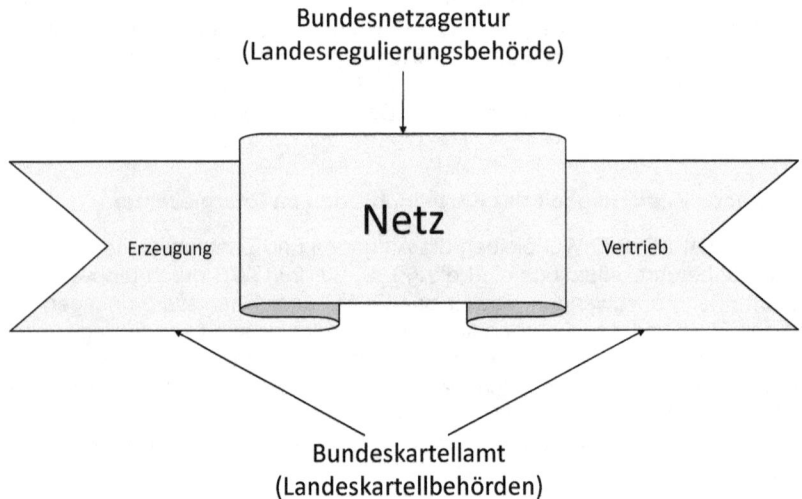

Abbildung 3: Zuständigkeitsverteilung

40 Ist hiermit anschaulich dargelegt, dass Bundesnetzagentur bzw. Landesregulierungsbehörden die für die Regulierung des Netzbetriebs ausschließlich zuständigen Behörden sind, darf dies jedoch nicht zu dem – unzutreffenden – Umkehrschluss verleiten, die Zuständigkeit der Regulierungsbehörden und insbesondere der Bundesnetzagentur beschränke sich auf den Netzbereich eines integrierten Unternehmens, während auf den übrigen Marktstufen der Energiewirtschaft die Kartellbehörden ausschließlich zuständig seien.

1173 S. beispielsweise zur Zuständigkeitsverteilung bei Abrechnung überhöhter Konzessionsabgaben durch einen Gasversorgungsnetzbetreiber BGH Beschl. v. 6.11.2012 – KVR 54/11, Rn. 12 ff.
1174 *Hölscher*, in: Britz/Hellermann/Hermes (Hrsg.), EnWG, 3. Aufl. 2015, § 111 Rn. 21a.
1175 *Hölscher*, in: Britz/Hellermann/Hermes (Hrsg.), EnWG, 3. Aufl. 2015, § 111 Rn. 21 f.; s. §§ 4 ff. ARegV.
1176 *Hölscher*, in: Britz/Hellermann/Hermes (Hrsg.), EnWG, 3. Aufl. 2015, § 111 Rn. 21a; so im Ergebnis auch *Säcker*, in: Säcker (Hrsg.), Energierecht, Bd. 1 Teil 2, 4. Aufl. 2019, § 111 Rn. 28.

Zum einen reichen die Befugnisse der Regulierungsbehörden nach dem EnWG, **41** soweit für die Regulierung der Netze erforderlich, auch in die anderen Tätigkeitsbereiche eines vertikal integrierten Unternehmens hinein. So kann etwa im Rahmen der Kontrolle der Einhaltung von Entflechtungsvorschriften die zuständige Regulierungsbehörde die Dienstleistungsverträge mit den in anderen Bereichen tätigen Mutter- oder Schwestergesellschaften ebenso prüfen wie die Angemessenheit des von der Muttergesellschaft verlangten Pachtentgelts. Zum anderen begründet das EnWG an verschiedenen Stellen Zuständigkeiten der Bundesnetzagentur auf den dem Netzbetrieb vor- und nachgelagerten Marktstufen. Die Untersagung der Energiebelieferung (auch durch reine Händler) gemäß § 5 EnWG fällt genauso in die Zuständigkeit der Bundesnetzagentur wie etwa die Durchführung eines Monitorings über die Vorteile verschiedener Erzeugungstechnologien oder die Erfüllung der Stromkennzeichnungspflichten. Insbesondere die Auffangzuständigkeit der Bundesnetzagentur im Bereich des EnWG sowie weiterer Verordnungen wie der Konzessionsabgabenverordnung führt zur Wahrnehmung von außerhalb des Netzbereichs liegenden Aufgaben (Grund- und Ersatzversorgung, allgemeine Marktuntersuchungen) durch die Bundesnetzagentur. Stark vereinfacht müsste die obige Darstellung – dies berücksichtigend – zumindest wie in Abbildung 2 auf S. 224 ergänzt werden.

An den Schnittstellen zwischen dem Netzbereich und den „Wettbewerbsbereichen" **42** Erzeugung und Vertrieb sieht das EnWG vielfältige **Abstimmungserfordernisse und -möglichkeiten** zwischen Bundesnetzagentur und Kartellbehörden vor. So fordert § 58 Abs. 1 S. 1 EnWG etwa bei Entscheidungen der Bundesnetzagentur nach § 25 S. 2 EnWG (Ausnahmen vom Gasnetzzugang wegen unbedingter Zahlungsverpflichtungen) oder § 6 EnWG (Anwendung der Konzernklausel!) die Herstellung des Einvernehmens mit dem Bundeskartellamt. Die Bundesnetzagentur hat bei Entscheidungen nach den Bestimmungen des 3. Teils (Regulierung des Netzbetriebs) dem Bundeskartellamt vor Abschluss des Verfahrens Gelegenheit zur Stellungnahme zu geben, § 58 Abs. 1 S. 2 EnWG. Umgekehrt hat die zuständige Kartellbehörde im Fall der Durchführung eines Missbrauchsverfahrens gemäß den §§ 19, 20, 29 GWB, Art. 102 AEUV der Bundesnetzagentur Gelegenheit zur Stellungnahme zu geben, § 58 Abs. 2 EnWG.

Insgesamt wirken Bundesnetzagentur und Bundeskartellamt – so bestimmt es § 58 **43** Abs. 3 EnWG – gemeinsam auf eine einheitliche und den Zusammenhang mit dem GWB wahrende Auslegung des EnWG hin. Hierzu räumt § 58 Abs. 4 EnWG beiden Institutionen auch weitreichende Möglichkeiten zum Austausch von Informationen ein: Soweit zur Erfüllung ihrer jeweiligen Aufgaben erforderlich, können Bundesnetzagentur und Kartellbehörden Informationen einschließlich personenbezogener Daten und Betriebs- und Geschäftsgeheimnisse untereinander austauschen und anschließend in ihren jeweiligen Verfahren umfassend verwerten.

E. Sonstige Behördenaufgaben und -zuständigkeiten

I. Nach Landesrecht zuständige Behörde

Verschiedentlich weist das EnWG der „nach Landesrecht zuständigen Behörde" **44** Aufgaben zu. So sind diese Landesbehörden für die **Genehmigung** der Aufnahme des Betriebs eines Energieversorgungsnetzes nach § 4 EnWG zuständig. Auch der vom Netzbetreiber ermittelte Grundversorger ist der nach Landesrecht zuständigen Behörde mitzuteilen, § 36 Abs. 2 S. 2 EnWG. In beiden Verfahren hat die zuständige

Behörde gemäß § 55 Abs. 2 EnWG die Bundesnetzagentur zu benachrichtigen, falls deren Aufgabenbereich berührt ist.

II. Bundesministerium für Wirtschaft und Energie

45 Das Bundeswirtschaftsministerium ist nicht nur Adressat einer Vielzahl von Verordnungsermächtigungen, es ist zugleich gemäß § 51 Abs. 1 EnWG zuständig für die fortlaufende Durchführung zweier **Monitorings zur Versorgungssicherheit**, die den Stand der Versorgung mit Erdgas und mit Elektrizität überwachen, und veröffentlicht diesbezüglich spätestens bis zum 31. Oktober 2021 und im Anschluss mindestens alle zwei Jahre jeweils einen Bericht, der auch der Europäischen Kommission übermittelt wird, § 63 Abs. 2 EnWG. Dem Bundeswirtschaftsministerium obliegen nach § 63 Abs. 2a EnWG weitere Berichtspflichten, die sich mit der Wirksamkeit und Notwendigkeit der in den §§ 13a ff. EnWG geregelten Maßnahmen auseinandersetzen und die entstehenden Kosten analysieren. Es hat den Umfang der Kapazitätsreserve erstmals bis zum 31. Oktober 2018 und von da an alle zwei Jahre zu prüfen und entscheidet über die Erforderlichkeit von Anpassungen, § 13e Abs. 5 S. 1 EnWG. Darüber hinaus hat es bis zum 30. Juni 2018 zu prüfen, in welchem Umfang durch die Stilllegung von Braunkohlekraftwerken Kohlendioxidemissionen eingespart wurden, § 13g Abs. 8 S. 1 EnWG. Zusätzlich hat das Bundeswirtschaftsministerium die Anwendung der Entschädigungs- und Ausgleichsregelungen für Windenergieanlagen auf See nach §§ 17e–17h EnWG sowie die Angemessenheit dieser Regelungen zu evaluieren, § 17i EnWG. Es ist zuständige Behörde für die Durchführung der in der VO (EU) 2017/1938[1177] festgelegten Maßnahmen,[1178] für die Unterrichtung der Europäischen Kommission im Rahmen des § 19 Abs. 5 S. 2 EnWG und wirkt an der Zertifizierung von Transportnetzbetreibern bzw. -eigentümern aus Drittstaaten mit.[1179] Insgesamt ist die Tendenz zu beobachten, dass die Übertragung von Aufgaben nach dem EnWG auf das Bundeswirtschaftsministerium, insbesondere hinsichtlich Überwachungs-, Evaluierungs- und Berichtspflichten, stetig zunimmt.

III. Monopolkommission

46 Schließlich ist die Monopolkommission durch § 62 EnWG beauftragt, alle zwei Jahre ein **Gutachten** zu erstellen, der Bundesregierung zuzuleiten und zu veröffentlichen, in dem sie den Stand und die absehbare Entwicklung des Wettbewerbs sowie die Frage beurteilt, ob funktionsfähiger Wettbewerb auf den Märkten der leitungsgebundenen Versorgung mit Elektrizität und Gas in der Bundesrepublik Deutschland besteht. Zudem ist die Anwendung der Vorschriften des EnWG über die Regulierung und Wettbewerbsaufsicht zu würdigen und zu sonstigen aktuellen wettbewerbspolitischen Fragen der leitungsgebundenen Versorgung mit Elektrizität und Gas Stellung zu nehmen.

1177 Verordnung (EU) 2017/1938 des Europäischen Parlaments und des Rates v. 25.10.2017 über Maßnahmen zur Gewährleistung der sicheren Erdgasversorgung und zur Aufhebung der Verordnung (EU) Nr. 994/2010, ABl. EU Nr. L 280, S. 1 v. 28.10.2017.
1178 § 54a Abs. 1 EnWG.
1179 § 4b Abs. 2 EnWG.

F. Exkurs: Schlichtungsstelle für Energie e.V.

Für Streitigkeiten zwischen Verbrauchern i.S.d. § 13 BGB und Unternehmen (Lieferanten, Netzbetreiber, Messstellenbetreiber und Messdienstleister) sieht das EnWG seit 2011 die Möglichkeit eines besonderen, einer Klage ggf. vorgeschalteten außergerichtlichen Schlichtungsverfahrens vor. Dessen Ergebnis ist grundsätzlich rechtlich nicht bindend. 47

Hierfür ist zunächst notwendig, dass sich der Verbraucher mit einer **Beschwerde** nach § 111a EnWG über den Anschluss an das Versorgungsnetz, die Belieferung mit Energie oder die Messung der gelieferten Energie an den entsprechenden Netzbetreiber, den Lieferanten, den Messstellenbetreiber oder Messdienstleister wendet. Diese Beschwerde ist vom Unternehmen innerhalb einer Frist von vier Wochen zu beantworten. Hilft das Unternehmen der Beschwerde nicht ab, ist dies im Rahmen einer schriftlichen oder elektronischen Antwort zu begründen und dabei auf das Schlichtungsverfahren nach § 111b EnWG und darauf hinzuweisen, dass es zur Teilnahme am Schlichtungsverfahren verpflichtet ist. 48

Im Anschluss kann von allen Beteiligten die Schlichtungsstelle angerufen werden. Sofern ein Verbraucher eine Schlichtung bei der Schlichtungsstelle beantragt, ist das betroffene Unternehmen verpflichtet, an dem Verfahren teilzunehmen. 49

Gemäß § 111b Abs. 3 EnWG kann das Bundeswirtschaftsministerium im Einvernehmen mit dem Bundesministerium der Justiz und für Verbraucherschutz eine privatrechtlich organisierte Einrichtung unter bestimmten Voraussetzungen als zentrale Schlichtungsstelle zur außergerichtlichen Beilegung anerkennen. Hierzu ist im September 2011 gemeinsam von dem Bundesverband der Energie- und Wasserwirtschaft e.V. (BDEW), der Verbraucherzentrale Bundesverband e.V. (vzbv), dem Verband kommunaler Unternehmen e.V. (VKU) und dem Bundesverband Neuer Energieanbieter e.V. (bne) der Verein „**Schlichtungsstelle Energie e.V.**" mit Sitz in Berlin gegründet worden, der in der Folge am 25. Oktober 2011 vom Bundesministerium für Wirtschaft und Technologie als Träger der Schlichtungsstelle anerkannt worden ist und seither die gesetzlich ihm zugewiesenen Aufgaben wahrnimmt.[1180] Dass das Schlichtungsverfahren seither durchaus in Anspruch genommen wird, zeigen die ca. 9.300 Schlichtungsanträge, die alleine im Jahr 2014 gestellt wurden.[1181] Etwa 85 % der Schlichtungsverfahren endeten mit einer Einigung zwischen den Beteiligten Verbrauchern und Energieversorgungsunternehmen.[1182] Seit 2015 gehen die Anträge merklich zurück. 2019 gingen rund 6800 Anträge bei der Schlichtungsstelle ein.[1183] 50

Das **Verfahren vor der Schlichtungsstelle** richtet sich gemäß § 111b Abs. 8 S. 2 EnWG nach den §§ 11–23 des Verbraucherstreitbeilegungsgesetzes (VSBG).[1184] Da- 51

1180 Der Internetauftritt der Schlichtungsstelle ist abrufbar unter www.schlichtungsstelle-energie.de (Abruf 15.10.2021); s. zu den unionsrechtlichen Vorgaben *Rüdiger,* IR 2012, 146 (146).
1181 Tätigkeitsbericht der Schlichtungsstelle Energie 2014, S. 1, abrufbar unter https://www.schlichtungsstelle-energie.de/presse/presseartikel/id-28-februar-2015.html?file=files/sse/content/pdf/presse/Taetigkeitsbericht%202014.pdf (Abruf 15.10.2021).
1182 Tätigkeitsbericht der Schlichtungsstelle Energie 2014, S. 1, abrufbar unter https://www.schlichtungsstelle-energie.de/presse/presseartikel/id-28-februar-2015.html?file=files/sse/content/pdf/presse/Taetigkeitsbericht%202014.pdf (Abruf 15.10.2021).
1183 Tätigkeitsbericht der Schlichtungsstelle Energie 2019, abrufbar unter https://www.schlichtungsstelle-energie.de/presse/presseartikel/taetigkeitsbericht-der-schlichtungsstelle-energie-2019.html (Abruf 15.10.2021).
1184 Gesetz über die alternative Streitbeilegung in Verbrauchersachen (Verbraucherstreitbeilegungsgesetz – VSBG) v. 19.2.2016 (BGBl. I 2016, S. 254, 1039), zuletzt geändert durch Art. 2 Abs. 3 des Gesetzes zur Änderung des EG-VerbraucherschutzdurchsetzungsG sowie des Gesetzes über die Errichtung

nach soll den am Schlichtungsverfahren Beteiligten ein Schlichtungsvorschlag unterbreitet werden, § 20 Abs. 2 VSBG. Das Recht der Beteiligten, die Gerichte anzurufen, bleibt in jedem Stadium unberührt.[1185] Allerdings sollen begonnene Mahnverfahren während der Schlichtung ruhen, § 111b Abs. 2 EnWG. Bei Verfahren unter Beteiligung eines Netzbetreibers ist zu berücksichtigen, dass § 111c EnWG einen Vorrang der Missbrauchs- oder Aufsichtsverfahren durch die Regulierungsbehörden festlegt. Während der Dauer eines solchen Verfahrens ist das Schlichtungsverfahren auszusetzen, § 111c Abs. 1 S. 1 EnWG. Die Regulierungsbehörden erhalten damit faktisch die Möglichkeit, in diesem Bereich jedes Verfahren zunächst an sich zu ziehen.

52 Sofern die Verfahrensordnung der Beteiligten dies bestimmt, soll der Streitmittler den Parteien einen Schlichtungsvorschlag übermitteln, § 19 Abs. 1, 2 VSBG. Diese grundsätzlich unverbindliche Empfehlung kann von den Parteien angenommen werden oder nicht. Das Schlichtungsverfahren endet mit der Übermittlung des Ergebnisses des Verfahrens, § 21 Abs. 1 VSBG. Unabhängig vom Schlichtungsergebnis kann von den betroffenen Unternehmen gemäß § 111b Abs. 6 S. 1 EnWG ein Entgelt erhoben werden. Bei offensichtlich missbräuchlichen Beschwerden kann auch der Verbraucher herangezogen werden, § 111b Abs. 6 S. 3 EnWG. Das Entgelt muss in einem angemessenen Verhältnis zum Verfahrensaufwand der Schlichtungsstelle stehen.[1186] Darüber hinaus muss auch der Verfahrensaufwand in einem angemessenen Verhältnis zum Ziel der Schlichtung stehen.[1187]

Literaturhinweise:

Bauer, Christian/Seckelmann, Margit, Zentral, dezentral oder egal? – Eine rechtliche und verwaltungswissenschaftliche Analyse der Aufteilung der Regulierungsaufgaben zwischen Bundesnetzagentur und Landesregulierungsbehörden, DÖV 2014, 951 ff.; *Bourwieg, Karsten*, Aktuelles aus der Energieregulierung, ER 2021, 47 ff.; *Dalibor, Marcel*, Monitoring ohne Ermächtigungsgrundlage – zur Rechtslage nach der Novellierung von § 35 EnWG und § 48 Abs. 3 GWB, RdE 2013, 207 ff.; *Greger, Reinhard*, Das neue Verbraucherstreitbeilegungsgesetz – Die Neuregelungen und ihre Bedeutung für Verbraucher, Unternehmer, Rechtsanwälte, Schlichter und Richter, MDR 2016, 365 ff.; *Meyer, Melanie/Sene, Elhadj Abdoulaye*, Das europäische Strommarktdesign nach Verabschiedung des „Winterpakets", RdE 2019, 278 ff.; *Rüdiger, Björn*, Die neue Schlichtungsstelle Energie: Europarechtliche Vorgaben und nationale Umsetzung(sdefizite), IR 2012, 146 ff.; *Scholtka, Boris/Keller-Herder, Laurenz*, Die Entwicklung des Energierechts im Jahr 2019, NJW 2020, 890 ff.

Rechtsprechungshinweise:

EuGH Urt. v. 2.9.2021 – Rs. C-718/18, ECLI:EU:C:2021:662; BGH Beschl. v. 6.11.2012 – KVR 54/11; BGH Beschl. v. 27.1.2015 – EnVR 42/13; BGH Beschl. v. 6.10.2015 – EnVR 18/14; OLG Stuttgart Beschl. v. 29.1.2009 – 202 EnWG 98/07 (PS), IR 2009, 65 ff.; OLG Köln Beschl. v. 17.2.2016 – 18 U 127/14; OLG Düsseldorf Beschl. v. 24.2.2016 – VI-3 Kart 110/14 (V).

---

des Bundesamtes für Justiz v. 25.6.2020 (BGBl. I 2021, S. 1474); s. zu diesem Gesetz und den unionsrechtlichen Grundlagen allgemein *Greger*, MDR 2016, 365 (365 ff.).
1185 § 111b Abs. 1 S. 5 EnWG.
1186 § 111b Abs. 6 S. 3 EnWG. Diese Vorschrift beruht auf den Feststellungen des OLG Köln Beschl. v. 17.2.2016 – 18 U 127/14, Rn. 65 ff.
1187 OLG Köln Beschl. v. 17.2.2016 – 18 U 127/14, Rn. 65 ff.

11. Kapitel: Struktur und Aufbau der Bundesnetzagentur

Das EnWG weist der Bundesnetzagentur im institutionellen Gefüge der Energieregulierung die zentrale Rolle zu. Hervorgegangen ist die Bundesnetzagentur aus der „Regulierungsbehörde für Telekommunikation und Post" (RegTP), welche durch das Telekommunikationsgesetz vom 25. Juli 1996 errichtet worden war. Durch § 1 BNetzAG ist die RegTP in „Bundesnetzagentur für Elektrizität, Gas, Telekommunikation, Post und Eisenbahnen" umbenannt und zur umfassend zuständigen Fachbehörde für Aufsicht und sektorspezifische Regulierung der Netzwirtschaften ausgebaut worden. Dies trägt nicht zuletzt dem Umstand Rechnung, dass in Wissenschaft und Praxis die Konturen einer sektorübergreifenden Netzwirtschaftsregulierung immer stärker hervortreten und die Errichtung einer entsprechenden Behörde gefordert wurde.

Organisation und Aufbau der Bundesnetzagentur sind weitgehend im BNetzAG[1188] geregelt. Ausweislich § 2 BNetzAG ist die Bundesnetzagentur insbesondere tätig auf dem Gebiet des Rechts der leitungsgebundenen Versorgung mit Elektrizität und Gas, einschließlich des Rechts der Erneuerbaren Energien im Strombereich. Sie nimmt insbesondere die Verwaltungsaufgaben des Bundes wahr, die ihr durch oder aufgrund des EnWG zugewiesen sind.[1189]

A. Stellung der Bundesnetzagentur

Mit der Errichtung der Bundesnetzagentur hat der Bund für den Energiesektor von seiner fakultativen Verwaltungskompetenz Gebrauch gemacht, die es ihm gemäß Art. 87 Abs. 3 GG ermöglicht, selbstständige Bundesoberbehörden für Angelegenheiten der ihm zustehenden Gesetzgebungskompetenzen zu errichten. Für die Hoheitsaufgaben im Bereich des Telekommunikations- und Postwesens besteht gemäß Art. 87f Abs. 2 S. 2 GG eine verpflichtende Zuweisung zur Bundesverwaltung.

Die Bundesnetzagentur ist gemäß § 1 S. 2 BNetzAG eine **selbstständige Bundesoberbehörde** im Geschäftsbereich des Bundeswirtschaftsministeriums mit Sitz in Bonn. Sie ist somit ein organisatorisch ausgegliederter Teil des Ministeriums und untersteht dessen Rechts-, Fach- und Dienstaufsicht. Anders als noch § 116 TKG a.F. für die „alte RegTP" hebt § 1 BNetzAG aber – in seinem Wortlaut erkennbar angelehnt an die Einrichtungsanordnung des § 51 Abs. 1 S. 1 GWB für das Bundeskartellamt – die Selbstständigkeit der Bundesnetzagentur besonders hervor. Die im Gegensatz zu anderen Bundesoberbehörden gesteigerte **Unabhängigkeit**[1190] der Bundesnetzagentur von der übergeordneten Behörde (Bundeswirtschaftsministerium) wird dabei vor allem auf zweierlei Wegen erreicht: Zum einen besteht gemäß § 61 EnWG die Verpflichtung des Bundeswirtschaftsministeriums, allgemeine Weisungen für den Erlass oder die Untersagung von Verfügungen gegenüber der

---
[1188] Gesetz über die Bundesnetzagentur für Elektrizität, Gas, Telekommunikation, Post und Eisenbahnen v. 7.7.2005 (BGBl. I 2009, S. 1970), zuletzt geändert durch Art. 3 des Gesetzes zur Umsetzung unionsrechtlicher Vorgaben und zur Regelung reiner Wasserstoffnetze im Energiewirtschaftsrecht v. 16.7.2021 (BGBl. I 2021, S. 3026).
[1189] S. hierzu Kap. 10.
[1190] *Kühling*, Sektorspezifische Regulierung in den Netzwirtschaften, 2004, 375 ff.

Bundesnetzagentur mit entsprechender Begründung im Bundesanzeiger zu veröffentlichen. Die so bewirkte Transparenz dürfte die Hemmschwelle für die Erteilung ministerialer Weisungen, welche die Unabhängigkeit der behördlichen Entscheidungen im Kern berühren, erhöhen. Faktisch hat es – soweit ersichtlich – auch noch keine Weisung im Energiesektor gegeben. Die Möglichkeit einer Weisung dürfte gleichwohl vor dem Hintergrund des im Rahmen der jüngsten Überarbeitung des EU-Binnenmarktpakets modifizierten Art. 57 Abs. 4 lit. b, sublit. ii) EltRL 2019 und der entsprechenden Regelung der GasRL 2019 nicht unproblematisch sein. Denn jene Normen untersagen jegliche Weisungen und anders als in der Telekommunikationsgesetzgebung der EU (Art. 8 Abs. 1 EKEK) wurde auch keine verfassungsrechtliche Schutzklausel zur Wahrung der geschlossenen Legitimationskette normiert. Im Einklang mit den europäischen Vorgaben dürfte § 61 EnWG daher europarechtskonform so zu interpretieren sein, dass lediglich allgemeine politische Leitlinien, die aber gerade nicht die Regulierungsbefugnisse betreffen dürfen, zulässig sind, so dass das Weisungsrecht insoweit faktisch entfällt. Da dies aber ohnehin der bisherigen Handhabung des § 61 EnWG entspricht, ist das Problem praktisch nicht relevant.[1191] Zum anderen wird die grundsätzlich dem zuständigen Minister zustehende Organisationsgewalt für nachgeordnete Behörden (Art. 86 S. 2, Art. 65 S. 2 GG) durch die organisationsrechtlichen Vorgaben des BNetzAG eingeschränkt. Gemäß § 3 Abs. 1 BNetzAG wird die Behörde von einem Präsidenten geleitet. Diesem wird zugleich die Kompetenz zum (wenn auch zustimmungspflichtigen) Erlass einer Geschäftsordnung übertragen, mittels derer die interne Verteilung und Abwicklung der Amtsgeschäfte geregelt wird.

B. Organe der Bundesnetzagentur

5 Organe der Bundesnetzagentur sind der Präsident (§ 3 Abs. 1 S. 1, 2 BNetzAG) und die Beschlusskammern (§ 3 Abs. 1 S. 3 BNetzAG i.V.m. § 59 EnWG).

I. Präsident

6 Die Bundesnetzagentur wird gemäß § 3 Abs. 1 BNetzAG von einem Präsidenten oder einer Präsidentin[1192] geleitet. Der Präsident vertritt die Bundesnetzagentur gerichtlich und außergerichtlich und ist befugt, Verteilung und Gang der Geschäfte durch Erlass einer Geschäftsordnung, die der Bestätigung des Bundeswirtschaftsministeriums und das Benehmen des Bundesministeriums für Verkehr und digitale Infrastruktur bedarf, zu regeln. Der Präsident und seine beiden Vizepräsidenten (§ 3 Abs. 2 BNetzAG) werden gemäß § 3 Abs. 3 BNetzAG auf Vorschlag des Beirats[1193]

1191 Die Zulässigkeit von Weisungen ist im Einzelnen umstritten, s. *Schmidt-Preuß*, in: Säcker (Hrsg.), Energierecht, Bd. 1 Teil 2, 4. Aufl. 2019, § 59 Rn. 13 ff.; *Hermes*, in: Britz/Hellermann/Hermes (Hrsg.), EnWG, 3. Aufl. 2015, § 61 Rn. 12 ff., § 59 Rn. 21 ff.; *Wahlhäuser*, in: Kment (Hrsg.), EnWG, 2. Aufl. 2019, § 61 Rn. 5 ff., § 59 Rn. 11 ff. Letztlich handelt es sich hierbei eher um sehr grundlegende Streitigkeiten um die charakteristische Legitimation behördlichen Handelns. Im Energiesektor wurde bislang noch nie eine Weisung erteilt.
1192 Das Gesetz verwendet parallel jeweils die männliche und weibliche Form der Amtsbezeichnungen. Der Verständlichkeit und Präzision des Gesetzestextes ist dies nicht zuträglich. Im Folgenden wird „(Vize-) Präsident" synonym für beide Formen verwendet; entsprechend wird für andere Amtsbezeichnungen („Bundespräsident") verfahren; s. hierzu schon *Koenig/Loetz/Neumann*, Telekommunikationsrecht, 2004, Fn. 273.
1193 S. zum Beirat sogleich.

von der Bundesregierung, der das Letztentscheidungsrecht zusteht, benannt und anschließend vom Bundespräsidenten ernannt, § 3 Abs. 4 BNetzAG.

Der Präsident hat vor dem Bundesminister für Wirtschaft und Technologie seinen Amtseid zu leisten und tritt damit in ein öffentlich-rechtliches Amtsverhältnis zum Bund ein, das in der Regel auf fünf Jahre beschränkt, einer einmaligen Verlängerung aber zugänglich ist.[1194]

II. Beschlusskammern

Beschlusskammern sind Kollegialorgane, die aus jeweils drei Personen bestehen, einem Vorsitzenden und zwei Beisitzern. Die Mitglieder der Beschlusskammern müssen gemäß § 59 Abs. 2 S. 2 EnWG Beamte sein und die Befähigung zum Richteramt oder für eine Laufbahn des höheren Dienstes haben. Sie dürfen ferner zur Gewährleistung unabhängiger Entscheidungsfindung weder ein Unternehmen der Energiewirtschaft innehaben oder leiten noch Mitglied des Vorstands oder Aufsichtsrats eines Unternehmens der Energiewirtschaft sein oder einer Regierung oder einer gesetzgebenden Körperschaft des Bundes oder eines Landes angehören, § 59 Abs. 3 EnWG.

Dies ist deshalb von besonderer Bedeutung, da die Entscheidungen der Bundesnetzagentur nach dem EnWG grundsätzlich von den Beschlusskammern getroffen werden, § 59 Abs. 1 EnWG. Dies betrifft etwa die Festlegung der Erlösobergrenzen gemäß § 32 Abs. 1 Nr. 1 ARegV, die Untersagung der Energielieferung an Haushaltskunden, § 5 S. 4 EnWG oder die Anordnung von Maßnahmen im besonderen Missbrauchsverfahren nach § 30 EnWG. Ausnahmen von der **ausschließlichen Entscheidungskompetenz** der Beschlusskammern sind im Katalog des § 59 Abs. 1 S. 2 EnWG abschließend aufgeführt. Dabei wurden die Kompetenzzuweisungen an die Fachabteilungen der Bundesnetzagentur zuletzt erheblich ausgeweitet, um eine einheitliche Verfahrensgestaltung, eine Durchführung der aufgezählten Tätigkeiten durch die fachnäheren Abteilungen oder eine Angleichung an die in der Praxis bereits bestehende Handhabung zu gewährleisten.[1195]

Die Bildung der Beschlusskammern erfolgt durch Bestimmung des Bundeswirtschaftsministeriums, § 59 Abs. 1 S. 3 EnWG. Für die Energieregulierung sind zunächst die Beschlusskammern 6–9 für die Bereiche „Stromnetze" (BK 6), „Gasnetze" (BK 7), „Netzentgelte Strom" (BK 8) und „Netzentgelte Gas" (BK 9) gebildet worden. Dies unterstreicht institutionell zum einen die Bedeutung der beiden voneinander abzugrenzenden Regulierungsinstrumente Zugangs- und Entgeltregulierung, zum anderen die notwendige Unterscheidung der beiden Sektoren Strom und Gas. Seit 2007 hat zudem die Beschlusskammer 4 (BK 4) Aufgaben der Energieregulierung übernommen. Letztere ist seither insbesondere zuständig für die Festlegung von Eigenkapitalzinssätzen, die Genehmigung individueller Netzentgelte gemäß § 19 Abs. 2 StromNEV, für die Anzeigen der Entgeltbildung gemäß § 3 Abs. 2 GasNEV im Falle wirksamen bestehenden oder potenziellen Leitungswettbewerbs sowie für die Genehmigung von Investitionsbudgets gemäß § 23 ARegV.

Die Beschlusskammern 8 und 9 sind im Übrigen nicht auf den Erlass von Erlösobergrenzenfestlegungen beschränkt, sondern treffen auch alle sonstigen, die Entgeltregulierung betreffenden Festlegungen und Entscheidungen, wie beispielsweise die

---
1194 S. § 4 Abs. 1, 2 BNetzAG.
1195 BT-Drs. 18/7317, S. 122 f.; BT-Drs. 18/8915, S. 38.

Festlegung von Preisindizes für die Ermittlung der Tagesneuwerte nach § 6 Abs. 3 StromNEV/GasNEV, Festlegungen für die Erhebung von Daten zur Ermittlung der Effizienzwerte und zur Bestimmung des Qualitätselements im Rahmen der Anreizregulierung oder auch die Entscheidungen über die Teilnahme eines Unternehmens am vereinfachten Verfahren im Rahmen der Anreizregulierung gemäß § 24 ARegV. Die Beschlusskammern 6 und 7 sind schließlich über die Entscheidungen zum Netzanschluss und Netzzugang hinaus[1196] auch für die Missbrauchsverfahren wegen Verletzung der Unbundling-Vorschriften gemäß den §§ 6 ff. EnWG (BK 6)[1197] zuständig.

12 Der innerhalb der Bundesnetzagentur gebildeten Abteilung „Energieregulierung" und dort den einzelnen Referaten (s. hierzu das Organigramm der Energieregulierung der Bundesnetzagentur auf S. 271) fällt die Aufgabe zu, den Beschlusskammern ihre technische, ökonomische und rechtliche Expertise zur Verfügung zu stellen. Sie arbeiten den Beschlusskammern in allen laufenden Regulierungsverfahren zu, beispielsweise indem sie die Durchführung von Kostenprüfungen und Effizienzvergleichen im Rahmen der Entgeltregulierung übernehmen.

C. Sonstige Gremien

I. Beirat

13 Gemäß § 5 Abs. 1 BNetzAG ist ein Beirat der Bundesnetzagentur zu bilden, der sich aus 16 Mitgliedern des Bundestags und 16 Vertretern des Bundesrates zusammensetzt. Die Mitglieder des Beirats sowie deren Stellvertreter werden auf Vorschlag von Bundestag bzw. Bundesrat von der Bundesregierung berufen. Die Berufung der vom Deutschen Bundestag vorgeschlagenen Mitglieder erfolgt für die Dauer der jeweiligen Wahlperiode, die der Bundesratsvertreter bis zur Berufung einer neuen Person. Mit Beendigung ihrer Mitgliedschaft im Bundestag verlieren die Bundestagsmitglieder auch ihre Mitgliedschaft im Beirat. Eine vorzeitige Abberufung der Bundesratsvertreter durch den Bundesrat ist gemäß § 5 Abs. 2 BNetzAG möglich.

14 Der Beirat gibt sich eine Geschäftsordnung, die der Genehmigung durch das Bundeswirtschaftsministerium im Benehmen mit dem Bundesministerium für Verkehr und digitale Infrastruktur bedarf, § 6 Abs. 1 BNetzAG. Er wählt aus seiner Mitte einen Vorsitzenden und dessen Stellvertreter und soll mindestens einmal im Vierteljahr zu einer – nicht öffentlichen – Sitzung zusammentreten.

15 Der Beirat hat das Recht, gemäß § 3 Abs. 3 S. 1 BNetzAG die Person des Präsidenten der Bundesnetzagentur sowie die beiden Vizepräsidenten der Bundesregierung zur Benennung vorzuschlagen. Im Übrigen ergeben sich die Aufgaben des Beirats aus § 60 EnWG: Demnach berät er die Bundesnetzagentur bei der Erstellung der Berichte nach § 63 Abs. 3 EnWG (insbesondere Monitoring-Tätigkeit) sowie im Rahmen des Berichtswesens gegenüber der Europäischen Kommission. Zur Erfüllung

---

1196 Zu diesen gehören auch die Festlegungen einheitlicher Datenformate und Geschäftsprozesse bei der Kundenbelieferung mit Elektrizität (sog. „GPKE"-Festlegung, BNetzA Beschl. v. 11.7.2006 – BK6-06-009, zuletzt geändert durch BNetzA Anlage 3 zum Beschl. v. 11.12.2019 – BK6-19-218 v. 1.4.2020) sowie beim Wechsel des Lieferanten bei der Belieferung mit Gas (sog. „GeLi Gas"-Festlegung, BNetzA Beschl. v. 20.8.2007 – BK7-06-067, zuletzt geändert durch BNetzA Beschl. v. 19.8.2019 – BK7-19-001).
1197 Vgl. etwa BNetzA – BK6-07-044 – *Stadtwerke Bielefeld*.

dieser Aufgaben ist der Beirat berechtigt, bei der Bundesnetzagentur Auskünfte und Stellungnahmen einzuholen. Die Bundesnetzagentur ist insoweit auskunftspflichtig.

II. Länderausschuss

Der gemäß § 8 BNetzAG bei der Bundesnetzagentur zu bildende Länderausschuss ist Hauptinstrument zur Abstimmung zwischen Bundesnetzagentur und Landesregulierungsbehörden in allen Fragen der Energieregulierung und soll insoweit „bundeseinheitlichen Vollzug" sicherstellen.[1198]

16

III. Wissenschaftliche Beratung

Zur Vorbereitung ihrer Entscheidungen oder zur Begutachtung von Fragen der Regulierung ist die Bundesnetzagentur gemäß § 64 Abs. 1 EnWG befugt, wissenschaftliche Kommissionen einzusetzen. Darüber hinaus kann sie sich bei der Erfüllung ihrer Aufgaben fortlaufend wissenschaftlicher Unterstützung bedienen, etwa im Rahmen einer regelmäßigen Begutachtung der volkswirtschaftlichen, betriebswirtschaftlichen, technischen und rechtlichen Entwicklung auf dem Gebiet der leitungsgebundenen Energieversorgung (§ 64 Abs. 2 Nr. 1 EnWG) oder im Zuge einer wissenschaftlichen Aufbereitung und Weiterentwicklung der Grundlagen für die Gestaltung der Regulierung des Netzbetriebs, der Regeln über den Netzanschluss und -zugang sowie den Kunden- und Verbraucherschutz (§ 64 Abs. 2 Nr. 2 EnWG). Diese erfolgt insbesondere auch durch den netzwirtschaftsübergreifend tätigen „Wissenschaftlichen Arbeitskreis für Regulierungsfragen (WAR)".[1199]

17

D. Organisatorischer Aufbau der Bundesnetzagentur

Der organisatorische Aufbau der Bundesnetzagentur stellt sich – im Hinblick auf die hier interessierende Energieregulierung – schematisch dargestellt wie folgt dar:

18

[1198] Zu Zusammensetzung und Aufgaben des Länderausschusses s. bereits oben in Kap. 10.
[1199] Hinweise dazu unter https://www.bundesnetzagentur.de/DE/Allgemeines/DieBundesnetzagentur/WAR/start.html (Abruf 15.10.2021).

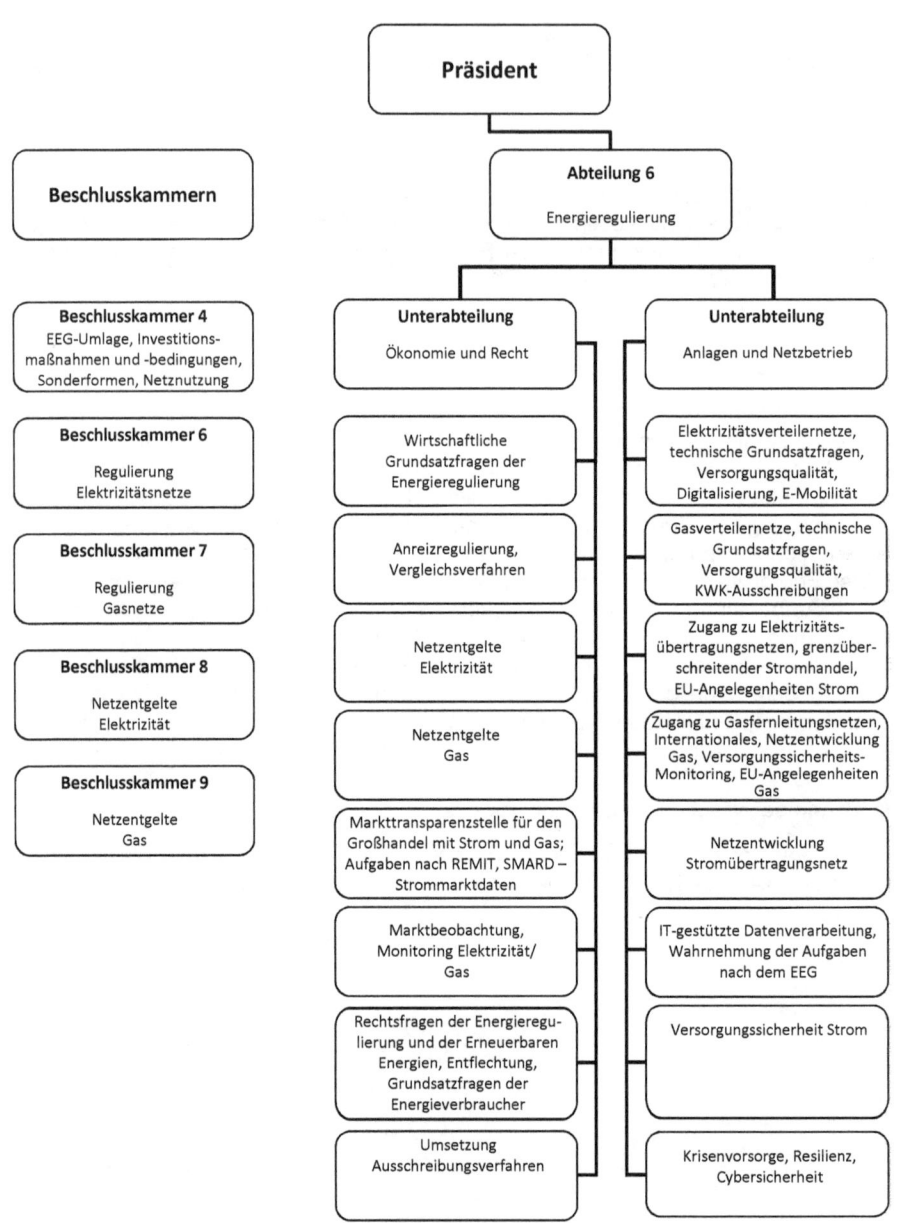

Abbildung 4: Organisatorischer Aufbau der BNetzA

Literaturhinweise:

Koenig, Christian /Neumann, Andreas, Telekommunikationsrecht, 2013; *Kühling, Jürgen,* Sektorspezifische Regulierung in den Netzwirtschaften, 2004.

12. Kapitel: Behördliches und gerichtliches Verfahren

Für alle Entscheidungen der Regulierungsbehörden, d.h. der Bundesnetzagentur und der Landesregulierungs-behörden, gelten hinsichtlich des behördlichen und des sich möglicherweise anschließenden gerichtlichen Verfahrens die Vorschriften des Teiles 8 des EnWG (§§ 65–108 EnWG). 1

A. Verfahren vor den Regulierungsbehörden

Die Regulierungserfahrungen in den anderen Netzwirtschaften und insbesondere in der Telekommunikation haben gezeigt, dass die Förderung von Wettbewerb nicht nur von der Ausgestaltung der materiellrechtlichen Zugangsrechte und der Entgelt- und Entflechtungsvorgaben abhängt, sondern maßgeblich auch davon, dass unabhängige Regulierungsbehörden mit hinreichenden Befugnissen ausgestattet und die Verwaltungsverfahren effektiv ausgestaltet werden. Dem widmen sich zunächst die §§ 65 ff. EnWG. Die in diesen Normen niedergelegten Befugnisse und Verfahrensregeln gelten für alle Verfahren vor den Regulierungsbehörden. Ergänzend zu diesen energierechtlichen Spezialbestimmungen finden die Vorschriften des Verwaltungsverfahrensgesetzes bzw. der jeweiligen Landesverwaltungsverfahrensgesetze (im Fall des Tätigwerdens einer Landesregulierungsbehörde oder der Bundesnetzagentur in der Funktion als Landesregulierungsbehörde) Anwendung. Der Gang des Verfahrens vor den Regulierungsbehörden, die Ermittlungs- und Entscheidungsbefugnisse werden im Folgenden zunächst am Beispiel des allgemeinen Aufsichtsverfahrens gemäß § 65 EnWG dargestellt (s. hierzu unter I.). Darüber hinausgehend enthalten die §§ 29 ff. EnWG besondere Befugnisse und Verfahrensvorschriften, die lediglich für den Bereich der Zugangs- und Entgeltregulierung Anwendung finden (s. hierzu unter II.). Schließlich geben die §§ 94 ff. EnWG den Regulierungsbehörden die Möglichkeit zur **Vollstreckung** ihrer förmlichen Entscheidungen (etwa durch Androhung und Festsetzung von Zwangsgeldern) sowie zur Durchführung von **Bußgeldverfahren** aufgrund gesonderter Ordnungswidrigkeitstatbestände (s. hierzu unter III.). 2

I. Allgemeines Aufsichtsverfahren gemäß § 65 EnWG

§ 65 EnWG stellt die Generalklausel für den Vollzug des EnWG[1200] durch die Regulierungsbehörden dar und ist ganz offenkundig § 32 GWB nachgebildet. Hiernach kann die nach § 54 EnWG zuständige Regulierungsbehörde erstens Unternehmen oder Unternehmensvereinigungen verpflichten, ein Verhalten abzustellen, das den Vorschriften des EnWG oder einer hierauf beruhenden Rechtsverordnung entgegensteht (sogenannte **Abstellungsentscheidung**, § 65 Abs. 1 EnWG). Zweitens kann sie 3

[1200] Dies gilt auch unter Berücksichtigung des § 65 Abs. 6 EnWG, wonach die BNetzA auch für den Vollzug der dem Unionsrecht entstammenden REMIT-Verodnung zuständig ist. Denn diese Anordnung ist infolge der Aufgaben- und Befugniszuweisung in § 56 Abs. 1 EnWG lediglich deklaratorischer Natur; so *Turiaux*, in: Kment (Hrsg.), EnWG, 2. Aufl. 2019, § 65 Rn. 39; s. zu § 65 Abs. 6 EnWG auch *Bachert*, RdE 2014, 361 (361 ff.).

Maßnahmen zur Einhaltung der Pflichten anordnen, die sich aus dem EnWG oder einer hierauf beruhenden Rechtsverordnung ergeben (sogenannte **Maßnahmenanordnung**, § 65 Abs. 2 EnWG). Schließlich können die Regulierungsbehörden drittens, soweit hieran im Einzelfall ein berechtigtes Interesse besteht, eine Zuwiderhandlung gegen Gesetz oder Verordnung auch dann noch feststellen, wenn diese bereits beendet ist (sogenannte **Ex-post-Feststellung**, § 65 Abs. 3 EnWG).

4 Die Abstellungsentscheidung hat zum Inhalt, eine bestimmte und konkret zu umschreibende, zudem noch andauernde Zuwiderhandlung nicht fortzuführen. Sie kommt in Betracht, wenn sich die einzuhaltende Pflicht hinreichend deutlich dem Gesetz oder der Verordnung entnehmen lässt. Dann kann die Regulierungsbehörde alle erforderlichen Abhilfemaßnahmen verhaltensorientierter und als Ultima Ratio sogar struktureller Art vorschreiben, die verhältnismäßig und erforderlich sind. Erst wenn vor diesem Hintergrund eine Abstellungsentscheidung nicht ausreichend erscheint, um ein rechtskonformes Verhalten des betreffenden Unternehmens sicherzustellen, kann die zuständige Regulierungsbehörde zum weitergehenden Mittel der Maßnahmenanordnung greifen. Eine entsprechende Prüfung durch die Behörde hat dem Erlass einer Maßnahmenanordnung daher immer vorauszugehen. Dies ergibt sich aus dem insoweit eindeutigen Wortlaut des Gesetzes, das in § 65 Abs. 1 S. 2 EnWG von einer „festgestellten Zuwiderhandlung" spricht. Im Bereich der Netzentwicklungspläne kann die Regulierungsbehörde nach erfolgloser Fristsetzung zur Durchführung der betreffenden Investition in einem letzten Schritt eine Ersatzvornahme durch ein anderes Unternehmen veranlassen.[1201] Soweit zum Zeitpunkt der regulierungsbehördlichen Entscheidung das betreffende Unternehmen die Zuwiderhandlung bereits abgestellt hat, wird in der Regel das Verfahren eingestellt. Nur soweit ein berechtigtes Interesse hieran besteht, kann die Regulierungsbehörde auch zu diesem Zeitpunkt noch eine Verfügung erlassen, die in ihrem Inhalt darauf beschränkt ist, festzustellen, dass eine solche Zuwiderhandlung stattgefunden hat. Ein berechtigtes Interesse dürfte etwa bei Wiederholungsgefahr oder einer grundsätzlichen Bedeutung der Rechtsfrage gegeben sein.

1. Einleitung und Gang des Verfahrens

5 Die Regulierungsbehörden leiten ein Verfahren gemäß § 66 EnWG entweder **von Amts wegen** oder **auf Antrag** ein. So kann eine Regulierungsbehörde immer dann von Amts wegen ein Verfahren einleiten, wenn sie eine Zuwiderhandlung gegen das EnWG erkennt. Ein solches Verfahren ist dann in der Regel auf den Erlass einer Verfügung nach § 65 EnWG gerichtet. Gemäß § 2 ARegV ist die zuständige Regulierungsbehörde sogar dazu verpflichtet, das Verfahren zur Bestimmung von Erlösobergrenzen zu bestimmten Zeitpunkten (vgl. § 6 ARegV) von Amts wegen einzuleiten. Die Verfahren zur Genehmigung von Netzentgelten gemäß § 23a EnWG wurden hingegen auf Antrag des Netzbetreibers eingeleitet. Insoweit bestand gemäß § 23a EnWG allerdings ein Anspruch des durch den Genehmigungsbescheid begünstigten Netzbetreibers auf Verfahrenseinleitung (vgl. § 23a Abs. 2 S. 1 EnWG: „Die Genehmigung ist zu erteilen, ..."). Wird dagegen einer Regulierungsbehörde von Dritten „angetragen", ein Verfahren gemäß § 65 EnWG gegen ein anderes Unternehmen einzuleiten, steht die Entscheidung hierüber im (Aufgriff-)Ermessen der

---

1201 § 65 Abs. 2a EnWG.

A. Verfahren vor den Regulierungsbehörden

Behörde.[1202] In der kartellrechtlichen Parallelnorm des § 54 Abs. 1 GWB wurde zwischenzeitlich eine entsprechende Klarstellung aufgenommen.[1203] Dieser bestimmt nunmehr, dass die Kartellbehörde auf ein Ersuchen hin zur Verfahrenseinleitung von Amts wegen berechtigt ist, § 54 Abs. 1 S. 2 GWB. Dass eine entsprechende Klarstellung bisher nicht auch in § 65 EnWG aufgenommen wurde, führt nicht zu der Feststellung, dass der Regulierungsbehörde kein Aufgreifermessen zustünde. Da es sich bei § 54 Abs. 1 S. 2 GWB lediglich um eine Klarstellung handelt, hat diese die zuvor bestehende Rechtslage, bei der das Aufgreifermessen bereits ohne entsprechenden Zusatz angenommen wurde, nicht berührt. Gleiches muss für die energiewirtschaftsrechtliche Parallelnorm des § 65 EnWG gelten.

Leitet die Bundesnetzagentur ein Verfahren ein, hat sie gemäß § 55 Abs. 1 S. 2 EnWG zugleich die Landesregulierungsbehörden zu benachrichtigen, in deren Gebiet die betroffenen Unternehmen ihren Sitz haben. Eine entsprechende Vorschrift, die für den Fall der Verfahrenseinleitung durch eine Landesregulierungsbehörde eine Benachrichtigung der Bundesnetzagentur vorsieht, enthält das EnWG nicht. Dieses sieht lediglich in § 55 Abs. 2 EnWG vor, dass in Verfahren nach § 4 EnWG (Genehmigung des Netzbetriebs) und § 36 Abs. 2 EnWG (Feststellung des Grundversorgers) die hierfür „nach Landesrecht zuständige Behörde" eine entsprechende Benachrichtigung vornimmt, falls im konkreten Fall der Aufgabenbereich der Bundesnetzagentur berührt ist.[1204]

6

a) Beteiligte am Verfahren

Die Verfahrensbeteiligten zählt § 66 Abs. 2 EnWG (wiederum § 54 Abs. 2 GWB nachgebildet) abschließend auf.

7

aa) Antragsteller

Beteiligt am Verfahren ist zunächst gemäß § 66 Abs. 2 Nr. 1 EnWG derjenige, der die Einleitung des Verfahrens beantragt hat. Hierunter fällt in jedem Fall der Antragsteller, ohne den das Verfahren nicht durchgeführt werden könnte, etwa im Falle des § 24 ARegV der Netzbetreiber, der die Teilnahme am vereinfachten Verfahren der Anreizregulierung beantragt hat, oder auch derjenige, der einen Antrag auf Genehmigung eines individuellen Netzentgelts gemäß § 19 Abs. 2 StromNEV gestellt hat. In den Fällen hingegen, in denen ein Dritter der Regulierungsbehörde „anträgt", ein Verfahren gemäß § 65 EnWG gegen ein anderes Unternehmen einzuleiten, die zuständige Regulierungsbehörde also gleichsam von Amts wegen tätig werden könnte, ist dieser Dritte nicht „Antragsteller" i.S.d. § 66 Abs. 2 Nr. 1 EnWG.[1205] Seine Betei-

8

1202 Insofern zu der gleichlautenden Vorschrift des § 54 Abs. 1 S. 1 GWB *Bechtold/Bosch*, GWB, 9. Aufl. 2018, § 54 Rn. 2.
1203 BT-Drs. 13/9720, S. 64.
1204 *Salje*, EnWG, 2006, § 55 Rn. 13 geht allerdings in analoger Anwendung des § 55 Abs. 1 S. 2 EnWG von einer auch umgekehrten Unterrichtungspflicht der Landesregulierungsbehörden gegenüber der BNetzA aus. So auch *Hermes*, in: Britz/Hellermann/Hermes (Hrsg.), EnWG, 3. Aufl. 2015, § 55 Rn. 9; *Schmidt-Preuß*, in: Säcker (Hrsg.), Energierecht, Bd. 1 Teil 2, 4. Aufl. 2019, § 55 Rn. 10 stützt eine Benachrichtigungspflicht der BNetzA dagegen auf den verfassungsrechtlichen Grundsatz der Bundestreue.
1205 Vgl. zum entsprechenden Verständnis des § 54 Abs. 2 Nr. 1 GWB *Bechtold/Bosch*, GWB, 9. Aufl. 2018, § 54 Rn. 3.

ligung am Verfahren richtet sich in diesen Fällen vielmehr nach § 66 Abs. 2 Nr. 3 EnWG (s. hierzu sogleich).

bb) Betroffene natürliche und juristische Personen

9 Verfahrensbeteiligte sind gemäß § 66 Abs. 2 Nr. 2 EnWG ferner die natürlichen und juristischen Personen, d.h. Unternehmen, gegen die sich das Verfahren richtet. Dazu zählen alle Personen, die durch die das Verfahren beendende Entscheidung unmittelbar belastet werden können.[1206]

cc) Beigeladene

10 Darüber hinaus sind gemäß § 66 Abs. 2 Nr. 3 EnWG diejenigen Personen und Personenvereinigungen am Verfahren beteiligt, welche die jeweilige Regulierungsbehörde zu dem Verfahren beigeladen hat. Beizuladen sind – auf entsprechenden Antrag hin – Personen und Personenvereinigungen, deren Interessen durch die Entscheidung erheblich berührt werden. Dies betrifft insbesondere die **Verbraucherverbände**. Insoweit stellt § 66 Abs. 2 Nr. 3 EnWG (sprachlich leider verunglückt[1207]) klar, dass – anders als noch die Rechtsprechung zu § 54 Abs. 2 GWB a.F. – die Interessen der Verbraucherverbände auch dann „erheblich berührt" sind, wenn zwar die wirtschaftliche Beeinträchtigung des einzelnen Verbrauchers als gering einzustufen ist, die Verbraucher aber aufgrund der Vielzahl der Betroffenen in der Zusammenschau „erheblich berührt" sind („Bündelungseffekt").

11 Besteht eine erhebliche Interessensberührung, so hat die Regulierungsbehörde grundsätzlich nach pflichtgemäßem Ermessen über die Beiladung zu entscheiden (sogenannte **einfache Beiladung**).[1208]In Fortführung der kartellrechtlichen Rechtsprechung zu § 54 Abs. 2 GWB, wonach ein Beiladungsanspruch des Dritten dann besteht, wenn der Ausgang des Verfahrens rechtsgestaltende Wirkung für den Dritten hat, geht allerdings auch das OLG Düsseldorf im Rahmen des § 66 Abs. 2 EnWG in eben diesen Fällen von einer **notwendigen Beiladung** aus.[1209] Für die Entgeltgenehmigung nach § 23a EnWG hat das OLG Düsseldorf eine rechtsgestaltende Wirkung für einen potenziellen Netznutzer und damit dessen notwendige Beiladung jedoch mit der Begründung abgelehnt, dass es sich hierbei nur um die Genehmigung einer Höchstgrenze handle und die Festlegung des konkreten Entgelts erst durch den Abschluss eines Lieferantenrahmenvertrags zwischen Netzbetreiber und Netznutzer erfolge.[1210]

1206 *Hanebeck,* in: Britz/Hellermann/Hermes (Hrsg.), EnWG, 3. Aufl. 2015, § 66 Rn. 9.
1207 Vgl. zu einer sprachlich korrigierten Fassung des § 66 Abs. 2 Nr. 3 2. Hs. EnWG *Salje,* EnWG, 2006, § 66.
1208 Zu den für die Beiladungsentscheidung maßgeblichen Ermessenserwägungen s. etwa *Bien,* N&R 2007, 140 (143). S. zur einfachen Beiladung bei der erheblichen Berührung wirtschaftlicher Interessen OLG Düsseldorf Beschl. v. 18.3.2015 – VI-3 Kart 186/14 (V), Rn. 30 ff.
1209 Vgl. OLG Düsseldorf Beschl. v. 2.11.2006 – VI-3 Kart 165/06 (V), ZNER 2006, 349 ff.; s. hierzu auch *Kühling/Hermeier,* N&R 2007, 146 (150).
1210 Vgl. OLG Düsseldorf Beschl. v. 2.11.2006 – VI-3 Kart 165/06 (V), ZNER 2006, 349 ff.

dd) Regulierungsbehörde

Gemäß § 66 Abs. 3 EnWG ist zudem an Verfahren vor den „nach Landesrecht zuständigen Behörden" auch die Regulierungsbehörde zu beteiligen. Dem Wortlaut nach betrifft dies lediglich die Konstellation eines von der nach Landesrecht zuständigen Behörde eröffneten Verfahrens, etwa gemäß § 4 Abs. 1 S. 1, § 36 Abs. 2 S. 3, 4, § 43 S. 1, § 45 Abs. 2 S. 3 oder § 49 Abs. 5 EnWG. In einem solchen Verfahren ist die zuständige Regulierungsbehörde gemäß § 54 EnWG Verfahrensbeteiligte, also je nach Zuständigkeit für das betroffene Unternehmen entweder die Bundesnetzagentur oder eine Landesregulierungsbehörde. 12

Mit Verweis auf die Entstehungsgeschichte von § 66 Abs. 3 EnWG und der entsprechenden Vorschrift für das gerichtliche Beschwerdeverfahren (§ 79 Abs. 2 EnWG) hat der BGH jedoch mit Beschluss vom November 2007 entschieden, dass die zu beteiligende Regulierungsbehörde i.S.d. §§ 66 Abs. 3, 79 Abs. 2 EnWG auch die Bundesnetzagentur sei, wenn es um ein von einer Landesregulierungsbehörde geführtes Verfahren gehe. Gesetzgeberisches Anliegen sei es gewesen, die Bundesnetzagentur in allen energiewirtschaftsrechtlichen Verfahren einer Landesbehörde zu beteiligen. Da es in Teil 8 des EnWG nur um Regulierungsverfahren gehe, bezeichne hier die „nach Landesrecht zuständige Behörde" immer die Landesregulierungsbehörde.[1211] 13

b) Anhörung und mündliche Verhandlung

Allen Verfahrensbeteiligten ist gemäß § 67 EnWG Gelegenheit zur Stellungnahme zu geben. Auch Vertretern der von dem Verfahren berührten Wirtschaftskreise kann die Regulierungsbehörde in geeigneten Fällen Gelegenheit zur Stellungnahme geben. Berührte Wirtschaftskreise sind diejenigen Gruppen, die unmittelbar oder mittelbar ein wirtschaftliches Interesse am Ausgang des Verfahrens haben. Dies dürften insbesondere die Verbände der Energiewirtschaft bzw. der Energieverbraucher (BDEW, VKU, VIK, BNE, BDI u.a.) sein. 14

Auf Antrag eines Beteiligten oder von Amts wegen kann die Regulierungsbehörde eine öffentliche mündliche Verhandlung durchführen, die bei der Bundesnetzagentur vom Vorsitzenden der zuständigen Beschlusskammer geleitet wird. Nur im Falle der Gefährdung von Betriebs- oder Geschäftsgeheimnissen oder der öffentlichen Ordnung ist die Öffentlichkeit zumindest zeitweise auszuschließen. Diese gerichtsähnliche Ausgestaltung des Beschlusskammerverfahrens bei der Bundesnetzagentur ist in ihrer Bedeutung nicht zu unterschätzen. Sie soll die Rechte der Beteiligten besser schützen als ein rein schriftliches Verfahren und eine entsprechend höhere Richtigkeitsgewähr bieten. Sie erzeugt zugleich nicht nur Transparenz und Partizipationsoffenheit, sondern stärkt durch den gerichtsähnlichen Charakter die Unabhängigkeit des Handelns der Bundesnetzagentur. 15

§ 67 Abs. 4 EnWG weist noch einmal ausdrücklich darauf hin, dass die Regelungen zur Heilung von Verfahrens- und Formfehlern nach § 45 VwVfG und zum fehlenden Aufhebungsanspruch in den Fällen des § 46 VwVfG auch im Verfahren vor den Regulierungsbehörden Anwendung finden.

[1211] BGH Beschl. v. 13.11.2007 – KVR 23/07, WuW 2008, 463 ff.

2. Ermittlungsbefugnisse der Regulierungsbehörde

16 Auch in den Verfahren vor der Regulierungsbehörde gilt § 24 VwVfG: Die Behörde ermittelt den Sachverhalt von Amts wegen. Konkretisiert wird dieser sogenannte **Untersuchungsgrundsatz** durch § 68 EnWG, wonach die Regulierungsbehörde alle Ermittlungen führen und alle Beweise erheben kann, die erforderlich sind.[1212] Für die Beweiserhebung durch Augenschein, Zeugen und Sachverständige wird auf entsprechende Vorschriften der ZPO verwiesen. Erachtet sie es zur Herbeiführung einer wahrheitsgemäßen Aussage für notwendig, kann die Regulierungsbehörde beim Amtsgericht die Vereidigung von Zeugen beantragen, § 68 Abs. 6 S. 1 EnWG. § 68 Abs. 7 EnWG bezieht sich erneut auf den Sachverständigenbeweis mit dem Ziel, durch die Klarstellung[1213] die Ermittlungen der Bundesnetzagentur zu erleichtern.[1214] § 68 Abs. 7 EnWG begrenzt die Verwendung der nach der REMIT-Verordnung erlangten personenbezogenen Daten. Sind die Voraussetzungen des § 70 EnWG erfüllt, ist die Regulierungsbehörde sogar zur Beschlagnahme von Beweismitteln berechtigt, die allerdings einer nachfolgenden gerichtlichen Bestätigung bedarf.

17 Darüber hinausgehend ist die Bundesnetzagentur berechtigt, einen ganzen Wirtschaftszweig, eine bestimmte Art von Vereinbarungen oder ein bestimmtes Verhalten außerhalb eines konkreten Verwaltungsverfahrens[1215] zu überprüfen, wenn Tatsachen vorliegen, die eine Wettbewerbsbeeinträchtigung oder -verfälschung vermuten lassen, § 69 Abs. 10 EnWG.

a) Auskunftsverlangen

18 Die Vorschrift des § 69 EnWG begründet **Auskunftsbefugnisse** der Regulierungsbehörde gegenüber dem regulierten Unternehmen, die weit über die allgemeinen Informationsbeschaffungsbefugnisse von Behörden nach dem VwVfG hinausgehen.

19 Die Möglichkeit eines förmlichen Auskunftsverlangens besteht vom Beginn der Vorermittlungen bis zur Bestandskraft der verfahrensabschließenden Entscheidung. Potenzielle Adressaten eines solchen Auskunftsverlangens sind alle Unternehmen, Wirtschafts- und Berufsvereinigungen, also auch die Verbände der Energiewirtschaft. Von allen Adressaten kann die Regulierungsbehörde Auskunft über ihre technischen und wirtschaftlichen Verhältnisse verlangen einschließlich der Herausgabe allgemeiner Marktstudien, die sich im Besitz der Unternehmen oder Unternehmensvereinigungen befinden und der Regulierungsbehörde bei der Erfüllung ihrer Berichts- und Monitoring-Aufgaben dienlich sein können, § 69 Abs. 1 S. 1 Nr. 1, S. 2 EnWG. Auskunftsverlangen können sich darüber hinaus auch auf wirtschaftliche Verhältnisse und Unterlagen verbundener Unternehmen des Unternehmens beziehen, von dem förmlich Auskunft verlangt wird, soweit dieses rechtlich dazu in der Lage ist, § 69 Abs. 1 S. 1 Nr. 2 EnWG.[1216]

20 Voraussetzung für ein förmliches Auskunftsverlangen gemäß § 69 EnWG ist das Vorliegen eines „Anfangsverdachts" gegen das Unternehmen, gegen das sich das

---

1212 Zur Reichweite der Ermittlungspflichten OLG Düsseldorf Beschl. v. 12.12.2012 – VI-3 Kart 107/09 (V), Rn. 97 f.
1213 S. *Eufinger*, in: Britz/Hellermann/Hermes (Hrsg.), EnWG, 3. Aufl. 2015, § 68 Rn. 10.
1214 BR-Drs. 253/12, S. 41.
1215 BT-Drs. 15/3917, S. 71.
1216 Entsprechende Auskunftspflichten zur Wahrnehmung der Aufgaben aus der REMIT-Verodnung sind in § 69 Abs. 11 EnWG gesondert geregelt.

laufende Verfahren richtet. Tatsächliche Verdachtsmomente für einen Verstoß gegen Bestimmungen des EnWG müssen bestehen. Auskunft darf dann im konkreten Fall von der Regulierungsbehörde in einem Umfang verlangt werden, wie es „zur Erfüllung der ihr im EnWG übertragenen Aufgaben erforderlich ist". Nicht (mehr) rechtmäßig ist ein Auskunftsverlangen mithin dann, wenn es auf Informationen ausgeweitet wird, die zur Klärung des laufenden Verfahrens offenkundig nicht beitragen können.

Die Erhebung der Informationen durch die Regulierungsbehörde erfolgt gemäß § 69 Abs. 7 und 8 EnWG durch Beschluss. Werden Informationen verbundener Unternehmen herausverlangt, bedarf dieser der Zustimmung des Präsidenten der Regulierungsbehörde. Im Beschluss sind Rechtsgrundlage, Gegenstand und Zweck des Auskunftsverlangens anzugeben sowie eine angemessene Frist zur Auskunftserteilung zu bestimmen. § 69 Abs. 2–6 EnWG regelt schließlich die Rechte der Regulierungsbehörde bei der Durchsetzung der Auskunftsbefugnisse. So werden bestimmten Personen Auskunftsverpflichtungen auferlegt; Personen, die von der Regulierungsbehörde mit der Vornahme von Prüfungen beauftragt sind, dürfen Betriebsgrundstücke, Büro- und Geschäftsräume und Einrichtungen von Unternehmen und Unternehmensvereinigungen während der üblichen Geschäftszeiten betreten. Unter bestimmten Voraussetzungen können Durchsuchungen und die Beschlagnahme von Gegenständen erfolgen. 21

b) Schutz der Betriebs- und Geschäftsgeheimnisse

Im Rahmen der – gemäß § 69 EnWG sehr weitgehend möglichen – Informationsbeschaffung durch die Regulierungsbehörde ist es unvermeidlich, dass auch sogenannte Betriebs- und Geschäftsgeheimnisse übermittelt werden. Insoweit besteht ein berechtigtes Interesse des betroffenen Unternehmens, dass diese Informationen von der Regulierungsbehörde vertraulich behandelt werden und weder der Öffentlichkeit zugänglich gemacht noch an Wettbewerber weitergegeben werden. Dem trägt bereits § 30 VwVfG Rechnung, wonach die Beteiligten eines Verwaltungsverfahrens Anspruch darauf haben, dass ihre Geheimnisse, insbesondere die Betriebs- und Geschäftsgeheimnisse, von der Behörde nicht unbefugt offenbart werden. Dieser allgemeine Grundsatz des Schutzes von Betriebs- und Geschäftsgeheimnissen im Verwaltungsverfahren wird für das Verfahren vor der Regulierungsbehörde durch § 71 EnWG noch ergänzt.[1217] 22

Insoweit besteht eine Pflicht der Unternehmen, die der Regulierungsbehörde Informationen zu übermitteln haben, nach der Vorlage diejenigen Teile zu kennzeichnen, die Betriebs- oder Geschäftsgeheimnisse enthalten. Eine zusätzliche Fassung, in der diese Geheimnisse geschwärzt sind, ist mit einzureichen. Dies soll zu größerer Sicherheit „auf beiden Seiten" beitragen: Zum einen kann die Behörde von der Zustimmung zur Weitergabe der übermittelten Daten an die übrigen Verfahrensbeteiligten ausgehen, soweit eine Kennzeichnung unterblieben ist. Diese **Vermutung** ist aber widerlegbar: Sind ihr besondere Umstände bekannt oder handelt es sich offenkundig um Betriebs- und Geschäftsgeheimnisse, darf sie trotz unterbliebener Kennzeichnung eine Einsichtnahme durch Dritte nicht gestatten. Zum anderen hat auch das Unternehmen Sicherheit, dass die von ihm geschwärzten Passagen Dritten nicht ohne seine Kenntnis hiervon zugänglich gemacht werden. Denn für den Fall, dass 23

1217 S. beispielsweise zum Geheimnisschutz im Konzessionsvergabeverfahren BGH Urt. v. 14.4.2015 – EnZR 11/14, Rn. 24 ff.

die Regulierungsbehörde die Kennzeichnung als Betriebs- und Geschäftsgeheimnis im Einzelfall für unberechtigt hält, hat sie vor der Entscheidung über die Gewährung von Einsichtnahme zugunsten Dritter das vorlegende Unternehmen anzuhören.

c) Zusammenarbeit mit der Staatsanwaltschaft

24 Es ist nicht auszuschließen, dass die Bundesnetzagentur im Rahmen ihrer Ermittlungen auch von Straftaten oder von Tatsachen Kenntnis erlangt, die den Verdacht einer Straftat begründen. Handelt es sich hierbei um Straftaten nach den §§ 95a, 95b EnWG, d.h. um Fälle von Insiderhandel oder Marktmanipulation, ist sie zur Anzeige dieser Straftaten bei der Staatsanwaltschaft verpflichtet, § 68a S. 1 EnWG. Die Bundesnetzagentur ist berechtigt, „personenbezogenen Daten der Betroffenen, gegen die sich der Verdacht richtet oder die als Zeugen in Betracht kommen, der Staatsanwaltschaft zu übermitteln, soweit dies für Zwecke der Strafverfolgung erforderlich ist," § 68a S. 2 EnWG. Die Entscheidung, ob und inwieweit aufgrund der angezeigten Tatsachen ein Strafverfahren eingeleitet wird, obliegt der Staatsanwaltschaft als Strafverfolgungsbehörde und richtet sich nach den allgemeinen strafprozessualen Grundsätzen.

3. Verfahrensabschluss

a) Vorläufige Anordnungen

25 Bis zur endgültigen Entscheidung ist die Regulierungsbehörde gemäß § 72 EnWG befugt, vorläufige Entscheidungen zu treffen. Dies setzt als ungeschriebenes Tatbestandsmerkmal aber voraus, dass eine solche vorläufige Entscheidung im öffentlichen Interesse oder im überwiegenden Interesse von Beteiligten zur Abwendung von schweren oder zumindest wesentlichen Nachteilen erforderlich ist.[1218] Die Hauptsache darf hierdurch grundsätzlich nicht vorweggenommen werden,[1219] es sei denn, einem Beteiligten würden durch die Nichtanordnung unzumutbare und nicht anders abwendbare Nachteile drohen.[1220] In diesen Fällen gebietet der Grundsatz des effektiven Rechtsschutzes aus Art. 19 Abs. 4 GG die vorläufige Anordnung zu erlassen.[1221]

[1218] S. *Bach*, in: Immenga/Mestmäcker (Hrsg.), Wettbewerbsrecht, Bd. 2, 6. Aufl. 2020, § 60 Rn. 12 m.w.N. zur entsprechenden Vorschrift des § 60 GWB, an die § 72 EnWG offenkundig angelehnt ist, sowie *Hanebeck*, in: Britz/Hellermann/Hermes (Hrsg.), EnWG, 3. Aufl. 2015, § 72 Rn. 4, der dies auf der Grundlage der Parallelen zum TKG, GWB und zur VwGO begründet.
[1219] OLG Stuttgart Beschl. v. 27.5.2010 – 202 EnWG 1/10, Rn. 63; bestätigt durch BGH Beschl. v. 18.10.2011 – EnVR 68/10. S. auch *Bach*, in: Immenga/Mestmäcker (Hrsg.), Wettbewerbsrecht, Bd. 2, 6. Aufl. 2020, § 60 Rn. 17 f. m.w.N. zur entsprechenden Vorschrift des § 60 GWB.
[1220] Vgl. BVerfG Beschl. v. 19.10.1977 – 2 BvR 42/76, nach *juris*, Rn. 34, BVerfGE 46, 166 (179); BVerfG Beschl. v. 25.10.1988 – 2 BvR 745/88, nach *juris*, Rn. 17, BVerfGE 79, 69 (74); BVerfG Beschl. v. 16.5.1995 – 1 BvR 1087/91, nach *juris*, Rn. 28, BVerfGE 93, 1 (13 f.); BVerfG Urt. v. 14.5.1996 – 2 BvR 1516/93, NVwZ 1996, 678 (685 f.).
[1221] Vgl. BVerfG Beschl. v. 19.10.1977 – 2 BvR 42/76, nach *juris*, Rn. 33 ff., BVerfGE 46, 166 (179); BVerfG Beschl. v. 25.10.1988 – 2 BvR 745/88, nach *juris*, Rn. 17 f., BVerfGE 79, 69 (74); BVerfG Beschl. v. 16.5.1995 – 1 BvR 1087/91, nach *juris*, Rn. 28, BVerfGE 93, 1 (13 f.); BVerfG Urt. v. 14.5.1996 – 2 BvR 1516/93, NVwZ 1996, 678 (685 f.).

A. Verfahren vor den Regulierungsbehörden

b) Begründung und Zustellung der endgültigen Entscheidung

Die endgültige Entscheidung, im Falle des allgemeinen Aufsichtsverfahrens nach § 65 EnWG also die Verfügung mit dem Inhalt, ein bestimmtes – den Vorschriften des EnWG oder der hierauf ergangenen Verordnungen entgegenstehendes – Verhalten abzustellen, oder die Anordnung konkreter Maßnahmen zur Einhaltung der Vorschriften, ist zu begründen und dem regulierten Unternehmen **zuzustellen**, § 73 Abs. 1 S. 1 EnWG. Eine **Rechtsmittelbelehrung** ist beizufügen.[1222]

26

Bei **Festlegungen** allerdings, die gegenüber allen oder einer Gruppe von Netzbetreibern oder gegenüber sonstigen Verpflichteten einer Vorschrift getroffen werden, ist die Bundesnetzagentur von ihrer Pflicht befreit, diese jedem Unternehmen individuell zuzustellen. Stattdessen sind lediglich der verfügende Teil der Festlegung und die Rechtsbehelfsbelehrung unter Hinweis auf die Veröffentlichung der vollständigen Entscheidung auf der Internetseite der Bundesnetzagentur und im Amtsblatt der Bundesnetzagentur **bekannt zu machen**, § 73 Abs. 1a S. 2 EnWG. Zwei Wochen nach Bekanntmachung im Amtsblatt der Bundesnetzagentur beginnt die Frist zur Einlegung einer Beschwerde hiergegen (Frist von einem Monat) zu laufen. Dies ist nicht gänzlich unproblematisch, da § 29 EnWG zugleich die möglichen Adressaten einer solchen Festlegung auf alle in einer Vorschrift des EnWG oder einer hierauf ergangenen Verordnung Verpflichteten erweitert. Soweit ein Marktteilnehmer mit einer Festlegung nicht rechnet, ist daher nicht ausgeschlossen, dass er von dieser erst erfährt, wenn die entsprechenden Rechtsmittelfristen bereits verstrichen sind.

27

c) Kosten

Die Kosten einer Beweiserhebung kann die Regulierungsbehörde den Beteiligten gemäß § 73 Abs. 3 EnWG nach billigem Ermessen auferlegen. Im Übrigen gilt für Kosten (Gebühren und Auslagen), die bei Verfahren vor der Regulierungsbehörde entstehen, das Verwaltungskostengesetz des Bundes bzw. der Länder. § 91 EnWG führt entsprechende Gebührentatbestände auf.

28

II. Besondere Befugnisse und Verfahrensregelungen im Rahmen der Zugangs- und Entgeltregulierung

Die im Rahmen des allgemeinen Aufsichtsverfahrens nach § 65 EnWG dargestellten Verfahrensgrundsätze gelten, wie für alle Verfahren vor der Regulierungsbehörde, ergänzend auch für die Verfahren im Rahmen der Zugangs- und Entgeltregulierung nach den §§ 29 ff. EnWG. Hier gibt es jedoch zusätzliche Formen des Verwaltungshandelns (in Form der Festlegung gemäß § 29 EnWG, s. hierzu unter 1.), weitergehende Eingriffsbefugnisse (im Falle missbräuchlichen Verhaltens gemäß § 30 EnWG, s. hierzu unter 2.), besondere Verfahrensregeln (im besonderen Missbrauchsverfahren gemäß § 31 EnWG, s. hierzu unter 3.) sowie zusätzliche Sanktionsmöglichkeiten (Unterlassungs- und Schadensersatzpflicht, Vorteilsabschöpfung, gemäß den §§ 32, 33 EnWG, s. hierzu unter 4. und 5.).

29

[1222] S. hierzu BGH Beschl. v. 21.1.2014 – EnVR 22/13, Rn. 10 ff.; Vorinstanz OLG Düsseldorf Beschl. v. 22.3.2013 – VI-3 Kart 225/12 (V) (Berichtigungsbeschl. v. 29.4.2013).

1. Verfahren zur Festlegung und Genehmigung (§ 29 EnWG)

30 Nach § 29 Abs. 1 EnWG ist die Regulierungsbehörde befugt, Entscheidungen in den in diesem Gesetz benannten Fällen und über die Bedingungen und Methoden für den Netzzugang oder den Netzanschluss nach der KraftNAV, der StomNZV und der GasNZV, der StromNEV und der GasNEV sowie der ARegV durch Festlegung gegenüber einem Netzbetreiber, einer Gruppe von Netzbetreibern oder gegenüber allen Netzbetreibern oder den sonstigen in der jeweiligen Vorschrift Verpflichteten oder durch Genehmigung gegenüber dem Antragsteller zu treffen. Den Begriff der „**Festlegung**" in § 29 EnWG hat der deutsche Gesetzgeber aus der GasRL und EltRL übernommen. Die Entscheidungsform der „Festlegung" ist dem deutschen Verwaltungsrecht an sich unbekannt. Festlegungen, welche die Regulierungsbehörden nach § 29 EnWG treffen, dürften aber in aller Regel – wie die entsprechenden regulatorischen Verfügungen nach TKG und PostG auch – Verwaltungsakte (bzw. Allgemeinverfügungen) i.S.d. § 35 VwVfG darstellen.[1223]

31 Im Rahmen von Festlegungen nach § 29 EnWG kann die Regulierungsbehörde die Vorgaben der vorgenannten Rechtsverordnungen nach den §§ 17 Abs. 3, 21a Abs. 6 und 24 EnWG im Wege behördlicher Entscheidung inhaltlich ergänzen und konkretisieren, soweit diese Rechtsverordnungen keine abschließenden Regelungen enthalten.

32 Gemäß § 29 Abs. 2 EnWG können die nach Abs. 1 von der Regulierungsbehörde festgelegten Methoden oder Bedingungen durch sie selbst verändert werden, wenn dies erforderlich ist, um weiterhin den Voraussetzungen für eine Festlegung oder Genehmigung zu genügen.[1224] Dies ermächtigt die Bundesnetzagentur nicht nur zu einer teilweisen oder vollständigen Ersetzung einer Festlegung durch eine Neue, sondern auch dazu, eine vorangegangene Entscheidung ersatzlos aufzuheben.[1225] Dabei müssen die Voraussetzungen der §§ 48, 49 VwVfG nicht zusätzlich zu den Tatbestandsvoraussetzungen des § 29 Abs. 2 S. 1 EnWG vorliegen.[1226] Vielmehr sind diese Normen des VwVfG neben der Befugnis aus § 29 Abs. 2 S. 1 EnWG anwendbar, d.h. auch eine Rücknahme oder ein Widerruf ist möglich, wenn deren Tatbestandsvoraussetzungen vorliegen.[1227]

33 Aus § 29 Abs. 3 EnWG ergibt sich schließlich die Ermächtigung der Bundesregierung das Verfahren der Festlegung nach § 29 Abs. 1 EnWG mittels Rechtsverordnung näher auszugestalten. Dies gilt ebenso für das Verfahren zur Änderung der Bedingungen und Methoden nach § 29 Abs. 2 EnWG. Dabei kann nach S. 2 insbesondere vorgesehen werden, dass Entscheidungen der Regulierungsbehörde künftig im Einvernehmen mit dem Bundeskartellamt ergehen müssen.

2. Missbräuchliches Verhalten eines Netzbetreibers (§ 30 EnWG)

34 Von großer Bedeutung ist gleichfalls die Befugnis der Regulierungsbehörde nach § 30 EnWG, missbräuchliches Verhalten zu unterbinden. In § 30 Abs. 1 S. 2 EnWG

1223 So BGH Beschl. v. 29.4.2008 – KVR 28/07, Rn. 7 ff.; BGH Beschl. v. 16.12.2014 – EnVR 54/13, Rn. 19. Dies ist nicht unumstritten, s. hierzu die Übersicht von *Britz/Herzmann*, in: Britz/Hellermann/Hermes (Hrsg.), EnWG, 3. Aufl. 2015, § 29 Rn. 13 ff. m.w.N.
1224 S. zu diesen Voraussetzungen BGH Beschl. v. 12.7.2016 – EnVR 15/15, Rn. 35 ff.
1225 BGH Beschl. v. 12.7.2016 – EnVR 15/15, Rn. 22 f.
1226 BGH Beschl. v. 12.7.2016 – EnVR 15/15, Rn. 24.
1227 BGH Beschl. v. 12.7.2016 – EnVR 15/15, Rn. 24 ff.

findet sich eine umfassende Auflistung von Regelbeispielen für ein relevantes missbräuchliches Verhalten, die sich vor allem auf die Verletzung von Vorschriften zur Zugangs- und Entgeltregulierung bezieht, aber auch die allgemeinen kartellrechtlichen Missbrauchsverbote enthält: Behinderungsmissbrauch (Nr. 2), Diskriminierungsmissbrauch (Nr. 3; ergänzt durch das spezifische Begünstigungsverbot gegenüber dem eigenen oder verbundenen Unternehmen in Nr. 4 und in Nr. 6 durch ein spezifisches regionales Diskriminierungsverbot mit Blick auf Entgelte) und Ausbeutungsmissbrauch (Nr. 5). Der Ausbeutungsmissbrauch wird dabei eng an der Entgeltregulierung orientiert: Entgelte, welche die für eine Regulierungsperiode vorgegebenen Erlösobergrenzen nicht überschreiten und damit den Vorgaben der Anreizregulierung nach § 21a EnWG entsprechen, gelten als sachlich gerechtfertigt. Im Übrigen wird insbesondere auf den Maßstab eines Vergleichsverfahrens für die Ermittlung eines etwaigen Missbrauchs abgestellt (vgl. dazu bereits Kap. 4).

Abweichend von den Vorgaben im GWB und auch im TKG ist allerdings nicht eigens **35** eine marktbeherrschende Stellung des Betreibers von Energieversorgungsnetzen festzustellen; diese wird angesichts der überwiegend natürlichen Monopole tatbestandlich nicht vorausgesetzt.

Abs. 2 verleiht der Regulierungsbehörde weitreichende Eingriffsbefugnisse zur Un- **36** terbindung eines solchen Verhaltens. Der Wandel vom verhandelten zum regulierten Netzzugang wird dabei am deutlichsten bei der Kompetenz des § 30 Abs. 2 S. 3 Nr. 2 EnWG, welche die Möglichkeit eines behördlich angeordneten Netzanschlusses oder Netzzugangs eröffnet. Damit kann die aus der Telekommunikationsregulierung bekannte Auseinandersetzung über die dogmatische Einordnung des angeordneten Zugangsvertrags auch die Energiewirtschaft erreichen.[1228] Unabhängig von der Lösung dieses Streits bekommt die Regulierungsbehörde jedenfalls ein starkes Instrument für eine schnelle Verschaffung des Netzzugangs an die Hand.[1229] Im EnWG 2021 wird dem § 30 ein Abs. 3 angefügt, indem es heißt, dass die Regulierungsbehörde bei berechtigtem Interesse auch eine Zuwiderhandlung feststellen kann, nachdem diese beendet ist.

3. Besonderes Missbrauchsverfahren der Regulierungsbehörde (§ 31 EnWG)

§ 31 EnWG gibt schließlich den Betroffenen das Recht, sich über das Verhalten ei- **37** nes Netzbetreibers zu beschweren und eröffnet damit ein besonderes Verwaltungsverfahren, das durch **kurze Fristen** gekennzeichnet ist.

Berechtigt zur Einleitung eines besonderen Missbrauchsverfahren sind Personen **38** und Personenvereinigungen, deren Interessen durch das Verhalten eines Betreibers von Energieversorgungsnetzen erheblich berührt werden, § 31 Abs. 1 S. 1 EnWG. Dies entspricht dem Personenkreis, der gemäß § 66 Abs. 2 EnWG an einem Verfahren vor der Regulierungsbehörde beteiligt sein kann. Hiervon umfasst sind wiederum die Verbraucherverbände, auch dann, wenn nicht der einzelne Verbraucher, sondern die Verbraucherinteressen in der Zusammenschau der Vielzahl der Fälle erheblich berührt sind.

Der Berechtigte hat einen förmlichen **Antrag** auf Einleitung des besonderen Miss- **39** brauchsverfahrens bei der Regulierungsbehörde zu stellen, der abweichend von den

---

1228 S. zu § 25 TKG die Analyse bei *Kühling/Neumann*, in: Säcker (Hrsg.), Energierecht, Bd. 1 Teil 2, 4. Aufl. 2019, § 25 Rn. 67 ff.
1229 Vgl. beispielsweise BNetzA Beschl. v. 30.7.2007 – BK6-07-023, S. 23.

§§ 65 ff. EnWG zwingend alle in § 31 Abs. 2 EnWG aufgeführten Angaben enthalten muss. Insbesondere sind die Gründe, weshalb ernsthaft Zweifel an der Rechtmäßigkeit des Verhaltens des Netzbetreibers bestehen, ebenso im Einzelnen aufzuführen wie die Gründe, weshalb der Antragsteller durch das Verhalten des Netzbetreibers betroffen ist. Sind die nach § 31 Abs. 2 EnWG geforderten Angaben unvollständig, weist die Regulierungsbehörde den Antrag als unzulässig ab.

40 Sind die Angaben vollständig, greifen zwei weitere Besonderheiten gegenüber dem allgemeinen Aufsichtsverfahren: Zum einen hat sich die Regulierungsbehörde zwingend mit der Angelegenheit zu befassen; sie verfügt über **kein Aufgreifermessen**. Innerhalb einer Frist von zwei Monaten nach Eingang des vollständigen Antrags hat die Regulierungsbehörde zu entscheiden, wobei diese Frist um zwei Monate verlängert wird, falls die Regulierungsbehörde zusätzliche Informationen anfordert, § 31 Abs. 3 S. 1, 2 EnWG. Nur mit Zustimmung des Antragstellers ist eine weitere Verlängerung der Frist möglich. Zum anderen ist die Prüfung im Rahmen des besonderen Missbrauchsverfahrens **inhaltlich beschränkt** auf Verstöße gegen Bestimmungen der Abschnitte 2 und 3 des Teils 3 des EnWG (§§ 17–28a EnWG; Netzanschluss und Netzzugang einschließlich Entgeltregulierung) sowie der auf dieser Grundlage erlassenen Rechtsverordnungen. Festlegungen der Regulierungsbehörde nach § 29 EnWG über Bedingungen und Methoden für den Netzanschluss und den Netzzugang sind insoweit zu beachten.

4. Unterlassungsanspruch, Schadensersatzpflicht (§ 32 EnWG)

41 § 32 EnWG regelt Unterlassungs- und Schadensersatzpflichten im Falle des Verstoßes gegen die Abschnitte 2 und 3 des Teils 3 des EnWG oder auf deren Grundlage erlassener Verordnungen oder ergangener Entscheidungen. Danach kommt dem Betroffenen gemäß § 32 Abs. 1 S. 1 EnWG ein eigenständiger Anspruch auf Beseitigung einer Beeinträchtigung und im Falle von Wiederholungsgefahr auch ein Unterlassungsanspruch zu. Bemerkenswert ist, dass die Ansprüche bereits bei einer nur drohenden Zuwiderhandlung bestehen (Abs. 1 S. 2) – was die schwierige Abgrenzungsfrage aufwirft, ab wann dies im Einzelfall angenommen werden kann – und dass die Ansprüche auch bei einem Mitwirken des betroffenen Marktteilnehmers an dem Verstoß nicht ausgeschlossen sind (Abs. 1 S. 4). Ähnlich wie nach § 8 Abs. 3 Nr. 2 UWG können diese Ansprüche gemäß § 32 Abs. 2 EnWG unter bestimmten Voraussetzungen zudem auch durch einschlägige rechtsfähige Verbände geltend gemacht werden. § 32 Abs. 3 EnWG statuiert einen Schadensersatzanspruch bei einem vorsätzlichen oder fahrlässigen Verstoß.[1230]

5. Vorteilsabschöpfung (§ 33 EnWG)

42 Liegt einem solchen Verstoß gegen die Abschnitte 2 und 3 des Teils 3 des EnWG, gegen auf deren Grundlage erlassenen Rechtsverordnungen oder Entscheidungen der Regulierungsbehörde wiederum mindestens Fahrlässigkeit[1231] zugrunde, so

---

1230 Hinsichtlich der Feststellung eines Verstoßes sind die Gerichte nach § 32 Abs. 4 S. 1 EnWG insoweit an eine entsprechende bestandskräftige Entscheidung der Regulierungsbehörde gebunden.
1231 Zur genaueren Bestimmung des Fahrlässigkeitsmaßstabs ist auf die Definition des Zivilrechts zurückzugreifen. Denn diese Begriffsbestimmung ist nicht auf das BGB beschränkt, sondern ist auf das öffentliche Recht anwendbar. Fahrlässig handelt nach § 276 Abs. 1 S. 2 BGB, wer die im Verkehr erforderliche Sorgfalt außer Acht lässt.

kann die Regulierungsbehörde gemäß § 33 EnWG den dadurch erlangten wirtschaftlichen Vorteil abschöpfen, sofern dies nicht bereits durch Schadensersatzleistungen, Bußgelder oder durch die Anordnung der Einziehung von Taterträgen erfolgt ist. Damit wird eine scharfe Daumenschraube angesetzt, die angesichts der geringen Tatbestandsanforderungen (Fahrlässigkeitsmaßstab) einen tiefen Eingriff in die Handlungsflexibilität der Unternehmen vornimmt und diese mit erheblichen Risiken überzieht.[1232]

III. Sanktionen und Bußgeldverfahren

Die Regulierungsbehörde verfügt schließlich über Befugnisse als Vollstreckungsbehörde und kann darüber hinaus in einem Ordnungswidrigkeitsverfahren Bußgelder aufgrund des Katalogs der Ordnungswidrigkeiten gemäß § 95 EnWG festsetzen. 43

1. Vollstreckung

Der Regulierungsbehörde wird durch § 94 EnWG das Recht eingeräumt, ihre eigenen Anordnungen nach den Vorschriften der Verwaltungsvollstreckungsgesetze durchzusetzen. Sie kann Zwangsmittel auch gegen juristische Personen des öffentlichen Rechts anwenden, § 94 S. 2 EnWG 2021. Die Höhe des Zwangsgelds beträgt dabei mindestens 1000 Euro und kann maximal auf zehn Millionen Euro festgesetzt werden. 44

2. Bußgeld

Die zuständige Regulierungsbehörde gemäß § 54 EnWG ist zugleich Verwaltungsbehörde i.S.d. § 36 Abs. 1 Nr. 1 OWiG und daher befugt, im Falle der Feststellung einer **Ordnungswidrigkeit** nach § 95 EnWG oder den entsprechenden Bußgeldkatalogen der aufgrund des EnWG erlassenen Verordnungen Bußgelder in Höhe bis zu 5 Mio. Euro festzusetzen. 45

Die überwiegende Mehrheit der Ordnungswidrigkeitstatbestände enthält eindeutig feststellbare „Verfehlungen" von gewissem Gewicht: So ist gemäß § 95 Abs. 1 EnWG bußgeldbewehrt u.a. der Betrieb eines Energieversorgungsnetzes ohne Genehmigung nach § 4 Abs. 1 EnWG, der Betrieb eines Transportnetzes ohne Zertifizierung nach § 4a Abs. 1 S. 1 EnWG, die fehlende Anzeige der Aufnahme der Energiebelieferung nach § 5 EnWG, die Zuwiderhandlung gegen eine vollziehbare Anordnung etwa nach § 65 Abs. 1 EnWG oder auch die Verweigerung der vollständigen Erfüllung bestimmter Berichtspflichten nach den Netzverordnungen oder bestimmter Mitwirkungspflichten bei der Erstellung von Netzentwicklungsplänen. 46

Rechtsstaatlich problematisch erscheint jedoch die Vorschrift des § 95 Abs. 1 Nr. 4 EnWG, die den Missbrauch der Marktstellung gemäß § 30 Abs. 1 EnWG zur Ordnungswidrigkeit erhebt. Da gemäß § 30 Abs. 1 S. 2 EnWG ein solcher Missbrauch u.a. bereits bei Nichteinhaltung einer Bestimmung der Abschnitte 2 und 3 des Teils 3 des EnWG oder der hierauf ergangenen Rechtsverordnungen vorliegt, würden über diesen „Umweg" alle (auch reine Form-)Vorschriften der Netzzugangs- und Entgelt- 47

[1232] S. zur Vorteilsabschöpfung BNetzA Beschl. v. 16.3.2012 – BK9-11-701; BNetzA Beschl. v. 20.4.2015 – BK9-14-704.

regulierung im Gesetzes- oder Verordnungsrang bußgeldbewehrt. Ein Bußgeldtatbestand, der lediglich den (vorsätzlichen oder fahrlässigen) Verstoß gegen nicht im Einzelnen benannte weitere Bestimmungen zum Inhalt hat, genügt aber nicht dem aus § 3 OWiG und Art. 103 Abs. 2 GG zu entnehmenden Bestimmtheitsgrundsatz.[1233] Angezeigt ist hier somit eine restriktive, verfassungskonforme Auslegung des § 95 Abs. 1 Nr. 4 EnWG: In der Verletzung der Norm muss sich zugleich eindeutig der Missbrauch von Marktmacht manifestieren.

B. Gerichtsverfahren

I. Beschwerde

48 Gegen Entscheidungen der Regulierungsbehörde ist gemäß § 75 Abs. 1 EnWG die Beschwerde zulässig, die auch auf neue Tatsachen und Beweismittel gestützt werden kann. Beschwerdebefugt sind gemäß § 75 Abs. 2 EnWG die am Verfahren vor der Regulierungsbehörde Beteiligten.[1234]

49 Allerdings kann eine **Beschwerdebefugnis** in bestimmten Fällen auch dann gegeben sein, wenn eine förmliche Beteiligung am Verwaltungsverfahren zuvor nicht erfolgt ist. Der BGH hat bereits mit Beschluss vom Oktober 2008 – wiederum in Fortführung einer kartellrechtlichen Rechtsprechung – entschieden, dass § 75 Abs. 2 EnWG keine abschließende Regelung beinhalte. Vielmehr sei in erweiternder Auslegung des § 75 Abs. 2 EnWG auch ein Dritter beschwerdebefugt, wenn in seiner Person die subjektiven Voraussetzungen für eine einfache Beiladung vorliegen (d.h., erhebliche wirtschaftliche Interessen des Dritten werden berührt), sein Antrag auf Beiladung entweder allein aus verfahrensökonomischen Gründen abgelehnt worden ist oder aber er einen solchen Antrag nicht rechtzeitig stellen konnte und er schließlich geltend machen kann, durch die Entscheidung unmittelbar und individuell betroffen zu sein.[1235] In Fällen der notwendigen Beiladung kann der betroffene Dritte noch nicht einmal auf einen vorherigen Beiladungsantrag im Verwaltungsverfahren verwiesen werden. Ist der Dritte in seinem geschützten Rechtskreis dergestalt unmittelbar betroffen, dass der Verwaltungsakt auch ihm gegenüber eine Regelungswirkung i.S.d. § 35 S. 1 VwVfG entfaltet, ist er auch dann beschwerdebefugt, wenn er im Verwaltungsverfahren keine Beiladung beantragt hat.[1236]

50 Beschwerdegericht ist ausschließlich das für den Sitz der Regulierungsbehörde zuständige **OLG**; bei Entscheidungen der Landesregulierungsbehörden mithin das für den Sitz der Landesregulierungsbehörde zuständige OLG, § 75 Abs. 4 S. 1 EnWG. Auch in den Fällen, in denen sich die Beschwerde gegen eine Verfügung des Bundeswirtschaftsministeriums richtet, die dieses im Rahmen des Monitorings der Versorgungssicherheit nach § 51 EnWG erlassen hat, ist das OLG am Sitz der Bundesnetzagentur zuständig. Damit wurde anders als in der Telekommunikation nicht auf den Verwaltungsrechtsweg verwiesen.[1237] Das Gerichtsverfahren orientiert sich

---

1233 S. OLG Frankfurt Beschl. v. 15.2.2002 – 2 Ws (B) 75/00 OWiG, NStZ-RR 2000, 246 (247).
1234 S. zur Beschwerdebefugnis Dritter bei Festlegungen der BNetzA nach § 29 Abs. 1 EnWG *Günther/Brucker,* NVwZ 2015, 1735 (1735 ff.).
1235 BGH Beschl. v. 11.11.2008 – EnVR 1/08, RdE 2009, 185, Rn. 14 und 16 – *citiworks*; zuvor ähnlich bereits OLG Naumburg Urt. v. 14.11.2007 – 1 Ru 35/06 (EnWG), CuR 2007, 146 ff.; zur sog. Drittanfechtungsbeschwerde s. grundsätzlich auch *Bien,* ZNER 2007, 295 (295 ff.).
1236 BGH Beschl. v. 5.10.2010 – EnVR 52/09 , WuW 2011, 55 ff. – *GABi Gas.*
1237 Kritisch dazu *Eder/de Wyl/Becker,* ZNER 2004, 3 (10); *Kühne/Brodowski,* NVwZ 2005, 849 (856), stehen der alleinigen Zuständigkeit des OLG Düsseldorf ebenfalls kritisch gegenüber.

B. Gerichtsverfahren

vielmehr eng am Rechtsschutzsystem des GWB. Dabei sind gemäß § 106 EnWG die nach § 91 GWB gebildeten Kartellsenate zuständig.[1238] Jedenfalls gegen Entscheidungen der in originärer Bundeszuständigkeit handelnden Bundesnetzagentur ist demzufolge ausschließlich das OLG Düsseldorf zuständig.[1239] Mit Beschluss vom März 2007 hatte das OLG Düsseldorf darüber hinaus auch seine Zuständigkeit bejaht für Beschwerden gegen Entscheidungen, welche die Bundesnetzagentur im Wege der Organleihe trifft.[1240] Bei einer solchen Auslegung des § 75 Abs. 4 EnWG hätten nur noch Beschwerden gegen die Entscheidungen der übrigen Landesregulierungsbehörden den Weg vor andere Oberlandesgerichte gefunden. Allerdings hat der BGH im April 2008 diesen Beschluss des OLG Düsseldorf aufgehoben und entschieden, dass für Beschwerden gegen Entscheidungen, in denen die Bundesnetzagentur im Rahmen der Organleihe tätig ist, ausschließlich das jeweilige OLG des Bundeslandes zuständig ist, nicht das OLG Düsseldorf.[1241]

Zur beschleunigten Durchsetzung von Entscheidungen der Regulierungsbehörden führt der in § 76 Abs. 1 EnWG niedergelegte Grundsatz der fehlenden aufschiebenden Wirkung von Beschwerden. Hierdurch wollte der Gesetzgeber mögliche Verzögerungen durch einen breiten Angriff auf Entscheidungen entgegenwirken. Der Austarierung von Ausschluss und Wiederherstellung der aufschiebenden Wirkung in den §§ 76 und 77 EnWG kommt damit besondere Bedeutung für den effektiven Rechtsschutz zu. Die Beschwerde hat grundsätzlich keine **aufschiebende Wirkung**. Der jeweilige Adressat einer Verfügung der Regulierungsbehörde hat somit – trotz Einlegung einer Beschwerde – die Entscheidung vorläufig bis zu einer Entscheidung in der Hauptsache zu befolgen. Einzige Ausnahme sind die Anordnungen zur rechtlichen, operationellen und eigentumsrechtlichen Entflechtung. 51

Die Regulierungsbehörde kann allerdings die **sofortige Vollziehung** der Entscheidung aussetzen, § 77 Abs. 3 S. 2 EnWG. Dies soll erfolgen, wenn die Vollziehung für den Betroffenen eine unbillige, nicht durch überwiegende öffentliche Interessen gebotene Härte zur Folge hätte. Auf Antrag kann das Beschwerdegericht zudem die aufschiebende Wirkung auch ganz oder teilweise anordnen, wenn ernstliche Zweifel an der Rechtmäßigkeit der angefochtenen Verfügung bestehen. Dies ist allerdings nur dann der Fall, wenn eine überwiegende Wahrscheinlichkeit für die Aufhebung des streitgegenständlichen Bescheids spricht.[1242] Eine offene Tatfrage oder Rechtslage begründen demgegenüber keine ernstlichen Zweifel an der Rechtmäßigkeit der angefochtenen Entscheidung.[1243] Die Tatsachen, auf die ein solcher Antrag gestützt wird, sind vom Antragsteller glaubhaft zu machen.[1244] 52

Die Beschwerde ist binnen einer Frist von einem Monat ab Zustellung der Entscheidung bei der Regulierungsbehörde schriftlich einzureichen und gemäß § 78 Abs. 4 EnWG zu begründen. 53

1238 Die §§ 92, 93 GWB gelten insoweit entsprechend, § 106 Abs. 2 EnWG.
1239 § 92 Abs. 1 S. 1 GWB i.V.m. § 2 der Verordnung über die Bildung gemeinsamer Kartellgerichte und über die gerichtliche Zuständigkeit in bürgerlichen Rechtsstreitigkeiten nach dem Energiewirtschaftsgesetz v. 30.8.2011 (GV NRW 2011, S. 467); *Antweiler/Nieberding*, NJW 2005, 3673 (3674 f.).
1240 OLG Düsseldorf Beschl. v. 28.3.2007 – VI-3 Kart 2/07 (V), 3 Kart 2/07, RdE 2007, 163 (165 f.).
1241 Im Ergebnis wie der BGH *Koenig/Bache*, IR 2008, 2 (2 ff.); *Recknagel*, WuW 2008, 148 ff., *Neveling*, ZNER 2005, 263 (268). Für eine partielle Zuständigkeitskonzentration beim OLG Düsseldorf allerdings *Kühling/Hermeier*, N&R 2005, 146 (148).
1242 S. nur OLG Düsseldorf Beschl. v. 9.2.2015 – VI-3 Kart 3/15 (V), Rn. 43.
1243 S. nur OLG Düsseldorf Beschl. v. 9.2.2015 – VI-3 Kart 3/15 (V), Rn. 43.
1244 S. zu der insoweit restriktiven bisherigen Spruchpraxis der Beschwerdegerichte *Kühling/Hermeier*, N&R 2005, 146 (149 f.).

54 Das Beschwerdegericht entscheidet gemäß § 83 EnWG durch Beschluss, der ebenfalls zu begründen und den Beteiligten zuzustellen ist.

II. Rechtsbeschwerde (§§ 86 ff. EnWG)

55 Gegen die in der Hauptsache erlassenen Beschlüsse des OLG findet die Rechtsbeschwerde zum BGH statt. Voraussetzung hierfür ist allerdings, dass das entscheidende OLG die Rechtsbeschwerde zugelassen hat. Die Nichtzulassung der Rechtsbeschwerde kann durch Nichtzulassungsbeschwerde angefochten werden.

III. Bürgerliche Rechtsstreitigkeiten

56 Ergeben sich aus den Vorschriften des EnWG bürgerliche Rechtsstreitigkeiten, legt § 102 EnWG schließlich fest, dass ohne Rücksicht auf den Wert des Streitgegenstandes die Landgerichte ausschließlich zuständig sind. Die Landesregierungen werden zudem ermächtigt, solche Rechtsstreitigkeiten bezirksübergreifend einem Landgericht zuzuweisen, § 103 Abs. 1 S. 1 EnWG.

57 Bei Rechtsstreitigkeiten aus **Energielieferverträgen** ist bis heute umstritten, ob es sich hierbei um Streitigkeiten handelt, die sich „aus den Vorschriften des EnWG ergeben". Steht der Anspruch auf Grundversorgung in Streit ist diese Voraussetzung erfüllt, so dass die Landgerichte für das Verfahren zuständig sind.[1245] Jedenfalls wenn nur die Rechtsfolgen der Nichterfüllung von Zahlungspflichten, Rückzahlungsansprüche oder die Billigkeit von Preiserhöhungen im Streit stehen, soll keine ausschließliche Zuständigkeit der Landgerichte begründet sein.[1246] Mehr als fraglich erscheint zudem, ob lediglich Berührungspunkte mit den Zielen aus § 1 Abs. 1 EnWG, wonach u.a. eine möglichst sichere, preisgünstige und verbraucherfreundliche Energieversorgung angestrebt wird, ausreichen, um einen Rechtsstreit i.S.d. § 102 Abs. 1 S. 1 EnWG zu begründen.

58 Im Falle der Anwendbarkeit des § 102 EnWG hat das erkennende Landgericht die Regulierungsbehörde gemäß § 104 Abs. 1 EnWG zu unterrichten und auf Verlangen Abschriften der Schriftsätze, Protokolle, Verfügungen und Entscheidungen zu übersenden. Der Präsident der Regulierungsbehörde ist schließlich befugt, einen Vertreter der Behörde dem Prozess beiwohnen zu lassen, der schriftliche und mündliche Erklärungen abgeben kann und befugt ist, Fragen an Parteien, Zeugen und Sachverständige zu stellen.

Literaturhinweise:

Antweiler, Clemens/Nieberding, Felix, Rechtsschutz im neuen Energiewirtschaftsrecht, NJW 2005, 3673 ff.; *Bachert, Patric*, Befugnisse der Bundesnetzagentur zur Durchsetzung der REMIT-Verordnung, RdE 2014, 361 ff.; *Bien, Florian*, Die Beiladung Dritter zum Regulierungs- und Missbrauchsverfahren nach dem EnWG im Vergleich mit TKG und GWB, N&R 2007, 140 ff.; *Bien, Florian*, Die Drittanfechtungsbeschwerde im EnWG – Konsequenzen aus dem pepcom-Beschluss des BGH?, ZNER 2007, 295 ff.; *Eder, Jost/de Wyl, Christian/Becker, Peter*, Der Entwurf eines neuen EnWG –

1245 OLG Hamm Beschl. v. 2.1.2012 – 32 SA 102/11, Rn. 17.
1246 OLG Hamm Beschl. v. 20.10.2014 – 32 SA 72/14, Rn. 22; OLG Hamm Beschl. v. 2.1.2012 – 32 SA 102/11, Rn. 16 ff.; OLG Hamm Beschl. v. 29.7.2011 – 32 SA 57/11, Rn. 18; *OLG Köln*, RdE 2008, 58 (59); OLG Frankfurt am Main Beschl. v. 15.4.2008, 16.4.2008 – 21 AR 15/08; 21 AR 14/08.

B. Gerichtsverfahren

Ein großer Schritt, der viele Fragen aufwirft, ZNER 2004, 3 ff.; *Günther, Reinald/Brucker, Guido,* Die Beschwerdebefugnis Dritter nach § 75 Abs. 2 EnWG bei energieregulierungsrechtlichen Festlegungen der Bundesnetzagentur, NVwZ 2015, 1735 ff.; *Koenig, Christian/Bache, Volker,* Die örtliche Zuständigkeit der Oberlandesgerichte in Fällen der Organleihe bei der Wahrnehmung der Landesregulierungsaufgaben durch die Bundesnetzagentur, IR 2008, 2 ff.; *Kühling, Jürgen/Hermeier, Guido,* Die Rechtsprechung im Regulierungsgefüge des EnWG 2005. Eine erste Bilanz mit Blick auf den effektiven Rechtsschutz, N&R 2007, 146 ff.; *Kühne, Gunther/Brodowski, Christian,* Das neue Energiewirtschaftsrecht nach der Reform 2005, NVwZ 2005, 849 ff.; *Neveling, Stefanie,* Die Bundesnetzagentur – Aufbau, Zuständigkeiten und Verfahrensweisen, ZNER 2005, 263 ff.; *Recknagel, Henning,* Gerichtliche Zuständigkeitsänderung durch Verwaltungsabkommen?, WuW 2008, 148 ff.

Rechtsprechungshinweise:

BVerfG Beschl. v. 19.10.1977 – 2 BvR 42/76, BVerfGE 46, 166 ff.; BVerfG Beschl. v. 25.10.1988 – 2 BvR 745/88, BVerfGE 79, 69 ff.; BVerfG Beschl. v. 16.5.1995 – 1 BvR 1087/91, BVerfGE 93, 1 ff.; BVerfG Urt. v. 14.5.1996 – 2 BvR 1516/93, NVwZ 1996, 678 ff.; BGH Beschl. v. 13.11.2007 – KVR 23/07, WuW 2008, 463 ff.; BGH Beschl. v. 29.4.2008 – KVR 28/07; BGH Beschl. v. 11.11.2008 – EnVR 1/08, RdE 2009, 185 ff.; BGH Beschl. v. 5.10.2010 – EnVR 52/09, WuW 2011, 55 ff.; BGH Beschl. v. 21.1.2014 – EnVR 22/13; BGH Beschl. v. 16.12.2014 – EnVR 54/13; BGH Urt. v. 14.4.2015 – EnZR 11/14; BGH Beschl. v. 12.7.2016 – EnVR 15/15; OLG Frankfurt Beschl. v. 15.2.2002 – 2 Ws (B) 75/00 OWiG, NStZ-RR 2000, 246 ff.; OLG Düsseldorf Beschl. v. 2.11.2006 – VI-3 Kart 165/06 (V), ZNER 2006, 349 ff.; OLG Düsseldorf Beschl. v. 28.3.2007 – VI-3 Kart 2/07 (V), RdE 2007, 163 ff.; OLG Köln Beschl. v. 24.10.2007 – 8 W 80/07, RdE 2008, 58 ff.; OLG Naumburg Urt. v. 14.11.2007 – 1 Ru 35/06 (EnWG), CuR 2007, 146 ff.; OLG Frankfurt am Main Beschl. v. 15.4.2008 – 21 AR 15/08; OLG Frankfurt am Main Beschl. v. 16.4.2008 – 21 AR 14/08; OLG Hamm Beschl. v. 29.7.2011 – 32 SA 57/11; OLG Hamm Beschl. v. 2.1.2012 – 32 SA 102/11; OLG Düsseldorf Beschl. v. 12.12.2012 – VI-3 Kart 107/09 (V); OLG Düsseldorf Beschl. v. 22.3.2013 – VI-3 Kart 225/12 (V), Berichtigungsbeschluss v. 29.4.2013; OLG Hamm Beschl. v. 20.10.2014 – 32 SA 72/14; OLG Düsseldorf Beschl. v. 9.2.2015 – VI-3 Kart 3/15 (V); OLG Düsseldorf Beschl. v. 18.3.2015 – VI-3 Kart 186/14 (V).

Autorenporträts

Rechtsanwältin Dr. iur. Claudia Busch

ist seit 2016 bei GSK Stockmann als Rechtsanwältin im Öffentlichen Wirtschaftsrecht tätig; die Ernennung zur Local Partnerin* erfolgte zu Beginn des Jahres 2021.

Busch ist 1986 geboren, studierte von 2006 – 2012 Rechtswissenschaften an der Ludwig-Maximilians-Universität in München und legte im Jahr 2014 im Anschluss an das Referendariat im Bezirk des Oberlandesgerichts München und in Sydney (Australien) das zweite juristische Staatsexamen ab. Sie war von 2015 bis 2016 als wissenschaftliche Mitarbeiterin am Lehrstuhl für Öffentliches Recht, Immobilienrecht, Infrastrukturrecht und Informationsrecht von Prof. Dr. iur. Jürgen Kühling, LL.M. (Brüssel) an der Universität Regensburg tätig. Zeitgleich promovierte sie im Energiewirtschaftsrecht an der Universität Regensburg zum Dr. iur.

Zum Kern ihrer anwaltlichen Tätigkeit zählt die Beratung von Vorhabenträgern und Behörden im Infrastrukturplanungsrecht; neben dem Eisenbahnrecht berät sie diese schwerpunktmäßig im Energierecht.

---

* kein Partner im Sinne des PartGG

Universitätsprofessor Dr. iur. Jürgen Kühling, LL.M. (Brüssel)

Universitätsprofessor Dr. iur. Jürgen Kühling, LL.M. (Brüssel), ist seit dem 1.4.2007 Inhaber des Lehrstuhls für Öffentliches Recht, Immobilienrecht, Infrastrukturrecht und Informationsrecht an der Universität Regensburg. Zudem ist er seit Juli 2016 Mitglied der Monopolkommission und seit September 2020 deren Vorsitzender. Kühling ist 1971 geboren, studierte von 1990 bis 1995 an den Universitäten Trier und Nancy II und erwarb im Jahr 1995 den Master in Legal Theory an der KUB und FUSL in Brüssel. Die Promotion und Habilitation an der Universität Bonn folgten 1998 und 2003. Er war von 2004 bis 2007 Professor für Öffentliches Recht an der Universität Karlsruhe (TH).

Kühling hat sich in zahlreichen Publikationen, Studien und Rechtsgutachten mit Fragen der Regulierung in den Netzwirtschaften, dem Infrastrukturrecht und dem Informationsrecht beschäftigt und dabei die wissenschaftliche Begleitung des sektorspezifischen Regulierung mit geprägt. Er besitzt eine umfangreiche Beratungserfahrung auf nationaler und internationaler Ebene, wobei er insbesondere die öffentliche Hand in Fragen des Informationsrechts sowie des Öffentlichen Wirtschaftsrechts einschließlich des Energie- und Wettbewerbsrechts berät.

Rechtsanwalt Dr. iur. Winfried Rasbach

ist Prokurist, Leiter Recht und Syndikusrechtsanwalt der Thüga Aktiengesellschaft mit Sitz in München. Daneben ist er als Rechtsanwalt beim Landgericht München I zugelassen.

Rasbach ist 1974 geboren, studierte von 1994-1999 Rechtswissenschaften an den Universitäten Trier und "Lumière" Lyon II (Frankreich) und legte im Jahr 2001 im Anschluss an das Referendariat in Koblenz, Speyer und Ottawa (Kanada) das zweite Juristische Staatsexamen ab. Er war von 2002 bis 2005 Wissenschaftlicher Referent am Zentrum für Europäische Integrationsforschung (ZEI) der Universität Bonn mit den Arbeits- und Forschungsschwerpunkten Recht der regulierten Märkte (insbes. Telekommunikations- und Energierecht) und Europäisches Beihilfenrecht. Es folgte die Promotion zum Dr. iur. an der Rheinischen Friedrich-Willhelms-Universität Bonn. Im Jahr 2005 wechselte er zunächst als Rechtsanwalt und Syndikus mit Tätigkeitsschwerpunkten im Bereich Energiewirtschaftsrecht zur Thüga Aktiengesellschaft, München.

Rasbach ist Mitglied in mehreren Aufsichtsräten und übt verschiedene Funktionen innerhalb der Verbände und Vereine der Energiewirtschaft aus (BDEW, VKU, VBEW, Forum Contracting). Seine Veröffentlichungen, Vortrags- und Herausgebertätigkeiten befassen sich schwerpunktmäßig mit energie- und kartellrechtlichen Themen.

Stichwortverzeichnis

Die Angaben verweisen auf die Kapitel des Buches (**fette Zahlen**) sowie die Randnummern innerhalb der einzelnen Kapitel (magere Zahlen).
Beispiel: § 9 Rn. 10 = **9** 10

Abnahme- und Vergütungspflicht **9** 1
Abrechnung **6** 67, 68
Abrechnungsinformation **6** 69
Abschlagszahlung **6** 52
Abschreibungen
- Anschaffungs- und Herstellungskosten **4** 45
- kalkulatorische **4** 43
- Nutzungsdauern **4** 46
- Tagesneuwerte **4** 44
Abstellungsentscheidung **12** 3
Access holidays **3** 146
- Befristung **3** 147
ACER **1** 6, 23, **10** 2, 31
allgemeine Anschlusspflicht **3** 56
- Netzanschlussbedingungen und Anschlussnutzungsbedingungen **3** 56
Allgemeine Preise **6** 24
All-inclusive-Vertrag **6** 37, 58
Als-ob-Wettbewerb **4** 23
Altanlagen **4** 43
Amtsermittlung **2** 14
Anlagen zur Speicherung elektrischer Energie **3** 21
Anreizregulierung **1** 22, **4** 10, 11, 26, 31
- Ermächtigungsgrundlage **4** 1
- Novelle 2016 **1** 30, **4** 56
Anschlussentgelt
- Angemessenheit **3** 10
Anschlussnutzung **3** 4, 56
Anschlussverweigerung Betreiber L-Gasversorgungsnetz **3** 28
Anzeigepflicht **2** 1, 4
- Verstoß **2** 24
Anzeigeverfahren **8** 10
- unwesentliche Änderungen **8** 11
Atomausstieg **1** 1, 25, **3** 34
Aufnahme der Energiebelieferung
- Anzeigepflicht **2** 21
- Zeitpunkt **2** 21
Aufnahme des Betriebs **2** 9
- wiederholte **2** 9

Aufsichtsverfahren **12** 3
Auktionen
- explizite **3** 97
- implizite **3** 97
Ausgleichsenergie **2** 55
- Beschaffung **3** 103
Auskunftsbefugnisse **12** 18
Ausspeisevertrag **3** 119
Basisjahr **4** 39
BBPlG **1** 27
Beiladung **12** 10
Beleihung **2** 7
Beschleunigungsrichtlinien **1** 15
Beschwerde **12** 48
Beschwerdebefugnis **12** 49
Beschwerdegericht **12** 50
Beteiligungsverhältnisse **2** 4
Betreiber eines Energieversorgungsnetzes **2** 8
Betriebsaufnahmegenehmigung **2** 1
Betriebs- und Geschäftsgeheimnisse **12** 22
Betrieb von Energieversorgungsnetzen
- Verordnungsermächtigung **2** 29
Beurteilungsspielraum **4** 59
Bewertungsspielraum **3** 138
Bilanzausgleich
- Ablauf **3** 154
Bilanzkreis
- Vertragsverhältnis **3** 100
Bilanzkreisverantwortlicher **3** 99
Bilanzkreisvertrag **3** 72, 99, 121
Biogas **1** 62
BNetzA **1** 6
- Beirat **11** 13
- Berichtspflichten **10** 25
- Beschlusskammern **11** 8
- Länderausschuss **11** 16
- Organe **11** 5
- Organisation **11** 18
- Organleihe **10** 14
- Präsident **11** 6

- Stellung **11** 3
- Unabhängigkeit **11** 4
- Zuständigkeit **10** 18
- Zuständigkeit, Vollzug des Unionsrechts **10** 22

Bundesbedarfsplan **2** 40, **9** 56

Bundeskartellamt
- Einvernehmen **3** 140

bürgerliche Rechtsstreitigkeiten **12** 56

Bußgeld **2** 4, **12** 45

CEER **10** 36

chinese walls **5** 12, 44

Cooling-off-Frist **5** 132

Cooling-on-Frist **5** 131

Daseinsvorsorge **2** 7, **6** 2, **7** 1
- Erfüllungsverantwortung **7** 1
- Gewährleistungsverantwortung **7** 1

Data Envelopment Analysis **4** 66

De-minimis-Unternehmen **5** 49, 55
- Bemessung **5** 60

Deregulierung **2** 3

Desintegration **2** 1

Deutschlandmix **6** 73

dezentrale Einspeisung **2** 34

Diskriminierungsfreiheit **1** 2
- Maßstab **3** 11

Dispatching **1** 70

Doppelzuständigkeit **5** 71

Doppelzuständigkeit auf Leitungsebene **5** 68

„Dritter Weg" **1** 24

Drittes Energiebinnenmarktpaket **1** 2, 6, 23, 25

DSO-Entity **1** 37

dynamische Tarife **6** 49

EE-Anlagen
- Einspeisung, fluktuierende **1** 30, 69
- Spitzenkappung **2** 29, 36

EEG
- Ausschreibung **1** 31, 57

EEG-Umlage **9** 22

Effizienzbonus **4** 68

Effizienzkostenorientierung **4** 20

Effizienzvergleich **4** 27, 38, 64
- internationaler **4** 69

- Übertragungs- und Fernleitungsnetzbetreiber **4** 69

Eigenbetrieb **8** 62

Eigenkapital
- betriebsnotwendiges **4** 50

Eigenkapitalverzinsung **4** 24, 47
- Wagniszuschlag **4** 47

eigentumsrechtliche Entflechtung **1** 24

Einmaleffekte **4** 53

Einspeisevertrag **3** 118

Einzelbuchungsvariante **3** 110

Elektrizitätsbinnenmarkt **3** 96

Elektrizitätsverteilernetzbetreiber
- Aufgaben **2** 89

Emissionshandel
- Gesamtmenge **9** 84

Endkundenentgelte **4** 4

Endkundenpreise
- zivilrechtliche Kontrolle **6** 72

Energieeinsparungsgesetz – EnEG **9** 50

Energielieferung an Letztverbraucher **6** 1

Energieliefervertrag **6** 30
- Arten **6** 57
- Fixgeschäft **6** 34
- Hauptleistungspflichten **6** 31
- Kündigungsrecht **6** 46
- Mindestinhalt **6** 39
- Rechnungsstellung **6** 63
- Vertragsparteien **6** 36

Energiespeicheranlagen **2** 60
- Markttest **2** 63

Energieversorgungsunternehmen
- Aufgaben **2** 26

Energiewende **1** 1, 25, 64, **4** 2, **9** 1

Engpassbewirtschaftung
- Einnahmenverwendung **3** 95

Engpassmanagement **3** 91, 143

EnLAG **1** 27

Entbündelungsvorgaben **1** 17

Enteignung **8** 36
- Verfahren **8** 39

enteignungsrechtliche Vorwirkung **8** 36

Entflechtung **1** 2, **5** 1
- buchhalterische **5** 11, 25
- Diskriminierungsfreiheit **5** 7
- Dreiecksverhältnis **3** 5
- eigentumsrechtliche **5** 15, 96
- gesellschaftsrechtliche **5** 14

- informationelle **5** 12, 38
- Konzerngesellschaften **5** 22
- Konzernklausel **5** 61
- Minderheitsbeteiligung **5** 108
- Mitarbeiterbegriff **5** 85
- Normenadressaten **5** 16
- operationelle **5** 13
- organisatorische, Verteilernetzbetreiber **5** 66
- Quersubventionen **5** 7
- Speicheranlagenbetreiber **5** 92
- Unternehmensgruppe **5** 19
- Zielrichtung **5** 7
- Zielsetzung **5** 2

Entflechtungsvorgaben **1** 11, **2** 1

Entgelt
- individuelles **4** 97
- numerus clausus **4** 96

Entgeltregulierung
- Verordnungsermächtigung **3** 107

Entry-Exit-Modell **3** 109, **4** 92

Entry-Exit-System
- einzelnetzbezogenes **3** 109, 110
- netzübergreifendes **3** 109, 111

Entscheidungsbefugnisse **5** 78

ENTSO **1** 23

ENTSO-E **10** 32

ENTSOG **10** 32

Entwicklung der Energieordnung **1** 14

Erdgas **1** 61

Erdkabel **1** 64, **4** 62

Erdverkabelung
- Vorrang **1** 27

ERGEG **10** 36

Erlösobergrenze **4** 33
- Anpassung **4** 61, 73, 77
- Ausgangsniveau **4** 39
- Ermittlung **4** 37
- Neufestlegung **4** 86
- vereinfachtes Verfahren **4** 38, 70
- Verfahren **4** 34, 38

erneuerbare Energien **1** 1, 3, 25, 57, **9** 2
- Abnahme- und Übertragungspflicht **9** 7
- Ausbaupflicht **9** 11
- Ausgleichsregelungen **9** 22
- Direktvermarktung **9** 18
- Einspeisevergütung **9** 17
- Erneuerbare-Energien-Ausführungsverordnung **9** 3
- Marktintegration **9** 3

- Netzanschlusspflicht **9** 10
- Technologieneutralität **9** 21
- Vergütung **9** 14

Ersatzversorgung **6** 4, 25

Ersatzvornahme **12** 4

Erstes Energiebinnenmarktpaket **1** 14

Erweiterungsfaktor **4** 81

Erweiterungs- und Umstrukturierungsinvestition **4** 82

Erzeugungskapazitäten
- Ausschreibung **7** 19

Europäische Agentur für die Zusammenarbeit der Energieregulierungsbehörden **10** 31 siehe acer

Ex-ante-Entgeltregulierung **1** 19

Ex-ante-Genehmigungspflicht **4** 31

Ex-ante-Methodenregulierung **1** 19

Ex-post-Feststellung **12** 3

externe Umweltkosten **1** 3

Fahrplanlieferung **6** 60

fakultative Planfeststellung **8** 12

Fälligkeit von Energierechnungen **6** 71

Fernleitungsnetzbetreiber
- Aufgaben **2** 95

Festlegung **12** 30

Flexibilitätsdienstleistung **2** 94

Flexibilitätsdienstleistungen Gas **3** 158

Flexibilitätsmechanismus **2** 93

Förderländer **1** 61

Förderregulierung **1** 17

formelle Konzentrationswirkung **8** 5

Formerfordernis
- Textform **6** 32, 50

Fracking **1** 61

Fremdkapitalzinssatz **4** 49
- Risikozuschlag **4** 49

Frequenz **1** 69

Gasarten **1** 62

Gasbeschaffenheiten **3** 133

Gasfernleitung **5** 29

GasGVV **1** 21, **6** 17

Gashochdruckleitungsverordnung **7** 7

Gasqualität **1** 28
- Umstellung, Kostentragung **3** 69

Gasspeicher **1** 70

Gasspeicheranlagen
- Zugang **3** 108
Gasverteilung **5** 29
Gebäudeenergiegesetz – GEG **9** 50
Gefährdung der Sicherheit und Zuverlässigkeit des Elektrizitätsversorgungssystems **2** 67
Gefahrenabwehr **1** 1, 4, **2** 6
Geldwertentwicklung **4** 57
Genehmigung
- Bußgeld **2** 19
- Drittschutz **2** 20
- Grundtatbestand **2** 8
- Höchstpersönlichkeit **2** 16
- Konkurrenzverhältnis **2** 5
- Nebenbestimmungen **2** 15
- Rechtscharakter **2** 6
- Rücknahme und Widerruf **2** 18
- Versagung **2** 10
- Zuständigkeit **2** 17
Genehmigungspflicht **2** 3
genereller sektoraler Produktivitätsfaktor **4** 58
Gesamtenergieträgermix **6** 73
geschlossene Verteilernetze **3** 31, **5** 24
- Charakter der Feststellung **3** 32
- Monitoring-Bericht **3** 33
Gesetzes zur Förderung Erneuerbarer Energien im Wärmebereich (EEWärmeG) **9** 50
Gewerbesteuer **4** 51
Gewinnbegrenzungskonzept **9** 71, 77
Gleichbehandlungsbeauftragter **5** 83
Gleichbehandlungsprogramm **5** 83
grenzüberschreitender Stromhandel **1** 17
Großhändler **6** 36
Grundversorger
- Ermittlung **6** 11
- Feststellung **6** 7
- Pflichten **6** 12
Grundversorgung **1** 5, **6** 4, 6
- Kontrahierungszwang **6** 13
- Kündigung **6** 19
- Preisänderung **6** 20
- Sonderkündigungsrecht **6** 20
- Sperrung **6** 22
- Vorauszahlung **6** 21
Grundversorgungsverordnungen
- Leitbildfunktion **6** 56
gute fachliche Praxis **1** 14

Haftung des Netzbetreibers **3** 65
- Beweislastumkehr **3** 65
Haftungsausschluss **2** 75
Handel **1** 9
Handlungsunabhängigkeit der Leitungsebene **5** 77
Härtefall **4** 67, 80
Hauptkostenstellen **4** 90
Haushaltskunde **6** 50
Haushaltskunden **6** 13
- die meisten **6** 7
Haushalts-Sonderkundenvertrag **6** 41
H-Gas **1** 28, 62
Hilfskostenstellen **4** 90
Hochdruckleitungen **1** 66
Hochspannungs-Gleichstrom-Übertragungs-Technik **1** 64
Hochspannungsnetze **1** 64
Höchstspannungsnetze **1** 64

Import **1** 12
Independent System Operator **5** 97
Independent Transmission System Operator **5** 97
Informationstrennung **5** 44
Interessenkollisionen **5** 68
interne Bestellung **3** 123
intern gleich extern **3** 9, 12, 81, 103, **4** 16, **5** 9
Interoperabilität **3** 67
Interoperabilitätsverpflichtung **2** 95
Investitionen **4** 2
Investitionsanreize **3** 146
Investitionserfordernisse **2** 34
Investitionsfähigkeit **4** 45
Investitionskontrolle **2** 1
Investitionspflicht **2** 47
Investitionsregulierung **1** 26, **2** 35
ITO-Modell **2** 35

Jahresmehr- und -mindermengen **3** 81

Kalkulationsmodelle **4** 25
Kältenetze **9** 46 siehe kraft-wärme-kopplung
Kältespeicher **9** 47 siehe kraft-wärme-kopplung
Kapazitätsbewirtschaftung **3** 91

Stichwortverzeichnis

Kapazitätsengpass **3** 142, **9** 13
Kapazitätshortung **3** 144
Kapazitätsmarkt **1** 28
Kapazitätsnutzungsrechte
– Versteigerung **3** 97
Kapazitätsrechte
– Sekundärhandel **3** 145
Kapazitätsreserve **2** 88
– Sicherheitsbereitschaft **2** 88
Kapitalkostenabgleich **4** 56, 81
Kapitalkostenabzug **4** 54
Kapitalkostenaufschlag **4** 55, 78
Karenzzeiten **5** 133
Kartellrecht
– Anwendbarkeit **10** 37
kartellrechtliche Kontrolle **1** 14
Kernenergie **1** 59
Kombinationsnetzbetreiber **5** 63
kombinierter Vertrag **6** 38, **9** 61
Komitologieverfahren **3** 140
Kommission **1** 24
Konkurrenzverhältnis
– zu EEG und KWKG **2** 27
Konsultationsverfahren Art. 49a Gas-RL **3** 151
Kontraktpfadmodell **3** 109 siehe punkt-zu-punkt-modell
Kontrollbefugnisse des Bundeskartellamts **1** 14
Konzession **8** 44
– Auskunftsanspruch **8** 52
– Inhouse-Privileg **8** 54, 62
– Rechtsweg **8** 64
– Rügeverfahren **8** 55
– Verfahrensanforderungen **8** 52
Konzessionsabgaben **8** 50
Konzessionsgebiet **6** 7
Konzessionsvertrag
– Laufzeit **8** 52
Kooperation
– Netzbetreiber **2** 90
Kooperationsvereinbarung **3** 110, 111
Körperschaftsteuer **4** 52
Kosten
– ansetzungsfähige **4** 41
– aus Forschung und Entwicklung **4** 74
– beeinflussbare **4** 60, 64

– Biogaseinspeisung **4** 62
– dauerhaft nicht beeinflussbare **4** 61
– Einzelkosten **4** 42
– Gemeinkosten **4** 42
– nicht beeinflussbare **4** 60
– volatile **4** 77
– vorübergehend nicht beeinflussbare **4** 64
Kostenartenrechnung **4** 40
Kostenprüfung **4** 38, 40
Kostenrechnungsmethode **4** 25
Kostenstellenrechnung **4** 90
Kostenträgerrechnung **4** 91
Kraft-Wärme-Kälte-Kopplung **9** 31
Kraft-Wärme-Kopplung **1** 31, **9** 1, 31
– Direktvermarktung **9** 41
– hocheffiziente KWK-Anlagen **9** 34
– Vergütungsregelung **9** 41
Kraftwerks-Netzanschlussverordnung **1** 21
– Anschlusskonkurrenz **3** 42
– Anschlussverweigerungsgründe **3** 43
– Anschlusszusage **3** 38
– Anwendungsbereich **3** 35
– Kostentragung **3** 37, 46
– Privilegierung **3** 92
– Privilegierung neuer Erzeugungsanlagen **3** 47
– Reservierung **3** 38
– Verfahren **3** 36
– Ziel **3** 34
KWKG
– Belastungsausgleich **9** 48
– horizontaler Belastungsausgleich **9** 48
– vertikaler Belastungsausgleich **9** 48
KWKG-Umlage **9** 49

Ladepunkte **6** 36
Länderausschuss **10** 29
Landesregulierungsbehörden **1** 19, **10** 2
– Zuständigkeit **10** 10
Lastkurve **1** 68
Lastprofil **3** 81
Lebensfähigkeit der Netze **4** 24
Leistungsfähigkeit **2** 12
Leistungspflichten
– Ruhen **2** 75
Leitlinien **1** 24
Leitungsgebundenheit **1** 63
Leitungsmitführung 110 kV-Leitung **9** 57
Leitungswettbewerb **4** 21

Letztverbraucher **6** 26
L-Gas **1** 28, 62
Liberalisierung **1** 1, 17
Liberalisierungsprozesse **1** 6
Lieferantenrahmenvertrag **3** 71, 114
Lieferantenwechsel **3** 83, 116, **6** 62
- Abwicklungsfristen **3** 83
- Vetorecht **3** 83
Lieferant von Energie **6** 28
LNG **1** 65
Lock-in-Effekt **3** 82

Markenpolitik **5** 88
Marktgebiete **3** 112
- Einteilung **3** 112
Marktgebietsverantwortliche **3** 112
Marktöffnung **1** 14
Marktstammdatenregister **1** 34, **2** 57
Marktzutrittschance **1** 2
Maßnahmenanordnung **12** 3
Messbetrieb
- Geräteausstattung und Kommunikation **9** 66
- Grundsatz der sternförmigen Kommunikation **9** 67
- Messeinrichtungsbezogene Ausstattungspflichten **9** 63
- Smart-Meter-Gateways **9** 66
Messeinrichtung
- Gas **3** 137
- moderne **3** 88
Messstellenbetreiber **6** 38
- Wechsel **9** 62
Messstellenbetrieb **9** 60
- Messstellenbetriebsgesetz **9** 59
- technische Möglichkeit **9** 64
- wirtschaftliche Vertretbarkeit **9** 64
Messstellenbetriebsgesetz **1** 29, **3** 87, **6** 38
Messsystem
- Einbaupflicht **3** 88
- intelligentes **3** 88, **6** 38
Messung **1** 8
- Vorgehensweise **3** 90
Messwesen **1** 26, **3** 87
Methodenrobustheit **4** 66
Mieterstromverträge **6** 55
Mindesteffizienzwert **4** 67

Missbrauchsaufsicht **12** 34
- Maßstab **4** 19
- Zuständigkeit **10** 39
Mitteldruckleitungen **1** 66
Mittelspannungsnetze **1** 64
Mitwirkungspflicht **2** 14
Mitwirkungsverbot **8** 63
Monopole **1** 1
mündliche Verhandlung **12** 15

NABEG **1** 27
natürliche Monopole **1** 2, 10
Nettosubstanzerhaltung **4** 44
Netzanschluss **3** 4
- Anlagen zur Speicherung elektrischer Energie **3** 21
- Anspruchscharakter **3** 14
- Anspruchsinhalt **3** 8
- Bedingungen **3** 9
- Berechtigte **3** 7
- Diskriminierungsfreiheit **3** 11
- Entschädigung **3** 19
- Kapazitätsmangel **3** 26
- LNG-Anlagen **3** 53
- Offshore-Windparks **3** 15
- technische Mindestanforderungen **3** 67
- Unzumutbarkeit **3** 24
- Verpflichtete **3** 7
- Verweigerung **3** 22
- Verweigerung, Beweislast **3** 27
- Verweigerung, Kostentragung **3** 27
Netzanschluss Offshore
- Realisierungsfahrplan **3** 17
Netzanschlusspflicht Biogasanlagen **3** 51
Netzanschlusspflicht H-Gasversorgungsnetz **3** 59
Netzanschlusspflicht Wasserstoffnetz
- Anschlussverweigerung **3** 49
Netzanschluss und Netzzugang **3** 3
Netzausbau **2** 33, **9** 56
- Bedarf **2** 33, 34
- bedarfsgerechter **2** 35, 36
- NOVA-Prinzip **2** 50
- Offshore **2** 31, 42, **3** 15
Netzausbaubeschleunigungsgesetz **9** 1, 56
Netzausbau Elektritätsverteilnetz
- Regionalszenario **2** 49
Netzausbau Elektrizitätsverteilnetz
- Netzausbauplan **2** 49
- Planungsregion **2** 49

Netzausbaupflichten
- Transportnetzbetreiber **2** 31
- Verteilernetzebene **2** 34

Netzausbauplanung **2** 35

Netzbetreiber
- Aufgaben **2** 28
- Haftung **3** 86
- Kooperationspflicht **3** 109

Netzbetreiberdaten
- Veröffentlichung **4** 18

Netzebenen **1** 64

Netzentgelte
- angemessene **4** 10, 19, 86
- Befreiung **4** 97
- Bildung **4** 88
- diskriminierungsfreie **4** 10
- entgangene **4** 98
- transparente **4** 10

Netzentwicklungsplan **2** 36
- Konsultation **2** 37
- Offshore **3** 16
- Überprüfung **2** 37
- Wasserstoff **2** 46

Netzentwicklungspläne **1** 26, **2** 35

Netzgebiet der allgemeinen Versorgung **6** 7

Netzinformationen **5** 52

Netzkodex
- Gas **3** 111
- Kapazitätszuweisung **3** 132

Netzkopplungsvertrag **3** 125

Netzleistungsfähigkeit **4** 72

Netznutzer **5** 42

Netznutzerinformationen **5** 41

Netznutzungsvertrag **3** 71, 73

Netzplanung **1** 25

Netzpuffer **1** 70

NetzResV **1** 28

Netzsteuerung **1** 69

Netzübergang **4** 85

Netzzugang **1** 6, **2** 6, **3** 1, 5
- Anspruchsberechtigter **3** 77
- Anspruchsdurchsetzung **3** 129
- Anspruchsinhalt **3** 78
- Anspruchsverpflichteter **3** 77
- Bedingungen **3** 81
- Bedingungen, Gas **3** 113
- Bedingungen, standardisierte **3** 85
- Bedingungen, Veröffentlichung **3** 84
- Diskriminierungsverbot **3** 81

- Eigentumsfreiheit **3** 1
- Entbündelung **3** 80
- Gas **3** 108
- grenzüberschreitende Verbindungsleitungen **3** 96
- Kapazitätsengpass **3** 91
- Regulierungssystematik **3** 2
- Strom **3** 71
- Systematik **3** 70
- verhandelter **1** 16, **3** 135
- Verordnungsermächtigung **3** 107, 159
- vertraglicher **3** 134
- Verweigerung **3** 91, 138
- Verweigerungsgenehmigung, Notifizierung **3** 140

Netzzugangsentgelte
- Angemessenheit **4** 14
- Diskriminierungsfreiheit **4** 15
- entfernungsunabhängige **4** 95
- Höhe **4** 1
- Transparenz **4** 17

Netzzugangsentgeltregulierung
- unionsrechtliche Vorgaben **4** 5

Netzzugangsverweigerung
- Ex-ante-Genehmigung **3** 139

Netzzuverlässigkeit **4** 72

Neuanlagen **4** 43

Neue Infrastrukturen
- Befreiung **3** 146

nicht-ökonomische Regulierung **1** 4

Niederdruckanschlussverordnung **1** 21, **3** 63

Niederspannungsanschlussverordnung **1** 21, **3** 63

Niederspannungsnetz **1** 64

Niedrigstenergiegebäude **9** 52

Nominalzins **4** 45

Nominierungsverfahren **3** 155

Nord Stream 2 **3** 153

Normierende Regulierung **4** 6

Notsituationen **2** 75

obligatorisch planfeststellungsbedürftige Vorhaben **8** 9

offene Lieferverträge **6** 60

Ökostrom **6** 59

Online-Buchungsverfahren **3** 117

„Open-Season"-Verfahren **2** 35

Organleihe **10** 14

Ortsgasnetze **1** 66

peer-review-Verfahren **10** 24

Planfeststellung
- Abschnittsbildung **8** 22
- Abwägungsgebot **8** 22
- fachplanerische Alternativenprüfung / Variantenprüfung **8** 22
- Standortentscheidung **8** 24
- technische Alternativen **8** 25
- Zuständigkeit **8** 14

Planfeststellung Erdkabel **8** 13

planfeststellungsbedürftige Infrastrukturvorhaben **8** 3

Planfeststellungsverfahren **2** 40

Planrechtfertigung **8** 20

planwirtschaftliche Steuerungselemente **1** 57

Power to Gas **1** 68, **3** 21

Präklusion **8** 55

Preisbestandteile
- Ausweisung **6** 65

Preiserhöhungen **6** 72

Preisindezes **4** 44

Preiskontrolle
- Kartellrecht **9** 71

price cap **4** 32

Primärenergieträger **1** 58

Produktmix **6** 73

Programmlieferung **6** 60

Projektmanager **8** 17

Prüfungsschwerpunkte **5** 36

Pumpspeicherkraftwerke **3** 21

Punkt-zu-Punkt-Modell **3** 109

Qualitätsregulierung **4** 72

Querschnittsabteilungen **5** 76

Quersubventionierung **4** 16

Rabatte **3** 11

Realkapitalerhaltung **4** 45

Realzins **4** 45

Rechnung
- Energielieferung **6** 63
- Mindestangaben **6** 64

Rechnungslegung **5** 33

Rechtsbeschwerde **12** 55

Rechtsschutz gegen Planfeststellungsbeschluss **8** 27

Redispatching **3** 91

Referenznetzanalyse **4** 69

Regelenergie **3** 99, 102
- Abrechnung **3** 105
- Minutenreserve **3** 102
- Primärregelung **3** 102
- Sekundärregelung **3** 102

Regelzone **1** 69

Regulierung
- Verdichtung der **1** 56

Regulierungsbehörden **1** 16
- Aufgaben **10** 2
- Unabhängigkeit **4** 6, **10** 16
- Zusammenarbeit **10** 27

Regulierungsformel **4** 37

Regulierungsfreistellung
- Bestandsleitungen **3** 150
- Fertigstellung, Zeitpunkt der **3** 153
- neue Infrastrukturen **3** 146

Regulierungskonto **4** 75

Regulierungsperiode **4** 35
- Dauer **4** 35

REMIT **10** 34

Renominierung **3** 155

Reservelieferung **6** 61

Reserveversorgung **6** 14

revenue cap **4** 32

Risikovorsorge-Verordnung **7** 6

Rucksackprinzip **3** 142

Schadensersatz **12** 41

Schlichtungsstelle **1** 26, **6** 29, **10** 6, 47

Schlichtungsverfahren **10** 48

Schwachstellenanalyse **2** 77, 89

Separierung **1** 17

Shale Gas **1** 61

Shared Services **5** 75

Smart Grid **2** 33 siehe stromnetz, intelligentes

Smart-Meter **3** 88 siehe stromnetz, intelligentes
- Gas **3** 137

Sonderkundenvertrag **6** 15

Steuern
- kalkulatorische **4** 51

Stochastic Frontier Analysis **4** 66

Stromerzeugung **1** 58
- Anpassungen **2** 73

Stichwortverzeichnis

- Offshore **1** 27, **2** 31
StromGVV **1** 21, **6** 17
Stromhandel **1** 37
Stromkennzeichnung **6** 73
Strommarkt 2.0 **1** 28
Strommarktgesetz **1** 28
Stromnetz
- intelligentes **1** 29
Stromtrassen **1** 64
Supereffizienzwertanalyse **4** 68
Systemdienstleistungen **2** 59
Systemsicherheit
- endgültige Stilllegung **2** 82
- Erzeugungsanlagen **2** 30
- Kapazitätsreserve **2** 88
- Netzreserve **2** 87
- Sicherheitsbereitschaft **2** 88
- Stilllegungsverbot **2** 80
- Stilllegung von Anlagen **2** 83
- Systemrelevanzausweisung Gaskraftwerke **2** 86
- Systemrelevanzausweisung Stromerzeugungsanlagen **2** 82
- Verfahren **2** 78
- vorläufige Stilllegung **2** 79
Systemverantwortung
- Fernleitungsnetzbetreiber **2** 96
- Gasverteilernetzbetreiber **2** 97
- Übertragungsnetzbetreiber **2** 66
Szenariorahmen **2** 36

Tarife
- lastvariable, tageszeitabhängige **6** 48
technische Hintergründe **1** 58
TEN-E **3** 98
Toleranzmenge **3** 154
transaktionsunabhängiges Punktmodell **4** 93
Transportnetzbetreiber
- Ausstattung **5** 103
Trassenzubaubedarf **2** 32

Übertragung **1** 10, **5** 27
Übertragungsnetzbetreiber
- Aufgaben **2** 55
- Informationspflichten **2** 57, 76
Umspannwerke **1** 64
Umweltschutz **1** 3
Umweltverträglichkeit **1** 1

Unabhängiger Systembetreiber **5** 95, 97
- Haftungsfreistellung **5** 113
Unabhängiger Transportnetzbetreiber **5** 97, 115
- Abschlussprüfung **5** 123
- Aufsichtsrat **5** 135
- Ausstattung **5** 118
- Beteiligungsverhältnisse **5** 127
- Büro- und Geschäftsräume **5** 122
- Dienstleistungen **5** 120
- Gleichbehandlungsprogramm **5** 137
- Markenpolitik **5** 124
- Rechtsform **5** 116
- Unabhängigkeit des Personals **5** 130
unberechtigt entnommene Strommengen **6** 27
Unbundling **1** 26, **5** 2 siehe entflechtung
Unterlassungsanspruch **12** 41
unternehmensindividueller Effizienzwert **4** 65
Untersagung **2** 5
Untersuchungsgrundsatz **12** 16
Unterwasserpipelines **1** 65

Veränderungssperre **8** 34
Verbändevereinbarungen **1** 14, **3** 133
Verbraucherbeschwerden **6** 29
Verbraucherpreisgesamtindex **4** 57
Verbraucherschutz **4** 4, **6** 19, 29
Verbrauchshistorie **6** 70
Verbrauchsschätzung **6** 66
Verbundnetz, europäisches **1** 64
Verbundunternehmen **1** 11
Verdichterstationen **1** 66
Verfahrensablauf **12** 5
Verfahrensbeteiligte **12** 7
Verfahrensregulierung
- wirksame **4** 62
Vergleichsmarktkonzept **9** 71
Vergleichsparameter **4** 65
Vergleichsportal, zertifiziertes **6** 54
Verkehrswege, öffentliche **8** 1
Verlustenergie **1** 69, **4** 63
Veröffentlichungs- und Informationspflichten **3** 126
Verpflichtungen
- Nichteinhaltung **2** 98
Verrechtlichung **1** 14

Versorgungsaufgabe
- nachhaltige Änderung **4** 81

Versorgungsausfälle
- Haftung **2** 29

Versorgungsdefizite **1** 3

Versorgungssicherheit **1** 1, 3, 27, 28, 29, **2** 56, **3** 144, 147, **7** 2
- Atomausstieg **7** 19
- Einspeisepflichten **2** 69
- Grundversorgung **7** 21
- Meldepflicht **7** 18
- Monitoring **7** 11
- netz- und marktbezogene Maßnahmen **2** 68

Versorgungsstörungen **2** 77

Versorgungsunterbrechung **6** 51

Versteigerung
- Kapazitäten **3** 132

Verteilernetzbetreiber
- Informationspflicht **2** 57

Verteilung **1** 10, **5** 27

vertikale Integration **1** 11

vertikal integrierte Energieversorgungsunternehmen **5** 16

Vertragsbedingungen
- einseitige Änderung **6** 46

Vertragsverhältnisse **3** 75

Vertragsverletzungsverfahren **1** 19

Vertraulichkeit **5** 44
- externe Dienstleister **5** 47

Vertriebsstufe **1** 10

Verwechslungsgefahr **5** 90

virtueller Handelspunkt **3** 112, 114

Vollstreckung **12** 44

Vorarbeiten **8** 31

Vorauszahlung **6** 52

vorläufige Entscheidungen **12** 25

Vorleistung
- Zugang **3** 1

Vorratshaltung **7** 9

Vorteilsabschöpfung **12** 42

vorzeitige Besitzeinweisung **8** 37

vorzeitiger Baubeginn **8** 33

VV Strom II Plus **3** 71, 75

Wahl des Versorgungsunternehmens **1** 15

Wärmekraftwerke **1** 59

Wärmenetze **9** 46 siehe kraft-wärme-kopplung

Wärmespeicher **9** 47 siehe kraft-wärmekopplung

Wasserstoff **4** 28

Wasserstoffnetze **4** 12
- Netzanschluss **3** 48
- Netzausbau **2** 45
- Netzzugang **3** 160

Wechselprozess
- maximale Dauer **3** 142

Wegenutzung **1** 28, **8** 1
- Kontrahierungszwang **8** 45

Wegerecht
- Enteignung **8** 36

Weisungsfreiheit **5** 82

Wertschöpfungskette **1** 8

Wettbewerbsverzerrung **1** 3

Wissenschaftlicher Arbeitskreis für Regulierungsfragen **11** 17

Wohnsitzwechsel
- Sonderkündigungsrecht **6** 53

Xgen **4** 58 siehe genereller sektoraler produktivitätsfaktor

Zahlungsweise
- Arten der **6** 42

Zeitverzug **4** 56

Zertifizierung **2** 4, **5** 98, 110, 139
- Drittstaatenbezug **5** 140

Zertifizierungsverfahren **2** 2

Ziele **1** 1

Zugang **1** 2 siehe netzzugang 17 siehe netzzugang
- Anspruchsinhalt **3** 130

Zugangsentgelte **1** 2 siehe netzzugangsentgelte

Zugangsverweigerung
- Begründungspflicht **3** 60

Zumutbarkeit
- Beweislast **3** 58

Zusammenarbeit
- der Verteilernetzbetreiber **2** 36

Zusammenarbeitspflichten **3** 85

Zuverlässigkeit **2** 12

Zweites Energiebinnenmarktpaket **1** 15

Zwei-Vertrags-Modell **3** 110